THIRD YEAR
LATIN

CHARLES JENNEY, JR.
Belmont Hill School, Belmont, Massachusetts

ROGERS V. SCUDDER
Groton School, Groton, Massachusetts

DAVID D. COFFIN
Phillips Exeter Academy, Exeter, New Hampshire

ALLYN AND BACON, INC.

Boston   Rockleigh, N.J.   Atlanta   Dallas   San Jose
London   Sydney   Toronto

Preface

The authors have planned *Third Year Latin* to provide an interesting and varied course that will take students beyond the elementary level of reading and understanding Latin literature. Making Cicero the foundation of the third-year course requires little comment, for Latin without Cicero is like English without Shakespeare. Cicero's writings and orations constitute a large proportion of classical Latin literature, and his mastery of style has made him the pre-eminent teacher of later generations.

Early in the planning of *Third Year Latin* the authors hoped to find a consensus among teachers on the contents of an ideal third-year text. There was general agreement that Cicero's oratorical masterpieces are the four orations against Catiline, the oration on Pompey's commission (the Manilian law), and the oration defending Archias's Roman citizenship, but a wide divergence of opinion when it came to choosing among these works. The authors therefore decided to include the six orations in their entirety, thus giving teachers a completely free choice of reading matter among the works that customarily form the standard third-year Latin course.

Cartographers: Russell Lenz and Donald T. Pitcher

Cover Photo: A visiting Roman emperor preparing to receive an Egyptian delegation. Copyright © 1963 Twentieth Century-Fox Film Corp. All rights reserved.

Grateful acknowledgment is made for help provided by the notes to the letters of Cicero and to the orations in Moore's *Orations of Cicero,* revised by Moore and Barss and published by Ginn and Company.

Library of Congress Catalog Card No. 82-73103

ISBN 0-205-07956-3

Printed in the United States of America

2   3   4   5   6   7   8   9   91   90   89   88   87   86   85   84

The selections which round out the contents of *Third Year Latin* present a rich variety of further Latin reading. The chapters from the Fourth Verrine Book not only illustrate Cicero's masterful prose style but also picture firsthand some of the political disorders which helped to destroy the Republic. The twenty-two letters of Cicero included in the text offer a unique approach to understanding the man and his times. The selections from Sallust supplement the Catilinarian orations and give students the experience of synthesizing history from differing accounts of the same event. Pliny's letters shift the scene to the Empire and the life of a cultivated Roman gentleman a century and a half after the time of Cicero and Julius Caesar. The three mythological tales from Ovid's *Metamorphoses* make a pleasant change from prose reading and give students a taste of Latin poetry. Each page of Latin reading includes its own explanatory footnotes.

The unusual feature of *Third Year Latin* is a 36-page section of post-classical Latin, written between 400 and 1500 A.D. Although students will notice a few changes in forms, vocabulary, and style, they will find that the differences between classical and post-classical Latin are very minor. The content of the Later Latin section includes prose and poetry, religious biography and popular story, history and romance, anecdote, fable, and a scientific essay. The section clearly emphasizes the continuing use of Latin as a means of communication for many centuries following the classical period.

Third Year Latin offers the student every help not only for understanding but also for enjoying the advanced study of Latin. An introduction provides background information — historical, cultural, political, and constitutional — on the final period of the Roman Republic. Biographies of the four writers represented in the text precede the selections from their works. The introduction and the biographies are fully illustrated; many of the illustrations are photographs of portrait statues, bas reliefs from arches and other monuments, mosaics, wall paintings, coins, and artifacts showing how Romans themselves saw their life and civilization.

Appendix material includes a complete review of Latin forms and syntax with special attention to Cicero's style; a Latin-English vocabulary marked to show words recommended for mastery during the first, the second, and the third year of high school Latin, and an index to the proper names (including pronunciation) and the grammar and rhetoric terms appearing in the text.

Contents

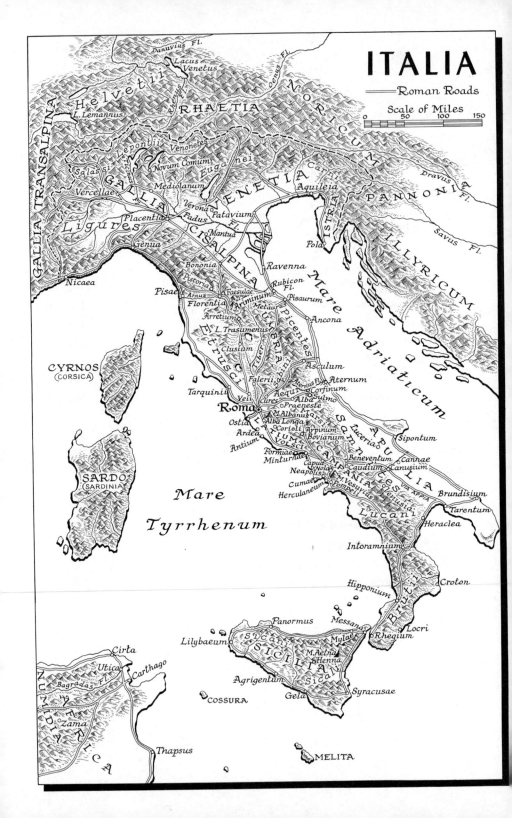

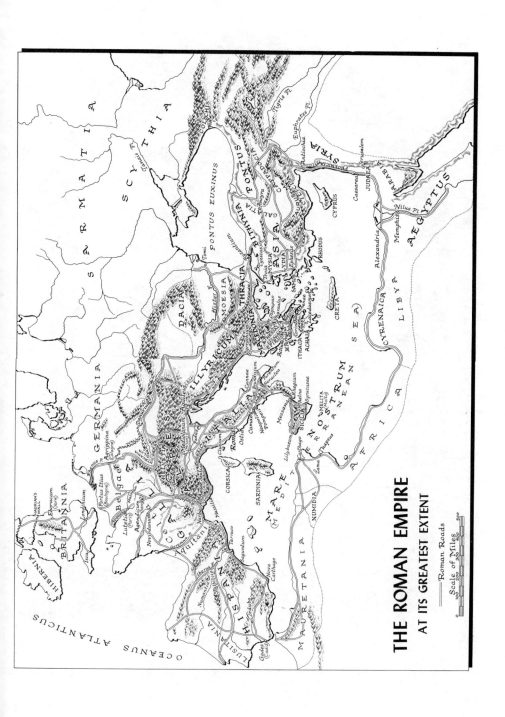

THE ROMAN EMPIRE
AT ITS GREATEST EXTENT

——Roman Roads

Scale of Miles
100 200 300 400 500

Introduction

Roman Political Institutions

Citizens. Roman citizens were divided into the patrician and the plebeian classes. In Cicero's time there was no political distinction between the two classes, for by the middle of the fourth century B.C. plebeians had established their right to hold most political offices, and from that time on the magistracies were more and more frequently filled by members of rich plebeian families. Citizenship was not restricted to residents of the city of Rome. Throughout Rome's history she made a practice of granting citizenship to certain communities and of sending out colonies of her own citizens who retained their civic rights. By the Lex Julia of 90 B.C., at the close of the Social War, all free inhabitants of Italy south of Cisalpine Gaul were made citizens. The basic rights of citizenship included the right to vote, **iūs suffrāgī,** the right of election to office, **iūs honōrum,** and the private rights of trade and marriage, **iūra commercī et cōnūbī.**

Each citizen belonged to a clan, **gēns,** and had a name, **nōmen,** to denote it. He also had a personal name, **praenōmen,** of which we know only thirty, and a surname, **cognōmen,** to mark the family or group of families in the gens. Thus the name Gaius Julius Caesar shows in order the praenomen, nomen, and cognomen. Groups of gentes formed **cūriae,** of which there were thirty. The curia was a sort of ward uniting member gentes by the ties of a common worship.

Then, every citizen was enrolled in one of the thirty-five tribes into which the state was divided. There were four urban tribes in the city itself; the rest were rural tribes scattered throughout Italy.

Finally, every citizen was classified in one of five classes according to wealth by the Servian Constitution — traditionally established by Servius Tullius, sixth of the seven kings, though in fact probably developed through a gradual process. These classes in turn were subdivided into centuries, **centuriae.** A detailed outline of this classification appears in the description of the *comitia centuriata.*

1

POLITICAL AND RELIGIOUS STRUCTURE
OF THE ROMAN STATE IN THE LATE REPUBLIC

CITIZENS
- *Constituency* — Free inhabitants of Rome and (after 90 B.C.) of Italy, who however had to go to Rome if they wished to vote
- *Divisions* — 35 tribes, each tribe subdivided into 5 classes, each class into 2 centuries (350 centuries), as assigned in the lists of the censors

ASSEMBLIES
- *The People*
  - *Comitia curiata*, an assembly to act on clan affairs and to confer the imperium
  - *Comitia centuriata*, an assembly by centuries to elect consuls, praetors, censors
  - *Comitia tributa*, an assembly by tribes to elect minor magistrates and to enact laws
  - *Concilium plebis*, an assembly of plebeian tribes to elect tribunes and plebeian aediles and to enact laws, called *plebiscita*
- *Counselors*
  - *Senatus*, numbering about 600 appointed members, to legislate on foreign affairs, religion, and finances

OFFICIALS
- *Magistrates*
  - *Major*
    - 2 consuls
    - 8 praetors (16 under Caesar)
    - 2 censors
  - *Ordinary*
    - *Minor*
      - 4 aediles (6 under Caesar)
      - 10 tribunes
      - 20 quaestors (40 under Caesar)
      - 26 members of the college of twenty-six
  - *Extraordinary*
    - Dictator
    - Interrex
    - Magister equitum
- *Civil servants* — *Scribae, praecones, lictores, viatores*

LEGAL JURISDICTION	*Civil Procedure*		*Praetor urbanus* in cases between citizens *Praetor peregrinus* in cases in which one or both parties were foreigners *Censors* in cases touching the treasury *Aediles* in cases arising in the markets
	Criminal Procedure		*Pontifex maximus* in cases of certain crimes against religion *Quaestiones perpetuae* — permanent juries or courts, at least 8 in number, 6 of them presided over by praetors and the rest by *iudices quaestionis*, foremen
PROVINCIAL ADMINISTRATION	*Provinces, 64–30 B.C.*	*Western*	Sicily, Sardinia (with Corsica), Hither Spain, Farther Spain, Illyricum, Africa, Narbonese Gaul, Cisalpine Gaul
		Eastern	Achaia, Macedonia, Asia, Bithynia, Cyrene (with Crete), Cilicia, Syria
	Provincial Officials		Governor, an ex-consul or an ex-praetor Quaestor, in charge of finances Lieutenants and other subordinate officials
STATE PRIESTS	*The Great Colleges*		15 pontifices (16 under Caesar) 15 augurs (16 under Caesar) 15 quindecimviri sacris faciundis, guardians of the Sibylline books 7 epulones (10 under Caesar), ministers to provide banquets for the gods
	Special Priesthoods		15 flamens; most important, those of Jupiter, Mars, and Quirinus 6 Vestal virgins, guardians of the fire of Vesta Rex sacrorum
	Lesser Colleges		*Fetiales*, heralds who demanded redress of wrongs and declared war with certain rites *Salii*, guardians of the sacred shields *Luperci*, ministers of the rites of Lupercalia *Fratres arvales*, priests of Dea Dia

Popular Assemblies. The Roman Republic functioned through popular assemblies, **comitia,** magistrates, **magistrātūs,** and the senate, **senātus.** All Roman citizens had the right to vote in the popular assemblies, of which there were three embracing the whole *populus:* one based on the division by curiae, **comitia cūriāta;** another on the division by centuries, **comitia centuriāta;** and a third based on the division by tribes, **comitia tribūta.** Since ancient republics had no concept of representational government as we know it, the city dwellers who were on the spot naturally constituted most of the actual voting bloc. Manipulation of these voters by powerful families both plebeian and patrician, the **nōbilitās,** which furnished most of the magistrates, constituted the chief political activity of the Roman Republic.

The assemblies were in theory the source from which all power was derived. It was their function to elect magistrates, to accept or reject laws proposed by magistrates, and to hear appeals from magistrates' decisions in important cases. A distinction between **contiō** and **comitia** must be noted. In general, the word *contio* is used when citizens assembled as individuals to hear announcements by the magistrates, or a

4

debate by the magistrates and those whom the presiding officer allowed to speak. The word *comitia* is used when an assembly was convened by a magistrate for the purpose of balloting. In all gatherings, *contiones* and *comitia*, magistrates convened and presided over the assembly, and they alone proposed measures; no measure could be proposed from the floor.

Comitia Curiata. By Cicero's time this assembly, the only one under the kings, had lost almost all political significance. It had jurisdiction over clan affairs, and it conferred the general military, civil, and judicial authority, **imperium,** held by some of the higher magistrates. The *comitia curiata* met in the **comitium,** the assembly place before the senate house, **cūria,** in the Forum. When it conferred the imperium, a magistrate presided; in other cases, the pontifex maximus presided.

Comitia Centuriata. This assembly was originally a gathering of men who bore arms and hence had to meet in the Campus Martius, outside the sacred enclosure, **pōmērium,** of the city. Under the original constitution of this assembly, citizens were divided into a total of 193 centuries.

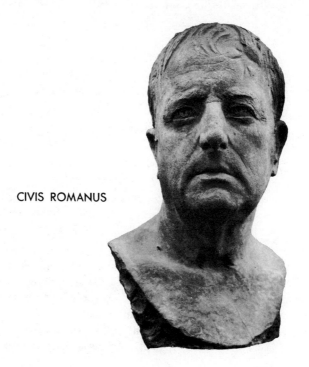

CIVIS ROMANUS

FLUMEN APUD ARPINUM

Cavalry, **equitēs**, 18 centuries: no fixed property qualification

First class	{ seniors, 40	80 centuries:	100,000 asses worth of
	juniors, 40 }		property
Second class	{ seniors, 10	20 centuries:	75,000 asses worth of
	juniors, 10 }		property
Third class	{ seniors, 10	20 centuries:	50,000 asses worth of
	juniors, 10 }		property
Fourth class	{ seniors, 10	20 centuries:	25,000 asses worth of
	juniors, 10 }		property
Fifth class	{ seniors, 15	30 centuries:	11,000 asses worth of
	juniors, 15 }		property

Carpenters and musicians, 5 centuries: property could be less than the minimum for the lowest class

Since both carpenters and musicians were necessary to an army, the minimum property qualification was not applied to them. By Cicero's time, of course, the property qualifications had increased vastly. Each century had one vote; and needless to say, older and wealthier members of the community were the dominant voice.

About 241 B.C. the centuriate assembly was reorganized on a tribal basis. "Each of the [thirty-five] tribes was divided into *seniores* and

6

PISCATOR

iuniores: then the members of each of these two sections were assigned to classes according to their wealth, the members of each class of *seniores* and *iuniores* forming a century." [1]   This made 350 centuries, to which were added at the top the eighteen centuries of knights, **equitēs,** and at the bottom "four supplementary centuries, not definitely enrolled in the

---

[1] Frank F. Abbott, *Roman Political Institutions* (Ginn, 1911), p. 74.

UVAE CALCATAE

classes, and one century of *proletarii*, making a grand total of three hundred and seventy-three." [2]

This assembly was presided over by magistrates who held the imperium. It elected consuls, praetors, and censors. "Assemblies could not be held on holidays (*dies nefasti*), nor on days set apart for meetings of the courts (*dies fasti*)." [3] Small sections of the voting enclosure were set aside for the members of each century. When it was time to vote, a century of the first class was chosen by lot to begin the balloting. Its vote was announced; then the other centuries balloted in order of classes. As the members of a century moved from their enclosure through narrow passages, they cast ballots which, by the middle of the second century B.C., were secret. In legislative matters, only the *comitia centuriata* had the right to declare an offensive war or to confer plenary power on the censor.

----

[2] *Roman Political Institutions*, p. 75.
[3] *Roman Political Institutions*, p. 254.

FAMILIA ROMANA DOMI

8

Comitia Tributa. The origins of this assembly are very obscure; some writers suggest that it was at one time composed only of plebeians. However, it seems always to have been an assembly of the whole people. In this body the voting was done by tribes. It was presided over by a magistrate; it met in the Forum and elected quaestors, curule aediles, and all lower magistrates. It could legislate on any matter.

Concilium Plebis. Also arranged on the tribal basis was this assembly in which only plebeians could vote. Since it was strictly a plebeian body, it was presided over by a tribune or a plebeian aedile. It met within the city, usually in the *comitium* in the Forum, and commonly on market days. Some days before the meeting was to take place the date, place, and business of the meeting were announced. "In fact, from a comparatively early period the practice grew up of announcing on a market day a meeting to be held a *trinum nundinum*, or seventeen days, later." [4] The voting was done by tribes in the manner of the

---

[4] *Roman Political Institutions*, p. 262.

centuriate assembly. It elected the tribunes of the people and plebeian aediles, and it could legislate on any subject (except the declaration of an offensive war) by its enactments, **plēbiscīta.** It was this assembly which passed the Gabinian and Manilian laws giving Pompey extraordinary powers.

Magistrates. Roman magistrates may be grouped in various ways.

MAJOR AND MINOR: Minor magistrates were the aediles, quaestors, and tribunes; major, the consuls, praetors, and censors. By Cicero's time higher magistrates automatically became members of the senate, and quaestors and curule aediles might be included by the censors.

CURULE AND NON-CURULE: Curule magistrates were those above the rank of quaestor (except for plebeian officials) who had the right to use the ivory-decorated curule chair, **sella curūlis.** Curule magistrates included consuls, praetors, and curule aediles.

ORDINARY AND EXTRAORDINARY: "Ordinary magistrates were those who were chosen at fixed intervals, like the consul or censor. Those who were elected for an exceptional purpose were called *magistratus extraordinarii.*" [5] The dictatorship belonged to the latter classification.

WITH AND WITHOUT IMPERIUM: Magistrates with imperium were consuls, praetors, dictators, and masters of horse. Censors, aediles, quaestors, and officials elected by the *concilium plebis* were without imperium. Powers implicit in the possession of imperium are outlined under the discussion of the office of consul.

[5] *Roman Political Institutions*, p. 152.

TABERNA FERRARIA

Ordinary magistrates were elected for a term of one year, except censors, who were elected every five years for a term of eighteen months. Their unfinished business was completed by the consuls and aediles. Most magistrates took office on the first of January; however, quaestors assumed their duties on December 5 and tribunes on December 10.

By specific legislation in some cases, and tradition in others, there was an established succession of offices, **cursus honōrum.** According to the law, a man had to hold the quaestorship before the praetorship, and the praetorship before the consulship. The offices came to be ranked in the order of dictator, consul, interrex, praetor, *magister equitum*, censor, aedile, tribune of the people, quaestor, one of the *viginti sex viri*, and military tribune. By Cicero's time there was a certain minimum age qualification for each office and a further requirement that at least two years had to elapse between the end of a term in one office and the assumption of the next higher office.

Magistrates had certain emoluments and insignia of office; a salary was not one of the benefits. As the word *honos* implies, honor was considered a sufficient reward. All magistrates from the consul down to the aedile wore the purple-striped toga, **toga praetexta.** On formal occasions dictators, consuls, censors, praetors, and curule aediles sat

11

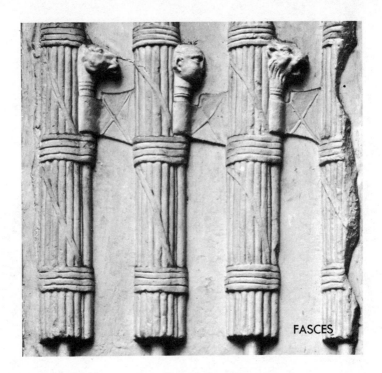

FASCES

on a *sella curulis* on a dais. The higher magistrates were attended in public by lictors bearing over the left shoulder a bundle of rods, **fascēs,** the symbol of authority. Outside the city, the addition of an ax, **secūris,** to the rods indicated the magistrate's power of life and death. A dictator was attended by twenty-four lictors, a consul by twelve, the praetor urbanus by two, and a praetor outside Rome (or propraetor) by six. Also attendant on magistrates were a flock of paid minor officials, **appāritōrēs,** the civil servants of the Republic, including secretaries, **scrībae,** messengers, **viātōrēs,** heralds, **praecōnēs,** and personal attendants, **accēnsī.**

Furthermore, any family boasting a curule magistracy held by one of its members had the right, **iūs imāginum,** to hang in the atrium a painted wax mask of the late incumbent above an inscription setting forth his accomplishments. These were also carried in funeral processions; the greater the number, the more honorable the family. The curule magistrates and their descendants formed the *nobilitas,* a class distinguished by social standing and by a virtual monopoly of public offices. Cicero prided himself on being the first man in his family, **novus homō,** to hold a curule magistracy, a rare and difficult accomplishment in his time.

12

Consuls. Two consuls were elected annually in the *comitia centuriata.* They were the chiefs of state, sharing equal power; each consul might veto any act of his colleague. In time of war, under the early Republic both men took the field; but after Sulla's reform of the constitution, they rarely left the city to perform their military function. The consul was vested with almost full imperium in the city and with full imperium in the field. In detail, the imperium authorized an official to take the auspices, to represent the state in dealing with individuals and with other communities, to command the army and navy, to punish those who withstood constituted authority, to exercise civil and criminal jurisdiction, to issue proclamations and edicts, to summon the senate and the popular assemblies, and to supervise administrative matters affecting the welfare of the community.

Consuls acted as chairmen of the senate and of assemblies of the whole people; only a consul could preside over the centuriate assembly summoned to elect magistrates. In emergencies, the senate by the decree **Senātus cōnsultum ultimum** gave them dictatorial powers, according to the formula, **nē quid rēs pūblica dētrimentī capiat.** Each year was designated by the names of the consuls holding office during that year. At the end of the year of office, a consul customarily was assigned by lot to the governorship of a province and was called a proconsul with full imperium over Roman citizens and provincials. There were no checks, such as were normally in force in the city of Rome, on a provincial official's power.

Praetors. These officials, increased in number from six to eight by Sulla's reforms, administered the courts of justice. The *praetor urbanus* heard civil cases in which only citizens were involved. He took precedence over his colleagues; in the absence of both consuls from the city, he became the chief magistrate. The *praetor peregrinus* heard cases in which one or both parties were foreigners, **peregrīnī.** The remaining six praetors presided over the permanent courts, **quaestiōnēs perpetuae,** that had jurisdiction in important criminal cases. Praetorial assignments were decided by lot after election of the praetors. Like consuls, praetors at the expiration of their year of office were assigned by lot to provinces for the following year.

On taking office, each praetor published edicts setting forth the forms of procedure by which he would be governed during his year of office. From these praetorial edicts a large part of Roman civil and criminal law was developed, in much the same way that English and American law has developed in part from the accumulation of judicial precedent.

13

AEDILIS   CONSUL

Censors. By Cicero's time the censorship had lost much of its earlier importance.   However, it was still an office of considerable dignity. Two censors, usually ex-consuls, were elected every five years in the *comitia centuriata* to hold office for eighteen months.   At first their duties consisted of assessing the property of citizens and arranging them in tribes, classes, and centuries.   Later they came to have general supervision over morals and the management of public finances, such as the letting of contracts for "tax farming" and for the construction of public works.   Until Sulla's reforms they selected members of the senate.

LARGITIO PANIUM

Aediles. There were four aediles, two plebeian and two curule. The plebeian aediles were elected in the *concilium plebis*, while the curule aediles were elected in the *comitia tributa* and might come from either patrician or plebeian families. "The members of the two colleges had essentially the same powers." [6] They supervised public places — for example, streets, baths, market places, and temples. They were also in charge of the grain supply and of provision for public games. By the lavishness of these entertainments, which were free to the people, aediles stood to gain much political popularity. They also stood to lose much money which they expected to recoup in the course of an official career in the governorship of a rich province. The practice was the source of much political corruption.

---

[6] *Roman Political Institutions*, p. 204.

CIRCENSES

15

CAESAR DICTATOR

Tribunes. The number of tribunes was set at ten in 457 B.C., and this was the size of the college from then on. They were elected in the *concilium plebis*. Essentially, the purpose of the tribunate was the protection of plebeians against the exercise of arbitrary power by magistrates. Three features, in particular, heightened the power of this office: (1) the inviolability of the tribune's person, (2) the right of veto, **intercessiō**, over all magistrates, and (3) the authority to inflict punishment on magistrates who disobeyed the veto. One tribune could stop the whole machinery of government.

They presided over the *concilium plebis*, and they could attend meetings of the senate and even convoke that body to lay matters before it.

Quaestors. The twenty quaestors were the financial officials of the state, acting as receiving agents, paymasters, and keepers of records. Two of them, **quaestōrēs urbānī,** always remained in the city and had charge of the state treasury, **aerārium,** in the temple of Saturn. The remaining eighteen were employed in the financial administration of Italy and the provinces.

Dictator. A dictator was appointed by the consuls when the state was threatened by any unusual danger, foreign or domestic. The various checks on a consul's powers, such as the right of appeal and the

16

tribunician veto, did not limit a dictator. Twenty-four lictors, carrying axes even in the city, attended the dictator. He was appointed for only the duration of the emergency, up to a maximum of six months, and chose his own lieutenant, the master of horse, **magister equitum.**

Interrex. The interrex was a provisional chief magistrate appointed by the senate to hold consular elections if a vacancy in the office occurred during the year or if civil disorder or some other cause prevented the regular election. He served for five days. If there was still no duly elected head of the state, the interrex appointed his successor, and this process might continue through a series of interregna.

Viginti Sex Viri. Six colleges of minor officials were included in the "college of twenty-six": (1) **decemvirī stlitibus iūdicandīs,** who passed on questions involving citizenship; (2) **quattuor praefectī Capuam Cūmās,** the judicial representatives of the praetor in Campania; (3) **triumvirī capitālēs,** police magistrates under the supervision of the aediles, charged with maintaining order in the city, arresting criminals, and securing evidence against persons under indictment; (4) **triumvirī monētālēs,** mint officials; (5) **quattuorvirī viīs in urbe purgandīs** and (6) **duumvirī viīs extrā urbem purgandīs,** supervisors respectively of the cleaning of city streets and of roads outside the city.

TABERNA
ARGENTARIA

Senate. The senate was in theory the council of state summoned when magistrates needed advice and counsel. In fact, however, it was the chief governing body of the Republic. Until Sulla's time it numbered about 300 members, ex-magistrates for the most part, appointed by the censor. Sulla's reforms increased its membership to 600, and this was its normal size except for the brief period under Caesar when it numbered 900 members. Sulla's legislation made all ex-magistrates members and removed from the censors the authority to make appointments. In Cicero's time, "It was necessary that a senator should be a freeman and a citizen, that he should have held one of the [major magistracies], and that he should not be engaged in any one of certain specified occupations." [7]

Senators were distinguished by special insignia, the boots with straps of a particular sort, **calceus senātōrius,** the tunic with an ornamental stripe of purple running down the front, **tunica lāticlāvia,** and a gold ring, **ānulus aureus,** also worn by knights. Special seats were reserved for senators at public games and at dramatic performances.

The senate's powers, in addition to its overwhelming influence over magistrates, included preliminary discussion of legislation before it was submitted to a popular assembly; revision of the lists of candidates

---

[7] *Roman Political Institutions*, pp. 221–2.

SENATOR ROMANUS

TEMPLUM SATURNI
ET AERARIUM

for higher magistracies; suspension of all ordinary laws by the decree *Senatus consultum ultimum;* control of public finance, such as voting appropriations and fixing taxes; and control of the state religion in collaboration with the various priestly colleges. In the management of the provinces and of foreign affairs, senatorial control was absolute: though power to declare war and make treaties constitutionally rested with popular assemblies, a proposal had to be approved by the senate before it could be submitted to an assembly.

The senate could be convoked by a magistrate with imperium, who acted as chairman. It normally met in the Curia Hostilia, at the northeast corner of the Forum, but it could meet in various other places. While there were no set days for meeting, the senate could not be convoked on certain days when the assemblies met. Sessions of the senate usually began in the early morning and ended before sunset. The public was not admitted to the sessions; however, the doors were left open (except under certain circumstances) and the discussions could be heard. The opinion of each senator was asked by the presiding magistrate in order of precedence; the first person to be called upon was the *princeps senatus*, whose title was given by common consent, or by the chairman, to the man deemed most worthy.

19

CICERO		CAESAR
	– Consulship of Marius	–
Born Jan. 3	– Pompey born Sept. 30	–
105	–	– 105
	– Marius reorganizes the army	–
	–	–
Brother Quintus born	– Marius defeats Cimbri	– Born July 12
	– Marius defeats Teutones	–
100	–	– 100

CICERO		CAESAR
90 Assumes toga virilis	–	– 90
In army under Pompey Sr.	– End of War of Italian allies: Pompey serves under father	–
Study with Philo, Molo	– First Mithridatic War begins	– Pupil of Gnipho, perhaps with Cicero
	–	– Assumes toga virilis
	–	–
85	–	– 85
	– End of First Mithridatic War	–
	– Sulla back in Italy, Pompey lends support	–
	– Pompey defeats Marians in Africa	–
First extant speech, pro Quinctio	– Pompey named *Magnus* by Sulla	–
80 Pro Roscio	– Pompey's triumph while equestrian	– 80
Study in Greece	–	–
Travel in the East	– Sulla dies	–
Marries Terentia	–	–
Tullia born	– Pompey "proconsul" in Spain against Sertorius	–
75 Quaestor in W. Sicily	–	– Study in Rhodes w. Molo 75
Admitted to Senate	–	–

20

	Cicero	Pompey	Caesar	
		Pompey in Italy, defeats slave fugitives. — 2nd triumph		
70	Prosecutes Verres	Pompey and Crassus consuls	Supports Pompey, Crassus	**70**
	Aedileship			
	First extant letter		Quaestor in Spain	
		Gabinian law gives Pompey command against pirates	Marries Pompeia	
	Praetorship: *pro Pompei imperio*	Manilian law gives Pompey command against Mithridates		
65	Son Marcus born	Pompey defeats Mithridates		**65**
	Elected consul	Pompey makes Syria a Roman province	Supports Catiline for consul	
	Consulship: Catilinarian conspiracy	Pompey captures Jerusalem. Octavian born Sept. 23	Elected praetor	
	Pro Archia	Pompey home. Bona Dea scandal	Praetorship	
	Witness against Clodius	Pompey's 3rd triumph	Propraetor in Spain	
60		1st triumvirate: Pompey, Crassus, Caesar		**60**
		Pompey marries Julia. Clodius moves against Cicero	Consul w. Bibulus	
	Exile in Thessalonica		Proconsul in Gaul: Helvetians, Ariovistus	
	Recalled from exile		Defeats Belgians, annexes Gaul	
		Pompey, Caesar meet at Luca, renew triumvirate	Veneti	
55		Pompey, Crassus again consuls	Germany, Britain	**55**
	Quintus goes to Gaul	Pompey named proconsul, remains in Rome. Julia dies	Invasion of Britain	
	Elected augur	Clodius killed. Crassus killed in East	Pursues Ambiorix	
	Speech for Milo		Defeats Vercingetorix	
	Proconsul in Cilicia		Publishes *Commentaries*	
50	Back in Italy	Pompey opposes Caesar for consul	Surrenders 2 legions to Pompey	**50**
	Joins Pompey in Greece	Pompey in command against Caesar: retreats to Greece	Crosses Rubicon, gains control of Italy	
	Refuses to lead Pompeians	Pompey defeated at Pharsalus, flees to Egypt, murdered Sept. 28	Consul: defeats Pompey	
	Returns to Rome w. Caesar's permission		Egypt, Asia Minor; returns to Rome	
	Divorces Terentia, marries Publilia	Caesar's four-fold triumph	Consul: defeats Pompeians at Thapsus	
45	Tullia dies; divorces Publilia		Consul: defeats Sex. Pompey at Munda	**45**
	Philippics against Antony		Dictator for life: slain Mar. 15	
	Killed Dec. 7 by order of triumvirs	2nd triumvirate: Antony, Lepidus, Octavian		

Cicero

BIOGRAPHY

Family

The Cicero family was of old Italian stock; from the earliest times it was settled near Arpinum, an ancient town about sixty miles southeast of Rome, in the Volscian territory. Arpinum had been conquered by the Romans in 305 B.C.; its inhabitants received full rights of Roman citizenship in 188 B.C. The ancestral estate of the Ciceros lay in the valley of the Liris three miles upstream from the hill on which Arpinum stood. In an imaginary conversation with Atticus, Cicero in one of his writings points out the very spot where the house stood: an island formed by two branches of the icy mountain stream, the Fibrenus, where it joins the Liris. Here Marcus Tullius Cicero was born on January 3, 106 B.C.

Cicero liked to apply to his native place one line from the *Odyssey*: "A rugged soil, yet nurse of hardy sons"; for another famous son of this district was Marius, the people's soldier and spokesman in Cicero's boyhood. Stories of his exploits were woven into the early years of lads like young Marcus, and the grown-up Cicero could point out a huge old tree near his home which was known as "the Marian oak."

Marcus's grandfather, still living in the boy's youth, was prominent in the affairs of Arpinum. He was an old-school Italian, who used to growl, "The more Greek a fellow knows, the bigger scoundrel he'll be." His son, Marcus's father, as often happens, was the opposite of the crusty grandfather; he was frail in health and studious in the very things ridiculed by the old man. The family had enough means to qualify him as a member of the equestrian order, the businessmen and financiers of the late Republic. Moreover, he enjoyed the friendship of prominent men at Rome.

23

Boyhood

Cicero's father saw in his son, as he outgrew babyhood, promise of the ability to make a place for himself in the great world of affairs that was Rome. Therefore, when the boy was about eight years old [age 8] and his brother Quintus was four, he bought a house on the southwest slope of the Esquiline and moved to the city to give his sons the best educational advantages possible. The section, filled with whitewashed sun-dried brick dwellings, had once been fashionable; and a few noble families still remained, because they could not afford the newer Palatine area, such as Caesar's family who lived just below the Ciceros in the shop district of the Subura.

Among Marcus's earliest teachers was the famous Archias, who wakened in the boy a lifelong love for literature and for clothing thought with words of poetic artisty. For a time, then, the brothers had various teachers recommended to their father by the great orator of the day, M. Licinius Crassus.

Youth

In his seventeenth year, 90 B.C., Marcus assumed [age 16] the *toga virilis* that marked a boy's entrance into young manhood, and became a constant attendant in the Forum. In the Roman Republic the Forum was a chief means of acquiring a liberal education. Here was the Rostra, from which orators addressed the people on every subject of public interest; here the courts,

MONUMENTUM CICERONIS
PROPE ARPINUM

where the most distinguished jurists and trial lawyers of the time could be seen and heard in action; here also, the places of business where every kind of financial enterprise in the Roman world was centered. To the Forum one went to hear the latest news and to meet men from every nation of the known world. During Cicero's lifetime Caesar began the practice of posting in the Forum a list of daily events, a bulletin that was a forerunner of our modern newspapers.

Young Cicero was no idle spectator. There were no law schools in ancient Rome; instead, a youth looking forward to public life served an apprenticeship with a successful lawyer, and Cicero's father therefore put his son into the hands of the renowned and learned Q. Mucius Scaevola. Thereafter, he was expected to accompany Scaevola on all occasions; by means of the association he accumulated a rich store of legal information and priceless experiences. A fellow student of these years, named Titus Pomponius, became a lifelong friend of Cicero.

At the same time that he attended Scaevola Cicero also pursued regular studies with steady industry, for a really successful lawyer in his day had to have a broad liberal education. Cicero set himself to learn philosophy (and that term included all branches of science), mathematics, and literature, as well as to gain thorough training in all aspects of public speaking. His

25

ADULESCENS ROMANUS

ambition, as he tells us, was the wit, grace, learning, and urbanity of a world citizen.

These peacetime pursuits were interrupted in 89 B.C. by army service. The states and municipalities of Italy had taken up arms to enforce a demand for civil rights, a struggle called the war of the allies, the Social War. Cicero served [age 17] under Pompey the Great's father in northern Italy, where the general was conducting a successful campaign. Roman forces finally suppressed the rebellion; at the end of the fighting, the rest of Italy was granted the very civil rights for which it had been contending.

On his return to Rome, Cicero for six years continued to devote himself to the study of logic, literary composition, philosophy, and public speaking under the most eminent teachers, including Philo and Molo. One of his philosophy teachers — Diodotus the Stoic — was afterwards a member of Cicero's household until his death. Every day, Cicero informs us, he practiced speaking, sometimes in Latin, often in Greek. He also made translations from Greek authors, composed verse (not very good, to be sure), and published an article on the principles of speech writing and delivery, called *rhetoric* by the Greeks and Romans.

The perfectionist in this ambitious youth made him determined not to let people see his student efforts, practicing in the Forum as most men did; he intended to enter the Forum already fully trained. Absorbed in his studies, he passed unharmed through the terrible period of civil war between Sulla and Marius, though he and his generation could never forget the horror of wholesale legal murder as first one side, then the other, gained control of the state.

26

Professional career

Cicero was twenty-five years old when he began to appear [age 25] in the courts — and remember that these were conducted in public in the Forum — as a trial lawyer. The most notable of these early bar appearances was to defend Sextus Roscius. Roscius was a small landholder of Ameria, the son of a man killed by agents of a freedman of Sulla in order to get his property. When the son tried to defend his rights, the freedman — Chrysogonus — had him accused of his father's murder. Older lawyers were afraid of the case, for it required courage to risk making an enemy of the short-tempered old dictator, Sulla, who was then supreme. The young orator, however, maintained his side with tact as well as vehemence, and won his case.

Looking back on that early success, Cicero said (we can understand and pardon his pride), "It won such favorable comment that I was thought not incompetent to handle any sort of litigation. There followed many other cases which I brought into court, carefully worked out and 'smelling of the midnight oil.'"

Since young Cicero was something of a puritan, in addition to being extremely ambitious, his schedule left no room for relaxation. Not only did he study late every night to prepare his briefs, but he also threw himself into the speech itself with his whole might, using his voice at full force as well as much bodily action. His health began to suffer from the physical strain. When at length he accepted — and won — another politically dangerous case, the defence of a woman of Arretium whose right to citizenship had been challenged, he decided to take a vacation away from Rome. It would

FORUM ROMANUM

be a chance to regain his health and at the same time give his training the final polish of study abroad.

Accordingly, Cicero [age 27], his brother Quintus (for whom he showed a brotherly concern all his life), and a cousin set out in 79 B.C. Five days on horseback took them by the Appian Way to Brundisium, the usual port of embarkation for Greece. From there they sailed across the Adriatic and then journeyed on to Athens. There Cicero eagerly renewed a youthful friendship: his student comrade Pomponius had gone to Greece during the fatal strife of Marius and Sulla, and became such a scholar that he was affectionately known as Atticus — "the Athenian" — the rest of his life.

In Athens Cicero attended lectures in rhetoric and philosophy. While he was extending his learning in these fields, he also studied with the famous comedy actor Roscius in order to perfect his technique in the use of gestures, bodily action, and voice control. A little later he traveled in Asia Minor and spent some time at Rhodes with Apollonius Molo, the famous teacher under whom he had previously studied speech composition and delivery at Rome. Molo in particular helped him to learn restraint and to avoid the flowery excesses of language that come easily to an enthusiastic young writer.

IMAGO CICERONIS

Cicero [age 29] finally returned home, after an absence of two years, not only recovered in health but greatly improved in his style of speaking. He says he went away a spindling youth with a long thin neck and a nervous, rather monotonous speaking voice — doubtless he did himself less than justice. At any rate he had now filled out to a handsome figure and clean

AEDES OSTIAE

29

NUPTIAE ROMANAE

good looks, with an intelligent face, a lively smile, bright eyes, an air of thoughtfulness, poised bearing, a sparkling wit, and a voice that had a trained actor's range of expressiveness.

Cicero must have married soon after his return from the East. The man of twenty-nine wedded, as was usual in Roman first marriages, a girl of fourteen or fifteen named Terentia. Terentia was not especially beautiful, but she had a wholesome look, she brought him substantial property, she was an energetic and capable manager of his household, and she was as ambitious as he for his success in his profession. Early in the marriage a daughter was born to the couple, Cicero's dearly loved "little Tullia" — he called her by the pet name even when she was a grown married woman.

Meantime, Cicero's abilities in court soon made his name one of the best known in Rome, though quite naturally he still looked up almost reverently to the men ten or fifteen years older who were at the top of the profession. Yet while he was admiring the finished technique of C. Aurelius Cotta or Quintus Hortensius, he himself was attracting a circle of younger admirers, youths just entering manhood; one of them, whom he scarcely noticed at the time, was named C. Julius Caesar.

The age of thirty qualified Roman citizens to stand for the first of a succession of public offices culminating in the consulship. Accordingly, Cicero [age 30] in 76 B.C. presented himself as a candidate for the quaestorship — quaestors were financial administrators — and was elected with flattering popularity. His term [age 31] the next year was spent in Sicily on the staff of the propraetor Sextus Peducaeus. He performed the duties assigned him with strict justice and integrity, not very common virtues among Roman

31

provincial officials of the period. The episode of which he was proudest, however, had nothing to do with his job. He knew from his studies that the famous mathematician Archimedes was buried in Syracuse, and he wanted to visit the tomb. But the city officials did not know its location. With scholarly zest Cicero undertook — successfully — to find the site and ever afterward was fond of making references to his rediscovery of the tomb of Archimedes.

Prosecution of Verres

Cicero returned from Sicily with many expressions of goodwill from the islanders. Five years later, in 70 B.C., he [age 36] was asked to prosecute the case of the Sicilians against Gaius Verres, who served as governor of the island 73–71 B.C. (he had stayed on because of Spartacus's slave revolt at home) and was now being charged with maladministration. Probably Verres was not much worse than most governors; at any rate, prominent men at Rome, who had themselves been provincial governors, or who yet looked forward to a lucrative term in a rich province, found it to their interest to side with Verres. The impeached ex-governor retained as his lawyer the mighty Hortensius, then at the height of his career.

Cicero found every obstacle that bribery or influence could raise, thrown in his way. Verres's lawyers tried to get the case put over to the next year, when a personal friend would be praetor and therefore the judge. The ex-governor used bribery and threats to impede bringing evidence and

SCAENA COMICA

TEMPLUM HERCULIS
AGRIGENTI

witnesses from Sicily. He tried to discredit Cicero by using his money and influence to get the young lawyer defeated in his campaign to be elected an aedile.

With tireless persistence, however, Cicero surmounted each difficulty and came to the trial on August 5 with an airtight case. His work proved so well done, in fact, that Hortensius abandoned the defence when only part of the evidence had been presented. Verres hastily left Rome before an official sentence of exile could be pronounced.

Moreover, Cicero won election to the post of aedile for the following year, 69 B.C., by a large vote. Aediles were commissioners of public works; among other duties, they were expected to celebrate public games with lavish expenditure of their own money. A big display was considered necessary to win popular favor in a man's next candidacy. Cicero's puritan standards, as well as moderate means, led him [age 37] to substitute drama for some of the gladiatorial shows. However, he offset the disappointment of the populace by using cattle from the grateful Sicilians to supply free meat, a luxury to most people in ancient Rome. In 67 B.C. he was elected [age 39] to the office of praetor by a large vote.

33

IMAGO Q. HORTENSI
HORTALI ORATORIS

Praetorship

The year [age 40] of Cicero's praetorship — 66 — was a very busy year. The office required him to serve as chief magistrate for the administration of justice in civil cases and also to preside at the trial of such criminal cases as might be assigned to him.

Perhaps the most notable event for Cicero in 66 B.C., however, was a political speech. It marked his first appearance on the Rostra, the official speaker's platform in the Forum. The speech was delivered in behalf of a bill proposed by the tribune Gaius Manilius to give Pompey very broad military powers to fight Mithridates, in the East. The senatorial party did not like Pompey and opposed putting so much authority into his hands. On the other hand, Pompey was the idol of the people, the hero of the hour. Though the conservative-minded Cicero was really more in sympathy with

IMAGO CN. POMPEI
MAGNI IMPERATORIS

34

the principles of the senatorial party, yet Pompey belonged to his own equestrian class, and supporting Pompey's cause certainly would not hurt his own popularity when he ran for the consulship in two years' time. Moreover, if military authority was going to continue to affect Roman political life, it would be useful to have Pompey's friendship.

At the end of his term as praetor Cicero declined [**age 41**] the governorship of a province. Instead he directed all his energies toward keeping his name before the people and winning the consulship, last and highest of the offices in the *cursus honorum*. He threw himself into a series of famous cases: C. Cornelius, accused of high treason; Cluentius Avitus, accused by his mother of poisoning his father-in-law; Manilius, accused by Pompey's political enemies of misconduct in office. He was even approached to defend L. Sergius Catiline, back from a term as governor in Africa and accused of extortion, but for some reason did not handle the case.

These were also years of great personal satisfaction. The longed-for son was finally born to Cicero and Terentia; he felt himself able to acquire two country estates, which were favorite retreats the rest of his life, at Formiae on the Bay of Naples and at Tusculum in the Latin hills; he saw his brother Quintus elected aedile; he made an outstanding match by betrothing Tullia to C. Calpurnius Piso, a respected member of an old and noble family. In many ways these were the last peaceful years Cicero was to know.

Cicero [**age 42**] in 64 B.C. reached the minimum age to become a candidate for the consulship and began to campaign in earnest. There were six candidates besides Cicero, including Gaius Antonius — an uncle of the famous Mark Antony — and Catiline. Antonius and Catiline decided to combine their forces. Though it did not come out till later, they had powerful backing — Marcus Crassus, who was reputed to be the wealthiest man in Rome, and Julius Caesar, who was becoming an astute political organizer.

SITUS ROSTRORUM

In aiming for the consulship Cicero faced deep-seated prejudice against a "new man," a political newcomer from outside the ranks of the ruling nobility who called themselves Optimates, the "best people." Catiline, himself a member by birth of this oligarchy, taunted his opponent with being "that immigrant from Arpinum." On his part Cicero attacked the character of his opponent in a speech called "In the White Toga" (the white toga was the distinguishing dress of candidates for office) in language that a modern politician would hardly dare to use.

In the end Cicero won partly because he seemed the lesser of two evils, though this does not lessen the remarkable achievement of being the first "new man" in thirty years to become consul. The nobility with their hordes of retainers who would normally have preferred Catiline were frightened by speeches in which he was making wild promises of debt cancellation and similar radical measures, to gain the people's support. Cicero's majority was overwhelming. Antonius, who received a few more votes than Catiline, became Cicero's colleague. The new consuls entered office on January 1, 63 B.C.

Consulship

His year [age 43] as consul involved Cicero in one crisis after another. At the very beginning an important question of public policy presented him with a dilemma. In December the tribune Rullus proposed a scheme for buying up land in Italy on which to settle poor people from Rome. If Cicero opposed the bill he would jeopardize his standing with the masses; if he supported the bill he would alienate the senatorial party who were his natural partners in the business of government. Yet he had to commit himself one way or the other.

In the crisis Cicero took the stand he believed to be in the best interests of the state; he spoke against the bill, first in the senate and afterwards before the people. Once more his power as a public speaker saved the day, for he persuaded the people that the bill was unwise, without losing popular support. His power over the masses was shown a short time later

VIA ROMANA
AD TUSCULUM

37

when he quelled an uproar over L. Roscius Otho's proposal to reserve special seats at public shows for members of the equestrian order.

Then Gaius Rabirius, one of the few surviving senators who had been present when a mob killed a tribune named Saturninus during a time of martial law thirty-seven years before, was for political reasons charged with the crime. Cicero undertook to defend him in a citizen assembly; the trial was interrupted by a technical move, and never resumed. He also had to oppose a bill to restore political rights to the children of those executed under Sulla, because he felt that it would open the way to dangerous disturbances.

The greatest excitement of the year, however, was the discovery that Catiline had set a date in October to seize power in a *coup d'état*. This brilliant, ambitious, reckless patrician had tried again and again to get into power. Since he had failed to achieve his goal by legitimate means, he was ready to try revolution. Cicero learned of his plans through the mistress of one of the conspirators and then by a fortunate chance managed to get possession of damaging letters. As his crowning achievement he persuaded the senate to vote the death penalty for the five conspirators left in the city; Catiline was slain with his miserable army a few weeks later.

The night he saw the conspirators die in the Mamertine prison was the high point of Cicero's career, a night of glorious triumph when he was acclaimed "father of his country" and its savior. He was to learn how fleeting glory can be.

SERVULUS

Career in the senate

After his year in office Cicero again declined the governorship of a province. Instead, he [**age 44**] turned his attention to making himself an influential voice in the senate and at the same time continued his practice as a trial lawyer. The year 62 B.C. produced an event that was to affect Cicero's life profoundly. The mysteries of the Bona Dea were a religious rite from which men were rigorously excluded. The husband had to sleep elsewhere that night, male servants were excluded, even male animals in the household were banished. That year the ceremony took place in the house of the pontifex maximus, Julius Caesar. P. Clodius Pulcher, a dissolute young patrician (he belonged to the famous Claudian house, but affected the spelling Clodius for his name), disguised himself as a female musician and managed to get into the house. He was discovered, but made his escape.

The act had serious implications. In the eyes of Roman society he had committed a sacrilege, and the case came before the senate. There the matter was referred to the board of pontiffs, who decided that sacrilege had indeed been committed. At the trial which followed, Clodius intended to plead that he was away from the city on the day of the festival; Cicero [**age 45**] however testified that he had seen Clodius in Rome only three hours before the alleged discovery of the defendant at the ceremonies. Clodius resorted to bribery and threats of revenge to gain an acquittal.

39

Afterwards Cicero attacked his conduct with sarcastic ridicule in the senate. Clodius thenceforth was an avowed and dangerous personal enemy of the famous orator, all the more bitter because as an adolescent he had been an admirer of Cicero.

PINDUS MONS

Exile

Meanwhile, Pompey returned from the East, loaded with spoils. But though a brilliant general, Pompey lacked political shrewdness necessary to gain much benefit from his immense popularity. He was drawn into a power coalition, called the first triumvirate, made up of himself, Crassus, and Caesar.

Of course the triumvirate was not an official association; it was not even known to people for a long time. Rather, it was a private deal among the strong men of Rome to further their individual ambitions. Cicero's relations [age 46] to the triumvirate were uneasy. Pompey he supposed was his defender, but that support was not always in evidence. In spite of mutual attraction, Cicero distrusted Caesar's ambition and readiness to by-pass constitutional procedures. The record in some respects seems to show that Caesar did try to win the orator from his suspicious aloofness; in other respects, that he was an active instigator of the next event in Cicero's life.

At any rate, it was Caesar who helped Clodius secure adoption into a plebeian family, to make him eligible for the office of tribune of the people. Clodius managed to get elected to the office for the year 58. Early in the year he proposed a bill to the effect that anyone who put Roman citizens to death without a trial in a citizen assembly should be forbidden access to fire and water: *ut ei aqua et ignis interdiceretur,* the formula of banishment.

The bill was of course aimed at Cicero, who had carried out the execution of the Catilinarian conspirators with senate approval but without an opportunity for appeal to a citizen assembly. Cicero [**age 48**] put on mourning and appeared in public as a suppliant. Some citizens, particularly from the equestrian order and from a circle of young admirers, joined him. Nevertheless, the unrelenting enmity of the tribune prevailed over the passing sympathy of the public. In the latter part of March, 58 B.C., Cicero left Rome. He went first to Vibo, then by way of Tarentum to Brundisium, and across the Adriatic to Greece and to Thessalonica. Immediately after his departure a formal decree of banishment was passed, forbidding him to live within four hundred miles of the city. Clodius led a mob in the wanton burning of Cicero's houses on the Palatine and on his estates at Formiae and Tusculum.

TARENTUM

Recall

At first the exile was plunged into despair; his spirit seemed completely broken. Yet within three months after he had gone his friends began to agitate the subject of his return. The consuls and the tribunes of the year 57 were well disposed toward him. The triumvirs viewed with disgust the increasing turbulence of Clodius, whose band of armed gladiators kept the city in an uproar much of the time. Pompey became an avowed sponsor of the movement to recall Cicero.

At length the senate approved a proposal that voters from all parts of Italy should be invited to Rome to unite in passing a bill for the orator's recall. The proposed measure was submitted to the *comitia centuriata* on August 4, 57 B.C. and carried by a large majority. Cicero [**age 49**] had already come as far as Dyrrachium in the previous November. On the very

41

PENATES DOMESTICI

day of the assembly he crossed over to Brundisium, where his daughter met him. With her he proceeded by easy stages to Rome.

The trip was like a triumphal procession: he was received with congratulations and distinguished honor in the towns along the way. At Rome he was welcomed with extravagant demonstrations of joy. His house on the Palatine and his villas were ordered rebuilt at public expense.

But the city was not Cicero's Rome of old. The triumvirs were all-powerful. They did not consider the orator necessary to their councils, yet to all outward appearances he was friendly toward them. In their interest, as he himself wrote in a personal letter, he defended in the courts men to whom he had formerly been unfriendly. Intervals of leisure in his law practice were devoted to writing. In 53 B.C. he was chosen [**age 53**] augur, taking the place of young Crassus, slain along with his father in a disastrous military debacle in the East.

Defence of Milo

On January 20, 52 B.C., a fight took place between armed bands of Clodius and of Milo at Bovillae on the Appian Way, ten miles from Rome. Clodius was wounded and taken into a nearby house; by Milo's orders he was dragged out again and put to death in the roadway. Clodius's partisans carried the body to Rome and stirred the populace up to a state of explosive feelings. They destroyed the senate house in the Forum to make a funeral pyre for the dead Clodius.

Milo's trial for the murder of Clodius was set for April before a military court, since rioting prevented a regular election the previous year and Pompey had been appointed by the senate to restore order. Cicero [age 54] undertook the defence of Milo. The adherents of Clodius created more disturbances, and Pompey filled the Forum with soldiers to prevent interruption of the trial. Three days passed in the examination of witnesses. On the fourth day Cicero was to deliver his speech; but in the confusion and unsympathetic setting he never gained control of his listeners and was able to give only an inadequate part of what he had planned to say. Afterward he wrote out the speech in full and sent it to Milo, who had gone into exile at Massilia.

Governorship in Cilicia

In the same year — 52 — a law was passed that a consul or praetor could not take the governorship of a province until five years after the expiration of his term in office. In the meantime provinces were assigned to ex-praetors and ex-consuls who had not yet served as provincial governors. To Cicero was allotted the district of Cilicia and the surrounding region, in Asia Minor.

VIA SACRA ET PALATIUM

FAUCES
CILICIAE

He entered [**age 55**] upon his duties on the last day of July, 51 B.C. He administered the affairs of the province fairly and efficiently, though provincial administration — as he expected — was not at all to his liking. With the help of his brother Quintus, an experienced officer, some of the mountain tribes along the Syrian frontier were subdued; and Cicero was human enough to desire an official triumph. He set out [**age 56**] for Rome the very day the year of his appointment was completed, and arrived in the city on January 4, 49 B.C.

Last years

Cicero returned on the eve of the outbreak of civil war between Caesar and Pompey. He tried — vainly — to bring about a reconciliation between them, and when he failed in that attempt, hesitated long over choosing sides. The letters of this period (Letters 16–20) vividly reflect Cicero's problem: he thought Caesar likely to win, but preferred Pompey's cause. In the end, he cast his lot with Pompey. He went to Greece in June; he [**age 57**] appears to have been with Pompey from early in 48 B.C. till the battle of Pharsalus on August 9. In November he returned to Brundisium; there he remained nearly a year, until finally Caesar returned from the East and he was assured there would be no reprisals for having preferred Pompey. One can hardly doubt that, while Caesar would not let Cicero or anybody else stand in his way, yet he never forgot his youthful hero worship or ceased to admire the older man.

The last four years of Cicero's life were, on the one hand, filled with writing on various scholarly subjects and, on the other, troubled by one domestic crisis after another. In 46 B.C. he [**age 60**] divorced his wife Terentia after nearly thirty-five years of marriage; she appears to have been a high-spirited woman, rich in her own right and a determined manager

MUNITIO

of affairs. The divorce left Cicero financially embarrassed, and he [**age 61**]
married Publilia, a wealthy girl for whom he had been acting as guardian.
This marriage was soon dissolved because the bride, younger than Cicero's
beloved daughter Tullia, quite understandably felt no grief when Tullia died,
and Cicero could not forgive her for the slight.

Cicero spent much of the time in 45 B.C. in the villa at Tusculum, which
had been furnished beautifully and even lavishly with works of art from
Greece. He gave himself to writing and delighted in being the center of
an admiring band of young idealists who frequently came down from Rome
to visit the great man. The conversations of the Tusculan disputations are
based on some of these engrossing discussions. They give us a glimpse of
Cicero expounding his concepts of freedom under constitutional government
and — knowingly or unknowingly — planting the seeds that would bear
fruit in Caesar's death. Cicero did not have the insight to understand that
removing the dictator would not restore freedom if underlying disorders of
society remained untouched.

Tullia's death, which occurred early in 45 B.C., was a heavy blow to
Cicero. His letters show that he was very deeply attached to her, and the
tragedy left him crushed. For a time he retired to a secluded villa at Astura
and gave himself up to grief. He plunged into an intensive program of
writing to keep from thinking about his loss.

AMPHITHEATRUM TUSCULANUM

FUNUS ROMANUM

Death

On March 15, 44 B.C., Caesar died in the hall of a building donated by Pompey, slain by the daggers of a band of men who believed themselves patriots and liberators of the state. Cicero [age 62] was in full sympathy with the assassination, although he had been kept in ignorance of actual plans. In the reaction against the conspirators, he thought it unsafe for him to remain in Italy and started for Greece. But as the ship touched at Regium, he heard that there was the prospect of a reconciliation between Antony and the party of the senate; he returned to Rome immediately.

IMAGO OCTAVIANI
ADULESCENTIS

IMAGO M. ANTONI

47

SEPULCRUM CICERONIS
APUD FORMIAS

The hope of a peaceful solution proved vain. Antony left the city, while Octavian remained and gradually acquired control of affairs. For one final brief hour Cicero found himself in a position of influence, the favorite of the people. He [age 63] attacked Antony before the senate and from the Rostra, in what have come down to us as the Philippic orations. Then the coalition of Antony with Lepidus, and a little later with Octavian, ended the dream of a return to constitutional liberty.

In the latter part of November, 43 B.C., the new triumvirs made out their proscription list. On it appeared the names of seventeen men who were to be put out of the way at once, and Cicero's name was among them. The tradition is that for two days Octavian tried to save him, but Antony was adamant. Cicero fled to Antium and boarded a ship, but adverse winds prevented escape. Seasick, weary, and old, he disembarked and went to his villa at Formiae, resolved to meet his fate.

On December 7 Antony's band arrived — the leader was a man Cicero had defended in court on a murder charge. Cicero's slaves put their master in a litter and set off through the woods to the seashore, a mile away. The pathetic party was soon overtaken. The slaves prepared to fight, but Cicero bade them be quiet and put his head out of the litter. The executioners struck off his head and hands, took them back to Rome, and — by Antony's orders — nailed them to the Rostra, scene of so many of Cicero's triumphs.

CICERO THE ORATOR

Oratory in ancient life

No clear understanding of the personality and the achievements of Cicero is possible without some knowledge of the art of public speaking as it was practiced in ancient times and of the place of oratory in politics and in judicial procedure.

We must remember, first, that the number of voters in ancient states formed only a small minority of the total number of inhabitants; almost the entire rural population and a large portion of the urban population was made up of slaves and laborers without political rights. Citizens consisted of a small body of free men, for the most part concentrated in metropolitan centers. An orator, speaking in the open air in a city, might gather almost all of the state's voters within the sound of his voice. Furthermore, in ancient democracies, bills and other proposals were submitted, not to elected representatives of the people, but to the citizens themselves — they acted directly in deciding the most important issues. The immense power wielded today through the mass media — newspapers, magazines, radio, and television — belonged in ancient times to the orator.

In these circumstances, oratory as an art and a literary form was refined in the highest degree. It came to be a distinct type of literature, with its own traditions, its own laws of structure, its own principles of composition. Mastery of the art of oratory was an ambitious man's road to advancement, because it was the tool by which he molded public opinion among those whose vote decided the affairs of state. Even legal procedures and the method of conducting trials put a premium in ancient times on ability to sway the thoughts and emotions of a crowd.

Greek oratory

The history of ancient oratory begins in early Greek city-states: the practice of oratory is implicit even in Homer's poems. To Athens, however, belongs the glory of producing the first great orators. Among her early leaders, for example, Themistocles and Pericles were as famous for their eloquence as for their statesmanship.

The treatment of oratory as an art, under the name of rhetoric, began in Sicily in the first half of the fifth century B.C., with the expulsion of absolute rulers from Agrigentum and Syracuse and the establishment of democracies. Gorgias was the greatest of the Sicilian teachers of oratory; he emphasized

MAGISTER GRAECUS

IMAGO DEMOSTHENIS
ORATORIS

poetic coloring in the choice of language for public speaking. Sophists, who were in the forefront of philosophic thinking in the same period, were responsible for concentrating attention on fine distinctions in the meaning of words and on careful construction of language.

The golden age of Greek oratory came in the fourth century B.C. Later rhetoricians reckoned ten masters of the age: Aeschines, Andocides, Antiphon, Deinarchus, Demosthenes, Hyperides, Isaeus, Isocrates, Lycurgus, and Lysias. Among these, Demosthenes was set apart as the greatest of them all. After his death in 322 B.C., a new kind of oratory developed in the Greek cities of western Asia Minor, a more ornate and artificial type. It was known as the Asiatic style, in contrast to the earlier Attic style.

Roman oratory

Public speaking was also practiced from early times in Rome, but the flourishing era of Roman oratory began with the end of the second Punic war and ended with the establishment of the empire, an age lasting almost two hundred years. The figure of Cato the Censor, whose unpolished but

50

effective oratory reflected his uncompromising sturdiness of character, dominated the earliest period in the Roman age of great orators. At this time Greek culture was exerting more and more influence on Roman life, but apparently in oratory there was no study of Greek models.

The second period extended from the time of the Gracchi to that of Marcus Antonius (grandfather of Mark Antony) and L. Licinius Crassus, who advised Cicero's father in the choice of some of Marcus's early teachers. Greek orators were now studied, and Greek teachers of rhetoric were common in Rome; but as yet there was little deliberate effort to imitate Greek models.

In the third period of Roman oratory, rhetoric as well as other fields of literature and art took Greek models as the standard of excellence. Greek teachers of oratory abounded everywhere. The only question was whether a speaker should follow the Attic or the Asiatic style, and this question each Roman settled for himself. Hortensius preferred the flowery exuberance of the Asiatic style; Cicero's taste inclined to the direct simplicity of the Attic style, though he too learned enough from the other school to give his speaking rich, carefully developed expression.

The model speech

By Cicero's time the theory of oratory had been worked out with such thoroughness that modern literary criticism has added little to it. The content of speeches was classified under three kinds: demonstrative, employed in praising or criticising someone; deliberative, used to support or attack some measure or proposal; and juridical, employed in the courts.

Five qualities were considered essential to the ideal orator: invention, the power to gather facts and line up arguments; disposition, the ability to arrange contents in the most effective order; expression, the choice of words most suitable to the thought and the occasion; memory, the firm grasp of content, words, and arrangement; and delivery, the perfect control of voice, features, gestures, and bodily movement to reinforce each phase of the speech.

AD FRUMENTUM METIENDUM

A typical oration consisted of six parts:

    I. Exordium, an introduction designed to win the favorable attention of an audience, in two steps:
        A. **Principium,** the opening remarks
        B. **Insinuatio,** language used skillfully to remove prejudices and put an audience in a receptive mood
    II. Narratio, a summary of the facts leading up to the point at issue
    III. Partitio, or **divisio,** an outline of the proposed treatment of the theme or the point to be proved
    IV. Confirmatio, an affirmative argument setting forth the points on the speaker's side of the case
    V. Refutatio, or **reprehensio,** a rebuttal refuting the arguments of the opposite side
    VI. Peroratio, or **conclusio,** the conclusion bringing the address to an impressive close, sometimes divided into three parts:
        A. **Enumeratio,** a brief recapitulation of the speaker's points
        B. **Indignatio,** an outburst of anger or some other strong emotion to arouse the audience against the opposition
        C. **Conquestio,** an appeal to the sympathies of the audience

According to modern ideas of speech outlining, these divisions may conveniently be grouped thus:

    I. Introduction
        A. Exordium
        B. Narratio
    II. Body
        A. Partitio
        B. Confirmatio
        C. Refutatio
    III. Conclusion: Peroratio

Careful rules were laid down by the masters for handling each division. Of course a speaker might not adhere rigidly to the rules, yet they were regarded as the norm and were followed in general. Personal attacks were most likely to depart from the typical oration; thus, the orations against Catiline show marked deviations. On the other hand, Cicero's speeches of a more quiet tone, such as the one in favor of Pompey's commission, follow the model for the most part.

Cicero's qualifications

Undoubtedly Cicero was endowed with natural gifts to make him a great orator. He was born with an active mind and a high degree of intelligence;

he had a warm nature with intense feelings that were readily communicated to others. A good education equipped him with a broad variety of cultural interests, a marvelous command of language, an artistic feeling for literary form, and a memory stored with something like an encyclopedic knowledge of ancient branches of learning. Furthermore, in maturity he had good looks and a handsome figure, sparkling vitality, and a keen sense of humor — students plodding through the Catilinarian orations all too seldom find out that Cicero was known to his contemporaries as the wittiest man of his time.

But Cicero also made the most of his gifts. From early youth, fired with the ambition to become the leading public speaker of his day, he set before

himself the highest goals. He devoted himself to his studies with single-minded determination; he practiced with untiring energy; he made the fullest possible use of every opportunity to improve himself. His efforts were not wasted — the verdict of the ages places his name, along with that of Demosthenes, above all other ancient orators.

Cicero's orations

Cicero published the texts of more than a hundred speeches. Of these, fifty-seven are still in existence, covering a span of nearly forty years, 81–43 B.C. Fragments of twenty others remain, and the titles of thirty more are known. The date and general theme of the surviving orations are as follows:

SPEECHES IN COURT CASES

In civil suits

1. For Quinctius, 81 B.C., in connection with a suit for a debt
2. For Roscius the comedian, 76 B.C., in a case concerning damages for the death of a slave

3. For Tullius, 72 or 71 B.C., in a suit for damages in the destruction of property
4. For Caecina, 69 B.C., in a suit over an inheritance

In criminal trials

1. For Roscius of Ameria, 80 B.C., accused of parricide
2. Against Caecilius, 70 B.C., to get him disqualified as the prosecutor of Verres
3. Against Verres (see page 205), 70 B.C., impeaching him for extortion during a term as governor of Sicily (Six speeches were prepared, but only one was delivered.)
4. For Fonteius, 69 B.C., accused of extortion while a provincial official
5. For Cluentius, 66 B.C., accused of a poisoning
6. For Rabirius, 63 B.C., accused of being an accessory in the killing of Saturninus 37 years earlier
7. For Murena, 63 B.C., accused of corrupt canvassing for votes
8. For Cornelius Sulla, 62 B.C., accused of complicity in the Catilinarian conspiracy
9. For Archias (see page 183), 62 B.C., charged with illegally assuming the rights of citizenship

55

10. For Valerius Flaccus, 59 B.C., accused of extortion while a provincial official
11. For Sestius, 56 B.C., accused of violence
12. Against Vatinius, 56 B.C., charging him with tampering with a witness in the case of Sestius
13. For Caelius, 56 B.C., accused of treasonable intrigue
14. For Cornelius Balbus, 56 B.C., charged with illegally assuming the rights of citizenship
15. For Plancius, 54 B.C., accused of bribery
16. For Rabirius Postumus, 54 B.C., accused of extortion
17. For Milo, 52 B.C., accused of murdering Clodius
18. For Ligarius, 46 B.C., then in exile for being a partisan of Pompey in the civil war
19. For Deiotarus, king of Galatia, 45 B.C., accused of taking part in a plot to murder Caesar

POLITICAL SPEECHES

1. For Manilius's bill (see page 144) to give Pompey command of the war in the East, 66 B.C.
2. Against the free land bill of Rullus, 63 B.C. (Three speeches, the first delivered in the senate, the other two delivered to the people; plus a fourth, now lost.)
3. Against Catiline (see page 64), 63 B.C. (Four speeches)
4. Four speeches growing out of his return from exile, 57–56 B.C. (A speech of thanks delivered in the senate; another speech of thanks delivered to the people; a speech seeking the restoration of his house on the Palatine at public expense; a speech defending the rebuilding of his house on a consecrated spot.)
5. For a proposal to prolong Caesar's command in Gaul, 56 B.C., usually called the Speech on the Consular Provinces
6. Against Piso, 55 B.C., a bitter attack on a personal enemy
7. To Caesar in the senate, 46 B.C., thanking him for clemency toward Marcellus, then in exile
8. Against Antony, 44–43 B.C. (Fourteen orations)

TRIUMVIRI ANTONIUS, LEPIDUS, OCTAVIANUS

CICERO THE WRITER

Articles and essays

At Rome, both in his lifetime and afterward, Cicero had a reputation as a writer scarcely less impressive than his reputation as an orator. In his youth he devoted himself to the study of prose composition as training for public speaking, and he also studied rhetoric and philosophy intensively. His interest in these and other fields of learning continued with the passing years; moments that could be spared from his busy public and professional life were given to reading and to stimulating conversation with the most educated men of his day. When the turn of political events forced on him retirement from public life, he occupied himself with writing in the fields of his intellectual interests. Most of this writing was done after his return from exile, 56–52 B.C., and during the period from his pardon by Caesar to the autumn after the dictator's assassination, 47–44 B.C.

Cicero's serious writings — his list of works excluding orations, poetry, and letters — number nearly thirty titles. A few of them were very short pieces; the rest, articles of considerable length. We still have the texts of fifteen of these works and sections of several others; a few have entirely disappeared. These prose writings fill five books. There are articles on rhetoric outlining the theory and practice of public speaking; there is a short history of oratory down to Cicero's own day; and there are essays on a great variety of topics, such as political science, theories of how we know things, conditions necessary for happiness, old age, friendship, and an article on duty addressed to his son. Many of these are cast in the Greek form of imaginary conversations among real personalities, living or dead. We find him writing to Atticus that the persons chosen for one piece were poorly cast — they are made to say things they would never have dreamed — and he was therefore revising the piece with a more intellectual set of characters.

The following list of Cicero's extant essays and articles, nearly all written after the age of fifty, is arranged in chronological order:

1. *De oratore*, 55 B.C., an article on public speaking
2. *Partitiones oratoriae*, 53 B.C., a question-and-answer booklet on public speaking
3. *De re publica*, 51 B.C., on the theory and science of politics
4. *De legibus*, about 50 B.C., a follow-up article to *De re publica*
5. *Orator*, 46 B.C., an article on the training of the ideal orator

6. *Brutus* (or *De claris oratoribus*), about 45 B.C., a series of sketches of famous orators
7. *Academica*, 45 B.C., a survey of epistemology, or theories of knowledge held by Greek thinkers
8. *De finibus bonorum et malorum*, 45 B.C., a survey of Epicurean and of Stoic philosophy in the area of ethics, along with that of the ancient Academy
9. *Tusculanae disputationes*, 45–44 B.C., a philosophical essay on the conditions of happiness
10. *De natura deorum*, 45 B.C., a survey of theological views of the Epicurean, Stoic, and Academic schools
11. *De fato*, 44 B.C., fragments of an essay on fate in human actions
12. *De senectute*, 45 or 44 B.C., an essay on old age
13. *De amicitia*, 44 B.C., an essay on friendship
14. *De divinatione*, probably 44 B.C., an essay continuing the discussion in *De natura deorum*
15. *De officiis*, 44 B.C., an essay on duty, addressed to his son Marcus

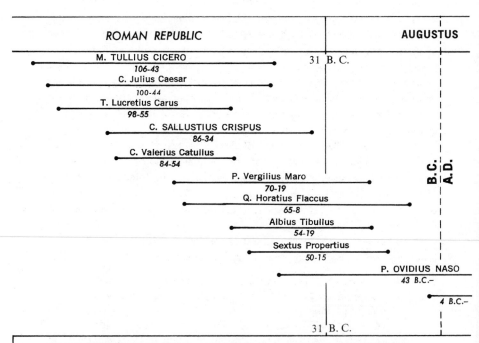

WRITERS IN THE CLASSICAL

Poetry and letters

Cicero's poems — metrically correct but unenlightened by any poetic inspiration — consisted in part of translations from Greek writers, in part of verses on Roman themes. Two at least were autobiographical: "On the events of my consulship" and "On my times." Only a few hundred lines of Cicero's poetry have been preserved, most of them from his translation of Aratus. One critic quipped that Cicero was exiled, not for putting Roman citizens to death in the Catilinarian conspiracy, but for his bad poetry on the subject.

The orator's correspondence, collected after his death, was never intended for publication. The portion which has been preserved fills two books: 864 letters, including 90 addressed to Cicero. The tone of his correspondence naturally is much less formal than that of his articles and essays. When chatting with an intimate friend like Atticus, he was frank and uninhibited — too much so for his reputation; he was more reserved when writing to others.

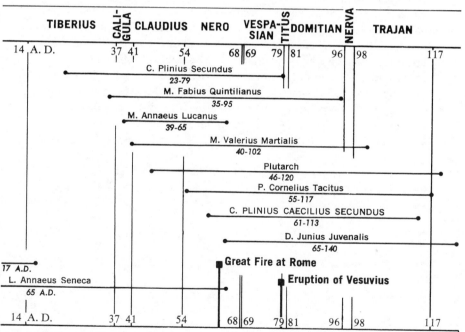

TIBERIUS	CALI-GULA	CLAUDIUS	NERO	VESPA-SIAN	TITUS	DOMITIAN	NERVA	TRAJAN

14 A.D.   37   41   54   68 69   79 81   96 98   117

C. Plinius Secundus
23-79

M. Fabius Quintilianus
35-95

M. Annaeus Lucanus
39-65

M. Valerius Martialis
40-102

Plutarch
46-120

P. Cornelius Tacitus
55-117

C. PLINIUS CAECILIUS SECUNDUS
61-113

D. Junius Juvenalis
65-140

17 A.D.
L. Annaeus Seneca
65 A.D.

■ Great Fire at Rome

■ Eruption of Vesuvius

14 A.D.   37   41   54   68 69   79 81   96   98   117

PERIOD OF ROMAN LITERATURE

The letters typically reflect the writer's mood of the moment, now sparkling with humor, or full of graceful pleasantries; now burdened with trouble, or even in absolute despair, quite human in their forgetfulness of noble sentiments expressed in articles and essays. Nowhere else do we find so vivid a reflection of Roman life in his time; in these letters we have the inmost thoughts of a strong personality, living in times of great change, revealed with the least possible self-consciousness.

Cicero's literary contribution

Cicero's prose style was characterized by a finish and charm that has called forth continuing admiration. His influence on Latin writers who followed him was profound. Before his time Latin prose was crude, awkward, and labored; he developed a flowing and graceful style, the height of refined yet forceful expression. Orderly development of thought, graceful transitions, balance and yet variety of sentence structure, harmonious arrangement of words, and faultless phrasing are the qualities that have made not a few of his works literary masterpieces, still admired and studied.

Style, however, is not Cicero's only contribution; his writings have intrinsic value in the history of thought. Since very little had been written in Latin on philosophical subjects, he formed the plan of presenting to his countrymen a Latin survey of Greek thought. For himself Cicero tended to be mildly agnostic — to take the view that one can't be dogmatic about the meaning of life and truth; and this is the reason he was able to present the views of different schools of thought fairly, on the whole. He followed Greek models closely, rarely interpolating critical comments of his own when describing a school of thought. But he skillfully coined Latin words to convey Greek ideas, introduced the most pertinent and illuminating illustrations, and in general gave the often dry, technical discussions of Greek writers a living form for Latin readers. In short, he popularized philosophy, and his writings in this field are all the more valuable because in some cases the Greek originals have now disappeared.

CICERO THE MAN

Contradictory views

The character of Cicero, as revealed in the history of his times, in his serious writings, and in his letters, presents a strange combination of contradictory qualities. Writers who have diligently examined the factual material have come to entirely opposing views concerning the subject of their study.

One writer finds Cicero an almost faultless hero and dwells at length on his noble qualities. Another, fastening his eyes on the evolutionary development of political Rome, sees in Cicero only a backward-gazing, sentimental upholder of an outworn system. One admiring biographer tries to read into Cicero's life the fine ideals of his philosophical writings and is embarrassed by his many human inconsistencies. Another biographer sees in Cicero only an ambitious politician, a man whose principles could be adjusted to put him on what he hoped would prove the right side, who therefore failed to serve his nation as a statesman and true leader.

Obviously, no view based on one aspect of Cicero's life and work can be a true view. We must see his political activities, his moral ideals, and his daily life as so many aspects of a complex personality.

Source material

The sources for our knowledge of Cicero are threefold: references in contemporary writings, chiefly by Caesar and Sallust who were both more or less unsympathetic observers because they disagreed with Cicero in politics; Cicero's own works; and the comments of later Greek and Roman writers, mainly Appian, Dio Cassius, Plutarch, Suetonius, and Florus.

By far the greatest number of personal facts are gleaned from Cicero's own writings, particularly the letters. Much of the unfriendly criticism springs from the existence of these letters, for Cicero was indiscreet enough to think on paper. Passing fancies, momentary thoughts, temporary discouragements are open to us, subject to cold analysis and judgment. What impulsive and emotional person, whose eventful life brought him into contact with men in the highest places in a period of great political controversy, would not shrink from having his most intimate personal correspondence published? What man, whose inmost thoughts were revealed in this way, would not be convicted of numerous foibles, weaknesses, and inconsistencies? The letters of Cicero charm and enlighten us, yet show us many things we hastily condemn as unworthy of a great man. Nevertheless, they should not be allowed to nullify the greatness of his deeds nor the impact of his personality on human history.

Cicero's achievements

The republic of Rome in Cicero's time was governed mostly by men who from childhood enjoyed the advantage of wealth and family prestige in their rise to prominence. Cicero came on the scene as a "new man," without great wealth, without the name of a distinguished family, without any particular advantage except the force of his own strong personality. He prepared himself for the practice of law and generally won his cases. As soon as he reached the prescribed age, he came forward as a candidate for elective office. His rapid promotion to successively higher offices was almost unprecedented, in his time, for a man lacking the powerful connections of a prominent family. Moreover, this was accomplished by a man who was strictly a civilian in a period of Roman history when military rulers often held paramount power.

The natural bent of Cicero's personality fitted him to be an orator and writer rather than a statesman. His philosophical habit of looking on all sides of a case, his desire to arrive at a just balance of all the considerations, tended to make him too deliberate for the prompt decisions required of a successful political leader. But if Cicero's tastes drew him toward the philosophical life, an irresistible interest in the passionate issues of his times impelled him into public life — he had the ambition to wield political power which was characteristic of men of his time.

ROMA ET ORA MARITIMA

Cicero lacked the singleminded drive towards a goal, the determination. that brushed aside all other considerations — and perhaps also the courage — necessary to match the achievements of a Caesar. Too, he was possessed of a naïve, not always good-natured, egotism which asserted itself on all occasions. He was also possessed of a keen sense of the ridiculous — at least in other people — and never could resist a joke. As he grew older, his witty remarks grew more barbed, and he cannot have failed to leave many an acquaintance with a lurking wish to see the complacent Cicero humbled.

Nevertheless, in an age of bribery Cicero was never convicted of giving or receiving a bribe. In a period of notorious dissipation, he indulged in no vices. In the general decline of home life he remained faithful to a difficult woman for nearly thirty-five years and left in his letters an unaffectedly beautiful picture of the relationship with his daughter. In a time of broils and violence, he remained a man of peace, hating strife. Well did the historian Livy summarize Cicero's life: "Sixty-three years he lived so that his death, except that it was violent, cannot be considered untimely. . . . After both his faults and his virtues have been taken into account, he remains a great, spirited, and distinguished man, to whose praises only the eloquence of a Cicero could do justice."

LECTICA ROMANA

63

Speeches Against Catiline

Lucius Sergius Catilina — known to us as Catiline — belonged to an old patrician family which opened to him the offices of state that Cicero had to win on his own merits by tireless effort. A young man of his class as a matter of course looked forward to holding this series of public offices, which the Romans called *cursus honorum*. From the years in which Catiline presented himself as a candidate it is fairly safe to infer that he was born about 108 B.C., two years earlier than Cicero.

At this distance from the events leading up to the dramatic orations of 63 B.C., it is impossible to form a well-grounded description of the character of Catiline. Our two chief sources of information are Cicero and Sallust, and both of them were his political opponents. The statements in the orations, in particular, it must be remembered, were spoken in a time of crisis and terrible tension by an orator who was a superb master of his art, quite able to find the emotionally loaded words that would sway others to his own way of thinking.

On the positive side, Catiline was evidently a man of courage, of great personal magnetism, and of restless energy in his projects. No doubt, too, he was a reckless adventurer, willing to play for high stakes as he pursued his course through life. It is not difficult to believe that much of the thoroughly depraved things told about him have come down to us unchallenged simply because he lost his gamble and perished, instead of achieving the success that might have given the worst stories the lie. The stories told of Caesar's wild youth are, after all, not too unlike the scandalous life attributed to Catiline.

The last decades of the Roman Republic were years of social upheaval, born of deep-seated maladies not unlike those that produced the Russian Revolution and, before that, the French Revolution. Some of the disturbers of the peace — peace, at least, of the wealthy and the senatorial ruling class — were genuine reformers seeking to cure the evils. Many more were talented men with a normal ambition for power, who learned from the reformers enough to see roads to places of power outside the orthodox *cursus honorum*. Sometimes these merely ambitious men, having gained the power they sought, grew with their job and became real statesmen. But in the early years of their careers, there is nothing much to distinguish Catiline from a Caesar or an Octavian (better known to us as the emperor Augustus).

64

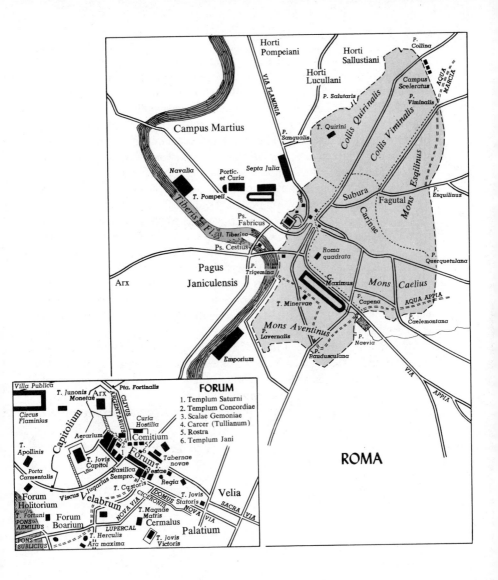

Nevertheless, from Cicero's point of view his fear and alarm over Catiline's plans were indeed well founded. Cicero's youth was passed in the time of the proscriptions, in turn, by Marius and Sulla which legalized the murder of thousands of prominent citizens and confiscated their property to the state. Rome had again and again witnessed just such bloody scenes as Cicero dreaded at Catiline's hands. The danger was real and pressing, and the emotions displayed in the orations are genuine.

65

Catiline first comes to our notice when he gained the office of praetor for the year 68 B.C. and then the next year served as governor of Africa. He returned to Rome in 66 B.C., looking forward to campaigning for the consulship of 65 B.C. An almost commonplace political maneuver in Catiline's time was to get an opponent impeached for misconduct in office in order to disqualify him in the current campaign: awareness of just this contingency was Caesar's chief reason for refusing to lay down his command before he had been accepted as a candidate.

Thus, Catiline found himself unable to run for the consulship because charges of provincial extortion hung over him. P. Autronius Paetus and P. Cornelius Sulla won the election in 66, but were convicted of bribery in their canvassing and were deprived of the office. Autronius, Catiline, and Cn. Calpurnius Piso formed a plot to murder the two men selected instead, and to seize control of the government. As the first of January, 65 B.C., approached, the plotters found their plans not ready for execution, and therefore set a new date of February 5. On the appointed day Catiline apparently gave the signal prematurely; at any rate, the effort came to nothing.

Meantime, Catiline freed himself of the extortion charges and became a candidate for the year 64 B.C., but failed to win the office. It was said that he and his associates had worked out a division of the offices of government among themselves and planned a radical program of cancellation of debts, with proscription of wealthy men to obtain their property for financing revolution.

LUDUS GLADIATORIUS POMPEIIS

The First Oration

Catiline began to realize that the wealthy and the senatorial nobility were not likely to let him win election to the consulship, and he became more and more deeply committed to revolution by arms. He borrowed huge sums of money on his own credit and that of supporters, collected military stores, and commissioned Manlius, an ex-centurion from among Sulla's veterans, to enlist and train an army in the neighborhood of Faesulae (modern Fiesole), near Florence. Before he is convicted out-of-hand of utter villainy, it should be recalled that among his backers at this period were Caesar and Crassus.

Meanwhile, Catiline once more offered himself as a candidate for the consulship in 64 B.C., to serve during 63. This is of course the first year in which Cicero reached the minimum age for the office and thus also was running for the chief magistracy of the Republic. As the reader of Cicero's biography knows, the ruling aristocracy were so alarmed by Catiline's apparent intentions that they preferred to pass over the candidate from their own class and select the "new man," Cicero. Once more Catiline had been frustrated in his bid for power by legitimate election.

Catiline turned his energy to serious plans for revolution. However, one of his fellow conspirators, Q. Curius, was the sort of fellow who could not resist talking. Moreover, Curius was having an affair with a noble, if notorious, lady named Fulvia. It was the stage in their relations when her passions were beginning to cool, and Curius felt more and more under pressure to keep her interest by bragging. He failed to understand his love; after all, the existing order was altogether to her liking, and she had no desire to see a revolution. She took discreet measures to allow information to reach the consul, Cicero.

Cicero's move was to persuade Fulvia to use her power over Curius to get him to act as a counterspy. By means of this private line Cicero kept in constant touch with each new action by the conspirators. The time for the July elections was approaching. Cicero dropped hints about the danger of a terrible plot being hatched and secured a postponement of the elections. When at length they were held, Catiline was once more defeated in his candidacy. Cicero detached his colleague Antonius, who was to some extent involved with Catiline, from the conspiracy by promising him the governorship of the rich province of Macedonia.

Catiline now set the date of October 27, 63 B.C., for his *coup d'état*. Cicero was informed of it almost as soon as it was decided upon. On October 21 he accused Catiline in a session of the senate of plotting the overthrow of the government; the senate passed the extreme decree vesting unusual authority in the consuls for the protection of the state — it was practically a declaration of martial law.

Then word came that Manlius had actually taken up arms as planned on the 27th and that slaves were being armed in Capua and Apulia. Ever since Spartacus's revolt the very thought of a slave uprising was

POPINA

VEHICULUM ROMANUM

enough to send Romans into panic, and the senate immediately authorized the drafting of troops and the setting of a heavy guard in the city.
Catiline was formally accused of sedition by a young patrician, L. Aemilius Paulus. Protesting his innocence, Catiline offered himself to the
custody of some citizen. As we learn from Cicero's oration, a number
of citizens including Cicero himself declined the responsibility, before
Catiline found someone willing to be his jailer.

His custody did not prevent his meeting the members of the conspiracy
on the night of November 6 in the house of Marcus Laeca, where they
completed arrangements for carrying out the overthrow of the government. A report was brought to Cicero in the same night, so that the
consul was on his guard when L. Vargunteius and C. Cornelius appeared
for his early morning reception (the regular custom in ancient Rome).
He turned away his would-be assassins and called an emergency meeting
of the senate for November 8 in the Temple of Jupiter Stator, as being
a more secure meeting place than the senate house in the Forum.

Catiline, as a member of the senate, calmly presented himself for
the meeting. It was Catiline's entrance which touched off the consul's
indignant speech that is known to us as the First Oration Against
Catiline.

69

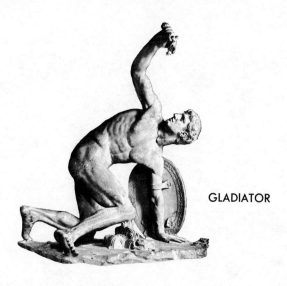

GLADIATOR

Outline of First Oration Against Catiline

I. Introduction
    A. Exordium — chap. 1, lines 1–15
    B. Narratio — chap. 1, lines 16–28, and chap. 2
II. Body
    A. Confirmatio: addressed to Catiline
        1. Chap. 3 and chap. 4
        2. Argumentatio
            a. Chap. 5
            b. Chap. 6 and chap. 7
            c. Chap. 8, lines 1–15
            d. Chap. 8, lines 16–37
            e. Chap. 9 and chap. 10
    B. Confirmatio: addressed to senate
        1. Chap. 11 and chap. 12
        2. Chap. 13, lines 1–22
III. Conclusion — chap. 13, lines 23–33

M. TVLLI CICERONIS
IN L. CATILINAM ORATIO PRIMA

HABITA IN SENATV

The Bold Conspirator Appears in the Senate

1. Quō ūsque tandem abūtēre, Catilīna, patientiā nostrā? quam diū etiam furor iste tuus nōs ēlūdet? quem ad fīnem sēsē effrēnāta iactābit audācia? Nihilne tē nocturnum praesidium Palātī, nihil urbis vigiliae, nihil timor populī, nihil concursus bonōrum omnium, nihil hic 5 mūnītissimus habendī senātūs locus, nihil hōrum ōra vultūsque mōvērunt? Patēre tua cōnsilia nōn sentīs, cōnstrictam iam hōrum omnium scientiā tenērī coniūrātiōnem tuam nōn vidēs? quid proximā, quid superiōre nocte ēgerīs, ubi fuerīs, quōs convocāverīs, quid cōnsilī cēperīs, quem nostrum ignōrāre arbitrāris? 10

Ō tempora, Ō mōrēs! senātus haec intellegit, cōnsul videt; hic tamen vīvit. Vīvit? immō vērō etiam in senātum venit, fit pūblicī cōnsilī particeps, notat et dēsignat oculīs ad caedem ūnum quemque

¶**1. 1. Quo usque:** Strengthened by **tandem** — *How long, pray.* The phrase introduces an abrupt, indignant question, prompted by the appearance of Catiline in the senate. **abutere:** In the future, **-re** rather than **-ris** is the usual ending for the second person sing. **patientia:** Abl. with **abutor.** **2. furor iste tuus:** *that frenzy of yours* — the "forensic" use of **iste.** **eludet:** *make sport of.* **effrenata:** *unbridled,* suggesting that Catiline's boldness has been flinging itself around like an untamed horse with no bridle to control it. **4. Nihil:** Adverbial acc., taking the place of an emphatic **non.** The rhetorical force is heightened by the repetition of **nihil** with each item mentioned — the figure called anaphora. **praesidium Palati:** The situation and elevation of the Palatine hill made it one of the strongest military positions in Rome. **vigiliae:** The senate had ordered that watchmen be placed on guard throughout the city, under the charge of the lesser magistrates. **5. bonorum (civium):** *the patriotic,* who had assembled in great numbers before the temple where the senate was in session. **hic . . . locus:** The Temple of Jupiter Stator on the Palatine, where the senate met for the sake of security, rather than in the senate house or in one of the temples about the Forum. Cicero had taken the precaution of protecting the temple with a company of armed knights. **6. horum:** The senators — spoken with a gesture. **ora vultusque:** *the expressions on the faces* — hendiadys. **7. non = nonne. constrictam . . . teneri:** *is held and bound fast,* like a captive wild beast closely fettered. **9. proxima (nocte):** Nov. 7. **superiore nocte:** Nov. 6. **11. O tempora, O mores:** *Oh, the times! Oh, the morals!* — acc. of exclamation. A modern speaker might say, "What is the world coming to?" **12. publici consili particeps:** *sharer in official debate.* Catiline had a seat in the senate. **13. unum quemque:** i.e., each and every one of us.

nostrum. Nōs autem fortēs virī satis facere reī pūblicae vidēmur
15 sī istīus furōrem ac tēla vītāmus.

Ad mortem tē, Catilīna, dūcī iussū cōnsulis iam prīdem oportēbat,
in tē cōnferrī pestem quam tū in nōs omnēs iam diū māchināris. An
vērō vir amplissimus, P. Scīpiō, pontifex maximus, Ti. Gracchum
mediocriter labefactantem statum reī pūblicae prīvātus interfēcit:
20 Catilīnam orbem terrae caede atque incendiīs vāstāre cupientem
nōs cōnsulēs perferēmus? Nam illa nimis antīqua praetereō, quod
C. Servīlius Ahāla Sp. Maelium novīs rēbus studentem manū suā
occīdit.

Fuit, fuit ista quondam in hāc rē pūblicā virtūs ut virī fortēs
25 ācriōribus suppliciīs cīvem perniciōsum quam acerbissimum
hostem coercērent. Habēmus senātūs cōnsultum in tē, Catilīna,
vehemēns et grave; nōn deest reī pūblicae cōnsilium neque auctōritās huius ōrdinis: nōs, nōs, dīcō apertē, cōnsulēs dēsumus.

The Consuls Have Full Power to Handle the Situation

2. Dēcrēvit quondam senātus utī L. Opīmius cōnsul vidēret nē
quid rēs pūblica dētrīmentī caperet: nox nūlla intercessit; inter-

. . . . **14. fortes viri:** ironical. **satis facere . . . videmur:** *we think we
are doing enough.* **15. istius:** *of that (scoundrel).* **16. duci . . . oportebat:** *you
ought to have been led.* **iussu:** The senate had decreed on Oct. 21 that the consuls
be given "supreme authority for the protection of the state." **17. iam diu machinaris:**
have long been plotting. **An:** Introduces a rhetorical question. It may be omitted in
translation. **18. P. Scipio:** Tiberius Gracchus had aroused opposition as tribune of the
plebs in 133 B.C. Gracchus was felled with the leg of a broken bench, and his body
thrown into the Tiber. **19. mediocriter labefactantem:** *though only moderately
weakening* — by his setting aside the constitution in seeking to prolong his term in
office. **privatus:** The office of supreme pontiff was not reckoned among the
magistracies; hence, Scipio was a private citizen when he led the attack on Gracchus.
21. illa nimis antiqua: *the following (facts) as too ancient* to furnish an applicable
precedent. **praetereo:** The figure called praeteritio, a favorite device with Cicero.
22. Ahala . . . Maelium: In 439 B.C. Maelius, a wealthy knight, distributed grain to the
plebeians in time of famine; he was then accused of bribing them to make him king.
When he resisted arrest, he was slain by Ahala, the master of the horse. **24. Fuit,
fuit:** Strongly emphasizing that there once "was" but no longer "is." **ista = talis.**
26. senatus consultum: *the decree of the Senate* of Oct. 21. Cicero felt that this decree
gave him all the authority needed to put Catiline to death. **28. huius ordinis:** The
senate. **desumus:** *are (found) lacking* — not doing all that could be done.

¶**2. 1. Opimius:** Consul in 121 B.C. **2. quid . . . detrimenti caperet:** *receive any
harm.* A set formula — see Introduction.

fectus est propter quāsdam sēditiōnum suspīciōnēs C. Gracchus, clārissimō patre, avō, maiōribus, occīsus est cum līberīs M. Fulvius cōnsulāris. 5

Similī senātūs cōnsultō C. Mariō et L. Valeriō cōnsulibus est permissa rēs pūblica: num ūnum diem posteā L. Sāturnīnum tribūnum plēbis et C. Servīlium praetōrem mors ac reī pūblicae poena remorāta est?

At vērō nōs vīcēsimum iam diem patimur hebēscere aciem hōrum 10 auctōritātis. Habēmus enim eius modī senātūs cōnsultum, vērum inclūsum in tabulīs, tamquam in vāgīnā reconditum, quō ex senātūs cōnsultō cōnfestim tē interfectum esse, Catilīna, convēnit. Vīvis, et vīvis nōn ad dēpōnendam, sed ad cōnfīrmandam audāciam.

Cupiō, patrēs cōnscrīptī, mē esse clēmentem, cupiō in tantīs reī 15 pūblicae perīculīs nōn dissolūtum vidērī, sed iam mē ipse inertiae nēquitiaeque condemnō. Castra sunt in Ītaliā contrā populum Rōmānum in Etrūriae faucibus collocāta, crēscit in diēs singulōs hostium numerus; eōrum autem castrōrum imperātōrem ducemque hostium intrā moenia atque adeō in senātū vidētis, intestīnam 20 aliquam cotīdiē perniciem reī pūblicae mōlientem.

Sī tē iam, Catilīna, comprehendī, sī interficī iusserō, crēdō, erit verendum mihi nē nōn hoc potius omnēs bonī sērius ā mē quam quisquam crūdēlius factum esse dīcat. Vērum ego hoc quod iam prīdem factum esse oportuit certā dē causā nōndum addūcor ut 25 faciam.

· · · · · · · · · · · · · · · **3. C. Gracchus:** Brother of Tiberius Gracchus. He had made a direct attack upon the senate and was killed, together with Fulvius Flaccus, in disturbances following Gracchus's retirement from the tribuneship. **6. est permissa res publica:** *the public safety was entrusted to.* **7. Saturninum . . . Servilium:** These two united in opposition to the senatorial party in 100 B.C. They were declared outlaws and perished at the hands of a mob. **9. remorata est:** i.e., the punishment did not keep them long in suspense. **10. vicesimum:** In round numbers; they had actually had the authority for eighteen days. **horum:** The senators. **12. in tabulis:** *in the archives,* among the records of senate proceedings. **tamquam:** Carrying on the figure suggested by **aciem,** two lines earlier. **13. confestim . . . convenit:** *you ought to have been put to death at once.* **15. patres conscripti:** *O senators* — vocative. As individuals they were called **senatores;** sitting as a body they were addressed as **patres conscripti,** similar to "assembled fathers." **16. inertiae nequitiaeque:** *criminal carelessness* — Gen. with **condemno.** **18. in Etruriae faucibus:** *in the mountain passes of Etruria* near Faesulae, not far from Florence. **in dies singulos:** *from day to day.* **19. ducem:** Catiline. **20. adeo:** *actually.* **22. credo:** *I suppose* — ironical. **23. ne non . . . dicat:** *lest, not that all good men may say that I have done this too late, (but) that anyone will say . . .*

Tum dēnique interficiēre, cum iam nēmō tam improbus, tam perditus, tam tuī similis invenīrī poterit quī id nōn iūre factum esse fateātur. Quam diū quisquam erit quī tē dēfendere audeat, vīvēs,
30 et vīvēs ita ut nunc vīvis, multīs meīs et fīrmīs praesidiīs obsessus, nē commovēre tē contrā rem pūblicam possīs. Multōrum tē etiam oculī et aurēs nōn sentientem, sīcut adhūc fēcērunt, speculābuntur atque custōdient.

Cicero Advertises Catiline's Secret Plans

3. Etenim quid est, Catilīna, quod iam amplius exspectēs, sī neque nox tenebrīs obscūrāre coetūs nefāriōs nec prīvāta domus parietibus continēre vōcēs coniūrātiōnis tuae potest, sī illūstrantur, sī ērumpunt omnia? Mūtā iam istam mentem, mihi crēde, oblī-
5 vīscere caedis atque incendiōrum. Tenēris undique; lūce sunt clāriōra nōbīs tua cōnsilia omnia, quae iam mēcum licet recognōscās.

Meministīne mē ante diem XII Kalendās Novembrēs dīcere in senātū fore in armīs certō diē, quī diēs futūrus esset ante diem
10 VI Kal. Novembrēs, C. Mānlium, audāciae satellitem atque administrum tuae? Num mē fefellit, Catilīna, nōn modo rēs tanta, tam atrōx tamque incrēdibilis, vērum, id quod multō magis est admīrandum, diēs? Dīxī ego īdem in senātū caedem tē optimātium contulisse in ante diem V Kalendās Novembrēs, tum cum multī

. . . . **27. interficiere:** Second person sing., fut. pass. **iam nemo:** *no longer anyone.* Catiline still had many supporters who did not believe the reports about him. **28. tam tui similis:** The strongest condemnation Cicero could think of. **30. et firmis:** Omit et in translation. **obsessus:** *overpowered.* **31. commovere te:** The object is required in Latin, since **commovere** is transitive; omit in translation. **Multorum:** Somewhat exaggerated, for emphasis; only two are known — Curius and Fulvia.

¶3. **2. privata domus:** That of Marcus Laeca — see chap. 4. **4. istam:** *that . . . of yours.* **5. caedis:** Gen. with verb of forgetting. **luce:** *than daylight* — abl. of comparison. **6. licet recognoscas = tibi licet recognoscere:** *you may recall.* **8. me . . . dicere:** *my saying.* **ante diem XII . . . :** Oct. 21 — see page 236 for Roman method of dating. **9. ante diem VI . . . :** Oct. 27. **10. satellitem:** *accomplice* or *tool,* implying a lower kind of service than **administrum.** **11. tuae:** Separated from **audaciae,** mainly for the rhythm. **Num me fefellit:** *I was not mistaken, was I, not only about . . . ?* **res:** *an enterprise.* **12. verum:** *but even.* **13. dies:** At the end, for emphasis. **ego idem:** *I also.* **14. contulisse in:** *had fixed upon.* **ante diem V . . . :** Oct. 28.

prīncipēs cīvitātis Rōmā nōn tam suī cōnservandī quam tuōrum 15
cōnsiliōrum reprimendōrum causā profūgērunt.

Num īnfitiārī potes tē illō ipsō diē meīs praesidiīs, meā dīligentiā
circumclūsum commovēre tē contrā rem pūblicam nōn potuisse,
cum tū discessū cēterōrum nostrā tamen quī remānsissēmus caede
contentum tē esse dīcēbās? Quid? cum tē Praeneste Kalendīs ipsīs 20
Novembribus occupātūrum nocturnō impetū esse cōnfīderēs, sēn-
sistīn illam colōniam meō iussū meīs praesidiīs, custōdiīs, vigiliīs
esse mūnītam? Nihil agis, nihil mōlīris, nihil cōgitās quod nōn
ego nōn modo audiam sed etiam videam plānēque sentiam.

What Went On at the "Secret" Meeting

4. Recognōsce tandem mēcum noctem illam superiōrem; iam
intellegēs multō mē vigilāre ācrius ad salūtem quam tē ad perniciem
reī pūblicae. Dīcō tē priōre nocte vēnisse inter falcāriōs — nōn
agam obscūrē — in M. Laecae domum; convēnisse eōdem complūrēs eiusdem āmentiae scelerisque sociōs. Num negāre audēs? 5
quid tacēs? Convincam, sī negās. Videō enim esse hīc in senātū
quōsdam quī tēcum ūnā fuērunt.

Ō dī immortālēs! ubinam gentium sumus? quam rem pūblicam
habēmus? in quā urbe vīvimus? Hīc, hīc sunt in nostrō numerō,
patrēs cōnscrīptī, in hōc orbis terrae sānctissimō gravissimōque 10
cōnsiliō, quī dē nostrō omnium interitū, quī dē huius urbis atque

---

15. principes civitatis: *leading citizens.* **non tam . . . quam:** *not so much . . . as.*
19. discessu ceterorum: i.e., although the rest had departed. **nostra,** with **caede:**
the murder of us who. **20. Quid:** *Again* or *Furthermore,* introducing the following
question. **Praeneste:** Obj. of **occupaturum** (esse). The town was a place of
great natural strength on a height twenty miles east of Rome. It had a celebrated
Temple of Fortune. **21. sensistin = sensistine.** **23. Nihil . . . nihil . . . nihil:**
Anaphora.

¶**4. 1. noctem . . . superiorem:** *night before last* — Nov. 6. **3. Dico:** emphatic.
priore = superiorem: Nov. 6. **3. inter falcarios:** *in the Scythe-makers' Quarter* or
on Scythe-makers' Street, indicating the location of Laeca's house. **4. agam = loquar.**
domum: Laeca was not of that trade, but a senator of the gens Porcia, another
branch of Cato's family. **in** is used with **domum** because it has a limiting gen., **Laecae.**
6. quid taces: *Why are you silent?* — spoken after a brief pause. **8. ubinam gentium:**
Where in the world. **11. consilio:** A *concilium* is a meeting; *consilium* means both
the act of deliberation and the deliberative body. **qui . . . cogitent:** *those who plot.*

adeō dē orbis terrārum exitiō cōgitent. Hōs ego videō cōnsul et
dē rē pūblicā sententiam rogō, et quōs ferrō trucīdārī oportēbat,
eōs nōndum vōce vulnerō!

15   Fuistī igitur apud Laecam illā nocte, Catilīna, distribuistī partēs
Ītaliae, statuistī quō quemque proficīscī placēret, dēlēgistī quōs
Rōmae relinquerēs, quōs tēcum ēdūcerēs, discrīpsistī urbis partēs
ad incendia, cōnfīrmāstī tē ipsum iam esse exitūrum, dīxistī paulum
tibi esse etiam nunc morae, quod ego vīverem. Repertī sunt duo
20 equitēs Rōmānī quī tē istā cūrā līberārent et sē illā ipsā nocte paulō
ante lūcem mē in meō lectō interfectūrōs esse pollicērentur.

Haec ego omnia vixdum etiam coetū vestrō dīmissō comperī;
domum meam maiōribus praesidiīs mūnīvī atque fīrmāvī, exclūsī
eōs quōs tū ad mē salūtātum māne mīserās, cum illī ipsī vēnissent
25 quōs ego iam multīs ac summīs virīs ad mē id temporis ventūrōs
esse praedīxeram.

Cicero Hopes to Frighten Catiline into Leaving Rome

5. Quae cum ita sint, Catilīna, perge quō coepistī: ēgredere
aliquandō ex urbe; patent portae; proficīscere. Nimium diū tē
imperātōrem tua illa Mānliāna castra dēsīderant. Ēdūc tēcum etiam
omnēs tuōs, sī minus, quam plūrimōs; pūrgā urbem. Magnō
5 mē metū līberāveris, modo inter mē atque tē mūrus intersit. Nōbīscum versārī iam diūtius nōn potes; nōn feram, nōn patiar, nōn
sinam. Magna dīs immortālibus habenda est atque huic ipsī Iovī

13. **quos:** The antecedent is **eos** in the next line, which must be read first. **ferro
trucidari oportebat:** *ought to have been killed with a sword.*   **15. igitur:** *then —* to
return from the digression.   **16. quo quemque . . . placeret:** *to what point each man
should proceed.*   **18. confirmasti = confirmavisti.**   **19. morae:** *cause for delay,*
with **paulum. duo equites:** According to Sallust, C. Cornelius, a knight, and
L. Vargunteius, a senator.   **20. liberarent:** Subjunctive of characteristic. **illa . . .
nocte:** Early in the morning of Nov. 7.   **22. vixdum etiam:** *almost before.* **comperi:**
Through Fulvia, mistress of Curius, one of the conspirators.   **24. salutatum:** *to pay
their respects —* supine in **-um** with a verb of motion, **miseras,** to express purpose.
25. quos: *who,* not *whom.* **ac:** Omit. **id temporis:** *at that time —* adverbial acc.

¶5. 1. **Quae cum ita sint:** *Since these things are so* or *Since this is the case.*
2. **Nimium diu:** *For too long a time.*   3. **Manliana castra:** *The camp of Manlius* at
Faesulae. **desiderant,** with **diu:** *has been yearning for you.*   5. **modo:** *provided
that,* governing the subjunctive **intersit. murus:** A massive wall, as of a city.
6. **non . . . sinam:** A climax, with anaphora.   7. **Magna . . . gratia = magna gratia
habenda est dis immortalibus. huic:** Cicero points to the statue.

Statōrī, antīquissimō custōdī huius urbis, grātia, quod hanc tam taetram, tam horribilem tamque īnfestam reī pūblicae pestem totiēns iam effūgimus. 10

Nōn est saepius in ūnō homine summa salūs perīclitanda reī pūblicae. Quam diū mihi cōnsulī dēsignātō, Catilīna, īnsidiātus es, nōn pūblicō mē praesidiō, sed prīvātā dīligentiā dēfendī. Cum proximīs comitiīs cōnsulāribus mē cōnsulem in campō et competītōrēs tuōs interficere voluistī, compressī cōnātūs tuōs nefāriōs 15 amīcōrum praesidiō et cōpiīs nūllō tumultū pūblicē concitātō; dēnique, quotiēnscumque mē petīstī, per mē tibi obstitī, quamquam vidēbam perniciem meam cum magnā calamitāte reī pūblicae esse coniūnctam. Nunc iam apertē rem pūblicam ūniversam petis, templa deōrum immortālium, tēcta urbis, vītam omnium cīvium, 20 Ītaliam tōtam ad exitium et vāstitātem vocās.

Quā rē, quoniam id quod est prīmum, et quod huius imperī disciplīnaeque maiōrum proprium est, facere nōndum audeō, faciam id quod est ad sevēritātem lēnius, ad commūnem salūtem ūtilius. Nam sī tē interficī iusserō, residēbit in rē pūblicā reliqua 25 coniūrātōrum manus; sīn tū, quod tē iam dūdum hortor, exieris, exhauriētur ex urbe tuōrum comitum magna et perniciōsa sentīna reī pūblicae.

Quid est, Catilīna? num dubitās id mē imperante facere quod iam tuā sponte faciēbās? Exīre ex urbe iubet cōnsul hostem. 30 Interrogās mē, num in exsilium? Nōn iubeō, sed, sī mē cōnsulis, suādeō.

---

11. in uno homine: *in the case of one man* or *on account of one man,* Catiline. **summa salus . . . rei publicae:** *the very existence of the state.* **12. Quam diu:** *as long as.* **consuli designato:** *as consul-elect,* during the six months before he took office. **14. proximis comitiis:** *at the last elections,* held for the election of consuls for the year 62 B.C. **in campo:** The Campus Martius, where the elections were held. Catiline was defeated by Murena and Silanus in this election. **16. nullo . . . concitato:** *without sounding any general alarm,* i.e., "calling out the troops." **17. me petisti** (for **petivisti**): *you attacked me (alone).* **per me:** i.e., **meis copiis** instead of **publicis copiis. 18. esse coniunctam:** i.e., would involve. **19. Nunc . . . vocas:** Emphasizes the damage that Catiline wished to do. **22. quod est primum:** *which is of first importance* or *the first thing to be done.* **23. proprium est:** *would be in keeping with,* shown by the precedents cited. **24. ad:** *as regards* or *with respect to.* **27. exhaurietur . . . publicae:** *there will be drained from the city, in the person of your followers, a great and dangerous accumulation of political filth.* **29. Quid est:** Like our "How now?" or "How is that?" — calling attention to the following question. **31. num:** *whether (I mean).* **me consulis:** *you ask my advice.*

6. Quid est enim, Catilīna, quod tē iam in hāc urbe dēlectāre possit? in quā nēmō est extrā istam coniūrātiōnem perditōrum hominum quī tē nōn metuat, nēmō quī nōn ōderit.

Quae nota domesticae turpitūdinis nōn inūsta vītae tuae est?
5 quod prīvātārum rērum dēdecus nōn haeret in fāmā? quae libīdō ab oculīs, quod facinus ā manibus umquam tuīs, quod flāgitium ā tōtō corpore āfuit? cui tū adulēscentulō quem corruptēlārum illecebrīs irrētīssēs nōn aut ad audāciam ferrum aut ad libīdinem facem praetulistī? Quid vērō? nūper cum morte superiōris uxōris
10 novīs nūptiīs locum vacuēfēcissēs, nōnne etiam aliō incrēdibilī scelere hoc scelus cumulāvistī? quod ego praetermittō et facile patior silērī, nē in hāc cīvitāte tantī facinoris immānitās aut exstitisse aut nōn vindicāta esse videātur.

Praetermittō ruīnās fortūnārum tuārum quās omnēs proximīs
15 Īdibus tibi impendēre sentiēs: ad illa veniō quae nōn ad prīvātam ignōminiam vitiōrum tuōrum, nōn ad domesticam tuam diffi-cultātem ac turpitūdinem, sed ad summam rem pūblicam atque ad omnium nostrum vītam salūtemque pertinent. Potestne tibi haec lūx, Catilīna, aut huius caelī spīritus esse iūcundus, cum sciās esse
20 hōrum nēminem quī nesciat tē prīdiē Kalendās Iānuāriās Lepidō et Tullō cōnsulibus stetisse in comitiō cum tēlō, manum cōnsulum

¶6. **3. metuat, oderit:** Rel. clause of characteristic. **4. nota domesticae turpitudi-nis:** *mark of personal disgrace.* **inusta est:** *has been branded,* as on the forehead of a runaway slave. **5. privatarum rerum:** Personal relations in a wider circle than that of the **domus. quae . . . afuit:** *when have your eyes been free from . . .* **7. cui tu adulescentulo . . . praetulisti:** *to what young man . . . have you not offered.* **9. fa-cem:** Torch-bearers were necessary in the streets at night. **morte:** The murder of his first wife to free himself for a second wife, Aurelia Orestilla. This is the only mention of the crime. **10. alio . . . scelere:** The murder by Catiline of his son by the first marriage. **11. praetermitto:** Praeteritio, a favorite device with Cicero. **13. non vindicata esse:** *to have gone unpunished.* Roman law depended upon the initia-tive of a private accuser, and apparently none came forward. Cicero implies that this is a reflection of the degeneracy of the times. **14. omnes:** Emphatic, agreeing with **quas** — *the utter ruin which.* When an adjective agrees with a relative pronoun, it is best to translate it with the antecedent. **proximis Idibus:** *at the next Ides,* the customary time, together with the Kalends, for payment of debts. Catiline is hopelessly in debt and nearing a financial crisis. **17. summam rem publicam:** *the highest welfare of the state.* **20. pridie . . . Ianuarias:** Dec. 29, the last day of the consuls' term, 66 B.C. Catiline planned to murder the incoming consuls, Cotta and Torquatus. **21. cum telo:** *armed.* **manum . . . paravisse:** *that you raised a gang.*

et prīncipum cīvitātis interficiendōrum causā parāvisse; scelerī
ac furōrī tuō nōn mentem aliquam aut timōrem tuum sed Fortūnam
populī Rōmānī obstitisse?

Ac iam illa omittō — neque enim sunt aut obscūra aut nōn 25
multa commissa posteā — quotiēns tū mē dēsignātum, quotiēns
vērō cōnsulem interficere cōnātus es! quot ego tuās petītiōnēs ita
coniectās ut vītārī posse nōn vidērentur parvā quādam dēclīnātiōne
et, ut āiunt, corpore effūgī! Nihil agis, nihil assequeris, neque
tamen cōnārī ac velle dēsistis. Quotiēns iam tibi extorta est ista 30
sīca dē manibus, quotiēns excidit cāsū aliquō et ēlāpsa est! Quae
quidem quibus abs tē initiāta sacrīs ac dēvōta sit nesciō, quod eam
necesse putās esse in cōnsulis corpore dēfīgere.

The Senators Shunned Their Unwelcome Fellow Senator

7. Nunc vērō quae tua est ista vīta? Sīc enim iam tēcum loquar,
nōn ut odiō permōtus esse videar, quō dēbeō, sed ut misericordiā,
quae tibi nūlla dēbētur.

Vēnistī paulō ante in senātum: quis tē ex hāc tantā frequentiā,
tot ex tuīs amīcīs ac necessāriīs salūtāvit? Sī hoc post hominum 5
memoriam contigit nēminī, vōcis exspectās contumēliam, cum sīs
gravissimō iūdiciō taciturnitātis oppressus? Quid? quod adventū
tuō ista subsellia vacuēfacta sunt, quod omnēs cōnsulārēs quī
tibi persaepe ad caedem cōnstitūtī fuērunt, simul atque assēdistī,
partem istam subselliōrum nūdam atque inānem relīquērunt, quō 10
tandem animō tibi ferendum putās?

Servī mehercule meī sī mē istō pactō metuerent ut tē metuunt
omnēs cīvēs tuī, domum meam relinquendam putārem: tū tibi
urbem nōn arbitrāris? et sī mē meīs cīvibus iniūriā suspectum tam
15 graviter atque offēnsum vidērem, carēre mē aspectū cīvium quam
īnfestīs omnium oculīs cōnspicī māllem: tū, cum cōnscientiā
scelerum tuōrum agnōscās odium omnium iūstum et iam diū tibi
dēbitum, dubitās quōrum mentēs sēnsūsque vulnerās, eōrum
aspectum praesentiamque vītāre?
20 Sī tē parentēs timērent atque ōdissent tuī neque eōs ūllā ratiōne
plācāre possēs, ut opīnor, ab eōrum oculīs aliquō concēderēs.
Nunc tē patria, quae commūnis est parēns omnium nostrum, ōdit
ac metuit et iam diū nihil tē iūdicat nisi dē parricīdiō suō cōgitāre:
huius tū neque auctōritātem verēbere nec iūdicium sequēre nec vim
25 pertimēscēs?
Quae tēcum, Catilīna, sīc agit et quōdam modō tacita loquitur:
"Nūllum iam aliquot annīs facinus exstitit nisi per tē, nūllum
flāgitium sine tē; tibi ūnī multōrum cīvium necēs, tibi vexātiō
dīreptiōque sociōrum impūnīta fuit ac lībera; tū nōn sōlum ad
30 neglegendās lēgēs et quaestiōnēs vērum etiam ad ēvertendās per-
fringendāsque valuistī. Superiōra illa, quamquam ferenda nōn
fuērunt, tamen ut potuī tulī; nunc vērō mē tōtam esse in metū
propter ūnum tē, quicquid increpuerit, Catilīnam timērī, nūllum
vidērī contrā mē cōnsilium inīrī posse quod ā tuō scelere abhorreat,
35 nōn est ferendum. Quam ob rem discēde atque hunc mihi timōrem
ēripe; sī est vērus, nē opprimar, sīn falsus, ut tandem aliquandō
timēre dēsinam."

· · · · · · · · · · · **12. metuerent, putarem:** Conditions contrary to fact in
present time. **13. tibi urbem (relinquendam esse) arbitraris. 14. iniuria:** *unde-*
servedly. **suspectum:** *an object of suspicion.* **16. infestis:** *loathing.* **conscientia**
scelerum tuorum: *with your guilty conscience.* **17. agnoscas:** concessive.
18. quorum: The antecedent is **eorum** — *those whose minds . . .* **21. placare:** *recon-*
cile or *appease,* with acc. **23. iam diu . . . iudicat:** i.e., has long felt. **parricidio:**
destruction. Cicero's word carries out the personification of **patria. 24. huius:** *of*
this (*your country*). **verebere:** *will you neither respect . . .* **26. Quae:** *She now.*
agit: *pleads.* **tacita:** (*though*) *silent* — oxymoron with **loquitur. 27. annis:** Abl.
of time within which. **28. neces:** During Sulla's reign of terror, in 82 B.C.,
Catiline and his band killed many of the proscribed. He was tried in 64 for
these crimes, but acquitted. **31. valuisti:** *you have succeeded in.* **Superiora**
illa: *those former acts* (dir. obj. of **tuli**). **33. quicquid** = **si quid:** *if there is any;*
more freely, *at every sound.* **34. abhorreat:** *has no connection with.* **35. mihi:**
dat. of separation.

8. Haec sī tēcum, ut dīxī, patria loquātur, nōnne impetrāre dēbeat, etiam sī vim adhibēre nōn possit? Quid quod tū tē in custōdiam dedistī, quod vītandae suspīciōnis causā ad M'. Lepidum tē habitāre velle dīxistī? Ā quō nōn receptus etiam ad mē venīre ausus es, atque ut domī meae tē asservārem rogāstī. Cum ā mē   5 quoque id respōnsum tulissēs, mē nūllō modō posse īsdem parietibus tūtō esse tēcum, quī magnō in perīculō essem quod īsdem moenibus continērēmur, ad Q. Metellum praetōrem vēnistī.

Ā quō repudiātus ad sodālem tuum, virum optimum, M. Metellum dēmigrāstī, quem tū vidēlicet et ad custōdiendum tē dīligentissimum 10 et ad suspicandum sagācissimum et ad vindicandum fortissimum fore putāstī. Sed quam longē vidētur ā carcere atque ā vinculīs abesse dēbēre quī sē ipse iam dignum custōdiā iūdicārit?

Quae cum ita sint, Catilīna, dubitās, sī ēmorī aequō animō nōn potes, abīre in aliquās terrās et vītam istam multīs suppliciīs iūstīs 15 dēbitīsque ēreptam fugae sōlitūdinīque mandāre?

"Refer" inquis "ad senātum"; id enim postulās et, sī hic ōrdō placēre sibi dēcrēverit tē īre in exsilium, obtemperātūrum tē esse dīcis. Nōn referam, id quod abhorret ā meīs mōribus, et tamen faciam ut intellegās quid hī dē tē sentiant. Ēgredere ex urbe, 20

¶**8. 1. impetrare:** *to gain (its request)* — often used with no object when the meaning is clear from the context. **2. Quid quod:** *What of the fact that.* **te ... dedisti:** Catiline was awaiting trial, and **libera custodia** in a private house was customary in such cases, with the master of the house responsible for the paroled prisoner. Catiline's trial never came off. **3. ad:** for **apud** — *at the house of.* Manius Lepidus was consul, in 66 B.C., when Catiline was returning from Africa, hoping to run for the consulship the next year. **6. parietibus:** Abl. of means, but translate *within.* The house walls are contrasted with city walls, **moenibus. 8. Metellum:** Q. Metellus Celer had been sent to the Adriatic coast and eastern slope of the Apennines, where he was raising three legions to resist Manlius and the Catilinarians. **9. sodalem:** *fraternity friend,* one bound by the same vows to mutual obligations. **virum optimum:** Irony; so also **videlicet** in the next line. **Metellum:** Marcus Metellus is quite unknown. Detention in his house was far from strict, since Catiline could attend secret meetings. **12. putasti = putavisti. videtur ... debere:** *does it seem that one ought.* **14. aequo animo:** *with resignation.* **15. aliquas:** Implies "some (lands), no matter where." **17. ad senatum:** Catiline suggests that the matter be laid before the whole senate. **19. dicis:** Catiline realized that the senate had no power to pass a sentence of exile and would thus probably take no action. **id quod:** *something which.* **a meis moribus:** i.e., is not my way — Cicero is a mild man opposed to harsh measures. **20. Egredere:** Imperative.

Catilīna, līberā rem pūblicam metū, in exsilium, sī hanc vōcem exspectās, proficīscere.

Quid est? ecquid attendis, ecquid animadvertis hōrum silentium? Patiuntur, tacent. Quid exspectās auctōritātem loquentium, quō-
25 rum voluntātem tacitōrum perspicis? At sī hoc idem huic adu-lēscentī optimō P. Sēstiō, sī fortissimō virō M. Mārcellō dīxissem, iam mihi cōnsulī hōc ipsō in templō senātus iūre optimō vim et manūs intulisset.

Dē tē autem, Catilīna, cum quiēscunt, probant, cum patiuntur,
30 dēcernunt, cum tacent, clāmant, neque hī sōlum quōrum tibi auctōritās est vidēlicet cāra, vīta vīlissima, sed etiam illī equitēs Rōmānī, honestissimī atque optimī virī, cēterīque fortissimī cīvēs quī circumstant senātum, quōrum tū et frequentiam vidēre et studia perspicere et vōcēs paulō ante exaudīre potuistī. Quōrum
35 ego vix abs tē iam diū manūs ac tēla contineō, eōsdem facile addūcam ut tē haec quae vāstāre iam prīdem studēs relinquentem ūsque ad portās prōsequantur.

"Why Not Go? — Your Plans Are Made"

9. Quamquam quid loquor? tē ut ūlla rēs frangat, tū ut umquam tē corrigās, tū ut ūllam fugam meditēre, tū ut ūllum exsilium cōgitēs?

. . . . **23. Quid est:** Spoken after a pause. There were friends of Catiline present, but none dared to come to his rescue. **24. ta-cent:** Distinguish between **tacere,** *to utter no word;* **silere,** *to make no sound;* and **quiescere,** *to take no action.* The same distinction applies to their derivatives, e.g. **silentium.** **25. perspicis:** Cicero is arguing that their silence shows assent. **si . . . dixissem:** Contrary-to-fact condition in past time. **hoc idem:** *this same remark.* **26. P. Sestio:** A quaestor, who soon after rendered good service against the conspira-tors at Capua and then in the campaign which ended with Catiline's death near Pistoria. One of Cicero's best-known speeches was delivered in his defense in 56 B.C. (*pro Sestio*). **M. Marcello:** Consul in 51 B.C., and an opponent of Caesar. When he was pardoned by the latter (46 B.C.), Cicero delivered his *pro Marcello.* **27. vim et manus:** *violent hands* — hendiadys. **29. cum quiescunt, probant:** i.e., in taking no action, they approve. **30. cum tacent, clamant:** i.e., their very silence shouts approval. **31. cara:** i.e., Catiline pretends to value a formal decree of the senate. **32. honestissimi:** *most honorable.* **34. paulo ante:** i.e., when Catiline was entering the temple. **exaudire:** *hear plainly.* **Quorum . . . eosdem:** *I for a long time now have had difficulty re-straining . . .* **35. adducam:** *I will induce them.* **36. te . . . relinquentem:** *as you are leaving.* **37. prosequantur:** *escort.*

¶9. 1. **Quamquam:** *And yet.* **quid:** *why.* **frangat:** Exclamatory, with scorn.

Utinam tibi istam mentem dī immortālēs duint! tametsī videō, sī meā vōce perterritus īre in exsilium animum indūxeris, quanta 5 tempestās invidiae nōbīs, sī minus in praesēns tempus recentī memoriā scelerum tuōrum, at in posteritātem impendeat. Sed est tantī, dum modo ista sit prīvāta calamitās et ā reī pūblicae perīculīs sēiungātur. Sed tū ut vitiīs tuīs commoveāre, ut lēgum poenās pertimēscās, ut temporibus reī pūblicae cēdās nōn est 10 postulandum. Neque enim is es, Catilīna, ut tē aut pudor ā turpitūdine aut metus ā perīculō aut ratiō ā furōre revocārit.

Quam ob rem, ut saepe iam dīxī, proficīscere ac, sī mihi inimīcō, ut praedicās, tuō cōnflāre vīs invidiam, rēctā perge in exsilium; vix feram sermōnēs hominum, sī id fēceris; vix mōlem istīus 15 invidiae, sī in exsilium iussū cōnsulis īveris, sustinēbō. Sīn autem servīre meae laudī et glōriae māvīs, ēgredere cum importūnā scelerātōrum manū, cōnfer tē ad Mānlium, concitā perditōs cīvēs, sēcerne tē ā bonīs, īnfer patriae bellum, exsultā impiō latrōciniō, ut ā mē nōn ēiectus ad aliēnōs, sed invītātus ad tuōs īsse videāris. 20

Quamquam quid ego tē invītem, ā quō iam sciam esse praemissōs quī tibi ad Forum Aurēlium praestōlārentur armātī, cui sciam pactam et cōnstitūtam cum Mānliō diem, ā quō etiam aquilam illam argenteam quam tibi ac tuīs omnibus cōnfīdō perniciōsam ac fūnestam futūram, cui domī tuae sacrārium scelerum cōnstitūtum 25 fuit, sciam esse praemissam? Tū ut illā carēre diūtius possīs, quam

· · · · · · · · · · **4. duint:** Old form of **dent,** used in laws, prayers, and similar ritual expressions. **5. animum induxeris:** *make up your mind* or *resolve.* **6. nobis** = **mihi. 7. memoria:** Abl. of cause. **8. est tanti:** *it is worth while* (for that unpopularity to threaten me). **dum modo:** *provided that.* **privata:** *personal.* **9. ut ...** **commoveare:** *that you would be affected,* depending on **est postulandum. 11. is =** **talis. 13. inimico:** Catiline interpreted the acts of the consul as those of a personal enemy. **14. vis:** *you wish.* **15. molem istius invidiae:** *the crushing weight of criticism,* incurred by his treatment of Catiline. **18. manu:** Cicero did not want the band of followers to be left behind; this, however, did happen within twenty-four hours. **19. impio latrocinio:** *treasonable brigandage,* as against law and order. **20. invitatus ... isse:** *that you went out to your friends on their invitation.* **21. esse praemissos** **qui:** *that men have been sent ahead to.* **22. armati:** Emphatic position. Catiline was to be met near Forum Aurelium, a small place near the coast about sixty miles from Rome. **23. diem:** An appointed day — Oct. 27. **aquilam:** A silver eagle was adopted as the ensign of the legion in the time of Marius. The one mentioned here had been used by Marius. Catiline made a shrine for it in his own house. The fact that this had been sent ahead — **praemissam** — was sure proof that Catiline was to follow soon. **26. possis:** *can you do without it longer* — scornful.

venerārī ad caedem proficīscēns solēbās, ā cuius altāribus saepe istam impiam dexteram ad necem cīvium trānstulistī?

Catiline's Remarkable Fraternity

10. Ībis tandem aliquandō quō tē iam prīdem tua ista cupiditās effrēnāta ac furiōsa rapiēbat; neque enim tibi haec rēs affert dolō-rem, sed quandam incrēdibilem voluptātem. Ad hanc tē āmentiam nātūra peperit, voluntās exercuit, fortūna servāvit. Numquam tū
5 nōn modo ōtium sed nē bellum quidem nisi nefārium concupīstī. Nactus es ex perditīs atque ab omnī nōn modo fortūnā vērum etiam spē dērelictīs cōnflātam improbōrum manum. Hīc tū quā laetitiā perfruēre, quibus gaudiīs exsultābis, quantā in voluptāte bacchābere, cum in tantō numerō tuōrum neque audiēs virum bonum quemquam
10 neque vidēbis! Ad huius vītae studium meditātī illī sunt quī feruntur labōrēs tuī, iacēre humī nōn sōlum ad obsidendum stuprum vērum etiam ad facinus obeundum, vigilāre nōn sōlum īnsidiantem somnō marītōrum vērum etiam bonīs ōtiōsōrum. Habēs ubi ostentēs
15 tuam illam praeclāram patientiam famis, frīgoris, inopiae rērum omnium, quibus tē brevī tempore cōnfectum esse sentiēs. Tantum prōfēcī, cum tē ā cōnsulātū reppulī, ut exsul potius temptāre quam cōnsul vexāre rem pūblicam possēs, atque ut id quod esset ā tē scelerātē susceptum latrōcinium potius quam bellum nōminārētur.

27. **ad caedem:** *to commit murder.* **solebas:** i.e., in his private chapel.

¶**10. 2. rapiebat:** *has been drawing you,* i.e., into civil war. **haec res:** *this action* — to join Manlius in a war against the state. **3. te . . . peperit:** *bore you* — from **pario. 4. voluntas:** *(your own) inclination.* **5. nefarium:** i.e., civil war. **6. ex: *from men who* . . . with **perditis** and **derelictis. 7. Hic:** *In this company,* which Cicero has just described. **9. quemquam = ullum. 11. illi:** Modifies **labores** — *those exertions.* **feruntur:** *are bragged about.* **12. iacere:** *namely, to lie.* **ad obsidendum stuprum:** *for some shameful affair.* What is the literal translation? **13. vigilare:** *to watch* or *keep awake* (at night). **somno maritorum:** i.e., to steal wives. **14. bonis otiosorum:** *the property of peaceable citizens,* who would go to bed with no thought of robbers or brigands. **Habes ubi ostentes:** *you have a chance of showing.* **16. quibus:** *and by these* — the antecedents are **famis, frigoris, inopiae. 17. a consulatu reppuli:** At the last consular election. **exsul, consul:** A play upon words, as in **emissus, immissus** in the next chapter. **18. id . . . susceptum:** *your wicked enterprise.* **19. latrocinium:** Guerrilla warfare, like that of Spartacus.

11. Nunc, ut ā mē, patrēs cōnscrīptī, quandam prope iūstam patriae querimōniam dētester ac dēprecer, percipite, quaesō, dīligenter quae dīcam, et ea penitus animīs vestrīs mentibusque mandāte. Etenim sī mēcum patria, quae mihi vītā meā multō est cārior, sī cūncta Ītalia, sī omnis rēs pūblica loquātur: 5

"M. Tullī, quid agis? Tūne eum quem esse hostem comperistī, quem ducem bellī futūrum vidēs, quem exspectārī imperātōrem in castrīs hostium sentīs, auctōrem sceleris, prīncipem coniūrātiōnis, ēvocātōrem servōrum et cīvium perditōrum, exīre patiēre, ut abs tē nōn ēmissus ex urbe, sed immissus in urbem esse videātur? 10 Nōnne hunc in vincula dūcī, nōn ad mortem rapī, nōn summō suppliciō mactārī imperābis? Quid tandem tē impedit? mōsne maiōrum? At persaepe etiam prīvātī in hāc rē pūblicā perniciōsōs cīvēs morte multārunt. An lēgēs quae dē cīvium Rōmānōrum suppliciō rogātae sunt? At numquam in hāc urbe quī ā rē pūblicā 15 dēfēcērunt cīvium iūra tenuērunt.

"An invidiam posteritātis timēs? Praeclāram vērō populō Rōmānō refers grātiam, quī tē, hominem per tē cognitum, nūllā commendātiōne maiōrum, tam mātūrē ad summum imperium per omnēs honōrum gradūs extulit, sī propter invidiam aut alicuius 20 perīculī metum salūtem cīvium tuōrum neglegis. Sed sī quis est invidiae metus, nōn est vehementius sevēritātis ac fortitūdinis

---

¶**11. 2. detester ac deprecer:** *defend myself and protest against.* Cicero well knows that his acts will be criticized. **4. vita:** Abl. of comparison. **5. loquatur:** There is no conclusion to this condition, on account of the length of the address which follows. Notice the climax in **patria, cuncta Italia, omnis res publica. 6. Tune . . . patiere:** *will you allow.* **9. servorum, perditorum:** Some of Catiline's followers urged him to invoke the aid of slaves and criminals. According to Sallust, Catiline refused the help of slaves. **11. duci, rapi, mactari:** A rare use of the infinitive with **impero** (used with passive infinitives only). **12. mosne:** (*Is it*) *the custom.* **13. persaepe:** Rhetorical exaggeration. **14. leges:** Laws guarding the right of appeal to the people from the decision of a magistrate. These were the first Valerian Law, 509 B.C., and more recently the *leges Porciae* and the *lex Sempronia* of the younger Gracchus. **17. Praeclaram:** Ironical — It's a fine gratitude you show. **18. per te cognitum:** *known by your own achievements.* Cicero did not win the offices by the achievements of his ancestors. **19. tam mature:** Cicero was elected to each office as soon as he was old enough by law; thus he was consul at the age of 43, the earliest possible age, an outstanding record since he was a "new man" in the ranks of chief magistrates. **21. si quis est:** *even if there is any.*

invidia quam inertiae ac nēquitiae pertimēscenda. An, cum bellō
vāstābitur Ītalia, vexābuntur urbēs, tēcta ārdēbunt, tum tē nōn
25 exīstimās invidiae incendiō cōnflagrātūrum?"

Cicero's Answer to the Republic's Speech

12. Hīs ego sānctissimīs reī pūblicae vōcibus et eōrum hominum
quī hoc idem sentiunt mentibus pauca respondēbō. Ego, sī hoc
optimum factū iūdicārem, patrēs cōnscrīptī, Catilīnam morte
multārī, ūnīus ūsūram hōrae gladiātōrī istī ad vīvendum nōn
5 dedissem. Etenim sī summī virī et clārissimī cīvēs Sāturnīnī et
Gracchōrum et Flaccī et superiōrum complūrium sanguine nōn
modo sē nōn contāminārunt sed etiam honestārunt, certē verendum
mihi nōn erat nē quid hōc parricīdā cīvium interfectō invidiae mihi
in posteritātem redundāret. Quod sī ea mihi maximē impendēret,
10 tamen hōc animō fuī semper ut invidiam virtūte partam glōriam,
nōn invidiam putārem.

Quamquam nōn nūllī sunt in hōc ōrdine quī aut ea quae imminent
nōn videant aut ea quae vident dissimulent; quī spem Catilīnae
mollibus sententiīs aluērunt coniūrātiōnemque nāscentem nōn
15 crēdendō corrōborāvērunt; quōrum auctōritāte multī nōn sōlum
improbī vērum etiam imperītī, sī in hunc animadvertissem, crūdēliter
et rēgiē factum esse dīcerent.

Nunc intellegō, sī iste, quō intendit, in Mānliāna castra pervē-
nerit, nēminem tam stultum fore quī nōn videat coniūrātiōnem

· · · · · · · · · · · · · **23. invidia:** *unpopularity due to.* **24. vexabuntur urbes,**
tecta ardebunt: chiasmus. **non** = nonne.

¶**12. 1. vocibus:** *words.* **2. mentibus:** *thoughts.* **3. factu:** Supine with **optimum** —
the best thing to do. **Catilinam ... multari:** In apposition with **hoc.** **4. gladi-**
atori: *ruffian* or *scoundrel.* **5. dedissem:** The conclusion in a mixed contrary-to-fact
sentence; the condition is in the imperfect. **summi viri:** Magistrates, like
Opimius. **cives:** Private citizens, like P. Scipio. **8. quid ... invidiae:** *any hatred.*
hoc parricida ... interfecto: Abl. abs. **9. ea (invidia).** **10. hoc animo fui semper:**
i.e., I have always felt that. **partam** (from **pario**): *gained* or *incurred.* **12. hoc**
ordine: i.e., the senate. **13. qui** = et hi. **14. mollibus:** *halfhearted.* In July the
senate had postponed the elections, in order to deliberate, and then accomplished
nothing worth while. **15. quorum auctoritate:** *with the support of these men.*
16. in ... animadvertissem: *had punished* — plup. subjunctive in the condition of a
mixed contrary-to-fact sentence.

esse factam, nēminem tam improbum quī nōn fateātur. Hōc 20
autem ūnō interfectō intellegō hanc reī pūblicae pestem paulisper
reprimī, nōn in perpetuum comprimī posse. Quod sī sēsē ēiēcerit
sēcumque suōs ēdūxerit et eōdem cēterōs undique collēctōs nau-
fragōs aggregārit, exstinguētur atque dēlēbitur nōn modo haec
tam adulta reī pūblicae pestis vērum etiam stirps ac sēmen malōrum 25
omnium.

Dramatic Conclusion to the Oration

13. Etenim iam diū, patrēs cōnscrīptī, in hīs perīculīs coniūrātiōnis īnsidiīsque versāmur, sed nesciō quō pactō omnium scelerum
ac veteris furōris et audāciae mātūritās in nostrī cōnsulātūs tempus
ērūpit. Hōc sī ex tantō latrōciniō iste ūnus tollētur, vidēbimur
fortasse ad breve quoddam tempus cūrā et metū esse relevātī, 5
perīculum autem residēbit et erit inclūsum penitus in vēnīs atque
in vīsceribus reī pūblicae. Ut saepe hominēs aegrī morbō gravī,
cum aestū febrīque iactantur, sī aquam gelidam bibērunt, prīmō
relevārī videntur, deinde multō gravius vehementiusque afflīctantur,
sīc hic morbus quī est in rē pūblicā relevātus istīus poenā vehe- 10
mentius reliquīs vīvīs ingravēscet.

Quā rē sēcēdant improbī, sēcernant sē ā bonīs, ūnum in locum
congregentur, mūrō dēnique, quod saepe iam dīxī, sēcernantur ā
nōbīs; dēsinant īnsidiārī domī suae cōnsulī, circumstāre tribūnal
praetōris urbānī, obsidēre cum gladiīs cūriam, malleolōs et facēs 15

---

20. Hoc . . . interfecto = sī hic ūnus interfectus sit. **22. Quod si:** *But if.* **sese
eiecerit:** i.e., ex urbe. **23. naufragos:** Implies financial wreck, while **perditus** refers
to moral ruin.

¶**13. 1. iam diu . . . versamur:** *for a long time we have been living,* or *involved.*
2. nescio quo pacto = nesciō quō modō: *somehow or other* — a regular meaning of
nescio quis. **3. maturitas:** Cicero is still thinking of the conspiracy as an evil weed,
which has shot up suddenly into its full development. **in:** *during.* **4. latrocinio:**
band of brigands. **6. venis . . . visceribus:** An idiom, like the English "flesh and
blood," using medical language, found also in the next sentence. **11. reliquis vivis:**
if the rest are living — abl. abs. **12. secedant** and following verbs: Strong hortatory
subjunctives. **14. tribunal praetoris urbani:** His tribunal was apparently near the
Lacus Curtius, in the middle of the Forum. Catiline's men were standing around the
tribunal, for the purpose of intimidation. **15. malleolos:** *fire darts,* which were
thrown; **faces** were held in the hand.

ad inflammandam urbem comparāre; sit dēnique īnscrīptum in
fronte ūnīus cuiusque quid dē rē pūblicā sentiat. Polliceor hoc
vōbīs, patrēs cōnscrīptī, tantam in nōbīs cōnsulibus fore dīligentiam,
tantam in vōbīs auctōritātem, tantam in equitibus Rōmānīs virtū-
20 tem, tantam in omnibus bonīs cōnsēnsiōnem ut Catilīnae pro-
fectiōne omnia patefacta, illūstrāta, oppressa, vindicāta esse
videātis.

Hīsce ōminibus, Catilīna, cum summā reī pūblicae salūte, cum
tuā peste ac perniciē cumque eōrum exitiō quī sē tēcum omnī
25 scelere parricīdiōque iūnxērunt, proficīscere ad impium bellum
ac nefārium.

Tū, Iuppiter, quī īsdem quibus haec urbs auspiciīs ā Rōmulō es
cōnstitūtus, quem Statōrem huius urbis atque imperī vērē nōmi-
nāmus, hunc et huius sociōs ā tuīs cēterīsque templīs, ā tēctīs urbis
30 ac moenibus, ā vītā fortūnīsque cīvium omnium arcēbis et hominēs
bonōrum inimīcōs, hostēs patriae, latrōnēs Ītaliae scelerum foedere
inter sē ac nefāriā societāte coniūnctōs aeternīs suppliciīs vīvōs
mortuōsque mactābis.

· **17. quid . . . sentiat:** *what are his political*
views. **20. in omnibus bonis:** *in all patriotic citizens.* **23. Hisce ominibus:** *with*
these prophetic words. **cum . . . exitio:** *to the highest welfare of the state, to the plague*
and destruction of yourself and those. **27. Iuppiter:** A prayer at the beginning or
end of an oration was a familiar feature of ancient rhetoric. Cicero would turn
toward the temple statue. **28. Statorem:** *Protector* of the city and empire. **29. hunc:**
Obj. of **arcebis.** The future has the force of a mild imperative. **30. homines:** Obj.
of **mactabis.** **32. aeternis suppliciis:** Cicero himself did not believe in everlasting
punishment.

The Second Oration

When Cicero finished his oration on November 8, Catiline at first attempted to defend himself, emphasizing the public services and the respectability of his family. He was drowned out by cries of "enemy" and "traitor," and he stalked out of the meeting. That night he left the city, causing the report to be circulated that he was going to Massilia (Marseilles) to live in exile.

On the following day, November 9, Cicero addressed the people from the Rostra. He knew that there was considerable popular sympathy for Catiline and that he was in danger of being considered a tyrant because of what he had thus far done in the matter of Catiline. It was very important that he have public sentiment on his side. By contrasting the speech in the senate with this one delivered to the people — which we know as the Second Oration Against Catiline — we see the skilled speaker at work as he changes his handling of his material to appeal effectively to a different type of audience.

RUS ET ANIMALIA

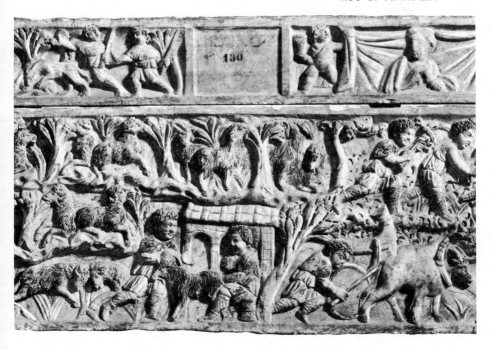

ALEAE

Outline of Second Oration Against Catiline

I. Introduction
   A. Exordium — chap. 1, lines 1–5
   B. Narratio — chap. 1, lines 6–22
II. Body
   A. Partitio — chap. 2
   B. Confirmatio
      1. Chap. 3, chap. 4, chap. 5
      2. Chap. 6 and chap. 7
      3. Sex genera hominum
         a. Chap. 8
         b. Chap. 9, lines 1–16
         c. Chap. 9, lines 17–32
         d. Chap. 10, lines 1–12
         e. Chap. 10, lines 13–16
         f. Chap. 10, lines 17–33
      4. Chap. 11
III. Conclusion — chap. 12 and chap. 13

M. TVLLI CICERONIS
IN L. CATILINAM ORATIO SECVNDA

HABITA AD POPVLVM

Rome Is Safer Because of Catiline's Departure

1. Tandem aliquandō, Quirītēs, L. Catilīnam, furentem audāciā, scelus anhēlantem, pestem patriae nefāriē mōlientem, vōbīs atque huic urbī ferrō flammāque minitantem ex urbe vel ēiēcimus vel ēmīsimus vel ipsum ēgredientem verbīs prōsecūtī sumus. Abiit, excessit, ēvāsit, ērūpit. 5
Nūlla iam perniciēs ā mōnstrō illō atque prōdigiō moenibus ipsīs intrā moenia comparābitur. Atque hunc quidem ūnum huius bellī domesticī ducem sine contrōversiā vīcimus. Nōn enim iam inter latera nostra sīca illa versābitur, nōn in campō, nōn in forō, nōn in cūriā, nōn dēnique intrā domesticōs parietēs pertimēscēmus. 10
Locō ille mōtus est, cum est ex urbe dēpulsus. Palam iam cum hoste nūllō impediente bellum iūstum gerēmus. Sine dubiō perdidimus hominem magnificēque vīcimus, cum illum ex occultīs īnsidiīs in apertum latrōcinium coniēcimus.

Quod vērō nōn cruentum mūcrōnem, ut voluit, extulit, quod 15 vīvīs nōbīs ēgressus est, quod eī ferrum ē manibus extorsimus, quod incolumēs cīvēs, quod stantem urbem relīquit, quantō tandem illum maerōre esse afflīctum et prōflīgātum putātis? Iacet ille

---

¶1. 1. **Tandem aliquando:** *Now at last* — showing Cicero's intense relief that Catiline has left the city. **Quirites:** *citizens*, the regular way of addressing the Roman people from the Rostra. The citizens stood in the Forum, facing the Rostra where Cicero was speaking. Cicero's style, therefore, can be expected to be more fervid, the rhetoric more striking, than in the First Oration, delivered to the senate. 2. **scelus anhelantem:** *breathing out wickedness* — **scelus** in the abstract sense. 3. **vel ... vel ... vel:** Giving the hearers a choice among three explanations. Cicero did not want to say outright that he had driven Catiline out. 4. **ipsum = sua sponte. Abiit ... erupit:** Dramatic climax — bare verbs with asyndeton and alliteration. 6. **monstro:** Suggests something unnatural, a physical or moral monstrosity. **prodigio:** Implies supernatural influence; something uncanny, of ill omen; a portent. 9. **sica:** The dagger is really a figure for Catiline himself. 11. **Loco ... motus est:** *was forced from his vantage point*, an expression drawn from the language of wrestlers and gladiators. 15. **extulit:** i.e., **ex urbe.** 16. **vivis nobis:** *with us still living* — abl. abs. **ei:** Dat. of separation. 18. **Iacet:** Like a gladiator who has lost his fight and been struck down — from **iaceo**, not **iacio**.

nunc prōstrātus, Quirītēs, et sē perculsum atque abiectum esse
20 sentit, et retorquet oculōs profectō saepe ad hanc urbem quam ē
suīs faucibus ēreptam esse lūget; quae quidem mihi laetārī vidētur,
quod tantam pestem ēvomuerit forāsque prōiēcerit.

Good Reasons for Not Putting Catiline to Death

2. Ac sī quis est tālis quālēs esse omnēs oportēbat, quī in hōc
ipsō in quō exsultat et triumphat ōrātiō mea mē vehementer
accūset, quod tam capitālem hostem nōn comprehenderim potius
quam ēmīserim, nōn est ista mea culpa, Quirītēs, sed temporum.
5 Interfectum esse L. Catilīnam et gravissimō suppliciō affectum iam
prīdem oportēbat, idque ā mē et mōs maiōrum et huius imperī
sevēritās et rēs pūblica postulābat.

Sed quam multōs fuisse putātis quī quae ego dēferrem nōn
crēderent, quam multōs quī propter stultitiam nōn putārent, quam
10 multōs quī etiam dēfenderent, quam multōs quī propter improbi-
tātem favērent? Ac sī illō sublātō dēpellī ā vōbīs omne perīculum
iūdicārem, iam prīdem ego L. Catilīnam nōn modo invidiae meae
vērum etiam vītae perīculō sustulissem. Sed cum vidērem, nē
vōbīs quidem omnibus etiam tum rē probātā, sī illum, ut erat
15 meritus, morte multāssem, fore ut eius sociōs invidiā oppressus
persequī nōn possem, rem hūc dēdūxī ut tum palam pugnāre
possētis cum hostem apertē vidērētis.

· · · · · · · · · · · · · · · · · · · **20. retorquet . . . faucibus:** Like some
monstrous and bloodthirsty beast, cheated of its prey.   **21. quidem:** Adversative,
with **quae** — *but it,* i.e., the city.

¶**2.   1. in hoc ipso:** *in this very matter,* explained by **quod . . . emiserim.   4. sed
temporum:** *but that of circumstances.*   **5. gravissimo supplicio affectum:** *to have
suffered the extreme penalty.*   **6. imperi:** The imperium (see Introduction, page 13)
of the consul, now vested with additional power by the proclamation of martial law.
7. postulabat: In agreement with the nearest subject.   **8. quam multos:** i.e., among
the senators.   **11. faverent:** *were inclined to support* — climax.   **Ac:** *And yet,* in
spite of the scepticism and opposition in the senate.   **illo sublato:** *by putting
him out of the way.*   **12. iudicarem:** *if it had been my judgment.*   **invidiae meae . . .
periculo:** *at the risk of personal enmity.*   **14. re probata:** *since the matter had not
yet been made clear,* even to all of your number, not to mention the senators — abl.
abs.   **15. fore ut . . . possem:** A roundabout form of expression, made necessary by
the lack of a fut. infinitive of **posse.** Omit **fore** and translate **possem** by a fut. tense.
16. huc: *to this point.*

Quem quidem ego hostem, Quirītēs, quam vehementer forīs esse timendum putem, licet hinc intellegātis, quod etiam illud molestē ferō quod ex urbe parum comitātus exierit. Utinam ille 20 omnēs sēcum suās cōpiās ēdūxisset! Tongilium mihi ēdūxit quem amāre in praetextā coeperat, Pūblicium et Minucium quōrum aes aliēnum contrāctum in popīnā nūllum reī pūblicae mōtum afferre poterat: relīquit quōs virōs, quantō aere aliēnō, quam valentēs, quam nōbilēs! 25

Many of Catiline's Followers Still in the City

3. Itaque ego illum exercitum prae Gallicānīs legiōnibus et hōc dīlēctū quem in agrō Pīcēnō et Gallicō Q. Metellus habuit, et hīs cōpiīs quae ā nōbīs cotīdiē comparantur, magnō opere contemnō, collēctum ex senibus dēspērātīs, ex agrestī lūxuriā, ex rūsticīs dēcoctōribus, ex eīs quī vadimōnia dēserere quam illum exercitum 5 māluērunt; quibus ego nōn modo sī aciem exercitūs nostrī, vērum etiam sī ēdictum praetōris ostenderō, concident.

Hōs quōs videō volitāre in forō, quōs stāre ad cūriam, quōs etiam in senātum venīre, quī nitent unguentīs, quī fulgent purpurā,

19. licet . . . intellegatis: *you may realize.* **hinc . . . quod:** *from the fact that.* **20. moleste fero:** *I am much annoyed.* **parum comitatus:** *with too small a retinue,* too many sympathizers are left. **exierit:** Subjunctive of the alleged reason. **21. mihi:** Ethical dat., best translated here as a parenthetical "I see." The men mentioned are known only for their dissipation, typical reprobates of the "army" of Catiline. **22. in praetexta:** *in boyhood.* **23. popina:** A shop where wines and food were sold, frequented mostly by slaves. **24. quanto aere alieno:** *how burdened with debts,* on a much larger scale than those of Tongilius.

¶**3. 1. exercitum:** of Catiline. **legionibus:** The regular troops stationed in Cisalpine Gaul, which could easily be brought down from the north to Faesulae. **2. dilectu:** The levy of new troops drafted from the coast regions east of Faesulae, also within easy reach. Q. Metellus had been sent to draft troops immediately after the senate learned of the operations of Manlius at Faesulae. **4. collectum:** Agrees with **exercitum,** in contrast to the forces at the disposal of the consuls. **senibus desperatis:** Veterans of the army of Sulla. **luxuria:** The abstract for the concrete — "extravagance" collectively for "the extravagant." **5. decoctoribus:** *bankrupt landholders.* **vadimonia deserere:** *to forsake their legal obligations,* i.e., forfeit their bail. **7. edictum praetoris:** *an edict of the praetor,* especially one giving the penalties for forsaking one's legal obligation. **8. Hos:** Referring to those who stayed in the city, in strong contrast to **illum exercitum. 9. unguentis:** *fragrant oils,* rubbed into the skin after a bath.

10 māllem sēcum suōs mīlitēs ēdūxisset: quī sī hīc permanent, memen-
tōte nōn tam exercitum illum esse nōbīs quam hōs quī exercitum
dēseruērunt pertimēscendōs. Atque hōc etiam sunt timendī magis
quod quid cōgitent mē scīre sentiunt neque tamen permoventur.
Videō cui sit Āpūlia attribūta, quis habeat Etrūriam, quis agrum
15 Pīcēnum, quis Gallicum, quis sibi hās urbānās īnsidiās caedis
atque incendiōrum dēpoposcerit.

Omnia superiōris noctis cōnsilia ad mē perlāta esse sentiunt;
patefēcī in senātū hesternō diē; Catilīna ipse pertimuit, profūgit;
hī quid exspectant? Nē illī vehementer errant, sī illam meam prīsti-
20 nam lēnitātem perpetuam spērant futūram.

A Catalogue of Catiline's Company

4. Quod exspectāvī iam sum assecūtus, ut vōs omnēs factam
esse apertē coniūrātiōnem contrā rem pūblicam vidērētis; nisi
vērō sī quis est quī Catilīnae similēs cum Catilīnā sentīre nōn putet.
Nōn est iam lēnitātī locus; sevēritātem rēs ipsa flāgitat. Ūnum
5 etiam nunc concēdam: exeant, proficīscantur, nē patiantur dēsīderiō
suī Catilīnam miserum tabēscere. Dēmōnstrābō iter: Aurēliā
viā profectus est; sī accelerāre volent, ad vesperam cōnsequentur.
Ō fortūnātam rem pūblicam, sī quidem hanc sentīnam urbis
ēiēcerit!
10 Ūnō mehercule Catilīnā exhaustō levāta mihi et recreāta rēs
pūblica vidētur. Quid enim malī aut sceleris fingī aut cōgitārī
potest quod nōn ille concēperit? quis tōtā Ītaliā venēficus, quis

10. mallem: *I would prefer* — potential subjunctive. **suos milites:** i.e., as his bodyguard. **(ut) eduxisset:** Noun clause of purpose. **qui si:** *but if they.* **16. depopos-**
cerit: Names of conspirators are furnished by Sallust, but only Manlius in Etruria is
important. **17. superioris noctis:** *that former night,* when the conspirators met at
the house of Laeca. Two nights have passed since then. **19. Ne:** *surely* or *verily.*

¶**4. 1. Quod exspectavi:** *What I have been waiting for.* **ut:** *namely, that,* introducing a result clause. **2. nisi vero:** *unless perhaps.* **si** intensifies the **-si** in **nisi.**
3. quis: *someone.* **similes:** i.e., men like Catiline. **6. miserum:** *wretchedly* —
adverbial. **tabescere:** The ironical expression suggests a languishing lover. **7. vo-**
lent: Fut. where English idiom requires the pres. **ad vesperam:** *toward evening.*
8. rem publicam: Acc. of exclamation. **sentinam:** *dregs* — the same figure used in
the First Oration. **10. Uno ... exhausto:** *With Catiline alone removed,* carrying
out the figure of pumping out the "ship of state." **12. quis:** Here used as an adj·

gladiātor, quis latrō, quis sīcārius, quis parricīda, quis testāmen-
tōrum subiector, quis circumscrīptor, quis gāneō, quis nepōs, quis
adulter, quae mulier īnfāmis, quis corruptor iuventūtis, quis corrup- 15
tus, quis perditus invenīrī potest quī sē cum Catilīnā nōn familiāris-
simē vīxisse fateātur? quae caedēs per hōsce annōs sine illō facta
est, quod nefārium stuprum nōn per illum?

Iam vērō quae tanta umquam in ūllō iuventūtis illecebra fuit
quanta in illō? quī aliōs ipse amābat turpissimē, aliōrum amōrī 20
flāgitiōsissimē serviēbat, aliīs frūctum libīdinum, aliīs mortem
parentum nōn modo impellendō vērum etiam adiuvandō pollicē-
bātur. Nunc vērō quam subitō nōn sōlum ex urbe vērum etiam ex
agrīs ingentem numerum perditōrum hominum collēgerat! Nēmō
nōn modo Rōmae sed nē ūllō quidem in angulō tōtīus Ītaliae 25
oppressus aere aliēnō fuit quem nōn ad hoc incrēdibile sceleris
foedus ascīverit.

The Danger Is Still Great

5. Atque ut eius dīversa studia in dissimilī ratiōne perspicere
possītis, nēmō est in lūdō gladiātōriō paulō ad facinus audācior
quī sē nōn intimum Catilīnae esse fateātur, nēmō in scaenā levior
et nēquior quī sē nōn eiusdem prope sodālem fuisse commemoret.
Atque īdem tamen stuprōrum et scelerum exercitātiōne assuēfactus, 5
frīgore et famē et sitī et vigiliīs perferendīs fortis ab istīs praedicā-
bātur, cum industriae subsidia atque īnstrūmenta virtūtis in libīdine

---

14. subiector: *forger* of a sham will. The word is found only here. **circumscriptor:** *confidence man,* who makes it his business to defraud. **16. perditus:**
reprobate — adj. used as a noun. **19. iuventutis:** Objective gen. **21. fructum:**
gratification. **22. parentum:** *relatives.* **23. Nunc vero:** *in reality,* contrasting
actual fact with mere promises.

¶5. **1. diversa ... ratione:** *different pursuits in an altogether different sphere.*
2. ludo gladiatorio: In the gladiatorial "schools," or barracks, captives, slaves,
and condemned malefactors forced to serve as gladiators received a merciless training.
audacior: i.e., than his fellows. **3. intimum:** *bosom friend.* **levior, nequior:** i.e.,
than the average. Actors in Rome were generally slaves or freedmen; the occupation
was considered degrading. **5. assuefactus:** *hardened.* **6. fortis ... praedica-
batur:** *he was heralded as brave.* **7. cum:** *although* or *whereas,* giving the real fact
of the matter, the wasting of powers which might have been better employed. **instrumenta virtutis:** i.e., the mental qualities and physical traits which render the
practice of virtue possible.

audāciāque cōnsūmeret. Hunc vērō sī secūtī erunt suī comitēs, sī ex urbe exierint dēspērātōrum hominum flāgitiōsī gregēs, Ō nōs
10 beātōs, Ō rem pūblicam fortūnātam, Ō praeclāram laudem cōnsulātūs meī!

Nōn enim iam sunt mediocrēs hominum libīdinēs, nōn hūmānae et tolerandae audāciae; nihil cōgitant nisi caedem, nisi incendia, nisi rapīnās. Patrimōnia sua profūdērunt, fortūnās suās obligā-
15 vērunt; rēs eōs iam prīdem, fidēs nūper dēficere coepit: eadem tamen illa quae erat in abundantiā libīdō permanet. Quod sī in vīnō et āleā cōmissātiōnēs sōlum et scorta quaererent, essent illī quidem dēspērandī, sed tamen essent ferendī: hoc vērō quis ferre possit, inertēs hominēs fortissimīs virīs īnsidiārī, stultissimōs
20 prūdentissimīs, ēbriōs sōbriīs, dormientēs vigilantibus? quī mihi accubantēs in convīviīs, complexī mulierēs impudīcās, vīnō languidī, cōnfertī cibō, sertīs redimītī, unguentīs oblitī, dēbilitātī stuprīs ēructant sermōnibus suīs caedem bonōrum atque urbis incendia.

Quibus ego cōnfīdō impendēre fātum aliquod, et poenam iam
25 diū improbitātī, nēquitiae, scelerī, libīdinī dēbitam aut īnstāre iam plānē aut certē appropinquāre. Quōs sī meus cōnsulātus, quoniam sānāre nōn potest, sustulerit, nōn breve nesciō quod tempus sed multa saecula prōpāgārit reī pūblicae.

Nūlla enim est nātiō quam pertimēscāmus, nūllus rēx quī bellum
30 populō Rōmānō facere possit; omnia sunt externa ūnīus virtūte terrā marīque pācāta: domesticum bellum manet, intus īnsidiae

· · · · · · · · · · · · · · · · · · · **9. O nos beatos:** *How happy we shall be!* — displaces the expected conclusion. **13. audaciae:** *acts of boldness.* **nisi . . . nisi . . . nisi:** anaphora. **14. fortunas:** *real estate.* **15. res:** *ready money.* **fides:** *credit.* After Catiline's defeat in the consular elections, credit was hard for his followers to obtain. The money had given out long ago. The **libido,** *lawlessness,* however, remained. **16. si . . . quaererent:** Contrary to fact in present time; i.e., such is not the case. **17. alea:** Gambling was very prevalent in Roman life. **essent . . . desperandi:** *they should be despaired of.* **19. inertes:** Referring to their dislike of exertion. **homines:** *human beings.* **viris:** *real men.* **insidiari** (in apposition with **hoc**): *are plotting against,* with dat. **20. mihi:** *it seems to me,* or omit entirely — ethical dat. **22. obliti:** *smeared with* (from **oblino**). **23. eructant:** The word choice adds to the impression of wild and drunken threats uttered in their table talk. **24. fatum aliquod:** *a certain destiny,* already discernible. **27. breve . . . tempus:** *for some short time.* **28. propagarit:** *it will have prolonged the existence.* **30. unius:** Pompey, who has finished successfully the wars with Sertorius, with the pirates, and with Mithridates. **31. intus . . . hostis:** This sentence employs anaphora, asyndeton, and climax.

sunt, intus inclūsum perīculum est, intus est hostis. Cum lūxuriā nōbīs, cum āmentiā, cum scelere certandum est. Huic ego mē bellō ducem profiteor, Quirītēs; suscipiō inimīcitiās hominum perditōrum; quae sānārī poterunt quācumque ratiōne sānābō, 35 quae resecanda erunt nōn patiar ad perniciem cīvitātis manēre. Proinde aut exeant aut quiēscant aut, sī et in urbe et in eādem mente permanent, ea quae merentur exspectent.

Catiline Left the City Voluntarily

6. At etiam sunt quī dīcant, Quirītēs, ā mē ēiectum esse Catilīnam; quod ego sī verbō assequī possem, istōs ipsōs ēicerem quī haec loquuntur. Homō enim vidēlicet timidus aut etiam permodestus vōcem cōnsulis ferre nōn potuit; simul atque īre in exsilium iussus est, pāruit. 5

Quīn hesternō diē, cum domī meae paene interfectus essem, senātum in aedem Iovis Statōris convocāvī, rem omnem ad patrēs cōnscrīptōs dētulī. Quō cum Catilīna vēnisset, quis eum senātor appellāvit, quis salūtāvit, quis dēnique ita aspexit ut perditum cīvem ac nōn potius ut importūnissimum hostem? Quīn etiam 10 prīncipēs eius ōrdinis partem illam subselliōrum ad quam ille accesserat nūdam atque inānem relīquērunt.

Hīc ego, vehemēns ille cōnsul quī verbō cīvēs in exsilium ēiciō, quaesīvī ā Catilīnā in nocturnō conventū ad M. Laecam fuisset necne. Cum ille homō audācissimus cōnscientiā convictus prīmō 15 reticuisset, patefēcī cētera: quid eā nocte ēgisset, ubi fuisset, quid in proximam cōnstituisset, quem ad modum esset eī ratiō tōtīus

---

· · · · · · · · · · · · · · · · **35. quae ... ratione:** *what can be healed, by whatever method* (*I can*).   **38. permanent:** The verb has a literal meaning with **in urbe** and a figurative one with **in mente**, a zeugma.

¶**6. 1. sunt qui dicant:** *there are* (*those*) *who say* — rel. clause of characteristic. **2. quod:** *this* (throwing people out of the city), obj. of **assequi. verbo:** *by a word* (*merely*).   **3. Homo ... paruit:** There is much irony in this sentence, which sounds as if the orator were parodying a statement of one of Catiline's defenders. **timidus, permodestus:** *timid and very law-abiding* — very ironical.   **6. hesterno die:** *the day before* (the action of **convocavi**). The **cum** clause is parenthetical, explaining what happened that day.   **8. detuli:** In the First Oration. Cicero is telling exactly what did happen, to show that Catiline was not **eiectus.**   **9. ita ... ut:** *merely as.*   **13. Hic:** *whereupon.*   **14. (utrum) fuisset necne:** *whether or not he had been.*   **17. ei:** Dat. of agent.

bellī dēscrīpta ēdocuī. Cum haesitāret, cum tenērētur, quaesīvī quid dubitāret proficīscī eō quō iam prīdem parāret, cum arma, cum
20 secūrēs, cum fascēs, cum tubās, cum signa mīlitāria, cum aquilam illam argenteam cui ille etiam sacrārium domī suae fēcerat scīrem esse praemissam.

In exsilium ēiciēbam quem iam ingressum esse in bellum vīderam? Etenim, crēdō, Mānlius iste centuriō quī in agrō Faesulānō castra
25 posuit bellum populō Rōmānō suō nōmine indīxit, et illa castra nunc nōn Catilīnam ducem exspectant, et ille ēiectus in exsilium sē Massiliam, ut aiunt, nōn in haec castra cōnfert.

It Is Certain Catiline Has Not Gone into Exile

7. Ō condiciōnem miseram nōn modo administrandae vērum etiam cōnservandae reī pūblicae!

Nunc sī L. Catilīna cōnsiliīs, labōribus, perīculīs meīs circum-clūsus ac dēbilitātus subitō pertimuerit, sententiam mūtāverit, dē-
5 seruerit suōs, cōnsilium bellī faciendī abiēcerit, et ex hōc cursū sceleris ac bellī iter ad fugam atque in exsilium converterit, nōn ille ā mē spoliātus armīs audāciae, nōn obstupefactus ac perterritus meā dīligentiā, nōn dē spē cōnātūque dēpulsus, sed indemnātus innocēns in exsilium ēiectus ā cōnsule vī et minīs esse dīcētur: et
10 erunt quī illum, sī hoc fēcerit, nōn improbum sed miserum, mē nōn dīligentissimum cōnsulem sed crūdēlissimum tyrannum exīstimārī velint! Est mihi tantī, Quirītēs, huius invidiae falsae atque inīquae

. . . . **21. argenteam:** *the (Marian) eagle*, well known to all. See note on First Oration, chap. 9. **22. praemissam:** Agrees with the nearest sub., but is meant with all. Catiline's intention to assume the insignia of a magistrate possessing the imperium was carried out a few days later. **23. eiciebam:** Imperfect, denoting attempted action — the conative imp. **ingressum esse:** *had already embarked upon.* **24. credo:** *I suppose* — ironical, as usual. **25. suo nomine indixit:** *has declared on his own account*, without Catiline's orders. **27. Massiliam:** *Marseilles*, a highly cultivated Greek colony, and a favorite resort for students and exiles.

¶7. **1. condicionem:** *lot* or *task*, referring to the peculiar difficulties surrounding the office of consul. **4. debilitatus:** *crippled.* **6. iter . . . converterit:** *shall have changed his route.* **8. indemnatus innocens:** *though innocent and uncondemned.* **9. vi et minis:** *by threats of violence* — hendiadys. **10. erunt qui:** *there will be (those) who.* **11. existimari velint:** *would like to have him considered.* **12. Est . . . tanti:** *It is worth while.*

tempestātem subīre, dum modo ā vōbīs huius horribilis bellī ac nefāriī perīculum dēpellātur.

Dīcātur sānē ēiectus esse ā mē, dum modo eat in exsilium. Sed 15 mihi crēdite, nōn est itūrus. Numquam ego ab dīs immortālibus optābō, Quirītēs, invidiae meae relevandae causā ut L. Catilīnam dūcere exercitum hostium atque in armīs volitāre audiātis, sed trīduō tamen audiētis; multōque magis illud timeō nē mihi sit invidiōsum aliquandō quod illum ēmīserim potius quam quod 20 ēiēcerim.

Sed cum sint hominēs quī illum, cum profectus sit, ēiectum esse dīcant, īdem, sī interfectus esset, quid dīcerent? Quamquam istī quī Catilīnam Massiliam īre dictitant nōn tam hoc queruntur quam verentur. Nēmō est istōrum tam misericors quī illum nōn 25 ad Mānlium quam ad Massiliēnsēs īre mālit. Ille autem, sī mehercule hoc quod agit numquam anteā cōgitāsset, tamen latrōcinantem sē interficī māllet quam exsulem vīvere. Nunc vērō, cum eī nihil adhūc praeter ipsīus voluntātem cōgitātiōnemque acciderit, nisi quod vīvīs nōbīs Rōmā profectus est, optēmus potius ut eat 30 in exsilium quam querāmur.

The Classes of Men Who Joined Forces with Catiline

8. Sed cūr tam diū dē ūnō hoste loquimur et dē eō hoste quī iam fatētur sē esse hostem, et quem, quia, quod semper voluī, mūrus interest, nōn timeō: dē hīs quī dissimulant, quī Rōmae remanent, quī nōbīscum sunt nihil dīcimus? Quōs quidem ego,

. . . . **16. non est iturus:** *he does not intend to go —* more forcible than **non ibit. 19. triduo:** *within three days.* **ne . . . aliquando:** *that I may be hated in some future time.* **23. Quamquam:** *And yet.* **25. qui . . . malit:** *that he would not prefer —* rel. clause of result. **26. si . . . cogitasset:** *even if he had never before planned* (to lead a revolt). **28. Nunc vero:** *But as it is.* After a contrary-to-fact sentence, **nunc** or **nunc vero** brings us back to actual fact. **30. nisi quod:** *except that.*

¶8. 1. **Sed . . . dicimus:** Cicero now turns from a discussion of Catiline himself to a consideration of his associates. **hoste:** Sallust says that the attempts of Catiline to justify himself in the senate the day before were greeted with cries of "hostis" and "parricida." 2. **quod:** *as* or *a thing which.* 3. **dissimulant:** They pretend that they are not enemies; they hide their true feelings, but secretly support Catiline's aims.

5 sī ūllō modō fierī possit, nōn tam ulcīscī studeō quam sānāre sibi
ipsōs, plācāre reī pūblicae, neque id quā rē fierī nōn possit, sī mē
audīre volent, intellegō. Expōnam enim vōbīs, Quirītēs, ex quibus
generibus hominum istae cōpiae comparentur; deinde singulīs
medicīnam cōnsilī atque ōrātiōnis meae, sī quam poterō, afferam.
10 Ūnum genus est eōrum quī magnō in aere aliēnō maiōrēs etiam
possessiōnēs habent quārum amōre adductī dissolvī nūllō modō
possunt. Hōrum hominum speciēs est honestissima — sunt enim
locuplētēs — voluntās vērō et causa impudentissima. Tū agrīs, tū
aedificiīs, tū argentō, tū familiā, tū rēbus omnibus ōrnātus et
15 cōpiōsus sīs, et dubitēs dē possessiōne dētrahere, acquīrere ad
fidem? Quid enim exspectās? bellum? Quid ergō? in vāstātiōne
omnium tuās possessiōnēs sacrōsānctās futūrās putēs? an tabulās
novās?
Errant quī istās ā Catilīnā exspectant: meō beneficiō tabulae
20 novae prōferuntur, vērum auctiōnāriae; neque enim istī quī
possessiōnēs habent aliā ratiōne ūllā salvī esse possunt. Quod
sī mātūrius facere voluissent neque, id quod stultissimum est,
certāre cum ūsūrīs frūctibus praediōrum, et locuplētiōribus hīs et
meliōribus cīvibus ūterēmur. Sed hōsce hominēs minimē putō
25 pertimēscendōs, quod aut dēdūcī dē sententiā possunt aut, sī perma-
nēbunt, magis mihi videntur vōta factūrī contrā rem pūblicam quam
arma lātūrī.

· **5. ulcisci:** *punish.*
sanare sibi ipsos: *to restore them to their right minds.* **6. placare:** *to win them
back* to loyal patriotism. **8. generibus:** *categories.* **singulis:** *to them, one by one.*
10. in: *(although) in.* **11. possessiones:** Particularly lands and buildings. **dissolvi:**
cannot free themselves. They will not sell any property to pay off their debts.
12. species: *outward appearance.* **13. Tu:** Cicero addresses an imaginary repre-
sentative of this class — "Are you abundantly supplied, . . . and do you still hesitate . . ." **15. sis, dubites:** Subjunctives in indignant rhetorical question.
17. tabulas novas: *(do you hope for) a cancellation of debts.* Catiline had proposed
this method of relieving debtors at the expense of capitalists. **19. meo beneficio:**
thanks to me. **20. auctionariae:** *those of the auctioneers.* Cicero means that the
debts of these men are to be wiped out by confiscating their property and selling it
off at auction. Thus there will be **tabulae novae,** *new accounts.* **21. salvi:** *financially sound.* **Quod:** *this* (obj. of **facere**). **23. fructibus praediorum:** *by the income
of their estates,* which was evidently less than the interest they had to pay on their
debts. **his . . . uteremur:** *we should find them.* **26. magis . . . vota facturi . . .**
quam arma laturi: *more likely to make promises . . . than to bear arms,* said in a very
ironic tone.

9. Alterum genus est eōrum quī, quamquam premuntur aere
aliēnō, dominātiōnem tamen exspectant, rērum potīrī volunt,
honōrēs quōs quiētā rē pūblicā dēspērant perturbātā sē cōnsequī
posse arbitrantur. Quibus hoc praecipiendum vidētur, ūnum
scīlicet et idem quod reliquīs omnibus, ut dēspērent id quod cō- 5
nantur sē cōnsequī posse: prīmum omnium mē ipsum vigilāre,
adesse, prōvidēre reī pūblicae; deinde magnōs animōs esse in
bonīs virīs, magnam concordiam, maximam multitūdinem, magnās
praetereā mīlitum cōpiās; deōs dēnique immortālēs huic invictō
populō, clārissimō imperiō, pulcherrimae urbī contrā tantam 10
vim sceleris praesentēs auxilium esse lātūrōs.

Quod sī iam sint id quod summō furōre cupiunt adeptī, num illī
in cinere urbis et in sanguine cīvium, quae mente cōnscelerātā ac
nefāriā concupīvērunt, cōnsulēs sē aut dictātōrēs aut etiam rēgēs
spērant futūrōs? Nōn vident id sē cupere quod, sī adeptī sint, 15
fugitīvō alicui aut gladiātōrī concēdī sit necesse?

Tertium genus est aetāte iam affectum, sed tamen exercitātiōne
rōbustum; quō ex genere iste est Mānlius cui nunc Catilīna succēdit.
Hī sunt hominēs ex eīs colōniīs quās Sulla cōnstituit; quās ego
ūniversās cīvium esse optimōrum et fortissimōrum virōrum sentiō, 20
sed tamen eī sunt colōnī quī sē in īnspērātīs ac repentīnīs pecūniīs sūmptuōsius īnsolentiusque iactārunt. Hī dum aedificant tamquam beātī, dum praediīs lēctīs, familiīs magnīs, convīviīs apparātis

¶9. 1. genus: *category.* premuntur aere alieno: These men are heavily in
debt, and they do not have any property behind them, unlike those in the first class;
they expect to come out on top in Catiline's revolution. 2. rerum potiri: *to get
control of the government.* 3. honores: *public offices.* perturbata (re publica).
4. Quibus . . . videtur: *What they need to be told, it seems, is this.* 5. quod reliquis
omnibus (praecipiendum videtur). 11. praesentes: *in person* or *with their immediate
presence.* 12. Quod si . . . sint adepti: *but suppose they have once obtained.* num:
With sperant. 16. fugitivo . . . gladiatori: Another Spartacus would soon appear
to rob them of their new power by equally violent means. 17. exercitatione:
military training. These were veterans of Sulla's army, who had been given lands in
Etruria, dispossessing the previous owners who had mostly supported Marius. Manlius had served as a centurion under Sulla. 19. coloniis: in Etruria. 20. uni-
versas: *in general* or *on the whole.* 22. sumptuosius . . . iactarunt: *made themselves
conspicuous by displaying too much extravagance and pride.* 23. beati: *wealthy.*
They had been paid about six cents a day in the army, and their new property makes
them feel rich. apparatis: *well-prepared.*

dēlectantur, in tantum aes aliēnum incidērunt ut, sī salvī esse
25 velint, Sulla sit eīs ab īnferīs excitandus: quī etiam nōn nūllōs
agrestēs hominēs tenuēs atque egentēs in eandem illam spem
rapīnārum veterum impulērunt.

Quōs ego utrōsque in eōdem genere praedātōrum dīreptōrumque
pōnō, sed eōs hoc moneō, dēsinant furere ac prōscrīptiōnēs et
30 dictātūrās cōgitāre. Tantus enim illōrum temporum dolor inūstus
est cīvitātī ut iam ista nōn modo hominēs sed nē pecudēs quidem
mihi passūrae esse videantur.

The Most Hopeless and Desperate Classes

10. Quārtum genus est sānē varium et mixtum et turbulentum;
quī iam prīdem premuntur, quī numquam ēmergunt, quī partim
inertiā, partim male gerendō negōtiō, partim etiam sūmptibus in
vetere aere aliēnō vacillant, quī vadimōniīs, iūdiciīs, prōscrīptiōne
5 bonōrum dēfatīgātī permultī et ex urbe et ex agrīs sē in illa castra
cōnferre dīcuntur. Hōsce ego nōn tam mīlitēs ācrēs quam īnfitī-
ātōrēs lentōs esse arbitror.

Quī hominēs quam prīmum, sī stāre nōn possunt, corruant, sed
ita ut nōn modo cīvitās sed nē vīcīnī quidem proximī sentiant.
10 Nam illud nōn intellegō quam ob rem, sī vīvere honestē nōn
possunt, perīre turpiter velint, aut cūr minōre dolōre peritūrōs
sē cum multīs quam sī sōlī pereant arbitrentur.

Quīntum genus est parricīdārum, sīcāriōrum, dēnique omnium
facinorōsōrum. Quōs ego ā Catilīnā nōn revocō; nam neque ab
15 eō dīvellī possunt et pereant sānē in latrōciniō, quoniam sunt ita
multī ut eōs carcer capere nōn possit.

. . . . **25. Sulla . . . excitandus:** Sulla
has been dead for fifteen years; he died in 78 B.C. **26. agrestes:** In many cases,
the previous owners of the farms. **28. Quos . . . utrosque:** *both of these classes.*
29. eos hoc: Two accusatives with **moneo.** **30. temporum:** i.e., during the proscriptions of Sulla. **32. mihi . . . videantur:** *seem to me unwilling to permit such
things.*

¶**10. 4. vacillant:** *stagger.* **vadimoniis:** *bail,* given to pledge an appearance in
court. **iudiciis:** *trials,* in court. **proscriptione bonorum:** *the taking possession of
the property,* and selling it at auction. **5. defatigati:** *impoverished.* **8. Qui
homines:** With **corruant** — *Let these men.* **9. civitas (non sentiat). 13. denique:**
in a word or *in short.* **14. revoco:** *try to call away.* **15. sane:** *for all I care.*

Postrēmum autem genus est nōn sōlum numerō vērum etiam genere ipsō atque vītā quod proprium Catilīnae est, dē eius dīlēctū, immō vērō dē complexū eius ac sinū; quōs pexō capillō, nitidōs, aut imberbēs aut bene barbātōs vidētis, manicātīs et tālāribus 20 tunicīs, vēlīs amictōs, nōn togīs; quōrum omnis industria vītae et vigilandī labor in antelūcānīs cēnīs exprōmitur. In hīs gregibus omnēs āleātōrēs, omnēs adulterī, omnēs impūrī impudīcīque versantur. Hī puerī tam lepidī ac dēlicātī nōn sōlum amāre et amārī neque saltāre et cantāre sed etiam sīcās vibrāre et spargere venēna 25 didicērunt.

Quī nisi exeunt, nisi pereunt, etiam sī Catilīna perierit, scītōte hoc in rē pūblicā sēminārium Catilīnārum futūrum. Vērum tamen quid sibi istī miserī volunt? num suās sēcum mulierculās sunt in castra ductūrī? Quem ad modum autem illīs carēre poterunt, hīs 30 praesertim iam noctibus? Quō autem pactō illī Apennīnum atque illās pruīnās ac nivēs perferent? nisi idcircō sē facilius hiemem tolerātūrōs putant, quod nūdī in convīviīs saltāre didicērunt.

The Two Sides in the Conflict

11. Ō bellum magnō opere pertimēscendum, cum hanc sit habitūrus Catilīna scortōrum cohortem praetōriam! Īnstruite nunc, Quirītēs, contrā hās tam praeclārās Catilīnae cōpiās vestra praesidia vestrōsque exercitūs. Et prīmum gladiātōrī illī cōnfectō et sauciō cōnsulēs imperātōrēsque vestrōs oppōnite; deinde contrā 5 illam naufragōrum ēiectam ac dēbilitātam manum flōrem tōtīus

---

17. Postremum: *last,* and lowest. This sixth class is most degraded in character and, moreover, Catiline's most intimate associates. **18. proprium Catilinae:** *Catiline's own sort.* **19. pexo capillo:** Abl. of description. **20. imberbes:** i.e., with womanish faces. **bene barbatos:** A sign of dissolute life. **manicatis . . . tunicis:** It was considered good taste at this time to wear tunics sleeveless, extending just below the knees. **21. velis:** *with veils,* spoken with contempt. **22. expromitur:** *display themselves.* **gregibus:** *gangs.* **23. versantur:** *are found.* **25. spargere venena:** In wine and other drinks. **27. scitote:** The regular imperative of **scio.** **28. Catilinarum:** The plural of proper names regularly means "men like." **29. mulierculas:** Diminutive here to express contempt. **31. Apenninum:** Always singular in Latin.

¶**11. 2. scortorum:** *unmanly men.* **cohortem praetoriam:** *bodyguard.* **3. praeclaras:** ironical. **4. confecto et saucio:** *worn-out and crippled.* **6. naufragorum:** *shipwrecked* — ruined financially.

Ītaliae ac rōbur ēdūcite. Iam vērō urbēs colōniārum ac mūnicipiōrum respondēbunt Catilīnae tumulīs silvestribus. Neque ego
cēterās cōpiās, ōrnāmenta, praesidia vestra cum illīus latrōnis
10 inopiā atque egestāte cōnferre dēbeō.

Sed sī, omissīs hīs rēbus quibus nōs suppeditāmur, eget ille,
senātū, equitibus Rōmānīs, urbe, aerāriō, vectīgālibus, cūnctā
Ītaliā, prōvinciīs omnibus, exterīs nātiōnibus, sī hīs rēbus omissīs
causās ipsās quae inter sē cōnflīgunt contendere velīmus, ex eō
15 ipsō quam valdē illī iaceant intellegere possumus. Ex hāc enim
parte pudor pugnat, illinc petulantia; hinc pudīcitia, illinc stuprum;
hinc fidēs, illinc fraudātiō; hinc pietās, illinc scelus; hinc cōnstantia,
illinc furor; hinc honestās, illinc turpitūdō; hinc continentia,
illinc libīdō; hinc dēnique aequitās, temperantia, fortitūdō, prū-
20 dentia, virtūtēs omnēs certant cum inīquitāte, lūxuriā, ignāviā,
temeritāte, cum vitiīs omnibus; postrēmō cōpia cum egestāte,
bona ratiō cum perditā, mēns sāna cum āmentiā, bona dēnique
spēs cum omnium rērum dēspērātiōne cōnflīgit.

In eius modī certāmine ac proeliō nōnne, sī hominum studia
25 dēficiant, dī ipsī immortālēs cōgant ab hīs praeclārissimīs virtūtibus
tot et tanta vitia superārī?

Anybody Who Wishes Is Welcome to Join Catiline

12. Quae cum ita sint, Quirītēs, vōs, quem ad modum iam
anteā dīxī, vestra tēcta vigiliīs custōdiīsque dēfendite; mihi ut urbī
sine vestrō metū ac sine ūllō tumultū satis esset praesidī cōnsultum
atque prōvīsum est.

. . . . **7. urbes:** Possessing strong fortifications, unlike the open wooded resorts of brigands. **10. inopia atque egestate:**
Catiline had about two legions, but only a fourth of them were properly armed.
conferre: *compare.* **11. quibus:** Abl. of means with **suppeditamur,** and of separation with **eget.** **14. contendere:** *compare.* **ex eo ipso:** *from the very comparison.* **15. quam ... iaceant:** *how utterly helpless they are.* **Ex hac ... parte ...**
illinc: *On this side, ... on that.* **19. aequitas** = **iustitia.** To sum up the moral
qualities, he is now naming the four cardinal virtues which played a large part in ancient ethics. **25. virtutibus:** With **ab,** because personified.

¶**12. 1. quem ... dixi:** Referring vaguely to what he said about military prepared-
ness. Possibly in revising the speech Cicero omitted a passage. **2. mihi ...**
provisum est: *I have made provision.*

Colōnī omnēs mūnicipēsque vestrī certiōrēs ā mē factī dē hāc 5
nocturnā excursiōne Catilīnae facile urbēs suās fīnēsque dēfendent;
gladiātōrēs, quam sibi ille manum certissimam fore putāvit, quamquam animō meliōre sunt quam pars patriciōrum, potestāte tamen
nostrā continēbuntur. Q. Metellus, quem ego hoc prōspiciēns in
agrum Gallicum Pīcēnumque praemīsī, aut opprimet hominem aut 10
eius omnēs mōtūs cōnātūsque prohibēbit. Reliquīs autem dē rēbus
cōnstituendīs, mātūrandīs, agendīs iam ad senātum referēmus,
quem vocārī vidētis.

Nunc illōs quī in urbe remānsērunt atque adeō quī contrā urbis
salūtem omniumque vestrum in urbe ā Catilīnā relictī sunt, quam- 15
quam sunt hostēs, tamen, quia nātī sunt cīvēs, monitōs etiam atque etiam volō. Mea lēnitās adhūc sī cui solūtior vīsa est, hoc
exspectāvit ut id quod latēbat ērumperet.

Quod reliquum est, iam nōn possum oblīvīscī meam hanc esse
patriam, mē hōrum esse cōnsulem, mihi aut cum hīs vīvendum aut 20
prō hīs esse moriendum. Nūllus est portīs custōs, nūllus īnsidiātor
viae: sī quī exīre volunt, cōnīvēre possum; quī vērō sē in urbe
commōverit cuius ego nōn modo factum sed vel inceptum ūllum
cōnātumve contrā patriam dēprehenderō, sentiet in hāc urbe esse
cōnsulēs vigilantēs, esse ēgregiōs magistrātūs, esse fortem senātum, 25
esse arma, esse carcerem quem vindicem nefāriōrum ac mani-
festōrum scelerum maiōrēs nostrī esse voluērunt.

The Gods Will Protect the City

13. Atque haec omnia sīc agentur ut maximae rēs minimō mōtū,
perīcula summa nūllō tumultū, bellum intestīnum ac domesticum

. . . . **6. nocturna excursione:** Catiline's
departure from the city the night before. **7. gladiatores:** A particular source of
fear to the Romans after the war with Spartacus. **8. pars patriciorum:** Lentulus and
Cethegus, like Catiline himself, were patricians. **12. maturandis, agendis:** *and
promptly carrying out.* **13. vocari videtis:** The criers were even then going about,
announcing a meeting of the senate and summoning the senators. **16. monitos
. . . volo:** *I would have them warned.* **17. adhuc:** *up to this point.* **cui:** *anyone.*
19. Quod reliquum est: *As for the future.* **20. horum:** *of all these (reputable
citizens)* — spoken with a gesture. **21. pro . . . moriendum:** *I must die for them.*
23. cuius . . . deprehendero: *and I detect, I will not say any actual act of his, but
even . . .* **26. carcerem:** The Mamertine prison. The threat is capital punishment.

post hominum memoriam crūdēlissimum et maximum mē ūnō togātō duce et imperātōre sēdētur. Quod ego sīc administrābō, 5 Quirītēs, ut, sī ūllō modō fierī poterit, nē improbus quidem quisquam in hāc urbe poenam suī sceleris sufferat. Sed sī vīs manifestae audāciae, sī impendēns patriae perīculum mē necessāriō dē hāc animī lēnitāte dēdūxerit, illud profectō perficiam quod in tantō et tam īnsidiōsō bellō vix optandum vidētur, ut neque bonus quisquam 10 intereat paucōrumque poenā vōs omnēs salvī esse possītis.

Quae quidem ego neque meā prūdentiā neque hūmānīs cōnsiliīs frētus polliceor vōbīs, Quirītēs, sed multīs et nōn dubiīs deōrum immortālium significātiōnibus, quibus ego ducibus in hanc spem sententiamque sum ingressus; quī iam nōn procul, ut quondam 15 solēbant, ab externō hoste atque longinquō, sed hīc praesentēs suō nūmine atque auxiliō sua templa atque urbis tēcta dēfendunt. Quōs vōs, Quirītēs, precārī, venerārī, implōrāre dēbētis, ut, quam urbem pulcherrimam flōrentissimam potentissimamque esse voluērunt, hanc omnibus hostium cōpiīs terrā marīque superātīs ā 20 perditissimōrum cīvium nefāriō scelere dēfendant.

¶13. 4. **togato:** Denoting a civilian, whose toga distinguished him from the soldier. **sedetur:** *shall be ended.* Agrees with the nearest sub., while the time is the same as that of the main verb **agentur.** 9. **vix optandum:** i.e., almost useless to hope for. 11. **ego...fretus:** *I, relying on,* with abl. 13. **significationibus:** *portents* or *signs,* to which the Roman religion paid great attention. 14. **sententiam:** *resolution.* **qui:** *they* — the gods. 16. **suo numine:** *with their divine will.* 17. **precari, venerari, implorare:** All three mean to pray, but they form a climax, with added solemnity from the omission of conjunctions. **quam urbem:** *the city which.* 19. **omnibus...superatis:** *now that all our enemies' forces are defeated.*

IUPPITER ET AQUILA

The Third Oration

Cicero had half hoped that as a result of his speech to the people the rest of the conspirators would follow Catiline out of the city. His hope was in vain. Lentulus and Cethegus and the rest continued their activities in Rome, spreading suspicion against the consul that he was aiming at tyrannical power and making plans for their takeover of the government. Cicero was aware of all this, but he was powerless to make any further move simply on his own information. He had to have convincing proof of the conspirators' criminal plans, and that he lacked.

Three suspenseful weeks passed, and the city was that much closer to the December 19 date for Catiline and Manlius to appear at the gates of the city, while the conspirators within spread death and terror. Then Cicero got the fortunate break in the affair for which he had been looking. There was in Rome at this time a delegation from the Gallic tribe called Allobroges, who had brought certain petitions to the officials. They failed to receive from the senate satisfactory reassurances. At this point they were approached by some of the conspirators — the record is unclear as to whether the desired help was to be Gallic cavalry or some other move to contribute to the downfall of the legitimate government.

The members of the delegation laid before their patron in the city, Q. Fabius Sanga, the solicitation from the conspirators. We are at a loss, as indeed Cicero was, to explain why the Gauls apparently acted against their own ambitions in revealing the matter. At any rate, Cicero now had the golden opportunity he needed to obtain damning evidence.

Acting in accordance with the consul's instructions, the Gauls professed great interest in the conspiracy and appeared to agree to take part; they asked for letters to carry to their people. These were freely given. They promised furthermore to turn aside to confer with Catiline in Etruria, on their way back to Gaul. Lentulus appointed a certain T. Volturcius to accompany them, carrying a letter and verbal messages to Catiline.

Late during the night of December 2 the delegation of Allobroges, accompanied by Volturcius, set out from Rome. Cicero had waiting at the Mulvian bridge over the Tiber, north of the city, a company of his private guard under two of the praetors, hidden at either end of the bridge. The Gauls advanced to the middle of the bridge, the guards burst out of hiding, the Gauls put up a show of resistance, then they surrendered the letters and with the guard returned to Rome.

The evidence was brought immediately to Cicero, of course. Before any word could leak out, he in his official capacity as consul ordered Lentulus, Cethegus, Statilius, and Gabinius to come to him. When morning arrived, he led the way through the Forum to the Temple of Concord, the massive cement foundations of which stand to this day.

PONS MULVIUS

HOMO GALLUS

Volturcius was persuaded to turn state's evidence and gave testimony which reinforced the matter in the letters themselves. The letters were then produced and each writer in turn was forced to acknowledge the genuineness of his seal before it was broken in the presence of the senate. Each letter was read, the guilt of the conspirators stood revealed, and they were put into the custody of various prominent men.

The meeting of the senate lasted until late in the day. At its adjournment, Cicero went out before the people and delivered a speech which rehearsed the events of the night and the day. This is the speech we call the Third Oration Against Catiline.

PUER GERENS BULLAM

Outline of Third Oration Against Catiline

I. Introduction: Exordium — chap. 1, lines 1–17
II. Body
    A. Partitio — chap. 1, lines 18–25
    B. Confirmatio
        1. Chap. 2 and chap. 3
        2. Narratio
            a. Chap. 4
            b. Chap. 5
            c. Chap. 6
        3. Chap. 7
        4. Chap. 8 and chap. 9
        5. Chap. 10
III. Conclusion — chap. 11 and chap. 12

M. TVLLI CICERONIS

IN L. CATILINAM ORATIO TERTIA

HABITA AD POPVLVM

The State Has Escaped Destruction

1. Rem pūblicam, Quirītēs, vītamque omnium vestrum, bona, fortūnās, coniugēs līberōsque vestrōs atque hoc domicilium clārissimī imperī, fortūnātissimam pulcherrimamque urbem, hodiernō diē deōrum immortālium summō ergā vōs amōre, labōribus, cōnsiliīs, perīculīs meīs ē flammā atque ferrō ac paene ex faucibus 5 fātī ēreptam et vōbīs cōnservātam ac restitūtam vidētis.

Et sī nōn minus nōbīs iūcundī atque illūstrēs sunt eī diēs quibus cōnservāmur quam illī quibus nāscimur, quod salūtis certa laetitia est, nāscendī incerta condiciō, et quod sine sēnsū nāscimur, cum voluptāte servāmur, profectō, quoniam illum quī hanc urbem 10 condidit ad deōs immortālēs benevolentiā fāmāque sustulimus, esse apud vōs posterōsque vestrōs in honōre dēbēbit is quī eandem hanc urbem conditam amplificātamque servāvit. Nam tōtī urbī, templīs, dēlūbrīs, tēctīs ac moenibus subiectōs prope iam ignēs circumdatōsque restīnximus, īdemque gladiōs in rem pūblicam 15 dēstrictōs rettudimus mūcrōnēsque eōrum ā iugulīs vestrīs dēiēcimus.

Quae quoniam in senātū illūstrāta, patefacta, comperta sunt per mē, vōbīs iam expōnam breviter, Quirītēs, ut et quanta et quam manifesta et quā ratiōne investīgāta et comprehēnsa sint vōs, quī 20

¶1. 1. **vitam omnium vestrum:** *the lives of every one of you.* **bona:** *property.* 6. **ereptam:** Goes with all the objects. The citizens did not yet know the details of the session in the senate, but there were rumors of important documentary evidence and of arrests. **videtis:** This sentence is a fine example of a Latin periodic sentence. Note the contrasts and parallelism. It is possible to keep to the Latin order fairly closely in English. 9. **nascendi . . . condicio:** *our lot at birth* — the position or surroundings into which one is born. 10. **illum:** Belief in the deification of Romulus, under the name Quirinus, was kept alive by an annual festival, the Quirinalia, on Feb. 17. 11. **benevolentia famaque:** *with affection and praise.* 12. **is qui:** i.e., Cicero himself. 13. **toti urbi:** Dat. with **subiectos.** 15. **idemque:** *we also.* 16. **rettudimus:** *we have struck back.* 18. **Quae quoniam:** *And since all this.* 19. **per me:** The facts were found out in the senate, by the senators, through Cicero. **quanta = quantae res.**

et ignōrātis et exspectātis, scīre possītis. Prīncipiō, ut Catilīna paucīs ante diēbus ērūpit ex urbe, cum sceleris suī sociōs huiusce nefāriī bellī ācerrimōs ducēs Rōmae relīquisset, semper vigilāvī· et prōvīdī, Quirītēs, quem ad modum in tantīs et tam absconditīs
25 īnsidiīs salvī esse possēmus.

Important Evidence Seized by Night Guards at a Bridge

2. Nam tum cum ex urbe Catilīnam ēiciēbam — nōn enim iam vereor huius verbī invidiam, cum illa magis sit timenda, quod vīvus exierit — sed tum cum illum exterminārī volēbam, aut reliquam coniūrātōrum manum simul exitūram aut eōs quī restitissent īnfīr-
5 mōs sine illō ac dēbilēs fore putābam.

Atque ego, ut vīdī, quōs maximō furōre et scelere esse īnflam-mātōs sciēbam, eōs nōbīscum esse et Rōmae remānsisse, in eō omnēs diēs noctēsque cōnsūmpsī ut quid agerent, quid mōlīrentur sentīrem ac vidērem, ut, quoniam auribus vestrīs propter incrē-
10 dibilem magnitūdinem sceleris minōrem fidem faceret ōrātiō mea, rem ita comprehenderem ut tum dēmum animīs salūtī vestrae prōvidērētis cum oculīs maleficium ipsum vidērētis.

Itaque ut comperī lēgātōs Allobrogum bellī Trānsalpīnī et tu-multūs Gallicī excitandī causā ā P. Lentulō esse sollicitātōs, eōs-
15 que cum litterīs mandātīsque in Galliam ad suōs cīvēs eōdemque itinere ad Catilīnam esse missōs, comitemque eīs adiūnctum esse T. Volturcium, atque huic esse ad Catilīnam datās litterās, facultā-

· · · · · · · · · · · **21. exspectatis:** The people had been waiting hours for the adjournment of the senate. **ut:** *ever since.* **22. paucis ante diebus:** *the other day.* Actually it was almost four weeks ago, Nov. 8.

¶**2. 1. eiciebam:** *I was trying to drive out* — conative imp. **2. huius verbi invidiam:** *the odium arising from this word* (eiciebam). **3. exterminari:** *banished.* **6. quos:** The antecedent is **eos** in the next line. **7. in eo . . . ut:** *in this purpose,* *. . . so that.* **10. minorem fidem faceret:** *was less convincing.* **11. rem ita compre-henderem:** *I might get the matter so in my grasp.* Cicero bent all his energies toward securing tangible evidence. **13. ut comperi:** Through Quintus Fabius Sanga. **tumultus:** A term used only for an uprising in Italy or among the Gauls in northern Italy, until the time of Augustus. **14. P. Lentulo:** He was a praetor at this time, but he tried to persuade the Gauls to furnish cavalry for Catiline. **15. eodem itinere:** On their way to Gaul, the party would travel through Etruria and deliver the letters to Catiline's camp. **17. Volturcium:** A conspirator, who now turned state's evi-dence. **facultatem . . . oblatam (esse):** *an opportunity was presented.*

tem mihi oblātam putāvī ut, quod erat difficillimum quodque ego
semper optābam ab dīs immortālibus, tōta rēs nōn sōlum ā mē
sed etiam ā senātū et ā vōbīs manifestō dēprehenderētur.   20
   Itaque hesternō diē L. Flaccum et C. Pomptīnum praetōrēs, fortissimōs atque amantissimōs reī pūblicae virōs, ad mē vocāvī, rem
exposuī, quid fierī placēret ostendī.   Illī autem, quī omnia dē
rē pūblicā praeclāra atque ēgregia sentīrent, sine recūsātiōne ac
sine ūllā morā negōtium suscēpērunt et, cum advesperāsceret, 25
occultē ad pontem Mulvium pervēnērunt atque ibi in proximīs
vīllīs ita bipartītō fuērunt ut Tiberis inter eōs et pōns interesset.
Eōdem autem et ipsī sine cuiusquam suspīciōne multōs fortēs virōs
ēdūxerant, et ego ex praefectūrā Reātīnā complūrēs dēlēctōs
adulēscentēs quōrum operā ūtor assiduē in reī pūblicae praesidiō 30
cum gladiīs mīseram.   Interim tertiā ferē vigiliā exāctā, cum iam
pontem Mulvium magnō comitātū lēgātī Allobrogēs ingredī
inciperent ūnāque Volturcius, fit in eōs impetus; dūcuntur et ab
illīs gladiī et ā nostrīs. Rēs praetōribus erat nōta sōlīs, ignōrābātur
ā cēterīs.   35

Senate Summoned to Witness the Opening of the Letters

3. Tum interventū Pomptīnī atque Flaccī pugna quae erat
commissa sēdātur.   Litterae quaecumque erant in eō comitātū

. . . . **21. hesterno die:** The previous day,
Dec. 2.   **22. amantissimos rei publicae:** *most patriotic.*   **23. omnia . . . sentirent:**
as men of pure and noble patriotism (lit., *who felt every splendid and noble* [*sentiment*]
about the Commonwealth — **omnia praeclara et egregia** is a cognate acc.).   **26. pontem Mulvium:** The Mulvian Bridge had been built more than one hundred and fifty
years earlier, to carry the Flaminian Way over the Tiber, two miles north of the
city. It is still used today and retains four of its ancient arches.   **27. bipartito:**
in two divisions, one at each end of the bridge.   **29. Reatina:** Reate was a town
about 45 miles northeast of Rome. In the absence of a regular police force in republi-
can Rome, Cicero had organized a company of Sabines from this town — he was its
patron.   **31. tertia . . . exacta:** The third watch ended at about 3 A.M. at this time
of year.   **32. magno comitatu:** Abl. of accompaniment without **cum,** in a military
phrase.   **33. unaque:** *and with them.* **ducuntur:** *were drawn.*   **34. Res:** *plan* or
purpose (of the attack).

¶**3. 2. sedatur:** A small detachment had begun the attack, but the praetors
closed in from both ends of the bridge and stopped it. Sallust says that Volturcius
made a valiant effort to resist, until he saw that he was deserted by the others; then
he surrendered, begging that his life be spared.

integrīs signīs praetōribus trāduntur; ipsī comprehēnsī ad mē,
cum iam dīlūcēsceret, dēdūcuntur. Atque hōrum omnium scelerum
5 improbissimum māchinātōrem, Cimbrum Gabīnium, statim ad mē
nihildum suspicantem vocāvī; deinde item arcessītus est L. Statilius
et post eum Cethēgus; tardissimē autem Lentulus vēnit, crēdō
quod in litterīs dandīs praeter cōnsuētūdinem proximā nocte
vigilārat.
10   Cum summīs et clārissimīs huius cīvitātis virīs, quī audītā rē
frequentēs ad mē māne convēnerant, litterās ā mē prius aperīrī
quam ad senātum dēferrī placēret, nē, sī nihil esset inventum,
temerē ā mē tantus tumultus iniectus cīvitātī vidērētur, negāvī mē
esse factūrum ut dē perīculō pūblicō nōn ad cōnsilium pūblicum
15 rem integram dēferrem. Etenim, Quirītēs, sī ea quae erant ad mē
dēlāta reperta nōn essent, tamen ego nōn arbitrābar in tantīs reī
pūblicae perīculīs esse mihi nimiam dīligentiam pertimēscendam.
Senātum frequentem celeriter, ut vīdistis, coēgī. Atque intereā
statim admonitū Allobrogum C. Sulpicium praetōrem, fortem
20 virum, mīsī quī ex aedibus Cethēgī sī quid tēlōrum esset efferret;
ex quibus ille maximum sīcārum numerum et gladiōrum extulit.

Volturcius' Evidence Before the Senate

4. Intrōdūxī Volturcium sine Gallīs; fidem pūblicam iussū
senātūs dedī; hortātus sum ut ea quae scīret sine timōre indicāret.
Tum ille dīxit, cum vix sē ex magnō timōre recreāsset, ā P. Lentulō
sē habēre ad Catilīnam mandāta et litterās ut servōrum praesidiō

. . . . **3. integris signis:** *with the seals*
unbroken. **ipsi:** *the men themselves.* **6. vocavi:** As consul, Cicero had the right
to summon citizens into his presence, even to have them brought by force if they offered resistance. **7. credo:** Sarcastic, ridiculing the "sleepiness" of Lentulus, who
is represented as having "burned the midnight oil" in preparing the letter. **10. viris:**
Dat. with **placeret.** Many of the most eminent men favored opening the letters first,
but Cicero preferred to present them unopened. **18. frequentem:** *in full attendance,*
in the Temple of Concord. **coegi:** The term regularly used for convening the
senate. **20. si quid telorum esset:** *whatever weapons there were.*

¶4. **1. Introduxi:** i.e., into the senate. **fidem publicam:** *a pledge in the name of*
the state, i.e., a pledge of pardon if he would turn state's evidence. It was given
iussu senatus because the senate alone had the power to grant such amnesty. **3. se**
. . . recreasset: *recovered.* **4. mandata et litteras:** *instructions and a letter.* **ut**
. . . uteretur: *to the effect that he* (Catiline) *should use.*

ūterētur, ut ad urbem quam prīmum cum exercitū accēderet; id 5
autem eō cōnsiliō ut, cum urbem ex omnibus partibus quem ad
modum discrīptum distribūtumque erat incendissent caedemque
īnfīnītam cīvium fēcissent, praestō esset ille quī et fugientēs exciperet
et sē cum hīs urbānīs ducibus coniungeret. Intrōductī autem Gallī
iūs iūrandum sibi et litterās ā P. Lentulō, Cethēgō, Statiliō ad suam 10
gentem datās esse dīxērunt, atque ita sibi ab hīs et ā L. Cassiō esse
praescrīptum ut equitātum in Ītaliam quam prīmum mitterent;
pedestrēs sibi cōpiās nōn dēfutūrās.

Lentulum autem sibi cōnfīrmāsse ex fātīs Sibyllīnīs haruspi-
cumque respōnsīs sē esse tertium illum Cornēlium ad quem rēgnum 15
huius urbis atque imperium pervenīre esset necesse: Cinnam ante
sē et Sullam fuisse. Eundemque dīxisse fātālem hunc annum
esse ad interitum huius urbis atque imperī, quī esset annus decimus
post virginum absolūtiōnem, post Capitōlī autem incēnsiōnem
vīcēsimum. Hanc autem Cethēgō cum cēterīs contrōversiam fuisse 20
dīxērunt quod Lentulō et aliīs Sāturnālibus caedem fierī atque
urbem incendī placēret, Cethēgō nimium id longum vidērētur.

The Plotters One by One Confronted with Their Letters

5. Ac nē longum sit, Quirītēs, tabellās prōferrī iussimus quae
ā quōque dīcēbantur datae. Prīmō ostendimus Cethēgō: signum

. . . . **8. praesto esset ille:** *he* (Catiline) *would be nearby.*
qui . . . exciperet . . . coniungeret: Purpose. **9. Introducti:** *on being brought
in.* **10. ad . . . gentem:** *addressed to their nation,* the Allobroges. There were three
letters. **12. ut . . . mitterent:** A purpose clause with **esse praescriptum,** followed by
indirect discourse — *saying that . . .* **14. ex fatis Sibyllinis:** *according to the Sibyl-*
line prophecies. The original Sibylline Books, purchased by Tarquin, perished
when the Temple of Jupiter burned in 83 B.C. Later a new collection was made.
There were also small private collections, and to one of these Lentulus probably
referred. **16. esset necesse:** *was destined.* L. Cornelius Cinna was consul for four
years in succession (87–84 B.C.), until he was slain in a mutiny. L. Cornelius Sulla
was supreme as dictator, 82–79 B.C. **17. Eundem:** Lentulus. **fatalem:** *marked by*
fate. **19. post virginum absolutionem:** *after the acquittal of the Vestal Virgins.* The
allusion is obscure. **post Capitoli . . . incensionem:** The Capitol was burned by an
unknown incendiary in 83 B.C., rebuilt in part by Sulla, and dedicated in 69 B.C. by
Catulus. **20. Cethego:** Dat. of possessor — *that Cethegus had had . . .* **21. Saturna-**
libus: A holiday celebrated Dec. 29. **22. nimium . . . longum:** *too long (to wait).*

¶**5. 1. ne longum sit:** *to be brief.* **tabellas:** Containing the **litterae.** **2. datae**
(**esse**). **ostendimus** (**eas**). **signum cognovit:** *he acknowledged the seal.*

cognōvit. Nōs līnum incīdimus; lēgimus. Erat scrīptum ipsīus manū Allobrogum senātuī et populō sēsē quae eōrum lēgātīs 5 cōnfirmāsset factūrum esse; ōrāre ut item illī facerent quae sibi eōrum lēgātī recēpissent. Tum Cethēgus, quī paulō ante aliquid tamen dē gladiīs ac sīcīs quae apud ipsum erant dēprehēnsa respondisset dīxissetque sē semper bonōrum ferrāmentōrum studiōsum fuisse, recitātīs litterīs dēbilitātus atque abiectus cōnscientiā 10 repente conticuit.

Intrōductus Statilius cognōvit et signum et manum suam. Recitātae sunt tabellae in eandem ferē sententiam; cōnfessus est.

Tum ostendī tabellās Lentulō et quaesīvī cognōsceretne signum; annuit. "Est vērō," inquam, "nōtum quidem signum, imāgō avī 15 tuī, clārissimī virī, quī amāvit ūnicē patriam et cīvēs suōs; quae quidem tē ā tantō scelere etiam mūta revocāre dēbuit." Leguntur eādem ratiōne ad senātum Allobrogum populumque litterae.

Sī quid dē hīs rēbus dīcere vellet, fēcī potestātem. Atque ille prīmō quidem negāvit; post autem aliquantō, tōtō iam indiciō 20 expositō atque ēditō, surrēxit, quaesīvit ā Gallīs quid sibi esset cum eīs, quam ob rem domum suam vēnissent, itemque ā Volturciō. Quī cum illī breviter cōnstanterque respondissent per quem ad eum quotiēnsque vēnissent, quaesīssentque ab eō nihilne sēcum esset dē fātīs Sibyllīnīs locūtus, tum ille subitō scelere dēmēns 25 quanta cōnscientiae vīs esset ostendit.

Nam, cum id posset īnfitiārī, repente praeter opīniōnem omnium cōnfessus est. Ita eum nōn modo ingenium illud et dīcendī exerci-

3. linum: The thread with which the tablets had been tied up. The seal was put on this thread as a proof of genuineness. **ipsius manu:** *by his own hand*, instead of being dictated, as was common. The letters were not signed — the seal was sufficient. **5. sibi . . . recepissent:** *their envoys had undertaken (for themselves).* **sibi** refers to **legati.** **8. bonorum . . . studiosum:** *a fancier of good implements,* avoiding the use of **telorum** and implying that he was a collector of steel items in general. **9. conscientia:** *sense of guilt.* **11. manum:** *handwriting.* **14. avi:** P. Cornelius Lentulus, who had been consul 99 years before. **15. quae quidem:** *and this at least.* **16. etiam muta:** *even though it couldn't speak.* **17. eadem ratione:** *to the same effect.* **18. vellet:** Verb in implied indirect discourse. **19. negavit:** said "*No*" — i.e., that he did not wish to speak. **20. quid sibi . . . venissent:** *what business he had with them* (which served) *as a reason why they had come.* **21. itemque (quaesivit).** **23. nihilne secum esset . . . locutus:** *whether or not he had spoken with them.* **26. cum . . . infitiari:** *when he still might have denied it,* as a matter for which no documentary evidence had been offered. **27. eum:** Obj. of **defecit,** last word in the sentence.

tātiō quā semper valuit sed etiam propter vim sceleris manifestī atque dēprehēnsī impudentia quā superābat omnēs improbitāsque dēfēcit. Volturcius vērō subitō litterās prōferrī atque aperīrī iubet 30 quās sibi ā Lentulō ad Catilīnam datās esse dīcēbat. Atque ibi vehementissimē perturbātus Lentulus tamen et signum et manum suam cognōvit. Erant autem sine nōmine, sed ita: "Quis sim sciēs ex eō quem ad tē mīsī. Cūrā ut vir sīs et cōgitā quem in locum sīs prōgressus. 35 Vidē ecquid tibi iam sit necesse et cūrā ut omnium tibi auxilia adiungās, etiam īnfimōrum." Gabīnius deinde intrōductus, cum prīmō impudenter respondēre coepisset, ad extrēmum nihil ex eīs quae Gallī īnsimulābant negāvit.

Ac mihi quidem, Quirītēs, cum illa certissima vīsa sunt argū- 40 menta atque indicia sceleris, tabellae, signa, manūs, dēnique ūnīus cuiusque cōnfessiō, tum multō certiōra illa, color, oculī, vultūs, taciturnitās. Sīc enim obstupuerant, sīc terram intuēbantur, sīc fūrtim nōn numquam inter sēsē aspiciēbant ut nōn iam ab aliīs indicārī sed indicāre sē ipsī vidērentur. 45

Nine Conspirators Placed Under Guard

6. Indiciīs expositīs atque ēditīs, Quirītēs, senātum cōnsuluī dē summā rē pūblicā quid fierī placēret. Dictae sunt ā prīncipibus ācerrimae ac fortissimae sententiae, quās senātus sine ūllā varietāte est secūtus. Et quoniam nōndum est perscrīptum senātūs cōn-sultum, ex memoriā vōbīs, Quirītēs, quid senātus cēnsuerit expōnam. 5

Prīmum mihi grātiae verbīs amplissimīs aguntur, quod virtūte, cōnsiliō, prōvidentiā meā rēs pūblica maximīs perīculīs sit līberāta.

• • • • • • • • 34. sine nomine: *without address or signature.* sed ita: *but (said) this.* 36. ecquid . . . necesse: *whether there is a step which you must now take,* hinting that the time for action has now arrived. 37. etiam infimorum: i.e., he should no longer hesitate to admit even slaves to his army. cum: *although.* 38. ex eis: *of those things.* 40. cum . . . tum: *not only . . . but also.* illa: *these things,* which Cicero is about to mention. certissima: *unquestionable.* 44. inter sese aspiciebant: *looked at each other.*

¶6. 1. expositis atque editis: *set forth and drawn up in final form* — duly recorded. 2. summa = salute. principibus: *the leaders* (of the senate), the consuls-elect, who voted first, then the ex-consuls. 3. quas . . . secutus: *which the senate adopted without any dissenting opinion.* 7. sit liberata: The reason is quoted.

Deinde L. Flaccus et C. Pomptīnus praetōrēs, quod eōrum operā fortī fidēlīque ūsus essem, meritō ac iūre laudantur. Atque etiam
10 virō fortī, collēgae meō, laus impertītur, quod eōs quī huius coniūrātiōnis participēs fuissent ā suīs et ā reī pūblicae cōnsiliīs remōvisset.
Atque ita cēnsuērunt ut P. Lentulus, cum sē praetūrā abdicāsset, in custōdiam trāderētur; itemque utī C. Cethēgus, L. Statilius, P. Gabīnius quī omnēs praesentēs erant in custōdiam trāderentur;
15 atque idem hoc dēcrētum est in L. Cassium quī sibi prōcūrātiōnem incendendae urbis dēpoposcerat, in M. Cēpārium cui ad sollicitandōs pāstōrēs Apūliam attribūtam esse erat indicātum, in P. Fūrium quī est ex eīs colōnīs quōs Faesulās L. Sulla dēdūxit, in Q. Annium Chīlōnem quī ūnā cum hōc Fūriō semper erat in hāc
20 Allobrogum sollicitātiōne versātus, in P. Umbrēnum, lībertīnum hominem, ā quō prīmum Gallōs ad Gabīnium perductōs esse cōnstābat. Atque eā lēnitāte senātus est ūsus, Quirītēs, ut ex tantā coniūrātiōne tantāque hāc multitūdine domesticōrum hostium, novem hominum perditissimōrum poenā rē pūblicā
25 cōnservātā, reliquōrum mentēs sānārī posse arbitrārētur.
Atque etiam supplicātiō dīs immortālibus prō singulārī eōrum meritō meō nōmine dēcrēta est, quod mihi prīmum post hanc urbem conditam togātō contigit, et hīs dēcrēta verbīs est "quod urbem incendiīs, caede cīvēs, Ītaliam bellō līberāssem." Quae
30 supplicātiō sī cum cēterīs supplicātiōnibus cōnferātur, hoc interest, quod cēterae bene gestā, haec ūna cōnservātā rē pūblicā cōnstitūta est.
Atque illud quod faciendum prīmum fuit factum atque trānsāctum est. Nam P. Lentulus, quamquam patefactīs indiciīs, cōnfessiōnibus

---

10. virō fortī: The other consul, Antonius, who had done little more than set out to take command of troops in the north. **eos . . . removisset:** Antonius refused to have anything to do with his former associates. **12. cum . . . abdicasset:** No action could be brought against him as long as he held public office. **14. praesentes:** These men were all in the senate. **21. a quo . . . constabat:** *by whom the Gauls, as was evident, had been.* Of these five who had not been arrested, all escaped except Ceparius, who was brought back and imprisoned. **22. ea:** *such.* **ut . . . arbitraretur:** *as to believe.* **26. supplicatio:** A period of public thanksgiving, probably lasting five days. **27. meo nomine:** *in my honor.* **quod:** *(an experience) which.* **28. togato:** i.e., as a civil magistrate. Previous thanksgivings had been decreed only in recognition of military victories. **30. hoc interest:** *there is this difference.* **31. ceterae (constitutae sunt). bene gesta:** *because the state was well managed* — in military matters.

suīs, iūdiciō senātūs nōn modo praetōris iūs vērum etiam cīvis 35
āmīserat, tamen magistrātū sē abdicāvit, ut quae religiō C. Mariō,
clārissimō virō, nōn fuerat quō minus C. Glauciam dē quō nihil
nōminātim erat dēcrētum praetōrem occīderet, eā nōs religiōne
in prīvātō P. Lentulō pūniendō līberārēmur.

The Conspiracy Completely Exposed and Checked

7. Nunc quoniam, Quirītēs, cōnscelerātissimī perīculōsissimīque
bellī nefāriōs ducēs captōs iam et comprehēnsōs tenētis, exīstimāre
dēbētis omnēs Catilīnae cōpiās, omnēs spēs atque opēs hīs dēpulsīs
urbis perīculīs concidisse.

Quem quidem ego cum ex urbe pellēbam, hōc prōvidēbam animō, 5
Quirītēs, remōtō Catilīnā nōn mihi esse P. Lentulī somnum nec
L. Cassī adipēs nec C. Cethēgī furiōsam temeritātem pertimēscendam. Ille erat ūnus timendus ex istīs omnibus, sed tam diū dum
urbis moenibus continēbātur. Omnia nōrat, omnium aditūs
tenēbat; appellāre, temptāre, sollicitāre poterat, audēbat. Erat eī 10
cōnsilium ad facinus aptum, cōnsiliō autem neque lingua neque
manus deerat. Iam ad certās rēs cōnficiendās certōs hominēs
dēlēctōs ac dēscrīptōs habēbat. Neque vērō, cum aliquid mandārat,
cōnfectum putābat: nihil erat quod nōn ipse obīret, occurreret,
vigilāret, labōrāret; frīgus, sitim, famem ferre poterat. 15

Hunc ego hominem tam ācrem, tam audācem, tam parātum, tam
callidum, tam in scelere vigilantem, tam in perditīs rēbus dīligentem
nisi ex domesticīs īnsidiīs in castrēnse latrōcinium compulissem —

· · · · · · · · · · · · **35. ius civis:** *his civil rights.*   **36. magistratu:** *from his office* (of praetor).   **ut ... liberaremur:** *so that we might be free from (religious) scruple, ... though no such scruple prevented Marius ...* — referring to the sacredness of the person of a magistrate.   Marius, however, was only indirectly responsible for the death of Glaucia, who was stoned to death by a mob.

¶7. **2. captos ... et comprehensos:** *caught* (in the act) *and* (actually) *arrested.*
4. concidisse: Exaggeration designed to calm the fears of the people.   **5. Quem:** *him* — Catiline.   **6. somnum:** *indolence.*   **7. adipes:** *corpulence* or *stolidity.*
pertimescendam: Agrees with **temeritatem**, but includes **somnum** and **adipes.**
8. tam diu dum: *only so long as.*   **9. norat** = noverat.   **omnium ... tenebat:** *he knew how to get at everyone.*   **11. consilium:** *a mind.*   **12. Iam:** *Moreover.*
13. aliquid mandarat: *he assigned some duty.*   **14. quod ... laboraret:** *which he did not undertake, and meet; on which he did not spend watchfulness and effort.*   **17. tam ...
diligentem:** *so energetic in evil enterprise.*   **18. domesticis:** Contrasted with **castrense.**

dīcam id quod sentiō, Quirītēs — nōn facile hanc tantam mōlem
20 malī ā cervīcibus vestrīs dēpulissem. Nōn ille nōbīs Sāturnālia
cōnstituisset, neque tantō ante exitī ac fātī diem reī pūblicae
dēnūntiāvisset, neque commīsisset ut signum, ut litterae suae
testēs manifestī sceleris dēprehenderentur.

Quae nunc illō absente sīc gesta sunt ut nūllum in prīvātā domō
25 fūrtum umquam sit tam palam inventum quam haec in tōtā rē
pūblicā coniūrātiō manifestō inventa atque dēprehēnsa est. Quod
sī Catilīna in urbe ad hanc diem remānsisset, quamquam, quoad
fuit, omnibus eius cōnsiliīs occurrī atque obstitī, tamen, ut levissimē
dīcam, dīmicandum nōbīs cum illō fuisset, neque nōs umquam, cum
30 ille in urbe hostis esset, tantīs perīculīs rem pūblicam tantā pāce,
tantō ōtiō, tantō silentiō līberāssēmus.

Portents in Recent Years That Seemed to Warn of Disaster

8. Quamquam haec omnia, Quirītēs, ita sunt ā mē administrāta
ut deōrum immortālium nūtū atque cōnsiliō et gesta et prōvīsa
esse videantur. Idque cum coniectūrā cōnsequī possumus, quod
vix vidētur hūmānī cōnsilī tantārum rērum gubernātiō esse potuisse,
5 tum vērō ita praesentēs hīs temporibus opem et auxilium nōbīs
tulērunt ut eōs paene oculīs vidēre possīmus. Nam ut illa omittam,
vīsās nocturnō tempore ab occidente facēs ārdōremque caelī, ut
fulminum iactūs, ut terrae mōtūs relinquam, ut omittam cētera
quae tam multa nōbīs cōnsulibus facta sunt ut haec quae nunc
10 fīunt canere dī immortālēs vidērentur, hoc certē, Quirītēs, quod
sum dictūrus neque praetermittendum neque relinquendum est.

. . . . **20. Saturnalia:** Dec. 19 would have been too late for Catiline.
21. tanto ante: *so far ahead.* **28. ut levissime dicam:** *to put the case very mildly.*

¶**8. 1. Quamquam:** *And yet.* **3. cum:** *not only,* correlative with **tum** below.
4. vix . . . potuisse: *It seems hardly possible that human wisdom could have directed
matters of such great importance.* **5. ita praesentes:** *so vividly present.* **6. ut . . .
omittam:** praeteritio. **illa:** Those that had been noticed some time previously, contrasted with **haec,** three lines below. How far Cicero himself believed in portents is
doubtful. **7. faces . . . motus:** Dio Cassius says of these portents: "Many thunderbolts fell from a cloudless sky, and the earth shook violently; spectral forms were
also seen in many places, and torches shot up into the sky above the sunset."
8. ut . . . relinquam: *to leave out.* **9. tam multa . . . facta sunt:** *have occurred in
such numbers.* **11. relinquendum:** *left out of consideration.*

Nam profectō memoriā tenētis Cottā et Torquātō cōnsulibus complūrēs in Capitōliō rēs dē caelō esse percussās, cum et simulācra deōrum dēpulsa sunt et statuae veterum hominum dēiectae et lēgum aera liquefacta et tāctus etiam ille quī hanc urbem condidit, 15 Rōmulus, quem inaurātum in Capitōliō, parvum atque lactantem, ūberibus lupīnīs inhiantem fuisse meministis. Quō quidem tempore cum haruspicēs ex tōtā Etrūriā convēnissent, caedēs atque incendia et lēgum interitum et bellum cīvīle ac domesticum et tōtīus urbis atque imperī occāsum appropinquāre dīxērunt, nisi dī immortālēs 20 omnī ratiōne plācātī suō nūmine prope fāta ipsa flexissent.

Itaque illōrum respōnsīs tum et lūdī per decem diēs factī sunt neque rēs ūlla quae ad plācandōs deōs pertinēret praetermissa est. Īdemque iussērunt simulācrum Iovis facere maius et in excelsō collocāre et contrā atque anteā fuerat ad orientem convertere; ac 25 sē spērāre dīxērunt, sī illud signum quod vidētis sōlis ortum et forum cūriamque cōnspiceret, fore ut ea cōnsilia quae clam essent inita contrā salūtem urbis atque imperī illūstrārentur ut ā senātū populōque Rōmānō perspicī possent. Atque illud signum collocandum cōnsulēs illī locāvērunt; sed tanta fuit operis tarditās ut 30 neque superiōribus cōnsulibus neque nōbīs ante hodiernum diem collocārētur.

. . . . **12. Cotta . . . consulibus:** 65 B.C. **14. depulsa sunt:** From their pedestals. **veterum hominum:** *of men of olden times*, a host of ancient statues. **15. legum aera liquefacta:** *the bronze tablets of the law* (on which the laws were inscribed) *melted*. **17. fuisse meministis:** *was, as you remember.* A similar group is now in the museum on the Capitoline Hill in Rome. The wolf, of very ancient workmanship, is possibly the same one that is referred to here, for it shows a fracture which may have been caused by lightning. **18. Etruria:** Home of the soothsayer's art. These men were not officials, but private individuals of low class, not to be confused with the augurs. **20. nisi:** (and would be upon us) *unless.* **21. prope:** Reflecting the general belief that the fates were superior to the gods. **22. ludi:** All Roman public games were religious in their origin. **24. facere:** (*them*) — those seeking advice — *to make.* **maius:** i.e., of heroic size. **in excelso:** *on a high pedestal.* **25. contra . . . fuerat:** *opposite to what it had previously been.* According to ancient Roman custom, worshipers faced the east, so that statues of the divinities would naturally look toward the west. **26. illud signum quod videtis:** Spoken with a gesture to the right, toward the Capitoline Hill, where the new statue on its pedestal was plainly visible from the Rostra and the Forum. **solis ortum:** *the east.* **27. fore ut . . . illustrarentur:** *it would come to pass that . . . would be revealed.* **29. collocandum . . . locaverunt:** *contracted for the erection.* The consuls for the year 65 B.C. made the contract, after the censors for that year resigned. **31. superioribus consulibus:** i.e., the consuls for the two preceding years. **nobis (consulibus).**

9. Hīc quis potest esse tam āversus ā vērō, tam praeceps, tam mente captus quī neget haec omnia quae vidēmus praecipuēque hanc urbem deōrum immortālium nūtū ac potestāte administrārī? Etenim cum esset ita respōnsum, caedēs, incendia, interitum reī 5 pūblicae comparārī, et ea per cīvēs, quae tum propter magnitū-dinem scelerum nōn nūllīs incrēdibilia vidēbantur, ea nōn modo cōgitāta ā nefāriīs cīvibus vērum etiam suscepta esse sēnsistis; illud vērō nōnne ita praesēns est ut nūtū Iovis Optimī Maximī factum esse videātur, ut, cum hodiernō diē māne per forum meō 10 iussū et coniūrātī et eōrum indicēs in aedem Concordiae dūcerentur, eō ipsō tempore signum statuerētur?

Quō collocātō atque ad vōs senātumque conversō omnia et senātus et vōs quae erant contrā salūtem omnium cōgitāta illūstrāta et patefacta vīdistis. Quō etiam maiōre sunt istī odiō suppliciōque 15 dignī quī nōn sōlum vestrīs domiciliīs atque tēctīs sed etiam deōrum templīs atque dēlūbrīs sunt fūnestōs ac nefāriōs ignēs īnferre cōnātī.

Quibus ego sī mē restitisse dīcam, nimium mihi sūmam et nōn sim ferendus: ille, ille Iuppiter restitit; ille Capitōlium, ille haec 20 templa, ille cūnctam urbem, ille vōs omnēs salvōs esse voluit. Dīs ego immortālibus ducibus hanc mentem voluntātemque suscēpī atque ad haec tanta indicia pervēnī.

Iam vērō illa Allobrogum sollicitātiō — iam ab Lentulō cēterīsque domesticīs hostibus tam dēmenter tantae rēs crēditae et ignōtīs 25 et barbarīs commissaeque litterae numquam essent profectō, nisi

¶9. 2. qui neget: *as to say that . . . not.*   5. et ea per cives: *and this too by citizens.*   quae: *prophecies which.*   8. nonne ita praesens est: *is it not such an immediate manifestation* (of divine ordering).   9. per forum: Since Cicero's house was on the Palatine and the conspirators on his orders had to come to him there, he would of course lead them through the Forum in order to reach the Temple of Concord where the senate met.   11. eo ipso tempore: *at that precise moment.*   statueretur: *was being set up.*   12. senatum: Here, *the senate house.*   14. Quo: *And on this account.*   18. non . . . ferendus: *intolerable.*   19. ille: Spoken with a gesture toward the statue.   haec templa: Those around the Forum.   21. hanc mentem voluntatemque: *this purpose and determination.*   22. haec tanta indicia: *these manifest proofs.*   23. Iam . . . sollicitatio: *And then that attempt to win over the Allobroges.* Cicero does not finish the sentence, but takes a fresh start with iam . . . numquam . . . profecto, *why never, surely.*   25. nisi . . . ereptum: Put the clause into the active voice — nisi di immortales . . . eripuissent.

ab dīs immortālibus huic tantae audāciae cōnsilium esset ēreptum. Quid vērō? ut hominēs Gallī ex cīvitāte male pācātā, quae gēns ūna restat quae bellum populō Rōmānō facere posse et nōn nōlle videātur, spem imperī ac rērum maximārum ultrō sibi ā patriciīs hominibus oblātam neglegerent vestramque salūtem suīs opibus 30 antepōnerent, id nōn dīvīnitus esse factum putātis, praesertim quī nōs nōn pugnandō sed tacendō superāre potuērunt?

Rome Saved Without Bloodshed

10. Quam ob rem, Quirītēs, quoniam ad omnia pulvīnāria supplicātiō dēcrēta est, celebrātōte illōs diēs cum coniugibus ac līberīs vestrīs. Nam multī saepe honōrēs dīs immortālibus iūstī habitī sunt ac dēbitī, sed profectō iūstiōrēs numquam. Ēreptī enim estis ex crūdēlissimō ac miserrimō interitū, ēreptī sine caede, 5 sine sanguine, sine exercitū, sine dīmicātiōne; togātī mē ūnō togātō duce et imperātōre vīcistis.

Etenim recordāminī, Quirītēs, omnēs cīvīlēs dissēnsiōnēs, nōn sōlum eās quās audīstis sed eās quās vōsmet ipsī meministis atque vīdistis. L. Sulla P. Sulpicium oppressit: C. Marium, custōdem 10

. . . . **27. homines Galli:** *men from Gaul,* more forceful than just **Galli,** suggesting the bravery and fickleness of the Gallic character. **quae gens una:** *the only people which.* **28. non nolle:** *and not indisposed.* Three years earlier Piso had put down an uprising among the Allobroges; in 61 B.C. they rebelled again. **29. spem imperi:** *prospect of domination.* **ultro . . . oblatam:** *offered to them, without their seeking it, by patricians —* Lentulus, Cethegus, and others. The fact that these ambassadors of the Allobroges did reveal these offers of Lentulus and the others to the consuls, and did cooperate so completely, is still difficult to comprehend. Cicero, of course, is also hard put to understand it and gives credit to the gods for their help. **30. opibus:** *interests.*

¶**10. 1. pulvinaria:** *couches,* on which statues of the gods were made to recline at table for a ceremonial feast — the feast was called **lectisternium. 2. celebratote:** The fut. implies formality and impressiveness. **7. togato:** i.e., without appealing to military authority. **8. recordamini:** Imperative. **9. audistis:** *have heard of* — in history or tradition. **10. Sulpicium:** P. Sulpicius Rufus, a tribune in Sulla's first consulship (88 B.C.), introduced some very radical laws, one of which took away from Sulla the command against Mithridates and gave it to the aged Marius. Sulla escaped to Nola and led his troops back to Rome and into the city. Marius and Sulpicius fled and were now declared public enemies. Marius reached Africa, but Sulpicius was slain in flight. **custodem huius urbis:** Because of his victories over the Cimbri and Teutons.

huius urbis, multōsque fortēs virōs partim ēiēcit ex cīvitāte, partim
interēmit.

Cn. Octāvius cōnsul armīs expulit ex urbe collēgam: omnis hic
locus acervīs corporum et cīvium sanguine redundāvit. Superāvit
15 posteā Cinna cum Mariō: tum vērō clārissimīs virīs interfectīs
lūmina cīvitātis exstīncta sunt. Ultus est huius victōriae crūdēli-
tātem posteā Sulla, nē dīcī quidem opus est quantā dēminūtiōne
cīvium et quantā calamitāte reī pūblicae.

Dissēnsit M. Lepidus ā clārissimō et fortissimō virō Q. Catulō:
20 attulit nōn tam ipsīus interitus reī pūblicae lūctum quam cēterōrum.

Atquī illae tamen omnēs dissēnsiōnēs erant eius modī quae nōn
ad dēlendam sed ad commūtandam rem pūblicam pertinērent:
nōn illī nūllam esse rem pūblicam, sed in eā quae esset sē esse
prīncipēs, neque hanc urbem cōnflagrāre, sed sē in hāc urbe flōrēre
25 voluērunt. Atque illae tamen omnēs dissēnsiōnēs, quārum nūlla
exitium reī pūblicae quaesīvit, eius modī fuērunt ut nōn reconciliā-
tiōne concordiae sed internECiōne cīvium dīiūdicātae sint.

In hōc autem ūnō post hominum memoriam maximō crūdē-
lissimōque bellō, quāle bellum nūlla umquam barbaria cum suā
30 gente gessit, quō in bellō lēx haec fuit ā Lentulō, Catilīnā, Cethēgō,
Cassiō cōnstitūta ut omnēs quī salvā urbe salvī esse possent in
hostium numerō dūcerentur, ita mē gessī, Quirītēs, ut salvī omnēs

· · · · · · · · · · · · · · · · · · · **11. partim ... partim:** *some of them*
... while others. **13. collegam:** L. Cornelius Cinna, in 87 B.C. His radical laws
were opposed by Octavius, who caused a bloody riot in the Forum. Cinna escaped,
but he was deposed from the consulship. **hic locus:** i.e., the Forum. According to Plutarch, ten thousand were slain. **14. superavit:** *gained the upper hand.*
They besieged Rome together in 87 B.C. **16. lumina:** These "lights" — leading
men — included the consul Octavius, Q. Catulus, and M. Antonius. **17. Sulla:**
He returned to Rome in 83 B.C., and a bloody civil war ensued. **ne ... opus:** *I need
not even suggest.* **quanta deminutione civium:** The proscription lists, according
to Mommsen, contained the names of 4700 citizens, including 40 senators and 1600
equestrians. **19. Catulo:** Son of the Q. Catulus called a "light of the state" three
lines earlier. As consul in 78 B.C., the younger Catulus violently opposed his colleague, M. Lepidus, who had seized the opportunity given by the death of Sulla to
overturn most of the dictator's work. A civil war followed; and Lepidus fled to
Sardinia, where he died in exile. **20. ceterorum:** The others who perished with
him. **21. quae = ut eae.** **27. diiudicatae sint:** Result clauses often have a perf.
subjunctive for the imp. **28. uno:** *without exception* — strengthens the superlative.
31. salva urbe: *while the city was unharmed.* **32. salvi ... conservaremini:** *were
kept from loss of property or life.*

cōnservārēminī, et, cum hostēs vestrī tantum cīvium superfutūrum putāssent quantum īnfīnītae caedī restitisset, tantum autem urbis quantum flamma obīre nōn potuisset, et urbem et cīvēs integrōs 35 incolumēsque servāvī.

Cicero Asks No Rewards Except the Memory of His Deeds

11. Quibus prō tantīs rēbus, Quirītēs, nūllum ego ā vōbīs praemium virtūtis, nūllum īnsigne honōris, nūllum monumentum laudis postulābō praeterquam huius diēī memoriam sempiternam. In animīs ego vestrīs omnēs triumphōs meōs, omnia ōrnāmenta honōris, monumenta glōriae, laudis īnsignia condī et collocārī 5 volō. Nihil mē mūtum potest dēlectāre, nihil tacitum, nihil dēnique eius modī quod etiam minus dignī assequī possint. Memoriā vestrā, Quirītēs, nostrae rēs alentur, sermōnibus crēscent, litterārum monumentīs inveterāscent et corrōborābuntur; eandemque diem intellegō, quam spērō aeternam fore, prōpāgātam 10 esse et ad salūtem urbis et ad memoriam cōnsulātūs meī, ūnōque tempore in hāc rē pūblicā duōs cīvēs exstitisse quōrum alter fīnēs vestrī imperī nōn terrae sed caelī regiōnibus termināret, alter huius imperī domicilium sēdēsque servāret.

The People Sent Home, Reassured and Grateful to the Gods

12. Sed quoniam eārum rērum quās ego gessī nōn eadem est fortūna atque condiciō quae illōrum quī externa bella gessērunt, quod mihi cum eīs vīvendum est quōs vīcī ac subēgī, illī hostēs aut interfectōs aut oppressōs relīquērunt, vestrum est, Quirītēs, sī

. . . . **33. tantum civium:** *only so many citizens.* **34. quantum . . . restitisset:** *as had survived the unlimited slaughter.*

¶**11. 1. pro . . . rebus:** *in return for these great services.* **3. In animis . . . vestris:** *It is in your hearts that . . .* **5. condi et collocari:** *to be deeply enshrined.* **6. nihil . . . mutum:** Such as a statue. **8. nostrae res alentur:** *my fame* (deeds) *will be nourished.* **sermonibus:** *by being talked about.* **10. diem:** *period of time.* **propagatam esse:** *has been prolonged.* While the city is secure, his consulship will be remembered as having made it secure. **12. duos cives:** Pompey and Cicero himself. **13. terminaret:** *was destined to limit.* Pompey had fought with Sertorius in the far west and Mithridates in the far east.

¶**12. 2. condicio:** *lot.* **quae illorum:** *as of those.* **4. vestrum est:** *it is your duty.*

5 cēterīs facta sua rēctē prōsunt, mihi mea nē quandō obsint prōvidēre. Mentēs enim hominum audācissimōrum scelerātae ac nefāriae nē vōbīs nocēre possent ego prōvidī; nē mihi noceant vestrum est prōvidēre.

Quamquam, Quirītēs, mihi quidem ipsī nihil ab istīs iam nocērī
10 potest. Magnum enim est in bonīs praesidium quod mihi in perpetuum comparātum est, magna in rē pūblicā dignitās quae mē semper tacita dēfendet, magna vīs cōnscientiae quam quī neglegunt, cum mē violāre volent, sē indicābunt.

Est enim nōbīs is animus, Quirītēs, ut nōn modo nūllīus audāciae
15 cēdāmus sed etiam omnēs improbōs ultrō semper lacessāmus. Quod sī omnis impetus domesticōrum hostium dēpulsus ā vōbīs sē in mē ūnum converterit, vōbīs erit videndum, Quirītēs, quā condiciōne posthāc eōs esse velītis quī sē prō salūte vestrā obtulerint invidiae perīculīsque omnibus: mihi quidem ipsī quid est
20 quod iam ad vītae frūctum possit acquīrī, cum praesertim neque in honōre vestrō neque in glōriā virtūtis quicquam videam altius quō mihi libeat ascendere? Illud perficiam profectō, Quirītēs, ut ea quae gessī in cōnsulātū prīvātus tuear atque ōrnem, ut, sī qua est invidia in cōnservandā rē pūblicā suscepta, laedat invidōs, mihi
25 valeat ad glōriam.

Dēnique ita mē in rē pūblicā tractābō ut meminerim semper quae gesserim, cūremque ut ea virtūte nōn cāsū gesta esse videantur. Vōs, Quirītēs, quoniam iam est nox, venerātī Iovem illum custōdem huius urbis ac vestrum in vestra tēcta discēdite et ea, quamquam
30 iam est perīculum dēpulsum, tamen aequē ac priōre nocte custōdiīs vigiliīsque dēfendite. Id nē vōbīs diūtius faciendum sit atque ut in perpetuā pāce esse possītis prōvidēbō.

---

5. sua: The antecedent is **ceteris.** Cicero realizes that his policy may stir up hatred; and the punishment of these conspirators was indeed the cause of his own exile five years later. **recte = merito. 9. nihil ... noceri:** *no harm can be done.* **10. bonis:** *the optimates,* whose support he expects. **12. tacita:** *though silent.* **quam qui:** *and those who.* **13. se indicabunt:** *will betray themselves* (by their very appearance). **14. is animus:** *such determination* or *resolution.* **17. vobis erit videndum:** *you will have to consider.* **qua ... velitis:** *what you want their lot to be.* **19. mihi ... ipsi:** *as for me, indeed.* **20. vitae fructum:** *life's rewards.* **21. quicquam ... altius quo:** *any greater height to which.* **24. mihi ... gloriam:** *it will only increase my fame.* **28. Iovem illum:** Spoken with a final gesture toward the new statue. **30. aeque ac:** *just the same as.* **priore nocte:** After the second oration. **32. providebo:** A hint as to the fate of the conspirators in custody.

The Fourth Oration

The next day after the fateful senate meeting and the speech to the people (which took the place of newspaper or radio bulletins in ancient Rome), a rumor spread that the conspirators were going to be rescued by force from the men who were keeping them in custody. The consul took every possible precaution by redoubling the guard, and nothing happened that night. The next day, December 5, the senate met to decide what to do with the conspirators.

The presiding officer, Cicero, called on members of the senate in an established order of precedence. D. Junius Silanus, one of the consuls-elect, declared himself for the death penalty. The next several speakers agreed with him. Then it was the turn of Julius Caesar, a praetor-elect, to speak. Caesar delivered a very persuasive speech in favor of depriving the conspirators of every civic right and of all their property, and banishing them to certain towns for life. Sallust gives his speech at length.

It should be understood that in proposing the death penalty, the senate was on dubious constitutional grounds. In ancient Rome the equivalent of capital punishment for the nobility was just such banishment as Caesar proposed. On the other hand, the city was still technically under martial law — the *senatus consultum* decree passed October 21. Seeing the senate now wavering in their decision, Cicero arose and delivered the Fourth Oration Against Catiline, in which he clearly revealed his own strong feeling that the death penalty should be voted.

The speeches continued. According to Sallust it was the speech of M. Porcius Cato (known to history as Cato of Utica) which turned the tide to sentiment for the death penalty. In reading Sallust's story, we

127

must remember that Cato was a particular hero of his. At any rate, the death penalty was approved. That evening the five men in custody (in addition to the four who appeared in the senate two days earlier, Ceparius had been captured just outside the city) were led to the state prison nearby. It was actually an underground dungeon of no great size, which we call the Mamertine. There, one by one, the five men were strangled. When they were all dead, Cicero delivered the fateful announcement: "They have lived."

Early in January the forces of Catiline, some 5000 men, were annihilated near Pistoria, twenty miles northwest of Florence. Catiline himself fell in the battle, fighting to the end with the courage of despair. Thus ended the Catilinarian conspiracy.

SELLA CURULIS

C. CAESAR

Outline of Fourth Oration Against Catiline

I. Introduction
    A. Exordium — chap. 1 and chap. 2, lines 1–18
    B. Narratio — chap. 2, lines 19–30, and chap. 3, lines 1–11
II. Body
    A. Partitio — chap. 3, lines 12–25
    B. Confirmatio
        1. Chap. 4
        2. Chap. 5, lines 1–18
    C. Refutatio
        3. Argumentatio
            a. Chap. 5, lines 19–31
            b. Chap. 6
        4. Argumentatio
            a. Chap. 7 and chap. 8
            b. Chap. 9
III. Conclusion
    A. Conquestio — chap. 10 and chap. 11, lines 1–15
    B. Exhortatio — chap. 11, lines 16–22

128

M. TVLLI CICERONIS
IN L. CATILINAM ORATIO QVARTA

HABITA IN SENATV

Cicero Happy to Serve the State

1. Videō, patrēs cōnscrīptī, in mē omnium vestrum ōra atque oculōs esse conversōs, videō vōs nōn sōlum dē vestrō ac reī pūblicae vērum etiam, sī id dēpulsum sit, dē meō perīculō esse sollicitōs. Est mihi iūcunda in malīs et grāta in dolōre vestra ergā mē voluntās, sed eam per deōs immortālēs! dēpōnite atque oblītī salūtis meae 5 dē vōbīs ac dē vestrīs līberīs cōgitāte. Mihi sī haec condiciō cōnsulātūs data est ut omnēs acerbitātēs, omnēs dolōrēs cruciātūsque perferrem, feram nōn sōlum fortiter vērum etiam libenter, dum modo meīs labōribus vōbīs populōque Rōmānō dignitās salūsque pariātur. 10

Ego sum ille cōnsul, patrēs cōnscrīptī, cui nōn forum in quō omnis aequitās continētur, nōn campus cōnsulāribus auspiciīs cōnsecrātus, nōn cūria, summum auxilium omnium gentium, nōn domus, commūne perfugium, nōn lectus ad quiētem datus, nōn dēnique haec sēdēs honōris umquam vacua mortis perīculō atque 15 īnsidiīs fuit. Ego multa tacuī, multa pertulī, multa concessī, multa meō quōdam dolōre in vestrō timōre sānāvī.

Nunc sī hunc exitum cōnsulātūs meī dī immortālēs esse voluērunt ut vōs populumque Rōmānum ex caede miserrimā, coniugēs līberōsque vestrōs virginēsque Vestālēs ex acerbissimā vexātiōne, 20 templa atque dēlūbra, hanc pulcherrimam patriam omnium nostrum ex foedissimā flammā, tōtam Ītaliam ex bellō et vāstitāte ēriperem, quaecumque mihi ūnī prōpōnētur fortūna subeātur. Etenim sī

¶1. 4. voluntas: *anxiety* for Cicero's welfare. 7. ut . . . perferrem: In apposition with condicio, *the terms*. 10. pariatur: Subjunctive in a proviso clause, depending on dum modo. 12. omnis aequitas: *every branch of the administration of justice.* continetur: *has its seat* or *is centered.* The law courts were about the Forum. auspiciis: Abl. The auspices were taken before an election or other business of an assembly — here, the *comitia centuriata.* 13. consecratus: *made sacred.* 14. ad: *for.* 15. haec sedes honoris: The curule chair, official seat of the higher Roman magistrates. Cicero would point to the chair behind him. 17. meo . . . timore: The citizenry had the fear, but Cicero the pain. sanavi: *have remedied.* 23. subeatur: Cicero is willing to undergo whatever fortune he may meet.

P. Lentulus suum nōmen inductus ā vātibus fātāle ad perniciem
25 reī pūblicae fore putāvit, cūr ego nōn laeter meum cōnsulātum ad
salūtem populī Rōmānī prope fātālem exstitisse?

Look to the Welfare of the State

2. Quā rē, patrēs cōnscrīptī, cōnsulite vōbīs, prōspicite patriae,
cōnservāte vōs, coniugēs, līberōs fortūnāsque vestrās, populī
Rōmānī nōmen salūtemque dēfendite; mihi parcere ac dē mē
cōgitāre dēsinite. Nam prīmum dēbeō spērāre omnēs deōs quī
5 huic urbī praesident prō eō mihi ac mereor relātūrōs esse grātiam;
deinde, sī quid obtigerit, aequō animō parātōque moriar. Nam
neque turpis mors fortī virō potest accidere neque immātūra
cōnsulārī nec misera sapientī.

Nec tamen ego sum ille ferreus quī frātris cārissimī atque aman-
10 tissimī praesentis maerōre nōn movear hōrumque omnium lacrimīs
ā quibus mē circumsessum vidētis. Neque meam mentem nōn
domum saepe revocat exanimāta uxor et abiecta metū fīlia et
parvulus fīlius, quem mihi vidētur amplectī rēs pūblica tamquam
obsidem cōnsulātūs meī, neque ille quī exspectāns huius exitum
15 diēī stat in cōnspectū meō gener. Moveor hīs rēbus omnibus, sed in
eam partem utī salvī sint vōbīscum omnēs, etiam sī mē vīs aliqua
oppresserit, potius quam et illī et nōs ūnā reī pūblicae peste pere-
āmus.

24. fatale ad perniciem: *destined to destroy*. With ad salutem...fatalem, an example
of chiasmus. 25. cur ... laeter: Deliberative subjunctive. 26. prope: *practically*.

¶2. 5. pro...mereor: *in such measure as I deserve*. 6. si quid obtigerit:
Euphemistic, as shown by moriar — both verbs are probably indicative. 8. con-
sulari: *to one who has been consul* — he has reached the highest honor a man can
hope for. sapienti: *to the philosopher*. Ancient systems of philosophy, particularly
the Stoic and the Epicurean, attached much importance to an utter indifference
toward death. 9. ille ferreus: *so made of iron*, as not to feel. fratris: Cicero's
brother Quintus was seated in the senate, having sided with Caesar against the death
penalty. 10. non movear: Rel. clause of result, introduced by qui. horum omnium:
A group of senators, especially friendly to the consul, sitting near him. 11. Neque
...uxor: *and often my thoughts are called homeward by my terrified wife* (Terentia).
12. filia: Tullia. 13. filius: Marcus, then only two years old. 14. ille...gener:
Tullia's husband, C. Calpurnius Piso, who was standing outside the open door of
the temple. 15. Moveor: Note the emphatic position. in eam...omnes: *only to
the determination that they shall all be safe, (along) with you.* 17. quam (ut). una:
general — modifies peste.

Quā rē, patrēs cōnscrīptī, incumbite ad salūtem reī pūblicae, circumspicite omnēs procellās quae impendent nisi prōvidētis. 20
Nōn Ti. Gracchus quod iterum tribūnus plēbis fierī voluit, nōn C. Gracchus quod agrāriōs concitāre cōnātus est, nōn L. Sāturnīnus quod C. Memmium occīdit, in discrīmen aliquod atque in vestrae sevēritātis iūdicium addūcitur: tenentur eī quī ad urbis incendium, ad vestram omnium caedem, ad Catilīnam accipiendum Rōmae 25 restitērunt, tenentur litterae, signa, manūs, dēnique ūnīus cuiusque cōnfessiō: sollicitantur Allobrogēs, servitia excitantur, Catilīna arcessitur, id est initum cōnsilium ut interfectīs omnibus nēmō nē ad dēplōrandum quidem populī Rōmānī nōmen atque ad lāmentandam tantī imperī calamitātem relinquātur. 30

The Time for Decision Has Come

3. Haec omnia indicēs dētulērunt, reī cōnfessī sunt, vōs multīs iam iūdiciīs iūdicāvistis, prīmum quod mihi grātiās ēgistis singu- lāribus verbīs et meā virtūte atque dīligentiā perditōrum hominum coniūrātiōnem patefactam esse dēcrēvistis, deinde quod P. Lentulum sē abdicāre praetūrā coēgistis; tum quod eum et cēterōs dē quibus 5 iūdicāstis in custōdiam dandōs cēnsuistis, maximēque quod meō nōmine supplicātiōnem dēcrēvistis, quī honōs togātō habitus ante mē est nēminī; postrēmō hesternō diē praemia lēgātīs Allobrogum Titōque Volturciō dedistis amplissima. Quae sunt omnia eius

· **19. incumbite:** *bend to the oars* with all your might, and keep an eye on the weather, so that the ship of state may be safe — a nautical metaphor. **21. Non Ti. Gracchus ... C. Gracchus:** See notes on First Oration, chap. 1 and chap. 2. **iterum:** It was not lawful to hold the office of tribune for two years in a row. **22. agrarios:** Those who favored a more equitable division of the public lands. **23. Memmium:** C. Memmius, candidate for the consulship against Glaucia, murdered 100 B.C. at instigation of Saturninus and Glaucia. **in vestrae ... iudicium:** *to the bar of your strict justice.* **25. Romae restiterunt:** Instead of going forth with Catiline. **27. servitia = servi** — abstract for concrete. **28. arcessitur:** This and the preceding two clauses sum up the most treasonable features of the letters. **id ... consilium:** *in short, the design was formed that.* **interfectis omnibus:** *through a general massacre.*

¶3. **1. multis ... iudicavistis:** *you have already, by many (previous) decisions, settled,* implying that the senate had already committed itself regarding the guilt of the conspirators. **8. praemia ... amplissima:** What these rewards were is not known; probably they were gifts of money.

10 modī ut eī quī in custōdiam nōminātim datī sunt sine ūllā dubi-
tātiōne ā vōbīs damnātī esse videantur.

Sed ego īnstituī referre ad vōs, patrēs cōnscrīptī, tamquam
integrum, et dē factō quid iūdicētis, et dē poenā quid cēnseātis.
Illa praedīcam quae sunt cōnsulis. Ego magnum in rē pūblicā
15 versārī furōrem et nova quaedam miscērī et concitārī mala iam
prīdem vidēbam, sed hanc tantam, tam exitiōsam habērī coniūrātiōnem ā cīvibus numquam putāvī.

Nunc quicquid est, quōcumque vestrae mentēs inclīnant atque
sententiae, statuendum vōbīs ante noctem est. Quantum facinus
20 ad vōs dēlātum sit vidētis. Huic sī paucōs putātis affīnēs esse,
vehementer errātis. Lātius opīniōne dissēminātum est hoc malum;
mānāvit nōn sōlum per Ītaliam vērum etiam trānscendit Alpēs et
obscūrē serpēns multās iam prōvinciās occupāvit. Id opprimī
sustentandō et prōlātandō nūllō pactō potest; quācumque ratiōne
25 placet celeriter vōbīs vindicandum est.

The Opposing Views Concerning the Sentence

4. Videō duās adhūc esse sententiās, ūnam D. Sīlānī, quī cēnset
eōs quī haec dēlēre cōnātī sunt morte esse multandōs, alteram
C. Caesaris, quī mortis poenam removet, cēterōrum suppliciōrum

. . . . **10. nominatim dati sunt:** Each prisoner was
placed in charge of a different person. According to Sallust, Lentulus was turned
over to the aedile P. Lentulus Spinther; Cethegus to Quintus Cornificius; Statilius
to Gaius Caesar; Gabinius to Marcus Crassus; and Ceparius, after he was caught,
to the senator Gnaeus Terentius. **12. referre:** *to lay before you.* **tamquam integrum:** *as if it were a fresh question,* in no way prejudged. **14. consulis:** *expected
of the consul,* as chief executive of the state and presiding officer of the senate.
15. misceri: *were brewing.* **mala:** *pernicious schemes.* **16. videbam:** *had seen.* **ha-
beri:** *was being formed.* **18. quicquid est:** *whatever the situation is.* **20. paucos:**
only a few. **23. multas provincias:** Rhetorical exaggeration, although Catiline did
count on receiving military forces from Spain and from Mauretania. **24. susten-
tando et prolatando:** *by endurance and procrastination.* **25. vindicandum est:**
punishment must be given.

¶**4. 1. duas . . . sententias:** It is evident that several senators had already spoken.
Silanus, as consul-elect, was the first to be asked his opinion, and he made a motion,
sententia. 3. C. Caesaris: A praetor-elect, and one of the first to be called upon
after the consuls-elect and ex-consuls. His speech is given at length by Sallust,
chap. 51 of *Bellum Catilinae.*

omnēs acerbitātēs amplectitur. Uterque et prō suā dignitāte et
prō rērum magnitūdine in summā sevēritāte versātur.   5

Alter eōs quī nōs omnēs, quī populum Rōmānum vītā prīvāre
cōnātī sunt, quī dēlēre imperium, quī populī Rōmānī nōmen exstinguere, pūnctum temporis fruī vītā et hōc commūnī spīritū nōn
putat oportēre, atque hoc genus poenae saepe in improbōs cīvēs in
hāc rē pūblicā esse ūsūrpātum recordātur. Alter intellegit mortem 10
ā dīs immortālibus nōn esse supplicī causā cōnstitūtam, sed aut
necessitātem nātūrae aut labōrum ac miseriārum quiētem. "Itaque
eam sapientēs numquam invītī, fortēs saepe etiam libenter oppetī-
vērunt. Vincula vērō et ea sempiterna certē ad singulārem poenam
nefāriī sceleris inventa sunt." Mūnicipiīs dispertīrī iubet.   15

Habēre vidētur ista rēs inīquitātem, sī imperāre velīs, difficultā-
tem, sī rogāre; dēcernātur tamen, sī placet. Ego enim suscipiam
et, ut spērō, reperiam quī id quod salūtis omnium causā statuerītis
nōn putent esse suae dignitātis recūsāre. Adiungit gravem poenam
mūnicipiīs, sī quis eōrum vincula rūperit; horribilēs custōdiās 20
circumdat et dignās scelere hominum perditōrum; sancit nē quis
eōrum poenam quōs condemnat aut per senātum aut per populum
levāre possit; ēripit etiam spem quae sōla hominem in miseriīs
cōnsōlārī solet. Bona praetereā pūblicārī iubet; vītam sōlam
relinquit nefāriīs hominibus: quam sī ēripuisset, multās ūnō dolōre 25
animī atque corporis aerumnās et omnēs scelerum poenās adē-
misset.

Itaque ut aliqua in vītā formīdō improbīs esset prōposita, apud
īnferōs eius modī quaedam illī antīquī supplicia impiīs cōnstitūta

---

5. in ... versatur: *insists upon.* 8. vita ... spiritu: (*the blessings of*) *life and
this air that we all breathe.* 9. saepe: Actually there were no real precedents for
the senate to decide on the death penalty without a trial and the possibility of an
appeal to the people. 12. quietem: *a respite from.* Caesar's argument is that
the life sentence is more severe than death, for death puts an end to pain and misery.
14. Vincula: In a general sense. 15. inventa sunt: i.e., Caesar's theory of life
imprisonment. In actual practice, such imprisonment was very rare under the Republic, especially since Romans could escape sentence by going into exile. dis-
pertiri (eos): i.e., the conspirators. 16. iniquitatem: *unfairness* — because it
would impose a heavy burden on the municipalities. 18. qui ... non putent:
men who will not think. 20. custodias: *prison regulations.* 25. quam si: *but
if ... this.* 26. ademisset: The skeptical tone is evidently borrowed from Caesar.
Cicero's own view was that there is a happy immortality for the good and complete
annihilation for all others. 29. illi antiqui: *those men of olden times,* e.g. Homer.

30 esse voluērunt, quod vidēlicet intellegēbant hīs remōtīs nōn esse mortem ipsam pertimēscendam.

Caesar's Opinion Likely to Be Popular

5. Nunc, patrēs cōnscrīptī, ego meā videō quid intersit. Sī eritis secūtī sententiam C. Caesaris, quoniam hanc is in rē pūblicā viam quae populāris habētur secūtus est, fortasse minus erunt hōc auctōre et cognitōre huiusce sententiae mihi populārēs impetūs 5 pertimēscendī; sīn illam alteram, nẹsciō an amplius mihi negōtī contrahātur. Sed tamen meōrum perīculōrum ratiōnēs ūtilitās reī pūblicae vincat.

Habēmus enim ā Caesare, sīcut ipsīus dignitās et maiōrum eius amplitūdō postulābat, sententiam tamquam obsidem perpetuae 10 in rem pūblicam voluntātis. Intellēctum est quid interesset inter levitātem cōntiōnātōrum et animum vērē populārem salūtī populī cōnsulentem. Videō dē istīs quī sē populārēs habērī volunt abesse nōn nēminem, nē dē capite vidēlicet cīvium Rōmānōrum sententiam ferat. Is et nūdius tertius in custōdiam cīvēs Rōmānōs dedit et 15 supplicātiōnem mihi dēcrēvit et indicēs hesternō diē maximīs prae-miīs affēcit. Iam hoc nēminī dubium est quī reō custōdiam, quaesītōrī grātulātiōnem, indicī praemium dēcrēvit, quid dē tōtā rē et causā iūdicārit.

At vērō C. Caesar intellegit lēgem Semprōniam esse dē cīvibus Rōmānīs cōnstitūtam; quī autem reī pūblicae sit hostis eum cīvem 20 esse nūllō modō posse: dēnique ipsum lātōrem Semprōniae lēgis iniussū populī poenās reī pūblicae dēpendisse. Īdem ipsum Lentulum, largītōrem et prōdigum, nōn putat, cum dē perniciē populī Rōmānī, exitiō huius urbis tam acerbē, tam crūdēliter cōgitārit, etiam appellārī posse populārem.   25

Itaque homō mītissimus atque lēnissimus nōn dubitat P. Lentulum aeternīs tenebrīs vinculīsque mandāre et sancit in posterum nē quis huius suppliciō levandō sē iactāre et in perniciē populī Rōmānī posthāc populāris esse possit. Adiungit etiam pūblicātiōnem bonōrum, ut omnēs animī cruciātūs et corporis etiam egestās ac 30 mendīcitās cōnsequātur.

Arguments for Imposing the Death Penalty

6. Quam ob rem, sīve hoc statueritis, dederitis mihi comitem ad cōntiōnem populō cārum atque iūcundum, sīve Sīlānī sententiam sequī mālueritis, facile mē atque vōs crūdēlitātis vituperātiōne populus Rōmānus līberābit, atque obtinēbō eam multō lēniōrem

17. **quaesitori:** Refers to Cicero, as having conducted the investigation. **gratulationem:** *a thanksgiving*, voted in Cicero's honor. **18. causa:** *the legal case*, in terms of the law. **19. intellegit:** As shown by Caesar's not refusing to vote on the matters before the senate on Dec. 3; by voting then, he admitted the jurisdiction of the senate in dealing with the conspirators as enemies, not citizens. **legem Semproniam:** This law, put forward by Gaius Gracchus in 123 B.C., maintained as inalienable the right of citizens to appeal to the popular assembly. **20. hostis:** Really the key to the whole case; if citizens were pronounced enemies, they were not then entitled to the protection of the Sempronian Law. **21. latorem:** *the sponsor*, Gaius Gracchus. **25. etiam:** *any longer.* **popularem:** *a friend of the people.* **26. homo . . . lenissimus:** i.e., Caesar. The sentence is of course ironic. **27. sancit in posterum:** *and he would decree that hereafter.* **28. se iactare:** *achieve prominence.* **in pernicie:** *to the destruction.* **29. publicationem bonorum:** *confiscation of property.* **31. consequatur:** Sing., since the synonyms name but a single idea.

¶6. **1. sive . . . sive:** *if, on the one hand . . . if, on the other.* **comitem:** Caesar, if his motion prevailed, would accompany the consul when formal announcement of it was made to the people. **2. ad contionem:** i.e., when Cicero appears before the citizen assembly. **4. eam:** The proposal of Silanus.

5 fuisse. Quamquam, patrēs cōnscrīptī, quae potest esse in tantī
scelerīs immānitāte pūniendā crūdēlitās? Ego enim dē meō sēnsū
iūdicō. Nam ita mihi salvā rē pūblicā vōbīscum perfruī liceat, ut
ego, quod in hāc causā vehementior sum, nōn atrōcitāte animī
moveor — quis enim est mē mītior? — sed singulārī quādam hū-
10 mānitāte et misericordiā.

Videor enim mihi vidēre hanc urbem, lūcem orbis terrārum
atque arcem omnium gentium, subitō ūnō incendiō concidentem.
Cernō animō sepultā in patriā miserōs atque īnsepultōs acervōs
cīvium, versātur mihi ante oculōs aspectus Cethēgī et furor in
15 vestrā caede bacchantis. Cum vērō mihi prōposuī rēgnantem
Lentulum, sīcut ipse sē ex fātīs spērāsse cōnfessus est, purpurātum
esse huic Gabīnium, cum exercitū vēnisse Catilīnam, tum lāmentā-
tiōnem mātrum familiās, tum fugam virginum atque puerōrum
ac vexātiōnem virginum Vestālium perhorrēscō, et, quia mihi
20 vehementer haec videntur misera atque miseranda, idcircō in eōs
quī ea perficere voluērunt mē sevērum vehementemque praebēbō.

Etenim quaerō, sī quis pater familiās, līberīs suīs ā servō interfectīs, uxōre occīsā, incēnsā domō, supplicium dē servīs nōn quam
acerbissimum sūmpserit, utrum is clēmēns ac misericors an inhū-
25 mānissimus et crūdēlissimus esse videātur? Mihi vērō importūnus
ac ferreus quī nōn dolōre et cruciātū nocentis suum dolōrem
cruciātumque lēnierit. Sīc nōs in hīs hominibus quī nōs, quī
coniugēs, quī līberōs nostrōs trucīdāre voluērunt, quī singulās
ūnīus cuiusque nostrum domōs et hoc ūniversum reī pūblicae
30 domicilium dēlēre cōnātī sunt, quī id ēgērunt ut gentem Allobrogum
in vestīgiīs huius urbis atque in cinere dēflagrātī imperī collocārent,

. . . . 7. ita . . . ut: *so
may it be my lot to enjoy, . . . as.* **8. quod . . . sum:** *in showing unusual insistence
in this case.* **11. mihi:** With **videor,** but best omitted in translation. **15. bacchantis:** Modifies **Cethegi** — *as he revels.* **Cum . . . mihi proposui:** *whenever I imagine.* **regnantem Lentulum:** *Lentulus on the throne.* Any reference to a king as
their ruler was always odious to Romans. **16. purpuratum:** *dressed in royal
purple* — suggesting oriental luxury and despotism. **18. familias:** Old gen. sing.
of the first declension. **23. supplicium . . . sumpserit:** *shall not have inflicted the
severest possible punishment on the slaves.* **26. qui non . . . lenierit:** *since he did
not mitigate.* **27. in his hominibus:** *in dealing with these men.* **30. id egerunt:**
have acted so as to. **31. vestigiis:** *remains.* Cicero used deliberately extreme language, intended to set members of the senate against the conspirators.

sī vehementissimī fuerimus, misericordēs habēbimur; sīn remissiōrēs esse voluerimus, summae nōbīs crūdēlitātis in patriae cīviumque perniciē fāma subeunda est.

Nisi vērō cuipiam L. Caesar, vir fortissimus et amantissimus reī 35 pūblicae, crūdēlior nūdius tertius vīsus est, cum sorōris suae, fēminae lēctissimae, virum praesentem et audientem vītā prīvandum esse dīxit, cum avum suum iussū cōnsulis interfectum fīliumque eius impūberem lēgātum ā patre missum in carcere necātum esse dīxit. Quōrum quod simile factum, quod initum dēlendae reī 40 pūblicae cōnsilium? Largītiōnis voluntās tum in rē pūblicā versāta est et partium quaedam contentiō.

Atque illō tempore huius avus Lentulī, vir clārissimus, armātus Gracchum est persecūtus. Ille etiam grave tum vulnus accēpit, nē quid dē summā reī pūblicae minuerētur; hic ad ēvertenda fun- 45 dāmenta reī pūblicae Gallōs arcessit, servitia concitat, Catilīnam vocat, attribuit nōs trucīdandōs Cethēgō et cēterōs cīvēs interfi- ciendōs Gabīniō, urbem īnflammandam Cassiō, tōtam Ītaliam vāstandam dīripiendamque Catilīnae. Vereāminī, cēnseō, nē in hōc scelere tam immānī ac nefandō aliquid sevērius statuisse videāminī; 50 multō magis est verendum nē remissiōne poenae crūdēlēs in patriam quam nē sevēritāte animadversiōnis nimis vehementēs in acer- bissimōs hostēs fuisse videāmur.

· **34. fama:** Cicero uses the word in the sense of infamy.   **35. Nisi vero:** Ironically introduces an ex- ception. **L. Caesar:** Consul in 64 B.C. He made these remarks at the meeting Dec. 3., when called upon to give his vote.   **37. virum:** *husband.* The conspirator Lentulus had married Lucius Caesar's sister Julia.   **38. avum:** M. Fulvius Flaccus, an ad- herent of C. Gracchus, put to death by the consul Opimius in 121 B.C. L. Caesar introduced this precedent from his family history in order to justify the severity of his judgment on Lentulus.   **39. impuberem legatum:** The eighteen-year-old youth had been sent by his father to negotiate with Opimius, who would listen to no offer of reconciliation. When he was sent a second time, Opimius arrested him, then attacked and slew both the father and the older brother. The younger son was later killed in prison.   **40. Quorum = Atque horum. simile (fuit):** To what the Catili- narian conspirators proposed.   **41. Largitionis ... contentio:** *State doles and some party strife prevailed in the state at that time.*   **45. ne ... minueretur:** *that the welfare of the state might not suffer in any degree.* **hic:** Contrasting the treason of this Lentulus with the patriotism of his grandfather.   **47. trucidandos:** *to be murdered.*   **49. Vereamini censeo:** *Of course you may well be afraid* — ironical example of the potential subjunctive.   **51. remissione poenae:** i.e., a less severe penalty.

7. Sed ea quae exaudiō, patrēs cōnscrīptī, dissimulāre nōn possum. Iaciuntur enim vōcēs quae perveniunt ad aurēs meās eōrum quī vererī videntur ut habeam satis praesidī ad ea quae vōs statueritis hodiernō diē trānsigenda. Omnia et prōvīsa et
5 parāta et cōnstitūta sunt, patrēs cōnscrīptī, cum meā summā cūrā atque dīligentiā tum multō etiam maiōre populī Rōmānī ad summum imperium retinendum et ad commūnēs fortūnās cōnservandās voluntāte.

Omnēs adsunt omnium ōrdinum hominēs, omnium generum,
10 omnium dēnique aetātum; plēnum est forum, plēna templa circum forum, plēnī omnēs aditūs huius templī ac locī. Causa est enim post urbem conditam haec inventa sōla in quā omnēs sentīrent ūnum atque idem praeter eōs quī, cum sibi vidērent esse pereundum, cum omnibus potius quam sōlī perīre voluērunt. Hōsce ego
15 hominēs excipiō et sēcernō libenter, neque in improbōrum cīvium sed in acerbissimōrum hostium numerō habendōs putō.

Cēterī vērō, dī immortālēs! quā frequentiā, quō studiō, quā virtūte ad commūnem salūtem dignitātemque cōnsentiunt! Quid ego hīc equitēs Rōmānōs commemorem? quī vōbīs ita summam
20 ōrdinis cōnsilīque concēdunt ut vōbīscum dē amōre reī pūblicae certent; quōs ex multōrum annōrum dissēnsiōne huius ōrdinis ad societātem concordiamque revocātōs hodiernus diēs vōbīscum atque haec causa coniungit. Quam sī coniūnctiōnem in cōnsulātū cōnfirmātam meō perpetuam in rē pūblicā tenuerimus, cōnfirmō
25 vōbīs nūllum posthāc malum cīvīle ac domesticum ad ūllam reī pūblicae partem esse ventūrum.

¶7. 1. **ea quae exaudio:** Whispered remarks among the senators, as shown by what follows. 2. **Iaciuntur:** *are being uttered.* 3. **ut:** *that not*, after a verb of fearing. 4. **Omnia . . . sunt:** A strong guard has been placed around the Forum and the adjacent parts of the city. 5. **cum . . . tum:** *not only . . . but also.* 6. **maiore:** Modifies **voluntate**, at the end of the sentence. 11. **huius templi ac loci:** *this hallowed spot*, the Temple of Concord — hendiadys. **Causa . . . sola:** *For this is the only question found . . .* 15. **in . . . numero habendos:** *ought to be classed with.* 18. **ad . . . consentiunt:** *unite in supporting.* 19. **ita . . . ut:** *only so far that.* **summam . . . consili:** *the first place in rank and counsel.* 21. **huius ordinis:** *with this body* — the senate. 22. **societatem concordiamque:** *harmonious fellowship* — hendiadys. **revocatos . . . coniungit:** *has recalled and united*, by the Lex Aurelia, enacted seven years before; now this harmony has come to the surface.

Parī studiō dēfendendae reī pūblicae convēnisse videō tribūnōs aerāriōs, fortissimōs virōs; scrībās item ūniversōs, quōs, cum cāsū hic diēs ad aerārium frequentāsset, videō ab exspectātiōne sortis ad salūtem commūnem esse conversōs. Omnis ingenuōrum adest 30 multitūdō, etiam tenuissimōrum; quis est enim cui nōn haec templa, aspectus urbis, possessiō lībertātis, lūx dēnique haec ipsa et commūne patriae solum cum sit cārum tum vērō dulce atque iūcundum?

The Senate Urged to Do Its Part

8. Operae pretium est, patrēs cōnscrīptī, lībertīnōrum hominum studia cognōscere, quī, suā virtūte fortūnam huius cīvitātis cōnsecūtī, vērē hanc suam patriam esse iūdicant, quam quīdam hīc nātī, et summō nātī locō, nōn patriam suam sed urbem hostium esse iūdicāvērunt. 5

Sed quid ego hōsce hominēs ōrdinēsque commemorō quōs prīvātae fortūnae, quōs commūnis rēs pūblica, quōs dēnique lībertās ea quae dulcissima est ad salūtem patriae dēfendendam excitāvit? Servus est nēmō, quī modo tolerābilī condiciōne sit servitūtis, quī nōn audāciam cīvium perhorrēscat, quī nōn haec stāre cupiat, 10 quī nōn quantum audet et quantum potest cōnferat ad salūtem voluntātis.

Quā rē sī quem vestrum forte commovet hoc quod audītum est, lēnōnem quendam Lentulī concursāre circum tabernās, pretiō

. . . . **27. tribunos aerarios:** Well-to-do representatives of the tribes. Little is known about the position and functions of these officials. **28. scribas ... universos:** *all the government clerks*, of which there were many. **29. hic dies:** The Nones of December (Dec. 5), the day on which new quaestors entered office. They began by casting lots for the choice of duties and the assignment of **scribae,** *clerks.* **frequentasset:** *had gathered in throngs.* **30. ingenuorum:** *free-born citizens*, contrasted with those who had come up from slavery, **libertini,** *freedmen.* **33. sit:** subjunct. of characteristic.

¶8. **1. Operae pretium est:** *It is worth while.* **2. sua virtute:** *by their own merit*, or *exertions*, they have gained their freedom and secured the boon of citizenship. **4. summo ... loco:** *sprung from the nobility*, i.e., the patricians among the conspirators. **9. qui modo ... sit:** *provided only he be*, a close limitation of **servus nemo. 11. quantum ... conferat:** *contributes as much goodwill as* ... **13. quem vestrum ... commovet:** *any one of you is disturbed by.* **14. lenonem:** *agent* — a term of contempt. **(et) pretio:** *and for a price.*

Oratio Quarta, viii   **139**

15 spērāre sollicitārī posse animōs egentium atque imperītōrum, est
id quidem coeptum atque temptātum, sed nūllī sunt inventī tam aut
fortūnā miserī aut voluntāte perditī quī nōn illum ipsum sellae
atque operis et quaestūs cotīdiānī locum, quī nōn cubīle ac lectulum
suum, quī dēnique nōn cursum hunc ōtiōsum vītae suae salvum
20 esse velint. Multō vērō maxima pars eōrum quī in tabernīs sunt,
immō vērō — id enim potius est dīcendum — genus hoc ūniversum
amantissimum est ōtī. Etenim omne īnstrūmentum, omnis opera
atque quaestus frequentiā cīvium sustentātur, alitur ōtiō; quōrum
si quaestus occlūsīs tabernīs minuī solet, quid tandem incēnsīs
25 futūrum fuit?

Quae cum ita sint, patrēs cōnscrīptī, vōbīs populī Rōmānī
praesidia nōn dēsunt: vōs nē populō Rōmānō deesse videāminī
prōvidēte.

Security of State Rests on Senate Decision

9. Habētis cōnsulem ex plūrimīs perīculīs et īnsidiīs atque ex
mediā morte nōn ad vītam suam sed ad salūtem vestram reservātum.
Omnēs ōrdinēs ad cōnservandam rem pūblicam mente, voluntāte,
vōce cōnsentiunt. Obsessa facibus et tēlīs impiae coniūrātiōnis
5 vōbīs supplex manūs tendit patria commūnis, vōbīs sē, vōbīs vītam
omnium cīvium, vōbīs arcem et Capitōlium, vōbīs ārās Penātium,
vōbīs illum ignem Vestae sempiternum, vōbīs omnium deōrum
templa atque dēlūbra, vōbīs mūrōs atque urbis tēcta commendat.
Praetereā dē vestrā vītā, dē coniugum vestrārum atque līberōrum
10 animā, dē fortūnīs omnium, dē sēdibus, dē focīs vestrīs hodiernō
diē vōbīs iūdicandum est. Habētis ducem memorem vestrī, oblītum

· **17. qui non ...**
velint: *as not to wish.* **illum ... locum:** Referring particularly to the Forum,
on two sides of which there were shops. **20. in tabernis:** i.e., tradesmen as well
as artisans. **21. immo vero:** *or, more correctly.* **22. omne instrumentum:** *the
equipment of every worker.* **opera atque quaestus:** *gainful occupation.* **25. futurum
fuit:** *would have happened.*

¶9. **1. atque ex media morte:** *or rather, I should say, from the midst of death.*
6. arcem: On the northern summit of the Capitoline hill; the Capitolium occupied the southern summit. **aras Penatium:** The household gods of the state, kept in
the Temple of Vesta. **7. Vestae:** The circular Temple of Vesta, with its perpetual
fire, was about 200 yards southeast of the Temple of Concord, in which Cicero was
speaking.

suī, quae nōn semper facultās datur; habētis omnēs ōrdinēs, omnēs hominēs, ūniversum populum Rōmānum, id quod in cīvīlī causā hodiernō diē prīmum vidēmus, ūnum atque idem sentientem. Cōgitāte quantīs labōribus fundātum imperium, quantā virtūte 15 stabilītam lībertātem, quantā deōrum benignitāte auctās exaggerā-tāsque fortūnās ūna nox paene dēlērit. Id nē umquam posthāc nōn modo nōn cōnficī sed nē cōgitārī quidem possit ā cīvibus hodiernō diē prōvidendum est. Atque haec, nōn ut vōs quī mihi studiō paene praecurritis excitārem, locūtus sum, sed ut mea vōx 20 quae dēbet esse in rē pūblicā prīnceps officiō fūncta cōnsulārī vidērētur.

Cicero Not Worried About His Own Reputation

10. Nunc antequam ad sententiam redeō, dē mē pauca dīcam. Ego, quanta manus est coniūrātōrum, quam vidētis esse permag-nam, tantam mē inimīcōrum multitūdinem suscēpisse videō; sed eam turpem iūdicō et īnfīrmam et abiectam. Quod sī aliquandō alicuius furōre et scelere concitāta manus ista plūs valuerit quam 5 vestra ac reī pūblicae dignitās, mē tamen meōrum factōrum atque cōnsiliōrum numquam, patrēs cōnscrīptī, paenitēbit.

Etenim mors, quam illī fortasse minitantur, omnibus est parāta: vītae tantam laudem quantā vōs mē vestrīs dēcrētīs honestāstis nēmō est assecūtus; cēterīs enim semper bene gestā, mihi ūnī 10 cōnservātā rē pūblicā grātulātiōnem dēcrēvistis.

Sit Scīpiō clārus ille cuius cōnsiliō atque virtūte Hannibal in Africam redīre atque Ītaliā dēcēdere coāctus est, ōrnētur alter eximiā laude Africānus quī duās urbēs huic imperiō īnfestissimās

---

12. quae ... facultas: *an advantage which.* **13. in civili causa:** *in a political issue.* **17. una nox:** The night of the seizure of the letters carried by envoys of the Allobroges. **18. non modo non:** The second **non** is omitted in some manuscripts. **21. officio:** Abl. with **functa.**

¶**10. 1. redeo:** Pres. for fut. with **antequam. sententiam:** *the sentence.* Cicero is not referring to the proposal of either Silanus or Caesar, but to the views of the other senators on whom he is about to call. **2. quanta:** *great as is.* **8. quam (mihi) ... minitantur:** *with which they threaten me.* **10. nemo:** *no one else,* ever. **gesta (re publica). 11. gratulationem = supplicationem. 13. alter ... Africanus:** Scipio Africanus the Younger, who destroyed Carthage in 146 B.C. and Numantia, in Spain, in 133 B.C.

15 Carthāginem Numantiamque dēlēvit, habeātur vir ēgregius Paulus
ille cuius currum rēx potentissimus quondam et nōbilissimus
Persēs honestāvit, sit aeternā glōriā Marius quī bis Ītaliam obsidiōne
et metū servitūtis līberāvit, antepōnātur omnibus Pompeius cuius
rēs gestae atque virtūtēs īsdem quibus sōlis cursus regiōnibus ac
20 terminīs continentur: erit profectō inter hōrum laudēs aliquid
locī nostrae glōriae, nisi forte maius est patefacere nōbīs prōvinciās quō exīre possīmus quam cūrāre ut etiam illī quī absunt
habeant quō victōrēs revertantur.

Quamquam est ūnō locō condiciō melior externae victōriae quam
25 domesticae, quod hostēs aliēnigenae aut oppressī serviunt aut
receptī beneficiō sē obligātōs putant, quī autem ex numerō cīvium
dēmentiā aliquā dēprāvātī hostēs patriae semel esse coepērunt,
eōs, cum ā perniciē reī pūblicae reppuleris, nec vī coercēre nec
beneficiō plācāre possīs. Quā rē mihi cum perditīs cīvibus aeternum
30 bellum susceptum esse videō.

Id ego vestrō bonōrumque omnium auxiliō memoriāque
tantōrum perīculōrum, quae nōn modo in hōc populō quī servātus
est sed in omnium gentium sermōnibus ac mentibus semper haerēbit,
ā mē atque ā meīs facile prōpulsārī posse cōnfīdō. Neque ūlla
35 profectō tanta vīs reperiētur quae coniūnctiōnem vestram equi-
tumque Rōmānōrum et tantam cōnspīrātiōnem bonōrum omnium
cōnfringere et labefactāre possit.

Senate Asked to Vote Courageously

11. Quae cum ita sint, prō imperiō, prō exercitū, prō prōvinciā
quam neglexī, prō triumphō cēterīsque laudis īnsignibus quae

15. Paulus: Aemilius Paulus, father of the younger Scipio, conquered Macedonia
in 168 B.C.; and King Perseus walked before his chariot in his triumph.   **17. bis:**
By conquering the Teutones at Aquae Sextiae in 102 B.C., and the Cimbri at Vercellae
in 101 B.C.   **18. Pompeius:** Cicero rated him above the four great commanders
of the past.   **21. nisi forte:** Used to introduce an ironical exception.   **23. habeant**
(locum) quo. victores: *as victors.*   **24. Quamquam:** *and yet.* **uno loco:** *in one*
respect.   **26. qui autem:** *but when men.* **ex numero:** *belonging to the class.*
28. cum: *even though.*   **29. possis:** *you cannot hope to be able.*

¶**11. 1. pro:** *in place of,* as far as **rebus.**   For the rest of the sentence, *in return*
for. **imperio:** The military authority associated with the governorship of a province.
exercitu: Which he might have as provincial governor.   **2. neglexi:** Cicero

sunt ā mē propter urbis vestraeque salūtis custōdiam repudiāta,
prō clientēlīs hospitiīsque prōvinciālibus, quae tamen urbānīs
opibus nōn minōre labōre tueor quam comparō, prō hīs igitur 5
omnibus rēbus, prō meīs in vōs singulāribus studiīs prōque hāc
quam perspicitis ad cōnservandam rem pūblicam dīligentiā nihil
ā vōbīs nisi huius temporis tōtīusque meī cōnsulātūs memoriam
postulō: quae dum erit in vestrīs fīxa mentibus, tūtissimō mē
mūrō saeptum esse arbitrābor.   10

Quod sī meam spem vīs improbōrum fefellerit atque superāverit,
commendō vōbīs parvum meum fīlium, cui profectō satis erit
praesidī nōn sōlum ad salūtem vērum etiam ad dignitātem, sī
eius quī haec omnia suō sōlius perīculō cōnservārit illum fīlium
esse memineritis.   15

Quāpropter dē summā salūte vestrā populīque Rōmānī, dē vestrīs
coniugibus ac līberīs, dē ārīs ac focīs, dē fānīs atque templīs, dē
tōtīus urbis tēctīs ac sēdibus, dē imperiō ac lībertāte, dē salūte
Ītaliae, dē ūniversā rē pūblicā dēcernite dīligenter, ut īnstituistis,
ac fortiter. Habētis eum cōnsulem quī et pārēre vestrīs dēcrētīs 20
nōn dubitet et ea quae statueritis, quoad vīvet, dēfendere et per sē
ipsum praestāre possit.

might have had the province of Macedonia the following year, but he gave it up in
favor of his colleague Antonius. He also declined Cisalpine Gaul in order to remain
at Rome.   **9. quae dum erit . . . fixa:** *as long as this remains fixed.*   **11. fefellerit:** *disappoint* or *frustrate.*   **14. suo solius periculo:** *at his own sole peril.*
19. universa re publica: *the general good of our country.*   **21. per se ipsum praestare:** *to assume personal responsibility for.* Cicero was as good as his word. After
the speech of M. Cato, the senate voted for the execution of the conspirators. Cicero
thought it best to carry out the decree before nightfall, as darkness might encourage
an attempt at rescue. After distributing an armed force around the center of the city,
Cicero himself led Lentulus to the Mamertine prison; the others were led to the same
place by the praetors. After Lentulus was let down into the lower dungeon, the executioners broke his neck with a noose. Cethegus, Statilius, Gabinius, and Ceparius
all suffered the same penalty. When they were all dead, Cicero proclaimed the outcome to the silent crowd outside with the single word **Vixerunt,** *They have lived,* i.e.,
no longer were alive.

The Speech on Pompey's Commission

The country of Pontus lay in the eastern part of Asia Minor, south of the Black Sea. It was bounded on the west by Paphlagonia and Galatia, on the south by Cappadocia and Lesser Armenia, and on the east by Greater Armenia and Colchis (see map, p. 145). When Xenophon passed through the region about 400 B.C., it was inhabited by a number of wild tribes in nominal subjection to Persia. A century later it was an independent monarchy. By the early part of the second century B.C., Pharnaces I had brought adjoining sections of Paphlagonia under his rule, and Sinope was his capital. The last and greatest of the kings of Pontus was Mithridates VI, called the Great in history. He came to the throne about 120 B.C. and was entirely willing to challenge the Romans for the right to control Asia Minor.

Mithridates the Great, one of the most striking characters of ancient history, proved a formidable foe to the Romans. He was a man of powerful body and alert, keen mind, endowed with very great courage and possessed by limitless ambition. It is said that he could converse in twenty-five languages, so that he needed no interpreters in dealing with the polyglot peoples of his empire.

Mithridates was a typical oriental monarch. On the one hand he delighted to fill his palaces with statues, pictures, beautiful vessels, and luxurious furnishings; but he was also jealous, cruel, and suspicious of

144

possible rivals. He did not hesitate to put to death members even of his own family on the slightest grounds. He is said to have begun, early in life, to take small doses of poison to enable himself to survive attempts to murder him by this favorite eastern device. As a hater of the Romans, he was the equal of Hannibal of Carthage.

Early in Mithridates's reign, a Roman governor in Asia Minor took from him the region of Phrygia, which his father had added to the kingdom. Mithridates bided his time, meanwhile laying his plans with cunning. He collected the necessary means of waging war, and allied Tigranes, king of Armenia, to himself by giving him his daughter in marriage. He also conducted intrigues intended to bring Cappadocia under his control; this move the Roman senate thwarted by placing their own nominee Ariobarzanes on the throne in 92 B.C.

Fighting broke out in 88 B.C. Mithridates mustered an army of 250,000 infantry and 40,000 cavalry and overran Bithynia, Cappadocia, and much of the Roman province of Asia. He defeated every Roman force sent against him.

Then, from Ephesus, he sent out orders that on a certain day every Italian in the cities of Asia Minor should be slain. The decree was carried out; in one day 80,000 Italians (some authorities say 150,000) perished. But then the tide began to run against Mithridates. Sulla twice administered crushing defeats, in 86 and in 85 B.C., and in 84 B.C. a peace treaty was signed. According to its terms Mithridates was stripped of all the lands he had conquered west of Pontus.

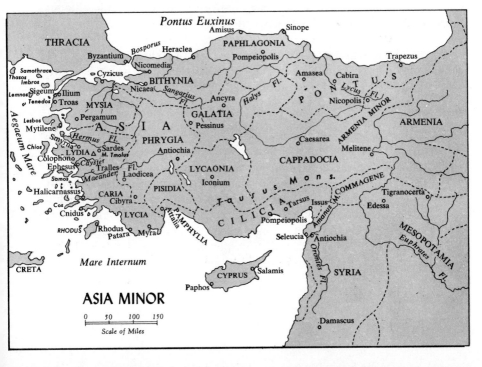

ASIA MINOR

0   50   100   150

Scale of Miles

In 83 B.C. Murena, Sulla's successor in the East, provoked fresh hostilities. He was defeated by Mithridates, who again seized control of Cappadocia. Sulla, from Rome, ordered Murena to cease the fighting, and Mithridates withdrew from Cappadocia.

In 72 B.C. Lucullus advanced into Pontus and cut to pieces the army of Mithridates. Roman soldiers would have captured the king himself had they not turned aside to seize rich plunder. Mithridates escaped to Armenia and the protection of his son-in-law Tigranes. He raised another army and in 67 B.C. returned to Pontus to meet the Roman general Triarius. He dealt the Romans a crushing blow. By the end of the year he was once more in complete control of Pontus and the adjoining regions and threatening to descend on the province of Asia.

Early in 66 B.C. the tribune C. Manilius proposed in a citizen assembly that the incompetent Glabrio, then governor of Bithynia, be replaced by Pompey the Great, hero of the ninety-day campaign which had swept pirates from the Mediterranean. In addition to Bithynia, Pompey was to be in charge of Cilicia and Asia and was to have absolute command of the war with Mithridates.

The proposal was contrary to the deep-seated Roman prejudice against concentrating too much power in one man's hands. The senatorial party, whose spokesmen were Hortensius and Catulus, opposed the measure on constitutional grounds. On the other hand, Pompey was a popular hero, and he seemed likely to be a power in Roman politics in the years ahead. Cicero entered the controversy by delivering a speech to the people in favor of giving Pompey the sweeping powers proposed by Manilius. It served to intensify popular feeling in favor of the proposal and no doubt helped to put the measure across.

146

BOSPORUS

The speech is a masterly demonstration of the orator's art. While it shows the adroitness of the partisan pleader, rather than the deliberative exposition of a true statesman, it is a superb thing of its kind. The arrangement of the content is orderly and effective, the choice of words is both pleasing and forceful, the expression is rich and imaginative.

As indicated previously, the measure carried. By the end of 66 B.C. Pompey had forced Mithridates to take refuge in Dioscurias, a Greek city on the north side of the Black Sea. Meantime, Pompey made a peace treaty with Tigranes. Mithridates raised another army; however, he found himself entangled in discontent among his own forces and intrigue on the part of his son, and in 63 B.C. he took his own life. Part of his kingdom was added to the province of Bithynia. The remainder was left for over a century under native princes, until A.D. 63 when finally it was reorganized as a Roman province.

Outline of Speech on Pompey's Commission

I. Introduction
   A. Exordium — chap. 1
   B. Narratio — chap. 2, lines 1–17
II. Body
   A. Partitio — chap. 2, lines 18–20
   B. Confirmatio
     1. Character of the war
       a. Chap. 2, lines 20–28
       b. Chap. 3, chap. 4, chap. 5, lines 1–14
       c. Chap. 5, lines 15–37
       d. Chap. 6
       e. Chap. 7
     2. Résumé of present situation
       a. Chap. 8, lines 1–5
       b. Chap. 8, lines 6–26
       c. Chap. 9
     3. Pompey's fitness
       a. Chap. 10
       b. Chap. 11 and chap. 12
       c. Chap. 13 and chap. 14
       d. Chap. 15 and chap. 16, lines 1–14
       e. Chap. 16, lines 15–44
     4. Enumeratio — chap. 17, lines 1–7
   C. Refutatio
     1. Against Hortensius — chap. 17, lines 8–34,
       chap. 18, chap. 19
     2. Against Catulus — chap. 20 and chap. 21
     3. In general
       a. Chap. 22, lines 1–14
       b. Chap. 22, lines 15–35, and chap. 23, lines 1–20
       c. Chap. 23, lines 21–31
III. Conclusion: peroratio — chap. 24

LIBURNICA NAVIS

M. TVLLI CICERONIS
DE IMPERIO CN. POMPEI ORATIO

HABITA AD POPVLVM

Cicero Makes His First Speech from the Rostra

1. Quamquam mihi semper frequēns cōnspectus vester multō
iūcundissimus, hic autem locus ad agendum amplissimus, ad
dīcendum ōrnātissimus est vīsus, Quirītēs, tamen hōc aditū laudis
quī semper optimō cuique maximē patuit nōn mea mē voluntās
adhūc sed vītae meae ratiōnēs ab ineunte aetāte susceptae pro-   5
hibuērunt. Nam cum anteā per aetātem nōndum huius auctōritātem locī attingere audērem statueremque nihil hūc nisi perfectum
ingeniō, ēlabōrātum industriā afferrī oportēre, omne meum tempus
amīcōrum temporibus trānsmittendum putāvī.

Ita neque hic locus vacuus fuit umquam ab eīs quī vestram 10
causam dēfenderent, et meus labor in prīvātōrum perīculīs castē
integrēque versātus ex vestrō iūdiciō frūctum est amplissimum cōn-
secūtus. Nam cum propter dīlātiōnem comitiōrum ter praetor
prīmus centuriīs cūnctīs renūntiātus sum, facile intellēxī, Quirītēs,
et quid dē mē iūdicārētis et quid aliīs praescrīberētis.   15

¶**1. 1. frequens conspectus vester:** *your presence in large numbers* — the sea of
upturned faces, over which the orator looked as he came forward on the Rostra.
multo iucundissimus: *by far the most delightful* of all sights.   **2. ad dicendum ornatissi-
mus:** *most honorable for a speaker.*   **3. aditu laudis:** *pathway to fame.*   **4. optimo
cuique:** *to all the best men,* in a political sense. Outside the magistrates, only the
most eminent men of the state were allowed to speak from the Rostra.   **5. rationes:**
plan. **ab . . . aetate:** *from my entrance upon civil life* — the beginning of his life as a
citizen when he assumed the **toga virilis,** the plain white toga put on by a Roman
youth upon attaining his majority.   **6. per aetatem:** *by reason of my years.*   **7. attingere:** *rise to* (things to which one aspires — here the dignity associated with the
Rostra). **perfectum ingenio:** *the finished work of talent* — with the maturity of
intellectual powers, referring to the thought; **elaboratum** refers to the form.   **9. temporibus:** *demands* or *legal difficulties.*   **11. caste:** *irreproachably,* not having accepted presents contrary to the Cincian Law of 203 B.C., which made it unlawful for
an advocate to receive fees.   **12. integre:** *incorruptibly,* as never having taken a bribe.
versatus: *engaged.* **ex vestro iudicio:** By electing him to the praetorship.   **13. di-
lationem comitiorum:** *postponement of the elections.* Reports of unfavorable omens
were enough to cause a postponement. In this case, the first two elections were
nullified and only the third election was valid, but as a matter of fact Cicero's election
was the first to be announced each time.

Nunc cum et auctōritātis in mē tantum sit quantum vōs honōribus mandandīs esse voluistis, et ad agendum facultātis tantum quantum hominī vigilantī ex forēnsī ūsū prope cotīdiāna dīcendī exercitātiō potuit afferre, certē et, sī quid auctōritātis in mē est, apud eōs ūtar 20 quī eam mihi dedērunt, et, sī quid in dīcendō cōnsequī possum, eīs ostendam potissimum quī eī quoque reī frūctum suō iūdiciō tribuendum esse dūxērunt.

Atque illud in prīmīs mihi laetandum iūre esse videō quod in hāc īnsolitā mihi ex hōc locō ratiōne dīcendī causa tālis oblāta 25 est in quā ōrātiō deesse nēminī possit. Dīcendum est enim dē Cn. Pompeī singulārī eximiāque virtūte; huius autem ōrātiōnis difficilius est exitum quam prīncipium invenīre. Ita mihi nōn tam cōpia quam modus in dīcendō quaerendus est.

Two Hostile Kings in Asia Minor

2. Atque ut inde ōrātiō mea proficīscātur unde haec omnis causa dūcitur, bellum grave et perīculōsum vestrīs vectīgālibus atque sociīs ā duōbus potentissimīs rēgibus īnfertur, Mithridāte et Tigrāne, quōrum alter relictus, alter lacessītus occāsiōnem sibi 5 ad occupandam Asiam oblātam esse arbitrātur.

Equitibus Rōmānīs, honestissimīs virīs, afferuntur ex Asiā cotīdiē litterae, quōrum magnae rēs aguntur in vestrīs vectīgālibus

· · · · · · · · · · · · · · · · · · · **16. auctoritatis . . . sit:** *I have as much authority.* **honoribus mandandis:** *by conferring offices.* **18. vigilanti:** *energetic.* **19. si quid:** *whatever.* **20. in dicendo:** *as an orator.* **22. duxerunt:** *considered.* **24. causa talis . . . in qua:** *such a subject . . . that in it.* **25. oratio:** *speech* or *language.* **26. orationis:** *subject* or *theme* — Pompey's fitness to command against Mithridates.

¶2. 1. **Atque:** *And so.* The **narratio,** *statement* of the case, is brief, because the people were already familiar with the facts. **inde . . . unde . . . ducitur:** *with that in which this entire state of affairs originates.* 2. **vectigalibus:** *tributaries* or *duty payers,* in the provinces of Asia and Bithynia. 4. **relictus:** *let slip* or *allowed to escape,* by Lucullus, after Cabira. **lacessitus:** *provoked,* by the demands of the Roman ambassador Appius Claudius for the surrender of Mithridates. 6. **Equitibus:** In the hands of this order were the commercial and financial activities of Roman society — they were the capitalists and industrialists of their day. **Asia:** The Roman province, made up of Mysia, Lydia, Caria, Lycia, and Phrygia. 7. **magnae res aguntur:** *great fortunes are at stake,* the capital investment of stock companies organized by wealthy equestrians to collect provincial revenues. The operations included a private profit for investors.

exercendīs occupātae; quī ad mē prō necessitūdine quae mihi est
cum illō ōrdine causam reī pūblicae perīculaque rērum suārum
dētulērunt: Bīthȳniae, quae nunc vestra prōvincia est, vīcōs 10
exūstōs esse complūrēs, rēgnum Ariobarzānis quod fīnitimum est
vestrīs vectīgālibus tōtum esse in hostium potestāte; L. Lūcullum
magnīs rēbus gestīs ab eō bellō discēdere; huic quī successerit,
nōn satis esse parātum ad tantum bellum administrandum; ūnum
ab omnibus sociīs et cīvibus ad id bellum imperātōrem dēposcī 15
atque expetī, eundem hunc ūnum ab hostibus metuī, praetereā
nēminem.

Causa quae sit vidētis; nunc quid agendum sit ipsī cōnsīderāte.
Prīmum mihi vidētur dē genere bellī, deinde dē magnitūdine, tum
dē imperātōre dēligendō esse dīcendum. Genus est eius bellī quod 20
maximē vestrōs animōs excitāre atque īnflammāre ad persequendī
studium dēbeat. In quō agitur populī Rōmānī glōria quae vōbīs ā
maiōribus cum magna in omnibus rēbus tum summa in rē mīlitārī
trādita est; agitur salūs sociōrum atque amīcōrum, prō quā multa
maiōrēs vestrī magna et gravia bella gessērunt; agúntur certissima 25
populī Rōmānī vectīgālia et maxima, quibus āmissīs et pācis ōrnāmenta et subsidia bellī requīrētis; aguntur bona multōrum cīvium
quibus est ā vōbīs et ipsōrum causā et reī pūblicae cōnsulendum.

---

8. exercendis: *farming* or *managing* (the collection of). **occupatae:** *invested.* The
financier bound himself to pay a fixed sum into the treasury; he furnished collec-
tors, clerks, and all the necessary machinery for collecting the revenues. **necessi-
tudine:** *connection.* Cicero himself belonged to the equestrian order until he was
raised to the senate, members of which constituted the "nobility" of Rome, by election to the quaestorship. **10. Bithyniae . . . neminem:** Indirect discourse, repre-
senting the contents of the letters. **nunc:** Bithynia had been left by will to the
Roman people by Nicomedes III in 75 B.C. and was organized as a province the
following year. **11. regnum Ariobarzanis:** Cappadocia, adjoining Cilicia which was
a Roman province. **12. vestris vectigalibus:** *the lands tributary to you* — the taxes,
by metonymy, for the regions in which they were raised. **13. discedere:** Lucullus's
brilliant career as a commander failed in the end. **huic . . . successerit:** *his successor,* Glabrio, who, during 67–66, did little. **14. unum:** Pompey. **15. civibus:** The
Roman citizens in Asia. **18. Causa:** *the situation.* The **narratio** has been made
in one short paragraph. The argument, **confirmatio,** will follow. **20. Genus . . .
quod . . . debeat:** *The war is of such a character* (i.e., defensive) *that it ought.*
22. agitur: *is at stake.* **23. cum magna . . . tum summa:** *great indeed . . . but greatest.* **25. certissima:** *most dependable.* The wealth of the province of Asia was
proverbial. **26. quibus amissis:** *and if these are lost.* **pacis ornamenta, subsidia belli:** Chiastic order. *The blessings of peace* was a stock phrase. **28. a vobis:**
Not dat., to avoid confusion with **quibus.**

Failure Thus Far to Crush Mithridates

3. Et quoniam semper appetentēs glōriae praeter cēterās gentēs atque avidī laudis fuistis, dēlenda vōbīs est illa macula Mithridāticō bellō superiōre concepta quae penitus iam īnsēdit ac nimis inveterāvit in populī Rōmānī nōmine, quod is quī ūnō diē tōtā in Asiā tot
5 in cīvitātibus ūnō nūntiō atque ūnā significātiōne omnēs cīvēs Rōmānōs necandōs trucīdandōsque cūrāvit, nōn modo adhūc poenam nūllam suō dignam scelere suscēpit, sed ab illō tempore annum iam tertium et vīcēsimum rēgnat, et ita rēgnat ut sē nōn Pontī neque Cappadociae latebrīs occultāre velit, sed ēmergere
10 ex patriō rēgnō atque in vestrīs vectīgālibus, hoc est in Asiae lūce, versārī.

Etenim adhūc ita nostrī cum illō rēge contendērunt imperātōrēs ut ab illō īnsignia victōriae, nōn victōriam reportārent. Triumphāvit L. Sulla, triumphāvit L. Mūrēna dē Mithridāte, duo
15 fortissimī virī et summī imperātōrēs, sed ita triumphārunt ut ille pulsus superātusque rēgnāret. Vērum tamen illīs imperātōribus laus est tribuenda quod ēgērunt, venia danda quod relīquērunt, proptereā quod ab eō bellō Sullam in Ītaliam rēs pūblica, Mūrēnam Sulla revocāvit.

A New War Threatens

4. Mithridātēs autem omne reliquum tempus nōn ad oblīviōnem veteris bellī sed ad comparātiōnem novī contulit. Quī posteā, cum maximās aedificāsset ōrnāssetque classēs, exercitūsque permagnōs quibuscumque ex gentibus potuisset comparāsset, et sē

¶3. **2. avidī:** Stronger than **appetentes. macula:** *stain* — the massacre of Italians in Asia by Mithridates's orders in 88 B.C. **3. bello superiore:** 88–84 B.C. No account is given by Cicero of the second Mithridatic war. **penitus . . . inveteravit:** *has already sunk in deep and remained too long.* **4. quod:** *the fact that,* in apposition to **macula. 6. necandos:** It is said that 80,000 (some sources say even more) Italians were killed in this massacre. **7. suscepit:** *has suffered.* **9. latebris:** Abl. of means, as often with **occulto. 11. versari:** *to busy himself among.* **13. insignia:** *the outward signs.* **Triumphavit . . . de:** *celebrated a triumph over.* **15. ita . . . ut:** *the triumph had only this result, that.* **16. pulsus:** *though routed.* **illis:** In contrast to Glabrio, who did nothing. **17. quod egerunt:** *for what they did.* **reliquerunt:** *they left undone.*

¶4. **1. omne . . . tempus:** The interval between second and third wars, 81–74 B.C.

Bosporānīs, fīnitimīs suīs, bellum īnferre simulāret, ūsque in Hispā- 5
niam lēgātōs ac litterās mīsit ad eōs ducēs quibuscum tum bellum
gerēbāmus, ut, cum duōbus in locīs disiūnctissimīs maximēque
dīversīs ūnō cōnsiliō ā bīnīs hostium cōpiīs bellum terrā marīque
gererētur, vōs ancipitī contentiōne districtī dē imperiō dīmicārētis.

Sed tamen alterius partis perīculum, Sertōriānae atque His- 10
pāniēnsis, quae multō plūs fīrmāmentī ac rōboris habēbat, Cn.
Pompeī dīvīnō cōnsiliō ac singulārī virtūte dēpulsum est; in alterā
parte ita rēs ab L. Lūcullō, summō virō, est administrāta ut initia
illa rērum gestārum magna atque praeclāra nōn fēlīcitātī eius sed
virtūtī, haec autem extrēma quae nūper accidērunt nōn culpae sed 15
fortūnae tribuenda esse videantur.

Sed dē Lūcullō dīcam aliō locō, et ita dīcam, Quirītēs, ut neque
vēra laus eī dētrācta ōrātiōne meā neque falsa affīcta esse videātur;
dē vestrī imperī dignitāte atque glōriā, quoniam is est exōrsus
ōrātiōnis meae, vidēte quem vōbīs animum suscipiendum putētis. 20

Roman Allies Want Pompey as Commander

5. Maiōrēs nostrī saepe prō mercātōribus aut nāviculāriīs nostrīs
iniūriōsius tractātīs bella gessērunt; vōs tot mīlibus cīvium Rōmānōrum ūnō nūntiō atque ūnō tempore necātīs quō tandem animō
esse dēbētis? Lēgātī quod erant appellātī superbius, Corinthum
patrēs vestrī tōtīus Graeciae lūmen exstīnctum esse voluērunt; 5

· · · · · **5. Bosporanis:** Peoples along the Cimmerian Bosporus, modern Crimea.
6. duces: Sertorius and his associates. **7. disiunctissimis:** *very widely separated.*
maxime diversis: *most unlike,* referring to the differences in climate and surroundings. **9. ancipiti:** *on two* (war) *fronts.* **10. alterius partis:** *in one region.* **Ser-**
torianae atque Hispaniensis: Freely — *where Sertorius was fighting in Spain.*
12. depulsum est: Pompey was gradually gaining the upper hand when Sertorius
was assassinated. **15. haec ... acciderunt:** *these recent reverses.* Cicero is saying that the brilliant successes at the beginning were due, not to good luck, but to
good generalship, whereas the recent reverses were due to bad luck, not to poor
generalship. **19. exorsus:** *the first part* — a word found only here.

¶**5. 2. iniuriosius:** *(only) somewhat unfairly.* Cicero may have had in mind the
wars against the piratical peoples of Illyria. **4. appellati superbius:** At a meeting of the Achaean League at Corinth, in 148 B.C. The Roman ambassadors, demanding that the league give up its recent gains, were treated so insultingly that
war was declared. As a result, Corinth was captured and destroyed by Mummius
in 146 B.C., and Greece was made the province of Achaia.

vōs eum rēgem inultum esse patiēminī quī lēgātum populī Rōmānī
cōnsulārem vinculīs ac verberibus atque omnī suppliciō excruciātum
necāvit? Illī lībertātem imminūtam cīvium Rōmānōrum nōn
tulērunt; vōs ēreptam vītam neglegētis? Iūs lēgātiōnis verbō
10 violātum illī persecūtī sunt; vōs lēgātum omnī suppliciō interfectum relinquētis?

Vidēte nē, ut illīs pulcherrimum fuit tantam vōbīs imperī glōriam
trādere, sīc vōbīs turpissimum sit id quod accēpistis tuērī et cōnservāre nōn posse.

15 Quid? quod salūs sociōrum summum in perīculum ac discrīmen
vocātur, quō tandem animō ferre dēbētis? Rēgnō est expulsus
Ariobarzānēs rēx, socius populī Rōmānī atque amīcus; imminent
duo rēgēs tōtī Asiae nōn solum vōbīs inimīcissimī sed etiam vestrīs
sociīs atque amīcīs; cīvitātēs autem omnēs cūnctā Asiā atque
20 Graeciā vestrum auxilium exspectāre propter perīculī magnitū-
dinem cōguntur; imperātōrem ā vōbīs certum dēposcere, cum
praesertim vōs alium mīserītis, neque audent neque id sē facere sine
summō perīculō posse arbitrantur.

Vident enim et sentiunt hoc idem quod vōs, ūnum virum esse in
25 quō summa sint omnia, et eum propter esse, quō etiam carent
aegrius; cuius adventū ipsō atque nōmine, tametsī ille ad maritimum
bellum vēnerit, tamen impetūs hostium repressōs esse intellegunt
ac retardātōs.

Hī vōs, quoniam līberē loquī nōn licet, tacitī rogant ut sē quoque,
30 sīcut cēterārum prōvinciārum sociōs, dignōs exīstimētis quōrum
salūtem tālī virō commendētis, atque hōc etiam magis quod cēterōs
in prōvinciās eius modī hominēs cum imperiō mittimus ut, etiam

. . . . **6. legatum:** Manius
Aquillius, who as envoy in 88 B.C. had forfeited his ambassadorial immunity by
making war against Mithridates. He was defeated and killed by Mithridates.
9. ereptam vitam: *the taking of life.* **10. persecuti sunt:** *avenged.* **11. re-
linquetis:** *fail to punish.* **12. ut illis:** *just as for them* — the ancestors.
18. duo reges: Mithridates and Tigranes. **21. certum:** *a particular.* **22. alium:** Glabrio,
who was not the man of their choice. **id se facere ... posse:** Glabrio might be
angry, if they made such a request, and make life difficult for them. **25. summa
sint omnia:** *all qualities exist in the highest degree.* **propter:** *close at hand*, in
Cilicia, settling the affairs of this region after the war with the pirates. **quo ...
aegrius:** *for which reason they feel his absence the more keenly.* **26. ipso:** *mere.*
nomine: *reputation.* **30. dignos ... commendetis:** *to consider them worthy of
having their welfare entrusted to such a man.* **31. ceteros:** *in other cases.*

sī ab hoste dēfendant, tamen ipsōrum adventūs in urbēs sociōrum nōn multum ab hostīlī expugnātiōne differant; hunc audiēbant anteā, nunc praesentem vident tantā temperantiā, tantā mānsuētū- 35 dine, tantā hūmānitāte ut eī beātissimī esse videantur apud quōs ille diūtissimē commorētur.

Roman Revenues Seriously Jeopardized

6. Quā rē sī propter sociōs nūllā ipsī iniūriā lacessītī maiōrēs nostrī cum Antiochō, cum Philippō, cum Aetōlīs, cum Poenīs bella gessērunt, quantō vōs studiōsius convenit iniūriīs prōvocātōs sociōrum salūtem ūnā cum imperī vestrī dignitāte dēfendere, praesertim cum dē maximīs vestrīs vectīgālibus agātur? Nam 5 cēterārum prōvinciārum vectīgālia, Quirītēs, tanta sunt ut eīs ad ipsās prōvinciās tuendās vix contentī esse possīmus, Asia vērō tam opīma est ac fertilis ut et ūbertāte agrōrum et varietāte frūctuum et magnitūdine pāstiōnis et multitūdine eārum rērum quae exportentur facile omnibus terrīs antecellat. 10
Itaque haec vōbīs prōvincia, Quirītēs, sī et bellī ūtilitātem et pācis dignitātem retinēre vultis, nōn modo ā calamitāte sed etiam ā metū calamitātis est dēfendenda. Nam in cēterīs rēbus cum venit calamitās, tum dētrīmentum accipitur; at in vectīgālibus nōn sōlum adventus malī sed etiam metus ipse affert calamitātem. Nam 15

33. defendant (eam): i.e., the province. **ipsorum:** *of these very men.* **adventus:** Pl., because more than one instance is thought of. **34. hostili =** hostium. **hunc:** *but as for this man* — Pompey. **35. tanta temperantia:** *a man of such self-control.*

¶6. 1. ipsi . . . lacessiti: *although they themselves were provoked.* **2. cum Antiocho:** On behalf of the kings Attalus and Eumenes of Pergamus, and the Rhodians, in 192–188 B.C. **cum Philippo:** At the request of Athens, 201–196 B.C. **cum Aetolis:** They became involved in the war with Antiochus, 191 B.C. **cum Poenis:** In the first Punic war, for the Mamertini in Messina; in the second, for Saguntum; and in the third, for Massinissa. **3. convenit =** oportet. **5. de . . . agatur:** *it is a question of.* Compare the French *il s'agit de.* **6. tanta:** *of such (small) size.* **7. vix . . . possimus:** *we can hardly find them sufficient.* **Asia:** Sicily and Asia were the most fertile of all Roman provinces. **8. ubertate . . . exportentur:** An enumeration of the three great sources of revenue — taxes on produce of the soil, taxes on pasture land, and export and import duties. **11. belli . . . dignitatem:** *that which is of advantage in war, and brings honor in peace.* **14. in:** *in the case of.*

cum hostium cōpiae nōn longē absunt, etiam sī irruptiō nūlla facta est, tamen pecua relinquuntur, agrī cultūra dēseritur, mercātōrum nāvigātiō conquiēscit.

Ita neque ex portū neque ex decumīs neque ex scrīptūrā vectīgal
20 cōnservārī potest; quā rē saepe tōtīus annī frūctus ūnō rūmōre perīculī atque ūnō bellī terrōre āmittitur. Quō tandem igitur animō esse exīstimātis aut eōs quī vectīgālia nōbīs pēnsitant, aut eōs quī exercent atque exigunt, cum duo rēgēs cum maximīs cōpiīs propter adsint, cum ūna excursiō equitātūs perbrevī tempore tōtīus annī
25 vectīgal auferre possit, cum pūblicānī familiās maximās quās in salīnīs habent, quās in agrīs, quās in portibus atque in custōdiīs magnō perīculō sē habēre arbitrentur? Putātisne vōs illīs rēbus fruī posse, nisi eōs quī vōbīs frūctuī sunt cōnservāveritis nōn sōlum, ut ante dīxī, calamitāte sed etiam calamitātis formīdine līberātōs?

The Whole Economy Threatened

7. Ac nē illud quidem vōbīs neglegendum est quod mihi ego extrēmum prōposueram, cum essem dē bellī genere dictūrus, quod ad multōrum bona cīvium Rōmānōrum pertinet; quōrum vōbīs prō vestrā sapientiā, Quirītēs, habenda est ratiō dīligenter. Nam
5 et pūblicānī, hominēs honestissimī atque ōrnātissimī, suās ratiōnēs et cōpiās in illam prōvinciam contulērunt, quōrum ipsōrum per sē rēs et fortūnae vōbīs cūrae esse dēbent; etenim, sī vectīgālia

· · · · · · · · **19. ex portu:** Customs duties collected at harbors. **decumis:** *tithes,* a tenth of all produce of the soil. **ex scriptura:** *from pasturage registration.* **22. qui pensitant:** The provincials — Roman citizens at this time paid no taxes. **23. exercent:** *farm,* referring to the persons or companies who took the contracts to collect taxes. **exigunt:** *collect.* **propter** (adv.): *nearby.* **25. familias:** *troops of helpers,* mainly slaves. **in salinis:** *in the salt works.* Additional sources of revenue were operation of salt works, mines, and similar ventures. **27. magno ... habere:** *it is a great risk for them to keep.* It was necessary to keep slaves at custom houses and coast guard posts to prevent smuggling. **Putatisne** = Num putatis. **28. vobis fructui:** *a source of income to you.*

¶**7. 1. ne ... quidem:** *also ... not* or *not ... either.* **2. extremum:** *as my last point.* **dicturus:** *intending to speak.* **3. ad ... pertinet:** *affects.* **5. ornatissimi:** From a financial point of view. **rationes et copias:** *enterprises and capital.* **6. ipsorum per se:** *in and of themselves* as a class, leaving other interests out of consideration.

nervōs esse reī pūblicae semper dūximus, eum certē ōrdinem quī
exercet illa fīrmāmentum cēterōrum ōrdinum rēctē esse dīcēmus.

Deinde ex cēterīs ōrdinibus hominēs gnāvī atque industriī partim 10
ipsī in Asiā negōtiantur, quibus vōs absentibus cōnsulere dēbētis,
partim eōrum in eā prōvinciā pecūniās magnās collocātās habent.
Est igitur hūmānitātis vestrae magnum numerum eōrum cīvium
calamitāte prohibēre, sapientiae vidēre multōrum cīvium calamitātem ā rē pūblicā sēiūnctam esse nōn posse.   15

Etenim illud prīmum parvī rēfert, vōs pūblicānīs omissīs vectīgālia posteā victōriā recuperāre; neque enim īsdem redimendī
facultās erit propter calamitātem neque aliīs voluntās propter
timōrem. Deinde quod nōs eadem Asia atque īdem iste Mithridātēs initiō bellī Asiāticī docuit, id quidem certē calamitāte doctī 20
memoriā retinēre dēbēmus. Nam tum, cum in Asiā magnās
permultī rēs āmīsērunt, scīmus Rōmae solūtiōne impedītā fidem
concidisse.

Nōn enim possunt ūnā in cīvitāte multī rem ac fortūnās āmittere
ut nōn plūrēs sēcum in eandem trahant calamitātem; ā quō perīculō 25
prohibēte rem pūblicam, et mihi crēdite id quod ipsī vidētis: haec
fidēs atque haec ratiō pecūniārum quae Rōmae, quae in forō
versātur, implicāta est cum illīs pecūniīs Asiāticīs et cohaeret;
ruere illa nōn possunt ut haec nōn eōdem labefacta mōtū concidant.

Quā rē vidēte num dubitandum vōbīs sit omnī studiō ad id bellum 30
incumbere in quō glōria nōminis vestrī, salūs sociōrum, vectīgālia
maxima, fortūnae plūrimōrum cīvium coniūnctae cum rē pūblicā
dēfendantur. ··

· · · · · · · **8. quī exercet illa:** i.e., the equestrian order. **9. fīrmāmentum:**
Because of their important function with respect to government revenues. **10. partim . . . partim** = alii . . . alii. **11. ipsī:** *in person,* referring to the men of the common
people who were in the provinces, especially the merchants. **absentibus:** *in
their absence* from Italy. **12. pecūniās:** *sums of money.* **collocātās:** *invested.*
13. Est . . . hūmānitātis: *it is the part of kindness.* **16. parvī refert:** *it makes little
difference.* **pūblicānīs omissīs:** *if we should neglect the tax contractors.* **17. īsdem:**
The present revenue contractors, ruined, will not have the means, and others will not
dare, to undertake the collection of revenues in the future. **19. quod:** Rel. pronoun, with id as the antecedent. **22. rēs:** *property.* **solūtiōne impedītā:** *by the
stopping of payments* (from the province). **fidem:** *credit.* **23. concidisse:** *collapsed.*
27. haec ratiō pecūniārum: *this system of finance.* **28. implicāta . . . cohaeret:**
is involved and intimately connected with. **29. illa:** *those (interests).* **eōdem . . .
mōtū:** *by the same shock.* **30. vidēte num:** *consider whether.* **32. coniūnctae . . .
pūblicā:** *bound up with the welfare of the state.*

8. Quoniam dē genere bellī dīxī, nunc dē magnitūdine pauca dīcam. Potest enim hoc dīcī, bellī genus esse ita necessārium ut sit gerendum, nōn esse ita magnum ut sit pertimēscendum. In quō maximē labōrandum est nē forte ea vōbīs quae dīligentissimē
5 prōvidenda sunt contemnenda esse videantur.

Atque ut omnēs intellegant mē L. Lūcullō tantum impertīre laudis quantum fortī virō et sapientī hominī et magnō imperātōrī dēbeātur, dīcō eius adventū maximās Mithridātī cōpiās omnibus rēbus ōrnātās atque īnstrūctās fuisse, urbemque Asiae clārissimam nōbīsque
10 amīcissimam Cyzicēnōrum obsessam esse ab ipsō rēge maximā multitūdine et oppugnātam vehementissimē; quam L. Lūcullus virtūte, assiduitāte, cōnsiliō summīs obsidiōnis perīculīs līberāvit.

Ab eōdem imperātōre classem magnam et ōrnātam, quae ducibus Sertōriānīs ad Ītaliam studiō atque odiō īnflammāta raperētur,
15 superātam esse atque dēpressam; magnās hostium praetereā cōpiās multīs proeliīs esse dēlētās patefactumque nostrīs legiōnibus esse Pontum quī anteā populō Rōmānō ex omnī aditū clausus fuisset; Sinōpēn atque Amīsum, quibus in oppidīs erant domicilia rēgis omnibus rēbus ōrnāta ac referta, cēterāsque urbēs Pontī
20 et Cappadociae permultās ūnō aditū adventūque esse captās; rēgem spoliātum rēgnō patriō atque avītō ad aliōs sē rēgēs atque ad aliās gentēs supplicem contulisse; atque haec omnia salvīs populī Rōmānī sociīs atque integrīs vectīgālibus esse gesta.

Satis opīnor haec esse laudis atque ita, Quirītēs, ut hoc vōs
25 intellegātis, ā nūllō istōrum quī huic obtrectant lēgī atque causae L. Lūcullum similiter ex hōc locō esse laudātum.

¶**8. 1. dixi:** *I have finished speaking.* **3. In quo:** *And in this regard.*
5. contemnenda: *matters of indifference.* **7. debeatur:** Cicero here gives full credit to Lucullus, lest his admirers think him slighted. **8. dico:** Emphatic —
I affirm. **eius adventu:** *at the time of his arrival.* **ornatas atque instructas:** *fully equipped and arrayed.* **9. fuisse** marks a time earlier than **esse** in the following line.
10. Cyzicenorum: *that of the Cyzicenes.* **ipso:** *in person.* **13. classem:** Consisting of fifty ships, conveying 10,000 men. **14. studio:** *with party feeling.* **raperetur:** *was being hurried along.* **15. superatam esse:** Near the island of Lemnos, in the Aegean Sea. **20. uno aditu:** *by his mere approach.* Rhetorical exaggeration, for several of the cities offered vigorous resistance. **22. salvis ... vectigalibus:** *without taxing the allies ...*, *and without drawing on your revenues.* Can you give a literal translation? **24. atque ita:** *and of such a degree.* **25. huic obtrectant legi:** *oppose this bill*, on the grounds that Lucullus is able to finish the campaign successfully.

9. Requīrētur fortasse nunc quem ad modum, cum haec ita sint, reliquum possit magnum esse bellum. Cognōscite, Quirītēs; nōn enim hoc sine causā quaerī vidētur. Prīmum ex suō rēgnō sīc Mithridātēs profūgit ut ex eōdem Pontō Mēdēa illa quondam fūgisse dīcitur, quam praedicant in fugā frātris suī membra in eīs 5 locīs quā sē parēns persequerētur dissipāvisse, ut eōrum collēctiō dispersa maerorque patrius celeritātem cōnsequendī retardāret.

Sīc Mithridātēs fugiēns maximam vim aurī atque argentī pulcherrimārumque rērum omnium quās et ā maiōribus accēperat et ipse bellō superiōre ex tōtā Asiā dīreptās in suum rēgnum con- 10 gesserat in Pontō omnem relīquit. Haec dum nostrī colligunt omnia dīligentius, rēx ipse ē manibus effūgit; ita illum in persequendī studiō maeror, hōs laetitia tardāvit. Hunc in illō timōre et fugā Tigrānēs, rēx Armenius, excēpit diffīdentemque rēbus suīs cōnfīrmāvit et afflīctum ērēxit perditumque recreāvit. 15

Cuius in rēgnum posteā quam L. Lūcullus cum exercitū vēnit, plūrēs etiam gentēs contrā imperātōrem nostrum concitātae sunt. Erat enim metus iniectus eīs nātiōnibus quās numquam populus Rōmānus neque lacessendās bellō neque temptandās putāvit; erat etiam alia gravis atque vehemēns opīniō quae per animōs gentium 20 barbarārum pervāserat, fānī locuplētissimī et religiōsissimī dīripiendī causā in eās ōrās nostrum esse exercitum adductum.

Ita nātiōnēs multae atque magnae novō quōdam terrōre ac metū concitābantur. Noster autem exercitus, tametsī urbem ex Tigrānis rēgnō cēperat et proeliīs ūsus erat secundīs, tamen nimiā longinqui- 25 tāte locōrum ac dēsīderiō suōrum commovēbātur. Hīc iam plūra

¶9. **1. Requiretur:** *It will be asked.* **cum ... sint:** *under these circumstances.* **4. Medea:** Cicero assumes that his listeners know the story of Medea. Her country, Colchis, at the east end of the Black Sea, was a part of Pontus. **6. dissipavisse:** *scattered* (the limbs of her brother Absyrtus). Do you know this episode from the story of Jason and the Golden Fleece? **10. superiore:** The first war. **12. illum:** Aeetes. **13. hos:** The soldiers of Lucullus. **17. gentes:** *tribes* — along the Caspian Sea and southward to the Persian Gulf. **18. quas ... putavit:** Implying criticism of Lucullus. **19. temptandas:** *should be provoked.* **21. fani:** The temple of Bellona, in Comana, Cappadocia. **22. adductum (esse):** Belief that the Romans had come to plunder this sacred shrine caused their resistance to take on the character of a holy war. **24. urbem:** Tigranocerta, Tigranes's capital. **25. proeliis ... secundis:** *had met with success in battles.* **tamen ... commovebatur:** A mutiny was the real cause of the retreat. **26. Hic:** *On this point.*

nōn dīcam; fuit enim illud extrēmum ut ex eīs locīs ā mīlitibus nostrīs reditus magis mātūrus quam prōgressiō longior quaererētur.

Mithridātēs autem sē et suam manum iam confīrmārat eōrum
30 operā quī ad eum ex ipsīus rēgnō concesserant, et magnīs adventīciīs auxiliīs multōrum rēgum et nātiōnum iuvābātur. Iam hoc ferē sīc fierī solēre accēpimus, ut rēgum afflīctae fortūnae facile multōrum opēs alliciant ad misericordiam, maximēque eōrum quī aut rēgēs sunt aut vīvunt in rēgnō, ut eīs nōmen rēgāle magnum et sānctum
35 esse videātur.

Itaque tantum victus efficere potuit quantum incolumis numquam est ausus optāre. Nam cum sē in rēgnum suum recēpisset, nōn fuit eō contentus quod eī praeter spem acciderat, ut illam posteā quam pulsus erat terram umquam attingeret, sed in exercitum
40 nostrum clārum atque victōrem impetum fēcit. Sinite hōc locō, Quirītēs, sīcut poētae solent quī rēs Rōmānās scrībunt, praeterīre mē nostram calamitātem, quae tanta fuit ut eam ad aurēs imperā-tōris nōn ex proeliō nūntius sed ex sermōne rūmor afferret. Hīc in illō ipsō malō gravissimāque bellī offēnsiōne L. Lūcullus, quī
45 tamen aliquā ex parte eīs incommodīs medērī fortasse potuisset, vestrō iussū coāctus quī imperī diūturnitātī modum statuendum vetere exemplō putāvistis, partim mīlitum quī iam stīpendiīs cōnfectī erant dīmīsit, partim M'. Glabriōnī trādidit.

Multa praetereō cōnsultō; sed ea vōs coniectūrā perspicite,
50 quantum illud bellum factum putētis quod coniungant rēgēs

. . . . . 27. illud extremum: *the final outcome.* 30. concesserant: They had retired before the advance of Lucullus and joined the king in exile. 31. Iam . . . misericor-diam: *Now we know that this is almost sure to happen, that the reverses of kings (kings in distress) find it easy to secure the aid and sympathy of many people.* 36. incolumis: *undefeated.* 38. eo: Explained by the clause ut . . . attingeret. 40. victorem: Here treated as an adj. with exercitum. 41. poetae: Probably Naevius or Ennius; the latter's epic *Annales* was known to every Roman schoolboy. 42. calamitatem: The defeat of Triarius, 67 B.C., in western Pontus at Zela. The disaster was so great that the commander-in-chief, Lucullus, learned of it only through hearsay report. 44. in illo ipso malo: *immediately upon that disaster.* 45. aliqua ex parte: *in some measure.* potuisset: If he had retained the command. 46. coactus: By vote of the assembly. modum statuendum: *that a limit should be set.* Lucullus had been in command for seven years, instead of the usual one year. 47. partim = partem. stipendiis confecti erant: *were worn out by military service.* 49. ea . . . perspicite: *this you may infer for yourselves,* with emphasis on coniectura. 50. quantum = quam magnum et quam periculosum. putetis: *you are to think.*

potentissimī, renovent agitātae nātiōnēs, suscipiant integrae gentēs, novus imperātor noster accipiat vetere exercitū pulsō.

Rome Has One Really Qualified General: Pompey

10. Satis multa mihi verba fēcisse videor quā rē esset hoc bellum genere ipsō necessārium, magnitūdine perīculōsum; restat ut dē imperātōre ad id bellum dēligendō ac tantīs rēbus praeficiendō dīcendum esse videātur. Utinam, Quirītēs, virōrum fortium atque innocentium cōpiam tantam habērētis ut haec vōbīs dēlīberātiō 5 difficilis esset quemnam potissimum tantīs rēbus ac tantō bellō praeficiendum putārētis!

Nunc vērō cum sit ūnus Cn. Pompeius quī nōn modo eōrum hominum quī nunc sunt glōriam sed etiam antīquitātis memoriam virtūte superārit, quae rēs est quae cuiusquam animum in hāc 10 causā dubium facere possit? Ego enim sīc exīstimō, in summō imperātōre quattuor hās rēs inesse oportēre, scientiam reī mīlitāris, virtūtem, auctōritātem, fēlīcitātem.

Quis igitur hōc homine scientior umquam aut fuit aut esse dēbuit? quī ē lūdō atque ē pueritiae disciplīnīs bellō maximō atque ācerrimīs 15 hostibus ad patris exercitum atque in mīlitiae disciplīnam profectus est, quī extrēmā pueritiā mīles in exercitū summī fuit imperātōris, ineunte adulēscentiā maximī ipse exercitūs imperātor, quī saepius cum hoste cōnflīxit quam quisquam cum inimīcō concertāvit, plūra bella gessit quam cēterī lēgērunt, plūrēs prōvinciās cōnfēcit 20

¶**10. 1. Satis ... videor:** *I think I have said enough to show.* **6. quemnam potissimum ... putaretis:** *who you think, above all others, ...* **11. in ... oportere:** *that in a great commander there ought to be ...* **13. virtutem:** *ability.* **auctoritatem:** *prestige* or *commanding personality.* **14. scientior (rei militaris). 15. pueritiae disciplinis:** *the training of childhood.* **bello maximo:** The Social War. In 89 B.C., Pompey's father, then consul, took Asculum and conquered the people of Picenum. The next year as proconsul he reduced the Vestinians and Paelignians. **17. imperatoris:** His father, who again commanded an army in 87 B.C. in the revolution headed by Cinna and Marius. At this time the young Pompey rendered his father an important service in repressing mutiny and thwarting plots to take his life. **18. ineunte adulescentia:** Pompey was then 23 years old. **ipse ... imperator:** In 83 B.C. he raised three legions in Picenum, marched into southern Italy, and placed his army at the disposal of Sulla, who had just returned from the war with Mithridates. **19. hoste ... inimico:** In translating, bring out the contrast in the meaning of these two words. **20. confecit:** *has completely reduced.*

quam aliī concupīvērunt, cuius adulēscentia ad scientiam reī
mīlitāris nōn aliēnīs praeceptīs sed suīs imperiīs, nōn offēnsiōnibus
bellī sed victōriīs, nōn stīpendiīs sed triumphīs est ērudīta.

Quod dēnique genus esse bellī potest in quō illum nōn exercuerit
25 fortūna reī pūblicae? Cīvīle, Āfricānum, Trānsalpīnum, Hispāniēnse, mixtum ex cīvibus atque ex bellicōsissimīs nātiōnibus,
servīle, nāvāle bellum, varia et dīversa genera et bellōrum et hostium
nōn sōlum gesta ab hōc ūnō sed etiam cōnfecta nūllam rem esse
dēclārant in ūsū positam mīlitārī quae huius virī scientiam fugere
30 possit.

Pompey's Impressive List of Successes as a General

11. Iam vērō virtūtī Cn. Pompeī quae potest ōrātiō pār invenīrī?
quid est quod quisquam aut illō dignum aut vōbīs novum aut
cuiquam inaudītum possit afferre? Neque enim sōlae sunt virtūtēs
imperātōriae quae vulgō exīstimantur, labor in negōtiīs, fortitūdō
5 in perīculīs, industria in agendō, celeritās in cōnficiendō, cōnsilium
in prōvidendō, quae tanta sunt in hōc ūnō quanta in omnibus
reliquīs imperātōribus quōs aut vīdimus aut audīvimus nōn fuērunt.

Testis est Ītalia quam ille ipse victor L. Sulla huius virtūte et
subsidiō cōnfessus est līberātam; testis Sicilia quam multīs undique
10 cīnctam perīculīs nōn terrōre bellī sed cōnsilī celeritāte explicāvit;
testis Āfrica quae magnīs oppressa hostium cōpiīs eōrum ipsōrum
sanguine redundāvit; testis Gallia per quam legiōnibus nostrīs
iter in Hispāniam Gallōrum interneciōne patefactum est; testis

· **22. alienis ... triumphis:**
An elaborate but forceful climax of antitheses. **27. servile:** On the way home from
Spain, in 71 B.C., Pompey chanced upon a band of slave refugees from Spartacus's
last battle. He defeated them easily and sent a rather conceited announcement to
~~Rome.~~ **varia ... hostium:** ~~different kinds of wars with enemies in far distant places.~~
28. nullam ... militari: *prove that there is no point arising in military experience.*

¶**11. 1. oratio par:** *words adequate to describe.* **3. virtutes:** *qualities.*
4. labor in negotiis: *painstaking attention to details.* **5. industria in agendo:** *energy
in action.* **8. Testis:** To the facts just mentioned. **9. liberatam:** From the
rule of Carbo and others of the Marian party, after Sulla's return from the East.
10. consili celeritate explicavit: *he released by the swiftness of his strategy.* Sicily was
quickly won from the Marians by Pompey, and Carbo was put to death. **11. Africa:**
In 82 B.C., Pompey defeated the Marians under Ahenobarbus in Africa. **13. iter**
... patefactum est: Through the Alps, the pass of Mont Genèvre, in 77 B.C.

Hispānia quae saepissimē plūrimōs hostēs ab hōc superātōs prōstrā-
tōsque cōnspexit; testis iterum et saepius Ītalia quae, cum servīlī 15
bellō taetrō perīculōsōque premerētur, ab hōc auxilium absente
expetīvit, quod bellum exspectātiōne eius attenuātum atque immi-
nūtum est, adventū sublātum ac sepultum; testēs nunc vērō iam
omnēs ōrae atque omnēs terrae gentēs ac nātiōnēs, maria dēnique
omnia cum ūniversa tum in singulīs ōrīs omnēs sinūs atque portūs. 20
  Quis enim tōtō marī locus per hōs annōs aut tam fīrmum habuit
praesidium ut tūtus esset, aut tam fuit abditus ut latēret? Quis
nāvigāvit quī nōn sē aut mortis aut servitūtis perīculō committeret,
cum aut hieme aut refertō praedōnum marī nāvigāret? Hoc tantum
bellum, tam turpe, tam vetus, tam lātē dīvīsum atque dispersum quis 25
umquam arbitrārētur aut ab omnibus imperātōribus ūnō annō
aut omnibus annīs ab ūnō imperātōre cōnficī posse? Quam
prōvinciam tenuistis ā praedōnibus līberam per hōsce annōs?
quod vectīgal vōbīs tūtum fuit? quem socium dēfendistis? cui
praesidiō classibus vestrīs fuistis? quam multās exīstimātis īnsulās 30
esse dēsertās, quam multās aut metū relictās aut ā praedōnibus
captās urbēs esse sociōrum?

Pompey's Success in the War Against the Pirates

12. Sed quid ego longinqua commemorō? Fuit hoc quondam,
fuit proprium populī Rōmānī longē ā domō bellāre et prōpugnāculīs
imperī sociōrum fortūnās, nōn sua tēcta dēfendere.

14. **Hispania:** In Spain Pompey spent over five years, from 77–71 B.C., as commander against Sertorius. 15. **Italia:** Recalling the fact that this long series,
linked together by the anaphora of **tēstis,** began with **Italia.** 16. **bello taetro:**
The war with the slaves and gladiators under Spartacus was especially abhorrent
to Romans. **absente:** *when he was out of the country.* 20. **cum . . . portus:**
not only the seas in general, but every bay and harbor on every strip of coast. 22. **ut**
lateret: *as to escape the notice* (of pirates). 23. **qui non . . . committeret:** *without*
exposing himself. 24. **navigaret:** One had only a choice of perils: the stormy
sea or the risk of being captured and sold into slavery. 25. **vetus:** The depredations
of the pirates had been going on for many years. Caesar's adventure with them occurred ten years earlier. **quis . . . arbitraretur:** *who would have thought* — potential subjunctive. 26. **omnibus imperatoribus:** Living at that time. 27. **omnibus annis:**
Of his life. 29. **cui . . . fuistis:** *whom have your fleets protected?* — double dat.

¶12. 1. **longinqua:** *distant events.* Cicero is going to turn to troubles in Italy
itself. 2. **fuit:** Repeated for emphasis. **propugnaculis:** i.e., armies and fleets.

Sociīs ego vestrīs mare per hōsce annōs clausum fuisse dīcam,
5 cum exercitūs vestrī numquam Brundisiō nisi hieme summā trānsmī-
serint? Quī ad vōs ab exterīs nātiōnibus venīrent, captōs querar,
cum lēgātī populī Rōmānī redēmptī sint? Mercātōribus mare
tūtum nōn fuisse dīcam, cum duodecim secūrēs in praedōnum potestātem pervēnerint? Cnidum aut Colophōnem aut Samum, nōbilissi-
10 mās urbēs, innumerābilēsque aliās captās esse commemorem, cum
vestrōs portūs atque eōs portūs quibus vītam ac spīritum dūcitis in
praedōnum fuisse potestāte sciātis?

An vērō ignōrātis portum Cāiētae celeberrimum et plēnissimum
nāvium īnspectante praetōre ā praedōnibus esse dīreptum, ex
15 Mīsēnō autem eius ipsīus līberōs quī cum praedōnibus anteā bellum
gesserat ā praedōnibus esse sublātōs?

Nam quid ego Ōstiēnse incommodum atque illam lābem atque
ignōminiam reī pūblicae querar, cum prope īnspectantibus vōbīs
classis ea cui cōnsul populī Rōmānī praepositus esset ā praedōni-
20 bus capta atque dēpressa est?

Prō dī immortālēs! tantamne ūnīus hominis incrēdibilis ac
dīvīna virtūs tam brevī tempore lūcem afferre reī pūblicae potuit
ut vōs, quī modo ante ōstium Tiberīnum classem hostium vidēbātis,
eī nunc nūllam intrā Ōceanī ōstium praedōnum nāvem esse audiātis?

4. **dicam:** A deliberative question expressing shame and indignation. **5. Brundi-
sio:** Modern Brindisi, the regular port of departure for Greece and the East. **6. (eos)
captos (esse). 7. redempti sint:** *were held for ransom.* **8. duodecim secures:** i.e.,
two praetors; outside of Rome a praetor was allowed six lictors. **9. Cnidum,
Colophonem, Samum:** All formerly great commercial centers. **11. eos portus
quibus:** Caieta, Misenum, Ostia. Owing to the decline of Italian farming and the
enormous increase of the population of Rome, the city depended for its subsistence
on supplies of grain imported from Sicily, Sardinia, Egypt, and Africa, through the
harbors nearest the city. When the importation of grain was interfered with, there
was immediate alarm; if it was stopped, distress soon became real suffering. **13. ig-
noratis:** *you surely are not unaware.* **14. inspectante praetore:** *under the very eyes
of the praetor* — sent, presumably, to protect the harbor. **15: liberos:** Rhetorical
exaggeration — the daughter of Marcus Antonius, famous as an orator, grandfather of
Caesar's friend, was carried off (**sublatos**) and ransomed for a large amount of
money. **18. inspectantibus vobis:** Ostia was only sixteen miles from Rome, at the
mouth of the Tiber. Yet the pirates sailed into the harbor, burned the ships there,
and plundered the port. **19. consul:** His name is not known. **21. Pro:** interj., *Oh!*
22. afferre: *shed.* **24. ei:** Emphatically repeats **vos** — *even you.* **intra Oceani
ostium:** The Straits of Gibraltar — with **ostium Tiberinum**, chiasmus. Cicero believed that the Ocean was a stream flowing around the earth.

Atque haec quā celeritāte gesta sint, quamquam vidētis, tamen 25
ā mē in dīcendō praetereunda nōn sunt.

Quis enim umquam aut obeundī negōtī aut cōnsequendī quaestūs
studiō tam brevī tempore tot loca adīre, tantōs cursūs cōnficere
potuit, quam celeriter Cn. Pompeiō duce tantī bellī impetus nāvigāvit? quī nōndum tempestīvō ad nāvigandum marī Siciliam adiit, 30
Africam explōrāvit, inde Sardiniam cum classe vēnit atque haec tria
frūmentāria subsidia reī pūblicae fīrmissimīs praesidiīs classibusque
mūnīvit.

Inde cum sē in Italiam recēpisset, duābus Hispāniīs et Galliā
Trānsalpīnā praesidiīs ac nāvibus cōnfīrmātā, missīs item in ōram 35
Illyricī maris et in Achāiam omnemque Graeciam nāvibus Italiae
duo maria maximīs classibus fīrmissimīsque praesidiīs adōrnāvit,
ipse autem ut Brundisiō profectus est, ūndēquīnquāgēsimō diē
tōtam ad imperium populī Rōmānī Ciliciam adiūnxit; omnēs quī
ubīque praedōnēs fuērunt partim captī interfectīque sunt, partim 40
ūnīus huius sē imperiō ac potestātī dēdidērunt.

Idem Crētēnsibus, cum ad eum ūsque in Pamphȳliam lēgātōs dē-
precātōrēsque mīsissent, spem dēditiōnis nōn adēmit obsidēsque
imperāvit.

Ita tantum bellum, tam diūturnum, tam longē lātēque dispersum, 45
quō bellō omnēs gentēs ac nātiōnēs premēbantur, Cn. Pompeius
extrēmā hieme apparāvit, ineunte vēre suscēpit, mediā aestāte
cōnfēcit.

26. a me: More forceful than **mihi.**   **28. tam brevi tempore ... quam celeriter:** *as
quickly as*, depicting rapidity of movement.   **29. tanti belli impetus:** *an attacking
fleet of such great force.*   **30. adiit, exploravit, venit:** Simultaneously, through his
lieutenants.   **32. frumentaria subsidia:** *sources of grain supply.*   **34. duabus His-
paniis:** Citerior and Ulterior.   **35. confirmata:** Agrees with the nearer **Gallia
Transalpina.**   **37. duo maria:** The Tuscan and the Adriatic.   **39. Ciliciam:**
Stronghold of the pirates.   **41. se ... dediderunt:** According to Strabo, Pompey
burned more than 1300 ships belonging to the pirates and completely destroyed their
settlements. Of those who survived the battles, he carried some off to Soli, to which
he gave the name Pompeipolis, and others to Dyme in Thrace.   **42. Cretensibus:**
from the Cretans — dat. with **ademit.** Since Pompey's command gave him authority
over all the coasts and fifty miles inland, conflicts of authority with provincial
governors were inevitable. After Metellus had spent two years in conquering Crete
(which had allied itself with the pirates), the Cretans attempted to secure more
favorable terms of surrender by dealing with Pompey, then on the southern coast of
Asia Minor. Pompey would have received them, in spite of courtesies due Metellus,
if he had not strongly objected.   **43. -que:** *but.*

13. Est haec dīvīna atque incrēdibilis virtūs imperātōris. Quid? cēterae quās paulō ante commemorāre coeperam quantae atque quam multae sunt! Nōn enim bellandī virtūs sōlum in summō ac perfectō imperātōre quaerenda est sed multae sunt artēs eximiae 5 huius administrae comitēsque virtūtis. Ac prīmum quantā innocentiā dēbent esse imperātōrēs, quantā deinde in omnibus rēbus temperantiā, quantā fidē, quantā facilitāte, quantō ingeniō, quantā hūmānitāte! quae breviter quālia sint in Cn. Pompeiō cōnsīderēmus.

Summa enim sunt omnia, Quirītēs, sed ea magis ex aliōrum 10 contentiōne quam ipsa per sēsē cognōscī atque intellegī possunt. Quem enim possumus imperātōrem ūllō in numerō putāre cuius in exercitū centuriātūs vēneant atque vēnierint? quid hunc hominem magnum aut amplum dē rē pūblicā cōgitāre quī pecūniam ex aerāriō dēprōmptam ad bellum administrandum aut propter cupiditātem 15 prōvinciae magistrātibus dīvīserit aut propter avāritiam Rōmae in quaestū relīquerit?

Vestra admurmurātiō facit, Quirītēs, ut agnōscere videāminī quī haec fēcerint; ego autem nōminō nēminem; quā rē īrāscī mihi nēmō poterit nisi quī ante dē sē voluerit cōnfitērī. Itaque propter hanc 20 avāritiam imperātōrum quantās calamitātēs, quōcumque ventum sit, nostrī exercitūs afferant quis ignōrat?

Itinera quae per hōsce annōs in Ītaliā per agrōs atque oppida cīvium Rōmānōrum nostrī imperātōrēs fēcerint recordāminī; tum

---

¶**13. 1. Est:** Emphatic — *is indeed.* **Quid:** *But further.* **2. quas ... com-memorare:** Implied, rather than actually mentioned. **3. bellandi virtus:** *military character,* as shown by what precedes. **4. artes:** Like **virtutes,** the word often means *qualities* or *traits of character.* **5. huius ... virtutis:** *which attend and wait upon this trait.* **innocentia:** *integrity* or *honesty.* **7. temperantia:** *self-control.* **8. qualia:** *how remarkable.* **in:** *in the case of.* **9. Summa ... sunt:** *are of the highest order.* **aliorum contentione:** *comparison (of Pompey) with other men.* **11. ullo in numero:** *in any esteem.* **12. venierint:** From **veneo.** Cicero mentions the sale of commissions in order to contrast Pompey's honesty with the corrupt practices of others. **quid ... cogitare qui:** *what great or worthy thought for the welfare of the state can we suppose this man has who.* It is not known to whom reference is made. **16. in quaestu:** *at interest* — invested with some banker. **17. facit ... ut ... videamini:** *makes it clear that you recognize the men.* **19. nisi qui ... voluerit:** *unless it be one who wishes.* **20. ventum sit:** *they have come.* **23. recordamini:** Imperative. Cicero has in mind extravagant demands made by generals when travelling to or from a province.

---

facilius statuētis quid apud exterās nātiōnēs fierī exīstimētis. Utrum plūrēs arbitrāminī per hōsce annōs mīlitum vestrōrum armīs hostium 25 urbēs an hībernīs sociōrum cīvitātēs esse dēlētās? Neque enim potest exercitum is continēre imperātor quī sē ipse nōn continet, neque sevērus esse in iūdicandō quī aliōs in sē sevērōs esse iūdicēs nōn vult.

Hīc mīrāmur hunc hominem tantum excellere cēterīs, cuius 30 legiōnēs sīc in Asiam pervēnerint ut nōn modo manus tantī exercitūs sed nē vestīgium quidem cuiquam pācātō nocuisse dīcātur? Iam vērō quem ad modum mīlitēs hībernent cotīdiē sermōnēs ac litterae perferuntur; nōn modo ut sūmptum faciat in mīlitem nēminī vīs affertur sed nē cupientī quidem quicquam permittitur. 35 Hiemis enim nōn avāritiae perfugium maiōrēs nostrī in sociōrum atque amīcōrum tēctīs esse voluērunt.

Pompey's Great Favor Among Allies of Rome

14. Age vērō, cēterīs in rēbus quae sit temperantia cōnsīderāte. Unde illam tantam celeritātem et tam incrēdibilem cursum inventum putātis?

Nōn enim illum eximia vīs rēmigum aut ars inaudīta quaedam gubernandī aut ventī aliquī novī tam celeriter in ultimās terrās 5 pertulērunt, sed eae rēs quae cēterōs remorārī solent nōn retardārunt; nōn avāritia ab īnstitūtō cursū ad praedam aliquam dēvocāvit, nōn libīdō ad voluptātem, nōn amoenitās ad dēlectātiōnem, nōn nōbilitās urbis ad cognitiōnem, nōn dēnique labor ipse ad quiētem;

· · · · · · · · · · · · · · · · · · · **25.** The order as translated would be **plures urbes hostium armis militum vestrorum deletas esse an** . . . **26. hibernis:** Provincial cities were required to furnish winter quarters for the Roman forces, but they frequently purchased exemption with great sums of money. **28. iudicando:** The governor of a province was chief justice as well as military commander. **30. Hic:** *Under these circumstances.* **31. manus, vestigium:** The former, as free from robbery and extortion; the latter, as doing no damage to fields and crops along the line of march. **32. cuiquam pacato:** i.e., a single friendly native. **33. hibernent:** *behave in their winter quarters.* **sermones ac litterae:** *common talk and (official) dispatches.* **34. militem:** *soldiery.* **36. Hiemis:** *from the winter* — objective gen. **avaritiae:** *for avarice* — subjective gen.

¶**14. 2. cursum:** *(rapidity of) movement.* **inventum (esse):** *was acquired.* **8. amoenitas:** *the charm of natural scenery.*

10 postrēmō signa et tabulās cēteraque ōrnāmenta Graecōrum oppidōrum quae cēterī tollenda esse arbitrantur, ea sibi ille nē vīsenda
quidem exīstimāvit.

Itaque omnēs nunc in eīs locīs Cn. Pompeium sīcut aliquem nōn
ex hāc urbe missum sed dē caelō dēlāpsum intuentur; nunc dēnique
15 incipiunt crēdere fuisse hominēs Rōmānōs hāc quondam continentiā, quod iam nātiōnibus exterīs incrēdibile ac falsō memoriae
prōditum vidēbātur; nunc imperī vestrī splendor illīs gentibus
lūcem afferre coepit; nunc intellegunt nōn sine causā maiōrēs suōs
tum cum eā temperantiā magistrātūs habēbāmus servīre populō
20 Rōmānō quam imperāre aliīs māluisse.

Iam vērō ita facilēs aditūs ad eum prīvātōrum, ita līberae queri-
mōniae dē aliōrum iniūriīs esse dīcuntur, ut is quī dignitāte prīncipibus excellit facilitāte īnfimīs pār esse videātur. Iam quantum
cōnsiliō, quantum dīcendī gravitāte et cōpiā valeat, in quō ipsō inest
25 quaedam dignitās imperātōria, vōs, Quirītēs, hōc ipsō ex locō saepe
cognōstis.

Fidem vērō eius quantam inter sociōs exīstimārī putātis quam
hostēs omnēs omnium generum sānctissimam iūdicārint? Hūmānitāte iam tantā est ut difficile dictū sit utrum hostēs magis virtūtem
30 eius pugnantēs timuerint an mānsuētūdinem victī dīlēxerint. Et
quisquam dubitābit quīn huic hoc tantum bellum permittendum sit
quī ad omnia nostrae memoriae bella cōnficienda dīvīnō quōdam
cōnsiliō nātus esse videātur?

Already Pompey's Reputation Has Deterred the Enemy

15. Et quoniam auctōritās quoque in bellīs administrandīs multum atque in imperiō mīlitārī valet, certē nēminī dubium est quīn

---

. . . . **10. signa et tabulas:** *statues and paintings*, which Roman generals systematically carried off, as Mummius at the sacking of Corinth. **14. de caelo delapsum:** *come down from the sky*, as a divinely appointed helper. **16. falso memoriae proditum:** *based upon unfounded tradition.* **19. ea temperantia:** *of such self-control.* **21. aditus ad:** *audiences with.* **23. par:** *on a level with.* **Iam (vero):** *Moreover.* **quantum . . . valeat:** *How wise he is, and what an impressive and eloquent speaker.* **24. in quo ipso:** *(a talent) in which of itself.* **25. imperatoria:** *befitting a commander.* **27. Fidem vero eius:** *But as for his honor.* **29. dictu:** Supine.

¶**15. 1. auctoritas:** *prestige* — the respect he commands.

eā rē īdem ille imperātor plūrimum possit. Vehementer autem pertinēre ad bella administranda quid hostēs, quid sociī dē imperātōribus nostrīs exīstiment quis ignōrat, cum sciāmus hominēs 5 in tantīs rēbus, ut aut metuant aut contemnant aut ōderint aut ament opīniōne nōn minus et fāmā quam aliquā ratiōne certā commovērī? Quod igitur nōmen umquam in orbe terrārum clārius fuit, cuius rēs gestae parēs? dē quō homine vōs, id quod maximē facit auctōri- 10 tātem, tanta et tam praeclāra iūdicia fēcistis? An vērō ūllam usquam esse ōram tam dēsertam putātis quō nōn illīus diēī fāma pervāserit, cum ūniversus populus Rōmānus refertō forō complētīsque omnibus templīs ex quibus hic locus cōnspicī potest ūnum sibi ad commūne omnium gentium bellum Cn. Pompeium imperātōrem dēpoposcit? 15

Itaque ut plūra nōn dīcam neque aliōrum exemplīs cōnfīrmem quantum auctōritās valeat in bellō, ab eōdem Cn. Pompeiō omnium rērum ēgregiārum exempla sūmantur: quī quō diē ā vōbīs maritimō bellō praepositus est imperātor, tanta repente vīlitās ex summā inopiā et cāritāte reī frūmentāriae cōnsecūta est ūnīus hominis spē 20 ac nōmine quantam vix in summā ūbertāte agrōrum diūturna pāx efficere potuisset.

Iam acceptā in Pontō calamitāte ex eō proeliō dē quō vōs paulō ante invītus admonuī, cum sociī pertimuissent, hostium opēs animīque crēvissent, satis fīrmum praesidium prōvincia nōn habēret, 25 āmīsissētis Asiam, Quirītēs, nisi ad ipsum discrīmen eius temporis dīvinitus Cn. Pompeium ad eās regiōnēs Fortūna populī Rōmānī attulisset. Huius adventus et Mithridātem īnsolitā īnflātum victōriā continuit et Tigrānen magnīs cōpiīs minitantem Asiae retardāvit.

. . . . **3. ea re:** *in this regard.* **plurimum possit:** *is very strong.* **Vehementer . . . pertinere ad:** *has a very important bearing on.* **8. commoveri:** *are roused.* Upon this infinitive depends the result clause with its four verbs, which may become nouns, i.e., to fear, or indifference, or . . . **11. iudicia:** In the offices and commands conferred upon Pompey by the people. **12. illius diei:** When the bill of Gabinius was passed. **14. sibi:** *as their choice.* **16. non dicam:** *I shall refrain from saying.* **aliorum exemplis:** *illustrations (drawn from) the lives of other men.* **18. sumantur:** *let us take our illustrations.* **qui quo die:** *for on the day on which he.* **19. vilitas:** Plutarch says that the "immediate fall in the prices of market-goods caused the delighted people to remark that the very name of Pompey had ended the war." **ex:** *coming after.* **24. invitus:** *reluctantly,* referring to Cicero's allusion to the defeat at Zela. **26. ad . . . temporis:** *at the decisive moment of that crisis.*

30 Et quisquam dubitābit quid virtūte perfectūrus sit quī tanṭṳṃ
auctōritāte perfēcerit, aut quam facile imperiō atque exercitū sociōs
et vectīgālia cōnservātūrus sit quī ipsō nōmine ac rūmōre dēfenderit?

Pompey's Amazing Career

16. Age vērō illa rēs quantam dēclārat eiusdem hominis apud
hostēs populī Rōmānī auctōritātem, quod ex locīs tam longinquīs
tamque dīversīs tam brevī tempore omnēs huic sē ūnī dēdidērunt!
quod ā commūnī Crētēnsium lēgātī, cum in eōrum īnsulā noster
5 imperātor exercitusque esset, ad Cn. Pompeium in ultimās prope
terrās vēnērunt eīque sē omnēs Crētēnsium cīvitātēs dēdere velle
dīxērunt! Quid? īdem iste Mithridātēs nōnne ad eundem Cn.
Pompeium lēgātum ūsque in Hispāniam mīsit? eum quem Pompeius
lēgātum semper iūdicāvit, eī quibus erat molestum ad eum potissi-
10 mum esse missum speculātōrem quam lēgātum iūdicārī māluērunt.
Potestis igitur iam cōnstituere, Quirītēs, hanc auctōritātem multīs
posteā rēbus gestīs magnīsque vestrīs iūdiciīs amplificātam quantum
apud illōs rēgēs, quantum apud exterās nātiōnēs valitūram esse
exīstimētis.
15 Reliquum est ut dē fēlīcitāte quam praestāre dē sē ipsō nēmō
potest, meminisse et commemorāre dē alterō possumus, sīcut
aequum est hominēs dē potestāte deōrum, timidē et pauca dīcāmus.
Ego enim sīc exīstimō, Maximō, Mārcellō, Scīpiōnī, Mariō cēterīsque
magnīs imperātōribus nōn sōlum propter virtūtem sed etiam propter
20 fortūnam saepius imperia mandāta atque exercitūs esse commissōs.

. . . . 30. virtute: *by (the actual exercise
of) his ability*. perfecturus sit: *he is going to accomplish*. 32. rumore: i.e.,
adventus sui.

¶16. 4. communi: Used here as a noun. noster imperator: *a general of ours,*
Quintus Metellus. 7. Quid: *Again* or *To take another instance*. 9. ei quibus erat
molestum: *those who were annoyed*, probably referring to Metellus Pius, the other
commander in the war with Sertorius. potissimum: i.e., rather than to anyone else.
12. amplificatam: *now that it (his influence) has been increased*. 13. quantum . . .
valituram esse: *what effect . . . will have*. 15. Reliquum est ut: *It remains only
to* — introduces a transition to the fourth and last consideration in the argument
concerning Pompey's character. quam: *something which*. praestare de: *guarantee
for*. 16. sicut . . . deorum: *just as it is proper for men to speak of the power of the
gods*. 17. timide: *reverently*.

Fuit enim profectō quibusdam summīs virīs quaedam ad amplitūdinem et ad glōriam et ad rēs magnās bene gerendās dīvīnitus adiūncta fortūna. Dē huius autem hominis fēlīcitāte dē quō nunc agimus hāc ūtar moderātiōne dīcendī, nōn ut in illīus potestāte fortūnam positam esse dīcam sed ut praeterita meminisse, reliqua 25 spērāre videāmur, nē aut invīsa dīs immortālibus ōrātiō nostra aut ingrāta esse videātur.

Itaque nōn sum praedicātūrus quantās ille rēs domī mīlitiae, terrā marīque quantāque fēlīcitāte gesserit, ut eius semper voluntātibus nōn modo cīvēs assēnserint, sociī obtemperārint, hostēs 30 oboedierint, sed etiam ventī tempestātēsque obsecundārint; hoc brevissimē dīcam, nēminem umquam tam impudentem fuisse quī ab dīs immortālibus tot et tantās rēs tacitus audēret optāre quot et quantās dī immortālēs ad Cn. Pompeium dētulērunt. Quod ut illī proprium ac perpetuum sit, Quirītēs, cum commūnis salūtis 35 atque imperī tum ipsīus hominis causā, sīcutī facitis, velle et optāre dēbētis.

Quā rē cum et bellum sit ita necessārium ut neglegī nōn possit, ita magnum ut accūrātissimē sit administrandum, et cum eī imperātōrem praeficere possītis in quō sit eximia bellī scientia, singulāris 40 virtūs, clārissima auctōritās, ēgregia fortūna, dubitātis, Quirītēs, quīn hoc tantum bonī quod vōbīs ab dīs immortālibus oblātum et datum est in rem pūblicam cōnservandam atque amplificandam cōnferātis?

Providentially Pompey Is at the Scene with an Army

17. Quod sī Rōmae Cn. Pompeius prīvātus esset hōc tempore, tamen ad tantum bellum is erat dēligendus atque mittendus; nunc

· · · · · · · · · · · · **21. Fuit ... virīs:** *some men have really had.* **24. agimus = loquimur.** **26. invisa:** *displeasing.* **27. ingrata:** *thankless,* as not recognizing in past blessings the hope and promise of future gifts. **28. non sum praedicaturus:** It would be difficult to present the good luck of Pompey more strongly than in this paragraph, where the orator professes to refrain from treating the topic, a fine example of praeteritio. **32. qui ... auderet optare:** *as to venture to hope.* **33. tacitus:** (*even*) *in silence.* **quot et quantas:** *as.* **34. Quod ... sit:** *And that this* (*favor*) *may be his sure and lasting possession.* **41. (num) dubitatis.** **42. hoc tantum boni:** *this blessing so great.*

¶**17. 1. privatus:** *a private citizen.*

cum ad cēterās summās ūtilitātēs haec quoque opportūnitās adiun-
gātur ut in eīs ipsīs locīs adsit, ut habeat exercitum, ut ab eīs quī
5 habent accipere statim possit, quid exspectāmus? aut cūr nōn
ducibus dīs immortālibus eīdem cui cētera summā cum salūte reī
pūblicae commissa sunt hoc quoque bellum rēgium committāmus?
   At enim vir clārissimus, amantissimus reī pūblicae, vestrīs beneficiīs amplissimīs affectus, Q. Catulus, itemque summīs ōrnāmentīs
10 honōris, fortūnae, virtūtis, ingenī praeditus, Q. Hortēnsius, ab hāc
ratiōne dissentiunt; quōrum ego auctōritātem apud vōs multīs
locīs plūrimum valuisse et valēre oportēre cōnfiteor; sed in hāc
causā, tametsī cognōstis auctōritātēs contrāriās virōrum fortissimōrum et clārissimōrum, tamen omissīs auctōritātibus ipsā rē ac
15 ratiōne exquīrere possumus vēritātem, atque hōc facilius quod ea
omnia quae ā mē adhūc dicta sunt īdem istī vēra esse concēdunt, et
necessārium bellum esse et magnum et in ūnō Cn. Pompeiō summa
esse omnia.
   Quid igitur ait Hortēnsius? Sī ūnī omnia tribuenda sint, dig-
20 nissimum esse Pompeium, sed ad ūnum tamen omnia dēferrī nōn
oportēre. Obsolēvit iam ista ōrātiō rē multō magis quam verbīs
refūtāta. Nam tū īdem, Q. Hortēnsī, multa prō tuā summā cōpiā
ac singulārī facultāte dīcendī et in senātū contrā virum fortem,
A. Gabīnium, graviter ōrnātēque dīxistī, cum is dē ūnō imperātōre
25 contrā praedōnēs cōnstituendō lēgem prōmulgāsset, et ex hōc ipsō
locō permulta item contrā eam lēgem verba fēcistī.

· · · · · · · · · · · · · · · · · · **4. qui (exercitus) habent:** Lucullus, who
with the remnants of his forces was on the upper Halys, near Pontus; Glabrio, who
was in the west of Asia; and Marcius Rex, who had three legions in Cilicia.
6. summa cum salute: *to the highest welfare.* **8. At:** Indicating to Cicero's
listeners that he is about to take up the opinion of an opponent. **vestris ... affectus:**
who has received at your hands. Catulus had been consul in 78 B.C. **10. Hortensius:** Cicero's chief rival in oratorical reputation. Both Catulus and Hortensius
were now bitterly opposed to Cicero's view — **ratio. 11. multis locis:** *in many
other cases,* but not this one. **13. auctoritates (esse) contrarias:** *that there are
views opposite to those.* **virorum:** The supporters of Manilius (subjective gen.).
14. omissis ... ratione: *if we lay aside the weight of opinions, by* (*observing*) *the
actual state of the case.* **16. isti:** Not disrespectful here — the "worthy" opponents of the bill. **19. omnia:** *all power.* The concentration of power authorized
by the bill of Gabinius and contemplated by that of Manilius was inconsistent with
both the spirit and the letter of the Roman constitution. **21. ista oratio re:** *that
argument of yours ... by the facts.* **25. legem promulgasset:** A bill must be
announced publicly at least seventeen days before it could be voted on.

Quid? tum, per deōs immortālēs! sī plūs apud populum Rōmānum auctōritās tua quam ipsīus populī Rōmānī salūs et vēra causa
valuisset, hodiē hanc glōriam atque hoc orbis terrae imperium
tenērēmus? An tibi tum imperium hoc esse vidēbātur cum populī 30
Rōmānī lēgātī quaestōrēs praetōrēsque capiēbantur, cum ex omnibus prōvinciīs commeātū et prīvātō et pūblicō prohibēbāmur, cum
ita clausa nōbīs erant maria omnia ut neque prīvātam rem trāns-
marīnam neque pūblicam iam obīre possēmus?

The State of Affairs Before Pompey Cleared the Seas

18. Quae cīvitās umquam fuit anteā, nōn dīcō Athēniēnsium,
quae satis lātē quondam mare tenuisse dīcitur, nōn Carthāginiēnsium, quī permultum classe ac maritimīs rēbus valuērunt, nōn
Rhodiōrum, quōrum ūsque ad nostram memoriam disciplīna
nāvālis et glōria remānsit, quae cīvitās, inquam, anteā tam tenuis, 5
quae tam parva īnsula fuit quae nōn portūs suōs et agrōs et aliquam
partem regiōnis atque ōrae maritimae per sē ipsa dēfenderet?

At herculēs aliquot annōs continuōs ante lēgem Gabīniam ille
populus Rōmānus, cuius ūsque ad nostram memoriam nōmen
invictum in nāvālibus pugnīs permānserit, magnā ac multō maximā 10
parte nōn modo ūtilitātis sed etiam dignitātis atque imperī caruit.

Nōs quōrum maiōrēs Antiochum rēgem classe Persēnque supe-
rārunt omnibusque nāvālibus pugnīs Carthāginiēnsēs, hominēs

---

28. vera causa: *the true interest.*   **32. commeatu:** *intercourse* or *traffic.*

¶**18. 1. non dico Atheniensium:** *I do not mean that of the Athenians.*   **2. mare:**
i.e., *imperium maris.*   **3. qui . . . valuerunt:** *whose strong navy made them supreme
upon the seas.*   **4. disciplina navalis:** *naval traditions.* Rhodes had an excellent
navy, even from the time of Alexander. It was also a center of art and culture:
both Caesar and Cicero went to Rhodes to study oratory.   **8. legem Gabiniam:**
Giving Pompey absolute jurisdiction for three years over all the Mediterranean
coast for fifty miles inland. It was passed in 67 B.C.   **11. caruit:** *was deprived of.*
12. Antiochum: After the battle at Thermopylae, in 191 B.C., the Romans opened a
way to Asia across the Aegean by defeating two fleets of Antiochus near the Ionian
coast.   **Persen:** After the battle of Pydna, in 168 B.C., Perseus fled to Samothrace,
but there gave himself up without a struggle to Gnaeus Octavius, the Roman admiral.
Octavius later celebrated a triumph in honor of this event, a triumph, as Livy drily
remarked, without captives and without spoils.   **13. omnibus . . . pugnis:** Rhetorical
exaggeration — one Roman fleet, for instance, under M. Claudius Pulcher, suffered
a crushing defeat off Drepanum, in 249 B.C.

in maritimīs rēbus exercitātissimōs parātissimōsque, vīcērunt, eī
15 nūllō in locō iam praedōnibus parēs esse poterāmus. Nōs quī
anteā nōn modo Ītaliam tūtam habēbāmus sed omnēs sociōs in
ultimīs ōrīs auctōritāte nostrī imperī salvōs praestāre poterāmus,
tum cum īnsula Dēlus tam procul ā nōbīs in Aegaeō marī posita,
quō omnēs undique cum mercibus atque oneribus commeābant,
20 referta dīvitiīs, parva, sine mūrō nihil timēbat, īdem nōn modo
prōvinciīs atque ōrīs Ītaliae maritimīs ac portibus nostrīs sed etiam
Appiā iam viā carēbāmus.

Et eīs temporibus nōnne pudēbat magistrātūs populī Rōmānī
in hunc ipsum locum ēscendere, cum eum nōbīs maiōrēs nostrī
25 exuviīs nauticīs et classium spoliīs ōrnātum relīquissent?

Gabinius's Fitness to Go as Pompey's Lieutenant

19. Bonō tē animō tum, Q. Hortēnsī, populus Rōmānus et
cēterōs quī erant in eādem sententiā dīcere exīstimāvit et ea quae
sentiēbātis; sed tamen in salūte commūnī īdem populus Rōmānus
dolōrī suō māluit quam auctōritātī vestrae obtemperāre. Itaque
5 ūna lēx, ūnus vir, ūnus annus nōn modo nōs illā miseriā ac turpitūdine līberāvit sed etiam effēcit ut aliquandō vērē vidērēmur omnibus
gentibus ac nātiōnibus terrā marīque imperāre.

Quō mihi etiam indignius vidētur obtrectātum esse adhūc,
Gabīniō dīcam anne Pompeiō, an utrīque, id quod est vērius,

. . . . **15. pares:** *a match for.* **16. habe-**
bamus: *used to keep.* **17. salvos praestare:** *to guarantee the safety of.* **18. Delus:**
The small island of Delos, in the Aegean, was highly revered as the birthplace of
Apollo and Diana. It was also an important center of trade, a convenient stopping
place between Greece and Asia. **20. nihil timebat:** Protected by the sanctity of
its temples. In 69 B.C., Delos was ravaged by pirates, its temples destroyed, and the
city razed to the ground. **22. carebamus:** i.e., could no longer use. **25. orna-**
tum: The speakers' platform had been adorned for 272 years with the rostra —
"beaks" — of captured ships from the fleet of Antium, which gave the platform its
name.

¶**19. 1. Bono . . . animo:** *with good intentions.* **3. in salute communi:** *in a matter*
affecting the public safety. **8. Quo:** *Wherefore.* **etiam indignius:** *even more*
outrageous. **obtrectatum esse:** *that opposition has been raised,* to the appointment of Gabinius as a lieutenant under Pompey. In general it was illegal to appoint
a proposer of a law to a position created under that law.

në lēgārētur A. Gabīnius Cn. Pompeiō expetentī ac postulantī. 10
Utrum ille quī postulat ad tantum bellum lēgātum quem velit,
idōneus nōn est quī impetret, cum cēterī ad expīlandōs sociōs
dīripiendāsque prōvinciās quōs voluērunt lēgātōs ēdūxerint, an
ipse cuius lēge salūs ac dignitās populō Rōmānō atque omnibus
gentibus cōnstitūta est expers esse dēbet glōriae eius imperātōris 15
atque eius exercitūs quī cōnsiliō ac perīculō illīus est cōnstitūtus?
An C. Falcidius, Q. Metellus, Q. Caelius Latīniēnsis, Cn. Lentulus, quōs omnēs honōris causā nōminō, cum tribūnī plēbī fuissent,
annō proximō lēgātī esse potuērunt; in ūnō Gabīniō sunt tam
dīligentēs quī in hōc bellō quod lēge Gabīniā geritur, in hōc imperā- 20
tōre atque exercitū quem per vōs ipse cōnstituit, etiam praecipuō
iūre esse dēbēbat?
Dē quō lēgandō cōnsulēs spērō ad senātum relātūrōs. Quī sī
dubitābunt aut gravābuntur, ego mē profiteor relātūrum; neque
mē impediet cuiusquam inīquitās quō minus vōbīs frētus vestrum 25
iūs beneficiumque dēfendam, neque praeter intercessiōnem quicquam audiam, dē quā, ut ego arbitror, istī ipsī quī minantur
etiam atque etiam quid liceat cōnsīderābunt.
Meā quidem sententiā, Quirītēs, ūnus A. Gabīnius bellī maritimī
rērumque gestārum Cn. Pompeiō socius ascrībitur, proptereā quod 30
alter ūnī illud bellum suscipiendum vestrīs suffrāgiīs dētulit, alter
dēlātum susceptumque cōnfēcit.

· 10. expetenti ac postu-
lanti: *though he* (Pompey) *begged and pleaded*. 11. Utrum: Omit "Whether" in
order to make a smooth, idiomatic English translation. 12. qui impetret: *to have
his request granted*. A clause of characteristic with the subjunctive may follow
idoneus, aptus, dignus, and indignus. cum: *whereas*. 15. eius ... constitutus:
that commander who was appointed and that army which was created. 16. periculo
illius: In the confusion and strife attending the passage of this bill, Gabinius nearly
lost his life. 18. honoris causa nomino: *I mention with all due respect* — a kind of
apology for bringing in the names of men still living. 20. diligentes: *scrupulous* or
punctilious. 21. praecipuo iure: *above all others*. 22. esse (legatus) debebat.
23. De quo legando: *about his appointment as a lieutenant*. consules: Lepidus and
Volcacius Tullus. 26. neque ... audiam: *and I shall heed nothing short of a veto*.
27. isti ... considerabunt: i.e., it is very doubtful that they will dare to impose a veto.
29. belli ... gestarum: *in the exploits of the naval war* — hendiadys. 30. socius
ascribitur: *is enrolled as an associate*. 31. uni ... detulit: *assigned to a single commander*. 32. delatum ... confecit: *after it had been assigned to him, took charge of
it and finished it successfully*. Gabinius was, in fact, sent out as a lieutenant to Pompey,
and though corrupt and rapacious, he reached the consulship in 58 B.C.

The Argument of Quintus Catulus

20. Reliquum est ut dē Q. Catulī auctōritāte et sententiā dīcendum esse videātur. Quī cum ex vōbīs quaereret, sī in ūnō Cn. Pompeiō omnia pōnerētis, sī quid eō factum esset, in quō spem essētis habitūrī, cēpit magnum suae virtūtis frūctum ac dignitātis, 5 cum omnēs ūnā prope vōce in eō ipsō vōs spem habitūrōs esse dīxistis. Etenim tālis est vir ut nūlla rēs tanta sit ac tam difficilis quam ille nōn et cōnsiliō regere et integritāte tuērī et virtūte cōnficere possit.

Sed in hōc ipsō ab eō vehementissimē dissentiō, quod quō minus 10 certa est hominum ac minus diūturna vīta, hōc magis rēs pūblica, dum per deōs immortālēs licet, fruī dēbet summī virī vītā atque virtūte. At enim: "Nē quid novī fīat contrā exempla atque īnstitūta maiōrum."

Nōn dīcam hōc locō maiōrēs nostrōs semper in pāce cōnsuētū-15 dinī, in bellō ūtilitātī pāruisse, semper ad novōs cāsūs temporum novōrum cōnsiliōrum ratiōnēs accommodāsse, nōn dīcam duo bella maxima, Pūnicum atque Hispāniēnse, ab ūnō imperātōre esse cōnfecta duāsque urbēs potentissimās quae huic imperiō maximē minitābantur, Carthāginem atque Numantiam, ab eōdēm Scīpiōne 20 esse dēlētās, nōn commemorābō nūper ita vōbīs patribusque vestrīs esse vīsum ut in ūnō C. Mariō spēs imperī pōnerētur, ut īdem cum Iugurthā, īdem cum Cimbrīs, īdem cum Teutonīs bellum administrāret: in ipsō Cn. Pompeiō in quō novī cōnstituī nihil vult Q. Catulus quam multa sint nova summā Q. Catulī voluntāte cōnstitūta 25 recordāminī.

¶**20. 3. omnia poneretis:** *you should vest all authority.* **si . . . factum esset:** *if anything should happen to him* — euphemistic. **4. cepit:** *received.* **5. eo ipso:** Catulus. **6. talis est vir . . . possit:** This high tribute to the character of Catulus is borne out by all that is known of him. **9. in hoc ipso:** *on this very point*, the uncertainty of human life. **quo minus . . . hoc magis:** *the less . . . the more.* **11. viri vita . . . virtute:** Alliteration. **12. At enim:** *"But also (they argue)* — ellipsis. **14. Non dicam:** Praeteritio. **15. paruisse:** *had regard for.* **ad . . . accommodasse:** *adapted new measures to the demands of new situations.* **17. uno imperatore:** Scipio, consul in 147 B.C. and again in 134 B.C., in spite of the law at that time that no one could be consul twice; in both consulships he won glorious victories. **21. Mario:** Marius was consul seven times. **24. summa . . . voluntate:** *with the fullest approval of Quintus Catulus* — the aristocratic party which Catulus represented. It is not necessary to suppose that Catulus himself actually voted in favor of each measure.

Résumé of Pompey's Extraordinary Career

21. Quid tam novum quam adulēscentulum prīvātum exercitum difficilī reī pūblicae tempore cōnficere? Cōnfēcit. Huic praeesse? Praefuit. Rem optimē ductū suō gerere? Gessit. Quid tam praeter cōnsuētūdinem quam hominī peradulēscentī cuius aetās ā senātōriō gradū longē abesset imperium atque exercitum darī, Siciliam 5 permittī atque Āfricam bellumque in eā prōvinciā administrandum? Fuit in hīs prōvinciīs singulārī innocentiā, gravitāte, virtūte, bellum in Āfricā maximum cōnfēcit, victōrem exercitum dēportāvit.

Quid vērō tam inaudītum quam equitem Rōmānum triumphāre? At eam quoque rem populus Rōmānus nōn modo vīdit sed omnium 10 etiam studiō vīsendam et concelebrandam putāvit. Quid tam inūsitātum quam ut, cum duo cōnsulēs clārissimī fortissimīque essent, eques Rōmānus ad bellum maximum formīdolōsissimumque prō cōnsule mitterētur? Missus est.

Quō quidem tempore cum esset nōn nēmō in senātū quī dīceret 15 "nōn oportēre mittī hominem prīvātum prō cōnsule," L. Philippus dīxisse dīcitur nōn sē illum suā sententiā prō cōnsule sed prō cōnsulibus mittere. Tanta in eō reī pūblicae bene gerendae spēs cōnstituēbātur ut duōrum cōnsulum mūnus ūnīus adulēscentis virtūtī committerētur. 20

Quid tam singulāre quam ut ex senātūs cōnsultō lēgibus solūtus cōnsul ante fieret quam ūllum alium magistrātum per lēgēs capere

¶21. 1. **Quid (fuit) novum quam ... conficere**: *What was such an innovation as for ... to raise.* 3. **praeter consuetudinem**: *unprecedented.* 4. **a senatorio gradu**: Pompey was twenty-four years old when he was sent to Sicily; a man could not be admitted to the senate until he had held the quaestorship, and this he could not do until he was thirty. 7. **Fuit**: *He displayed.* 9. **triumphare**: Pompey's triumph, with Sulla's reluctant consent, was in 80 B.C. for his victory over Hiarbas: an exception to the rule that triumphs were not permitted for victories over Roman citizens in civil wars. 11. **studio**: *with enthusiasm.* The triumphal procession passed through cheering crowds. 12. **duo consules**: Mamercus Lepidus and Decius Brutus, in 77 B.C. 14. **pro consule**: With the rank and authority of a proconsul, for the war with Sertorius in Spain. 15. **non nemo**: *some people.* 16. **L. Philippus**: Famous for his sharp wit. 17. **pro consulibus**: In other words, Pompey would do the work of both consuls — a gibe at the consuls, who had refused to go. 19. **constituebatur**: *was fixed upon him.* **munus**: *duties.* 22. **consul ... fieret**: Pompey became consul at the age of thirty-six, when he was still too young to hold any other office. The legal age for the quaestorship was thirty-six, but there were so many exceptions that in practice it was generally accepted to be thirty.

licuisset? quid tam incrēdibile quam ut iterum eques Rōmānus ex
senātūs cōnsultō triumphāret? Quae in omnibus hominibus nova
25 post hominum memoriam cōnstitūta sunt, ea tam multa nōn sunt
quam haec quae in hōc ūnō homine vīdimus; atque haec tot
exempla tanta ac tam nova profecta sunt in eōdem homine ā
Q. Catulī atque ā cēterōrum eiusdem dignitātis amplissimōrum
hominum auctōritāte.

Weakness of the Arguments of Catulus and Hortensius

22. Quā rē videant nē sit perinīquum et nōn ferendum illōrum
auctōritātem dē Cn. Pompeī dignitāte ā vōbīs comprobātam semper
esse, vestrum ab illīs dē eōdem homine iūdicium populīque Rōmānī
auctōritātem improbārī, praesertim cum iam suō iūre populus
5 Rōmānus in hōc homine suam auctōritātem vel contrā omnēs
quī dissentiunt possit dēfendere, proptereā quod īsdem istīs reclā-
mantibus vōs ūnum illum ex omnibus dēlēgistis quem bellō praedōnum praepōnerētis.

Hoc sī vōs temerē fēcistis et reī pūblicae parum cōnsuluistis,
10 rēctē istī studia vestra suīs cōnsiliīs regere cōnantur. Sīn autem
vōs plūs tum in rē pūblicā vīdistis, vōs eīs repugnantibus per vōsmet
ipsōs dignitātem huic imperiō, salūtem orbī terrārum attulistis,
aliquandō istī prīncipēs et sibi et cēterīs populī Rōmānī ūniversī
auctōritātī pārendum esse fateantur.

23. iterum: *again* or *a second time* — for victory over Sertorius, Dec. 31, 71 B.C.,
the day before he became consul. **ex senatus consulto:** Stresses the consent of
the senate, necessary for any triumph. **24. Quae ... nova ... constituta sunt:** *The
innovations which have been made*. **26. in:** *in the case of.* **haec:** *these (just mentioned)*. **27. exempla:** *precedents*. **29. auctoritate:** Ends the paragraph with a
special impressiveness, that the views of men of such prominence must carry weight.

¶**22. 1. periniquum et non ferendum:** *utterly unjust and intolerable.* **illorum:**
Refers to the aristocracy as a whole, not to the subj. of **videant**. **4. suo iure:**
with a perfect right. Pompey's success, in a command which these aristocrats would
have refused him, gives the people a right to defend that choice. **5. vel:** *even.*
6. isdem ... reclamantibus: *in spite of the protests of these same objectors.* **istis**
refers to the subj. of **videant**. **9. rei ... consuluistis:** *gave too little thought to the
best interests of the state.* **10. regere:** *to control.* **11. plus ... vidistis:** *have had a
deeper insight in regard to public interests.* **13. isti principes:** *those distinguished
gentlemen*, referring with mild irony to Catulus and Hortensius. **ceteris:** *everybody
else.* **14. auctoritati parendum esse:** Impersonal because **pareo** is intransitive.
Translate as active — *must yield to the judgment*.

Atque in hōc bellō Asiāticō et rēgiō nōn sōlum mīlitāris illa virtūs 15
quae est in Cn. Pompeiō singulāris sed aliae quoque animī virtūtēs
magnae et multae requīruntur. Difficile est in Asiā, Ciliciā, Syriā
rēgnīsque interiōrum nātiōnum ita versārī nostrum imperātōrem
ut nihil aliud nisi dē hoste ac dē laude cōgitet.

Deinde, etiam sī quī sunt pudōre ac temperantiā moderātiōrēs, 20
tamen eōs esse tālēs propter multitūdinem cupidōrum hominum
nēmō arbitrātur. Difficile est dictū, Quirītēs, quantō in odiō sīmus
apud exterās nātiōnēs propter eōrum quōs ad eās per hōs annōs
cum imperiō mīsimus libīdinēs et iniūriās. Quod enim fānum
putātis in illīs terrīs nostrīs magistrātibus religiōsum, quam cīvitā- 25
tem sānctam, quam domum satis clausam ac mūnītam fuisse?
Urbēs iam locuplētēs et cōpiōsae requīruntur quibus causa bellī
propter dīripiendī cupiditātem īnferātur.

Libenter haec cōram cum Q. Catulō et Q. Hortēnsiō, summīs et
clārissimīs virīs, disputārem; nōrunt enim sociōrum vulnera, 30
vident eōrum calamitātēs, querimōniās audiunt. Prō sociīs vōs
contrā hostēs exercitūs mittere putātis an hostium simulātiōne
contrā sociōs atque amīcōs? Quae cīvitās est in Asiā quae nōn
modo imperātōris aut lēgātī sed ūnīus tribūnī mīlitum animōs ac
spīritūs capere possit?   35

Leading Men of Rome Favor the Measure

23. Quā rē, etiam sī quem habētis quī collātīs signīs exercitūs
rēgiōs superāre posse videātur, tamen, nisi erit īdem quī ā pecūniīs
sociōrum, quī ab eōrum coniugibus ac līberīs, quī ab ōrnāmentīs
fānōrum atque oppidōrum, quī ab aurō gazāque rēgiā manūs,

. . . . **15. regio:** *with kings.* The
commander needs to be a man of integrity because kings are unscrupulous and ready
to bribe.   **18. interiorum:** *farther inland.*   **nostrum imperatorem:** *a general
of ours.*   **20. pudore ... moderatiores:** *more restrained* (less grasping), *because of
their natural decency and moderation.*   **21. cupidorum:** i.e., *pecuniae.*   **24. libi-
dines:** *acts of lawlessness.*   **25. nostris ... religiosum:** *sacred in the eyes of our
officials.*   **27. quibus ... inferatur:** *against which a pretext for war ... can be
devised.*   **30. disputarem:** In a personal interview (**coram**). They were probably
not present in this audience.   **32. hostium simulatione:** *by making the enemy a
pretext.*   **34. animos ... capere:** *satisfy the arrogance and insolence.*

¶**23. 1. collatis signis:** *in regular engagements* or *in actual combat.*   **2. nisi
... qui:** *unless at the same time he will be one who.*   **4. gaza:** A Persian word.

5 oculōs, animum cohibēre possit, nōn erit idōneus quī ad bellum
Asiāticum rēgiumque mittātur. Ecquam putātis cīvitātem pācātam
fuisse quae locuplēs sit, ecquam esse locuplētem quae istīs pācāta
esse videātur?

Ōra maritima, Quirītēs, Cn. Pompeium nōn sōlum propter reī
10 mīlitāris glōriam sed etiam propter animī continentiam requīsīvit.
Vidēbat enim praetōrēs locuplētārī quotannīs pecūniā pūblicā
praeter paucōs, neque nōs quicquam aliud assequī classium nōmine
nisi ut dētrīmentīs accipiendīs maiōre affici turpitūdine vidērēmur.

Nunc quā cupiditāte hominēs in prōvinciās, quibus iactūrīs
15 quibusque condiciōnibus proficīscantur ignōrant vidēlicet istī quī
ad ūnum dēferenda omnia esse nōn arbitrantur; quasi vērō
Cn. Pompeium nōn cum suīs virtūtibus tum etiam aliēnīs vitiīs
magnum esse videāmus. Quā rē nōlīte dubitāre quīn huic ūnī
crēdātis omnia quī inter tot annōs ūnus inventus est quem sociī
20 in urbēs suās cum exercitū vēnisse gaudērent.

Quod sī auctōritātibus hanc causam, Quirītēs, cōnfirmandam
putātis, est vōbīs auctor vir bellōrum omnium maximārumque
rērum perītissimus, P. Servīlius, cuius tantae rēs gestae terrā
marīque exstitērunt ut, cum dē bellō dēlīberētis, auctor vōbīs

. . . . **5. idoneus qui . . . mittatur:** (*a*) *suitable* (*man*)
to be sent. **6. Ecquam . . . civitatem:** *Do you think that any state.* **pacatam fuisse:**
has been left in peace. **7. pacata:** *completely subjugated.* Cicero is saying that as
long as plundering could be done, rapacious Romans would consider subjugation
incomplete. **9. Ora maritima:** On the south coast of Asia Minor. **10. animi**
continentiam: *self-control.* **11. locupletari:** *enriching themselves.* **quotannis:**
every year, because there was a new governor every year. **12. praeter paucos:** A
saving phrase, to avoid giving offence by a sweeping statement. **classium nomine:**
by our pretence of possessing navies, badly manned and equipped, owing to corruption
of the officials. **13. ut . . . videremur:** *that we seemed to be more deeply disgraced*
— than if we had made no pretence of having a navy. **14. cupiditate:** For money.
Men ran heavily into debt with a view to recouping themselves from the governorship of a province. **iacturis:** *outlays* — expenditures incurred in buying one's
way to power. **15. condicionibus:** *terms* — with creditors and political supporters.
ignorant videlicet isti: *doubtless those gentlemen are unaware* — ironical.
17. alienis vitiis: *from the failings of others* — **alienus** instead of the rare gen. of
alius. 18. dubitare: *hesitate,* followed by **quin . . . credatis** instead of the more
usual **credere. 21. auctoritatibus . . . confirmandam** (**esse**): *needs to be strength-*
ened by the opinions (*of experts*). **22. est vobis auctor:** *you have as a supporter*
(of the bill). **23. Servilius:** Consul in 79 B.C., who fought against the pirates in
Asia Minor and conquered the Isaurians. Like the other three ex-consuls also mentioned, he was a prominent member of the senate.

gravior esse nēmō dēbeat; est C. Cūriō, summīs vestrīs beneficiīs 25
maximīsque rēbus gestīs, summō ingeniō et prūdentiā praeditus,
est Cn. Lentulus in quō omnēs prō amplissimīs vestrīs honōribus
summum cōnsilium, summam gravitātem esse cognōstis, est
C. Cassius, integritāte, virtūte, cōnstantiā singulārī. Quā rē vidēte
ut hōrum auctōritātibus illōrum ōrātiōnī quī dissentiunt respondēre 30
posse videāmur.

The Orator's Closing Plea and Promise

24. Quae cum ita sint, C. Mānilī, prīmum istam tuam et lēgem
et voluntātem et sententiam laudō vehementissimēque comprobō;
deinde tē hortor ut auctōre populō Rōmānō maneās in sententiā
nēve cuiusquam vim aut minās pertimēscās. Prīmum in tē satis
esse animī persevērantiaeque arbitror; deinde, cum tantam multitū- 5
dinem tantō cum studiō adesse videāmus quantam iterum nunc in
eōdem homine praeficiendō vidēmus, quid est quod aut dē rē aut
dē perficiendī facultāte dubitēmus?

Ego autem, quicquid est in mē studī, cōnsilī, labōris, ingenī,
quicquid hōc beneficiō populī Rōmānī atque hāc potestāte praetōriā, 10
quicquid auctōritāte, fidē, cōnstantiā possum, id omne ad hanc rem
cōnficiendam tibi et populō Rōmānō polliceor ac dēferō; testorque

. . . . **25. Curio:** Consul in 76 B.C. and then
governor of Macedonia. His conquest of the Dardani won him a triumph. **26. ingenio:** Referring particularly to oratorical talent. **praeditus:** *received* (with beneficiis); *performed* (with rebus gestis); *endowed with* (with ingenio and prudentia).
27. Lentulus: Consul in 72 B.C. and a lieutenant with Pompey against the pirates.
pro: *consistently with* or *in harmony with.* The people had showed their confidence in Lentulus's wisdom by electing him to the highest offices. **29. Cassius:**
Consul in 73 B.C. **30. ut horum auctoritatibus:** *how, with the expert opinions of
these men.* **orationi:** *arguments.*

¶**24. 2. voluntatem et sententiam:** *feeling and expressed opinion,* amplifying
legem. 3. auctore . . . Romano: *with the support of the Roman people.* **4. vim aut
minās:** A hint at the unhappy experience of Gabinius the year before. **6. studio:**
enthusiastic support. **quantam iterum:** *which for a second time.* The previous occasion was the passing of the Gabinian Law. **7. de re (praeficiendo Pompeio).
8. perficiendi facultate:** *the means* (or *possibility*) *of its attainment.* **9. est in
me:** *I have.* **10. quicquid . . . possum:** *whatever I can accomplish.* **hoc beneficio:** *by reason of this preferment* — the honor of the praetorship. **12. defero:** *I
put at your disposal.*

omnēs deōs, et eōs maximē quī huic locō templōque praesident,
qui omnium mentēs eōrum quī ad rem pūblicam adeunt maximē
15 perspiciunt, mē hoc neque rogātū facere cuiusquam, neque quō
Cn. Pompeī grātiam mihi per hanc causam conciliārī putem, neque
quō mihi ex cuiusquam amplitūdine aut praesidia perīculīs aut
adiūmenta honōribus quaeram, proptereā quod perīcula facile,
ut hominem praestāre oportet, innocentiā tēctī repellēmus, honōrem
20 autem neque ab ūnō neque ex hōc locō sed eādem illā nostrā
labōriōsissimā ratiōne vītae, sī vestra voluntās feret, cōnsequēmur.

Quam ob rem, quicquid in hāc causā mihi susceptum est, Quirītēs,
id ego omne mē reī pūblicae causā suscēpisse cōnfīrmō, tantumque
abest ut aliquam mihi bonam grātiam quaesīsse videar, ut multās
25 mē etiam simultātēs partim obscūrās, partim apertās intellegam
mihi nōn necessāriās, vōbīs nōn inūtilēs suscēpisse. Sed ego mē
hōc honōre praeditum, tantīs vestrīs beneficiīs affectum statuī,
Quirītēs, vestram voluntātem et reī pūblicae dignitātem et salūtem
prōvinciārum atque sociōrum meīs omnibus commodīs et ratiōnibus
30 praeferre oportēre.

· · · · · · · · · · · **13. huic loco temploque:** *this hallowed spot* — the Rostra,
which had been consecrated by certain religious rites. The gods are those whose
temples adjoined the Forum or looked down upon it from the Capitoline.   **14. ad
. . . adeunt:** i.e., go into politics. **15. me hoc . . . facere:** i.e., support this bill.
quo: *because.*   **16. conciliari:** *that I am earning.*   **17. quo = ut eo:** *so that
by this means.*   **amplitudine:** *influence.*   **19. ut:** *so far as:* Only the gods
could really guarantee (**praestare**) anything. **20. ab uno:** Pompey. **eadem . . .
ratione vitae:** *the same profession which I have always followed.*   **21. feret:** *permits.*
22. mihi = a me.   **23. tantum . . . videar:** *so far is it from the truth that I have
sought some favor.*   **27. praeditum:** *possessing as I do.*   **beneficiis:** The praetorship, curule aedileship, and quaestorship. **29. rationibus:** *interests.*

The Speech for Archias

The poet Archias — his full Roman name was Aulus Licinius Archias — was by nationality a Greek, born in Antioch, the chief city of Syria, about 119 B.C. He received a liberal education and early showed remarkable facility in poetic composition. He was especially talented as an improviser — an art highly valued by the Greeks and Romans — with the ability to compose and recite impromptu verses. Archias was still quite young when he set out to visit Greek towns everywhere in Asia Minor and Greece, and everywhere his performances were greeted with huge enthusiasm. Soon he crossed over to southern Italy, where the towns had close connections with Greece, and public honors were conferred on him in Tarentum, Regium, Neapolis, and perhaps Locri.

In 102 B.C. Archias came to Rome. Soon the youthful poet was on the friendliest terms with many great men, for in this period it was fashionable to cultivate a taste for Greek literature. His particular patrons were members of the Lucullan gens. After Archias had been at Rome for some time, he accompanied M. Lucullus on a journey to Sicily. On the way home he was made a citizen of the city by the people of Heraclea.

In 89 B.C. a law, the Lex Plautia Papiria, was passed to confer Roman citizenship on the citizens of such Italian towns as possessed formal treaty relations with Rome; Heraclea was such a town. However, in order to validate their Roman citizenship, inhabitants of the towns had to fulfill two conditions. They had to possess a settled place of residence

183

in Italy, and they had to register at the office of a praetor within sixty days. Archias complied with the conditions, and for twenty-seven years his standing as a Roman citizen was never questioned.

At this time in Roman affairs, a common way of annoying men in public life was to attack their friends. L. Lucullus, who had taken Archias with him on the campaigns in Asia and was a man of influence, had bitter enemies. Apparently in order to vex him, rather than to disturb Archias, a man named Gratius in 62 B.C. challenged the poet's claim to Roman citizenship. Cicero undertook the defence, not only to accommodate Lucullus, but even more for the pleasure of helping Archias, whom he cherished because of his sympathy and strong influence in Cicero's own boyhood.

At the trial Quintus Cicero, the orator's brother and a praetor that year, presided. The case for the prosecution was, in fact, extremely weak. It rested mainly on the assumption that the poet's citizenship of Heraclea could not be proved, because the records of that city had been destroyed in a fire and because Archias's name did not appear on any Roman census list, where it normally would be registered.

Cicero presented witnesses whose testimony took the place of the missing records of Heraclea, and he easily explained the omission of the poet's name from the census lists. His argument for the defence was

NAVIS ONERARIA

irrefutable and soon concluded, and he used the remainder of his speech to praise Archias and to extol the place of literature, especially poetry, in the life of civilized man and cultured society.

As a piece of legal argument, the speech for Archias could hardly have been made before a modern court; most of it is actually irrelevant to the case. Indeed Cicero felt called upon to offer some excuse for his excursion into literature, even under the more liberal rules of Roman court procedure. Nevertheless, the speech has much interest for us because of its expression of the cultural value of literature, set forth in Cicero's well-nigh faultless style. In fact, the speech has something of the charm of a familiar essay and has been a favorite in every age.

AMPHITHEATRUM IN ASIA

Outline of Speech for Archias

I. Introduction
  A. Exordium — chap. 1 and chap. 2, lines 1–14
  B. Partitio — chap. 2, lines 15–18
  C. Narratio — chap. 3 and chap. 4, lines 1–6
II. Body
  A. Confirmatio
    1. Chap. 4, lines 7–20
    2. Chap. 4, lines 21–32, and chap. 5
  B. Refutatio
    1. Chap. 6
    2. Chap. 7 and chap. 8, lines 1–12
    3. Archias's special claim for consideration
      a. Chap. 8, lines 13–29
      b. Chap. 9, lines 1–28
      c. Chap. 9, lines 29–35, and chap. 10
      d. Chap. 11 and chap. 12, lines 1–13
III. Conclusion
  A. Enumeratio — chap. 12, lines 14–27
  B. Conquestio — chap. 12, lines 28–32

HOMERUS

186

M. TVLLI CICERONIS
PRO ARCHIA POETA ORATIO

Cicero's Reasons for Wanting to Defend Archias

1. Sī quid est in mē ingenī, iūdicēs, quod sentiō quam sit exiguum, aut sī qua exercitātiō dīcendī, in quā mē nōn īnfitior mediocriter esse versātum, aut sī huiusce reī ratiō aliqua ab optimārum artium studiīs ac disciplīnā profecta, ā quā ego nūllum cōnfiteor aetātis meae tempus abhorruisse, eārum rērum omnium vel in prīmīs hic 5 A. Licinius frūctum ā mē repetere prope suō iūre dēbet.

Nam quoad longissimē potest mēns mea respicere spatium praeteritī temporis et pueritiae memoriam recordārī ultimam, inde ūsque repetēns hunc videō mihi prīncipem et ad suscipiendam et ad ingrediendam ratiōnem hōrum studiōrum exstitisse. Quod 10 sī haec vōx, huius hortātū praeceptīsque cōnfōrmāta, nōn nūllīs aliquandō salūtī fuit, ā quō id accēpimus quō cēterīs opitulārī et aliōs servāre possēmus, huic profectō ipsī, quantum est situm in nōbīs, et opem et salūtem ferre dēbēmus. Ac nē quis ā nōbīs hoc ita dīcī forte mīrētur, quod alia quaedam in hōc facultās sit ingenī 15 neque haec dīcendī ratiō aut disciplīna, nē nōs quidem huic ūnī

¶**1. 1. Sī ... ingeni:** *whatever talent I have* (in speaking). **quod ... exiguum:** *and I realize how small it is.* **2. non infitior:** Litotes. **3. huiusce ... aliqua:** *some acquaintance with the theory of my profession.* **optimarum artium:** *the liberal arts.* Cicero was a firm believer in general culture as a foundation for oratory. The liberal studies referred to are philology, rhetoric, music, and philosophy. **5. abhorruisse:** *to have been neglectful.* **vel in primis:** *more than any other man.* **6. A. Licinius:** The poet's Latin name, to which his Greek name Archias was added as a cognomen. **repetere:** *claim.* **suo iure:** *by an inalienable right.* The possessive adjective has the meaning of characteristic, appropriate, or peculiar to. **7. quoad longissime:** *as far as.* **9. inde usque repetens:** *going back as far as that.* **10. rationem:** *course* or *pursuit.* **Quod si:** *If then.* **11. conformata:** *molded* or *cultivated.* Cicero was a very nervous speaker to begin with, and Archias may well have given Cicero some instructions (**praeceptis**) and encouragement (**hortatu**). **non nullis:** *to various people* — a modest expression. **12. aliquando:** *at any time.* **a quo:** The conclusion, following the condition **si ... fuit,** begins here. **quo ... possemus:** *by which I could render services to some.* **13. quantum ... nobis:** *so far as in me lies.* **15. ita:** *so strongly.* **in hoc ... sit:** *my client has.* Cicero is saying that Archias has a different type of mind, or natural gift, being a poet. **16. ratio:** *theory* or *theoretical knowledge* (of one's subject or field). **ne nos quidem ... fuimus:** *I, too, have not been.*

studiō penitus umquam dēditī fuimus. Etenim omnēs artēs quae
ad hūmānitātem pertinent habent quoddam commūne vinculum
et quasi cognātiōne quādam inter sē continentur.

Unusual Line of Argument to Be Used in This Case

2. Sed nē cui vestrum mīrum esse videātur mē in quaestiōne
lēgitimā et in iūdiciō pūblicō, cum rēs agātur apud praetōrem populī
Rōmānī, lēctissimum virum, et apud sevērissimōs iūdicēs, tantō
conventū hominum ac frequentiā, hōc ūtī genere dīcendī quod nōn
5 modo ā cōnsuētūdine iūdiciōrum, vērum etiam ā forēnsī sermōne
abhorreat, quaesō ā vōbīs ut in hāc causā mihi dētis hanc veniam,
accommodātam huic reō, vōbīs, quem ad modum spērō, nōn
molestam, ut mē prō summō poētā atque ēruditissimō homine
dīcentem hōc concursū hominum litterātissimōrum, hāc vestrā
10 hūmānitāte, hōc dēnique praetōre exercente iūdicium, patiāminī
dē studiīs hūmānitātis ac litterārum paulō loquī līberius, et in eius
modī persōnā quae propter ōtium ac studium minimē in iūdiciīs
perīculīsque trāctāta est ūtī prope novō quōdam et inūsitātō genere
dīcendī.
15 Quod sī mihi ā vōbīs tribuī concēdīque sentiam, perficiam profectō ut hunc A. Licinium nōn modo nōn sēgregandum, cum sit
cīvis, ā numerō cīvium, vērum etiam, sī nōn esset, putētis ascīscen-
dum fuisse.

. . . . **17. penitus:** *exclusively.* **dediti:** *de-*
voted. **19. inter se continentur:** *stand related to one another.* **inter se** is used regularly for a reciprocal relationship, and must be translated by the English preposition
that fits the context.

¶**2. 1. in quaestione . . . publico:** *in a regularly established criminal court and at a*
state trial. Although it was a formal occasion, Cicero planned to allow himself certain liberties, which he justified because of the personality of Archias. **2. res**
agatur: *the case is to be tried.* **3. lectissimum virum:** Cicero's brother Quintus.
The adj. is a stereotyped compliment. **4. quod . . . abhorreat:** *which differs from.*
7. huic reo: *to this defendant* — Cicero's client, Archias. **8. ut me . . . dicentem . . .**
patiamini: *that since I am speaking . . . you may permit me.* **11. liberius:** *more*
freely — than is expected in law cases. **in . . . persona:** *in the case of a personality*
such as this, i.e. Archias. **12. otium ac studium:** *tranquil pursuits* — hendiadys.
15. Quod si: *And if.* **perficiam . . . ut . . . putetis:** *I shall make you think.*
17. asciscendum fuisse: *he ought to have been admitted* (*to citizenship*).

Archias's Early Years in Greece and Rome

3. Nam ut prīmum ex puerīs excessit Archiās atque ab eīs artibus quibus aetās puerīlis ad hūmānitātem īnfōrmārī solet sē ad scrībendī studium contulit, prīmum Antiochīae — nam ibi nātus est locō nōbilī — celebrī quondam urbe et cōpiōsā atque ērudītissimīs hominibus līberālissimīsque studiīs affluentī, celeriter antecellere 5 omnibus ingenī glōriā coepit. Post in cēterīs Asiae partibus cūnctāque Graeciā sīc eius adventūs celebrābantur, ut fāmam ingenī exspectātiō hominis, exspectātiōnem ipsīus adventus admīrātiōque superāret.

Erat Ītalia tum plēna Graecārum artium ac disciplīnārum, stu- 10 diaque haec et in Latiō vehementius tum colēbantur quam nunc īsdem in oppidīs, et hīc Rōmae propter tranquillitātem reī pūblicae nōn neglegēbantur. Itaque hunc et Tarentīnī et Locrēnsēs et Rēgīnī et Neāpolitānī cīvitāte cēterīsque praemiīs dōnārunt, et omnēs quī aliquid dē ingeniīs poterant iūdicāre cognitiōne atque 15 hospitiō dignum exīstimārunt.

Hāc tantā celebritāte fāmae cum esset iam absentibus nōtus, Rōmam vēnit Mariō cōnsule et Catulō. Nactus est prīmum cōnsulēs eōs quōrum alter rēs ad scrībendum maximās, alter cum rēs gestās tum etiam studium atque aurēs adhibēre posset. Statim 20 Lūcullī, cum praetextātus etiam tum Archiās esset, eum domum suam recēpērunt. Fuit iam hoc nōn sōlum ingenī ac litterārum

¶3. 1. ex pueris excessit: He was about fifteen years old. ab eis artibus ... 2. se ... contulit: *he turned from those studies.* 4. copiosa ... affluenti: Antioch was a great commercial center, with a large trade with both East and West and a very large population (celebri). 5. liberalissimis studiis: *the highest culture.* affluenti = abundanti. 7. celebrabantur: *were so widely heralded.* 8. adventus: *his coming.* It was not uncommon for poets to wander from place to place, particularly those who improvised recitations for the occasion. 10. Italia: Mostly southern Italy. artium ac disciplinarum: *learning and its practice.* 11. Latio: That part of Italy where Latin was spoken. tum: Before the Social War. 12. tranquillitatem rei publicae: The period between the death of Gaius Gracchus (121 B.C.) and the Social War (91 B.C.) was relatively calm. 13. Tarentini ... Neapolitani: Important cities in southern Italy. 14. civitate: *citizenship.* praemiis: Gifts, banquets, garlands, and the like. 16. (eum) dignum (esse). 17. cum ... notus: *when he was well known even to those* (Romans) *who had not seen him.* 18. Mario ... Catulo: 102 B.C. primum: *at the outset.* 19. res ... maximas: *themes.* 20. adhibere: *furnish.* 21. praetextatus etiam: *still a youth.* 22. Fuit ... hoc: *This was proof of.* hoc looks forward to the substantive clause ut ... senectuti.

Pro Archia, iii **189**

vērum etiam nātūrae atque virtūtis, ut domus quae huius adulēscen-
tiae prīma fāvit, eadem esset familiārissima senectūtī.

25   Erat temporibus illīs iūcundus Metellō illī Numidicō et eius Piō
fīliō, audiēbātur ā M. Aemiliō, vīvēbat cum Q. Catulō et patre et
fīliō, ā L. Crassō colēbātur, Lūcullōs vērō et Drūsum et Octāviōs
et Catōnem et tōtam Hortēnsiōrum domum dēvīnctam cōnsuētūdine cum tenēret, afficiēbātur summō honōre, quod eum nōn
30 sōlum colēbant quī aliquid percipere atque audīre studēbant,
vērum etiam sī quī forte simulābant.

Archias Became a Citizen at Heraclea

4. Interim satis longō intervāllō, cum esset cum M. Lūcullō in
Siciliam profectus et cum ex eā prōvinciā cum eōdem Lūcullō
dēcēderet, vēnit Hērācleam. Quae cum esset cīvitās aequissimō
iūre ac foedere, ascrībī sē in eam cīvitātem voluit, idque, cum ipse
5 per sē dignus putārētur, tum auctōritāte et grātiā Lūcullī ab Hēra-
cliēnsibus impetrāvit.

· 23. domus: The house of the
Luculli is meant here.   24. esset . . . senectuti: *was also on very intimate terms
with him in his old age.*   25. Metello . . . Hortensiorum: Metellus Numidicus (uncle
of Lucullus) fought Jugurtha in Africa; he was later recalled from exile through the
efforts of his son (hence called "Dutiful"). Aemilius Scaurus was long a leader of
the aristocracy; the younger Catulus, one of the foremost figures of Cicero's time,
rebuilder of the Capitoline temple, and opposer of the Manilian bill. Crassus is the
eminent orator; Drusus, the tribune who lost his life in an effort to reconstitute the
senate and give the vote to Italians on the eve of the Social War (91 B.C.). The Octavius chiefly meant is Cinna's colleague and bitter enemy, who was massacred in a
reign of terror, 87 B.C. The Cato here is the father of Cato of Utica. The most
noted Hortensius was the orator and rival of Cicero.   27. colebatur: *he was respected.*   28. devinctam consuetudine: *in bonds of* (bound by) *intimacy.*   31. si
qui: *whoever.* A taste for Greek was the proper thing, and many joined in lionizing
Archias because it was the fashion. Cicero's own grandfather and father exemplify
the shift in attitude toward Greek culture.

¶4. 1. Interim: Rome was still his place of residence.   intervallo: Possibly ten
years.   Lucullo: Lucullus appears to have gone to Sicily on private business.
3. Heracleam: A town colonized from the city of Tarentum. The father of Marcus
and Lucius Lucullus was probably living here in exile.   aequissimo . . . foedere:
enjoyed the privileges of a most favorable treaty — hendiadys. It was a **civitas foede-
rata,** which paid no taxes to Rome and was independent in its domestic affairs.
5. auctoritate: *influence* arising from high standing.   gratia: *influence,* due to
private acquaintance.

Data est cīvitās Silvānī lēge et Carbōnis:

Sī quī foederātīs cīvitātibus ascrīptī fuissent, sī tum cum lēx
ferēbātur in Ītaliā domicilium habuissent et sī sexāgintā diēbus
apud praetōrem essent professī.   10
Cum hic domicilium Rōmae multōs iam annōs habēret, professus
est apud praetōrem Q. Metellum familiārissimum suum. Sī nihil
aliud nisi dē cīvitāte ac lēge dīcimus, nihil dīcō amplius, causa
dicta est. Quid enim hōrum infīrmārī, Grātī, potest? Hēraclēaene
esse tum ascrīptum negābis? Adest vir summā auctōritāte et 15
religiōne et fidē, M. Lūcullus; quī sē nōn opīnārī, sed scīre, nōn
audīsse, sed vīdisse, nōn interfuisse, sed ēgisse dīcit. Adsunt
Hēracliēnsēs lēgātī, nōbilissimī hominēs; huius iūdicī causā cum
mandātīs et cum pūblicō testimōniō vēnērunt; quī hunc ascrīptum
Hēraclēae esse dīcunt.   20
Hīc tū tabulās dēsīderās Hēracliēnsium pūblicās, quās Ītalicō
bellō incēnsō tabulāriō interīsse scīmus omnēs? Est rīdiculum ad
ea quae habēmus nihil dīcere, quaerere quae habēre nōn possumus,
et dē hominum memoriā tacēre, litterārum memoriam flāgitāre, et,
cum habeās amplissimī virī religiōnem, integerrimī mūnicipī iūs 25
iūrandum fidemque, ea quae dēprāvārī nūllō modō possunt repu-
diāre, tabulās, quās īdem dīcis solēre corrumpī, dēsīderāre. An
domicilium Rōmae nōn habuit is quī tot annīs ante cīvitātem datam
sēdem omnium rērum ac fortūnārum suārum Rōmae collocāvit?
An nōn est professus? Immō vērō eīs tabulīs professus quae sōlae 30
ex illā professiōne collēgiōque praetōrum obtinent pūblicārum
tabulārum auctōritātem.

. . . . **7. Silvani lege:**
89 B.C., conferring Roman citizenship on residents of Italy, known as the
lex Plautia Papiria. **8. Si qui:** *whoever,* i.e., those should be citizens who . . .
10. essent professi: *should enter their names.* The subjunctive is used here because
the law is quoted in indirect discourse. **13. causa dicta est:** *the defence has been made*
— the case is finished. **14. Grati:** Curtly addressed without his forename. Nothing
is known about Archias's accuser, Gratius. **15. Adest:** As witness and supporter.
17. egisse: *was instrumental* — in bringing it about. **21. tabulas . . . publicas:**
the official records, which were all burned in the fire that destroyed the record office
in the Social War (**Italico bello**). **22. ad ea:** *in relation to things,* such as the verbal
evidence of the Heraclean envoys. **25. amplissimi . . . religionem:** *the word of
honor of a very noble gentleman.* **27. idem dicis:** *you yourself admit.* Gratius
had stated that the record books were quite commonly altered. **30. Immo vero:**
Yes, indeed. **professus (est).** **31. ex . . . praetorum:** *from that registration before
the board of praetors* — hendiadys.

Point by Point Reply to Prosecutor's Arguments

5. Nam, cum Appī tabulae neglegentius asservātae dīcerentur, Gabīnī, quam diū incolumis fuit, levitās, post damnātiōnem calamitās omnem tabulārum fidem resignāsset, Metellus, homō sānctissimus modestissimusque omnium, tantā dīligentiā fuit ut ad
5 L. Lentulum praetōrem et ad iūdicēs vēnerit et ūnīus nōminis litūrā sē commōtum esse dīxerit. Hīs igitur in tabulīs nūllam litūram in nōmine A. Licinī vidētis.

Quae cum ita sint, quid est quod dē eius cīvitāte dubitētis, praesertim cum aliīs quoque in cīvitātibus fuerit ascrīptus? Etenim
10 cum mediocribus multīs et aut nūllā aut humilī aliquā arte praeditīs grātuītō cīvitātem in Graeciā hominēs impertiēbant, Rēgīnōs crēdō aut Locrēnsēs aut Neāpolitānōs aut Tarentīnōs, quod scaenicīs artificibus largīrī solēbant, id huic summā ingenī praeditō glōriā nōluisse! Quid? cum cēterī nōn modo post cīvitātem datam, sed
15 etiam post lēgem Pāpiam aliquō modō in eōrum mūnicipiōrum tabulās irrēpsērunt, hic, quī nē ūtitur quidem illīs in quibus est scrīptus, quod semper sē Hēracliēnsem esse voluit, reiciētur?

Cēnsūs nostrōs requīris. Scīlicet; est enim obscūrum proximīs cēnsōribus hunc cum clārissimō imperātōre L. Lūcullō apud exerci-
20 tum fuisse, superiōribus cum eōdem quaestōre fuisse in Asiā, prīmīs Iūliō et Crassō nūllam populī partem esse cēnsam. Sed,

¶5. 1. **Appi:** Thought to be the father of the dissolute Clodius, Cicero's personal enemy. **2. Gabini:** Gabinius Capito, who was condemned for provincial extortion in his governorship of Achaia. **3. resignasset:** *had destroyed.* **4. sanctissimus modestissimusque:** *most conscientious and law observing.* **10. humili:** *inferior.* **arte:** *accomplishment,* including actors, dancers, musicians. **12. quod . . . solebant:** *which they used to give lavishly to stage performers.* **14. post . . . datam:** After the lex Plautia Papiria was passed. **15. legem Papiam:** The lex Papia was passed in 65 B.C., enacting that all persons not possessing a legal residence in Italy must leave Rome. It was under this law that Archias was brought to trial. **16. irrepserunt:** *have slipped into,* without a valid claim. **illis (tabulis):** Those of Regium, Locri, Naples, and Tarentum. **18. requiris:** Gratius did not find the name of A. Licinius in the census lists; but the census had been taken at irregular intervals. **Scilicet:** *certainly* — sarcastic. **obscurum = tibi non notum.** **proximis censoribus:** *at the last taking of the census* — 70 B.C. **19. apud exercitum:** Archias went along as a personal companion, or attaché, of the commander, in the war against Mithridates; he was not **in exercitu.** **20. superioribus:** *at the next to the last (census)* — 86 B.C. **eodem quaestore:** Lucullus, then quaestor under Sulla. There was a hiatus in the censorship between 86 and 70 B.C. **21. primis:** *at the first (census)* after Archias had become a citizen, 89 B.C.

quoniam cēnsus nōn iūs cīvitātis cōnfirmat ac tantum modo indicat
eum quī sit cēnsus ita sē iam tum gessisse prō cīve eīs temporibus
is quem tū crīmināris nē ipsīus quidem iūdiciō in cīvium Rōmānōrum iūre esse versātum, et testāmentum saepe fēcit nostrīs 25
lēgibus, et adiit hērēditātēs cīvium Rōmānōrum, et in beneficiīs ad
aerārium dēlātus est ā L. Lūcullō prō cōnsule.

The Place of Literature in a Civilized Man's Life

6. Quaere argūmenta, sī quae potes; numquam enim hic neque
suō neque amīcōrum iūdiciō revincētur.

Quaerēs ā nōbīs, Gratī, cūr tantō opere hōc homine dēlectēmur.
Quia suppeditat nōbīs ubi et animus ex hōc forēnsī strepitū refi-
ciātur et aurēs convīciō dēfessae conquiēscant. An tū exīstimās 5
aut suppetere nōbīs posse quod cotīdiē dīcāmus in tantā varietāte
rērum, nisi animōs nostrōs doctrīnā excolāmus, aut ferre animōs
tantam posse contentiōnem, nisi eōs doctrīnā eādem relaxēmus?
Ego vērō fateor mē hīs studiīs esse dēditum.

Cēterōs pudeat, sī quī sē ita litterīs abdidērunt ut nihil possint 10
ex eīs neque ad commūnem afferre frūctum neque in aspectum
lūcemque prōferre: mē autem quid pudeat, quī tot annōs ita vīvō,
iūdicēs, ut ā nūllīus umquam mē tempore aut commodō aut ōtium

. . . . **23. pro:** *as.* **24. ne . . . iudicio:** *not even in
his own opinion*, since he had not had his name placed on the same census registers.
25. testamentum . . . fecit: Only a Roman citizen could make a legal will.
26. adiit hereditates: *received property by inheritance from.* Only a citizen could
be an heir, or even receive a legacy. **in beneficiis . . . delatus est:** Returning
proconsuls and propraetors were required to hand in to the treasury, within thirty
days, the names of men on their staff whose services were deemed worthy of com-
pensation from the state. Archias had had his name handed in by Lucullus for such
a payment from the state. This also indicated that he was a citizen at that time.

¶6. **1. argumenta:** *convincing proofs* — that Archias is not a citizen. **numquam . . . revincetur:** *he will never be convicted.* Cicero now closes the legal argument
and enters upon an elaborate tribute to poetry and poets and to literature in general.
4. ubi: *that with which.* **forensi strepitu:** *the din of the courts.* **5. convicio:**
noisy abuse. **6. suppetere = suppeditari. nobis:** Orators and advocates as a
class. Quintilian recommends to orators the reading of poetry and refers to this
passage. **10. si . . . abdiderunt:** *if they have so buried themselves in their books.*
13. tempore aut commodo: *emergency or convenience.* The latter refers to civil
cases.

meum abstrāxerit aut voluptās āvocārit aut dēnique somnus
15 retardārit? Quā rē quis tandem mē reprehendat, aut quis mihi
iūre suscēnseat, sī, quantum cēterīs ad suās rēs obeundās, quantum
ad fēstōs diēs lūdōrum celebrandōs, quantum ad aliās voluptātēs
et ad ipsam requiem animī et corporis concēditur temporum,
quantum aliī tribuunt tempestīvīs convīviīs, quantum dēnique
20 alveolō, quantum pilae, tantum mihi egomet ad haec studia reco-
lenda sūmpserō?

Atque hōc eō mihi concēdendum est magis, quod ex hīs studiīs
haec quoque crēscit ōrātiō et facultās quae, quantacumque est in
mē, numquam amīcorum perīculīs dēfuit. Quae sī cui levior
25 vidētur, illa quidem certē quae summa sunt ex quō fonte hauriam
sentiō. Nam nisi multōrum praeceptīs multīsque litterīs mihi ab
adulēscentiā suāsissem nihil esse in vītā magnō opere expetendum
nisi laudem atque honestātem, in eā autem persequendā omnēs
cruciātūs corporis, omnia perīcula mortis atque exsilī parvī esse
30 dūcenda, numquam mē prō salūte vestrā in tot ac tantās dīmicā-
tiōnēs atque in hōs prōflīgātōrum hominum cotīdiānōs impetūs
obiēcissem.

Sed plēnī omnēs sunt librī, plēnae sapientium vōcēs, plēna
exemplōrum vestustās; quae iacērent in tenebrīs omnia, nisi
35 litterārum lūmen accēderet. Quam multās nōbīs imāginēs nōn
sōlum ad intuendum, vērum etiam ad imitandum fortissimōrum
virōrum expressās scrīptōrēs et Graecī et Latīnī relīquērunt! quās
ego mihi semper in administrandā rē pūblicā prōpōnēns animum
et mentem meam ipsā cōgitātiōne hominum excellentium cōn-
40 fōrmābam.

. . . . **16. quantum ... temporum ... tantum:** *as much
time ... as.* **19. tempestivis:** *beginning early* — before 3 P.M. — be drawn out to
indecent lengths. **20. pilae:** *ball games.* Handball was a favorite sport of the
Romans. **23. oratio et facultas:** *oratorical power* — hendiadys. **24. periculis:**
needs. **25. illa:** The moral principles set forth in the following paragraph. **26. praeceptis ... litteris:** *the teachings* (of philosophers) *and wide reading.* **28. laudem
atque honestatem:** *glory gained by merit* — hendiadys. **ea:** Singular because of the
hendiadys. **29. parvi ... ducenda:** *should be considered of small importance.*
31. profligatorum hominum: Those who sympathized with the Catilinian conspirators and were finally successful in bringing about Cicero's exile. **34. exemplorum:**
Of heroism and virtue — with **pleni, plenae, plena. vetustas:** *the history of the past.*
nisi ... accederet: *if ... were not shed upon them.* **35. nobis ... expressas ...
reliquerunt:** *have portrayed and left to us.* **37. quas ... mihi ... proponens:** *and
by setting these before me.* **38. animum et mentem:** *heart and mind.*

7. Quaeret quispiam: "Quid? illī ipsī summī virī quōrum virtūtēs litterīs prōditae sunt istāne doctrīnā quam tū effers laudibus ērudītī fuērunt?" Difficile est hoc dē omnibus cōnfīrmāre, sed tamen est certum quid respondeam. Ego multōs hominēs excellentī animō ac virtūte fuisse sine doctrīnā, et nātūrae ipsīus habitū prope dīvīnō 5 per sē ipsōs et moderātōs et gravēs exstitisse fateor; etiam illud adiungō, saepius ad laudem atque virtūtem nātūram sine doctrīnā quam sine nātūrā valuisse doctrīnam. Atque idem ego hoc con-tendō, cum ad nātūram eximiam atque illūstrem accesserit ratiō quaedam cōnfōrmātiōque doctrīnae, tum illud nesciō quid prae- 10 clārum ac singulāre solēre exsistere.

Ex hōc esse hunc numerō quem patrēs nostrī vīdērunt, dīvīnum hominem Āfricānum, ex hōc C. Laelium, L. Fūrium, moderātis-simōs hominēs et continentissimōs, ex hōc fortissimum virum et illīs temporibus doctissimum, M. Catōnem illum senem; quī pro- 15 fectō sī nihil ad percipiendam colendamque virtūtem litterīs adiuvā-rentur, numquam sē ad eārum studium contulissent. Quod sī nōn hic tantus frūctus ostenderētur, et sī ex hīs studiīs dēlectātiō sōla peterētur, tamen, ut opīnor, hanc animī remissiōnem hūmānissimam ac līberālissimam iūdicārētis. Nam cēterae neque temporum sunt 20 neque aetātum omnium neque locōrum; at haec studia adulēscen-tiam alunt, senectūtem oblectant, secundās rēs ōrnant, adversīs perfugium ac sōlācium praebent, dēlectant domī, nōn impediunt forīs, pernoctant nōbīscum, peregrīnantur, rūsticantur.

¶7. 2. proditae sunt: By the books to which he has just alluded. 3. est certum ... respondeam: *my answer is clear.* What is the literal translation? 5. naturae ... divino: *because of an almost superhuman quality of their nature.* 7. naturam sine doctrina ... sine natura ... doctrinam: A forceful chiasmus. 8. Atque ... contendo: *And yet at the same time I assert.* 9. accesserit: *there is added.* ratio ... doctrinae: *what I may call the systematic training afforded by learning.* 10. illud ... singulare: *some noble and unique excellence.* 12. hunc ... Africanum: *this Scipio Africanus* (i.e. the younger) — hunc is used to denote the nearer in time. 13. Furium: C. Laelius Sapiens and L. Furius Philus were intimate friends of this Scipio and labored with him for the advancement of letters. 14. fortissimum: *of remarkable vigor.* 15. illis temporibus: *in his day.* senem: The elder Cato is often distinguished from his great-grandson by adding senex. 16. adiuvarentur: *were continually aided* — more forceful than the pluperfect. 18. ostenderetur: *were not assured.* 20. ceterae (animi remissiones). 21. omnium: With temporum, aetatum, locorum. 22. alunt: *strengthen.*

25 Quod sī ipsī haec neque attingere neque sēnsū nostrō gustāre
possēmus, tamen ea mīrārī dēbērēmus, etiam cum in aliīs vidērēmus.

Archias Is a Foremost Poet

8. Quis nostrum tam animō agrestī ac dūrō fuit ut Rōscī morte
nūper nōn commovērētur? quī cum esset senex mortuus, tamen
propter excellentem artem ac venustātem vidēbātur omnīnō morī
nōn dēbuisse. Ergō ille corporis mōtū tantum amōrem sibi con-
5 ciliārat ā nōbīs omnibus: nōs animōrum incrēdibilēs mōtūs celeritā-
temque ingeniōrum neglegēmus? Quotiēns ego hunc Archiam
vīdī, iūdicēs — ūtar enim vestrā benignitāte, quoniam mē in hōc
novō genere dīcendī tam dīligenter attenditis — quotiēns ego
hunc vīdī, cum litteram scrīpsisset nūllam, magnum numerum
10 optimōrum versuum dē eīs ipsīs rēbus quae tum agerentur dīcere
ex tempore, quotiēns revocātum eandem rem dīcere commūtātīs
verbīs atque sententiīs!
　　Quae vērō accūrātē cōgitātēque scrīpsisset, ea sīc vīdī probārī
ut ad veterum scrīptōrum laudem pervenīret. Hunc ego nōn
15 dīligam, nōn admīrer, nōn omnī ratiōne dēfendendum putem?
Atque sīc ā summīs hominibus ērudītissimīsque accēpimus, cēterārum rērum studia et doctrīnā et praeceptīs et arte cōnstāre; poētam
nātūrā ipsā valēre et mentis vīribus excitārī et quasi dīvīnō quōdam
spīritū īnflārī. Quā rē suō iūre noster ille Ennius "sānctōs" appellat
20 poētās, quod quasi deōrum aliquō dōnō atque mūnere commendātī
nōbīs esse videantur.

¶8. 1. Rosci: Q. Roscius was a leading comedy actor of this time, especially
admired for his gracefulness. **4. motu:** *agility.* **5. motus** (pl. for sing.):
mental activity, developed by training, contrasted with **celeritatem ingeniorum —**
natural quickness. **7. utar:** *I shall take advantage of.* **10. eis . . . agerentur:**
the topics of the day. **11. ex tempore:** *impromptu.* Much was made in ancient
times of improvising in verse. **revocatum:** For an encore. **eandem rem**
= de eisdem rebus. **13. Quae . . . scripsisset:** All the writings of Archias have
perished except eighteen epigrams which are assigned — with a strong probability
that they are genuine — to him. **14. ut . . . perveniret:** *that he approached the excellence of classic authors* — probably a slightly exaggerated estimate. **16. sic:** *this.*
17. constare: *is based upon.* **19. noster ille Ennuis:** *that Ennius of ours* — a
Latin poet, unlike those just mentioned, who were Greek. Ennius lived from 239 B.C.
to 169 B.C. and was regarded as the father of Roman poetry. In his epic, the *Annales,*
he introduced the hexameter into Latin poetry.

Sit igitur, iūdicēs, sānctum apud vōs, hūmānissimōs hominēs, hoc poētae nōmen, quod nūlla umquam barbaria violāvit. Saxa et sōlitūdinēs vōcī respondent, bēstiae saepe immānēs cantū flectuntur atque cōnsistunt: nōs īnstitūtī rēbus optimīs nōn poētā- 25 rum vōce moveāmur? Homērum Colophōniī cīvem esse dīcunt suum, Chiī suum vindicant, Salamīniī repetunt, Smyrnaeī vērō suum esse cōnfīrmant, itaque etiam dēlūbrum eius in oppidō dēdicā- vērunt; permultī aliī praetereā pugnant inter sē atque contendunt.

The Roman State Honored by Archias's Poetry

9. Ergō illī aliēnum, quia poēta fuit, post mortem etiam expetunt: nōs hunc vīvum, quī et voluntāte et lēgibus noster est, repudiābimus, praesertim cum omne ōlim studium atque omne ingenium contulerit Archiās ad populī Rōmānī glōriam laudemque celebrandam? Nam et Cimbricās rēs adulēscens attigit et ipsī illī C. Mariō, quī 5 dūrior ad haec studia vidēbātur, iūcundus fuit; neque enim quis- quam est tam āversus ā Mūsīs quī nōn mandārī versibus aeternum suōrum labōrum praecōnium facile patiātur.

Themistoclem illum, summum Athēnīs virum, dīxisse aiunt, cum ex eō quaererētur, quod acroāma aut cuius vōcem libentissimē 10 audīret: "Eius, ā quō sua virtūs optimē praedicārētur." Itaque ille Marius item eximiē L. Plōtium dīlēxit, cuius ingeniō putābat ea quae gesserat posse celebrārī; Mithridāticum vērō bellum, magnum atque difficile et in multā varietāte terrā marīque versātum,

. . . . **22. humanissimos:** *most cultivated.*
23. Saxa . . . consistunt: Referring to the legends of Amphion, Arion, and Orpheus, who charmed animals, trees, and stones with their music. **25. instituti rebus optimis:** *trained (as we are) in the best subjects.* **29. contendunt:** Other claimants were Athens, Rhodes, and Argos.

¶9. **1. alienum:** None of them would admit that Homer was a foreigner to their city; but of course only one of the claims could be correct, and he was in fact a foreigner to the rest. **5. Cimbricas res:** *the campaign against the Cimbri,* of which Marius was the hero. **attigit:** Implies that the poem was not finished. **6. durior:** *too rough.* **7. aversus a:** *unfriendly to.* **9. Themistoclem:** Victor over the Persian fleet at Salamis, in 480 B.C. **10. acroama:** Acc. sing. **11. sua virtus:** *his* (Themistocles's) *own valor.* **praedicaretur:** *was being proclaimed.* This was said as a joke, but Cicero chooses to take the remark seriously for the sake of his argument. **12. L. Plotium:** L. Plotius Gallus was the first to teach Latin oratory at Rome.

15 tōtum ab hōc expressum est; quī librī nōn modo L. Lūcullum,
fortissimum et clārissimum virum, vērum etiam populī Rōmānī
nōmen illūstrant.

Populus enim Rōmānus aperuit Lūcullō imperante Pontum et
rēgiīs quondam opibus et ipsā nātūrā et regiōne vāllātum; populī
20 Rōmānī exercitus eōdem duce nōn maximā manū innumerābilēs
Armeniōrum cōpiās fūdit; populī Rōmānī laus est urbem amīcissimam Cyzicēnōrum eiusdem cōnsiliō ex omnī impetū rēgiō atque
tōtīus bellī ōre ac faucibus ēreptam esse atque servātam; nostra
semper ferētur et praedicābitur, L. Lūcullō dīmicante cum inter-
25 fectīs ducibus dēpressa hostium classis est, incrēdibilis apud Tenedum pugna illa nāvālis; nostra sunt tropaea, nostra monumenta,
nostrī triumphī; quae quōrum ingeniīs efferuntur, ab eīs populī
Rōmānī fāma celebrātur.

Cārus fuit Āfricānō superiōrī noster Ennius, itaque etiam in
30 sepulcrō Scīpiōnum putātur is esse cōnstitūtus ex marmore. At
eīs laudibus certē nōn sōlum ipse quī laudātur, sed etiam populī
Rōmānī nōmen ōrnātur. In caelum huius proavus Catō tollitur:
magnus honōs populī Rōmānī rēbus adiungitur. Omnēs dēnique
illī Maximī, Mārcellī, Fulviī nōn sine commūnī omnium nostrum
35 laude decorantur.

· · · · · 15. hoc: Archias. In spite of **totum,** Cicero has in mind only that part
of the third Mithridatic war which was conducted by Lucullus, 74–67 B.C. **19. natura et regione:** *the lay of the land* — hendiadys. **20. non maxima manu:** Numbering about 11,000 men. **innumerabiles:** Numbering, according to Plutarch, over
200,000 men. **21. fudit:** At the battle of Tigranocerta, capital of the Armenian
king, Tigranes. **urbem . . . Cyzicenorum:** The city of Cyzicus was located on the
south shore of the Propontis, in Asia Minor. **23. nostra:** Modifies **pugna** —
separated for emphasis. **24. feretur:** *will be extolled.* **cum:** Conj., introducing
depressa . . . est. **25. Tenedum:** An island near Troy. The victory off Tenedos
had taken place the year before, in 63 B.C. The main engagement was fought near
the island of Lemnos; the two victories are here spoken of as one. **29. noster
Ennius:** As in chap. 8. **in sepulcro Scipionum:** The tomb of the Scipios is on the left
side of the Appian Way, a short distance outside the Servian wall. At the entrance,
in Cicero's time, there were three statues, one of which was thought to be that of
Ennius. **32. huius:** *of the present Cato* — Cato Uticensis. **proavus:** Cato the
Censor, who found Ennius in Sardinia, serving in the Roman army, and took him
to Rome. **34. Maximi:** Used like the names in "our Washingtons and Lincolns
are honored, not for what they had, but for what they did." Cicero's audience
would think of Q. Fabius Maximus, the famous "Delayer," and M. Claudius Marcellus,
the conqueror of Syracuse (both in the second Punic war); and M. Fulvius
Nobilior, who subjugated Aetolia (189 B.C.) and was a friend and patron of Ennius.

198

10. Ergō illum quī haec fēcerat, Rudīnum hominem, maiōrēs nostrī in cīvitātem recēpērunt; nōs hunc Hēracliēnsem, multīs cīvitātibus expetītum, in hāc autem lēgibus cōnstitūtum, dē nostrā cīvitāte ēiciēmus?

Nam sī quis minōrem glōriae frūctum putat ex Graecīs versibus 5 percipī quam ex Latīnīs, vehementer errat, proptereā quod Graeca leguntur in omnibus ferē gentibus, Latīna suīs fīnibus exiguīs sānē continentur. Quā rē sī rēs eae quās gessimus orbis terrae regiōnibus dēfīniuntur, cupere dēbēmus, quō manuum nostrārum tēla pervē-nerint, eōdem glōriam fāmamque penetrāre, quod cum ipsīs populīs 10 dē quōrum rēbus scrībitur haec ampla sunt, tum eīs certē quī dē vītā glōriae causā dīmicant hoc maximum et perīculōrum incitā-mentum est et labōrum.

Quam multōs scrīptōrēs rērum suārum magnus ille Alexander sēcum habuisse dīcitur! Atque is tamen, cum in Sīgēō ad Achillis 15 tumulum astitisset, "Ō fortūnāte," inquit, "adulēscēns, quī tuae virtūtis Homērum praecōnem invēnerīs!" Et vērē; nam, nisi Īlias illa exstitisset, īdem tumulus quī corpus eius contēxerat nōmen etiam obruisset.

Quid? noster hic Magnus, quī cum virtūte fortūnam adaequāvit, 20 nōnne Theophanem Mytilēnaeum, scrīptōrem rērum suārum, in cōntiōne mīlitum cīvitāte dōnāvit, et nostrī illī fortēs virī, sed rūsticī ac mīlitēs, dulcēdine quādam glōriae commōtī, quasi parti-cipēs eiusdem laudis magnō illud clāmōre approbāvērunt? Itaque,

---

¶**10. 1. Rudīnum:** *of Rudiae.* Ennius was made a citizen in 184 B.C.   **6. Graeca:** Greek writings.   **7. Latina:** Even in Cicero's time, Latin was spoken very little outside of Latium and the Roman and Latin colonies. Latin made little progress in superseding the native dialects until the time of the Empire. The Greek language, on the other hand, had been carried by traders and settlers over the whole of the an-cient world.   **8. regionibus = terminis.**   **12. dimicant:** *those who risk their lives in battle* — the actual fighters.   **14. magnus ille:** *the Great.*   **15. Sigeo:** Near Troy.   **16. qui . . . inveneris:** *for you found Homer as the herald* — rel. clause of cause.   **18. Ilias . . . exstitisset:** *if the Iliad had not been written.*   **20. noster hic Magnus:** Pompey — a flattering comparison with Alexander.   **21. Theo-phanem:** Theophanes of Mytilene, on the island of Lesbos, was a friend and adviser of Pompey; he wrote a history of the wars with Mithridates. Roman generals could confer citizenship upon individuals.   **24. magno . . . approbaverunt:** *did they not show their approval by loud cheering.*

Pro Archia, x   **199**

25 crēdō, sī cīvis Rōmānus Archiās lēgibus nōn esset, ut ab aliquō
imperātōre cīvitāte dōnārētur perficere nōn potuit.

Sulla cum Hispānōs dōnāret et Gallōs, crēdō, hunc petentem
repudiāsset; quem nōs in cōntiōne vīdimus, cum eī libellum malus
poēta dē populō subiēcisset, quod epigramma in eum fēcisset
30 tantum modo alternīs versibus longiusculīs, statim ex eīs rēbus
quās tum vēndēbat iubēre eī praemium tribuī, sed eā condiciōne
nē quid posteā scrīberet. Quī sēdulitātem malī poētae dūxerit
aliquō tamen praemiō dignam, huius ingenium et virtūtem in
scrībendō et cōpiam nōn expetīsset?
35   Quid? ā Q. Metellō Piō, familiārissimō suō, quī cīvitāte multōs
dōnāvit, neque per sē neque per Lūcullōs impetrāvisset? quī praesertim ūsque eō dē suīs rēbus scrībī cuperet ut etiam Cordubae
nātīs poētīs, pingue quiddam sonantibus atque peregrīnum, tamen
aurēs suās dēderet.

Archias's New Poem on Cicero's Consulship

11. Neque enim est hoc dissimulandum, quod obscūrārī nōn
potest, sed prae nōbīs ferendum: trahimur omnēs studiō laudis, et
optimus quisque maximē glōriā dūcitur. Ipsī illī philosophī etiam
in eīs libellīs quōs dē contemnendā glōriā scrībunt nōmen suum
5 īnscrībunt; in eō ipsō in quō praedicātiōnem nōbilitātemque dē-
spiciunt praedicārī dē sē ac sē nōminārī volunt. Decimus quidem

. . . . **25. credo:** Used ironically, as often.
27. donaret (civitate). petentem = **si petivisset. 28. ei:** *to him*, seated on the
platform. **libellum:** *a manuscript.* **29. de populo:** (*a poet*) *of the people.* **sub-
iecisset:** *had handed up.* **epigramma:** *as an epigram.* **30. tantum . . . longiusculis:**
merely because the alternate verses were a little longer. The poetry had no merit
except that the alternate verses were long, in imitation of elegiac verse. **32. seduli-
tatem:** *persistence.* **duxerit:** *thought.* **36. impetravisset:** *could he not have
obtained* (*citizenship*). **qui . . . cuperet:** *especially since he was so eager.* **38. pingue:**
dull. **peregrinum:** *provincial.*

¶**11. 2. sed . . . ferendum:** *but must be freely admitted.* **3. Ipsi illi:** *Those
very.* The Stoics and the Epicureans, especially, claimed to be indifferent to
fame. **5. inscribunt:** *add their names to the title.* **eo ipso:** *the very matter.*
6. Decimus . . . Brutus: The first general to carry Roman conquest to the Atlantic,
conquering in 132 B.C. what is now Portugal. With the spoils he built a temple of
Mars in the Campus Martius. Some of the verses of his friend Accius — perhaps the
greatest writer of Roman tragedies — were inscribed at the entrance of this temple.

Brūtus, summus vir et imperātor, Accī, amīcissimī suī, carminibus templōrum ac monumentōrum aditūs exōrnāvit suōrum. Iam vērō ille quī cum Aetōlīs Enniō comite bellāvit Fulvius nōn dubitāvit Mārtis manubiās Mūsīs cōnsecrāre. Quā rē, in quā urbe impe- 10 rātōrēs prope armātī poētārum nōmen et Mūsārum dēlūbra colu- ērunt, in eā nōn dēbent togātī iūdicēs ā Mūsārum honōre et ā poētārum salūte abhorrēre.

Atque ut id libentius faciātis, iam mē vōbīs, iūdicēs, indicābō et dē meō quōdam amōre glōriae nimis ācrī fortasse, vērum tamen 15 honestō, vōbīs cōnfitēbor. Nam quās rēs nōs in cōnsulātū nostrō vōbīscum simul prō salūte huius urbis atque imperī et prō vītā cīvium prōque ūniversā rē pūblicā gessimus, attigit hic versibus atque incohāvit; quibus audītīs, quod mihi magna rēs et iūcunda vīsa est, hunc ad perficiendum adōrnāvī. Nūllam enim virtūs aliam 20 mercēdem labōrum perīculōrumque dēsīderat praeter hanc laudis et glōriae; quā quidem dētrāctā, iūdicēs, quid est quod in hōc tam exiguō vītae curriculō et tam brevī tantīs nōs in labōribus exerceāmus?

Certē, sī nihil animus praesentīret in posterum, et sī, quibus 25 regiōnibus vītae spatium circumscrīptum est, īsdem omnēs cōgitā- tiōnēs termināret suās, nec tantīs sē labōribus frangeret neque tot cūrīs vigiliīsque angerētur nec totiēns dē ipsā vītā dīmicāret. Nunc īnsidet quaedam in optimō quōque virtūs, quae noctēs ac diēs animum glōriae stimulīs concitat atque admonet nōn cum vītae 30 tempore esse dīmittendam commemorātiōnem nōminis nostrī, sed cum omnī posteritāte adaequandam.

· · · · · · · · · · · · · · · · · · · **9. ille . . . Fulvius:** M. Fulvius Nobilior — the same Fulvius listed in chap. 9 — took Ennius with him on his expedition to Aetolia, in northwestern Greece. For this he was severely censured by Cato. **10. Musis:** Fulvius built a temple in honor of Hercules and the Muses and adorned it richly with works of art taken from Greece. **11. prope armati:** i.e., they have just laid down their arms — chiasmus with 'togati iudices. **14. me . . . indicabo:** *inform against* (or *betray*) *myself.* **18. hic:** Archias. **attigit . . . incohavit:** i.e., had begun to write the poem. It was to be about Cicero's crushing the Catilinian conspiracy, in the previous year. The poem was probably never finished. **20. ador- navi:** Cicero furnished the poet with full information. **22. qua . . . detracta:** *and if this is taken away.* **quid est quod:** *what reason is there why.* **28. de ipsa vita:** *for life itself.* **29. virtus:** *noble instinct.* **30. cum . . . dimittendam:** *must not be allowed to stop when our life is over.* **32. adaequandam:** i.e., fame should be imperishable.

12. An vērō tam parvī animī videāmur esse omnēs, quī in rē pūblicā atque in hīs vītae perīculīs labōribusque versāmur, ut, cum ūsque ad extrēmum spatium nūllum tranquillum atque ōtiōsum spīritum dūxerīmus, nōbīscum simul moritūra omnia arbitrēmur?
5 An statuās et imāginēs, nōn animōrum simulācra, sed corporum, studiōsē multī summī hominēs relīquērunt: cōnsiliōrum relinquere ac virtūtum nostrārum effigiem nōnne multō mālle dēbēmus, summīs ingeniīs expressam et polītam?

Ego vērō omnia quae gerēbam iam tum in gerendō spargere mē 10 ac dissēmināre arbitrābar in orbis terrae memoriam sempiternam. Haec vērō sīve ā meō sēnsū post mortem āfutūra est, sīve, ut sapientissimī hominēs putāvērunt, ad aliquam animī meī partem pertinēbit, nunc quidem certē cōgitātiōne quādam spēque dēlector.

Quā rē cōnservāte, iūdicēs, hominem pudōre eō quem amīcōrum 15 vidētis comprobārī cum dignitāte tum etiam vetustāte, ingeniō autem tantō quantum id convenit exīstimārī quod summōrum hominum iūdiciīs expetītum esse videātis, causā vērō eius modī quae beneficiō lēgis, auctōritāte mūnicipī, testimōniō Lūcullī, tabulīs Metellī comprobētur.

20 Quae cum ita sint, petimus ā vōbīs, iūdicēs, sī qua nōn modo hūmāna, vērum etiam dīvīna in tantīs ingeniīs commendātiō dēbet esse, ut eum quī vōs, quī vestrōs imperātōrēs, quī populī Rōmānī rēs gestās semper ōrnāvit, quī etiam hīs recentibus nostrīs vestrīsque domesticīs perīculīs aeternum sē testimōnium laudis datūrum 25 esse profitētur, quī est ex eō numerō quī semper apud omnēs sānctī sunt habitī itaque dictī, sīc in vestram accipiātis fidem ut

---

¶12. 2. ut ... arbitremur: *as to imagine.* 3. spatium (vitae). nullum ... spiritum duxerimus: *have drawn no breath.* 4. omnia: i.e., all that we have done. 5. imagines: *portraits*, molded or carved in any material. simulacra: *likenesses*, whether carved, drawn, or painted. 7. effigiem: *representation.* 8. expressam et politam: *perfectly portrayed.* 12. ad aliquam ... pertinebit: *will concern some part of my soul.* Many philosophers, especially Socrates and Plato, taught that the soul survives death. 13. quidem: *at any rate.* cogitatione ... delector: *I gain pleasure from a kind of hopeful meditation* — hendiadys. 14. pudore eo: *of so fine a sense of honor.* 15. ingenio ... tanto: *who possesses as much talent.* 16. quantum: *as.* 17. causa ... modi: *while the merits of his case are indeed such that ...* 22. ut eum ... sic in vestram accipiatis fidem: *that you so take under your protection one who.* 25. est ex eo numero: *belongs to that class of men.*

hūmānitāte vestrā levātus potius quam acerbitāte violātus esse videātur.

Quae dē causā prō meā cōnsuētūdine breviter simpliciterque dīxī, iūdicēs, ea cōnfīdō probāta esse omnibus; quae ā forō aliēna 30 iūdiciālīque cōnsuētūdine et dē hominis ingeniō et commūniter dē ipsō studiō locūtus sum, ea, iūdicēs, ā vōbīs spērō esse in bonam partem accepta, ab eō quī iūdicium exercet certō sciō.

30. **probata . . . omnibus:** *have been proved to the satisfaction of all.* **33. qui . . . exercet:** Quintus Cicero. **certo:** *with certainty.*

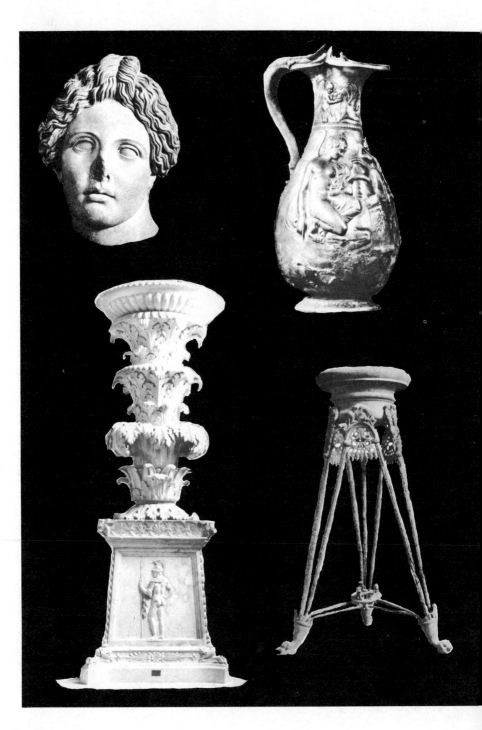

The Prosecution of Verres

As indicated in the Introduction, the magistracies of the Republic provided no salary to officeholders. This came about, of course, because in the earliest years of the city-state, the magistrates were members of patrician families whose public service was a part of their role as patrons of the community. Profound changes in the economy inevitably accompanied the change from a small community to a world empire, and evolution and revolution changed the nature of officeholding. Furthermore, government of the territories acquired by the expanding Roman state was not developed under constitutional law, but grew haphazardly out of events and necessities.

By the time of Cicero all these factors had combined to produce much abuse of power by provincial officials. Men spent lavishly of their own money, and even went heavily into debt, during their term as aedile in order to please the populace of Rome with free entertainments, expecting in two years to win election to the praetorship. After their year in office, praetors were appointed to provinces as chief administrators, and there men expected to recoup their fortunes at the expense of the unhappy provincials. A governor who was completely honest and fair in his dealings with the people under him was the exception.

SIGNUM AENEUM CUPIDINIS   SIGNUM HERCULIS INFANTIS

Of course, it was possible to prosecute a man who had abused his office in order to enrich himself. But prosecution was costly in time and money, the trial had to take place in Rome where the scales were heavily weighted in favor of the official, and it was a good way to make dangerous enemies. In the case of some officials, however, the crimes committed in office were so outrageous as to be almost incredible, and some actually were convicted of extortion.

All we know about Verres's case comes from Cicero's prosecution. But the outcome of the trial seems to prove that Verres did indeed carry to a new extreme the plundering of a territory under his jurisdiction.

Cicero began the case with an action to prevent the acceptance of Q. Caecilius Niger as the prosecutor, because the man was secretly in

SIMULACRUM CERERIS
E MARMORE

collusion with Verres. Then he spent fifty days traveling from end to end of the island of Sicily, where Verres had been the governor 73–71 B.C., collecting evidence and assembling witnesses. When the case came to trial in August, instead of pitting his ability as a speaker against that of Hortensius, who reigned as the leading orator of Rome, Cicero used unexpected tactics. He made the briefest of presentations himself, then paraded his crowd of witnesses before the court, carefully documenting case after case of Verres's heartless activities. In fact, Cicero labeled them "looting," and unfolded stories of how private owners of family heirlooms lost their treasures, cities and towns lost their statues and valuable paintings, and a visiting prince was robbed of a candelabrum intended as a gift for Jupiter's temple in Rome.

207

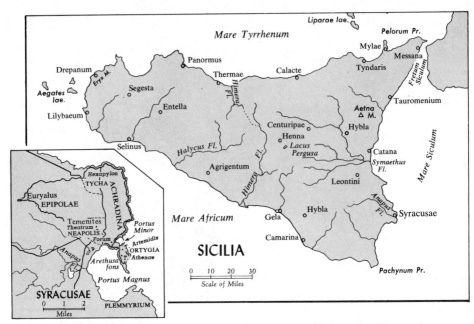

The evidence was so overwhelming and so conclusive that Hortensius, instead of trying to make a reply in defence of Verres, advised his client to go into exile immediately. The trial had lasted just nine days.

Meanwhile, Cicero had accumulated a mass of dramatic material for the speeches that he never made at the actual trial. He therefore revised the two speeches that he did make, against Caecilius and against Verres, and then wrote out in court-speech form the remainder of his case, as five further orations. The selections in this text are taken from the fourth of these five literary speeches, and have perennial interest because of fascinating sidelights on ancient art, vivid descriptions of scenes in the isle of Sicily, and lively narratives of the ex-governor's unique methods of collecting art.

FONS ARETHUSA

M. TVLLI CICERONIS
ACTIONIS IN C. VERREM SECVNDAE

LIBER QVARTVS

PARTES SELECTAE
DE SIGNIS

A Criminally Greedy Governor

1. Veniō nunc ad istīus, quem ad modum ipse appellat, studium, ut amīcī eius, morbum et īnsāniam, ut Siculī, latrōcinium; ego quō nōmine appellem nesciō; rem vōbīs prōpōnam, vōs eam suō, nōn nōminis pondere penditōte. Genus ipsum prius cognōscite, iūdicēs; deinde fortasse nōn magnō opere quaerētis quō id nōmine appellan- 5 dum putētis.

Negō in Siciliā tōtā, tam locuplētī, tam vetere prōvinciā, tot oppidīs, tot familiīs tam cōpiōsīs, ūllum argenteum vās, ūllum Corinthium aut Dēliacum fuisse, ūllam gemmam aut margarītam, quicquam ex aurō aut ebore factum, signum ūllum aēneum, mar- 10 moreum, eburneum, negō ūllam pīctūram neque in tabulā neque in textilī quīn conquīsierit, īnspexerit, quod placitum sit abstulerit.

Magnum videor dīcere: attendite etiam quem ad modum dīcam. Nōn enim verbī neque crīminis augendī causā complector omnia: cum dīcō nihil istum eius modī rērum in tōtā prōvinciā relīquisse, 15 Latīnē mē scītōte, nōn accūsātōriē loquī. Etiam plānius: nihil in aedibus cuiusquam, nē in hospitis quidem, nihil in locīs commū- nibus, nē in fānīs quidem, nihil apud Siculum, nihil apud cīvem Rōmānum, dēnique nihil istum quod ad oculōs animumque acciderit, neque prīvātī neque pūblicī, neque profānī neque sacrī 20 tōtā in Siciliā relīquisse.

¶1. 1. istius: *the defendant* — the forensic use of **iste**. **studium**: *hobby* or *fancy*. 2. **latrocinium**: *highway robbery*. 4. **iudices**: *gentlemen of the jury*. 9. **Corinthium, Deliacum**: Corinth and Delos were both famous for their vases. The bronzes from Corinth were all antiques at this time, since Corinth had been destroyed in 146 B.C., 75 years earlier. 10. **signum**: *statue*. 12. **textili (fuisse)**: *tapestry*. **Pictura** is a word broad enough in meaning to include painting on wooden panels and the tapestries. **quin conquisierit**: *that he did not hunt it up*. **quod placitum sit**: *what he liked*. 14. **augendi**: *exaggerating*. 16. **Latine**: *literally* — like our "in plain English." 17. **ne ... quidem**: *not even in the house of his host*. 20. **acci- derit**: *came to his attention*. 21. **reliquisse**: Summarizes the entire Fourth Book.

Unde igitur potius incipiam quam ab eā cīvitāte quae tibi ūna in amōre atque in dēliciīs fuit, aut ex quō potius numerō quam ex ipsīs laudātōribus tuīs? Facilius enim perspiciētur quālis apud eōs 25 fueris quī tē ōdērunt, quī accūsant, quī persequuntur, cum apud tuōs Māmertīnōs inveniāre improbissimā ratiōne esse praedātus.

Heius's Chapel Denuded of All Valuables

2. C. Heius est Māmertīnus — omnēs hoc mihi, quī Messānam accessērunt, facile concēdunt — omnibus rēbus illā in cīvitāte ōrnātissimus. Huius domus est vel optima Messānae, nōtissima quidem certē et nostrīs hominibus apertissima maximēque hospitālis. 5 Ea domus ante istīus adventum ōrnāta sīc fuit ut urbī quoque esset ōrnāmentō; nam ipsa Messāna, quae sitū, moenibus portūque ōrnāta sit, ab hīs rēbus quibus iste dēlectātur sānē vacua atque nūda est.

Erat apud Heium sacrārium magnā cum dignitāte in aedibus, 10 ā maiōribus trāditum, perantīquum, in quō signa pulcherrima quattuor summō artificiō, summā nōbilitāte, quae nōn modo istum hominem ingeniōsum et intellegentem, vērum etiam quemvīs nostrum, quōs iste idiōtās appellat, dēlectāre possent, ūnum Cupīdinis marmoreum Prāxitelī; nīmīrum didicī etiam, dum in istum inquīrō, 15 artificum nōmina. Īdem, opīnor, artifex eiusdem modī Cupīdinem fēcit illum quī est Thespiīs, propter quem Thespiae vīsuntur; nam

. . . . **22. tibi:** Speaking directly to Verres. **una:** *unrivaled.* **23. ex quo . . . numero:** *with what class.* **24. laudatoribus tuis:** In return for his favor, Messina had sent a delegation to Rome to try to "whitewash" Verres. **26. tuos Mamertinos:** *your friends from Messina.* The people of Messina were called Mamertini after the Oscan mercenaries of that name who had seized the town more than two centuries before: Mamers was the Oscan name for Mars.

¶2. 3. vel: *perhaps* or *you may say.* 5. istius: Refers to the defendant, not without a certain contempt — a common use of *iste* in public speaking. **ornata:** With particular reference to works of art, throughout this speech. **9. sacrarium:** *a private chapel,* in the house of Heius. **13. idiotas:** *laymen* (so far as art is concerned), with a connotation similar to that of our "Philistine." **14. Praxiteli:** A very famous Greek sculptor who lived in the fourth century B.C. Only one original of his, the Hermes at Olympia, has survived. A copy of a Cupid of his is in the Vatican Museum. **dum . . . inquiro:** *while I was making inquiries about the defendant* — during Cicero's tour of Sicily to collect evidence. **15. eiusdem modi:** i.e., in the same style. **16. Thespiis:** A town in Boeotia, in eastern Greece.

alia vīsendī causa nūlla est. Atque ille L. Mummius, cum Thespiadās, quae ad aedem Fēlīcitātis sunt, cēteraque profāna ex illō oppidō signa tolleret, hunc marmoreum Cupīdinem, quod erat cōnsecrātus, nōn attigit.   20

Verres Left Nothing but One Wooden Statue

3. Vērum ut ad illud sacrārium redeam, signum erat hoc quod dīcō Cupīdinis ē marmore, ex alterā parte Herculēs ēgregiē factus ex aere. Is dīcēbātur esse Myrōnis, ut opīnor: et certē. Item ante hōs deōs erant ārulae, quae cuivīs religiōnem sacrārī significāre possent. Erant aēnea duo praetereā signa, nōn maxima vērum 5 eximiā venustāte, virginālī habitū atque vestītū, quae manibus sublātīs sacra quaedam mōre Athēniēnsium virginum reposita in capitibus sustinēbant; Canēphoroe ipsae vocābantur; sed eārum artificem — quem? quemnam? rēctē admonēs — Polyclītum esse dīcēbant.   10

Messānam ut quisque nostrum vēnerat, haec vīsere solēbat; omnibus haec ad vīsendum patēbant cotīdiē; domus erat nōn dominō magis ōrnāmentō quam cīvitātī. C. Claudius, cuius aedīlitātem magnificentissimam scīmus fuisse, ūsus est hōc Cupīdine tam diū dum forum dīs immortālibus populōque Rōmānō habuit 15 ōrnātum; et, cum hospes esset Heiōrum, Māmertīnī autem populī

17. **Thespiadas:** Another name for the Muses, who were supposed to dwell on Helicon, near Thespiae. Mummius destroyed Corinth, 146 B.C., and carried away many works of art. 18. **aedem Felicitatis:** Built by a Lucullus, about eighty years before this time, and destroyed by fire in the time of Claudius. 20. **non attigit:** The Eros of Thespiae was later brought to Rome and placed in the Porticus of Octavia, which was destroyed by fire in 80 A.D.

¶3. 1. **redeam:** From the digression about the same sculptor's famous Eros. 3. **Myronis:** Myron was a famous sculptor, a worker in bronze, of the fifth century B.C. **et certe:** *and I am certain* (that it was made by Myron). 8. **Canephoroe:** The -oe ending (fem. nom. pl.) represents a transcription of the Greek -οι. 9. **Polyclitum:** A celebrated Greek sculptor of the fifth century B.C. Heius's statues were probably not originals, though they were accepted as genuine at this time. 11. **ut:** *whenever.* **venerat:** Represents repeated action. 13. **C. Claudius:** An aedile in 99 B.C. The aediles vied with each other in giving lavish shows, as a means of gaining popularity and getting elected to a higher office. 15. **tam diu dum ... habuit ornatum:** *as long as he kept the Forum decorated* — for the parades through it during festivals.

patrōnus, ut illīs benignīs ūsus est ad commodandum, sīc ipse
dīligēns fuit ad reportandum.

Nūper hominēs nōbilēs eius modī, iūdicēs, — sed quid dīcō
20 "nūper"? immō vērō modo ac plānē paulō ante vīdimus, quī forum
et basilicās nōn spoliīs prōvinciārum, sed ōrnāmentīs amīcōrum,
commodīs hospitum, nōn fūrtīs nocentium ōrnārent; quī tamen
signa atque ōrnāmenta sua cuique reddēbant, nōn ablāta ex urbibus
sociōrum atque amīcōrum quadrīduī causā, per simulātiōnem aedī-
25 litātis, domum deinde atque ad suās vīllās auferēbant. Haec omnia
quae dīxī signa, iūdicēs, ab Heiō ē sacrāriō Verrēs abstulit; nūllum,
inquam, hōrum relīquit neque aliud ūllum tamen praeter ūnum
pervetus ligneum, Bonam Fortūnam, ut opīnor; eam iste habēre
domī suae nōluit.

Not Even Previous Bad Governors Can Match Verres

4. Prō deum hominumque fidem! quid hoc est? quae haec
causa est? quae ista impudentia? quae dīcō signa, antequam abs
tē sublāta sunt, Messānam cum imperiō nēmō vēnit quīn vīserit.
Tot praetōrēs, tot cōnsulēs in Siciliā cum in pāce tum etiam in
5 bellō fuērunt, tot hominēs cuiusque modī — nōn loquor dē integrīs,
innocentibus, religiōsīs — tot cupidī, tot improbī, tot audācēs,
quōrum nēmō sibi tam vehemēns, tam potēns, tam nōbilis vīsus
est quī ex illō sacrāriō quicquam poscere aut tollere aut attingere
audēret: Verrēs quod ubīque erit pulcherrimum auferet? nihil
10 habēre cuiquam praetereā licēbit? tot domūs locuplētissimās istīus
domus ūna capiet? Idcircō nēmō superiōrum attigit ut hic tolleret?
ideō C. Claudius Pulcher rettulit ut C. Verrēs posset auferre?

. . . . . **17. ut . . . commodandum:** *as he found them obliging in lending it.*
ipse . . . fuit: *he was equally careful to.* **19. eius modi:** i.e., as honest as Claudius was, referring to some conscientious aediles within recent years. **21. orna-
mentis:** *works of art,* borrowed from hosts and other friends. **22. qui tamen:**
and yet they — **qui** is a connecting rel. **24. quadridui causa:** *as a four-day loan*
(the duration of the festival). **per . . . aedilitatis:** *through the pretense that it was
for the use of the aediles.* **27. tamen praeter:** *with the single exception of.* **28. ligneum:** i.e., not valuable for anything except its age.

¶4. **3. quin viserit:** *without going to see them.* **5. cuiusque modi:** *of every type.*
8. qui . . . auderet: *as to dare* — rel. clause of characteristic.

14. Vērum mehercule hoc, iūdicēs, dīcam. Meminī Pamphilum Lilybītānum, amīcum et hospitem meum, nōbilem hominem, mihi nārrāre, cum iste ab sēsē hydriam Boēthī manū factam, praeclārō opere et grandī pondere, per potestātem abstulisset, sē sānē trīstem et conturbātum domum revertisse, quod vās eius modī, quod sibi 5
ā patre et ā maiōribus esset relictum, quō solitus esset ūtī ad fēstōs diēs, ad hospitum adventūs, ā sē esset ablātum.

"Cum sedērem," inquit, "domī trīstis, accurrit Venerius; iubet mē scyphōs sigillātōs ad praetōrem statim afferre.

"Permōtus sum," inquit, "bīnōs habēbam; iubeō prōmī utrōsque, 10 nē quid plūs malī nāscerētur, et mēcum ad praetōris domum ferrī.

"Eō cum veniō, praetor quiēscēbat; frātrēs illī Cibyrātae inam-bulābant. Quī mē ubi vīdērunt, 'Ubi sunt, Pamphile,' inquiunt, 'scyphī?'

"Ostendō trīstis; laudant. 15

"Incipiō querī mē nihil habitūrum quod alicuius esset pretī, sī etiam scyphī essent ablātī.

"Tum illī, ubi mē conturbātum vident, 'Quid vīs nōbīs dare, ut istī abs tē nē auferantur?' Nē multa, HS mīlle mē," inquit, "poposcērunt; dīxī mē datūrum. 20

"Vocat intereā praetor, poscit scyphōs." Tum illōs coepisse praetōrī dīcere putāsse sē, id quod audīssent, alicuius pretī scyphōs esse Pamphilī; luteum negōtium esse, nōn dignum quod in suō argentō Verrēs habēret. Ait ille idem sibi vidērī. Ita Pamphilus scyphōs optimōs aufert. 25

¶14. 2. **Lilybitanum:** In 75 B.C. Cicero had served as quaestor at Lilybaeum, at the western end of Sicily. The reputation for fairness which he earned dur-ing his year in office encouraged the Sicilians to enlist his assistance as prosecutor of their case against Verres, after the latter's term as propraetor, from 73 to 71 B.C. 3. **Boethi:** A sculptor, fourth century B.C., from Chalcedon. 8. **Venerius:** A slave of the temple of Venus at Eryx, at the western end of the island. Verres used these temple slaves as messengers. 9. **sigillatos:** (carved) *with figures in relief,* the usual adornment of handsome silverware. 10. **binos:** *a pair.* 12. **quiescebat:** i.e., taking his siesta. **fratres ... Cibyratae:** The brothers from Cibyra, in Phrygia, were Verres's agents in finding works of art, appraising them, and securing them by any possible means. 16. **preti:** *any appreciable value.* 19. **Ne multa** (dicam). **HS mille:** *one thousand sesterces,* about forty dollars. 23. **luteum negotium:** *rubbish.*

24. Et nē forte hominem exīstimētis hanc tantam vim emblēmatum sine causā coacervāre voluisse — vidēte quantī vōs, quantī
exīstimātiōnem populī Rōmānī, quantī lēgēs et iūdicia, quantī
testēs Siculōs negōtiātōrēs fēcerit — posteāquam tantam multi-
5 tūdinem collēgerat emblēmatum ut nē ūnum quidem cuiquam
relīquisset, īnstituit officīnam Syrācūsīs in rēgiā maximam.

Palam artificēs omnēs, caelātōrēs ac vāsculāriōs, convocārī
iubet, et ipse suōs complūrēs habēbat: eōs conclūdit, magnam
hominum multitūdinem. Mēnsēs octō continuōs hīs opus nōn
10 dēfuit, cum vās nūllum fieret nisi aureum. Tum illa, ex patellīs et
tūribulīs quae ēvellerat, ita scītē in aureīs pōculīs illigābat, ita aptē
in scaphiīs aureīs inclūdēbat, ut ea ad illam rem nāta esse dīcerēs;
ipse tamen praetor, quī suā vigilantiā pācem in Siciliā dīcit fuisse,
in hāc officīnā maiōrem partem diēī cum tunicā pullā sedēre solēbat
15 et palliō.

An Unsuspecting Prince Lets Verres See His Treasures

27. Veniō nunc nōn iam ad fūrtum, nōn ad avāritiam, nōn ad
cupiditātem, sed ad eius modī facinus, in quō omnia nefāria
continērī mihi atque inesse videantur; in quō dī immortālēs violātī.
exīstimātiō atque auctōritās nōminis populī Rōmānī imminūta,
5 hospitium spoliātum ac prōditum, abaliēnātī scelere istīus ā nōbīs
omnēs rēgēs amīcissimī, nātiōnēsque quae in eōrum rēgnō ac diciōne
sunt.

Nam rēgēs Syriae, rēgis Antiochī fīliōs puerōs, scītis Rōmae
nūper fuisse; quī vēnerant nōn propter Syriae rēgnum; nam id

¶**24. 2. sine causa . . . voluisse:** There was method in Verres's madness in collecting vast amounts of relief designs — they were removed from the vases which they
originally adorned and attached to others. **quanti . . . fecerit:** *how much importance
he attached to* — in each case ironical. **6. regia:** The old palace of King Hiero II
now served as the official residence of the governor. Here Verres set up his workshop. **10. illa:** The detached relief ornaments. **11. scite:** adv. **12. includebat:** *he
would mount,* by riveting or soldering. **diceres:** *one would have said.* **15. pallio:**
Wearing a Greek cloak was thought scandalous behavior in a Roman governor. He
also wore the dark tunic of a laborer.

¶**27. 1. furtum:** *plain theft* — a much stronger word than **avaritiam** and **cupidi-
tatem.** **8. reges:** *princes.*

sine contrōversiā obtinēbant, ut ā patre et ā maiōribus accēperant; 10
sed rēgnum Aegyptī ad sē et ad Selēnēn mātrem suam pertinēre
arbitrābantur. Eī posteāquam temporibus reī pūblicae exclūsī
per senātum agere quae voluerant nōn potuērunt, in Syriam in
rēgnum patrium profectī sunt. Eōrum alter, quī Antiochus
vocātur, iter per Siciliam facere voluit; itaque istō praetōre vēnit 15
Syrācūsās.

Hīc Verrēs hērēditātem sibi vēnisse arbitrātus est, quod in eius
rēgnum ac manūs vēnerat is, quem iste et audierat multa sēcum
praeclāra habēre et suspicābātur. Mittit hominī mūnera satis
largē haec ad ūsum domesticum, oleī, vīnī quod vīsum est, etiam 20
trīticī quod satis esset, dē suīs decumīs. Deinde ipsum rēgem ad
cēnam vocāvit. Exōrnat amplē magnificēque triclīnium; expōnit
ea quibus abundābat plūrima et pulcherrima vāsa argentea, —
nam haec aurea nōndum fēcerat; omnibus cūrat rēbus īnstrūctum
et parātum ut sit convīvium.   25

Quid multa? rēx ita discessit ut et istum cōpiōsē ōrnātum et sē
honōrificē acceptum arbitrārētur.

Vocat ad cēnam deinde ipse praetōrem; expōnit suās cōpiās
omnēs, multum argentum, nōn pauca etiam pōcula ex aurō, quae,
ut mōs est rēgius et maximē in Syriā, gemmīs erant distīncta clāris- 30
simīs. Erat etiam vās vīnārium, ex ūnā gemmā pergrandī trūlla
excavāta, cum manūbriō aureō; dē quā, crēdō, satis idōneum,
satis gravem testem, Q. Minucium, dīcere audīstis. Iste ūnum
quodque vās in manūs sūmere, laudāre, mīrārī. Rēx gaudēre
praetōrī populī Rōmānī satis iūcundum et grātum illud esse convī- 35
vium.

. . . . **11. Selenen:** Their mother was the daughter of Ptolemy
VII, king of Egypt.   **12. temporibus:** *critical times,* with wars in Spain against
Sertorius, in the East against Mithridates, and in Italy against Spartacus, besides the
widespread outbreaks of piracy.   **14. Antiochus:** Surnamed Asiaticus, last of the
Seleucid line. As Antiochus XIII he was recognized as king of Syria for about four
years, until he was dethroned by Pompey.   **15. isto praetore:** Abl. abs.   **17. heredi-
tatem:** Used here in the sense of our ''windfall.''   **20. haec:** *the usual.* **visum est:**
seemed right.   **26. ita . . . ut:** *(in) such (a frame of mind) that.*   **31. vas:** Do not
translate as ''vase.''   **vinarium:** *for (serving) wine.* **trulla:** The bowl of the ladle,
evidently, was carved out of one semiprecious stone, while the handle was made of
gold.   **33. Minucium:** A Roman knight, Antiochus's host during his stay in Syracuse.   **34. sumere:** Historical infinitives with their subjects in the nom. may be used
to give an animated tone to a narrative.

Posteāquam inde discessum est, cōgitāre nihil iste aliud, quod ipsa rēs dēclārāvit, nisi quem ad modum rēgem ex prōvinciā spoliātum expīlātumque dīmitteret. Mittit rogātum vāsa ea quae
40 pulcherrima apud eum vīderat; ait sē suīs caelātōribus velle ostendere: rēx, quī illum nōn nōsset, sine ūllā suspīciōne libentissimē dedit. Mittit etiam trūllam gemmeam rogātum; velle sē eam dīligentius cōnsīderāre. Ea quoque eī mittitur.

A Candelabrum Intended for Jupiter's Temple Seen by Verres

28. Nunc reliquum, iūdicēs, attendite, dē quō et vōs audīstis et populus Rōmānus nōn nunc prīmum audiet et in exterīs nātiōnibus ūsque ad ultimās terrās pervagātum est. Candēlābrum ē gemmīs clārissimīs opere mīrābilī perfectum rēgēs eī quōs dīcō
5 Rōmam cum attulissent, ut in Capitōliō pōnerent, quod nōndum perfectum templum offenderant, neque pōnere potuērunt neque vulgō ostendere ac prōferre voluērunt, ut et magnificentius vidērētur, cum suō tempore in cellā Iovis Optimī Maximī pōnerētur, et clārius, cum pulchritūdō eius recēns ad oculōs hominum atque
10 integra pervenīret: statuērunt id sēcum in Syriam reportāre, ut, cum audīssent simulācrum Iovis Optimī Maximī dēdicātum, lēgātōs mitterent quī cum cēterīs rēbus illud quoque eximium ac pulcherrimum dōnum in Capitōlium afferrent.

Pervēnit rēs ad istīus aurēs nesciō quō modō; nam rēx id cēlā-
15 tum voluerat, nōn quō quicquam metueret aut suspicārētur, sed ut nē multī illud ante praeciperent oculīs quam populus Rōmānus.

Iste petit ā rēge et eum plūribus verbīs rogat ut id ad sē mittat; cupere sē dīcit īnspicere neque sē aliīs videndī potestātem esse factūrum. Antiochus, quī animō et puerīlī esset et rēgiō, nihil dē
20 istīus improbitāte suspicātus est; imperat suīs ut id in praetōrium involūtum quam occultissimē dēferrent. Quō posteāquam attulē-

39. **rogatum:** supine.

¶**28. 4. ei quos dico:** *the aforementioned.* **6. offenderant:** *they found.* **8. suo:** *proper.* **cella:** *sanctuary* or *inner room.* **10. integra:** i.e., revealed for the first time. **14. id celatum:** *it to be kept a secret.* **15. non quo:** *not because.* **16. ne multi:** *not many people.* In a negative purpose clause, **ut** is sometimes followed by **ne** or **non,** if the negative affects a single expression. **20. praetorium:** The official residence of a praetor.

runt involūcrīsque reiectīs cōnstituērunt, clāmāre iste coepit dignam
rem esse rēgnō Syriae, dignam rēgiō mūnere, dignam Capitōliō.
Etenim erat eō splendōre quī ex clārissimīs et pulcherrimīs gemmīs
esse dēbēbat, eā varietāte operum ut ars certāre vidērētur cum 25
cōpiā, eā magnitūdine ut intellegī posset nōn ad hominum apparā-
tum, sed ad amplissimī templī ōrnātum esse factum.

Cum satis iam perspexisse vidērētur, tollere incipiunt, ut referrent.
Iste ait sē velle illud etiam atque etiam cōnsīderāre; nēquāquam sē
esse satiātum; iubet illōs discēdere et candēlābrum relinquere. 30
Sīc illī tum inānēs ad Antiochum revertuntur.

The Prince Put Out of Sicily Without His Treasures

29. Rēx prīmō nihil metuere, nihil suspicārī; diēs ūnus, alter,
plūrēs; nōn referrī. Tum mittit, sī videātur, ut reddat. Iubet iste
posterius ad sē revertī. Mīrum illī vidērī; mittit iterum; nōn
redditur. Ipse hominem appellat, rogat ut reddat. Ōs hominis
īnsignemque impudentiam cognōscite. Quod scīret, quod ex ipsō 5
rēge audīsset in Capitōliō esse pōnendum, quod Iovī Optimō
Maximō, quod populō Rōmānō servārī vidēret, id sibi ut dōnāret
rogāre et vehementissimē petere coepit.

Cum ille sē et religiōne Iovis Capitōlīnī et hominum exīstimātiōne
impedīrī dīceret, quod multae nātiōnēs testēs essent illīus operis ac 10
mūneris, iste hominī minārī ācerrimē coepit. Ubi videt eum
nihilō magis minīs quam precibus permovērī, repente hominem
dē prōvinciā iubet ante noctem dēcēdere; ait sē comperisse ex
eius rēgnō pīrātās ad Siciliam esse ventūrōs.

. . . . 23. regio munere: *(to be) a
prince's gift.* **25. esse debebat:** *was to be expected* or *was the natural result.*
26. copia: *lavishness.* **31. inanes:** *empty-handed.* **revertuntur:** To the house of
Minucius.

¶**29. 2. referri:** The sub. is *it*—the candelabrum. **si videatur:** A conventional
polite expression. The whole passage is in an offhand, conversational style.
3. videri: *it began to seem.* **4. Os:** Here the same as **impudentiam;** we use
"face" and "cheek" colloquially with much the same meaning. **9. religione:**
respect or *veneration for.* **11. muneris:** The prince considered it already a gift
to the Roman people. **14. eius:** Antiochus's—a trumped-up excuse, all the more
preposterous since Syria was then under Tigranes; and Antiochus, without power
or responsibility.

15 Rēx maximō conventū Syrācūsīs in forō, nē quis forte mē in
crīmine obscūrō versārī atque affingere aliquid suspīciōne hominum
arbitrētur, — in forō, inquam, Syrācūsīs flēns ac deōs hominēsque
contestāns clāmāre coepit candēlābrum factum ē gemmīs, quod in
Capitōlium missūrus esset, quod in templō clārissimō populō
20 Rōmānō monumentum suae societātis amīcitiaeque esse voluisset,
id sibi C. Verrem abstulisse; dē cēterīs operibus ex aurō et gemmīs,
quae sua penes illum essent, sē nōn labōrāre; hoc sibi ēripī miserum
esse et indignum. Id etsī anteā iam mente et cōgitātiōne suā
frātrisque suī cōnsecrātum esset, tamen tum sē, in illō conventū
25 cīvium Rōmānōrum, dare dōnāre, dicāre cōnsecrāre Iovī Optimō
Maximō testemque ipsum Iovem suae voluntātis ac religiōnis
adhibēre.

Agrigentum's Misadventures with the Greedy Governor

43. Quid? Agrigentō nōnne eiusdem P. Scīpiōnis monumentum,
signum Apollinis pulcherrimum, cuius in femore litterīs minūtīs
argenteīs nōmen Myrōnis erat īnscrīptum, ex Aesculāpī religiōsis-
simō fānō sustulistī? Quod quidem, iūdicēs, cum iste clam fēcisset,
5 cum ad suum scelus illud fūrtumque nefārium quōsdam hominēs
improbōs ducēs atque adiūtōrēs adhibuisset, vehementer commōta
cīvitās est. Unō enim tempore Agrigentīnī beneficium Āfricānī,
religiōnem domesticam, ōrnāmentum urbis, indicium victōriae,
testimōnium societātis requīrēbant.
10 Itaque ab eīs quī prīncipēs in eā cīvitāte erant praecipitur et
negōtium datur quaestōribus et aedīlibus ut noctū vigiliās agerent

15. **conventu:** *meeting*, in market place in the middle of Syracuse. 16. **sus-
picione hominum:** *in accordance with men's suspicions.* 22. **quae . . . essent:** *which
were his own, but now in Verres's possession.* 26. **testem . . . adhibere:** *he calls
upon Jove himself to witness his intention and solemn obligation.*

¶43. 1. **Agrigento:** Agrigentum was a flourishing Greek city in the sixth and fifth
centuries B.C. Several remarkable temples mark the site today. **Scipionis:** Scipio
Africanus the Younger, who destroyed Carthage in 146 B.C., restored to Sicilian cities
many monuments carried away by the Carthaginians. 2. **cuius . . . inscriptum:**
The tiny silver letters were inlaid in the bronze of the thigh. 3. **Aesculapi:** God
of healing and son of Apollo. 4. **cum . . . cum:** *when . . . and when* — asyndeton.
9. **requirebant:** *felt the loss of.* The five phrases represent all that the statue meant
to the sorrowful citizens. 10. **praecipitur . . . datur:** *orders were given and arrangements were made for . . .*

ad aedēs sacrās. Etenim iste Agrigentī — crēdō propter multitūdinem illōrum hominum atque virtūtem, et quod cīvēs Rōmānī,
virī fortēs atque honestī, permultī in illō oppidō coniūnctissimō
animō cum ipsīs Agrigentīnīs vīvunt ac negōtiantur — nōn audēbat 15
palam poscere aut tollere quae placēbant.

Herculis templum est apud Agrigentīnōs nōn longē ā forō, sānē
sānctum apud illōs et religiōsum. Ibi est ex aere simulācrum ipsīus
Herculis, quō nōn facile dīxerim quicquam mē vīdisse pulchrius —
tametsī nōn tam multum in istīs rēbus intellegō, quam multa vīdī — 20
ūsque eō, iūdicēs, ut rictum eius ac mentum paulō sit attrītius,
quod in precibus et grātulātiōnibus nōn sōlum id venerārī, vērum
etiam ōsculārī solent. Ad hoc templum, cum esset iste Agrigentī,
duce Tīmarchide repente nocte intempestā servōrum armātōrum
fit concursus atque impetus.   25

Clāmor ā vigilibus fānīque custōdibus tollitur; quī prīmō cum
obsistere ac dēfendere cōnārentur, male mulcātī clāvīs ac fūstibus
repelluntur. Posteā convulsīs repāgulīs effrāctīsque valvīs dēmōlīrī
signum ac vectibus labefactāre cōnantur.

Intereā ex clāmōre fāma tōtā urbe percrēbruit expugnārī deōs 30
patriōs, nōn hostium adventū necopīnātō neque repentīnō praedōnum impetū, sed ex domō atque ex cohorte praetōriā manum
fugitīvōrum īnstrūctam armātamque vēnisse. Nēmō Agrigentī
neque aetāte tam affectā neque vīribus tam īnfīrmīs fuit quī nōn
illā nocte eō nūntiō excitātus surrēxerit, tēlumque quod cuique fors 35
offerēbat arripuerit. Itaque brevī tempore ad fānum ex urbe tōtā
concurritur. Hōram amplius iam in dēmōliendō signō permultī
hominēs mōliēbantur; illud intereā nūllā labābat ex parte, cum
aliī vectibus subiectīs cōnārentur commovēre, aliī dēligātum
omnibus membrīs rapere ad sē fūnibus.   40

15. **vivunt ac negotiantur:** The Roman traders were on good terms with Sicilians.
19. **quo:** *than which.* 21. **attritius:** i.e., worn away by the kisses. 24. **Ti-
marchide:** *Timarchides,* a freedman of Verres, often mentioned as his agent.
nocte intempesta: *in the dead of night.* 26. **vigilibus . . . custodibus:** *the
guards and watchmen* — planted there by the city officials. 29. **conantur:** Those
making the attempt are Timarchides and his men. 33. **fugitivorum:** A more
abusive term than **servorum,** not to be taken literally. 35. **surrexerit:** *rise out of
bed.* The perfect subjunctive is sometimes used, in a result clause, instead of
the imperfect. 38. **moliebantur:** *had been toiling away.* **cum:** *although* or *in
spite of the fact that.*

Ac repente Agrigentīnī concurrunt; fit magna lapidātiō; dant sēsē in fugam istīus praeclārī imperātōris nocturnī mīlitēs. Duo tamen sigilla perparvola tollunt, nē omnīnō inānēs ad istum praedōnem religiōnum revertantur. Numquam tam male est
45 Siculīs quīn aliquid facētē et commodē dīcant, velut in hāc rē aiēbant in labōrēs Herculis nōn minus hunc immānissimum verrem quam illum aprum Erymanthium referrī oportēre.

The Highly Venerated Sanctuary of Ceres in the Island

48. Vetus est haec opīniō, iūdicēs, quae cōnstat ex antīquissimīs Graecōrum litterīs ac monumentīs, īnsulam Siciliam tōtam esse Cererī et Līberae cōnsecrātam. Hoc cum cēterae gentēs sīc arbitrantur, tum ipsīs Siculīs ita persuāsum est ut in animīs eōrum
5 īnsitum atque innātum esse videātur.

Nam et nātās esse hās in eīs locīs deās et frūgēs in eā terrā prīmum repertās esse arbitrantur, et raptam esse Līberam, quam eandem Prōserpinam vocant, ex Hennēnsium nemore; quī locus, quod in mediā est īnsulā situs, umbilīcus Siciliae nōminātur. Quam cum
10 investīgāre et conquīrere Cerēs vellet, dīcitur īnflammāsse taedās eīs ignibus quī ex Aetnae vertice ērumpunt; quās sibi cum ipsa praeferret, orbem omnem peragrāsse terrārum.

Henna autem, ubi ea quae dīcō gesta esse memorantur, est locō perexcelsō atque ēditō, quō in summō est aequāta agrī plānitiēs
15 et aquae perennēs, tōta vērō ab omnī aditū circumcīsa atque dērēcta est; quam circā lacūs lūcīque sunt plūrimī atque laetissimī

. . . . **42. praeclari . . . milites:** With extreme scorn — the order heightens the effect. **44. religionum:** *hallowed objects.* **Numquam . . . Siculis:** *the Sicilians are never so badly off.* **46. verrem:** A pun on the name Verres — they facetiously added a thirteenth "labor of Hercules," an adventure with another "boar."

¶**48. 1. constat:** *derives from.* **3. Cereri et Liberae:** The worship of Demeter and Persephone had been brought from Greece to Sicily, where the former was identified with Ceres and the latter with Proserpina. **7. raptam esse Liberam:** The stealing away of Proserpina by Pluto was a favorite theme of the poets. **10. conquirere Ceres:** Ceres's quest for her lost daughter carried her to the regions of the Lower World. **14. perexcelso . . . edito:** Henna was perched on a rocky height, towering above the valley; the modern town is called Castrogiovanni. **16. quam circa = circa quam.**

flōrēs omnī tempore annī, locus ut ipse raptum illum virginis, quem iam ā puerīs accēpimus, dēclārāre videātur.

Etenim prope est spēlunca quaedam conversa ad aquilōnem, īnfīnītā altitūdine, quā Dītem patrem ferunt repente cum currū 20 exstitisse abreptamque ex eō locō virginem sēcum asportāsse, et subitō nōn longē ā Syrācūsīs penetrāsse sub terrās, lacumque in eō locō repente exstitisse; ubi ūsque ad hoc tempus Syrācūsānī fēstōs diēs anniversāriōs agunt celeberrimō virōrum mulierumque conventū.   25

Universal Deep Respect for the Sanctuary at Henna

49. Propter huius opīniōnis vetustātem, quod hōrum in hīs locīs vestīgia ac prope incūnābula reperiuntur deōrum, mīra quaedam tōtā Siciliā prīvātim ac pūblicē religiō est Cereris Hennēnsis. Etenim multa saepe prōdigia vim eius nūmenque dēclārant; multīs saepe in difficillimīs rēbus praesēns auxilium eius oblātum est, ut 5 haec īnsula ab eā nōn sōlum dīligī, sed etiam incolī custōdīrīque videātur.

Nec sōlum Siculī, vērum etiam cēterae gentēs nātiōnēsque Hennēnsem Cererem maximē colunt. Etenim sī Athēniēnsium sacra summā cupiditāte expetuntur, ad quōs Cerēs in illō errōre 10 vēnisse dīcitur frūgēsque attulisse, quantam esse religiōnem convenit eōrum apud quōs eam nātam esse et frūgēs invēnisse cōnstat?

Itaque apud patrēs nostrōs atrōcī ac difficilī reī pūblicae tempore, cum Tiberiō Gracchō occīsō magnōrum perīculōrum metus ex ostentīs portenderētur, P. Mūciō L. Calpurniō cōnsulibus, aditum 15

. . . . **18. videatur:** Proserpina and her companions were gathering flowers when Pluto suddenly appeared; and a visitor to these flowery meadows feels that the story must be true, that it was here she was captured.   **19. spelunca:** From which Pluto (Dis Pater) emerged.   **22. non longe a:** Near the fountain of Kyane, in the southern outskirts of Syracuse.

¶**49. 3. Cereris Hennensis:** With emphasis on the closing words; it is her statue of which he is about to speak.   **5. praesens:** *powerful* or *effectual.*   **10. sacra:** The celebrated Eleusinian mysteries, into which many well-known Romans, including Cicero, were initiated. Ceres was said to have visited Eleusis, near Athens, in her wanderings, and it became her most famous place of worship.   **11. quantam . . . convenit:** *what must be the feelings.*   **13. atroci . . . tempore:** *at a terrible . . . crisis.*   **15. Mucio . . . consulibus:** 133 B.C.   **aditum est:** *recourse was had.*

est ad librōs Sibyllīnōs; ex quibus inventum est Cererem antīquissimam plācārī oportēre. Tum ex amplissimō collēgiō decem-
virālī sacerdōtēs populī Rōmānī, cum esset in urbe nostrā Cereris
pulcherrimum et magnificentissimum templum, tamen ūsque
20 Hennam profectī sunt. Tanta enim erat auctōritās et vetustās illīus
religiōnis, ut, cum illūc īrent, nōn ad aedem Cereris, sed ad ipsam
Cererem proficīscī vidērentur.

Non obtundam diūtius; etenim iam dūdum vereor nē ōrātiō mea
aliēna ab iūdiciōrum ratiōne et ā cotīdiānā dīcendī cōnsuētūdine
25 esse videātur. Hoc dīcō, hanc ipsam Cererem, antīquissimam,
religiōsissimam, prīncipem omnium sacrōrum quae apud omnēs
gentēs nātiōnēsque fīunt, ā C. Verre ex suīs templīs ac sēdibus esse
sublātam. Quī accessistis Hennam, vīdistis simulācrum Cereris
ē marmore et in alterō templō Līberae. Sunt ea perampla atque
30 praeclāra, sed nōn ita antīqua. Ex aere fuit quoddam modicā
amplitūdine ac singulārī opere, cum facibus, perantīquum, omnium
illōrum quae sunt in eō fānō multō antīquissimum; id sustulit.

Ac tamen eō contentus nōn fuit. Ante aedem Cereris in apertō
ac prōpatulō locō signa duo sunt, Cereris ūnum, alterum Triptolemī,
35 pulcherrima ac perampla. Hīs pulchritūdō perīculō, amplitūdō
salūtī fuit, quod eōrum dēmōlītiō atque asportātiō perdifficilis
vidēbātur. Īnsistēbat in manū Cereris dextrā grande simulācrum
pulcherrimē factum Victōriae; hoc iste ē signō Cereris āvellendum
asportandumque cūrāvit.

Verres's Looting of Syracuse

52. Ūnīus etiam urbis omnium pulcherrimae atque ōrnātissimae,
Syrācūsārum, dīreptiōnem commemorābō et in medium prōferam,

---

17. ex ... decemvirali: *from the reverend body of decemvirs* — the ten priests
called **decemviri sacris faciundis**, in charge of the Sibylline books.   **19. templum:**
Near the river at the end of the Circus Maximus.   **23. obtundam (vos).**   **29. Liberae:** Proserpina.   **30. non ita antiqua:** *not especially old.*   **31. cum facibus:**
She was represented as carrying a torch, or torches, to recall the long search for her
daughter.   **34. Triptolemi:** Said to be the son of Celeus, the king of Eleusis, who
received Ceres into his household during the wanderings. Later she gave Triptolemus
her chariot drawn by winged serpents, and sent him over the world to spread knowledge of the new art of agriculture.   **35. perampla:** *of heroic size.*

iūdicēs, ut aliquandō tōtam huius generis ōrātiōnem conclūdam atque dēfīniam. Nēmō ferē vestrum est quīn quem ad modum captae sint ā M. Mārcellō Syrācūsae saepe audīerit, nōn numquam 5 etiam in annālibus lēgerit.

Cōnferte hanc pācem cum illō bellō, huius praetōris adventum cum illīus imperātōris victōriā, huius cohortem impūram cum illīus exercitū invictō, huius libīdinēs cum illīus continentiā: ab illō quī cēpit conditās, ab hōc quī cōnstitūtās accēpit captās dīcētis 10 Syrācūsās.

Ac iam illa omittō quae dispersē ā mē multīs in locīs dīcentur ac dicta sunt: forum Syrācūsānōrum, quod introitū Mārcellī pūrum ā caede servātum est, id adventū Verris Siculōrum innocentium sanguine redundāsse; portum Syrācūsānōrum, quī tum et nostrīs 15 classibus et Carthāginiēnsium clausus fuisset, eum istō praetōre Cilicum myoparōnī praedōnibusque patuisse; mittō adhibitam vim ingenuīs, mātrēs familiās violātās, quae tum in urbe captā commissa nōn sunt neque odiō hostīlī neque licentiā mīlitārī neque mōre bellī neque iūre victōriae; mittō, inquam, haec omnia quae ab 20 istō per triennium perfecta sunt: ea quae coniūncta cum illīs rēbus sunt dē quibus anteā dīxī cognōscite.

Urbem Syrācūsās maximam esse Graecārum, pulcherrimam omnium saepe audīstis. Est, iūdicēs, ita ut dīcitur. Nam et sitū est cum mūnītō tum ex omnī aditū, vel terrā vel marī, praeclārō 25 ad aspectum, et portūs habet prope in aedificātiōne amplexūque urbis inclūsōs; quī cum dīversōs inter sē aditūs habeant, in exitū

¶52. The remaining chapters of the Fourth Verrine Book are devoted to the plunder of Syracuse, capital of the province and a city which had shown a certain amount of sympathy with Verres. It was a great city up to the time of its capture by the Romans in 212 B.C., but its importance had diminished by Cicero's time. **3. totam ... orationem:** *this whole division of my speech* (dealing with art). **4. definiam:** *bring to an end.* **5. non numquam etiam:** *and also at times.* **7. Conferte ... pacem:** *Compare this (kind of) peace* — Verres's. **9. ab illo ... conditas (esse) ... captas (esse):** The conqueror of Syracuse acted the part of a founder — Marcellus administered the captured city with as much humanity as if he had been the leader of a colony — while Verres, who came as a peacetime governor, treated Syracuse like a city captured by force of arms. **12. locis:** *points (in my speech).* **21. per:** *in the course of* — at various times within a given period, rather than continuously. **perfecta sunt:** *successfully accomplished* — the prefix per- emphasizes that Verres did a thorough job. **27. inclusos:** The small harbor was hemmed in by buildings on all sides except the east.

coniunguntur et cōnfluunt. Eōrum coniūnctiōne pars oppidī, quae appellātur Īnsula, marī diiūncta angustō, ponte rūrsus adiungitur et 30 continētur.

The Four Sections of Syracuse

53. Ea tanta est urbs, ut ex quattuor urbibus maximīs cōnstāre dīcātur; quārum ūna est ea quam dīxī Īnsula, quae duōbus portibus cīncta, in utriusque portūs ōstium aditumque prōiecta est; in quā domus est quae Hierōnis rēgis fuit, quā praetōrēs ūtī solent. In 5 eā sunt aedēs sacrae complūrēs, sed duae quae longē cēterīs antecellant, Diānae, et altera, quae fuit ante istīus adventum ōrnātissima, Minervae. In hāc īnsulā extrēmā est fōns aquae dulcis, cui nōmen Arethūsa est, incrēdibilī magnitūdine, plēnissimus piscium, quī fluctū tōtus operīrētur, nisi mūnītiōne ac mōle lapidum diiūnctus 10 esset ā marī.

Altera autem est urbs Syrācūsīs, cui nōmen Achradīna est; in quā forum maximum, pulcherrimae porticūs, ōrnātissimum prytanēum, amplissima est cūria templumque ēgregium Iovis Olympiī cēteraeque urbis partēs, quae ūnā viā lātā perpetuā multīsque 15 trānsversīs dīvīsae prīvātīs aedificiīs continentur.

Tertia est urbs quae, quod in eā parte Fortūnae fānum antīquum fuit, Tycha nōmināta est; in quā gymnasium amplissimum est et

. . . . **29. Insula:** Called Ortygia, the oldest part of the city, between the great harbor and the sea, bounded on the north by the small harbor. **mari:** *arm of the sea.*

¶**53. 3. proiecta est:** *projects.*   **4. Hieronis:** Hiero II, ruler of Syracuse, 270–216 B.C. Note that a Greek tyrant was an absolute ruler — a "strong man" — but not necessarily an evil one.   **7. Minervae:** This temple was on the highest point of the island, where the cathedral now stands; massive stone columns of an ancient temple are still visible in the cathedral.   **8. Arethusa:** The fabled fountain of a nymph who fled from the river-god Alpheus. She made her way from Greece, under the sea, and emerged at last near Syracuse. The fountain was near the south end of Ortygia.   **9. fluctu . . . operiretur:** *would be covered over with sea water.*   **diiunctus esset:** It is still today separated by a sea wall.   **11. Achradina:** That part of the city extending northward along the shore, many times larger than Ortygia.   **12. prytaneum:** *the city hall.*   **17. Tycha:** Greek name for Fortuna. This section of the city, which took its name from the temple of the goddess, lay west of the northern end of Achradina.   **gymnasium:** The "gymnasium" in ancient Greek cities included an athletic field with a running track and facilities for outdoor sports.

complūrēs aedēs sacrae, coliturque ea pars et habitātur frequentissimē.

Quārta autem est quae, quia postrēma coaedificāta est, Neāpolis 20 nōminātur; quam ad summam theātrum maximum, praetereā duo templa sunt ēgregia, Cereris ūnum, alterum Līberae signumque Apollinis, quī Temenītēs vocātur, pulcherrimum et maximum; quod iste sī portāre potuisset, nōn dubitāsset auferre.

Marcellus, a Military Conqueror, Spared the City's Art

54. Nunc ad Mārcellum revertar, nē haec ā mē sine causā commemorāta esse videantur. Quī cum tam praeclāram urbem vī cōpiīsque cēpisset, nōn putāvit ad laudem populī Rōmānī hoc pertinēre, hanc pulchritūdinem, ex quā praesertim perīculī nihil ostenderētur, dēlēre et exstinguere. Itaque aedificiīs omnibus, 5 pūblicīs, prīvātīs, sacrīs, profānīs, sīc pepercit quasi ad ea dēfendenda cum exercitū, nōn oppugnanda vēnisset.

In ōrnātū urbis habuit victōriae ratiōnem, habuit hūmānitātis; victōriae putābat esse multa Rōmam dēportāre quae ōrnāmentō urbī esse possent, hūmānitātis nōn plānē exspoliāre urbem, prae- 10 sertim quam cōnservāre voluisset. In 'hāc partītiōne ōrnātūs nōn plūs victōria Mārcellī populō Rōmānō appetīvit quam hūmānitās Syrācūsānīs reservāvit. Rōmam quae apportāta sunt, ad aedem Honōris et Virtūtis itemque aliīs in locīs vidēmus. Nihil in aedibus, nihil in hortīs posuit, nihil in suburbānō; putāvit, sī 15 urbis ōrnāmenta domum suam nōn contulisset, domum suam ōrnāmentō urbī futūram.

. . . . **20. Quarta (urbs).** Neapolis: "New-town," west of southern Achradina, growing toward the great harbor. **21. theatrum maximum:** One of the outstanding theaters of the ancient Greek world, cut out of native rock on the edge of the plateau, an impressive ruin even today. **23. Temenites:** *of the sacred precinct.* The shrine and statue of Apollo stood in an enclosed area consecrated to him. **24. auferre:** It was taken to Rome in 37 A.D.

¶**54. 2. cum . . . cepisset:** In 212 B.C. **3. hoc:** Looks forward to **hanc . . . exstinguere. 4. pertinere:** *contributed.* **8. In ornatu:** *in regard to the adornment* (works of art). **rationem:** *consideration.* Marcellus weighed the rights of conquest against the claims of humanity. **12. victoria Marcelli:** *Marcellus as a conqueror.* **humanitas:** *as a humane man.* **15. aedibus:** *his own house.* **suburbano:** *his suburban estate.*

Syrācūsīs autem permulta atque ēgregia relīquit; deum vērō nūllum violāvit, nūllum attigit. Cōnferte Verrem, nōn ut hominem
20 cum homine comparētis, nē qua tālī virō mortuō fīat iniūria, sed ut pācem cum bellō, lēgēs cum vī, forum et iūris dictiōnem cum ferrō et armīs, adventum et comitātum cum exercitū et victōriā cōnferātis.

Historical Paintings Taken from Temple Walls

55. Aedis Minervae est in Īnsulā, dē quā ante dīxī; quam Mārcellus nōn attigit, quam plēnam atque ōrnātam relīquit; quae ab istō sīc spoliāta atque dīrepta est, nōn ut ab hoste aliquō, quī tamen in bellō religiōnem et cōnsuētūdinis iūra retinēret, sed ut ā
5 barbarīs praedōnibus vexāta esse videātur.

Pugna erat equestris Agathoclī rēgis in tabulīs pīcta praeclārē; hīs autem tabulīs interiōrēs templī parietēs vestiēbantur. Nihil erat eā pīctūrā nōbilius, nihil Syrācūsīs quod magis vīsendum putārētur. Hās tabulās M. Mārcellus, cum omnia victōria illa sua
10 profāna fēcisset, tamen religiōne impedītus nōn attigit; iste, cum illa iam propter diūturnam pācem fidēlitātemque populī Syrācūsānī sacra religiōsaque accēpisset, omnēs eās tabulās abstulit; parietēs, quōrum ōrnātūs tot saecula mānserant, tot bella effūgerant, nūdōs ac dēfōrmātōs relīquit.

15 Et Mārcellus, quī, sī Syrācūsās cēpisset, duo templa sē Rōmae dēdicātūrum vōverat, is id quod erat aedificātūrus eīs rēbus ōrnāre quās cēperat nōluit: Verrēs, quī nōn Honōrī neque Virtūtī, quem ad modum ille, sed Venerī et Cupīdinī vōta dēbēret, is Minervae templum spoliāre cōnātus est. Ille deōs deōrum spoliīs ōrnārī

---

19. violavit: By carrying off the statue of a god.

¶55. 4. religionem: *religious scruple.* **6. Agathocli:** Ruler of Syracuse, 317– 289 B.C. The painting on wood adorned the walls of the temple. **tabulis:** Indicates that there was a series of these paintings, extending over the walls of the **cella,** *inner room,* where the statue of Minerva stood. Incidents in the turbulent life of the ruler probably were portrayed. **9. cum . . . fecisset:** *although his victory rendered these objects no longer sacred.* The Romans believed that, by using certain invocations, they could induce the gods of a captured city to abandon it. In this way they "secularized" places of worship and would not incur the anger of the gods if they wished to remove anything that had been consecrated. **17. quem. . . . ille:** *as he* (Marcellus) *did.* **18. Veneri:** Bitter sarcasm — Verres was reputed to have paid excessive attention to women.

nōluit: hic ōrnāmenta Minervae virginis in meretrīciam domum 20
trānstulit.

Vīgintī et septem praetereā tabulās pulcherrimē pīctās ex eādem
aede sustulit; in quibus erant imāginēs Siciliae rēgum ac tyrannō-
rum, quae nōn sōlum pīctōrum artificiō dēlectābant, sed etiam
commemorātiōne hominum et cognitiōne fōrmārum. Ac vidēte 25
quantō taetrior hic tyrannus Syrācūsānīs fuerit quam quisquam
superiōrum: quod, cum illī tamen ōrnārint templa deōrum immortālium, hic etiam illōrum monumenta atque ōrnāmenta sustulerit.

The Doors Stripped of Their Ornaments

56. Iam vērō quid ego dē valvīs illīus templī commemorem?
Vereor nē haec quī nōn vīderint omnia mē nimis augēre atque
ōrnāre arbitrentur; quod tamen nēmō suspicārī dēbet, tam esse
mē cupidum ut tot virōs prīmāriōs velim, praesertim ex iūdicum
numerō, quī Syrācūsīs fuerint, quī haec vīderint, esse temeritātī 5
et mendāciō meō cōnsciōs. Cōnfīrmāre hoc liquidō, iūdicēs,
possum, valvās magnificentiōrēs, ex aurō atque ebore perfectiōrēs,
nūllās umquam ūllō in templō fuisse. Incrēdibile dictū est quam
multī Graecī dē hārum valvārum pulchritūdine scrīptum relīquerint.

Nimium forsitan haec illī mīrentur atque efferant; estō; vērum 10
tamen honestius est reī pūblicae nostrae, iūdicēs, ea quae illīs
pulchra esse videantur imperātōrem nostrum in bellō relīquisse
quam praetōrem in pāce abstulisse. Ex ebore dīligentissimē perfecta
argūmenta erant in valvīs; ea dētrahenda cūrāvit omnia. Gorgonis

· · · · · · · · · · · · · · · · · · · **20. meretriciam:** His mistress, Chelidon.
23. imagines: *portraits.* **26. hic tyrannus:** The Roman governor is disparagingly
put in a class with the despotic Greek rulers in the early history of Syracuse. **27. ta-**
men: i.e., it must be admitted — bad as tyrants of old might be, they had had this one
redeeming trait.

¶56. **2. augere atque ornare:** *exaggerate and embellish.* **3. quod:** *in regard to this.*
4. cupidum: (*carried away by*) *my eagerness.* **primarios:** *of first rank.* **6. men-**
dacio: *falsehood* or *lying.* **9. scriptum:** *something written* — in books of travel,
histories, and the like. **10. illi:** The Greeks, who were more devoted to art
than the Romans. **esto:** Fut. imperative of **sum;** freely, *granted* or *very well.*
11. honestius: *more creditable.* **illis:** i.e., the Greeks. **14. argumenta:** *sub-*
jects (of the designs). **Gorgonis:** Medusa (probably a mask on a much larger
scale than the paneled figures, and in high relief) — the face of a beautiful maiden
with writhing serpents as her hair.

15 ōs pulcherrimum, cīnctum anguibus, revellit atque abstulit; et
tamen indicāvit sē nōn sōlum artificiō, sed etiam pretiō quaestūque
dūcī; nam bullās aureās omnēs ex eīs valvīs, quae erant multae et
gravēs, nōn dubitāvit auferre; quārum iste nōn opere dēlectābātur,
sed pondere; itaque eius modī valvās relīquit ut, quae ōlim ad
20 ōrnandum templum erant maximē, nunc tantum ad claudendum
factae esse videantur.

Etiamne grāmineās hastās (vīdī enim vōs in hōc nōmine, cum
testis dīceret, commovērī), quod erat eius modī ut semel vīdisse
satis esset, in quibus neque manū factum quicquam neque pul-
25 chritūdō erat ūlla, sed tantum magnitūdō incrēdibilis, dē quā vel
audīre satis esset, nimium vidēre plūs quam semel — etiam id
concupīstī?

A Sappho Taken from the Town Hall

57. Nam Sapphō, quae sublāta dē prytanēō est, dat tibi iūstam
excūsātiōnem, prope ut concēdendum atque ignōscendum esse
videātur. Sīlāniōnis opus tam perfectum, tam ēlegāns, tam ēlabōrātum quisquam nōn modo prīvātus, sed populus potius habēret
5 quam homō ēlegantissimus atque ērudītissimus, Verrēs?

Nīmīrum contrā dīcī nihil potest. Nostrum enim ūnus quisque,
quī tam beātī quam iste est nōn sumus, tam dēlicātī esse nōn
possumus, sī quandō aliquid istīus modī vidēre volet, eat ad aedem

. . . . 17. **bullas:** *bosses*—rounded ornaments
fastened in rows to cover the ends of nails. They were valuable only for the metal
of which they were made. 19. **eius modi:** *in such a state.* 22. **gramineas hastas:**
bamboo poles, probably brought from India. **in hoc nomine:** *in regard to this
item.* 26. **etiam id:** *even that (stuff).* 27. **concupisti** = **concupivisti:** Rhetorical
question addressed to Verres.

¶57. 1. **Sappho:** Famous Greek poetess of the seventh century B.C.; here, a
statue of her. **iustam excusationem:** Sarcastic—"you would not expect Verres to
carry off mere curios, when he showed such cultivated taste in stealing the
Sappho." 3. **Silanionis:** Silanion was a noted Greek sculptor of the fourth century
B.C., famous for his skill in expressing emotions. 4. **potius:** *more deservedly.*
haberet: Deliberative subjunctive. 5. **elegantissimus:** *most discriminating.* 7. **de-
licati:** *fastidious*—sarcastically repeats the idea of **elegantissimus.** 8. **aedem
Felicitatis:** The Temple of Good Fortune, built in Rome near the Tiber by Lucius
Lucullus about 150 B.C. In front of it stood statues brought from Greece by Mummius, the destroyer of Corinth.

Fēlīcitātis, ad monumentum Catulī, in porticum Metellī, det operam
ut admittātur in alicuius istōrum Tusculānum; spectet forum 10
ōrnātum, sī quid iste suōrum aedīlibus commodārit: Verrēs haec
habeat domī, Verrēs ōrnāmentīs fānōrum atque oppidōrum habeat
plēnam domum, vīllās refertās.

Etiamne huius operārī studia ac dēliciās, iūdicēs, perferētis, quī
ita nātus, ita ēducātus est, ita factus et animō et corpore ut multō 15
appositior ad ferenda quam ad auferenda signa esse videātur?
Atque haec Sapphō sublāta quantum dēsīderium suī relīquerit,
dīcī vix potest. Nam cum ipsa fuit ēgregiē facta, tum epigramma
Graecum pernōbile incīsum est in base; quod iste ērudītus homō et
Graeculus, quī haec subtīliter iūdicat, quī sōlus intellegit, sī ūnam 20
litteram Graecam scīsset, certē nōn sustulisset; nunc enim quod
scrīptum est inānī in base dēclārat quid fuerit, et id ablātum indicat.

Quid? signum Paeānis ex aede Aesculāpī praeclārē factum,
sacrum ac religiōsum, nōn sustulistī, quod omnēs propter pulchritūdinem vīsere, propter religiōnem colere solēbant? Quid? ex 25
aede Līberī simulācrum Aristaeī nōn tuō imperiō palam ablātum
est? Quid? ex aede Iovis religiōsissimum simulācrum Iovis Imperātōris, quem Graecī Ūrion nōminant, pulcherrimē factum nōnne
abstulistī? Quid? ex aede Līberae aprīnum caput illud pulcherrimum, quod vīsere solēbāmus, num dubitāstī tollere? Atque ille 30

· · · · · · · · · · · · · · · **9. monumentum Catuli:** A temple to **Fortuna
Huiusce Diei**, *Fortune of the Day*, vowed by Catulus in the battle with the Cimbri
at Vercellae, 101 B.C. **porticum Metelli:** A colonnaded court erected in 147 B.C. in
the Campus Martius, enclosing two temples, one to Jupiter and the other to Juno.
In front of them he placed Greek statues. **10. istorum:** *those men* (associated
with Verres). **Tusculanum:** *Tusculan villa*. The town of Tusculum was picturesquely
situated on a slope of the Alban hills, seventeen miles southeast of Rome. Many
wealthy Romans, including Hortensius, had their country houses here. **11. quid . . .
suorum:** *any of his art treasures*, loaned for a special occasion. **14. operari:** *day
laborer*. Cicero is especially caustic when he speaks about Verres's trying to affect
cultured tastes. **studia ac delicias:** *hobbies and exquisite pleasures*. **16. appositior:**
more fitted (referring to Verres's heavy build) to carry — like a porter, than to carry
off — in the role of a connoisseur of art. **19. in base:** *on the base* (pedestal).
20. Graeculus: *Greekling* — contemptuous. **intellegit:** *appreciates*. **23. Paeanis:**
of Apollo. As the Healer he was called Paean and was honored here in the Temple
of Aesculapius, his son according to Greek mythology. **26. Liberi:** An ancient
Italian divinity, identified with the Greek Bacchus, god of culture of the vine. **Aristaei:**
A son of Apollo who was said to have taught mankind cultivation of the olive, beekeeping, and other farm arts. **28. Urion:** Jupiter as giver of a favorable wind.

Paeān sacrificiīs anniversāriīs simul cum Aesculāpiō apud illōs colēbātur; Aristaeus, quī inventor oleī esse dīcitur, ūnā cum Līberō patre apud illōs eōdem erat in templō cōnsecrātus.

Syracuse's Famous Jupiter Seized by Verres

58. Iovem autem Imperātōrem quantō honōre in suō templō fuisse arbitrāminī? Conicere potestis, sī recordārī volueritis quantā religiōne fuerit eādem speciē ac fōrmā signum illud, quod ex Macedoniā captum in Capitōliō posuerat Flāminīnus.

5 Etenim tria ferēbantur in orbe terrārum signa Iovis Imperātōris ūnō in genere pulcherrimē facta: ūnum illud Macedonicum quod in Capitōliō vīdimus; alterum in Pontī ōre et angustiīs, tertium quod Syrācūsīs ante Verrem praetōrem fuit. Illud Flāminīnus ita ex aede suā sustulit ut in Capitōliō, hoc est in terrestrī domiciliō 10 Iovis pōneret. Quod autem est ad introitum Pontī, id, cum tam multa ex illō marī bella ēmerserint, tam multa porrō in Pontum invecta sint, ūsque ad hanc diem integrum inviolātumque servātum est.

Hoc tertium, quod erat Syrācūsīs, quod M. Mārcellus armātus 15 et victor vīderat, quod religiōnī concesserat, quod cīvēs atque incolae colere, advenae nōn sōlum vīsere vērum etiam venerārī solēbant, id Verrēs ex templō Iovis sustulit. Ut saepius ad Mār- cellum revertar, iūdicēs, sīc habētōte: plūrēs esse ā Syrācūsānis istīus adventū deōs quam victōriā Mārcellī hominēs dēsīderātōs. 20 Etenim ille requīsīsse etiam dīcitur Archimēdem illum, summō ingeniō hominem ac disciplīnā, quem cum audīsset interfectum, permolestē tulisse: iste omnia quae requīsīvit nōn ut cōnservāret, vērum ut asportāret, requīsīvit.

¶58. 2. Conicere: *conjecture.* 6. uno in genere: *of the same type* — with respect to pose, expression, and attributes. 7. vidimus: The tense reminds the hearers of the fire which destroyed the Capitol in 83 B.C. angustiis: At the north end of the Bosporus, on the Asiatic side. 9. domicilio: The Romans con- sidered the temple of Jupiter on the Capitoline Hill the center of his worship for the whole earth. 10. Quod = id signum quod. 17. Ut saepius . . . revertar: *to return once again.* 18. habetote = scitote. 20. Archimedem illum: *the (celebrated) Archimedes.* The great mathematician and inventor was born in Syracuse in 287 B.C. and was killed by a Roman soldier when the city was captured by Marcellus in 212 B.C. Cicero was fond of mentioning the eminent man, whose neglected tomb he had discovered.

59. Iam illa quae leviōra vidēbuntur ideō praeterībō: quod mēnsās Delphicās ē marmore, crātērās ex aere pulcherrimās, vim maximam vāsōrum Corinthiōrum ex omnibus aedibus sacrīs abstulit Syrācūsīs. Itaque, iūdicēs, eī quī hospitēs ad ea quae vīsenda sunt solent dūcere et ūnum quidque ostendere, — quōs 5 illī mystagōgōs vocant, — conversam iam habent dēmōnstrātiōnem suam. Nam, ut ante dēmōnstrābant quid ubīque esset, item nunc quid undique ablātum sit ostendunt.

Quid tum? mediocrīne tandem dolōre eōs affectōs esse arbitrā- minī? Nōn ita est, iūdicēs; prīmum quod omnēs religiōne mo- 10 ventur, et deōs patriōs quōs ā maiōribus accēpērunt colendōs sibi dīligenter et retinendōs esse arbitrantur; deinde hic ōrnātus, haec opera atque artificia, signa, tabulae pīctae Graecōs hominēs nimiō opere dēlectant; itaque ex illōrum querimōniīs intellegere pos- sumus, haec illīs acerbissima vidērī, quae forsitan nōbīs levia et 15 contemnenda esse videantur.

Mihi crēdite, iūdicēs, — tametsī vōsmet ipsōs haec eadem audīre certō sciō, — cum multās accēperint per hōsce annōs sociī atque exterae nātiōnēs calamitātēs et iniūriās, nūllās Graecī hominēs gravius ferunt ac tulērunt quam huiusce modī spoliātiōnēs fānōrum 20 atque oppidōrum. Licet iste dīcat ēmisse sē, sīcutī solet dīcere, crēdite hoc mihi, iūdicēs: nūlla umquam cīvitās tōtā Asiā et Graeciā signum ūllum, tabulam pīctam ūllam, ūllum dēnique ōrnāmentum urbis suā voluntāte cuiquam vēndidit; nisi forte exīstimātis, posteāquam iūdicia sevēra Rōmae fierī dēsiērunt, 25 Graecōs hominēs haec vēnditāre coepisse, quae tum nōn modo nōn vēnditābant, cum iūdicia fiēbant, vērum etiam coemēbant; aut nisi

---

¶**59. 1. praeteribo:** praeteritio. **2. mensas Delphicas:** They were round, supported by three legs, like the tripod of the priestess of Apollo at Delphi. **3. vasorum Corinthiorum:** Corinthian vases, made of bronze, often alloyed with gold and silver. **6. mystagogos:** *guides,* especially for sacred places. **9. Quid tum:** *And what of it all?* — suggesting a transition from the long series of robberies to other matters. **13. nimio opere:** *too much.* **17. tametsi:** *and yet.* **20. gravius ferunt ac tulerunt:** *resent, and* (*in fact always*) *have resented.* **21. emisse se** (haec signa). **25. iudicia ... desierunt:** *strict trials ceased to be held;* i.e., ever since the juries ceased to consist entirely of members of the equestrian order. In 81 B.C. the courts had been put under the control of senators, who might be expected to be lenient with fellow senators. **27. iudicia:** (*honest*) *trials.*

arbitrāminī L. Crassō, Q. Scaevolae, C. Claudiō, potentissimīs hominibus, quōrum aedīlitātēs ōrnātissimās vīdimus, commercium
30 istārum rērum cum Graecīs hominibus nōn fuisse; eīs quī post iūdiciōrum dissolūtiōnem aedīlēs factī sunt fuisse.

Verres's Final Insult: Saying He Bought What He Took

60. Acerbiōrem etiam scītōte esse cīvitātibus falsam istam et simulātam ēmptiōnem quam sī quī clam surripiat aut ēripiat palam atque auferat. Nam turpitūdinem summam esse arbitrantur referrī in tabulās pūblicās pretiō adductam cīvitātem, et pretiō
5 parvō, ea quae accēpisset ā maiōribus vēndidisse atque abaliēnāsse. Etenim mīrandum in modum Graecī rēbus istīs, quās nōs contemnimus, dēlectantur.

Itaque maiōrēs nostrī facile patiēbantur haec esse apud illōs quam plūrima: apud sociōs, ut imperiō nostrō quam ōrnātissimī
10 flōrentissimīque essent, apud eōs autem quōs vectīgālēs aut stīpendiāriōs fēcerant tamen haec relinquēbant, ut illī, quibus haec iūcunda sunt quae nōbīs levia videntur, habērent haec oblectāmenta et sōlācia servitūtis.

Quid arbitrāminī Rēgīnōs, quī iam cīvēs Rōmānī sunt, merēre
15 velle ut ab eīs marmorea Venus illa auferātur? quid Tarentīnōs, ut Eurōpam in taurō āmittant, ut Satyrum quī apud illōs in aede Vestae est, ut cētera? quid Thespiēnsēs ut Cupīdinis signum, propter quod ūnum vīsuntur Thespiae? quid Cnidiōs ut Venerem

---

28. Crasso ... commercium ... fuisse: *that Crassus did not have dealings with the Greeks.* **31. dissolutionem:** *abolition* (of the earlier courts). **fuisse (commercium istarum rerum).**

¶**60. 2. emptionem:** *purchase* — chiasmus. **4. referri:** *for it to be entered.* **5. abalienasse:** *to have transferred ownership of.* **10. vectigales:** Paid taxes partly in kind. **stipendiarios:** Paid a fixed sum in cash. **12. oblectamenta:** *source of pleasure.* **14. Reginos:** *the people of Regium* — on the lower Italian peninsula. **merere velle:** *would be willing to take.* **15. Venus:** Nothing is known of this statue, apparently a familiar sight to visitors. **Tarentinos (merere velle):** *would the people of Tarentum take for.* **16. Europam in tauro:** Jupiter in the form of a bull carried Europa off to Crete — the subject was often represented in both sculpture and painting. **Satyrum:** Also at Tarentum, in the temple of Vesta. **17. cetera:** Suggests that there were many famous works of art in Tarentum. **18. Cnidios:** *the people of Cnidus* — in Asia Minor.

marmoream, quid ut pīctam, Cōōs? quid Ephesiōs ut Alexandrum, quid Cyzicēnōs ut Aiācem aut Mēdēam, quid Rhodiōs ut Iālÿsum? 20 quid Athēniēnsēs, ut ex marmore Iacchum aut Paralum pīctum aut ex aere Myrōnis būculam?

Longum est et nōn necessārium commemorāre quae apud quōsque vīsenda sunt tōtā Asiā et Graeciā; vērum illud est quam ob rem haec commemorem, quod exīstimāre hoc vōs volō, mīrum 25 quendam dolōrem accipere eōs ex quōrum urbibus haec auferantur.

· · · · · · · · · · · · · · 19. pictam (Venerem). Coos: *the people of Cos* — an island in the eastern Aegean. This painting of Venus was by the celebrated Apelles. 20. Cyzicenos: *the people of Cyzicus* — in western Asia Minor. Aiacem (pictum): A hero of the Trojan war. Medeam (pictum): Both of these paintings were thought to have been by Timomarchus. Ialysum: A descendant of the sun god — the painting was by Protogenes. 21. Iacchum: Another name for Bacchus. Paralum: An ancient Athenian hero. 22. buculam: This was a celebrated bronze of Myron. 24. illud est: *that is the reason.*

Letters

The correspondence

Cicero's letters were not written for publication. They are bona fide personal letters, some of them written in a semi-official vein to men in public life, but many of them written to his family and to close friends with the most unreserved disclosure of his every thought and mood of the moment. Sometime after his death many of his letters — nearly eight hundred altogether, plus another ninety written to Cicero — were collected and published. At least some of the collections, and perhaps all, were almost certainly gathered by his freedman, the talented secretary Tiro, himself a man of real literary ability.

As a historical source, the letters are of the greatest importance. The letter writer, Cicero, lived in the most dramatic period of Roman history, during which the constitutional foundations of the Republic crumbled and gave way to the Empire. Not only did he live during these times, but he was also a chief actor in the events, and he was personally involved in various ways with the other chief actors. His view of these events and personalities are recorded without any suppression of his own thoughts and reactions, for he was not writing for publication.

But the letters are even more fascinating to a modern reader because they reveal so intimately and spontaneously a real human being. Moreover, he is a man we should have enjoyed knowing for his wit, for his prominence in the world of affairs, for his culture and education, for his contact with the great and the near-great of his day, and for his ability to write well and charmingly, or poignantly, or incisively, depending on the matter at hand.

234

The letters we still have cover the years 68 B.C. to 43 B.C. They are grouped as follows:

> To FRIENDS, *Ad Familiares*, in sixteen books (including letters to Cicero)
> To HIS BROTHER QUINTUS, *Ad Quintum fratrem*, in three books
> To ATTICUS, *Ad Atticum*, in sixteen books
> To MARCUS BRUTUS, *Ad M. Brutum*, in two books

TEMPLUM
APOLLINIS CUMANUM

Dating

Since dates occur frequently in the letters, the student should understand the Roman system of dating. To begin with, the year was commonly designated by the names of the two consuls of the year. If, however, a Roman wished a numerical date for a year, he used as a beginning the traditional date of the founding of the city of Rome — *ab urbe condita*, or *anno urbis conditae*, commonly abbreviated to A.U.C. It is easy to arrive at a B.C. date simply by subtracting any given A.U.C. date from 754. Thus, Cicero was born in 648 A.U.C.; subtracting 648 from 754 gives us the year 106 B.C. for his birth date.

The method of reckoning the dates of days in the month was more complicated. The grammatical construction of the phrase **ante diem** is

TERMINUS VIAE APPIAE
BRUNDISI

explained in §150 of the grammar review. Here is an explanation of how dates were reckoned. Remember, first, that every Roman month had three days to which names were given, much as we have a name for each day of the week. These three days were:

The *Kalends*, **Kalendae,** the 1st day of the month
The *Nones*, **Nōnae,** the 5th day of the month except in March, May, July, and October, when the Nones fell on the 7th
The *Ides*, **Īdūs,** the 13th day of the month except in March, May, July, and October, when the Ides fell on the 15th

ALEXANDER PUGNANS APUD ISSUM

Other dates were determined by figuring *backward* from these special days. In reading Roman dates, moreover, we must remember that they counted the part of a day at either end of a given period as a full day in their reckoning. Thus, the day before the Kalends was **prīdiē Kalendās,** but the day before that was **diē tertiō ante Kalendās,** the third day before was **diē quartō,** and so on.

VICUS IN URBE

Here is an arithmetic operation for finding our equivalent of a Roman date. If the date is figured from the Kalends, add 2 to the number of days in the preceding month, and then subtract the number in the date given.

VIII Kal. Apr.: 31 days in March **+ 2** = 33 − **8** = March 25

If the date is figured from the Nones or Ides, add 1 to the day of the month on which the special day falls, and then subtract the number in the date given.

IV Id. Sept.: 13, the date of the Ides **+ 1** = 14 − **4** = September 10

Letter headings

A heading at the top of a letter usually identified the sender and the recipient: *Cicero to Atticus*, **Cicerō Atticō sal.** In a formal letter full names, as well as official titles, would be used: *Marcus Tullius Cicero, son of Marcus, to Gnaeus Pompeius, son of Gnaeus, the Great, Commander-in-chief*, **M. Tullius M.f. Cicerō s.d. Cn. Pompeiō Cn.F. Magnō Imperātōrī.** The simple *sends greetings* formula, **salūtem dīcit** (usually abbreviated to **S.D.**, or even **sal.**), might be expanded in various ways, as *sends most cordial greetings*, **salūtem plūrimam dīcit** (abbreviated **S.P.D.**).

OPPIDUM CAPTUM AB IMPERATORE

Epistolary tenses

Roman letter writers sometimes — not always — put verbs in their letters in the tense which would be the actual time reference when the letter was read, not the tense appropriate at the time of writing. This way of using tenses is called *epistolary*. Thus, *scribebam* often means "I am writing," and *scripseram*, "I wrote."

M. TVLLI CICERONIS
EPISTVLAE SELECTAE

1. Ad Fam. V.7 — 692 A.U.C., probably June or July, from Rome

The letter was written in response to Pompey's official dispatches to the senate, announcing victory in his campaign against Mithridates (see Cicero's speech on the Manilian Law), and to a letter Pompey wrote to Cicero himself. The burden of Cicero's message is rather naïve disappointment that Pompey didn't make anything of Cicero's remarkable — Cicero was all too conscious of the remarkableness — energy and success in defeating the Catilinarian conspiracy.

M. TVLLIVS M.F. CICERO S.D. CN. POMPEIO
CN. F. MAGNO IMPERATORI

S. T. E. Q. V. B. E. Ex litterīs tuīs, quās pūblicē mīsistī, cēpī ūnā cum omnibus incrēdibilem voluptātem; tantam enim spem ōtī ostendistī, quantam ego semper omnibus tē ūnō frētus, pollicēbar. Sed hōc scītō, tuōs veterēs hostēs, novōs amīcōs vehementer litterīs perculsōs atque ex magnā spē dēturbātōs iacēre.　　5

Ad mē autem litterās, quās mīsistī, quamquam exiguam significātiōnem tuae ergā mē voluntātis habēbant, tamen mihi scītō iūcundās fuisse; nūllā enim rē tam laetārī soleō quam meōrum officiōrum cōnscientiā, quibus sī quandō nōn mūtuē respondētur,

A.U.C. = **ab urbe condita**, or **anno urbis conditae.** The year 692 corresponds to 62 B.C. (p. 236), the year after Cicero's consulship. The full heading is: **M(arcus) Tullius M(arci) f(ilius) Cicero, s(alutem) d(icit) Gn(aeo) Pompeio Gn(aei) f(ilio), Magno, Imperatori.** The letter is a very formal one, for which the address and the salutation that follows are appropriate.

1. S(i) t(u) e(xercitus)q(ue) v(aletis), b(ene) e(st). litteris: *dispatches,* announcing the end of the war with Mithridates. **publice:** *officially* (to the senate). **3. oti** = **pacis. te uno:** Abl. with **fretus. pollicebar:** In Cicero's enthusiastic support of the Manilian law to give Pompey the eastern command. **4. scito:** *be assured* or *know* — fut. imperative in place of pres. imperative, which the verb lacks. **amicos:** Caesar and his supporters may be meant here. **5. perculsos:** *disheartened.* **deturbatos:** *deprived of.* **6. Ad me . . . litteras:** This Pompey had written in answer to one from Cicero, giving an account of his consulship and especially of his zeal in suppressing the Catilinarian conspiracy. **8. meorum officiorum:** *of my services.* **9. quibus . . . patior:** *to which if at times no adequate return is made, I bear it very philosophically that the greater portion of service is on my side.*

10 apud mē plūs officī residēre facillimē patior. Illud nōn dubitō,
quīn, sī tē mea summa ergā tē studia parum mihi adiūnxerint, rēs
pūblica nōs inter nōs conciliātūra coniūnctūraque sit.

Ac, nē ignōrēs, quid ego in tuīs litterīs dēsīderārim, scrībam
apertē, sīcut et mea nātūra et nostra amīcitia postulat. Rēs eās
15 gessī, quārum aliquam in tuīs litterīs et nostrae necessitūdinis et
reī pūblicae causā grātulātiōnem exspectāvī; quam ego abs tē
praetermissam esse arbitror, quod verērēre, nē cuius animum
offenderēs.

Sed scītō ea, quae nōs prō salūte patriae gessimus, orbis terrae
20 iūdiciō ac testimōniō comprobārī; quae, cum vēneris, tantō
cōnsiliō tantāque animī magnitūdine ā mē gesta esse cognōscēs,
ut tibi multō maiōrī, quam Āfricānus fuit, mē nōn multō minōrem
quam Laelium, facile, et in rē pūblicā et in amīcitiā, adiūnctum esse
patiāre.

11. mea . . . studia: e.g., support of the Manilian law. **12. inter nos:** *to one an-*
other. **13. tuis litteris:** The official dispatches. **15. necessitudinis:** *relationship.*
17. vererere: *you are solicitous.* **22. Africanus:** The younger Scipio. His friendship
with C. Laelius Sapiens, a statesman and man of learning, was proverbial. Cicero
centered his *De amicitia* around the friendship.

2. Ad Quintum fratrem I.2 (15 and 16) — 695 A.U.C.,
October 26, from Rome

At the time this letter was written, Quintus was governor of the province
of Asia; and the triumvirate of Crassus, Pompey, and Caesar controlled
affairs at Rome (for the political background of Cicero's remarks, see p. 40).
The second part of the letter has particular reference to threats from Clodius
(p. 39), either of legal action or of lawless violence at the hands of his
gang of ruffians.

MARCVS QVINTO FRATRI

Nunc ea cōgnōsce quae māximē exoptās. Rem pūblicam funditus
āmīsimus, adeō ut Catō, adulēscēns nūllīus cōnsilī sed tamen cīvis

695 A.U.C.: 59 B.C. (p. 236). **1. rem publicam:** *the (free) constitution.* **2. Cato:**
Not the famous M. Cato of Utica, but C. Porcius Cato.

Rōmānus et Catō, vix vīvus effūgerit, quod, cum Gabīnium dē
ambitū vellet postulāre neque praetōrēs diēbus aliquot adīrī
possent, in cōntiōnem ēscendit et Pompeium "prīvātum dictātōrem" 5
appellāvit. Propius nihil est factum quam ut occiderētur. Ex
hōc quī sit status tōtīus reī pūblicae vidēre potes.

Nostrae tamen causae nōn videntur hominēs dēfutūrī; mīrandum
in modum profitentur, offerunt sē, pollicentur. Equidem cum spē
sum māximā, tum māiōre etiam animō: spē, superiōrēs fore nōs; 10
animō, ut in hāc rē pūblicā nē cāsum quidem ūllum pertimēscam.
Sed tamen sē rēs sīc habet: sī diem nōbīs dīxerit, tōta Ītalia con-
curret, ut multiplicātā glōriā discēdāmus; sīn autem vī agere
cōnābitur, spērō fore studiīs nōn sōlum amīcōrum sed etiam
aliēnōrum ut vī resistāmus.   15

Omnēs et sē et suōs amīcōs, clientēs, lībertōs, servōs, pecūniās
dēnique suās pollicentur. Nostra antīqua manus bonōrum ārdet
studiō nostrī atque amōre. Sī quī anteā aut aliēniōrēs fuerant aut
languidiōrēs nunc hōrum rēgum odiō sē cum bonīs coniungunt.
Pompeius omnia pollicētur et Caesar; quibus ego ita crēdō ut 20
nihil dē meā comparātiōne dēminuam. Tribūnī plēbis dēsignātī
sunt nōbīs amīcī; cōnsulēs sē optimē ostendunt; praetōrēs habēmus
amīcissimōs et ācerrimōs cīvēs, Domitium, Nigidium, Memmium,

· · · · · · · · · · **3. et Cato:** *but still a Cato* — his very name should have
secured his safety.   **Gabinium:** Caesar's and Pompey's partisan.   He sponsored
the original proposal which gave Pompey very wide authority in order to wage war
against the pirates.   He was consul-elect for 58 B.C.   **de ambitu ... postulare:**
to prosecute ... for violating election laws. The prosecutor of a case had to get a
praetor's permission to bring an action. The praetors, acting in accordance with
the wishes of the triumvirs, would not give Cato a hearing.   **5. in contionem
escendit:** *came forward (to speak).*   **6. Propius ... occideretur:** *He was almost killed*
(lit., *Nothing more nearly happened than that he should be killed*).   **8. Nostrae ... causae:**
Cicero's difficulties arising from Clodius's enmity (p. 40).   **9. profitentur:** *rally to my
side.*   **se:** i.e. their services.   **cum ... tum:** *not only ... but also.*   **11. ut ... pertimes-
cam:** *that even in the present political situation I need not fear even an unpleasant inci-
dent.*   **12. si ... dixerit:** *even if he* (Clodius) *prosecuted.*   **13. vi:** *force,* in contrast to
legal action.   **17. bonorum:** Members of the senatorial and equestrian orders who
supported Cicero against Catiline.   **18. nostri:** Objective gen.   **alieniores:** *inclined to be unfriendly.*   **19. languidiores:** *somewhat lukewarm* (in their support).
horum regum: The triumvirs, Caesar, Pompey, and Crassus.   **20. quibus ...
deminuam:** *whom I trust just enough not to relax any of my preparations.*   **21. de-
signati:** Elected for the following year, but not yet in office.

Lentulum; bonōs etiam aliōs, hōs singulārēs. Quārē magnum fac
25 animum habeās et spem bonam. Dē singulīs tamen rēbus quae
cotīdiē gerantur faciam tē crēbrō certiōrem.

25. (ut)... habeas. singulis ... rebus: *details.*

3. Ad Atticum III.8 — 696 A.U.C., May, from Thessalonica

When this letter was written, early in Cicero's exile, he had arrived in
Thessalonica. The letter is full of anxiety because he doesn't know his
brother Quintus's whereabouts and because one of Atticus's letters seems to
forebode exile on the severest terms (Cicero left Rome before the actual
bill to exile him was passed).

CICERO ATTICO SAL.

Brundisiō proficīscēns scrīpseram ad tē quās ob causās in Ēpīrum
nōn essēmus profectī, quod et Achāia prope esset plēna audācissimōrum inimīcōrum et exitūs difficilēs habēret, cum inde profi-
cīscerēmur. Accessit, cum Dyrrachī essēmus, ut duo nūntiī
5 afferrentur, ūnus classe frātrem Ephesō Athēnās, alter pedibus
per Macedoniam venīre. Itaque illī obviam mīsimus Athēnās, ut
inde Thessalonīcam venīret. Ipsī prōcessimus et Thessalonīcam
a.d. X Kal. Iūniās vēnimus, neque dē illīus itinere quicquam
certī habēbāmus nisi eum ab Ephesō ante aliquantō profectum.
10 Nunc istīc quid agātur magnō opere timeō; quamquam tū
alterā epistulā scrībis Īdibus Maiīs audīrī fore ut ācrius postulārētur,

Sal. = salutem dicit.

5. unus (nuntius). fratrem ... venire: Indirect discourse, depending on the idea
in **unus (nuntius).** **pedibus:** i.e. over the land route. **6. illi:** Quintus.
8. a(nte) d(iem) decimum Kal(endas) Iunias: May 23. See page 239 for an arithmetic
procedure to translate Roman dates into the modern equivalent. **10. istic:** *there*
(where you are, Rome). **quamquam ... mitiora:** *although in one letter you*
wrote on May 15 it was rumored that a more severe bill was sought, in the other you
wrote that the terms were milder. Cicero left Rome before his exile was officially
decreed; now he is worrying about how extreme the provisions will be. They might
simply keep him out of Italy, or they might include confiscation of some or all of his
property and possessions. Atticus's hopeful letter was written one day earlier than
the pessimistic letter.

alterā iam esse mītiōra. Sed haec est prīdiē data quam illa, quō conturber magis. Itaque cum meus mē maeror cotīdiānus lacerat et cōnficit, tum vērō haec addita cūra vix mihi vītam reliquam facit. Sed et nāvigātiō perdifficilis fuit, et ille, incertus ubi ego essem, 15 fortasse alium cursum petīvit. Nam Phaethō lībertus eum nōn vīdit. Ventō reiectus ab Īliō in Macedoniam Pellae mihi praestō fuit. Reliqua quam mihi timenda sint videō, nec quid scrībam habeō, et omnia timeō, nec tam miserum est quicquam quod nōn in nostram fortūnam cadere videātur. Equidem adhūc miser 20 in maximīs meīs aerumnīs et lūctibus hōc metū adiectō maneō Thessalonīcae suspēnsus nec audeō quicquam.

Mē et meōrum malōrum memoria et metus dē frātre in scrībendō impedit. Tū ista omnia vidē et gubernā. Terentia tibi maximās grātiās agit. Litterārum exemplum quās ad Pompeium scrīpsī 25 mīsī tibi. Data IIII Kal. Iūniās Thessalonīcae.

12. haec . . . illa: *the latter . . . the former* (a regular meaning for **hic** and **ille**).
16. Phaetho: A freedman of Cicero's brother.   17. mihi praesto fuit: *he was ahead of me.* Unable to get to Ephesus, he reached Pella (birthplace of Alexander the Great) before Cicero.   18. nec quid scribam habeo = nescio quid scribam.
21. hoc metu: Anxiety about his brother.   24. ista omnia: *my affairs there* (at Rome) — as we would say, "at your end."   26. Data (die) quarto (ante) Kalendas Iunias: Remember that by our way of counting this was the third day before June 1.

4. Ad Fam. XIV.1 — 696 A.U.C., November, from Dyrrachium

When this letter was begun Cicero was still in Thessalonica, but he had proceeded to Dyrrachium before the letter was finished. It begins with a pathetic self-accusation, then continues with comments on the chances for his recall, his future plans, financial troubles at home, household matters, and the kindness of his host Plancius.

TVLLIVS TERENTIAE SVAE TVLLIOLAE SVAE
CICERONI SVO S.D.

Et litterīs multōrum et sermōne omnium perfertur ad mē incrē-dibilem tuam virtūtem et fortitūdinem esse tēque nec animī neque

Tullius . . . suo: The letter is addressed to Terentia, his wife; Tullia (using an affectionate diminutive), his 20-year-old daughter; and his son, 7 years old.

corporis labōribus dēfatīgārī. Mē miserum! tē istā virtūte, fidē,
probitāte, hūmānitāte in tantās aerumnās propter mē incidisse,
5 Tulliolamque nostram, ex quō patre tantās voluptātēs capiēbat,
ex eō tantōs percipere lūctūs! Nam quid ego dē Cicerōne dīcam?
quī cum prīmum sapere coepit, acerbissimōs dolōrēs miseriāsque
percēpit.

Quae sī, tū ut scrībis, "fātō facta" putārem, ferrem paulō facilius;
10 sed omnia sunt meā culpā commissa, quī ab eīs mē amārī putābam
quī invidēbant, eōs nōn sequēbar quī petēbant. Quod sī nostrīs
cōnsiliīs ūsī essēmus, neque apud nōs tantum valuisset sermō aut
stultōrum amīcōrum aut improbōrum, beātissimī vīverēmus.

Nunc, quoniam spērāre nōs amīcī iubent, dabō operam nē
15 mea valētūdō tuō labōrī dēsit. Rēs quanta sit intellegō, quantōque
fuerit facilius manēre domī quam redīre; sed tamen, sī omnēs
tr. pl. habēmus, sī Lentulum tam studiōsum quam vidētur, sī
vērō etiam Pompeium et Caesarem, nōn est dēspērandum.

Dē familiā quō modō placuisse scrībis amīcīs faciēmus. Dē locō
20 nunc quidem iam abiit pestilentia, sed quam diū fuit mē nōn attigit.
Plancius, homō officiōsissimus, mē cupit esse sēcum et adhūc
retinet. Ego volēbam locō magis dēsertō esse in Ēpīrō, quō neque
Pīsō venīret nec mīlitēs, sed adhūc Plancius mē retinet; spērat
posse fierī ut mēcum in Ītaliam dēcēdat. Quem ego diem sī vīderō

---

3. Me miserum: *wretch that I am* — acc. of exclamation. **4. incidisse:** *that you
have fallen* — infinitive of an exclamation. **6. Cicerone:** Cicero's son Marcus.
7. sapere: (to be old enough) *to understand* (*anything*). **11. sequebar ... petebant:**
join ... courted my favor. Cicero was thinking of people like Caesar who had
made overtures to him in the past. **13. stultorum:** *misguided.* **improborum:** *in-
sincere.* **15. desit:** *fail to support.* **17. tr(ibunos) pl(ebis). habemus:** i.e. on his
side. **Lentulum:** P. Cornelius Lentulus Spinther, consul in 57 B.C. His first act was
to move the recall of Cicero from exile. In the civil war he was a partisan of the
senatorial party. **19. De familia ... faciemus:** *Regarding the slaves, we shall act
in the manner that you write seems best (according) to our friends.* What their advice
was is not specified — perhaps that the slaves should be freed if Cicero's property
was confiscated. **De loco:** *As for this place.* **20. pestilentia:** There appears to have
been an epidemic of some sort at Thessalonica, about which Terentia had expressed
anxiety. **21. Plancius:** In Thessalonica Cicero stayed at the house of Cn. Plancius,
then a quaestor in Macedonia. Cicero later, in 54 B.C., successfully defended him
against a charge of corrupt political practices. **23. milites:** The soldiers escorting
L. Calpurnius Piso Caesoninus, incoming governor and an arch enemy of Cicero.
24. decedat: His year in office having expired, Plancius was soon to return to Italy,
and he hoped to bring Cicero with him.

et sī in vestrum complexum vēnerō ac sī et vōs et mē ipsum recu- 25
perārō, satis magnum mihi frūctum vidēbor percēpisse et vestrae
pietātis et meae.

Pīsōnis hūmānitās, virtūs, amor in omnēs nōs tantus est ut nihil
suprā possit. Utinam ea rēs eī voluptātī sit! glōriae quidem videō
fore. Dē Quīntō frātre nihil ego tē accūsāvī, sed vōs, cum prae- 30
sertim tam paucī sītis, voluī esse quam coniūnctissimōs. Quibus
mē voluistī agere grātiās ēgī et mē ā tē certiōrem factum esse
scrīpsī.

Quod ad mē, mea Terentia, scrībis tē vīcum vēnditūram, quid,
obsecrō tē, mē miserum! quid futūrum est? et sī nōs premet eadem 35
fortūna, quid puerō miserō fīet? Nōn queō reliqua scrībere;
tanta vīs lacrimārum est; neque tē in eundem flētum addūcam;
tantum scrībō: Sī erunt in officiō amīcī, pecūnia nōn dēerit; sī
nōn erunt, tū efficere tuā pecūniā nōn poteris. Per fortūnās miserās
nostrās, vidē nē puerum perditum perdāmus; cui sī aliquid erit 40
nē egeat, mediocrī virtūte opus est et mediocrī fortūnā, ut cētera
cōnsequātur.

Fac valeās et ad mē tabellāriōs mittās, ut sciam quid agātur
et vōs quid agātis. Mihi omnīnō iam brevis exspectātiō est.
Tulliolae et Cicerōnī salūtem dīc. Valēte. D. a. d. VI K. Decembr. 45
Dyrrhachī.

Dyrrhachium vēnī quod et lībera cīvitās est et in mē officiōsa
et proxima Ītaliae; sed sī offendet mē locī celebritās, aliō mē cōn-
feram, ad tē scrībam.

---

28. Pisonis: C. Calpurnius Piso Frugi, Tullia's elderly husband (he had reached
the consulship when she married him), died about this time. **29. res:** *conduct.*
30. De Quinto . . . coniunctissimos: Terentia must have taken offense at a supposed
reproof to her for quarreling with his brother Quintus. Quintus's quick temper and
Terentia's domineering ways produced frequent clashes of personality between them.
32. (eis) gratias. 34. Quod . . . scribis: *As for your writing.* **vicum:** *row of* (tene-
ment) *houses.* Terentia proposed to raise money by selling these, and Cicero fears
that there will be no inheritance left for the children. **35. quid futurum est:** *what
will become of you.* **38. erunt in officio:** *will remain loyal.* **40. ne . . . perdamus:**
that we do not ruin the poor boy. **cui . . . egeat:** *if only he has (a little) something to keep him from downright poverty.* **41. opus:** Followed by abl. case.
43. Fac (ut). 44. exspectatio: *time of waiting.* Cicero had come now to Dyrrachium, which was directly across the Adriatic from Italy, and the time required for
a letter to arrive would be much shorter. **47. veni:** *I have come.* Cicero has
arrived since starting the letter. **48. celebritas:** *crowds of people.*

5. Ad Quintum fratrem II.5 — 698 A.U.C., April, from Rome

The letter was written to Quintus in Sardinia, just as Cicero was about to leave Rome for a series of visits to country estates owned by his brother and himself in the district south of Rome. It is a typical personal letter, passing on assorted bits of family news: Tullia is engaged after a year of widowhood; Quintus's boy was a little sick but is fine now; the site of Quintus's new house is full of workmen and the contractor is full of promises; Cicero will be back in Rome on May 6th, when he hopes to see Quintus.

MARCVS QVINTO FRATRI SALVTEM

Dederam ad tē litterās anteā quibus erat scrīptum Tulliam nostram Crassipedī pr. Nōn. Aprīl. esse dēspōnsam, cēteraque dē rē pūblicā prīvātāque perscrīpseram.

Exitūrus a.d. VIII Īdūs Aprīlēs spōnsālia Crassipedī praebuī.
5 Huic convīviō puer optimus, Quīntus tuus meusque, quod perleviter commōtus fuerat, dēfuit. A.d. VII Īdūs Aprīlēs vēnī ad Quīntum eumque vīdī plānē integrum, multumque is mēcum sermōnem habuit et perhūmānum dē discordiīs mulierum nostrārum. Quid quaeris? nihil fēstīvius. Pompōnia autem etiam dē tē questa est;
10 sed haec cōram agēmus.

Ā puerō ut discessī, in āream tuam vēnī. Rēs agēbātur multīs strūctōribus. Longilium redēmptōrem cohortātus sum. Fidem mihi faciēbat sē velle nōbīs placēre. Domus erit ēgregia; magis enim cernī iam poterat quam quantum ex fōrmā iūdicābāmus;
15 itemque nostra celeriter aedificābātur.

A.d. VI Īdūs Aprīl. ante lūcem hanc epistulam cōnscrīpsī eramque in itinere ut eō diē apud T. Titium in Anagnīnō manērem, postrīdiē

---

2. Crassipedi: Furius Crassipes. Tullia's first husband, Piso, had died a year earlier, about the time Cicero returned from exile. She was now approximately 22 years old. **pr(idie). 4. Exiturus:** *just as I was about to leave.* **sponsalia:** *betrothal feast.* **5. Quintus:** Cicero's nephew, his brother's son. **6. commotus:** *ill.* **8. discordiis:** *quarrels* between the sisters-in-law, Terentia and Pomponia. The latter was the sister of Cicero's friend Atticus. **9. nihil festivius:** *nothing (could have been) more amusing.* The young nephew was about ten years old, and we can imagine how he would relate the story of cross words between his mother and his aunt. **10. agemus:** *we shall discuss.* **11. aream tuam:** *your building lot.* Both brothers were building new homes. **12. redemptorem:** *the contractor.* **Fidem ...** **faciebat:** *he kept assuring me.* **14. forma:** *architect's plan.* **16. conscripsi ...** **eram ... cogitabam:** Epistolary tenses — translate as pres. **17. eo die = hodie.**

autem in Laterio cōgitābam, inde, cum in Arpīnātī quīnque diēs
fuissem, īre in Pompeiānum, rediēns aspicere Cūmānum, ut,
quoniam in Nōnās Maiās Milōnī diēs prōdicta est, prīdiē Nōnās 20
Rōmae essem tēque, mī cārissime et suāvissime frāter, ad eam
diem, ut spērābam, vidērem. Aedificātiōnem Arcānī ad tuum
adventum sustentārī placēbat. Fac, mī frāter, ut valeās quam
prīmumque veniās.

· · · · · · · · · **18. Laterio:** Cicero's first stop was to be the estate near Anagnia.
The town was 40 miles southeast of Rome. From there Cicero's route was to Laterium, his brother's estate near Arpinum, then to Arpinum, site of Cicero's family
homestead, and to places at Pompeii and Cumae, which belonged to the orator.
20. prodicta est: *has been postponed.* This refers to the day set for the trial of Milo,
accused by Clodius of stirring up violence. **22. Arcani:** *the Retreat,* Quintus's
country house at Minturnae.

6. Ad Quintum fratrem II.14 — 700 A.U.C., May, from Cumae or Pompeii

When this letter was written, Cicero's brother Quintus had recently set
out for Gaul (where he was to serve as a lieutenant general under Caesar),
and the orator's last letter from his brother had been sent from near the
frontier. This letter details Cicero's plans for the next few weeks — chiefly
work on De republica, promises to keep an eye on his nephew Quintus and
even to tutor him a little, and recommends to Quintus's kind attention the
bearer of the letter, a young protégé of Cicero.

MARCVS QVINTO FRATRI SALVTEM

Duās adhūc ā tē accēpī epistulās; quārum alteram in ipsō
discessū nostrō, alteram Arīminō datam, plūrēs quās scrībis tē
dedisse nōn accēperam. Ego mē in Cūmānō et Pompeiānō,
praeter quam quod sine tē, cēterum satis commodē oblectābam
et eram in īsdem locīs ūsque ad K. Iūniās futūrus.   5
Scrībēbam illa quae dīxeram πολιτικά, spissum sānē opus et
operōsum; sed sī ex sententiā successerit, bene erit opera posita,

2. Arimino: When Quintus was at Ariminum, he was only a dozen miles from
the Rubicon and the beginning of the province of Cisalpine Gaul. **3. acceperam:**
I have not received — epistolary tense, as are the other past tenses in this paragraph.
Cumano (praedio). **Pompeiano** (praedio). **4. praeter ... te:** *except that I am without you.* **6. πολιτικά:** *politiká,* Greek equivalent of *de re publica.* **spissum:**
tedious (lit. *thick* or *dense*). **7. ex sententia:** *to my satisfaction.*

sīn minus, in illud ipsum mare dēiciēmus quod spectantēs scrībimus, aggrediēmur alia, quoniam quiēscere nōn possumus.

10 Tua mandāta persequar dīligenter et adiungendīs hominibus et quibusdam nōn aliēnandīs; maximae mihi vērō cūrae erit ut Cicerōnem tuum nostrumque videam scīlicet cotīdiē, sed īnspiciam quid discat quam saepissimē et, nisi ille contemnet, etiam magistrum mē eī profitēbor, cuius reī nōn nūllam cōnsuētūdinem nactus sum
15 in hōc hōrum diērum ōtiō Cicerōne nostrō minōre prōdūcendō.

Tū, quem ad modum scrībis, quod etiam sī nōn scrīberēs, facere tē dīligentissimē tamen sciēbam, faciēs scīlicet ut mea mandāta dīgerās, persequāre, cōnficiās. Ego cum Rōmam vēnerō, nūllum praetermittam Caesaris tabellārium cui litterās ad tē nōn dem.
20 Hīs diēbus (ignōscēs) cui darem fuit nēmō ante hunc M. Orfium, equitem Rōmānum, nostrum et per sē necessārium et quod est ex mūnicipiō Ātellānō, quod scīs esse in fidē nostrā. Itaque eum tibi commendō in maiōrem modum, hominem domī splendidum, grātiōsum etiam extrā domum; quem fac ut tuā līberālitāte tibi
25 obligēs. Est tribūnus mīlitum in exercitū vestrō. Grātum hominem observantemque cognōscēs. Trebātium ut valdē amēs vehementer tē rogō.

· · · · **8. quod spectantes:** *in full view of which.* **10. adiungendis . . . alienandis:** *both in winning over certain people* (Caesar's) *and in not alienating others* (Pompey's). **12. Ciceronem:** Quintus's son, whose full designation would be Q. Tullius Q(uinti) f(ilius) Cicero. **14. profitebor:** *I shall offer.* **15. Cicerone:** Cicero's own son, M. Tullius M.f. Cicero. **producendo:** *by helping along.* **17. sciebam = scirem,** in the conclusion of a contrary-to-fact sentence. **18. digeras:** *arrange.* **21. per se necessarium:** *my protégé, for his own sake.* **quod . . . nostra:** Cicero was the patron of Atella, a town in Campania. **23. in maiorem modum:** *all the more warmly.* **24. gratiosum:** *popular.* **26. Trebatium:** C. Trebatius Testa, a lawyer whom Cicero induced to go to Gaul in 55 B.C., to help his future career by a closer association with Caesar. Several of Cicero's letters to Trebatius are among those that have survived, including the next letter in the text.

7. Ad Fam. VII.17 — 700 A.U.C., October, from Rome

Altogether, seventeen letters to Trebatius have come down to us, and out of them grows the amusing, true-to-life portrait of a young city lawyer, doing his bit for his country and his future by serving as a junior officer under Caesar in Gaul. He is disenchanted with the rigors of army life, and

Cicero writes to stiffen his backbone, reminding him that he was received by Caesar on Cicero's personal recommendation, and that he will never have a greater opportunity than that offered by this association with Caesar. The letter is full of friendly teasing which nevertheless reveals real affection and the desire that Trebatius make good.

CICERO TREBATIO S.

Ex tuīs litterīs et Quīntō frātrī grātiās ēgī et tē aliquandō collaudāre possum, quod iam vidēris certā aliquā in sententiā cōnstitisse. Nam prīmōrum mēnsium litterīs tuīs vehementer commovēbar, quod mihi interdum (pāce tuā dīxerim) levis in urbis urbānitātisque dēsīderiō, interdum piger, interdum timidus in labōre mīlitārī, 5 saepe autem etiam, quod ā tē aliēnissimum est, subimpudēns vidēbāre.

Itaque quoad opīnātus sum mē in prōvinciam exitūrum, quae ad tē ultrō dētulerim meminisse tē crēdō. Posteā quam ea mūtāta ratiō est, cum vidērem mē ā Caesare honōrificentissimē trāctārī 10 et ūnicē dīligī hominisque līberālitātem incrēdibilem et singulārem fidem nōssem, sīc eī tē commendāvī et trādidī, ut gravissimē dīligentissimēque potuī. Quod ille ita et accēpit et mihi saepe litterīs significāvit et tibi et verbīs et rē ostendit meā commendātiōne sēsē valdē esse commōtum. 15

Hunc tū virum nactus, sī mē aut sapere aliquid aut velle tuā causā putās, nē dīmīseris et, sī quae tē forte rēs aliquandō offenderit, cum ille aut occupātiōne aut difficultāte tardior tibi erit vīsus, perfertō et ultima exspectātō; quae ego tibi iūcunda et honesta praestābō. 20

Plūribus tē hortārī nōn dēbeō; tantum moneō, neque amīcitiae cōnfirmandae clārissimī ac līberālissimī virī neque ūberiōris

---

2. quod ... constitisse: *because you seem to have settled down to something like a firm purpose.* 4. pace tua dixerim: *pardon my saying so* — a polite formula. 6. subimpudens: *a bit presumptuous* — Trebatius seemed to have higher expectations than warranted. 8. in provinciam exiturum: When Cicero thought he might be going with Pompey as legate, he had offered to take Trebatius with him. quae ... credo: *an offer, I am sure you remember, I made unasked.* 13. ita: *in the same spirit.* 15. commotum: *influenced.* 16. si ... putas: *if you think I have any sense, or any desire to serve you.* 19. perferto, exspectato: Fut. imperatives. 20. praestabo: *I will guarantee.* 21. pluribus (verbis). 22. neque uberioris ... tempus: *a greater opportunity, as regards either a very rich province or your age.*

prōvinciae neque aetātis magis idōneum tempus, sī hoc āmīserīs, tē esse ūllum umquam repertūrum. "Hoc," quem ad modum
25 vōs scrībere solētis in vestrīs librīs, "idem Q. Cornēliō vidēbātur." In Britanniam tē profectum nōn esse gaudeō, quod et labōre caruistī et ego tē dē rēbus illīs nōn audiam. Ubi sīs hībernātūrus et quā spē aut condiciōne perscrībās ad mē velim.

· · · · · · · · · · **25. idem** ... **videbatur:** Cicero is facetiously mimicking the way a lawyer would produce a learned opinion in his speech or in a brief. Q. Cornelius was Trebatius's own teacher. **26. Britanniam:** This is the second, more serious, invasion of the island which Caesar carried out in the summer of 54 B.C. **27. te** ... **audiam:** *shall not (have to) listen to your stories about it.* **28. (ut) perscribas:** The conj. is often omitted after **velim.**

Trebatius did finally benefit from his opportunity — he was a supporter of Caesar in the ultimate struggle with Pompey, and lived to be a revered legal light under Augustus, addressed by Horace in his poetry, and called "excellent father."

8. Ad Quintum fratrem III.8 — 700 A.U.C., November, from Rome

The letter was written at Rome very near the time (though Cicero could not know it) when his brother was in peril of his life from a fierce attack on his camp by "those Nervii" whose location Cicero says he doesn't know. Cicero had had a letter bewailing Quintus's situation; Cicero reminds his brother of their strategy in having him serve in Caesar's campaigns, warns him to be careful what he writes, and asks him to give directions for getting mail to his post. The letter ends with notes about his intentions of finishing a poem in Caesar's honor.

MARCVS QVINTO FRATRI SALVTEM

Superiōrī epistulae quod respondeam nihil est, quae plēna stomachī et querēlārum est, quō in genere alteram quoque tē scrībis prīdiē Labiēnō dedisse, quī adhūc nōn vēnerat. Dēlēvit enim mihi omnem molestiam recentior epistula.

1. plena ... **querelarum:** *full of vexation and complaints.* **3. Labieno:** T. Labienus, Caesar's lieutenant, whom we meet so often in the *Commentaries*, was to carry Quintus's letter to Rome.

Tantum tē et moneō et rogō ut in istīs molestiīs et labōribus et 5
dēsīderiīs recordēre cōnsilium nostrum quod fuerit profectiōnis
tuae. Nōn enim commoda quaedam sequēbāmur parva ac medi-
ocria. Quid enim erat quod discessū nostrō emendum putārēmus?
Praesidium fīrmissimum petēbāmus ex optimī et potentissimī virī 10
benevolentiā ad omnem statum nostrae dignitātis.

Etiam illud tē admoneō nē quid ūllīs litterīs committās, quod sī
prōlātum sit, molestē ferāmus. Multa sunt quae ego nescīre mālō
quam cum aliquō perīculō fierī certior. Plūra ad tē vacuō animō
scrībam cum, ut spērō, sē Cicerō meus bellē habēbit. 15

Tū velim cūrēs ut sciam quibus nōs dare oporteat eās quās ad
tē deinde litterās mittēmus, Caesarisne tabellāriīs, ut is ad tē
prōtinus mittat, an Labiēnī. Ubi enim istī sint Nerviī et quam
longē absint nesciō.

Dē virtūte et gravitāte Caesaris, quam in summō dolōre adhi- 20
buisset, magnam ex epistulā tuā accēpī voluptātem. Quod mē
īnstitūtum ad illum poēma iubēs perficere, etsī distentus cum operā
tum animō sum multō magis, tamen quoniam ex epistulā quam ad
tē mīseram cognōvit Caesar mē aliquid esse exōrsum, revertar
ad īnstitūtum idque perficiam hīs supplicātiōnum ōtiōsīs diēbus. 25

. . . . **6. consilium . . . tuae:** *the purpose we had in view*
when you went — as a legate with Caesar (lit., *what was our purpose of your setting*
out). **9. discessu nostro:** *by our separation.* **10. Praesidium:** *security.* **11. ad . . .**
dignitatis: *for our whole political position.* **14. vacuo animo:** *free from care.* **15. se**
. . . belle habebit: *gets well.* **Cicero meus:** *my* (*boy*) *Cicero.* **17. ut . . . mittat:**
for him to forward to you. **18. isti . . . Nervii:** *those Nervii of yours.* There is
something prophetic in these words, for one of the high points of the campaigns of
54 B.C. was Q. Cicero's heroic defence of his camp against the Nervii, related in
Book V, chap. 38–48, of *Commentaries on the Gallic War.* This letter must have
reached his brother after that desperate adventure. **20. in summo dolore:** Caesar's
daughter Julia, then married to Pompey, died in the early autumn of 54 B.C. **ad-**
hibuisset: *he had showed* (as you say) — subjunctive because it gives the presumed
thoughts of someone else. **22. institutum ad illum:** *addressed to him.* In a subsequent letter to Quintus, Cicero mentions the completion of a poem in Caesar's honor.
etsi . . . magis: *in spite of distractions of work and — far more — of my thoughts*
(lit., *although I am busy not only with work but also far more so with thoughts*). **25. his**
. . . diebus: The 20-day thanksgiving decreed in honor of Caesar's victories in 55 B.C.
Since courts and government offices would be closed, the period meant "free time"
for Cicero. This is the "supplicatio" mentioned by Caesar in his *Commentaries on*
the Gallic War, Book IV, chap. 38.

9. Ad Atticum V.14 — 703 A.U.C., July, from Tralles in Asia Minor

When this letter was written, Cicero was en route to Cilicia — indeed was nearly there — to serve as provincial governor for a year (p. 43). He excuses the briefness of the letter on the grounds of the heat and dust of midsummer journeying in Asia Minor, notes that some of his worries ahead of time have taken care of themselves, expresses other fears, details his immediate plans, and begs Atticus to keep him up to date on events at home.

CICERO ATTICO SAL.

Ante quam aliquō locō cōnsēderō, neque longās ā mē neque semper meā manū litterās exspectābis; cum autem erit spatium, utrumque praestābō. Nunc iter cōnficiēbāmus aestuōsā et pulverulentā viā. Dederam Ephesō prīdiē; hās dedī Trallibus. In
5 prōvinciā meā fore mē putābam Kal. Sextīlibus.

Intereā tamen haec mihi quae vellem afferēbantur, prīmum ōtium Parthicum, dein cōnfectae pactiōnēs pūblicānōrum, postrēmō sēditiō mīlitum sēdāta ab Appiō stīpendiumque eīs ūsque ad Īdūs Quīntīlēs persolūtum.
10 Nōs Asia accēpit admīrābiliter. Adventus noster nēminī nē minimō quidem fuit sūmptuī. Spērō meōs omnēs servīre laudī meae. Tamen magnō timōre sum, sed bene spērāmus. Omnēs iam nostrī praeter Tullium tuum vēnērunt. Erat mihi in animō rēctā proficīscī ad exercitum, aestīvōs mēnsēs reliquōs reī mīlitārī
15 dare, hībernōs iūris dictiōnī.

Tū velim, sī mē nihilō minus nōstī cūriōsum in rē pūblicā quam tē, scrībās ad mē omnia quae sint, quae futūra sint. Nihil mihi

---

3. praestabo: *I shall guarantee.* **conficiebamus:** Epistolary tense, as are all the plup. and imp. verbs in this letter. **4. Dederam (litteras).** **Trallibus:** Tralles was southeast of Ephesus, on the way to Cilicia. **5. Sextilibus:** This is the month later named after Augustus. **6. haec ... afferebantur:** *the (following) news which I wanted (to hear) has reached me.* **7. otium Parthicum:** *peace in Parthia.* **confectae pactiones:** *contracts* (for collection of revenues) *have been settled.* **8. Appio:** Appius Claudius, an elder and less sensational brother of the "late unlamented" Clodius, was Cicero's predecessor in Cilicia. **9. Quintiles:** The month to be named, five years later, after Julius Caesar. **persolutum:** *paid in full.* **11. Spero ... meae:** *I hope all my staff will look after my good reputation.* **12. timore:** Of a Parthian invasion. **13. Tullium:** A friend of Atticus. **16. si = si quidem:** *since.*

grātius facere potes; nisi tamen id erit mihi grātissimum, sī quae tibi mandāvī cōnfēceris. Habēs epistulam plēnam festīnātiōnis et pulveris; reliquae 20 subtīliōrēs erunt.

21. subtiliores: *more detailed.*

10. Ad Fam. XV.9 — 703 A.U.C., September, from Cybistra in Cappadocia

The letter was written from Cicero's army headquarters at Cybistra, in the Cappadocian mountains that bordered his province, and was occasioned by the news from home that Gaius Marcellus, cousin of the current consul Marcus Marcellus, had been elected to the consulship for the coming year. The letter expresses graceful and pleasant congratulations and adds the usual refrain of Cicero's letters from Cilicia, an almost desperate plea that his term not be extended beyond the mandatory year.

The pardoning of this correspondent by Caesar five years later (Letter 22) at the pleading of his cousin Gaius and other senators was the occasion of Cicero's speech of thanks to Caesar, the pro Marcello.

M. CICERO PROCOS. S.D. M. MARCELLO COS.

Tē et pietātis in tuōs et animī in rem p. et clārissimī atque optimī cōnsulātūs C. Mārcellō cōnsule factō frūctum cēpisse vehementer gaudeō. Nōn dubitō quid praesentēs sentiant; nōs quidem longinquī et ā tē ipsō missī in ultimās gentēs ad caelum mehercule tē tollimus vērissimīs ac iūstissimīs laudibus. Nam cum tē ā 5 pueritiā tuā ūnicē dīlēxerim tūque mē in omnī genere semper amplissimum esse et volueris et iūdicāris, tum hōc vel tuō factō vel populī R. dē tē iūdiciō multō ācrius vehementiusque dīligō maximāque laetitiā afficior, cum ab hominibus prūdentissimīs virīsque

The full heading is: M(arcus) Cicero Proco(n)s(ul) s(alutem) d(icit) M(arco) Marcello Co(n)s(uli).

1. animi in rem p(ublicam): *patriotism.* 5. cum: *while.* 7. amplissimum: *of very great influence.* tum: *in particular.* 8. populi R(omani). iudicio: Cicero is saying that the cousin's election might be due in part to Marcellus's own good standing with the people. 9. cum: *whenever.*

10 optimīs omnibus dictīs, factīs, studiīs, institūtīs vel mē tuī similem esse audiō vel tē meī.

Ūnum vērō sī addis ad praeclārissimās rēs cōnsulātūs tuī, ut aut mihi succēdat quam prīmum aliquis, aut nē quid accēdat temporis ad id quod tū mihi et senātūs c. et lēge fīnīstī, omnia mē per tē 15 cōnsecūtum putābō. Cūrā ut valeās et mē absentem dīligās atque dēfendās.

Quae mihi dē Parthīs nūntiāta sunt, quia nōn putābam ā mē etiam nunc scrībenda esse pūblicē, proptereā nē prō familiāritāte quidem nostrā voluī ad tē scrībere, nē, cum ad cōnsulem scrīpsissem, 20 pūblicē vidērer scrīpsisse.

. . . . **10. institutis:** *pursuits.*
13. ne quid . . . temporis: *no extra time.* Cicero was especially anxious that the original one-year term should not, under any conditions, be extended — an anxiety that found expression in all the letters written during his governorship. **14. senatus c(onsulto). 15. consecutum:** *have achieved.* **18. publice:** *officially* or *in a formal report.*

11. Ad Fam. II.10 — 703 A.U.C., November, from military headquarters in Amanus Mts.

When Cicero wrote this letter, he was at his army headquarters in the Amanus range north of Antioch, where his legions were besieging Pindenissus, a mountain stronghold. The letter reflects Cicero's complacency about his military successes and his hopes of being accorded an official triumph for this success (in reality, a very minor affair), and conveys an importunate plea that his young friend Caelius, an aedile-elect, do all in his power to guarantee that Cicero's term as proconsul will not be extended beyond the year for which he was originally appointed.

M. CICERO IMP. S.D. M. CAELIO AEDILI CVRVLI DESIGNATO

Tū vidē quam ad mē litterae nōn perferantur; nōn enim possum addūcī ut abs tē, posteā quam aedīlis es factus, nūllās putem datās, praesertim cum esset tanta rēs tantae grātulātiōnis. Atquī

M. Caelio: M. Caelius Rufus was a regular correspondent during Cicero's proconsulship; among other things, he kept asking Cicero to send him panthers from Cilicia to show at the games which, as aedile, he would have to provide during the next year.

256

sīc habētō, nūllam mē epistulam accēpisse tuam post comitia ista praeclāra, quae mē laetitiā extulērunt; ex quō vereor nē idem 5 ēveniat in meās litterās. Equidem numquam domum mīsī ūnam epistulam quīn esset ad tē altera, nec mihi est tē iūcundius quicquam nec cārius. Sed ad rem redeāmus.

Ut optāstī, ita est; vellēs enim, ais, tantum modo ut habērem negōtī quod esset ad laureolam satis, Parthōs timēs, quia diffīdis 10 cōpiīs nostrīs. Ergō ita accidit; nam Parthicō bellō nūntiātō locōrum quibusdam angustiīs et nātūrā montium frētus ad Amānum exercitum addūxī satis probē ōrnātum auxiliīs et quādam auctō- ritāte apud eōs, quī mē nōn nōrant, nōminis nostrī; multum est enim in hīs locīs: "Hicine est ille quī urbem —? quem senātus —?" 15 nōstī cētera.

Cum vēnissem ad Amānum, quī mōns mihi cum Bibulō commūnis est, dīvīsus aquārum dīvortiīs, Cassius noster, quod mihi magnae voluptātī fuit, fēlīciter ab Antiochiā hostem reiēcerat, Bibulus prō- vinciam accēperat.   Intereā cum meīs cōpiīs omnibus vexāvī 20 Amāniēnsēs, hostēs sempiternōs; multī occīsī, captī, reliquī dissipātī; castella mūnīta imprōvīsō adventū capta et incēnsa. Ita victōriā iūstā imperātor appellātus apud Issum, quō in locō, saepe ut ex tē audīvī, Clītarchus tibi nārrāvit Dārēum ab Alexandrō esse superātum, abdūxī exercitum ad īnfestissimam Ciliciae partem. 25

Ibi quīntum et vīcēsimum iam diem aggeribus, vīneīs, turribus oppugnābam oppidum mūnītissimum, Pindenissum, tantīs opibus tantōque negōtiō ut mihi ad summam glōriam nihil dēsit nisi

---

4. sic habeto: *But take it as a fact.*   **7. (missa) esset ... altera.   nec ... carius:** *nor is anyone dearer or more delightful to me than you (are).*   **9. velles** = **velim** in direct discourse: *for, you say, (that) you wish that I should have only so much to do as would be enough to get a little triumph.*   **11. Parthico ... nuntiato:** Abl. abs.   **12. locorum ... angustiis:** Abl. with **fretus.**   **15. Hicine ... cetera:** Cicero, of course, expected his correspondent to fill in the gaps with "who saved the city," and "whom the senate called 'father of his country.'"   **17. Bibulo:** L. Bibulus Calpurnius was the governor of Syria, although he had not actually arrived when Cicero heard about the Parthians.   **18. aquarum divortiis:** *the watershed.*   Proconsuls had their military spheres specifically defined, and the Amanus range formed the boundary between the provinces of Cicero and of Bibulus.   **Cassius:** C. Cassius Longinus, a leader in the assassination of Caesar, was a quaestor in Syria at this time.   **23. iusta:** *real.*   **24. Clitarchus:** A historian, who accompanied Alexander on his campaigns.   **27. oppugnabam:** *I have been besieging* — epistolary tense.   **28. nisi ... oppidi:** ·.e., his victory would be over a town nobody ever heard about.

nōmen oppidī. Quod sī, ut spērō, cēperō, tum vērō litterās pūblicē
30 mittam; haec ad tē in praesentī scrīpsī, ut spērārēs tē assequī id
quod optāssēs.

Sed ut redeam ad Parthōs, haec aestās habuit hunc exitum satis
fēlīcem; ea quae sequitur magnō est in timōre. Quā rē, mī Rūfe,
vigilā, prīmum ut mihi succēdātur; sīn id erit, ut scrībis et ut ego
35 arbitror, spissius, illud quod facile est, nē quid mihi temporis
prōrogētur.

Dē rē pūblicā ex tuīs litterīs, ut anteā tibi scrīpsī, cum praesentia
tum etiam futūra magis exspectō. Quā rē ut ad mē omnia quam
dīligentissimē perscrībās tē vehementer rogō.

. . . . **29. Quod . . . mittam:** Cicero did indeed capture the town and send official dispatches. A public thanksgiving was ordained by
the senate, but Cicero was never to realize his cherished desire for a triumph. **34. ut
. . . succedatur:** *that my successor be appointed* (promptly). **35. spissius:** *too difficult* (lit. *too thick*). **36. prorogetur:** Cicero was most anxious that his term of
office not be extended.

12. Ad Fam. II.12 — 704 A.U.C., June, from Cilicia

The letter was written when Cicero was in sight of the end of his year's
tour of duty as governor of Cilicia, and begs Caelius (the same correspondent received Letter 11) for an up-to-date briefing on events in Rome and gives
spontaneous expression to his delight in the life of the city and his eagerness
to get back to Rome.

M. CICERO IMP. S.D. M. CAELIO AEDILI CVRVLI

Sollicitus equidem eram dē rēbus urbānīs; ita tumultuōsae
cōntiōnēs, ita molestae Quīnquātrūs afferēbantur (nam citeriōra
nōndum audiēbāmus); sed tamen nihil mē magis sollicitābat quam
in eīs molestiīs nōn mē, sī quae rīdenda essent, rīdēre tēcum; sunt
5 enim multa, sed ea nōn audeō scrībere. Illud molestē ferō, nihil
mē adhūc hīs dē rēbus habēre tuārum litterārum. Quā rē etsī,

1. eram: Epistolary tense. **2. Quinquatrus:** The date of this festival was
Mar. 19–23. In 50 B.C. the holiday was marred (**molestae**) by wild gatherings under
the tribune Curio, who was promoting measures suggested by Caesar that aroused
bitter controversy. **citeriora:** *any later news.* **3. audiebamus:** Epistolary tense.

cum tū haec legēs, ego iam annuum mūnus cōnfēcerō, tamen obviae mihi velim sint tuae litterae, quae mē ērudiant dē omnī rē pūblicā, nē hospes plānē veniam. Hoc melius quam tū facere nēmō potest. 10

Urbem, urbem, mī Rūfe, cole et in istā lūce vīve; omnis pere-grīnātiō, quod ego ab adulēscentiā iūdicāvī, obscūra et sordida est eīs quōrum industria Rōmae potest illūstris esse. Quod cum probē scīrem, utinam in sententiā permānsissem! Cum ūnā mehercule ambulātiunculā atque ūnō sermōne nostrō omnēs frūctūs 15 prōvinciae nōn cōnferō. Spērō mē integritātis laudem cōnsecūtum; nōn erat minor ex contemnendā quam est ex cōnservātā prōvinciā. "Spem triumphī?" inquis. Satis glōriōsē triumphāram; si nōn essem quidem tam diū in dēsīderiō rērum mihi cārissimārum.

Sed, ut spērō, propediem tē vidēbō; tū mihi obviam mitte 20 epistulās tē dignās.

· · · · · · **7. munus:** *tour of duty*, to be completed on July 31. **11. peregrinatio:** *absence abroad* — in this instance, on foreign service. **12. obscura:** i.e., out of the public eye. **15. ambulatiuncula:** *little stroll.* **17. contemnenda:** *by my rejection.* Cicero had refused a governorship after his year as praetor in 67 B.C. and again after his year as consul in 63 B.C. **18. triumpha(ve)ram:** Cicero means that he would have settled for the informal triumph of his trip to Rome after his exile.

13. Ad Atticum VI.4 — 704 A.U.C., June, en route to Tarsus

At the writing of this letter Cicero was eagerly — even anxiously — antic-ipating the end of his year as a provincial governor. He saw all sorts of trouble brewing. The particular request to his good friend Atticus was that he look after arrangements for Tullia's forthcoming marriage (you will recall the engagement in Letter 5 — Tullia has since been divorced, and is now about to marry Dolabella) and prod authorities about the triumph.

CICERO ATTICO SAL.

Tarsum vēnimus Nōnīs Iūniīs. Ibi mē multa mōvērunt, magnum in Syriā bellum, magna in Ciliciā latrōcinia, mihi difficilis ratiō

1. Tarsum: Tarsus, chief city of Cilicia, birthplace of the New Testament per-sonality, Saul (Paul). **2. in Syria bellum:** The Parthians were attacking Syria; and Bibulus, the inept governor of Syria (Letter 11), had asked Cicero for assistance.

administrandī, quod paucōs diēs habēbam reliquōs annuī mūneris, illud autem difficillimum, relinquendus erat ex senātūs cōn-
5 sultō quī praeesset. Nihil minus probārī poterat quam quaestor
Mescinius. Nam dē Caeliō nihil audiēbāmus. Rēctissimum vidēbātur frātrem cum imperiō relinquere; in quō multa molesta,
discessus noster, bellī perīculum, mīlitum improbitās, sescenta
praetereā. Ō rem tōtam odiōsam! Sed haec fortūna vīderit,
10 quoniam cōnsiliō nōn multum ūtī licet.

Tū quandō Rōmam salvus, ut spērō, vēnistī, vidēbis, ut solēs,
omnia quae intellegēs nostrā interesse, imprīmīs dē Tulliā meā,
cuius dē condiciōne quid mihi placēret scrīpsī ad Terentiam,
cum tū in Graeciā essēs; deinde dē honōre nostrō. Quod enim
15 tū āfuistī, vereor ut satis dīligenter āctum in senātū sit dē litterīs
meīs. Nōn queō tantum quantum vereor scrībere; tū autem
fac ut mihi tuae litterae volent obviae. Haec festīnāns scrīpsī
in itinere atque agmine. Piliae et puellae Caeciliae bellissimae
salūtem dīcēs.

3. **annui muneris:** *my year in office.*   4. **illud . . . difficillimum:** *the most difficult
thing (of all is) that . . .* The "thing" is explained by (**aliquis**) **relinquendus . . . praeesset.**   6. **Mescinius:** L. Mescinius Rufus, whom Cicero in another letter brands
as frivolous, loose-living, and "light-fingered." **Caelio:** Not the correspondent of
the two previous letters, but C. Caelius Caldus, a young nobleman of no talent,
going dutifully through the *cursus honorum.* Cicero was so desperate to get away
the moment his year was completed that he did indeed leave Caelius in charge.
8. **discessus:** *separation.*   **sescenta:** Used by Romans as an indefinitely large
number, as we use "a thousand and one." The thought behind this sentence is that
Cicero, knowing the stormy and difficult temperament of his brother, foresaw trouble
if he left his brother — the seemingly logical choice — in charge.   13. **condicione:**
marriage settlement. Tullia's fiancé is P. Cornelius Dolabella, a frivolous but charming youth younger than herself, of whom Cicero heartily disapproved, but whom the
women of his family liked. Cicero, to some extent, later came around to a more
favorable attitude. Dolabella divorced Tullia in 46 B.C., was Caesar's fellow consul
in 44 B.C., and committed suicide in 43 B.C.   14. **honore:** Arrangements for the
triumph, which Cicero counted on eagerly (and never achieved).   15. **ut:** *that . . .
not* (after a verb of fearing).   18. **Piliae, Caeciliae:** Atticus's wife and daughter.

14. Ad Fam. XIV.5 — 704 A.U.C., October, from Athens

Cicero and his party, including his brother, son, nephew, and secretary
Tiro, left Laodicea (from which he had administered the province) on July 30.

At Ephesus he deposited the personal proceeds of his year in office, to the amount of nearly $100,000. The party sailed across the Aegean to Athens, where they stopped for a visit and where this letter was written. It acknowledges receipt of the latest letter from his wife, as well as earlier letters, expresses anxiety over the deteriorating political situation, and asks Terentia to meet him (which she did on November 24 when he landed at Brundisium).

TVLLIVS S.D. TERENTIAE SVAE

Sī tū et Tullia, lūx nostra, valētis, ego et suāvissimus Cicerō valēmus. Pr. Īdūs Oct. Athēnās vēnimus, cum sānē adversīs ventīs ūsī essēmus tardēque et incommodē nāvigāssēmus. Dē nāve exeuntibus nōbīs Acastus cum litterīs praestō fuit ūnō et vīcēsimō diē sānē strēnuē. Accēpī tuās litterās, quibus intellēxī 5 tē verērī nē superiōrēs mihi redditae nōn essent.

Omnēs sunt redditae, dīligentissimēque ā tē perscrīpta sunt omnia, idque mihi grātissimum fuit. Neque sum admīrātus hanc epistulam, quam Acastus attulit, brevem fuisse; iam enim mē ipsum exspectās sīve nōs ipsōs, quī quidem quam prīmum ad vōs 10 venīre cupimus, etsī in quam rem p. veniāmus intellegō. Cognōvī enim ex multōrum amīcōrum litterīs, quās attulit Acastus, ad arma rem spectāre, ut mihi, cum vēnerō, dissimulāre nōn liceat quid sentiam.

Sed quoniam subeunda fortūna est, eō citius dabimus operam 15 ut veniāmus, quō facilius dē tōtā rē dēlīberēmus. Tū velim, quod commodō valētūdinis tuae fīat, quam longissimē poteris obviam nōbīs prōdeās.

Nōs, sī diī adiuvābunt, circiter Īdūs Nov. in Italiā spērāmus fore. Vōs, mea suāvissima et optātissima Terentia et Tullia, sī nōs 20 amātis, cūrāte ut valeātis. Valē. Athēnīs a.d. XVII K. Novemb.

1. suavissimus Cicero: *my dearest (son) Cicero.*   3. usi essemus: *had encountered.*   4. Acastus: One of Cicero's slaves, who was often the bearer of letters to Terentia and to Tirō.   uno ... strenue: *on the twenty-first day* (from his leaving Terentia), *very good going indeed.* By our counting, Acastus took twenty days, since Romans counted the day on which he started as the "first" day.   10. ipsum, ipsos: *in person.*   11. quam rem p. = qualem rem publicam.   13. quid sentiam: i.e., what side he favors.   16. quod ... fiat: *as far as it is consistent with your health.*   18. prodeas: i.e., down the Appian Way toward Brundisium.

15. Ad Fam. XVI.1 — 704 A.U.C., November, on shipboard

Cicero and his party had left Athens, but were still en route home, when this letter was written. Tiro became so ill with a stomach disorder that — at his own urging — he was left at Patrae, on the coast of the Peloponnesus. The slave Mario was sent back with the letter, which is full of affectionate anxiety about Tiro's recovery and gives instructions for catching up with the rest of the party, if Mario finds Tiro able to travel.

TVLLIVS TIRONI SVO S.P.D. ET CICERO MEVS
ET FRATER ET FRATRIS F.

Paulō facilius putāvī posse mē ferre dēsīderium tuī, sed plānē nōn ferō et, quamquam magnī ad honōrem nostrum interest quam prīmum ad urbem mē venīre, tamen peccāsse mihi videor quī ā tē discesserim; sed quia tua voluntās ea vidēbātur esse, ut 5 prōrsus nisi cōnfīrmātō corpore nōllēs nāvigāre, approbāvī tuum cōnsilium neque nunc mūtō, sī tū in eādem es sententiā; sīn autem, posteā quam cibum cēpistī, vidēris tibi posse mē cōnsequī, tuum cōnsilium est.

Mariōnem ad tē eō mīsī ut aut tēcum ad mē quam prīmum 10 venīret aut, sī tū morārēre, statim ad mē redīret. Tū autem hoc tibi persuādē, sī commodō valētūdinis tuae fierī possit, nihil mē mālle quam tē esse mēcum; sī autem intelligēs opus esse tē Patrīs convalēscendī causā paulum commorārī, nihil mē mālle quam tē valēre. Sī statim nāvigās, nōs Leucade cōnsequēre; sīn tē cōnfīr-

Tironi: Tiro was a capable and learned man, freed by Cicero in appreciation for his loyalty and industry, who continued as long as his patron lived to serve as Cicero's secretary and confidant. After Cicero's death, Tiro made a collection of the orator's witty sayings (for which he was famous) and also of some — perhaps most — of his letters that have come down to us. S(alutem) p(lurimam) d(icunt).

2. honorem: The triumph, which Cicero anticipated with almost childish eagerness. The money deposited in Ephesus, acquired — as he said — "perfectly legally," was being hoarded against the day of the anticipated triumph. The small item of a triumph for Cicero was overwhelmed in the civil war already about to break over the Republic, and the money was eventually consumed in Pompey's fruitless struggle with Caesar. 4. discesserim: Subjunctive in a relative clause of cause. ea . . . esse: *seemed to be this.* "This" is explained by ut . . . navigare. 5. prorsus: *absolutely* or *entirely;* modifies nolles. 7. tuum consilium est: *it is for you to decide.* 9. Marionem: Mario, Cicero's slave. 11. commodo . . . tuae: *without injury to your health* (lit., *with the advantage of your health*). 14. Leucade: *at Leucas,* a town and island in the Ionian Sea. te confirmare: *to gain your strength completely.*

māre vīs, et comitēs et tempestātēs et nāvem idōneam ut habeās 15
dīligenter vidēbis.

Ūnum illud, mī Tīrō, vidētō, sī mē amās, nē tē Mariōnis adventus
et hae litterae moveant. Quod valētūdinī tuae maximē condūcet
sī fēceris, maximē obtemperāris voluntātī meae. Haec prō tuō
ingeniō cōnsīderā. Nōs ita tē dēsiderāmus ut amēmus; amor ut 20
valentem videāmus hortātur, dēsīderium ut quam prīmum; illud
igitur potius. Cūrā ergō potissimum ut valeās. Dē tuīs innu-
merābilibus in mē officiīs erit hoc grātissimum. III Nōn. Nov.

· **16. vidēbis:** *see that.*
18. Quod . . . meae: *If you do what best suits your health, you will best obey my wish.*
19. Haec . . . cōnsidera: *Use your judgment in these matters.* **20. amemus:** The
whole idea is "that I may love you more." **21. illud . . . potius:** *rather let it be the
former.*

16. Ad Fam. XIV.14 — 705 A.U.C., January, from Minturnae

The letter was written on the eve of civil conflict between Caesar and
Pompey. Cicero had reached Rome, coming home from Cilicia, on January
4; the senate turned down Caesar's requests and declared martial law on
the 7th; Caesar crossed the Rubicon about the 11th. Pompey and the consuls abandoned the city, leaving Cicero in charge of the district around
Rome. The letter is a reply to his wife's and daughter's concern as to
whether they would be safe in Rome.

TVLLIVS TERENTIAE ET PATER TVLLIAE, DVABVS ANIMIS SVIS,
ET CICERO MATRI OPTIMAE SVAVISSIMAE SORORI S.P.D.

Sī vōs valētis, nōs valēmus. Vestrum iam cōnsilium est, nōn
sōlum meum, quid sit vōbīs faciendum. Sī ille Rōmam modestē
ventūrus est, rēctē in praesentiā domī esse potestis; sīn homō
āmēns dīripiendam urbem datūrus est, vereor ut Dolābella ipse

Duabus animis suis: *the two darlings of (his) heart.* **Cicero:** i.e. Cicero, junior.
suavissimae: *sweetest.*
1. Vestrum . . . est: *it is for you to decide.* **2. ille:** i.e. Caesar. **modeste:** *in
an orderly way.* **4. diripiendam:** *to be plundered.* **ut = ut non,** after a verb of
fearing. **Dolabella:** Tullia's husband and now a partisan of Caesar, who might
be expected in ordinary circumstances to be of some assistance to the women of
Cicero's family.

5 satis nōbīs prōdesse possit. Etiam illud metuō, nē iam interclū-
dāmur, ut cum velītis exīre nōn liceat.

Reliquum est quod ipsae optimē cōnsīderābitis, vestrī similēs
fēminae sintne Rōmae; sī enim nōn sunt, videndum est ut honestē
vōs esse possītis. Quō modō quidem nunc sē rēs habet, modo ut
10 haec nōbīs loca tenēre liceat, bellissimē vel mēcum vel in nostrīs
praediīs esse poteritis. Etiam illud verendum est nē brevī tempore
famēs in urbe sit. Hīs dē rēbus velim cum Pompōniō, cum Camillō,
cum quibus vōbīs vidēbitur, cōnsīderētis, ad summam animō
fortī sītis.

15 Labiēnus rem meliōrem fēcit; adiuvat etiam Pīsō, quod ab
urbe discēdit et sceleris condemnat generum suum.

Vōs, meae cārissimae animae, quam saepissimē ad mē scrībite
et vōs quid agātis et quid istīc agātur. Quīntus pater et fīlius et
Rūfus vōbīs s.d. Valēte. VIII K. Minturnīs.

. . . . **7. Reliquum . . . Romae:** *There remains the question which you*
yourselves can best answer, whether there are (any) *ladies of your station* (still) *in Rome.*
8. ut . . . possitis: *whether you can be there with propriety.* **9. modo ut:** *provided*
that. **10. haec . . . loca:** The Campanian district, including Rome, where Cicero had
been left in charge. **bellissime . . . poteritis:** *you can very easily be* (stay) *with me*
or on one of our estates. As a matter of fact, the ladies elected to go to the estate at
Formiae. **12. Pomponio:** Atticus. **Camillo:** C. Camillus, a lawyer and close
friend of Cicero. **15. rem . . . fecit:** *has followed the better course.* Labienus chose
Pompey's side in the civil war. **Piso:** L. Calpurnius Piso Caesoninus, Caesar's
father-in-law and one of those responsible for Cicero's exile, also joined Pompey.
18. istic: *there* (where you are). **19. Rufus:** Possibly Mescinius Rufus, Cicero's
quaestor in Cilicia. **K(alendas Februarias).**

17. Ad Fam. XVI.12 — 705 A.U.C., late January, from Capua

The letter to Tiro, still ill at Patrae, was written in the confused and uncertain early weeks after Caesar accepted the challenge thrown down by
the senatorial party and crossed the Rubicon, making himself a rebel against
their authority. The letter is a flash-picture of the crisis days which — as we
know, but the actors did not — were the prelude to a civil war that eventually
overturned the Republic. Caesar, as usual, was catching his opponents off
balance by his speedy military movements. Cicero gloats over Labienus's
desertion of his former commander, deprecates his son-in-law's following
Caesar, and is mildly optimistic about the prospects for his own side's success. The letter ends with a genuine concern for Tiro's return to health.

Quō in discrīmine versētur salūs mea et bonōrum omnium atque ūniversae reī p. ex eō scīre potes quod domōs nostrās et patriam ipsam vel dīripiendam vel īnflammandam relīquimus. In eum locum rēs dēducta est ut, nisi quī deus vel cāsus aliquis subvēnerit, salvī esse nequeāmus. Equidem ut vēnī ad urbem, nōn dēstitī 5 omnia et sentīre et dīcere et facere quae ad concordiam pertinērent; sed mīrus invāserat furor nōn sōlum improbīs; sed etiam eīs quī bonī habentur, ut pugnāre cuperent, mē clāmante nihil esse bellō cīvīlī miserius.

Itaque cum Caesar āmentiā quādam raperētur et oblītus nōminis 10 atque honōrum suōrum Arīminum, Pisaurum, Ancōnam, Arrētium occupāvisset, urbem relīquimus, quam sapienter aut quam fortiter nihil attinet disputārī. Quō quidem in cāsū sīmus vidēs.

Dīlēctūs enim magnōs habēbāmus putābāmusque illum metuere, sī ad urbem īre coepisset, nē Galliās āmitteret, quās ambās habet 15 inimīcissimās praeter Trānspadānōs, ex Hispāniāque sex legiōnēs et magna auxilia Afrāniō et Petreiō ducibus habet ā tergō. Vidētur, sī īnsāniet, posse opprimī, modo ut urbe salvā.

Maximam autem plāgam accēpit quod is quī summam auctōritātem in illīus exercitū habēbat, T. Labiēnus, socius sceleris esse 20 nōluit. Relīquit illum et est nōbīscum multīque idem factūrī esse dīcuntur.

Ego adhūc ōrae maritimae praesum ā Formiīs. Nūllum maius negōtium suscipere voluī, quō plūs apud illum meae litterae cohortātiōnēsque ad pācem valērent. Sīn autem erit bellum, videō 25

---

8. me clamante: *in spite of my protestations* — abl. abs.   **11. Ariminum...Arretium:** Ariminum was southeast of Florence along the Aemilian Way on the Adriatic side of Italy, just inside the boundary of Italy proper, and Pisaurum and Ancona were farther south along the coast; Arretium was inland, southwest of Ancona, about 110 miles north of Rome.   **12. reliquimus:** Cicero left Rome nine days before the writing of this letter.   **quam ... disputari:** *how wisely or bravely it is no use to discuss.*   **14. habebamus:** Epistolary tense, as are the rest of the imp. indicative verbs in the letter.   **illum:** Caesar.   **17. Afranio et Petreio:** Pompeian generals in Spain. L. Afranius had been consul in 60 B.C. Cicero supposed that Caesar would have been afraid to march south through Italy with the possibility of an attack from the rear by troops moved into Italy from Gaul and Spain.   **18. modo ... salva:** *provided only that the city be saved (held).*   **19. plagam:** *blow.*   **20. T. Labienus:** The lieutenant general whom we meet so often in the *Gallic War.*   **23. orae maritimae ... a Formiis:** *the seacoast (south) of Formiae.*

mē castrīs et certīs legiōnibus praefutūrum. Habeō etiam illam
molestiam quod Dolābella noster apud Caesarem est. Haec tibi
nōta esse voluī; quae cavē nē tē perturbent et impediant valētūdinem tuam.

30 Tū quoniam eō tempore mēcum esse nōn potuistī quō maximē
operam et fidēlitātem dēsīderāvī tuam, cavē festīnēs aut committās
ut aut aeger aut hieme nāvigēs. Numquam sērō tē vēnisse putābō,
sī salvus vēneris. Adhūc nēminem vīderam quī tē posteā vīdisset
quam M. Volusius, ā quō tuās litterās accēpī. Quod nōn mīrābar;
35 neque enim meās putō ad tē litterās tantā hieme perferrī. Sed dā
operam ut valeās et, sī valēbis, cum rēctē nāvigārī poterit, tum
nāvigēs.

Cicerō meus in Formiānō erat, Terentia et Tullia Rōmae. Cūrā
ut valeās. IIII K. Febr. Capuā.

. . . . **27. Dolabella:** Tullia's
scapegrace husband, whom Cicero himself had sent to Caesar with a letter of recommendation, remained loyal to his leader; and now the situation seems one more
"trouble" to his father-in-law.   **31. aut committas . . . naviges:** *or be so foolish as to
sail . . .*   **38. Terentia et Tullia:** As a matter of fact, the ladies arrived at the estate
near Formiae four days later.

18. Ad Atticum VIII.1 — 705 A.U.C., February 16, from Formiae

The letter to Atticus was written about two weeks after the preceding
letter to Tiro and reflects Cicero's swing from optimism to forebodings about
the side he has joined, because Pompey had written Cicero to go to Luceria,
in the south, thus leaving central Italy to Caesar. Yet, as he said, he nevertheless would choose to be a loser in order to stay with the side that seemed
to him to have the right.

CICERO ATTICO SAL.

Cum ad tē litterās dedissem, redditae mihi litterae sunt ā Pompeiō:
cētera dē rēbus in Pīcēnō gestīs, quae ad sē Vibullius scrīpsisset,

2. cetera: *for the most part.*   **scripsisset:** Subjunctive in a subordinate
clause in indirect quotations from the letter. Vibullius was supposed to oppose the
advance of Caesar's forces along the Adriatic coast. Domitius was supposed to hold
Corfinium 80 miles east of Rome, but Caesar took the town four days after this letter
was written.

dē dīlēctū Domitī, quae sunt vōbīs nōta nec tamen tam laeta erant in eīs litterīs quam ad mē Philotīmus scrīpserat.

Ipsam tibi epistulam mīsissem, sed iam subitō frātris puer pro- 5 ficīscēbātur. Crās igitur mittam. Sed in eā Pompeī epistulā erat in extrēmō ipsīus manū, "Tū cēnseō Lūceriam veniās. Nusquam eris tūtius."

Id ego in eam partem accēpī, haec oppida atque ōram maritimam illum prō dērelictō habēre, nec sum mīrātus eum quī caput ipsum 10 relīquisset reliquīs membrīs nōn parcere. Eī statim rescrīpsī hominemque certum mīsī dē comitibus meīs, mē nōn quaerere ubi tūtissimō essem; sī mē vellet suā aut reī pūblicae causā Lūceriam venīre, statim esse ventūrum; hortātusque sum ut ōram maritimam retinēret, sī rem frūmentāriam sibi ex prōvinciīs suppeditārī 15 vellet.

Hoc mē frūstrā scrībere vidēbam; seu uti in urbe retinendā tunc, sīc nunc in Ītaliā nōn relinquendā testificābar sententiam meam.

Sīc enim parārī videō, ut Lūceriam omnēs cōpiae contrahan- 20 tur, et nē is quidem locus sit stabilis, sed ex eō ipsō, sī urgeāmur, parētur fuga.

Quō minus mīrēre, sī invītus in eam causam dēscendō in quā neque pācis neque victōriae ratiō quaesīta sit umquam, sed semper flāgitiōsae et calamitōsae fugae. Eundum, ut quemcumque fors 25 tulerit cāsum subeam potius cum eīs quī dīcuntur esse bonī, quam videar ā bonīs dissentīre.

· · · · · · · **4. Philotimus:** A freedman of Cicero's household.   **5. misissem:** *I would send* — an epistolary tense, as is **proficiscebatur.**   **fratris puer:** Not the son, but one of Quintus's slaves.   **7. in extremo . . . manu:** A postscript, written in Pompey's own hand.   **Luceriam:** A town in Apulia in the southeast part of Italy, about 30 miles from the Adriatic.   **9. Id . . . accepi:** *I took it in this sense.* **haec . . . maritimam:** The Campanian district to the south of Rome, where Cicero had been left in charge.   **12. certum:** *reliable.*   **13. tutissimo = tutissime.**   **18. tunc:** At the time of Pompey's abandoning Rome, Jan. 17, which Cicero had strongly protested.   **21. stabilis:** *a permanent base.* Cicero judged rightly: before he reached Luceria, Pompey had withdrawn to Brundisium.   **23. in . . . descendo:** *I resort to that side.*   **24. ratio:** *plan for gaining.*   **25. Eundum (esse):** Impersonal pass. construction.

19. Ad Atticum VIII.11d — 705 A.U.C., February, from Formiae

The letter in the actual correspondence appears as a copy which Cicero enclosed, along with several others, in a letter to Atticus. In it we hear how Caesar continued his swift course down through Italy, with Pompey — to Cicero's dismay — retreating before Caesar with such speed that Cicero never did manage to catch up with his own general. The movements described in the letter should be traced on the map of Italy.

M. CICERO IMP. S.D. CN. MAGNO PROCOS.

Cum ad tē litterās misissem quae tibi Canusī redditae sunt,
suspīciōnem nūllam habēbam tē reī pūblicae causā mare trānsi-
tūrum eramque in spē magnā fore ut in Ītaliā possēmus aut concordiam cōnstituere, quā mihi nihil ūtilius vidēbātur, aut rem
5 pūblicam summā cum dignitāte dēfendere. Interim nōndum meīs
litterīs ad tē perlātīs ex eīs mandātīs quae D. Laeliō ad cōnsulēs
dederās certior tuī cōnsilī factus nōn exspectāvī dum mihi ā tē
litterae redderentur, cōnfestimque cum Quīntō frātre et cum
līberīs nostrīs iter ad tē in Āpūliam facere coepī.
10   Cum Teānum Sidicīnum vēnissem, C. Messius, familiāris tuus,
mihi dīxit aliīque complūrēs Caesarem iter habēre Capuam et
eō ipsō diē mānsūrum esse Aeserniae. Sānē sum commōtus quod,
sī ita esset, nōn modo iter meum interclūsum, sed mē ipsum plānē
exceptum putābam. Itaque tum Calēs prōcessī, ut ibi potissimum
15 cōnsisterem. dum certum nōbīs ab Aeserniā dē eō quod audieram
referrētur.

Imp(erator): Cicero used the title in official correspondence ever after the little fray in the Amanus mountains.

1. litteras: In these Cicero had responded to Pompey's request that he come to Luceria. Canusi: Canusium in Apulia, where Pompey halted on the way to Brundisium. 3. concordiam: To the end Cicero hoped for a peaceful settlement of the conflict. 6. Laelio: D. Laelius, one of Pompey's officers. 7. dum ... redderentur: *for a letter . . . to be delivered.* 8. -que: *but.* 9. liberis: Actually, only the sons Quintus, junior, and Cicero, junior, now at the age to become "young men" according to Roman custom. 10. Teanum Sidicinum: A town on the Latin Way, 25 miles east of Formiae. 12. Aeserniae: A town in the Apennines, 35 miles from Teanum, and midway between Corfinium and Capua. 14. Cales: A town on the Latin Way, 12 miles northwest of Capua. 15. dum ... referretur: *until sure news was reported from Aesernia about the rumor I had heard.*

At mihi, cum Calibus essem, affertur litterārum tuārum exemplum quās tū ad Lentulum cōnsulem mīsissēs. Hae scrīptae sīc erant, litterās tibi ā L. Domitiō a.d. XIII Kal. Mārtiās allātās esse (eārumque exemplum subscrīpserās); magnīque interesse reī 20 pūblicae scrīpserās omnēs cōpiās prīmō quōque tempore in ūnum locum convenīre, et ut praesidiō quod satis esset Capuae relinqueret. Hīs ego litterīs lēctīs in eādem opīniōne fuī quā reliquī omnēs, tē cum omnibus cōpiīs ad Corfīnium esse ventūrum; quō mihi, cum Caesar ad oppidum castra habēret, tūtum iter esse nōn 25 arbitrābar.

Cum rēs in summā exspectātiōne esset, utrumque simul audīvimus, et quae Corfīnī ācta essent et tē iter Brundisium facere coepisse; cumque nec mihi nec frātrī meō dubium esset quīn Brundisium contenderēmus, ā multīs quī ē Samniō Āpūliāque 30 veniēbant admonitī sumus ut cavērēmus nē exciperēmur ā Caesare, quod is in eadem loca quae nōs petēbāmus profectus celerius etiam quam nōs possēmus eō quō intenderet ventūrus esset.

Quod cum ita esset, nec mihi nec frātrī meō nec cuiquam amīcōrum placuit committere ut temeritās nostra nōn sōlum nōbīs, 35 sed etiam reī pūblicae nocēret, cum praesertim nōn dubitārēmus quīn, sī etiam tūtum nōbīs iter fuisset, tē tamen iam cōnsequī nōn possēmus.

Interim accēpimus tuās litterās Canusiō a.d. X K. Mārtiās datās, quibus nōs hortāris ut celerius Brundisium veniāmus. Quās 40 cum accēpissēmus a.d. III K. Mārtiās, nōn dubitābāmus quīn

. . . . 17. exemplum: *a copy.* 18. Lentulum: L. Lentulus Crus, one of the consuls in 49 B.C. The other was C. Claudius Marcellus, on whose election Cicero had congratulated his cousin (Letter 10). Hae . . . subscripseras: *This stated that you had received a letter (of which you enclosed a copy) from L. Domitius on Feb. 17.* L. Domitius Ahenobarbus, Pompey's general at Corfinium, soon after was forced by mutinous troops to surrender the town, Feb. 21, and was allowed by Caesar to go wherever he wished, while the garrison enlisted under Caesar. 22. et . . . relinqueret: *and (directing) that he* (Lentulus) *leave at Capua a sufficient garrison* (lit., *what was sufficient for a garrison*). 25. cum . . . haberet: i.e., before Domitius surrendered the town. 27. utrumque simul: *both (things) at the same time.* The two pieces of news are given as an indirect question and an indirect statement in et . . . coepisse. 32. quod . . . celerius . . . esset: *because . . . was going to arrive at his destination* (Brundisium) *even more swiftly than we could (get) there.* 35. committere ut temeritas nostra . . . noceret: *to let our rashness harm.* 41. accepissemus: Epistolary tense, as also is dubitabamus.

tū iam Brundisium pervēnissēs, nōbīsque iter illud omnīnō interclūsum vidēbāmus neque minus nōs esse captōs quam quī Corfīnī
fuissent. Neque enim eōs sōlōs arbitrābāmur capī quī in armā-
45 tōrum manūs incidissent, sed eōs nihilō minus quī regiōnibus
exclūsī intrā praesidia atque intrā arma aliēna vēnissent.

45. regionibus exclusi: *shut out from certain regions.* Actually there was little
danger: Caesar's aim was conciliation. **46. intra . . . aliena:** *between a garrison
and an enemy in the field.* The consuls sailed from Brundisium with most of Pompey's army on Mar. 4. Caesar reached the seaport on Mar. 9 and tried unsuccessfully
to get a face-to-face meeting with Pompey, who managed to get the rest of his army
away and across to Dyrrachium on Mar. 17.

20. Ad Atticum IX.16 — 705 A.U.C., March, from Formiae

Caesar did not follow Pompey to Greece, but turned back north on the
road to Rome, with the intention of getting affairs there into his own hands.
His mild treatment of enemy leaders moved Cicero to new hope for a peaceful solution. Cicero felt that he was relieved of the duty of joining Pompey,
once the latter had actually abandoned Italy, and instead returned to his
estate at Formiae. From there he wrote Caesar about his pleasure that
enemies were being treated so magnanimously. This letter to Atticus en-
closes a copy of Caesar's gracious reply, thanking Cicero for his praise and
inviting him to come to Rome and act as his (Caesar's) adviser. Events prove
that there was an element of sincerity, as well as policy, in Caesar's invitation.

CICERO ATTICO SAL.

Cum quod scrīberem ad tē nihil habērem, tamen nē quem
diem intermitterem, hās dedī litterās. A.d. VI K. Caesarem
Sinuessae mānsūrum nūntiābant. Ab eō mihi litterae redditae
sunt a.d. VII K., quibus iam "opēs" meās, nōn ut superiōribus
5 litterīs "opem" exspectat. Cum eius clēmentiam Corfīniēnsem
illam per litterās collaudāvissem, rescrīpsit hōc exemplō:

2. K(alendas Apriles). 3. Sinuessae: Sinuessa was in Latium on the Latin
Way, about a day's journey from Cicero's Formian estate. **nuntiabant:** Epistolary
tense, with an indefinite sub., like our "they say." **4. K(alendas Apriles). opes:**
resources or *influence.* **5. opem:** *help.* **6. hoc exemplo:** *as follows.*

Rēctē augurāris dē mē (bene enim tibi cognitus sum) nihil ā mē abesse longius crūdēlitāte. Atque ego cum ex ipsā rē magnam capiō voluptātem, tum meum factum probārī abs tē triumphō gaudiō. Neque illud mē movet quod eī quī ā mē dīmissī sunt discessisse dīcuntur ut mihi rūrsus bellum īnferrent. Nihil enim mālō quam et mē meī similem esse et illōs suī. Tū velim mihi ad urbem praestō sīs, ut tuīs cōnsiliīs atque opibus, ut cōnsuēvī, in omnibus rēbus ūtar. Dolābellā tuō nihil scītō mihi esse iūcundius. Tanta eius hūmānitās, is sēnsus, ea in mē est benevolentia.

10

15

. . . . **10. triumphō gaudiō:** *I rejoice greatly.*
11. quī . . . īnferrent: Domitius and Lentulus, both freed at Corfinium, again took the field against Caesar. **15. nihil = nēminem.** Dolabella is Cicero's son-in-law.
16. sēnsus: *attitude* or *feeling* (toward Caesar). Caesar actually visited Cicero at Formiae on Mar. 28 — the latter described the interview in a letter to Atticus in terms that sound more like what Cicero wished he had said. Cicero "dithered" until June, then finally went to Greece, where the two Cicero brothers and their sons stayed with Atticus at Buthrotum. In early 48 B.C. Cicero went to Pompey's camp, where he wandered around forlornly. Because of illness he was absent from the battle of Pharsalus, and returned to Brundisium in November, 48 B.C. There he remained for nearly a year, not knowing what Caesar's feelings about him would be.

21. Ad Atticum XI.6 — 706 A.U.C., November, from Brundisium

When this letter was written, Cicero had gone from Greece back to Brundisium — Pompeians in general were forbidden to return to Italy, but Caesar made an exception for the elder statesman. There Cicero was to stay for nearly a year of unhappy waiting on Caesar's further pleasure, while the conqueror followed Pompey to Egypt (where Pompey was murdered by an Egyptian servant two months before this letter was written), dallied awhile with Cleopatra, went on to Asia Minor to dispose of Mithridates's heir (this was the *veni, vidi, vici* campaign), and finally returned to Italy in the autumn of 47 B.C. The letter, after graceful thanks for Atticus's friendly concern and advice, gives us a résumé of Cicero's headaches: Pompey is dead, Tullia is ill, Quintus has gone to sue for Caesar's pardon, he doesn't have any news from his nephew.

CICERO ATTICO SALVTEM DICIT

Sollicitum esse tē cum dē tuīs commūnibusque fortūnīs tum maximē dē mē ac dē dolōre meō sentiō. Quī quidem meus dolor

nōn modo nōn minuitur cum socium sibi adiungit dolōrem tuum,
sed etiam augētur. Omnīnō prō tuā prūdentiā sentīs quā cōn-
5 sōlātiōne levārī maximē possim. Probās enim meum cōnsilium
negāsque mihi quicquam tālī tempore potius faciendum fuisse.
Addis etiam (quod etsī mihi levius est quam tuum iūdicium, tamen
nōn est leve) cēterīs quoque, id est quī pondus habeant, factum
nostrum probārī.
10   Id sī ita putārem, levius dolērem. "Crēde," inquis, "mihi."
Crēdō equidem, sed sciō quam cupiās minuī dolōrem meum.
Mē discessisse ab armīs numquam paenituit. Tanta erat in illīs
crūdēlitās, tanta cum barbarīs gentibus coniūnctiō ut nōn nōminātim sed generātim prōscrīptiō esset īnfōrmāta, ut iam omnium
15 iūdiciō cōnstitūtum esset omnium vestrum bona praedam esse
illīus victōriae.
   Tulliae meae morbus et imbēcillitās corporis mē exanimat.
Quam tibi intellegō magnae cūrae esse, quod est mihi grātissimum.
Dē Pompeī exitū mihi dubium numquam fuit. Tanta enim dēspē-
20 rātiō rērum eius omnium rēgum et populōrum animōs occupārat
ut quōcumque vēnisset hoc putārem futūrum. Nōn possum eius
cāsum nōn dolēre; hominem enim integrum et castum et gravem
cognōvī.
   Quīntum frātrem audiō profectum in Asiam ut dēprecārētur.
25 Dē fīliō nihil audīvī; sed quaere ex Diochare Caesaris lībertō,
quem ego nōn vīdī, quī istās Alexandrēā litterās attulit. Is dīcitur
vīdisse Quīntum euntem an iam in Asiā.
   Tuās litterās prout rēs postulat exspectō. Quās velim cūrēs quam
prīmum ad mē perferendās. IIII K. Decembr.

---

4. Omnino: *of course.* **5. consilium:** To remain in retirement at Brundisium, a
course strongly approved by Atticus and others. **7. levius est:** *is not so weighty.*
8. id est qui: *at least those who.* **9. probari:** *commends itself to,* followed by dat.
13. coniunctio: Pompey had enlisted foreign princes in his cause. **ut . . . informata:**
*that a plan was sketched out for the proscription, not merely of individuals, but of whole
classes.* This refers to plans of the Pompeians, if they had won. **15. vestrum:**
The wealthy financiers who failed to join the Pompeians overseas. **17. Tulliae . . .
morbus:** Tullia was ill in Rome, but seems to have recovered by spring. **19. Pompei
exitu:** Pompey was murdered off Alexandria on Sept. 28. **21. Non possum:** *I
cannot but.* **24. ut deprecaretur:** *to ask for pardon,* thus making his peace with
Caesar. **25. filio:** Quintus's son. **26. istas:** *that* (*letter*) — to which Atticus had
referred.

The letter is especially interesting for its revelation of the feelings of a onetime great actor in state affairs, Cicero, now that Caesar has the government firmly in hand. It contains rather bitter references to the new order, then describes the occasion for the speech *pro Marcello*. The last paragraph contains reflections on Cicero's studies (and writings) which are now his chief outlet: this is one of the two periods in which he did most of the writing for which he is remembered, including the article on an orator's training, the series of sketches of famous orators, and some surveys of Greek thought.

M. CICERO S.D. SER. SVLPICIO

Cōnsilium tuum, quō tē ūsum scrībis hoc Achāicum negōtium nōn recūsāvisse, cum semper probāvissem, tum multō magis probāvī lēctīs tuīs proximīs litterīs; omnēs enim causae, quās commemorās, iūstissimae sunt tuāque et auctōritāte et prūdentiā dignissimae.   5

Quod aliter cecidisse rem exīstimās atque opīnātus sīs, id tibi nūllō modō assentior; sed quia tanta perturbātiō et cōnfūsiō est rērum, ita perculsa et prōstrāta foedissimō bellō iacent omnia, ut is cuique locus, ubi ipse sit, et sibi quisque miserrimus esse videātur, proptereā et tuī cōnsilī paenitet tē, et nōs, quī domī 10 sumus, tibi beātī vidēmur, at contrā nōbīs nōn tū quidem vacuus molestiīs, sed prae nōbīs beātus.

Atque hōc ipsō melior est tua quam nostra condiciō, quod tū quid doleat scrībere audēs, nōs nē id quidem tūtō possumus, nec id victōris vitiō, quō nihil moderātius, sed ipsīus victōriae, quae 15 cīvīlibus bellīs semper est īnsolēns.

Ser. Sulpicio: Servius Sulpicius Rufus, born in 105 B.C., became a very learned lawyer and was Cicero's warm friend. He was consul in 51 B.C. In the civil war he left Rome, but did not go to the Pompeians. In 46 B.C. Caesar made him governor of Greece. He died in 43 B.C. while on an embassy to Antony, who was encamped before Mutina. Cicero's Ninth Philippic is his eloquent eulogy.

1. Consilium tuum quo ... usum: *The grounds on which.* **negotium:** *appointment* (as governor of Greece). **2. cum ... tum:** *although ... yet.* **3. causae:** Reasons for accepting the post. **6. Quod:** *as for the fact that.* **atque:** *than.* **9. ut ... videatur:** *that to each the place where he is seems* (*the most wretched in the world*) *and himself the unhappiest* (*of mortals*). **14. nec id:** *and that, not ...* **15. nihil = nemo.**

Ūnō tē vīcimus, quod dē Mārcellī collēgae tuī salūte paulō ante quam tū cognōvimus, etiam mehercule quod quem ad modum ea rēs agerētur vīdimus. Nam sīc fac exīstimēs, post hās miseriās, 20 id est postquam armīs disceptārī coeptum sit dē iūre pūblicō, nihil esse āctum aliud cum dignitāte. Nam et ipse Caesar accūsātā "acerbitāte" Mārcellī (sīc enim appellābat) laudātāque honōrificentissimē et aequitāte tuā et prūdentiā repente praeter spem dīxit sē senātuī rogantī dē Mārcellō nē ōminis quidem causā negā- 25 tūrum.

Fēcerat autem hoc senātus, ut, cum ā L. Pīsōne mentiō esset facta dē M. Mārcellō, et C. Mārcellus sē ad Caesaris pedēs abiēcisset, cūnctus cōnsurgeret et ad Caesarem supplex accēderet. Nōlī quaerere; ita mihi pulcher hic diēs vīsus est ut speciem aliquam 30 vidērer vidēre quasi revīvīscentis reī pūblicae.

Itaque, cum omnēs ante mē rogātī grātiās Caesarī ēgissent praeter Volcātium (is enim, sī eō locō esset, negāvit sē factūrum fuisse), ego rogātus mūtāvī meum cōnsilium. Nam statueram nōn mehercule inertiā, sed dēsīderiō prīstinae dignitātis in perpetuum 35 tacēre.

Frēgit hoc meum cōnsilium et Caesaris magnitūdō animī et senātūs officium; itaque plūribus verbīs ēgī Caesarī grātiās, mēque metuō nē etiam in cēterīs rēbus honestō ōtiō prīvārim, quod erat ūnum sōlācium in malīs.

17. collegae: M. Marcellus was Sulpicius' colleague in the consulship in 51 B.C. News of the election of Marcellus's cousin Gaius for 50 B.C. drew from Cicero the note of congratulation (Letter **10**). **20. postquam ... publico:** *since first the question of constitutional right began to be arbitrated by force of arms.* **21. accusata ... prudentia:** Abl. abs. constructions. **22. acerbitate ... (sic ... appellabat):** *"acrimony"* (*for that was his very expression*). **24. ne ... causa:** *even though it boded ill* (lit., *not even because of* [*the bad*] *omen*). Caesar was thinking the senate could not have his interests in mind in wanting his bitter enemy to be allowed to return. **26. Fecerat:** Plup., showing that Cicero is going back to tell the story from the beginning. **27. C. Marcellus:** The cousin of Marcus Marcellus (see earlier note on **collegae**). **30. rei publicae:** *constitutional government.* Cicero dreamed that Caesar might return the authority to the senate and elected officials, a vain hope of course. **31. rogati:** *asked* (*for their opinion*). This was done in a set order of precedence, and Cicero's turn had not yet come. **32. Volcatium:** L. Volcatius Tullus, consul in 66 B.C. He said that he, in Caesar's place, would not be so generous. **35. tacere:** Cicero attended meetings of the senate but took no part in debates. **37. officium:** *loyalty* (to the exiled Marcellus). **gratias:** The speech, called *pro Marcello*, has come down to us.

Sed tamen, quoniam effūgī eius offēnsiōnem, quī fortasse arbi- 40
trārētur mē hanc rem pūblicam nōn putāre, sī perpetuō tacērem,
modicē hoc faciam aut etiam intrā modum, ut et illīus voluntātī
et meīs studiīs serviam. Nam, etsī ā prīmā aetāte mē omnis ars
et doctrīna līberālis et maximē philosophia dēlectāvit, tamen hoc
studium cotīdiē ingravēscit, crēdō, et aetātis mātūritāte ad prū- 45
dentiam et eīs temporum vitiīs ut nūlla rēs alia levāre animum
molestiīs possit. Ā quō studiō tē abdūcī negōtiīs intellegō ex tuīs
litterīs sed tamen aliquid iam noctēs tē adiuvābunt.

· · · · · · · 40. eius offensionem: *offense to him* (Caesar). 41. hanc rem publicam: *that this was a constitutional government.* 42. intra modum: *narrower limit*
(than that set by modice). 45. aetatis... prudentiam: *because my age is ripe to receive wisdom.*

Sallust

BIOGRAPHY

Life

In the valley of the Aterno in the ancient Sabine territory of the Apennines, sixty miles northeast of Rome, was the town of Amiternum. Here, in 86 B.C., Gaius Sallustius Crispus was born of a well-known plebeian family, with the means to support the young man's ambition for a public career. His personal politics made him the opponent of those who stood for the autocratic rule of the senate — of Sulla, of Catiline who had supported Sulla, and even to some extent of Cicero.

Stories are told of a wild adolescence; then, about 59 B.C., he became a candidate [age 27] for the quaestorship, and won election to the office. In 52 B.C., when no consuls or praetors were elected because of the uproar created by the fights between Clodius and Milo, Sallust [age 34] became a tribune of the people. In 50 B.C. he [age 36] was removed from the senate by the censor Appius Claudius Pulcher on the charge of disgraceful conduct with Milo's wife; the real reason was much more likely his politics, for he was an outspoken supporter of the popular party against the selfish rule of the senatorial party.

In 49 B.C., when Caesar threw down the challenge to his opponents in Rome by crossing the Rubicon, Sallust [age 37] immediately joined Caesar's side and engaged wholeheartedly in fighting for him. Caesar reappointed him to the quaestorship, which restored to Sallust the right to sit in the senate. He had command of some of Caesar's forces in Illyricum during the struggle of the following months, leading up to Pharsalus.

277

CATARACTA APUD AMITERNUM

With Caesar's support he easily won election [age 40] to the praetorship in 46 B.C. He accompanied Caesar during the African campaign which completed the conquest of remnants of Pompey's forces and was left by Caesar as the governor of Numidia. No doubt this stay among the very scenes of Jugurtha's fascinating career awakened that interest which would eventually produce his history of the war with Jugurtha. It seems likely that he collected material and records to be used in his story.

The next year Sallust [age 41] returned to Rome and was immediately charged with oppression and extortion during his term as governor of Numidia. He managed to escape conviction, but as a matter of fact there were probably well-founded grounds for the charge, since from that time on we find him almost fabulously wealthy. One of his projects was the laying out of huge gardens on the Quirinal which were a marvel of magnificence and elegance. In imperial times the Gardens of Sallust became the property of the emperors. Jerome — without corroboration from any other source — says Sallust married Cicero's ex-wife Terentia.

Sallust took no more part in public life after 46 B.C., but devoted himself to the enjoyment of his wealth and to a life of writing, of which the history of the Catiline conspiracy and the history of the Jugurthine war have survived. He died [age 52] in 34 B.C.

Writings

"Catiline" was written about 43 B.C., only twenty years after the actual events. Sallust had been an eyewitness of many of the events he was to narrate and was personally acquainted with many of the chief characters

278

M. CATO ET C. CAESAR

of those events. Moreover he had access to records lost to us. However, from the modern point of view he was not a true historian, for he described events and characters from the bias of his own politics. He was quick to show up the feebleness and shortsightedness of the senatorial party and never lost an opportunity to glorify Caesar. Thus, in "Catiline" he carefully cleared Caesar of any blame, although as a matter of fact he had supported the arch-conspirator's unsuccessful bid for the consulship in the same election that Cicero won. Catiline, on the other hand, is portrayed as an all-black villain, a natural foe of law and order and morality. We can only guess at Catiline's real character and intentions; we shall get no sympathetic insight from either Cicero's orations or Sallust's history.

AMPHITHEATRUM FAESULANUM

TULLIANUM

Nevertheless, Sallust's account is worth reading for its record of events by one close to those events, and for his crisp style that is both brief and readable in its picturing of history. It is a kind of writing quite unlike either Caesar's or Cicero's; in fact it has a great deal in common with modern journalistic style.

Besides "Catiline" Sallust wrote a history of the Jugurthine war, about 41 B.C., and also a history of the period from 78 to 67 B.C., which describes the struggles in the commonwealth of Rome from Sulla's last years down to the time when Pompey the Great began to be prominent; only fragments of this latter work remain.

280

C. SALLVSTI CRISPI
BELLVM CATILINAE

PARTES SELECTAE

Catiline's Family and Early Life

5. L. Catilīna, nōbilī genere nātus, fuit magnā vī et animī et corporis, sed ingeniō malō prāvōque. Huic ab adulēscentiā bella intestīna, caedēs, rapīnae, discordia cīvīlis grāta fuēre, ibique iuventūtem suam exercuit.

Corpus patiēns inediae, algōris, vigiliae suprā quam cuiquam 5 crēdibile est. Animus audāx, subdolus, varius; cuius reī libet, simulātor ac dissimulātor; aliēnī appetēns, suī profūsus, ārdēns in cupiditātibus; satis ēloquentiae, sapientiae parum. Vāstus animus immoderāta, incrēdibilia, nimis alta semper cupiēbat.

Hunc post dominātiōnem L. Sullae libīdō maxima invāserat 10 reī pūblicae capiendae, neque, id quibus modīs assequerētur, dum sibi rēgnum parāret, quicquam pēnsī habēbat. Agitābātur magis magisque in diēs animus ferōx inopiā reī familiāris et cōnscientiā scelerum, quae utraque eīs artibus auxerat, quās suprā memorāvī. Incitābant, praetereā, corruptī cīvitātis mōrēs, quōs pessima ac 15 dīversa inter sē mala, lūxuria atque avāritia, vexābant.

The Conspirator Who Could Not Keep Quiet

23. Sed in eā coniūrātiōne fuit Q. Cūrius, nātus haud obscūrō locō, flāgitiīs atque facinoribus coopertus, quem cēnsōrēs senātū, probrī grātiā, mōverant. Huic hominī nōn minor vānitās inerat

¶5. 1. **genere:** Abl. of source. **vi:** Abl. of description. 2. **ingenio:** *nature.* 3. **ibi:** *in these matters.* 5. **Corpus patiens (erat).** 6. **cuius rei libet = cuiuslibet rei:** *of anything at all.* 7. **simulator ac dissimulator:** *the pretender and concealer.* Catiline could pretend things were so that were not, and he could conceal the truth with equal skill. 8. **satis eloquentiae (ei erat).** 11. **dum:** Introduces a clause of proviso. 12. **(neque) quicquam pensi habebat:** *he had no scruple* — a favorite expression with Sallust. 13. **conscientia scelerum:** *sense of guilt.* 14. **artibus:** *qualities.* 16. **diversa ... mala:** *evils of an opposite sort.*

¶23. 2. **coopertus:** *involved in* (lit., *covered with*). 3. **probri gratia:** *because of his shameful life.* **vanitas:** *deceit.* Check the various meanings of this word.

quam audācia; neque reticēre, quae audierat, neque suamet ipse
5 scelera occultāre, prōrsus neque dīcere neque facere quicquam
pēnsī habēbat.
Erat eī cum Fulviā, muliere nōbilī, stuprī vetus cōnsuētūdō.
Cui cum minus grātus esset, quia inopiā minus largīrī poterat,
repente glōriāns maria montēsque pollicērī coepit, et minārī
10 interdum ferrō, nī sibi obnoxia foret, postrēmō ferōcius agitāre
quam solitus erat. At Fulvia, īnsolentiae Curiī causā cognitā,
tāle perīculum reī pūblicae haud occultum habuit, sed, sublātō
auctōre dē Catilīnae coniūrātiōne, quae quōque modō audierat,
complūribus narrāvit.
15   Ea rēs in prīmīs studia hominum accendit ad cōnsulātum man-
dandum M. Tulliō Cicerōnī. Namque anteā plēraque nōbilitās
invidiā aestuābat, et quasi polluī cōnsulātum crēdēbant, sī eum,
quamvīs ēgregius, homō novus adeptus foret. Sed ubi perīculum
advēnit, invidia atque superbia post fuēre.

Cicero Elected in Spite of His Being a "New Man"

24. Igitur, comitiīs habitīs, cōnsulēs dēclārantur M. Tullius et
C. Antōnius. Quod factum prīmō populārēs coniūrātiōnis con-
cusserat. Neque tamen Catilīnae furor minuēbātur, sed in diēs
plūra agitāre; arma per Ītaliam locīs opportūnīs parāre, pecūniam,
5 suā aut amīcōrum fidē sūmptam mūtuam, Faesulās ad Mānlium
quendam portāre, quī posteā prīnceps fuit bellī faciendī.

4. reticere ... occultare: Historical infinitives.   **5. prorsus ... habebat:** *he was
utterly regardless of what he said or did* (lit., *he absolutely considered neither speaking
nor doing to be anything of weight*).   **7. stupri ... consuetudo:** *an affair of long
standing.*   **10. obnoxia:** *subservient.* **agitare = agere.**   **12. haud ... habuit:** *by
no means kept secret.* **sublato auctore:** *not mentioning her informant* — abl. abs.
15. Ea res: Fulvia's information and its implications.   **16. pleraque:** A rare singular modifying **nobilitas.**   **17. aestuabat:** *burned* (with jealousy). **credebant:** Pl.
to agree in sense (so-called synesis), while **aestuabat** agrees grammatically.   **17. eum:**
it — the consulship.   **18. homo novus:** One whose ancestors had held no curule magistracy (p. 10). **adeptus foret = adeptus esset.**   **19. post fuere:** *were of secondary
importance* — **post** is an adv.

¶**24. 1. comitiis habitis:** The elections of 64 B.C., to choose the magistrates of
63.   Cicero won by a large majority, but Antonius won over Catiline by only a very
narrow margin.   **2. populares:** *associates.*   **4. agitare:** Historical infinitive.
pecuniam ... sumptam mutuam: *money borrowed.*

Catiline's Plans Thwarted by Cicero

26. Hīs rēbus comparātīs, Catilīna, nihilō minus in proximum annum cōnsulātum petēbat, spērāns, sī dēsignātus foret, facile sē ex voluntāte Antōniō ūsūrum. Neque intereā quiētus erat, sed omnibus modīs īnsidiās parābat Cicerōnī. Neque illī tamen ad cavendum dolus aut astūtiae deerant. Namque ā prīncipiō cōn- 5
sulātūs suī multa pollicendō per Fulviam effēcerat, ut Q. Cūrius, dē quō paulō ante memorāvī, cōnsilia Catilīnae sibi prōderet; ad hōc collēgam suum, Antōnium, pactiōne prōvinciae perpulerat, nē contrā rem pūblicam sentīret; circum sē praesidia amīcōrum atque clientium occultē habēbat. 10

Cicero's Drastic Measures

29. Ea cum Cicerōnī nūntiārentur, ancipitī malō permōtus, quod neque urbem ab īnsidiīs prīvātō cōnsiliō longius tuērī poterat neque, exercitus Mānliī quantus aut quō cōnsiliō foret, satis compertum habēbat, rem ad senātum refert, iam anteā vulgī rūmōribus exagitātam. Itaque, quod plērumque in atrōcī negōtiō 5
solet, senātus dēcrēvit, darent operam cōnsulēs, nē quid rēs pūblica dētrīmentī caperet.

Ea potestās per senātum mōre Rōmānō magistrātuī maxima permittitur, exercitum parāre, bellum gerere, coercēre omnibus

¶**26. 1. nihilo minus:** i.e., while maturing his revolutionary plans. **3. ex voluntate:** *as he wished.* **4. illi:** Cicero. **8. ad hoc:** *besides.* **pactione provinciae:** *by making over his province to him.* The Sempronian law of Gaius Gracchus provided that two provinces should be designated before the election of the consuls. After the election the consuls drew lots for the provinces. Macedonia and Gaul were the provinces assigned to the consuls of 63 B.C. Cicero offered the rich province of Macedonia to Antonius, to win him from the conspiracy, and his right to Gaul he turned over to Metellus Celer.

¶**29. 1. Ea:** *those things* — Catiline's various preparations for war, narrated in the omitted chapters: sending Manlius to Faesulae, planning the murder of the consuls and the firing of the city, meeting at Laeca's house, dispatching two assassins to Cicero's house. These are the matters narrated in Cicero's First Oration Against Catiline. **ancipiti malo:** The two difficulties explained in the following **quod** clause. **2. longius:** Referring here to time. **4. compertum habebat =** compererat. **5. in . . . negotio:** *in a dangerous emergency.* **6. (ut) darent.** **ne . . . caperet:** The usual formula for *Senatus consultum ultimum,* giving consuls supreme authority. This was Oct. 21. **8. maxima permittitur:** (*is*) *the greatest* (*which*) *is entrusted.*

10 modīs sociōs atque cīvēs, domī mīlitiaeque imperium atque iūdicium
summum habēre; aliter sine populī iussū nūllīus eārum rērum
cōnsulī iūs est.

Guards Stationed in Rome; Informers Given Rewards

30. Post paucōs diēs L. Saenius, senātor, in senātū litterās
recitāvit, quās Faesulīs allātās sibi dīcēbat; in quibus scrīptum
erat C. Mānlium arma cēpisse, cum magnā multitūdine, ante
diem VI Kalendās Novembrēs. Simul, id quod in tālī rē solet, aliī
5 portenta atque prōdigia nūntiābant, aliī conventūs fierī, arma
portārī, Capuae atque in Āpūliā servīle bellum movērī.

Igitur senātūs dēcrētō Q. Mārcius Rēx Faesulās, Q. Metellus
Crēticus in Āpūliam circumque ea loca missī — eī utrīque ad
urbem imperātōrēs erant, impedītī, nē triumphārent, calumniā
10 paucōrum, quibus omnia honesta atque inhonesta vēndere mōs
erat — sed praetōrēs Q. Pompeius Rūfus Capuam, Q. Metellus
Celer in agrum Pīcēnum, eīsque permissum, utī prō tempore atque
perīculō exercitum comparārent.

Ad hōc, sī quis indicāvisset dē coniūrātiōne, quae contrā rem
15 pūblicam facta erat, praemium servō lībertātem et sēstertia centum,
līberō impūnitātem eius reī et sēstertia ducenta; itemque dēcrēvēre,
utī gladiātōriae familiae Capuam et in cētera mūnicipia distribu-

11. populi: Subjective gen. **nullius:** Objective gen. **rerum:** Gen. of the whole.

¶**30. 2. Faesulis:** Place from which. **3. ante ... Novembres:** Oct. 27. **6. Capuae:** Capua had a gladiatorial training school (the one where Spartacus's slave
revolt started), and Apulia's economy was based on large estates with troops of
slaves to work the land; thus, these two regions would be likely spots for slave up-
risings. **8. ad urbem:** i.e., outside the city gates. Marcius had fought in Cilicia, and
Metellus won the surname Creticus by his securing the submission of Crete. A
general could not enter the city without losing his imperium, and without it he could
not be awarded a triumph. **9. impediti ne triumpharent:** Pompey claimed that they had
won their victories as his subordinates and therefore were not entitled to a triumph.
12. in agrum Picenum (missi). permissum (est). tempore: *emergency.* **14. Ad
hoc ... ducenta (decrevere). indicavisset:** Subjunctive in a subordinate clause in
indirect statement. **15. sestertia centum:** One sestertium consisted of 1000 sesterces
and was worth approximately fifty dollars. **16. impunitatem eius rei:** *immunity (from
complicity) in this matter* (the conspiracy). **17. gladiatoriae familiae:** *troops of
gladiators.* **distribuerentur:** To lessen the peril of their presence at Rome.

erentur prō cuiusque opibus, Rōmae per tōtam urbem vigiliae habērentur eīsque minōrēs magistrātūs praeessent.

Great Excitement in Rome: The First Oration

31. Quibus rēbus permōta cīvitas atque immūtāta urbis faciēs erat. Ex summā laetitiā atque lascīviā, quae diūturna quiēs pepererat, repente omnēs trīstitia invāsit: festīnāre, trepidāre, neque locō neque hominī cuiquam satis crēdere, neque bellum gerere neque pācem habēre, suō quisque metū perīcula metīrī. 5

Ad hōc mulierēs, quibus reī pūblicae magnitūdine bellī timor īnsolitus incesserat, afflīctāre sēsē, manūs supplicēs ad caelum tendere, miserērī parvōs līberōs; rogitāre, omnia pavēre; superbiā atque dēliciīs omissīs, sibi patriaeque diffīdere.

At Catilīnae crūdēlis animus eadem illa movēbat, tametsī prae- 10 sidia parābantur et ipse lēge Plautiā interrogātus erat ab L. Paulō. Postrēmō, dissimulandī causā, aut suī expūrgandī, sīcut iūrgiō lacessītus foret, in senātum vēnit.

Tum M. Tullius cōnsul, sīve praesentiam eius timēns sīve īrā commōtus, ōrātiōnem habuit lūculentam atque ūtilem reī pūblicae, 15 quam, posteā scrīptam, ēdidit. Sed ubi ille assēdit, Catilīna, ut erat parātus ad dissimulanda omnia, dēmissō vultū, vōce supplicī, postulāre ā patribus coepit, nē quid dē sē temerē crēderent; eā familiā ortum, ita sē ab adulēscentiā vītam īnstituisse, ut omnia bona in spē habēret; nē exīstimārent sibi, patriciō hominī, cuius 20 ipsīus atque maiōrum plūrima beneficia in plēbem Rōmānam essent perditā rē pūblicā opus esse, cum eam servāret M. Tullius, inquilīnus cīvis urbis Rōmae.

19. **minores magistratus:** Those below the rank of praetor.

¶31. 3. **festinare:** This and the following infinitives are historical. 6. **quibus . . . incesserat:** Lit., *on whom, unaccustomed* (to war) *because of the greatness of their country, fear of war had fallen.* 9. **deliciis:** *pleasures.* 11. **lege Plautia . . . Paulo:** *had been accused by Lucius Paulus under the Plautian law.* This law provided punishment for violence and for disturbing the peace. 13. **in senatum venit:** On Nov. 8, at a meeting in the Temple of Jupiter Stator, where Cicero delivered the First Oration Against Catiline. 19. **ut . . . haberet:** *that he had the best of prospects* (lit., *that he had all good things in expectation*). 22. **perdita re publica:** *the ruin of the state.* **inquilinus civis:** *a resident alien.* This slur was flung at Cicero; but of course he was by birth a Roman citizen.

Ad hōc male dicta alia cum adderet, obstrepere omnēs "hostem" 25 atque "parricīdam" vocāre. Tum ille, furibundus, "Quoniam quidem circumventus," inquit, "ab inimīcīs praeceps agor, incendium meum ruīnā restinguam."

Catiline Leaves Rome, Cethegus and Lentulus Stay Behind

32. Deinde sē ex cūriā domum prōripuit. Ibi multa ipse sēcum volvēns, quod neque īnsidiae cōnsulī prōcēdēbant, et ab incendiō intellegēbat urbem vigiliīs mūnītam, optimum factū crēdens, exercitum augēre ac, priusquam legiōnēs scrīberentur, 5 multa antecapere, quae bellō ūsuī forent, nocte intempestā cum paucīs in Mānliāna castra profectus est.

Sed Cethēgō atque Lentulō cēterīsque, quōrum cognōverat prōmptam audāciam, mandat, quibus rēbus possent, opēs factiōnis cōnfīrment, īnsidiās cōnsulī mātūrent, caedem incendia aliaque bellī 10 facinora parent; sēsē prope diem cum magnō exercitū ad urbem accessūrum.

Caesar's Speech Against the Death Penalty

51. "Omnēs hominēs, patrēs cōnscrīptī, quī dē rēbus dubiīs cōnsultant, ab odiō, amīcitiā, īrā atque misericordiā vacuōs esse

26. **incendium ... restinguam:** The implied comparison is to the checking of large fires by demolishing buildings in their path.

¶**32. 1. curia:** In actuality, of course, the Temple of Jupiter Stator. **2. quod ... procedebant:** *because his plot was not making headway against the consul.* **consuli** is dat. of disadvantage. **5. multa antecapere:** *to seize many places in advance.* **10. prope diem:** *shortly.* In the omitted chapters Sallust relates Catiline's departure to join Manlius, along with many of the city mob who hoped to better their condition. The conspirators left behind in the city continued their machinations. Lentulus tried to win over the envoys of the Allobroges, who reported the matter to their patron and then to Cicero. Cicero asked the Allobroges to continue their dealings with the conspirators. The Gauls and their escort were seized according to a prearranged plan at the Mulvian bridge. The captured documents were read before the senate in the presence of the leading conspirators. Five were to be held in custody. Crassus and Caesar were suspected of complicity, but Cicero refused to entertain any suspicion of Caesar. Attempts to rescue Lentulus and Cethegus were foiled. Cicero summoned the senate to decide on the fate of the conspirators. Junius Silanus, the consul-elect, proposed the death penalty. At this point we come to Caesar's speech against the death penalty.

decet. Haud facile animus vērum prōvidet, ubi illa officiunt, neque quisquam omnium libīdinī simul et ūsuī pāruit. Ubi intenderīs ingenium, valet; sī libīdō possidet, ea dominātur, animus nihil 5 valet. Magna mihi cōpia est memorandī, patrēs cōnscrīptī, quī rēgēs atque populī, īrā aut misericordiā impulsī, male cōnsuluerint.

"Sed ea mālō dīcere, quae maiōrēs nostrī contrā libīdinem animī suī rēctē atque ōrdine fēcēre.

"D. Sīlānum, virum fortem atque strēnuum, certō sciō, quae 10 dīxerit, studiō reī pūblicae dīxisse, neque illum in tantā rē grātiam aut inimīcitiās exercēre; eōs mōrēs eamque modestiam virī cognōvī. Vērum sententia eius mihi nōn crūdēlis — quid enim in tālēs hominēs crūdēle fierī potest? — sed aliēna ā rē pūblicā nostrā vidē- tur. Nam profectō aut metus aut iniūria tē subēgit, Sīlāne, cōn- 15 sulem dēsignātum, genus poenae novum dēcernere.

"Dē timōre supervacāneum est disserere, cum praesertim dīli- gentiā clārissimī virī cōnsulis tanta praesidia sint in armīs. Dē poenā possum equidem dīcere, id quod rēs habet, in lūctū atque miseriīs mortem aerumnārum requiem, nōn cruciātum esse; eam 20 cūncta mortālium mala dissolvere; ultrā neque cūrae neque gaudiō locum esse.

"Sed, per deōs immortālēs, quam ob rem in sententiam nōn addidistī, utī prius verberibus in eōs animadverterētur? An quia lēx Porcia vetat? at aliae lēgēs item condemnātīs cīvibus nōn 25 animam ēripī, sed exsilium permittī iubent.

"An quia gravius est verberārī quam necārī? quid autem acerbum aut nimis grave est in hominēs tantī facinoris convictōs? Sīn

---

¶51. 3. ubi . . . officiunt: *when those (feelings) stand in the way.* neque . . . paruit: *nor has anyone at all obeyed at the same time both his passions and his best interests.* 4. Ubi . . . ingenium: *when you exert your intelligence.* 5. possidet: *possesses (a man).* 6. Magna . . . memorandi: *I might mention many occasions.* What is the literal translation? Caesar goes on to say that in the past the Romans treated their conquered enemies without retaliation and in a manner consistent with their dignity. In the highest positions men must behave without partiality or anger. Men remember what happens last, and though the crimes of the conspirators are dreadful, men would forget their guilt and remember only the undue severity of the senate. 10. D. Silanum: Note the emphatic position. 12. mores: *character.* 13. sen- tentia: *proposal.* 15. iniuria: i.e. its seriousness. 19. id . . . habet: *what is the fact.* 25. lex Porcia: There were three laws of this name, whose exact pro- visions are unknown. Scourging a citizen or putting him to death without an appeal to an assembly of all citizens was forbidden.

quia levius est, quī convenit in minōre negōtiō lēgem timēre, cum
30 eam in maiōre neglēgerīs?

"At enim quis reprehendet, quod in parricīdās reī pūblicae
dēcrētum erit? tempus, diēs, fortūna, cuius libīdō gentibus mode-
rātur. Illīs meritō accidet, quicquid ēvēnerit; cēterum vōs, patrēs
cōnscrīptī, quid in aliōs statuātis, cōnsīderāte. Omnia mala exempla
35 ex rēbus bonīs orta sunt. Sed ubi imperium ad ignārōs eius aut
minus bonōs pervenit, novum illud exemplum ab dignīs et idōneīs
ad indignōs et nōn idōneōs trānsfertur.

"Atque ego haec nōn in M. Tulliō, neque hīs temporibus, vereor,
sed in magnā cīvitāte multa et varia ingenia sunt. Potest aliō
40 tempore, aliō cōnsule, cui item exercitus in manū sit, falsum aliquid
prō vērō crēdī; ubi hōc exemplō per senātūs dēcrētum cōnsul
gladium ēdūxerit, quis illī fīnem statuet, aut quis moderābitur?

"Placet igitur eōs dīmittī et augērī exercitum Catilīnae? Minimē.
Sed ita cēnseō, pūblicandās eōrum pecūniās, ipsōs in vinculīs
45 habendōs per mūnicipia, quae maximē opibus valent; neu quis
dē eīs posteā ad senātum referat nēve cum populō agat; quī
aliter fēcerit, senātum exīstimāre eum contrā rem pūblicam et
salūtem omnium factūrum."

Cato's Speech for the Death Penalty

52. Postquam Caesar dīcendī fīnem fēcit, cēterī verbō alius
aliī variē assentiēbantur. At M. Porcius Catō, rogātus sententiam,
huiusce modī ōrātiōnem habuit.

. . . . **29. est** (verberari). **qui convenit:**
how (an old form) *is it consistent.* The thought here is that Silanus's proposal is a
violation of the Porcian and other laws anyway, and if he thought scourging too cruel,
the prisoners would appear less guilty; but if he thought scourging less cruel than
death, he was violating the law in the more important part. **32. dies:** *the passing
of the days.* **fortuna . . . libido:** *fortune, whose caprice.* **moderatur:** Takes a
dat. **34. quid . . . statuatis:** i.e., how the present decision will affect others. At
this point Caesar cites the bad precedents set in Athens under the Thirty Tyrants and
in Sulla's proscriptions. **44. publicandas . . . pecunias:** *their property be confiscated.* **45. municipia:** The "free" towns, whose citizens were also Roman citizens, self-governing in local affairs. **neu . . . agat:** *nor that any one hereafter refer
his case to the senate, nor bring it before the people.*

¶**52. 2. alii:** Dat. case. **sententiam:** An acc. of the thing may be retained
after the passive of **rogo** and verbs of teaching. Among the speakers whom Sallust

"Longē mihi alia mēns est, patrēs cōnscrīptī, cum rēs atque
perīcula nostra cōnsīderō, et cum sententiās nōn nūllōrum ipse 5
mēcum reputō. Illī mihi disseruisse videntur dē poenā eōrum,
quī patriae, parentibus, ārīs atque focīs suīs bellum parāvēre;
rēs autem monet, cavēre ab illīs magis quam, quid in illōs statuāmus,
cōnsultāre.

"Nam cētera maleficia tum persequāre, ubi facta sunt; hōc nisi 10
prōvīderīs nē accidat, ubi ēvēnit, frūstrā iūdicia implōrēs; captā
urbe, nihil fit reliquī victīs. Sed, per deōs immortālēs, vōs ego
appellō, quī semper domōs, vīllās, signa, tabulās vestrās plūris
quam rem pūblicam fēcistis; sī ista, cuiuscumque modī sunt, quae
amplexāminī, retinēre, sī voluptātibus vestrīs ōtium praebēre vultis, 15
expergīsciminī aliquandō et capessite rem pūblicam. Non agitur
dē vectīgālibus neque dē sociōrum iniūriīs; lībertās et anima nostra
in dubiō est.

"Bene et compositē C. Caesar paulō ante in hōc ōrdine dē vītā
et morte disseruit, crēdō falsa exīstimāns ea, quae dē īnferīs memo- 20
rantur, dīversō itinere malōs ā bonīs loca taetra, inculta, foeda
atque formīdulōsa habēre. Itaque cēnsuit pecūniās eōrum pūblicandās, ipsōs per mūnicipia in custōdiīs habendōs, vidēlicet timēns,
nē, sī Rōmae sint, aut ā populāribus coniūrātiōnis aut ā multitūdine
conductā per vim ēripiantur; quasi vērō malī atque scelestī tantum 25
modo in urbe et nōn per tōtam Italiam sint, aut nōn ibi plūs possit
audācia, ubi ad dēfendendum opēs minōrēs sunt.

"Quā rē vānum equidem hōc cōnsilium est, sī perīculum ex illīs
metuit; sī in tantō omnium metū sōlus nōn timet, eō magis rēfert,

---

passes over in the first short sentence was, of course, Cicero himself — this was the
occasion of his delivering the Fourth Oration. But Cicero was no hero so far as
Sallust was concerned; our historian instead considered Cato's the decisive speech.
5. cum . . . reputo: *when I consider the proposals of some* — **ipse mecum** is a forceful contrast to **illi** in the next sentence.   **10. persequare:** Potential subjunctive.
11. iudicia implores: *you would appeal to law.*   **15. amplexamini:** *esteem.*
16. capessite . . . publicam: i.e., take over the firm management of the state. Cato
then goes on to say that at the present it is a question of nothing less than survival.
Squandering is called generosity, recklessness in crime is called courage. If men
wish to be so liberal in their toleration of wickedness, let them be so at the expense
of Rome's allies and the public treasury, but not at the expense of citizens' blood.
20. de inferis: *about the lower regions.*   **24. multitudine conducta:** *a hired mob.*
29. eo . . . refert: *it is of more importance.* Cato goes on to say that what made
Rome great in the old days was efficiency at home, just rule abroad, and a spirit free

30 mē mihi atque vōbīs timēre. Quā rē, cum dē P. Lentulō cēterīsque
statuētis, prō certō habētōte, vōs simul dē exercitū Catilīnae et dē
omnibus coniūrātīs dēcernere. Quantō vōs attentius ea agētis,
tantō illīs animus īnfīrmior erit; sī paululum modo vōs languēre
vīderint, iam omnēs ferōcēs aderunt.

35 "Quā rē ego ita cēnseō, cum nefāriō cōnsiliō sceleratōrum cīvium
rēs pūblica in maxima perīcula vēnerit, eīque indiciō T. Volturcii
et lēgātōrum Allobrogum convictī cōnfessīque sint, caedem, incendia, aliaque sē foeda atque crūdēlia facinora in cīvēs patriamque
parāvisse, dē cōnfessīs, sīcutī dē manifestīs rērum capitālium, mōre
40 maiōrum supplicium sūmendum."

The Senate Follows Cato's Lead

53. Postquam Catō assēdit, cōnsulārēs omnēs itemque senātūs
magna pars sententiam eius laudant, virtūtem animī ad caelum
ferunt; aliī aliōs increpantēs timidōs vocant. Catō clārus atque
magnus habētur; senātūs dēcrētum fit, sīcutī ille cēnsuerat.

of guilt or passion. Now these characteristics have given way to greed, extravagance,
wealth, and idleness. No distinction is made between good men and bad. Men of
high rank have conspired to burn their city. Citizens must not abandon themselves
to cowardice and baseness. They are beset on every side. **39. sicuti . . . capi-
talium:** *as if they were caught in the act of a capital crime.*

¶53. In a section omitted here, Sallust interpolates his reflections on the state.
The greatness of character of a few men was the foundation of Rome's own greatness.
In his day two men of towering pre-eminence, Cato and Caesar, though of strikingly
different character, appeared.
    In his honor roll of great men, Sallust passes over Cicero in silence. The student
may be interested in considering the "whys" of this omission and then in deciding
where the real truth lies, between the heroic figure of Cicero's own orations and the
disregard of Sallust.
    M. Porcius Cato, whom Sallust sets in contrast to Caesar, was another of the in-
teresting group of strong personalities who people the final scenes of the Roman
Republic. He came of an aristocratic and famous family and, unlike most of the
young nobles of this period, prided himself on the practice of old-fashioned Roman
virtues. At the time of this speech he was 32 years old. Consistent with his belief
in constitutional freedom, he steadily opposed Caesar's ambitions. When he had to
choose sides, he chose Pompey's. After Pharsalus he was at Utica; when he saw
that his cause was lost, he sent his men away and saved the city from being sacked,
then killed himself, preferring to die in the ruin of the Republic rather than to survive
it. From the place of his death he is called Cato of Utica, to distinguish him from his
famous great-grandfather, Cato the Censor.

54. Igitur eīs genus, aetās, ēloquentia prope aequālia fuēre, magnitūdō animī pār, item glōria; sed alia aliī. Caesar beneficiīs ac mūnificentiā magnus habēbātur, integritāte vītae Catō. Ille mānsuētūdine et misericordiā clārus factus, huic sevēritās dignitātem addiderat. Caesar dandō, sublevandō, ignōscendō, Catō nihil 5 largiendō, glōriam adeptus est. In alterō miserīs perfugium erat; in alterō malīs perniciēs. Illīus facilitās, huius cōnstantia laudābātur.

Postrēmō, Caesar in animum indūxerat labōrāre, vigilāre; negōtiīs amīcōrum intentus, sua neglegere; nihil dēnegāre, quod dōnō dignum esset; sibi magnum imperium, exercitum, bellum 10 novum exoptābat, ubi virtūs ēnitēscere posset. At Catōnī studium modestiae, decoris, sed maximē sevēritātis erat; nōn dīvitiīs cum dīvite, neque factiōne cum factiōsō, sed cum strēnuō virtūte, cum modestō pudōre, cum innocente abstinentiā certābat; esse, quam vidērī, bonus mālēbat. Ita, quō minus petēbat glōriam, eō magis 15 illum assequēbātur.

Execution of the Five Conspirators in Custody

55. Postquam, ut dīxī, senātus in Catōnis sententiam discessit, cōnsul optimum factū ratus noctem, quae īnstābat, antecapere, nē quid eō spatiō novārētur, triumvirōs, quae supplicium postulā-bat, parāre iubet. Ipse, praesidiīs dispositīs, Lentulum in carcerem dēdūcit; idem fit cēterīs per praetōrēs.   5

Est in carcere locus, quod Tulliānum appellātur, ubi paululum ascenderīs ad laevam, circiter duodecim pedēs humī dēpressus; eum mūniunt undique parietēs atque īnsuper camera lapideīs

¶**54. 2. alia aliī** (erat). **alia** refers to **glōria; aliī** is dat.   **8. in . . . indūxerat:** *had made up his mind.*

¶**55. 2. cōnsul . . . novārētur:** *the consul thought it best during the approaching night to take prior measures so that no disturbance would break out anew in that time.*   **3. triumvirōs:** The men called **tresvirī capitālēs** were minor officials who had charge of prisons and of executions.   **6. Tulliānum:** In the Mamertine prison, at the foot of the Capitoline, was an underground dungeon called the Tulliānum, perhaps from the fact that it resembled a domed covering over a well (*tullius* is an early Latin word meaning a spring). In popular story the name was associated with Servius Tullius, legendary sixth king of Rome.   **8. īnsuper . . . iūncta:** *a domed ceiling formed by arches of stone.*

fornicibus iūncta; sed incultū, tenebrīs, odōre foeda atque terribilis
10 eiuِ faciēs est.

In eum locum postquam dēmissus est Lentulus, vindicēs rērum
capitālium, quibus praeceptum erat, laqueō gulam frēgēre. Ita
ille patricius ex gente clārissimā Cornēliōruṁ, quī cōnsulāre
imperium Rōmae habuerat, dignum mōribus factīsque suīs exitium
15 vītae invēnit. Dē Cethēgō, Statiliō, Gabīniō, Cepāriō eōdem
modō supplicium sūmptum est.

The Battle: Catiline Fights to the End

60. Sed ubi, omnibus rēbus explōrātīs, Petreius tubā signum
dat, cohortēs paulātim incēdere iubet; idem facit hostium exercitus.
Postquam eō ventum est, unde ā ferentāriīs proelium committī
posset, maximō clāmōre cum īnfestīs signīs concurrunt; pīla
5 omittunt, gladiīs rēs geritur. Veterānī, prīstinae virtūtis memorēs,
comminus ācriter īnstāre, illī haud timidī resistunt; maximā vī
certātur.

Intereā Catilīna cum expedītīs in prīmā aciē versārī, labōrantibus
succurrere, integrōs prō sauciīs arcessere, omnia prōvidēre; multum
10 ipse pugnāre, saepe hostem ferīre; strēnuī mīlitis et bonī imperātōris
officia simul exsequēbātur. Petreius ubi videt Catilīnam, contrā ac
ratus erat, magnā vī tendere, cohortem praetōriam in mediōs
hostēs indūcit eōsque perturbātōs atque aliōs alibī resistentēs
interficit.

15 Deinde utrimque ex lateribus cēterōs aggreditur. Mānlius et
Faesulānus, in prīmīs pugnantēs, cadunt. Catilīna postquam fūsās

· · · **11. vindices:** *public executioners*, under the *tresviri capitales*. Sallust relates
that Catiline, hearing of the executions, determined to fight in a pitched battle. He
delivered a spirited speech to his heavily outnumbered troops, which were ready to
join battle with government forces near Pistoria.

¶**60. 1. Petreius:** Marcus Petreius was Antonius's legate. Antonius, ill with
gout, took no part in the battle; some authorities believe he simply did not want to
meet those with whom at one time he was associated. **3. unde ... posset:** *where
the light-armed infantry could begin the battle.* The *ferentarii* were stationed on the
wings; they threw javelins and then withdrew behind the battle line. **6. instare:**
Historical infinitive, as are the infinitives in the following sentences. **11. contra
... erat:** *contrary to his* (Petreius's) *expectations.* Catiline was putting up a stronger
fight than had been expected. **16. Faesulanus:** *a man of Faesulae.*

cōpiās sēque cum paucīs relictum videt, memor generis atque
prīstinae suae dignitātis, in cōnfertissimōs hostēs incurrit, ibique
pugnāns cōnfoditur.

A Victory That Brought Very Mixed Feelings

61. Sed, cōnfectō proeliō, tum vērō cernerēs, quanta audācia
quantaque animī vīs fuisset in exercitū Catilīnae. Nam ferē quem
quisque vīvus pugnandō locum cēperat, eum, āmissā animā, corpore
tegēbat.

Paucī autem, quōs mediōs cohors praetōria disiēcerat, paulō 5
dīversius, sed omnēs tamen adversīs vulneribus conciderant.

Catilīna vērō, longē ā suīs, inter hostium cadāvera repertus est,
paululum etiam spīrāns ferōciamque animī, quam habuerat vīvus,
in vultū retinēns.

Postrēmō, ex omnī cōpiā neque in proeliō neque in fugā quisquam 10
cīvis ingenuus captus est; ita cūnctī suae hostiumque vītae iūxtā
pepercerant. Neque tamen exercitus populī Rōmānī laetam aut
incruentam victōriam adeptus erat. Nam strēnuissimus quisque
aut occiderat in proeliō aut graviter vulnerātus discesserat. Multī
autem, quī ē castrīs vīsendī aut spoliandī grātiā prōcesserant, 15
volventēs hostīlia cadāvera amīcum aliī, pars hospitem aut cognātum
reperiēbant; fuēre item quī inimīcōs suōs cognōscerent. Ita
variē per omnem exercitum laetitia, maeror, lūctus atque gaudia
agitābantur.

¶61. 1. **cerneres:** *You might have seen* — past potential subjunctive. **5. paulo
diversius:** *a little apart* (*from the rest*). **11. ita ... pepercerant:** *so all had been
as unsparing of their own lives as of the enemy's.*

Pliny

BIOGRAPHY

Family

The Pliny family, settled at Novum Comum (Como) in northern Italy, belonged to local nobility with equestrian rank. It was a family of wealth and of a long cultural tradition, proudly carried on by C. Plinius Secundus, author of the 37-book *Natural History*. Pliny's sister married the son of a neighboring noble family, L. Caecilius Cilo. The couple's second son, born in A.D. 61 or 62 when his famous uncle was close to forty years old, received the name Publius Caecilius Secundus.

Young Publius's father died during the lad's early years; the will selected as the boy's guardian Verginius Rufus, respected elder statesman of the late first century A.D. who, it is said, refused three times to become emperor. The family interest in learning produced in Publius a gifted student — he wrote [age 14] a Greek tragedy while still in his early teens — and he was educated for the bar and the career in public office, called *cursus honorum*, the usual life of a gentleman. To finish his education he went to Rome, where his composition and public speaking teacher was Quintilian, the outstanding Latin rhetorician of his day and an ardent admirer of Cicero's style.

Publius's literary uncle, usually called Pliny the Elder, was serving as admiral of the fleet stationed at Misenum at the time of the disastrous eruption of Vesuvius which buried Pompeii and Herculaneum. The admiral died in the catastrophe — later to be described for Tacitus by Pliny's nephew — which occurred when the youth was eighteen years old. As was often done by famous Romans without a son to carry on the name, the uncle in his will

295

adopted Publius [**age 18**] and made him heir of his wealth and, more important, of a valuable library, including 160 volumes of personal notes on his reading, written — as the nephew observed — "in very small handwriting." The youth as an adopted son took the name C. Plinius Caecilius Secundus and from that time on was known as Pliny the Younger, to distinguish him from his uncle.

Public career

Young Pliny's family background, intellectual ability, educational advantages, and graceful ease in society combined to bring success to him early; it is recorded that he made his first speech in court at the age of eighteen.

Pliny became a quaestor [**age 28**] in 89, tribune [**age 30**] of the people in 91, and praetor [**age 32**] in 93. During the next few years he was busy in the imperial service as chief of various treasury bureaus, first in the military office, then [**age 37**] in the state treasury kept in the Temple of Saturn. In the year A.D. 100 the emperor Trajan nominated Pliny [**age 39**] to the office of consul, strictly an honorary office in the Empire, but nevertheless coveted as the crowning recognition of a career in the public service. The

VENATIO APRI

complimentary speech of thanks for the honor, which was customary on such occasions, is the only work by Pliny that has come down to us, other than the 368 letters.

CIRCENSES

297

LACUS APUD COMUM

For the rest of his life — probably thirteen or fourteen years — Pliny enjoyed the confidence and the friendship of his emperor and served him in a number of important posts. Misrule in the provinces was an evil which Trajan was particularly determined to correct; and a province from which numerous complaints had come was Bithynia, until then administered by senatorial appointees. Trajan changed the status of Bithynia to put it directly under his own control and, in A.D. 111, sent his trusted friend Pliny [age 50] out to govern the province.

MERCATUS TRAIANUS

298

Pliny may have died [**age 53**] at his post: at any rate we have no further notice of him in any historical records, and there is a dedicatory stone in a building donated to his home town which indicates he did not live beyond A.D. 114.

Pliny was married three times, but had no children. Calpurnia, whom we meet in the letters, was his third wife; the references give us glimpses of a happy and satisfying companionship.

Pliny, gentleman and scholar

The background, career, and urbane manners exhibited by Pliny in his letters qualify him as a true Roman gentleman. His life presents a placid picture of the successful conduct of each relationship in life. He was affectionately devoted to his uncle and his mother, tolerant of other people, and liberal with his means. He gave his native town handsome public baths and a library and helped endow a school. He recalls in a letter, after hearing of Martial's death, that he had provided the poet's expenses for an extended tour.

Above all, Pliny interested himself in literature and in the friendship of many literary personalities of his day, poets as well as prose writers. He himself aspired to a reputation as an author—even his letters were composed with an eye to publication, unlike Cicero's letters, which were strictly private and personal in character.

With respect to style, Pliny learned from his teacher Quintilian to admire and imitate Cicero's Latin. Inevitably, Pliny's writing seems a little artificial in comparison with the vitality and directness of Cicero, a participant in the politics of a period of crucial change. Nevertheless, Pliny furnishes us with many interesting glimpses of life in the early Empire; and on occasion he shows a real talent for telling a story, such as that of the haunted house (Letter 13). His Latin is graceful and pleasant, and we can be glad that the letters of Pliny have survived for us to enjoy.

SIGNUM NUTRICIS

C. PLINI CAECILI SECVNDI
EPISTVLAE SELECTAE

1. Pliny Announces Publication of His Letters

C. Septicius Clarus is memorable as having been the recipient of two dedications, that in Pliny's *Letters* and that in Suetonius's *Lives of the Twelve Caesars*. He was praetorian prefect under Hadrian, but fell from imperial favor in 120.

C. PLINIVS SEPTICIO SVO S.

Frequenter hortātus es, ut epistulās, quās paulō cūrātius scrīpsissem, colligerem pūblicāremque. Collēgī nōn servātō temporis ōrdine (neque enim historiam compōnēbam), sed ut quaeque in manūs vēnerat. Superest, ut nec tē cōnsiliī nec mē paeniteat obsequiī. Ita enim fīet, ut eās quae adhūc neglēctae iacent requīram 5
et, sī quās addiderō, nōn supprimam. Valē. (*I.1*)

1. paulo curatius: *somewhat more carefully.* Pliny composed many letters with publication in view. **scripsissem:** Subjunctive in rel. clause of characteristic. **2. non . . . ordine:** *not in chronological order.* **4. consilii:** Usual gen. form in Pliny.

2. Pliny Goes Hunting — Armed with Pencil and Notebook

The letter was written to P. Cornelius Tacitus, the historian, who was an intimate friend of Pliny and whose request for information for his history drew from Pliny the unique letter describing the A.D. 79 eruption of Vesuvius (Letter 12).

C. PLINIVS CORNELIO TACITO SVO S.

Rīdēbis, et licet rīdeās. Ego ille quem nōstī aprōs trēs et quidem pulcherrimōs cēpī. "Ipse?" inquis. Ipse; nōn tamen ut omnīnō ab inertiā meā et quiēte discēderem. Ad rētia sedēbam: erat

1. licet rideas: *and you may laugh.*

in proximō nōn vēnābulum aut lancea, sed stilus et pugillārēs:
5 meditābar aliquid ēnotābamque, ut, sī manūs vacuās, plēnās tamen
cērās reportārem. Nōn est quod contemnās hōc studendī genus.
Mīrum est ut animus agitātiōne mōtūque corporis excitētur. Iam
undique silvae et sōlitūdō ipsumque illud silentium, quod vēnātiōnī
datur, magna cōgitātiōnis incitāmenta sunt. Proinde, cum vēnā-
10 bere, licēbit, auctōre mē, ut pānārium et lagunculam sīc etiam
pugillārēs ferās. Experiēris nōn Diānam magis montibus quam
Minervam inerrāre. Valē. (*I.6*)

· **4. in proximo:** *at hand.* **5. meditabar**
: **. . enotabamque:** *I would muse over something and jot it down.* **6. Non est quod:**
there is no reason why. **7. ut:** *how.* **10. licebit . . . me:** *you may, by my example*
— abl. abs. **11. Dianam . . . Minervam:** Diana was patroness of hunting; and
Minerva, patroness of the arts.

3. City Life and Country Life

C. Minicius Fundanus was a man of some importance among upper-
class Romans of Pliny's time. Pliny in Letter 9 describes the sad death of
Fundanus's young daughter.

C. PLINIVS MINICIO FVNDANO SVO S.

Mīrum est, quam singulīs diēbus in urbe ratiō aut cōnstet aut
cōnstāre videātur, plūribus iūnctīsque nōn cōnstet. Nam, sī quem
interrogēs: "Hodiē quid ēgistī?" respondeat: "Officiō togae
virīlis interfuī, spōnsālia aut nūptiās frequentāvī, ille mē ad sig-
5 nandum testāmentum, ille in advocātiōnem, ille in cōnsilium

1. Mirum . . . constet: *It is surprising how for each separate day spent in the city
the account either balances or seems to balance, whereas for several consecutive days
it fails to do so* (Meinecke). **ratio** here is a profit and loss balance. **3. Officio . . .
virilis:** *at a coming-of-age ceremony.* Freeborn Roman youths between the ages of
fourteen and seventeen wore the *toga praetexta* with a purple border until the ceremony in which they put on the plain white toga of adulthood. **4. ad . . . testamentum:** *to sign a will.* Roman wills by law had to be signed in the presence of seven
witnesses, each of whom affixed his name and seal. **5. in advocationem:** *for legal support.* **in consilium:** *for advice.* The *consilium* referred to was a group of associates formed as an advisory body to a judge.

rogāvit." Haec quō diē fēceris, necessāria, eadem, sī cotīdiē fēcisse
tē reputēs, inānia videntur, multō magis cum sēcesserīs.

Tunc enim subit recordātiō: "Quot diēs quam frīgidīs rēbus
absūmpsī!" Quod ēvenit mihi, postquam in Laurentīnō meō
aut legō aliquid aut scrībō aut etiam corporī vacō, cuius fultūrīs 10
animus sustinētur. Nihil audiō, quod audīsse, nihil dīcō, quod
dīxisse paeniteat; nēmō apud mē quemquam sinistrīs sermōnibus
carpit, nēminem ipse reprehendō, nisi tamen mē, cum parum commodē scrībō; nūllā spē, nūllō timōre sollicitor, nūllīs rūmōribus
inquiētor: mēcum tantum et cum libellīs loquor. Ō rēctam since- 15
ramque vītam, Ō dulce ōtium honestumque ac paene omnī negōtiō
pulchrius! Ō mare, Ō lītus, vērum sēcrētumque μουσεῖον, quam
multa invenītis, quam multa dictātis! Proinde, tū quoque strepi-
tum istum inānemque discursum et multum ineptōs labōrēs, ut
prīmum fuerit occāsiō, relinque tēque studiīs vel ōtiō trāde. Satius 20
est enim, ut Atilius noster ēruditissimē simul et facētissimē dīxit,
ōtiōsum esse quam nihil agere. Valē. (*I.9*)

· **6. sī . . . reputēs:** *if you consider that*
you have done it daily. **7. secesseris:** *when you have retired to the country.*
9. postquam . . . sustinetur: *after I have been reading or writing something at my*
country home near Laurentum or am free to attend to the body, on whose props our
spiritual and intellectual life is supported. **12. sinistris sermonibus:** *malicious con-*
versation. **13. nisi . . . scribo:** *unless perhaps myself, when I have written rather*
badly. **17. μουσεῖον:** *mouseion, haunt of the Muses,* origin of our word museum.
19. ut . . . occasio: *at the first opportunity.* **21. Atilius:** a friend known for his wit.
22. otiosum . . . agere: *to be at leisure rather than to do nothing.*

4. Pliny Undertakes to Find a Teacher

Junius Mauricus was an intimate of Pliny and a man of uncompromising
character, who was exiled by Domitian in A.D. 93, when his brother Arulenus
Rusticus was executed. Mauricus was recalled from exile by Nerva.

C. PLINIVS MAVRICO SVO S.

Quid ā tē mihi iūcundius potuit iniungī, quam ut praeceptōrem
frātris tuī līberīs quaererem? Nam beneficiō tuō in scholam redeō

1. iniungi: *to be enjoined.* **2. fratris:** Arulenus Rusticus, Mauricus's brother.

et illam dulcissimam aetātem quasi resūmō: sedeō inter iuvenēs,
ut solēbam, atque etiam experior quantum apud illōs auctōritātis
5 ex studiīs habeam. Nam proximē frequentī auditōriō inter sē
cōram multīs ōrdinis nostrī clārē iocābantur; intrāvī, conticuērunt;
quod nōn referrem, nisi ad illōrum magis laudem quam ad meam
pertinēret, ac nisi spērāre tē vellem posse frātris tuī fīliōs probē
discere. Quod superest, cum omnēs quī profitentur audierō, quid
10 dē quōque sentiam scrībam efficiamque, quantum tamen epistulā
cōnsequī poterō, ut ipse omnēs audīsse videāris.

Dēbeō enim tibi, dēbeō memoriae frātris tuī hanc fidem, hōc
studium, praesertim super tantā rē. Nam quid magis interest
vestrā quam ut līberī — dīcerem tuī, nisi nunc illōs magis amārēs —
15 dignī illō patre, tē patruō reperiantur? quam cūram mihi, etiam
sī nōn mandāssēs, vindicāssem. Nec ignōrō suscipiendās offēnsās
in ēligendō praeceptōre, sed oportet mē nōn modo offēnsās vērum
etiam simultātēs prō frātris tuī fīliīs tam aequō animō subīre quam
parentēs prō suīs. Valē. (*II.18*)

5. **ex studiis:** *in consequence of my learning.*   6. **coram . . . nostri:** *in the presence
of many of my own rank.*   7. **quod . . . referrem:** *which I should not mention.*   8. **ac
. . . discere:** *and if I did not wish you to have hope of your nephews' being able to obtain
a truly moral* (**probe**) *education.*   9. **profitentur:** *teach.*   10. **quantum . . . potero:**
as much as I can do in a letter.   13. **praesertim . . . re:** *especially in* (**super = de**)
so important a commission.   **interest vestra:** *concerns you* — **vestra** takes the place of
a pronoun after **interest,** which is followed by an ablative singular feminine adjective
instead of the genitive of a personal pronoun.   14. **nisi . . . amares:** *if you did not
now love them more* (*than your own*).

5. Pliny's Latest Purchase, an Antique Bronze Statue

Nothing is known of Annius Severus except that Pliny addressed this and
one other letter to him.

C. PLINIVS ANNIO SEVERO SVO S.

Ex hērēditāte quae mihi obvēnit ēmī proximē Corinthium signum,
modicum quidem sed fēstīvum et expressum, quantum ego sapiō,

1. **Corinthium signum:** i.e. "Corinthian bronze."   2. **modicum:** *small.* **festivum:**
pleasing. **expressum:** *finely executed.*

quī fortasse in omnī rē, in hāc certē perquam exiguum sapiō: hōc tamen signum ego quoque intellegō.

Est enim nūdum nec aut vitia, sī qua sunt, cēlat aut laudēs 5 parum ostentat: effingit senem stantem; ossa, mūsculī, nervī, vēnae, rūgae etiam ut spīrantis appārent, rārī et cēdentēs capillī, lāta frōns, contrācta faciēs, exīle collum, pendent lacertī, papillae iacent, venter recessit. Ā tergō quoque eadem aetās ut ā tergō. Aes ipsum, quantum vērus color indicat, vetus et antīquum. 10 Tālia dēnique omnia ut possint artificum oculōs tenēre, dēlēctāre imperītōrum. Quod mē quamquam tīrunculum sollicitāvit ad emendum.

Ēmī autem, nōn ut habērem domī — neque enim ūllum adhūc Corinthium domī habeō — vērum ut in patriā nostrā celebrī locō 15 pōnerem, ac potissimum in Iovis templō: vidētur enim dignum templō, dignum deō dōnum. Tū ergō, ut solēs omnia quae ā mē tibi iniunguntur, suscipe hanc cūram et iam nunc iubē basim fierī, ex quō volēs marmore, quae nōmen meum honōrēsque capiat, sī hōs quoque putābis addendōs. Ego signum ipsum, ut prīmum 20 invēnerō aliquem quī nōn gravētur, mittam tibi, vel ipse, quod māvīs, afferam mēcum.

Dēstinō enim, sī tamen officiī ratiō permīserit, excurrere istō. Gaudēs quod mē ventūrum esse polliceor, sed contrahēs frontem, cum adiēcerō ad paucōs diēs; neque enim diūtius abesse mē eadem 25 haec quae nōndum exīre patiuntur. Valē. (*III.6*)

Production of Corinthian bronze was said to be a lost art in Pliny's time. It was said that the alloy was accidentally produced from the fusing of gold, silver, and bronze when Mummius burnt Corinth in 146 B.C. The material was much prized for its color and patina. **3. perquam exiguum:** *exceedingly little.* **4. intellego:** *appreciate.* **5. vitia:** *faults.* **laudes:** *its virtues.* **6. effingit:** *it represents.* **nervi:** *tendons* or *sinews.* The word almost never means "nerve" in our sense. **7. rari ... capilli:** *the hair is thin and failing.* **8. contracta facies:** *the face shriveled.* **exile collum:** *the neck lean.* **papillae iacent:** *flat-chested.* **10. verus color:** Its original color, seen in places where there was no oxidation. **vetus et antiquum:** *a genuine antique.* **11. Talia ... imperitorum:** *In short its characteristics are such as to catch the eyes of artists and delight (the eyes) of the dilettante.* **12. quamquam tirunculum:** *although a mere novice.* **15. patria nostra:** Novum Comum (Como). **celebri:** *much frequented.* **17. soles (suscipere) omnia.** **19. honores:** Pliny's titles in the various offices he had held. **23. officii ratio:** *the duties of my office.* **isto:** *to your place.* **25. cum ... dies:** *when I add that it will be for only a few days.* **eadem haec (officia).**

6. Pliny Accepts the Invitation — with Some Provisos

Catilius Severus was proconsul of Asia and governor of Syria under Hadrian. He was the great-grandfather of the emperor Marcus Aurelius.

C. PLINIVS CATILIO SEVERO SVO S.

Veniam ad cēnam, sed iam nunc pacīscor sit expedīta, sit parca, Sōcraticīs tantum sermōnibus abundet, in hīs quoque teneat modum. Erunt officia antelūcāna, in quae incidere impūnē nē Catōnī quidem licuit, quem tamen C. Caesar ita reprehendit ut
5 laudet. Dēscrībit enim eōs quibus obvius fuerit cum caput ēbriī retēxissent, ērubuisse: deinde adicit "putārēs nōn ab illīs Catōnem, sed illōs ā Catōne dēprehēnsōs." Potuitne plūs auctōritātis tribuī Catōnī quam sī ēbrius quoque tam venerābilis erat? Nostrae tamen cēnae ut apparātūs et impendiī sīc temporis modus cōnstet.
10 Neque enim eī sumus quōs vituperāre nē inimīcī quidem possint nisi ut simul laudent. Valē. (*III.12*)

1. **iam ... paciscor:** *right now I make the stipulation.* **expedita:** *informal.* **parca:** *frugal.* 2. **Socraticis ... sermonibus:** i.e. philosophical conversation. 3. **Erunt ... laudet:** *There will be those early morning calls upon which not even Cato could safely stumble, although Gaius Caesar reproaches him in such a way as to praise him.* This refers to the story told by Caesar in his *Anti-Cato* that Cato of Utica (p. 290), going home drunk from too elaborate a feast, was discovered in this condition by his early morning callers. Pliny playfully suggests that if Catilius makes his feast last too late he may suffer the same humiliation as Cato. 5. **cum ... retexissent:** *when they discovered the identity of the drunken man.* 6. **putares:** *you would have thought.* 9. **ut ... sic:** *as ... so.* **modus constet:** *let a limit be set.*

7. Pliny Helps to Start a School in His Home Town

The correspondent is the historian Cornelius Tacitus, recipient also of Letter 2 and Letter 12 in this section.

C. PLINIVS TACITO SVO S.

Salvum tē in urbem vēnisse gaudeō; vēnistī autem, sī quandō aliās, nunc maximē mihi dēsīderātus. Ipse pauculīs adhūc diēbus

2. **pauculis ... diebus:** *a few days longer* — abl. of extent of time.

in Tusculānō commorābor, ut opusculum quod est in manibus
absolvam. Vereor enim nē, sī hanc intentiōnem iam in fīne laxā-
verō, aegrē resūmam. Interim nē quid festīnātiōnī meae pereat, 5
quod sum praesēns petītūrus hāc quasi praecursōriā epistulā rogō.
Sed prius accipe causās rogandī. Proximē cum in patriā meā fuī,
vēnit ad mē salūtandum mūnicipis meī fīlius praetextātus. Huic
ego "studēs?" inquam.
Respondit "etiam." 10
"Ubi?"
"Mediōlānī."
"Cūr nōn hīc?"
Et pater eius — erat enim ūnā atque etiam ipse addūxerat puerum
— "Quia nūllōs hīc praeceptōrēs habēmus." 15
"Quā rē nūllōs? nam vehementer intererat vestrā, quī patrēs
estis," et opportūnē complūrēs patrēs audiēbant, "līberōs vestrōs
hīc potissimum discere. Ubi enim aut iūcundius morārentur quam
in patriā aut pudīcius continērentur quam sub oculīs parentum aut
minōre sūmptū quam domī? Quantulum est ergō, collātā pecūniā, 20
condūcere praeceptōrēs, quodque nunc in habitātiōnēs, in viātica,
in ea quae peregrē emuntur impenditis adicere mercēdibus!
"Atque adeō ego, quī nōndum līberōs habeō, parātus sum prō rē
pūblicā nostrā, quasi prō fīliā vel parente, tertiam partem eius quod
cōnferre vōbīs placēbit dare. Tōtum etiam pollicērer, nisi timērem 25
nē hōc mūnus meum quandōque ambitū corrumperētur, ut accidere
multīs in locīs videō, in quibus praeceptōrēs pūblicē condūcuntur.
Huic vitiō occurrī ūnō remediō potest, sī parentibus sōlīs iūs

· · · · · · · · 3. in Tusculano: *at my Tusculan estate.* Pliny had an elaborate
country place at Tusculum. The same neighborhood was the site of one of Cicero's
favorite retreats more than a century earlier. 4. si . . . laxavero: *if I put a stop to
this design when the end is already in view.* 5. ne . . . pereat: *that my impatience
suffer no loss.* 6. quasi praecursoria: (*my*) *forerunner, as it were.* 8. municipis:
fellow-townsman. praetextatus: Still wearing the *toga praetexta* of boyhood.
9. studes: *Do you go to school?* 12. Mediolani: Milan is about 30 miles south of
Como. 14. atque . . . puerum: *and had in fact himself brought the boy.* 16. vehementer . . . vestra: *it would be greatly to your advantage.* intererat: Imp. indicative,
used sometimes instead of the subjunctive in the conclusion of a contrary-to-fact
sentence. 21. quodque . . . mercedibus: *and apply to their salaries what now you
spend on lodging, travel, and what is bought away from home.* 26. ambitu corrumpere-
tur: *might be misused for private ends.* 27. publice: *at the state's expense.*
28. vitio: *evil.*

condūcendī relinquātur īsdemque religiō rēctē iūdicandī necessitāte
30 collātiōnis addātur. Nam quī fortasse dē aliēnō neglegentēs, certē
dē suō dīligentēs erunt dabuntque operam nē ā mē pecūniam nisi
dignus accipiat, sī acceptūrus et ab ipsīs erit.

"Proinde, cōnsentīte, cōnspīrāte maiōremque animum ex meō
sūmite, quī cupiō esse quam plūrimum quod dēbeam cōnferre.
35 Nihil honestius praestāre līberīs vestrīs, nihil grātius patriae potestis.
Ēducentur hīc quī hīc nāscuntur statimque ab īnfantiā nātāle solum
amāre, frequentāre cōnsuēscant. Atque utinam tam clārōs praeceptōrēs indūcātis ut fīnitimīs oppidīs studia hinc petantur, utque
nunc līberī vestrī aliēna in loca, ita mox aliēnī in hunc locum
40 cōnfluant!"

Haec putāvī altius et quasi ā fonte repetenda, quō magis scīrēs
quam grātum mihi foret, sī susciperēs quod iniungō. Iniungō
autem et prō reī magnitūdine rogō ut ex cōpiā studiōsōrum, quae
ad tē ex admīrātiōne ingeniī tuī convenit, circumspiciās prae-
45 ceptōrēs quōs sollicitāre possīmus, sub eā tamen condiciōne nē
cui fidem meam obstringam. Omnia enim lībera parentibus servō.
Illī iūdicent, illī ēligant: ego mihi cūram tantum et impendium
vindicō.

Proinde, sī quis fuerit repertus quī ingeniō suō fīdat, eat illūc eā
50 lēge ut hinc nihil aliud certum quam fīdūciam suam ferat. Valē.
(*IV.13*)

· · · · **29. religio . . . iudicandi:** *the sacred obligation of deciding aright.* **30. de
alieno:** *concerning someone else's property.* **31. ne . . . nisi dignus:** *that only a
worthy person.* **36. Educentur:** Hortatory subjunctive of **educare.** **38. oppidis:**
Dat. of agent. **studia:** *course of study.* **41. Haec . . . repetenda:** *I thought these
things ought to be recounted to you in more detail and from the very source, as it
were.* **45. sollicitare:** *apply to.* **ne . . . obstringam:** *that I do not make a binding
agreement with anyone.* **49. ingenio suo fidat:** *who has confidence in his own intellect.* **50. lege:** *condition* — a common meaning of the word. **fiduciam suam:**
faith in himself.

8. Pliny Thanks the Aunt for His Wonderful Wife

Calpurnia Hispulla was the aunt of Pliny's wife Calpurnia; the aunt, as
we learn from the letter, had reared Calpurnia. The young lady was Pliny's
third wife.

C. PLINIVS CALPVRNIAE HISPVLLAE SVAE S.

Cum sīs pietātis exemplum frātremque optimum et amantissimum tuī parī cāritāte dīlēxerīs fīliamque eius ut tuam dīligās nec tantum amitae eī affectum, vērum etiam patris āmissī repraesentēs, nōn dubitō maximō tibi gaudiō fore, cum cognōveris dignam patre, dignam tē, dignam avō ēvādere. Summum est acūmen, summa 5 frūgālitās; amat mē, quod castitātis indicium est. Accēdit hīs studium litterārum, quod ex meī cāritāte concēpit. Meōs libellōs habet, lēctitat, ēdiscit etiam.

Quā illā sollicitūdine, cum videor āctūrus, quantō, cum ēgī, gaudiō afficitur! Dispōnit, quī nūntient sibi, quem assēnsum, 10 quōs clāmōrēs excitārim, quem ēventum iūdiciī tulerim. Eadem, sī quandō recitō, in proximō discrēta vēlō sedet laudēsque nostrās avidissimīs auribus excipit. Versūs quidem meōs cantat etiam fōrmatque citharā, nōn artifice aliquō docente, sed amōre, quī magister est optimus. 15

Hīs ex causīs in spem certissimam addūcor perpetuam nōbīs maiōremque in diēs futūram esse concordiam.

Nōn enim aetātem meam aut corpus, quae paulātim occidunt ac senēscunt, sed glōriam dīligit. Nec aliud decet tuīs manibus ēducātam, tuīs praeceptīs īnstitūtam, quae nihil in contuberniō 20 tuō vīderit nisi sānctum honestumque, quae dēnique amāre mē ex tuā praedicātiōne cōnsuēverit. Nam, cum mātrem meam parentis locō verērēre, mē ā pueritiā statim fōrmāre, laudāre tālemque, quālis nunc uxōrī meae videor, ōminārī solēbās. Certātim ergō tibi grātiās agimus, ego, quod illam mihi, illa, quod 25 mē sibi dederīs, quasi invicem ēlēgerīs. Valē. (*IV.19*)

---

3. affectum: *affection.*   **5. evadere:** *has turned out.*   **6. Accedit ... concepit:** *In addition to these qualities she shows an interest in literature, prompted by her affection for me.*   **8. ediscit:** *memorizes.*   **9. acturus:** *entering on a case.*   **10. Disponit (eos).**   **11. clamores:** *applause.*   **quem ... tulerim:** *what verdict I gained.*   **12. in ... velo:** *close at hand, hidden by a curtain.*   **14. formatque cithara:** *and accompanies them on the cithara.* **artifice:** *music teacher.*   **18. aetatem ... corpus:** *my youth or my person.*   **19. Nec aliud decet:** *nothing else could be expected of one.*   **22. ex ... praedicatione:** *from your account of my character.* **cum ... vererere:** *while you honored my mother as if she were your own* (Melmoth).   **24. ominari:** *predict that I should be.*   **26. quasi ... elegeris:** *as if you had chosen us the one for the other.*

9. Pliny Describes the Sad Death of a Friend's Daughter

Aefulanus Marcellinus was a mutual friend of Pliny and C. Minicius Fundanus (recipient of Letter 3), whose daughter's death is described in this letter. Her tombstone was found on Monte Mario near Rome; the inscription reads:

D · M · MINICIAE · MARCELLAE · FVNDANI · F
VIX · A · XII · M · XI · D · VII

Translated, the inscription means (*Dedicated*) *to the spirit of Minicia Marcella, daughter of Fundanus. She lived 12 years, 11 months, and 7 days.*

C. PLINIVS MARCELLINO SVO S.

Trīstissimus haec tibi scrībō, Fundānī nostrī fīliā minōre dēfūnctā, quā puellā nihil umquam fēstīvius, amābilius, nec modo longiōre vītā sed prope immortālitāte dignius vīdī. Nōndum annōs quattuordecim implēverat, et iam illī anīlis prūdentia, mātrōnālis
5 gravitās erat, et tamen suāvitās puellāris cum virginālī verēcundiā.

Ut illa patris cervīcibus inhaerēbat! ut nōs, amīcōs paternōs, et amanter et modestē complectēbātur! ut nūtrīcēs, ut paedagōgōs, ut praeceptōrēs prō suō quemque officiō dīligēbat! quam studiōsē, quam intellegenter lēctitābat! ut parcē custōdītēque lūdēbat!
10 Quā illa temperantiā, quā patientiā, quā etiam cōnstantiā novissimam valētūdinem tulit! Medicīs obsequēbātur, sorōrem, patrem adhortābātur, ipsamque sē dēstitūtam corporis vīribus vigōre animī sustinēbat. Dūrāvit hic illī ūsque ad extrēmum nec aut spatiō valētūdinis aut metū mortis īnfrāctus est, quō plūrēs gravi
15 ōrēsque nōbīs causās relinqueret et dēsīderiī et dolōris.

Ō trīste plānē acerbumque fūnus! Ō morte ipsā mortis tempus indignius! iam dēstināta erat ēgregiō iuvenī, iam ēlēctus nūptiārum diēs, iam nōs vocātī. Quod gaudium quō maerōre mūtātum est! Nōn possum exprimere verbīs quantum animō vulnus acce-

2. **festivius:** *more vivacious.* **festivius, amabilius, dignius** modify **nihil**, dir. obj. of **vidi** (line 3). 3. **quattuordecim:** A round number, as we see from the girl's tombstone. Fourteen was the usual age for a Roman girl's betrothal. 5. **verecundia:** *modesty.* 6. **Ut:** *How.* 9. **parce custoditeque:** *sparingly and discreetly.* 13. **Duravit . . . illi:** *This* (**vigor animi**) *remained with her.* **illi** is the dat. of advantage. 14. **quo = ut eo:** Introduces a rel. clause of result. 16. **acerbumque funus:** *and bitter death.* **acerbum** implies the bitterness of unripe fruit; hence one might translate it "untimely." 17. **indignius:** *crueler.* **destinata:** *betrothed.*

perim, cum audīvī Fundānum ipsum, ut multa lūctuōsa dolor 20
invenit, praecipientem, quod in vestēs, margarīta, gemmās fuerat
ērogātūrus, hōc in tūs et unguenta et odōrēs impenderētur.

Est quidem ille ērudītus et sapiēns, ut quī sē ab ineunte aetāte
altiōribus studiīs artibusque dēdiderit, sed nunc omnia quae audiit
saepe, quae dīxit āspernātur expulsīsque virtūtibus aliīs pietātis 25
est tōtus. Ignōscēs, laudābis etiam, sī cōgitāveris quid āmīserit.
Āmīsit enim fīliam quae nōn minus mōrēs eius quam ōs vultumque
referēbat tōtumque patrem mīrā similitūdine exscrīpserat.

Proinde, sī quās ad eum dē dolōre tam iūstō litterās mittēs,
mementō adhibēre sōlācium, nōn quasi castīgātōrium et nimis 30
forte, sed molle et hūmānum. Quod ut facilius admittat multum
faciet mediī temporis spatium. Ut enim crūdum adhūc vulnus
medentium manūs reformīdat, deinde patitur atque ultrō requīrit,
sīc recēns animī dolor cōnsōlātiōnēs reicit ac refugit, mox dēsīderat
et clēmenter admōtīs acquiēscit. Valē. (*V.16*)   35

· · · · · **20. ut ... invenit:** *as grief is ever fertile in painful inventions* (Melmoth).
21. praecipientem: Introduces (**ut**) **impenderetur.**   **22. tus ... odores:** All much
used for funerals.   **23. ut qui:** *since he* — a rel. clause of cause; the pronoun is frequently preceded by **ut, utpote,** or **quippe.**   **25. expulsisque ... totus:** *and every
other virtue repudiated, he is wholly given over to parental devotion.* **pietatis** depends
on **totus: in** with the abl. is more common.   **28. referebat:** *recalled* or *reproduced.*
exscripserat: *had copied out.*   **30. non ... forte:** *not, as it were, reproving and
too rough.*   **31. Quod ... admittat:** *that he more readily admit consolation of this
sort* — result clause, object of **faciet.**   **32. crudum ... vulnus:** *a yet raw wound.*
Note the use of medical terms in this part of the letter.   **35. clementer ... acquiescit:**
willingly acquiesces in consolation tenderly given.

10. Pliny Gives a Little Farm to His Old Nurse

Verus's identity is unknown.

C. PLINIVS VERO SVO S.

Grātiās agō quod agellum quem nūtrīcī meae dōnāveram colendum suscēpistī. Erat, cum dōnārem, centum mīlium nummum:

2. nummum: The archaic form of the genitive plural **nummorum;** the old form
is common. **Nummus** is the **sestertius,** a small silver coin worth about 5 cents. The
farm was worth about $5000.

posteā dēcrēscente reditū etiam pretium minuit, quod nunc tē
cūrante reparābit. Tū modo meminerīs commendārī tibi ā mē
5 nōn arborēs et terram, quamquam haec quoque, sed mūnusculum
meum; quod esse quam frūctuōsissimum nōn illīus magis interest
quae accēpit quam meā quī dedī. Valē. (VI.3)

4. Tu . . . memineris: *But remember* — hortatory subjunctive.   **6. esse:** With
interest. illius: The nurse.

---

11. Pliny's Wife Is Away and He Wants a Daily Letter

The letter is addressed to Pliny's wife Calpurnia, the remarkable young
lady described in Letter 8.

C. PLINIVS CALPVRNIAE SVAE S.

Numquam sum magis dē occupātiōnibus meīs questus, quae
mē nōn sunt passae aut proficīscentem tē valētūdinis causā in
Campāniam prosequī aut profectam ē vēstīgiō subsequī. Nunc
enim praecipuē simul esse cupiēbam, ut oculīs meīs crēderem
5 quid vīribus, quid corpusculō apparārēs, ecquid dēnique sēcessūs
voluptātēs regiōnisque abundantiam inoffēnsa trānsmitterēs.
Equidem etiam fortem tē nōn sine cūrā dēsīderārem; est enim
suspēnsum et anxium dē eō quem ārdentissimē dīligās interdum
nihil scīre: nunc vērō mē cum absentiae tum īnfīrmitātis tuae ratiō
10 incertā et variā sollicitūdine exterret. Vereor omnia, imāginor
omnia, quaeque nātūrā metuentium est, ea maximē mihi quae
maximē abōminor fingō. Quō impēnsius rogō ut timōrī meō
cotīdiē singulīs vel etiam bīnīs epistulīs cōnsulās. Erō enim sēcūrior,
dum legō, statimque timēbō, cum lēgerō. Valē. (VI.4)

3. prosequi: *accompany.* **e vestigio subsequi:** *follow in your footsteps.*   **4. simul:**
with you. **cupiebam:** An epistolary tense — translate as a present tense. **ut . . .**
transmitteres: *that I might see with my own eyes what improvement you are*
making in your strength and in your dear little person and whether, in short, you are
bearing without harm the pleasures of that retreat and the plenty of that district.
7. Equidem . . . desiderarem: *Indeed even if you were well, I should not be without*
anxiety in your absence. **est . . . anxium:** *for it causes suspense and anxiety.*
9. ratio: *the thought.*   **11. quaeque . . . est:** *and, as is natural with people who are*
frightened.

12. Pliny's Story of His Uncle's Death, Written for Tacitus

Tacitus, the historian, wrote to Pliny asking for an account of the first (in historical times) and most famous eruption of Vesuvius, in A.D. 79. In this letter Pliny recounts the death of his uncle, Pliny the Elder (p. 295), the famous scholar, who had gone to observe the cataclysm and to give aid to persons in the stricken area. He died at Stabiae of suffocation. In another letter Pliny gives Tacitus an account of his own personal experiences at Misenum, on the northern side of the bay of Naples. As Tacitus's account of the eruption appeared in a portion of the *Histories* that is now lost, these letters of Pliny remain our most direct account of the great catastrophe that buried Pompeii and Herculaneum.

C. PLINIVS TACITO SVO S.

Petis ut tibi avunculī meī exitum scrībam, quō vērius trādere posterīs possīs. Grātiās agō; nam videō mortī eius, sī celebrētur ā tē, immortālem glōriam esse prōpositam. Quamvīs enim pulcher-rimārum clāde terrārum, ut populī, ut urbēs, memorābilī cāsū quasi semper victūrus occiderit, quamvīs ipse plūrima opera et 5 mānsūra condiderit, multum tamen perpetuitātī eius scrīptōrum tuōrum aeternitās addet. Equidem beātōs putō quibus deōrum mūnere datum est aut facere scrībenda aut scrībere legenda, beātissimōs vērō quibus utrumque. Hōrum in numerō avunculus meus et suīs librīs et tuīs erit. Quō libentius suscipiō, dēposcō 10 etiam quod iniungis.

The Great Eruption of Vesuvius in A.D. 79

Erat Mīsēnī classemque imperiō praesēns regēbat. Nōnum Kal. Septembrēs, hōrā ferē septimā, māter mea indicat eī appārēre nūbem inūsitātā et magnitūdine et speciē. Ūsus ille sōle, mox

3. **Quamvis:** *although.* 4. **clade:** *in the ruins.* **ut populi, ut urbes (occiderunt).** 5. **victurus:** From *vivo.* 7. **Equidem:** *I for one think* — the adv. emphasizes **puto.** 9. **utrumque (datum est).** 10. **Quo libentius:** *the more willingly.* 12. **classemque ... regebat:** *and in personal charge of the fleet.* **Nonum Kal. Septembres** = a.d. IX Kal. Sept.: Aug. 24. 13. **hora fere septima:** *about midday.* 14. **inusitata:** Modifies both **magnitudine** and **specie,** abl. of description. **Usus ... studebatque:** *He had taken a sun bath followed by a cold plunge, had his lunch, and — lying on his couch — was at his books again.*

15 frīgidā, gustāverat iacēns studēbatque: poscit soleās, ascendit
locum ex quō maximē mīrāculum illud cōnspicī poterat.

Nūbēs, incertum procul intuentibus ex quō monte — Vesuvium
fuisse posteā cognitum est — oriēbātur, cuius similitūdinem et
fōrmam nōn alia magis arbor quam pīnus expresserit. Nam longis-
20 simō velut truncō ēlāta in altum quibusdam rāmīs diffundēbātur,
crēdō, quia recentī spīritū ēvecta, dein senēscente eō dēstitūta aut
etiam pondere suō victa in lātitūdinem vānēscēbat; candida interdum, interdum sordida et maculōsa, prout terram cineremve
sustulerat. Magnum propiusque nōscendum, ut ērudītissimō
25 virō, vīsum.

Iubet Liburnicam aptārī; mihi, sī venīre ūnā vellem, facit cōpiam:
respondī studēre mē mālle, et forte ipse quod scrīberem dederat.
Ēgrediēbātur domō: accipit cōdicillōs Rēctīnae Tascī imminentī
perīculō exterritae — nam vīlla eius subiacēbat, nec ūlla nisi
30 nāvibus fuga; ut sē tantō discrīminī ēriperet ōrābat.

Vertit ille cōnsilium et quod studiōsō animō incohāverat obit
maximō. Dēdūcit quadrirēmēs, ascendit ipse, nōn Rēctīnae modo
sed multīs — erat enim frequēns amoenitās ōrae — lātūrus auxilium.
Properat illūc unde aliī fugiunt, rēctumque cursum, rēcta guber-
35 nācula in perīculum tenet, adeō solūtus metū ut omnēs illīus
malī mōtūs, omnēs figūrās, ut dēprehenderat oculīs, dictāret ēno-
tāretque.

· · · · · · · · · · · · **18. cuius ... expresserit:** *whose shape no other tree
would portray (any) better than a pine.* **expresserit** is a potential subjunctive. When
one recalls the shape of flat-topped Italian pines, he realizes the resemblance of this
cloud to that of atomic explosions. **19. Nam ... visum:** *For it raised itself on
high, so to speak, with a very tall trunk, and was spreading itself out with a branch-like
effect, I suppose because it was carried upwards by a fresh gust of air; then, as its energy
spent itself, the cloud, being without support or overcome even by its own weight, dissi-
pated itself laterally; sometimes it was bright, sometimes it was dingy and spotted,
according as it had taken up earth or cinders. This phenomenon seemed to so scholarly
a man as my uncle unusual and worthy of closer acquaintance* (Meinecke). **26. Liburnicam (navem):** A light, swift vessel of the type used by the Liburnian pirates of
Illyria. **vellem:** Subjunctive in implied indirect discourse. **facit copiam (veniendi):**
gave me the opportunity of coming. Young Pliny was at this time eighteen years
old. **28. Rectinae Tasci:** *Rectina, the wife of Tascus.* **29. subiacebat:** i.e.
under Vesuvius. **31. Vertit ... maximo:** *He changed his plan; and what he had
begun to undertake with a philosophical turn of mind, he met with a hero's resolution.*
33. erat ... orae: *for that charming shore was much inhabited.* **36. figuras:** *phases.*
dictaret enotaretque: *dictated and noted down.*

Iam nāvibus cinis incidēbat, quō propius accēderent, calidior et dēnsior; iam pūmicēs etiam nigrīque et ambūstī et frāctī igne lapidēs; iam vadum subitum ruīnāque montis litora obstantia. 40 Cunctātus paulum an retrō flecteret, mox gubernātōrī ut ita faceret monentī, "Fortēs," inquit, "fortūna iuvat; Pompōniānum pete." Stabiīs erat, dirēmptus sinū mediō; nam sēnsim circumāctīs curvātīsque lītoribus mare īnfunditur.

Ibi, quamquam nōndum perīculō appropinquante, cōnspicuō 45 tamen, et cum crēsceret, proximō, sarcinās contulerat in nāvēs, certus fugae, sī contrārius ventus resēdisset; quō tunc avunculus meus secundissimō invectus complectitur trepidantem, cōnsōlātur, hortātur, utque timōrem eius suā sēcūritāte lēnīret, dēferrī in balneum iubet; lōtus accubat, cēnat aut hilaris aut, quod est aequē 50 magnum, similis hilarī.

Interim ē Vesuviō monte plūribus in locīs lātissimae flammae altaque incendia relūcēbant, quōrum fulgor et clāritās tenebrīs noctis excitābātur. Ille agrestium trepidātiōne ignēs relictōs dēsertāsque vīllās per sōlitūdinem ārdēre in remedium formīdinis 55 dictitābat. Tum sē quiētī dedit, et quiēvit vērissimō quidem somnō. Nam meātus animae, quī illī propter amplitūdinem corporis gravior et sonantior erat, ab eīs quī līminī obversābantur audiēbātur.

Sed ārea ex quā diaeta adībātur ita iam cinere mixtīsque pūmicibus oppleta surrēxerat ut, sī longior in cubiculō mora, exitus 60 negārētur. Excitātus prōcēdit, sēque Pompōniānō cēterīsque quī pervigilāverant reddit. In commūne cōnsultant, intrā tēcta subsistant an in apertō vagentur. Nam crēbrīs vāstīsque tremōribus

. . . . **38. quo . . . accederent:** *the nearer they approached.* **39. pumices (incidebant).** **40. iam . . . obstantia:** *now there was a sudden ebbing of the sea and the shore was blocked by debris from the mountain.* **41. an: num** *would be expected in Ciceronian prose.* **42. Pomponianum:** *A friend of Pliny, who had a villa at Stabiae.* **43. diremptus . . . medio:* cut off* (from Pliny) *by the width of the bay.* **nam . . . infunditur:** Lit., *for the sea is poured around shores gradually rounded and curving.* **46. cum cresceret proximo:** *when it spread, very close indeed.* **47. si . . . resedisset:** *once the on-shore wind had died.* **50. lotus accubat:** *having bathed, he lay down.* **54. excitabatur:** *was intensified.* **55. in . . . formidinis:** *to lighten their fears.* **57. meatus animae:** *snoring.* **59. Sed . . . negaretur:** *But the court from which the apartment was entered was now so filled up and its level so raised by cinders mixed with pumice that if he had delayed longer in his bedroom, escape would have been denied* (to him). **62. pervigilaverant:** *had sat up all night.*

tēcta nūtābant et quasi ēmōta sēdibus suīs nunc hūc nunc illūc
65 abīre aut referrī vidēbantur.

Sub dīō rūrsus quamquam levium exēsōrumque pūmicum cāsus
metuēbātur; quod tamen perīculōrum collātiō ēlēgit. Et apud
illum quidem ratiō ratiōnem, apud aliōs timōrem timor vīcit.
Cervīcālia capitibus imposita linteīs cōnstringunt; id mūnīmentum
70 adversus incidentia fuit.

Iam diēs alibī, illīc nox omnibus noctibus nigrior dēnsiorque;
quam tamen facēs multae variaque lūmina sōlābantur. Placuit
ēgredī in lītus et ex proximō aspicere ecquid iam mare admitteret;
quod adhūc vāstum et adversum permanēbat. Ibi super abiectum
75 linteum recubāns semel atque iterum frīgidam aquam poposcit
hausitque. Deinde flammae flammārumque praenūntius odor
sulpuris aliōs in fugam vertunt, excitant illum.

Innītēns servulīs duōbus assurrēxit, et statim concidit, ut ego
colligō, crassiōre cālīgine spīritū obstrūctō clausōque stomachō,
80 quī illī nātūrā invalidus et angustus et frequenter aestuāns erat.
Ubi diēs redditus — is ab eō quem novissimē vīderat tertius —
corpus inventum integrum, illaesum opertumque ut fuerat indūtus;
habitus corporis quiēscentī quam dēfūnctō similior.

Interim Mīsēnī ego et māter. Sed nihil ad historiam, nec tū
85 aliud quam dē exitū eius scīre voluistī. Fīnem ergō faciam. Ūnum
adiciam omnia mē quibus interfueram quaeque statim, cum maximē
vēra memorantur, audieram persecūtum. Tū potissima excerpēs;
aliud est enim epistulam, aliud historiam, aliud amīcō, aliud omnibus scrībere. Valē. (*VI.16*)

· · · · · · · **66. Sub . . . elegit:** *In the open air, on the other hand, they feared the*
fall of the pumice stones, although they were light and porous; however, the comparison
of the two dangers led them to choose this course. **67. apud illum:** *in his* (Pliny's)
case. **73. ecquid . . . admitteret:** i.e., any chance of escape. **74. super . . .**
linteum: *on a disused sail.* **78. ut . . . erat:** *some unusually gross vapor, as I con-*
jecture, having obstructed his breathing and blocked his windpipe, which was not only
naturally weak and constricted, but chronically inflamed (Melmoth). **81. is . . .**
tertius: *the third from the one he had last seen.* By our reckoning, the second, for the
eruption began on the 24th, and the elder Pliny's body was found on the 26th.
83. habitus . . . similior: *the appearance of his body was more like that of one sleeping*
than one dead. **84. Sed . . . historiam:** *But this has nothing to do with your history.*
85. Unum . . . persecutum: *Let me add only that everything in which I had a part or*
had heard of at the time, when things are most truly remembered, I have related.
88. aliud est: *it is one thing.*

13. The Haunted House of Athens

L. Licinius Sura, a native of Spain, was a naturalist and a friend of the emperor Trajan.

C. PLINIVS SVRAE SVO S.

Erat Athēnīs spatiōsa et capāx domus, sed īnfāmis et pestilēns. Per silentium noctis sonus ferrī, et sī attenderēs ācrius, strepitus vinculōrum longius prīmō, deinde ē proximō reddēbātur: mox appārēbat īdōlon, senex maciē et squālōre cōnfectus, prōmissā barbā, horrentī capillō; crūribus compedēs, manibus catēnās 5 gerēbat quatiēbatque. Inde inhabitantibus trīstēs dīraeque noctēs per metum vigilābantur; vigiliam morbus et crēscente formīdine mors sequēbātur. Nam interdiū quoque, quamquam abscesserat imāgō, memoria imāginis oculīs inerrābat, longiorque causīs timōris timor erat. 10

Dēserta inde et damnāta sōlitūdine domus tōtaque illī mōnstrō relicta; prōscrībēbātur tamen, seu quis emere, seu quis condūcere ignārus tantī malī vellet. Vēnit Athēnās philosophus Athēnodōrus, lēgit titulum, audītōque pretiō, quia suspecta vīlitās, percunctātus, omnia docētur, ac nihilō minus, immō tantō magis condūcit. 15

Ubi coepit advesperāscere, iubet sternī sibi prīmā domūs parte, poscit pugillārēs, stilum, lūmen; suōs omnēs in interiōra dīmittit, ipse ad scrībendum animum, oculōs, manum intendit, nē vacua mēns audīta simulācra et inānēs sibi metūs fingeret. Initiō, quāle ubīque, silentium noctis, dein concutī ferrum, vincula movērī; 20 ille nōn tollere oculōs, nōn remittere stilum, sed offīrmāre animum

---

2. **attenderes:** Cicero would have used the indicative.   4. **idolon:** *ghost* — a Greek word.   5. **(in) cruribus. (in) manibus.**   6. **Inde:** *Therefore* — the word here is causal.   **inhabitantibus:** Dat. of agent.   7. **vigilabantur:** *were spent in sleeplessness.*   **crescente formidine:** *as their terror increased.*   12. **proscribebatur:** *was put up for sale* — or lease.   **seu quis = si quis:** *if anyone.*   13. **vellet:** Subjunctive in a subordinate clause in implied indirect discourse.   **Athenodorus:** Possibly the Stoic philosopher who was a friend of Augustus.   14. **titulum:** *the notice of sale.*   **quia ...** **docetur:** *because he suspected the cheapness of the price, he inquired further and was told all.*   **omnia** is a retained object after a verb of teaching, which in the active takes two accusatives.   15. **immo ... magis:** *but all the more eagerly.*   16. **sterni:** *his bed to be made.*   19. **audita simulacra:** *ghostly noises.*   20. **concuti:** The first in a series of historical infinitives which heighten the narrative interest.

auribusque praetendere. Tum crēbrēscere fragor, adventāre, et iam ut in līmine, iam ut intrā līmen audīrī.

Respicit, videt, agnōscitque nārrātam sibi effigiem. Stābat innuē-
25 batque digitō, similis vocantī. Hic contrā ut paulum exspectāret manū significat rūrsusque cērīs et stilō incumbit.

Illa scrībentis capitī catēnīs īnsonābat. Respicit rūrsus idem quod prius innuentem, nec morātus tollit lūmen et sequitur. Ībat illa lentō gradū, quasi gravis vinculīs. Postquam dēflexit in āream
30 domūs, repente dīlāpsa dēserit comitem; dēsertus herbās et folia concerpta signum locō pōnit. Posterō diē adit magistrātūs, monet ut illum locum effodī iubeant. Inveniuntur ossa īnserta catēnīs et implicita, quae corpus, aevō terrāque putrefactum, nūda et exēsa relīquerat vinculīs; collēcta pūblicē sepeliuntur. Domus posteā
35 rīte conditīs mānibus caruit. Valē. (*VII.27*)

22. **auribus praetendere:** Lit., *stretched his mind before his ears* — "closed his mind to the noises." 24. **innuebatque:** *and kept beckoning.* 25. **Hic:** Athenodorus. 27. **capiti . . . insonabat:** *kept rattling his chains over the head.* **Respicit . . . innuentem:** *He looked around and saw him beckoning as before.* 30. **desertus:** *left alone.* 31. **loco:** Probably dat. after **signum.** 34. **publice:** *at public expense.* **Domus . . . caruit:** *Thus was the ghost duly laid, and the house haunted no more.*

14. Pliny, on Races: "See One and You've Seen Them All"

Calvisius was a member of the municipal senate of Como, Pliny's own town, and an intimate friend of Pliny.

C. PLINIVS CALVISIO SVO S.

Omne hōc tempus inter pugillārēs ac libellōs iūcundissimā quiēte trānsmīsī. "Quemadmodum," inquis, "in urbe potuistī?"

Circēnsēs erant, quō genere spectāculī nē levissimē quidem teneor. Nihil novum, nihil varium, nihil quod nōn semel spectāsse sufficiat.
5 Quō magis mīror tot mīlia virōrum tam puerīliter identidem cupere currentēs equōs, īnsistentēs curribus hominēs vidēre. Sī tamen aut vēlōcitāte equōrum aut hominum arte traherentur, esset ratiō nōn nūlla: nunc favent pannō, pannum amant, et sī in ipsō cursū

3. **ne . . . teneor:** *I am not even slightly attracted.* 6. **insistentes curribus:** *standing in chariots.* 7. **esset . . . nulla:** *there would be some reason for it.* 8. **panno:** *a mere piece of cloth* or *a rag.* Pliny means the colors worn by the four rival factions

mediōque certāmine hic color illūc, ille hūc trānsferātur, studium favorque trānsībit, et repente agitātōrēs illōs, equōs illōs, quōs 10 procul nōscitant, quōrum clāmitant nōmina, relinquent.

Tanta grātia, tanta auctōritās in ūnā vīlissimā tunicā, mittō apud vulgus, quod vīlius tunicā, sed apud quōsdam gravēs hominēs; quōs ego cum recordor in rē inānī frīgidā assiduā tam īnsatiābiliter dēsidēre, capiō aliquam voluptātem, quod hāc voluptāte nōn 15 capior. Ac per hōs diēs libentissimē ōtium meum in litterīs collocō, quōs aliī ōtiōsissimīs occupātiōnibus perdunt. Valē. (*IX.6*)

which provided the races — green, red, white, and blue.   Nearly everybody was a fanatical partisan of a faction.   **10. transibit . . . relinquent:** Pres. subjunctive would be expected — fut. indicative emphasizes actuality.   **12. mitto . . . vulgus:** *I don't say anything about the vulgar herd.*   **14. quos . . . desidere:** *when I observe these men insatiably wasting their time on an amusement so foolish, flat, and commonplace.*

15. Pliny Asks His Emperor What to Do About Christians

The letter, written from Bithynia to the emperor Trajan during Pliny's administration (probably A.D. 111–113) of that province, is one of the earliest historical references to Christ and the early Christian faith; it is one of Pliny's most famous letters on that account.

C. PLINIVS TRAIANO IMPERATORI

Sollemne est mihi, domine, omnia dē quibus dubitō ad tē referre. Quis enim potest melius vel cunctātiōnem meam regere vel ignōrantiam īnstruere? Cognitiōnibus dē Chrīstiānīs interfuī numquam; ideō nesciō quid et quātenus aut pūnīrī soleat aut quaerī. Nec mediocriter haesitāvī sitne aliquod discrīmen aetātum an quamlibet 5 tenerī nihil ā rōbustiōribus differant, dētur paenitentiae venia an eī quī omnīnō Chrīstiānus fuit dēsīsse nōn prōsit; nōmen ipsum, sī flāgitiīs careat, an flāgitia cohaerentia nōminī pūniantur.

Interim in eīs quī ad mē tamquam Chrīstiānī dēferēbantur hunc sum secūtus modum. Interrogāvī ipsōs an essent Chrīstiānī. 10

1. Sollemne . . . mihi: *It is customary for me.*   **3. Cognitionibus:** *trials —* probably at Rome.   **4. Nec . . . haesitavi:** *I have been greatly perplexed — litotes.* **5. quamlibet teneri:** *the exceedingly young.*   **6. nihil:** *not at all.*   **7. omnino:** *constantly.* **desisse:** *to have ceased to be one.*   **9. in:** *in the case of.* **qui . . . deferebantur:** *who were charged before me as being Christians.*

Cōnfitentēs iterum ac tertiō interrogāvī, supplicium minātus; perseverantēs dūcī iussī. Neque enim dubitābam, quālecumque esset quod fatērentur, pertināciam certē et īnflexibilem obstinā-tiōnem dēbēre pūnīrī. Fuērunt aliī similis āmentiae quōs, quia
15 cīvēs Rōmānī erant, annotāvī in urbem remittendōs.

Mox ipsō trāctātū, ut fierī solet, diffundente sē crīmine, plūrēs speciēs incidērunt. Prōpositus est libellus sine auctōre multōrum nōmina continēns. Quī negābant esse sē Chrīstiānōs aut fuisse, cum, praeeunte mē, deōs appellārent et imāginī tuae, quam propter
20 hoc iusseram cum simulācrīs nūminum afferrī, tūre ac vīnō sup-plicārent, praetereā maledīcerent Chrīstō, quōrum nihil posse cōgī dīcuntur quī sunt rē vērā Chrīstiānī, dīmittendōs esse putāvī.

Aliī ab indice nōminātī esse sē Chrīstiānōs dīxērunt et mox negāvērunt; fuisse quidem, sed dēsīsse, quīdam ante triennium,
25 quīdam ante plūrēs annōs, nōn nēmō etiam ante vīgintī. Hī quoque omnēs et imāginem tuam deōrumque simulācra venerātī sunt et Chrīstō maledīxērunt.

Affīrmābant autem hanc fuisse summam vel culpae suae vel errōris, quod essent solitī statō diē ante lūcem convenīre carmenque
30 Chrīstō quasi deō dīcere sēcum invicem, sēque sacrāmentō nōn in scelus aliquod obstringere, sed nē fūrta, nē latrōcinia, nē adulteria committerent, nē fidem fallerent, nē dēpositum appellātī abnegā-rent; quibus perāctīs, mōrem sibi discēdendī fuisse, rūrsusque coeundī ad capiendum cibum, prōmiscuum tamen et innoxium;
35 quod ipsum facere dēsīsse post ēdictum meum, quō secundum mandāta tua hetaeriās esse vetueram.

11. Confitentes: *confessing that they were Christians.* **12. duci:** To execution. **dubitabam:** Introduces acc. and infinitive, not a **quin** clause. **15. annotavi ... remittendos:** *I designated to be sent back to Rome.* **16. Mox ... inciderunt:** *Soon, from the very act of investigation, the charges increased in number, as is the case usually, and several variations of charge fell to my notice.* **17. Propositus ... auctore:** *An anonymous complaint was placed before me.* **19. praeeunte me:** *at my dictation.* **imagini tuae:** Dat. with **supplicarent. propter hoc:** *for this purpose.* **21. Christo:** Dat. with **maledicerent. quorum ... Christiani:** *for it is declared that those who are really Christians cannot be compelled to any of these things.* **24. ante:** Adv. **25. non nemo:** *some.* **28. summam:** *the sum total,* explained by the **quod** clause below. **30. secum invicem:** *in an antiphonal fashion.* **sacramento:** Pliny uses the word as a military oath, but Christians probably meant a religious sacrament. **31. aliquod ... ne:** *not for any crime, but that they might not.* **32. ne ... abnegarent:** *nor refuse to return on demand any treasure entrusted to their care.* **34. promiscuum ... innoxium:** *but an ordinary and harmless one.* **36. hetaerias:** *associations.*

Quō magis necessārium crēdidī ex duābus ancillīs, quae ministrae dīcēbantur, quid esset vērī et per tormenta quaerere. Nihil aliud invēnī quam superstitiōnem prāvam, immodicam. Ideō, dīlātā cognitiōne, ad cōnsulendum tē dēcucurrī. Vīsa est enim mihi rēs 40 digna cōnsultātiōne, maximē propter perīclitantium numerum. Multī enim omnis aetātis, omnis ōrdinis, utrīusque sexūs etiam, vocantur in perīculum et vocābuntur. Neque cīvitātēs tantum, sed vīcōs etiam atque agrōs superstitiōnis istīus contāgiō pervagāta est; quae vidētur sistī et corrigī posse. Certē satis cōnstat prope 45 iam dēsōlāta templa coepisse celebrārī et sacra sollemnia diū intermissa repetī pāstumque vēnīre victimārum, cuius adhūc rārissimus ēmptor inveniēbātur. Ex quō facile est opīnārī quae turba hominum ēmendārī possit, sī sit paenitentiae locus. (*X.96*)

37. ministrae: *deaconesses.* 39. pravam, immodicam: *vile and carried to an absurd length.* 41. periclitantium: *of defendants.* 43. in periculum: *to trial.* 47. pastum venire victimarum: *fodder for sacrificial victims is finding a sale.* venire: from veneo [venum, *sale* + eo]. 49. emendari: *be reformed.* locus: *opportunity.*

16. The Emperor's Answer

Trajan's brief reply to Pliny's query about Christians reflects the emperor's interest in fair government, though it allows prosecution of Christians.

TRAIANVS PLINIO S.

Āctum, quem dēbuistī, mī Secunde, in excutiendīs causīs eōrum quī Chrīstiānī ad tē dēlātī fuerant, secūtus es. Neque enim in ūniversum aliquid, quod quasi certam fōrmam habeat, cōnstituī potest. Conquīrendī nōn sunt; sī dēferantur et arguantur, pūniendī sunt, ita tamen ut quī negāverit sē Chrīstiānum esse, idque rē ipsā 5 manifestum fēcerit, id est supplicandō dīs nostrīs, quamvīs suspectus in praeteritum, veniam ex paenitentiā impetret. Sine auctōre vērō prōpositī libellī in nūllō crīmine locum habēre dēbent. Nam et pessimī exemplī nec nostrī saeculī est. (*X.97*)

2. Neque . . . potest: *Nor is it possible to set up for general use anything which has as it were a definite pattern.* 4. si . . . arguantur: *if they are accused and convicted.* 7. Sine . . . libelli: *Indeed, information lodged anonymously.* 9. nec . . . est: *and incompatible with the spirit of our times.*

Ovid

Early life

Publius Ovidius Naso was born March 20, 43 B.C., at Sulmo (now Sulmona), a provincial town with a scenic setting of the highest Apennines and the tumbling waters of the Tronto, the Sangro, and the Pescara, seven miles from Corfinium and about ninety miles east of Rome. He belonged to an old landowning family of equestrian rank, the same social class as Tibullus and Propertius. His father was a man of wealth, fortunate in escaping confiscation of his property in the civil struggles after 44 B.C.

His parents intended that he and his brother, a year older than Ovid himself, should fit themselves for a career in law and public office, the only dignified life open to young men of their class. To this end, the boys were taken to Rome by their father and placed under the best teachers of the time, Aurellius Fuscus and Porcius Latro. Their education was chiefly in oratory, which included much of what we call the liberal arts, and a great deal of their time was taken up with practice in literary composition and the delivery of argumentative or persuasive speeches on fictitious themes.

The older brother showed proficiency in these exercises, but Ovid found them boring and in spite of his father's opposition spent more time in verse making than in practicing oratory. The poet tells us that his words, of their own accord, ran into meter and that whatever he tried to compose became verse. The famous teacher of prose composition, Seneca, who heard some of Ovid's oratory, reported that his efforts were not without merit, although they "resembled loose poetry." The training in public speaking did, however, leave many traces in the poet's verse.

323

LACUS APUD SULMONEM

Travel abroad

Being excited by poetry, Ovid naturally sought out other Roman poets — Tibullus and Propertius, somewhat older than himself, for whom he cherished an admiring friendship; Horace; Aemilius Macer, Vergil's friend; even Vergil he had seen. After his brother's death at the age of twenty, Ovid [age 19] and Macer traveled and studied abroad for more than a year. They visited Athens, of course, and the site of Troy, the cities of Asia Minor, and finally Sicily, where they spent nearly a year. We can recognize in the *Fasti* and the *Metamorphoses* impressions of some of the scenes Ovid visited during this period.

Rome

Ovid was thus a young man of the world when he [age 22] finally settled at Rome. He had already been married and divorced — he says smugly she was "unworthy of myself." He probably married again soon after the return to Rome; this was the mother of his only daughter. For awhile Ovid tried to fit himself into the career for which he had been trained. He held several minor public offices, but lacked the ambition necessary to excel in either law or politics.

Instead, the light-hearted, imaginative young man was drawn into the mad whirl of the brilliant, immoral society life of Rome. Since politics under the Empire had ceased to have the burning interest it had for Cicero and

324

TEMPLUM IOVIS ATHENIENSE

his contemporaries, amusement became the passion of a giddy set of noble men and women. Julia, the daughter of the emperor Augustus, was by birth, wit, beauty, and recklessness the leader of this frivolous society.

Ovid, once more divorced, was in the midst of an affair with the woman called Corinna in the *Amores*. In this period, too, he published [**age 41**] the *Ars amatoria*, which was to get him into trouble; for unluckily Augustus at this time — 2 B.C. — discovered Julia's affair with Iulus Antonius, son of Mark Antony, which shocked and outraged the emperor. He felt that he

SITUS TROIAE

325

AGRIPPINA NEPTIS
CAESARIS AUGUSTI

had been doubly betrayed, that his daughter should flout his crusade for moral reform and that the intrigue should be with the family of his old enemy.

As a result of the affair, Julia was disinherited and banished, and Antonius and her other lovers punished. Ovid's brilliant, heartless *Ars amatoria*, coming out at this particular time, made his name odious to the outraged emperor. Ovid wrote a kind of apology, called the "Remedy of Love," then turned his attention to the *Metamorphoses*, a series of mythological tales

strung together on the idea of change, and the *Fasti*, intended to be a set of twelve pieces describing the ceremonial and religious observances of the Roman year. By this time he had married a lady of the Fabian house, a friend of the empress Livia, whom he cherished with affection and respect as long as they both lived.

Banishment

The one serious facet of high society under Augustus was promoting various possible successors to the aging emperor's throne. A popular rival to the claims of Tiberius — Livia's choice — was Germanicus. Ovid, already distasteful to Augustus from the events of ten years before, was apparently implicated [**age 50**] in too active an intrigue to promote Germanicus. In A.D. 8 the poet was banished by Augustus to the half Greek, half barbarian town of Tomi, near the mouth of the Danube on the Black Sea. He was not deprived of property nor of civil rights, but he found the solitude dreary after the bright life of Rome, the climate cold and severe, the restlessness of the barbarian Goths alarming, and the few Romans at hand nearly as uncouth as the barbarians.

Neither the *Metamorphoses* nor the *Fasti* were completed at the time of the author's personal disgrace. The *Fasti* were thus broken off at the end of the first six months, and never finished. In his despair, Ovid burned the manuscript of the *Metamorphoses*, which he had been revising. However, there were copies in existence, perhaps taken down at a poetry-reading levee, and friends published the tales after the poet left Rome. He often mourned because they never received a final revision.

LIVIA AUGUSTA

PORTA SULMONIS

The writings from Tomi were concentrated on trying to get the poet's sentence of banishment lifted. They include the *Tristia*, a series of laments in poetry addressed to influential people in Rome, and the *Epistulae ex Ponto*. During the first years of exile, Ovid believed that he was making some headway with the old Emperor. In this hopeful period he learned enough of the Gothic language of his barbarian neighbors to compose [**age 56**] a poem praising the imperial family. But Augustus died in A.D. 14, and Tiberius succeeded him. Tiberius proved grimly determined that Ovid should never be recalled, and gloom and a feeling of dreary hopelessness settled over the poet. He died [**age 59**] at Tomi three years later, in A.D. 17, and was buried nearby.

The man and the poet

As a person, Ovid was a man of gentle and genial manners, a kind, affable Roman gentleman, the perfect embodiment of the new society's prosperity, refinement, frivolity, and materialism. He liked to say that if he had been given the choice, he would have chosen his own age as the one to live in. He smilingly disclaimed any pretensions to old-fashioned Roman virtues of dignity, reverence, or fortitude. Yet he had many noble and gracious qualities: he was never mean, or ungenerous, or crude, or morbid.

He heartily and sincerely admired other writers; the first spontaneous praise of early Roman poets, Ennius, Accius, and Lucretius, is to be found in his writings.

Ovid's chief characteristic as an artist was a keen and lively interest in the world about him and an unabashed enjoyment of sense impressions of all kinds. Because he reflects the life of wealth and fashion of the new court, his writing lacks the strength and passion of earlier Augustan poets. But he noted with sensuous feeling the color and shape, texture, feeling, and rich associations in every scene he enjoyed, every experience that came to him. To this impressionableness was added the wealth of legends, stories, poetic figures, and information accumulated in a retentive memory by wide reading. These abilities combined to make Ovid matchless in the creation of an imaginary world with vivid inventiveness and a keen eye for natural details of setting and in telling a story with unflagging enthusiasm.

Nothing else that Ovid wrote was so well adapted to his particular genius as the subject matter he set himself when he undertook the *Metamorphoses*. The word means transformations, and this is the theme which runs through all the tales, from the transformation of primeval chaos into an orderly world to the transformation of Julius Caesar into a star of heaven. Taken together, the fifteen books of the *Metamorphoses* are a fairly complete encyclopedia of ancient mythology; the first thirteen are drawn mostly from Greek myths, the last two from Italian sources. So charmingly was the job done that Ovid's *Metamorphoses* have remained the chief medium for transmitting the world of romance and wonder, created by Greek imagination, into our own English literature.

DELPHI

MUSA ET POETA

SCANSION

Latin poetry, like English, is made up of lines, or *verses*, divided into certain rhythmic patterns of syllables, called *feet*. In English these patterns are based on the regular alternation of accented and unaccented syllables. In Latin, however, the patterns are based on equal segments of time for each foot, much like the idea of dividing music into measures; the Latin poet makes his pattern out of long and short syllables, with two short syllables equal to one long syllable, just as two quarter-notes are equal in value to one half-note. The *Metamorphoses* is composed in feet consisting of one long and two short syllables, *dactyls*, as **dūcere**, or of two long syllables, *spondees*, as **hērōs**. The verses have six feet to the line and the *meter* is therefore called *dactylic hexameter*.

Working out the metrical pattern of poetry is called *scansion*. To scan Latin poetry, it is necessary to know the length of each syllable — note that it is the syllable, not merely the vowel, with which the student is concerned. A syllable in Latin is long *by nature* if it contains a long vowel or diphthong, as **haerēs**. It is long *by position* if the vowel is followed by two consonants, as **mandō**. All other syllables are short. However, a syllable containing a short vowel followed by a mute (**p, b, t, d, c, g, q**) and a liquid (**l, r**) may be either long or short as the verse requires.

In English speech we often omit letters and pronounce two syllables as one, for example, *can't, don't,* and *he'd*. In certain cases the same thing is done in reading Latin poetry aloud; this is called *elision*. There are three common situations which permit elision:

1. Dropping a final vowel or diphthong when the following word begins with a vowel or diphthong: **und(e) omnis.**

2. Dropping an **m** and the preceding vowel when the following word begins with a vowel or diphthong: **ips(um) autem.**

3. Dropping a vowel, or **m** preceded by a vowel, when the following word begins with **h: arm(a) hinc; fator(um) hic.**

There are of course occasional irregularities; a poet in any language is allowed some freedom, or *poetic license*. A short syllable may be treated as long, a long syllable as short; a situation calling for elision at the end of a verse may not be elided.

When read aloud, Latin poetry has a natural pause based on sense near the middle of each verse. It comes at the end of a word, usually in the third foot, sometimes in the fourth foot. This pause is called *caesura* and is indicated by parallel vertical lines: ‖.

Marking Scansion. Dactylic hexameter, the meter employed by Ovid in the *Metamorphoses*, consists of six feet, the fifth foot regularly a dactyl (– ◡ ◡) and the sixth foot a spondee (– –) or infrequently a trochee (– ◡). The first four feet may be any combination of dactyls and spondees.

A practical procedure for mechanical scansion of dactylic hexameter is as follows:

1. Go through the verse and mark all elisions.
2. Go to the end of the verse and mark the final foot (– – or – ◡) and then mark the fifth foot, which is nearly always a dactyl (– ◡ ◡).
3. Go through the first four feet and mark all long and short syllables which you recognize. Remember that a diphthong in a syllable always makes it long, and that a vowel followed by two consonants (except the combinations of mutes and liquids already noted) makes a long syllable. Finally, you should know by heart all the inflectional endings of nouns, pronouns, adjectives, and verbs which contain a long vowel and therefore make a long syllable.
4. So far as possible, mark the remaining syllables according to the requirements for each foot. Consult the Latin vocabulary at the end of the text, when necessary, to find out the quantity of a vowel that you do not know.
5. Mark the principal caesura.

The first verse of "Deucalion and Pyrrha" should be marked as follows:

$$\overline{\text{Separat}} \mid \overline{\text{Ao}}\overset{\smile}{\text{ni}} \mid \overline{\text{os}} \parallel \overline{\text{Oe}} \mid \overline{\text{taeis}} \mid \overline{\text{Phoc}}\overset{\smile}{\text{is}} \text{ ab} \mid \overline{\text{arvis}}$$

Finally, in reading Latin poetry aloud, remember that its rhythm depends on giving each syllable its due measure of time, with two short syllables taking about as much time to say as one long syllable. In addition, the sense of the verse is made clearer by giving due regard to the caesura.

At first your mind will be wholly taken up with the effort to make your way successfully through the verses. But as soon as you can do this with ease, make it your ambition to read the Latin with as much expression as you do English poetry. Modulate your voice. Phrase the words. Observe the punctuation, and do not let your voice fall at the end of a verse, unless the sense warrants it.

DEVCALION ET PYRRHA

Pyrrha was the daughter of Epimetheus, a Titan, and Deucalion was the son of Epimetheus's brother Prometheus, who in Greek stories created mankind from clay and brought to earth the heavenly gift of fire. The selection begins at the point where a flood has wiped out the human race, except for the pious couple on their raft.

Deucalion and Pyrrha Escape the Flood

SĒPARAT Āoniōs Oetaeīs Phōcis ab arvīs,
terra ferāx, dum terra fuit; sed tempore in illō
pars maris et lātus subitārum campus aquārum. 315
Mōns ibi verticibus petit arduus astra duōbus,
nōmine Parnāsus, superantque cacūmina nūbēs.
Hīc ubi Deucaliōn, nam cētera tēxerat aequor,
cum cōnsorte torī parvā rate vectus adhaesit,
Cōrycidas nymphās et nūmina montis adōrant, 320
fātidicamque Themin, quae tunc ōrācla tenēbat.
Nōn illō melior quisquam nec amantior aequī
vir fuit, aut illā metuentior ūlla deōrum.

Jupiter Ends the Storm and the Flood Subsides

Iuppiter ut liquidīs stāgnāre palūdibus orbem,
et superesse virum dē tot modo mīlibus ūnum, 325
et superesse videt dē tot modo mīlibus ūnam,
innocuōs ambōs, cultōrēs nūminis ambōs,
nūbila disiēcit, nimbīsque aquilōne remōtīs

313. Aonios: *Boeotians.* They were said to be descended from Aon, a son of Neptune. **Oetaeis:** *Mt. Oeta,* between Thessaly and Aetolia, in northern Greece. **Phocis:** The section of Greece where Delphi is located. **315. pars maris (erat):** *it was part of the sea.* **316. duobus:** Not the main peak, but two lower peaks of limestone, called the Shining Cliffs, between which was the spring of Castalia. **320. Corycidas:** The form is a Greek acc. pl.; Corycium is a cave on Mt. Parnassus. **321. Themin:** Greek acc. sing.; Themis was the daughter of Uranus and Gaea and was the goddess of justice. In this early time, she was supposed to preside over the Delphic oracle. **322. quisquam:** Refers to **vir** — *There wasn't any better man.* **323. metuentior ... deorum:** *more god-fearing.*

et caelō terrās ostendit et aethera terrīs.

Nec maris īra manet, positōque tricuspide tēlō 330
mulcet aquās rēctor pelagī, suprāque profundum
exstantem atque umerōs innātō mūrice tēctum
caeruleum Trītōna vocat, conchaeque sonantī
īnspīrāre iubet, fluctūsque et flūmina signō
iam revocāre datō. Cava būcina sūmitur illī 335
tortilis, in lātum quae turbine crēscit ab īmō,
būcina, quae mediō concēpit ubi āera pontō,
lītora vōce replet sub utrōque iacentia Phoebō.
Tunc quoque, ut ōra deī madidā rōrantia barbā
contigit, et cecinit iussōs īnflāta receptūs, 340
omnibus audīta est tellūris et aequoris undīs,
et quibus est undīs audīta, coercuit omnēs.
Flūmina subsīdunt, collēsque exīre videntur;
iam mare lītus habet, plēnōs capit alveus amnēs,
surgit humus; crēscunt loca dēcrēscentibus undīs, 345
postque diem longam nūdāta cacūmina silvae
ostendunt, līmumque tenent in fronde relictum.

Deucalion Laments the Fate of Mankind

Redditus orbis erat. Quem postquam vīdit inānem
et dēsōlātās agere alta silentia terrās,
Deucaliōn lacrimīs ita Pyrrham affātur obortīs: 350
"Ō soror, Ō coniūnx, Ō fēmina sōla superstes,
quam commūne mihī genus et patruēlis orīgō,
deinde torus iūnxit, nunc ipsa perīcula iungunt:

. . . . **330. maris:** Neptune. **posito:** *laid aside.* **332. ex-**
stantem: Agrees with **Tritona** (Greek acc. sing.). Triton was the son of Amphitrite
and Neptune. **umeros . . . tectum:** *his shoulders covered with native purple-fish* (umeros
is acc. of specification). **335. illi:** Dat. of agent with the pres. pass. is a poetic usage.
336. in latum . . . imo: *which increases in width from the lowest spiral.* **337. ubi:**
Translate after **quae. aera:** *his breath.* **338. utroque . . . Phoebo:** *under the rising
and setting sun* (lit., *under each Phoebus*). **340. (bucina) contigit. cecinit . . . receptus:**
blown upon, (the horn) *sounded the retreat which had been ordered.* **341. undis:** Dat.
of agent. **342. quibus . . . undis** = omnes undas quibus. **349. desolatas . . . terras:**
the desolate earth was lying in profound silence. **351. soror:** *cousin* (see note at
beginning of the poem). **352. genus:** *family.* **patruelis origo:** *birth from a father's
brother.* **353. deinde:** Scan as a two-syllable word.

terrārum, quāscumque vident occāsus et ortus,
nōs duo turba sumus; possēdit cētera pontus.   355
Haec quoque adhūc vītae nōn est fīdūcia nostrae
certa satis. Terrent etiam nunc nūbila mentem.
"Quis tibi, sī sine mē fātīs ērepta fuissēs,
nunc animus, miseranda, foret? Quō sōla timōrem
ferre modō possēs? Quō cōnsōlante dolērēs?   360
Namque ego, crēde mihī, sī tē quoque pontus habēret,
tē sequerer, coniūnx, et mē quoque pontus habēret.
"Ō utinam possem populōs reparāre paternīs
artibus atque animās fōrmātae īnfundere terrae!
Nunc genus in nōbīs restat mortāle duōbus —   365
sīc vīsum est superīs — hominumque exempla manēmus."

They Pray at the Temple of Themis

Dīxerat, et flēbant. Placuit caeleste precārī
nūmen, et auxilium per sacrās quaerere sortēs.
Nūlla mora est. Adeunt pariter Cēphīsidas undās,
ut nōndum liquidās, sīc iam vada nōta secantēs.   370
Inde ubi lībātōs irrōrāvēre liquōrēs
vestibus et capitī, flectunt vestīgia sānctae
ad dēlūbra deae, quōrum fastīgia turpī
pallēbant mūscō, stābantque sine ignibus ārae.
    Ut templī tetigēre gradūs, prōcumbit uterque   375
prōnus humī gelidōque pavēns dedit ōscula saxō,
atque ita, "Sī precibus," dīxērunt, "nūmina iūstīs
victa remollēscunt, sī flectitur īra deōrum,
dīc, Themi, quā generis damnum reparābile nostrī
arte sit, et mersīs fer opem, mītissima, rēbus."   380

---

354. terrarum: Gen. with **turba. occasus et ortus:** *the (sun's) rising and setting.*
356. Haec . . . satis: *Even this assurance of our survival is not yet* (**adhuc non**) *suffi-ciently sure.* **358. Quis:** With **animus. tibi:** Dat. of possession. **erepta:** *rescued.*
363. possem: Subjunctive in unfulfillable wish. **paternis artibus:** *with my father's skill.* Prometheus was supposed to have created human life from clay. **366. visum est:** *it has seemed best.* **exempla:** *representatives.* **367. flebant:** *they began to weep.* **368. numen:** Refers to Themis. **sortes:** *responses* (lit. *lots*). **369. Cephi-sidas:** *of Cephisus,* a river flowing from Mt. Parnassus. The form is a Greek acc. pl.
370. ut . . . secantes: *though still not clear, yet running through their usual channel.*
371. libatos: Translate as coordinate with **irroravere.** **374. pallebant:** *were dull.*

Mōta dea est sortemque dedit: "Discēdite templō,
et vēlāte caput, cīnctāsque resolvite vestēs,
ossaque post tergum magnae iactāte parentis."
Obstipuēre diū; rumpitque silentia vōce
Pyrrha prior, iussīsque deae pārēre recūsat,   385
detque sibi veniam, pavidō rogat ōre, pavetque
laedere iactātīs māternās ossibus umbrās.
  Intereā repetunt caecīs obscūra latebrīs
verba datae sortis sēcum, inter sēque volūtant.
Inde Promēthīdēs placidīs Epimēthida dictīs   390
mulcet et, "Aut fallāx," ait, "est sollertia nōbīs,
aut pia sunt nūllumque nefās ōrācula suādent:
Magna parēns terra est; lapidēs in corpore terrae
ossa reor dīcī; iacere hōs post terga iubēmur."

They Obey the Oracle

Coniugis auguriō quamquam Tītānia mōta est,   395
spēs tamen in dubiō est; adeō caelestibus ambō
diffīdunt monitīs. Sed quid temptāre nocēbit?
Discēdunt vēlantque caput tunicāsque recingunt
et iussōs lapidēs sua post vestīgia mittunt.
Saxa — quis hoc crēdat, nisi sit prō teste vetustās? —   400
pōnere dūritiem coepēre suumque rigōrem
mollīrīque morā, mollītaque dūcere fōrmam.
Mox ubi crēvērunt, nātūraque mītior illīs
contigit, ut quaedam, sīc nōn manifēsta, vidērī

---

382. velate, resolvite: This is the Roman custom of veiling the head and
loosening garments when about to perform an act of worship. **385. prior:** While
primus is the more common word, here only two persons are involved. **iussis:** Dat.
with **parere.** **386. (ut) det:** After **rogat.** **388. repetunt ... secum:** *they repeat
to themselves the words of the oracle, dark with hidden meaning.* **391. fallax ...
nobis:** *my skill fails me* (lit., *my skill is false*). **392. pia:** *holy* — modifies **oracula.**
395. augurio: *by the interpretation.* **Titania:** Pyrrha was the granddaughter of a
Titan. **400. credat, sit:** Pres. subjunctive, sometimes used in poetry in contrary-
to-fact conditional sentences. **nisi ... vetustas:** *if old tradition did not vouch for
it.* **402. mora:** *little by little* (lit., *with delay*). **ducere formam:** *to take shape.*
403. natura ... contigit: *they assumed a milder nature.* **404. ut ... signis:** *a certain
resemblance to human form could be seen; yet still not distinct but rather as when, in*

fōrma potest hominis, sed, utī dē marmore coeptō,　　　405
nōn exācta satis rudibusque simillima signīs.
Quae tamen ex illīs aliquō pars ūmida sūcō
et terrēna fuit, versa est in corporis ūsum;
quod solidum est flectīque nequit, mūtātur in ossa;
quae modo vēna fuit, sub eōdem nōmine mānsit;　　　410
inque brevī spatiō superōrum nūmine saxa
missa virī manibus faciem trāxēre virōrum,
et dē fēmineō reparāta est fēmina iactū.
Inde genus dūrum sumus experiēnsque labōrum,
et documenta damus, quā sīmus orīgine nātī.　　　415

Metamorphoses, I. 313–415

marble that has begun to be worked, a shape appears not finished but like statues in the rough. **407. ex illis:** After **pars.** **408. in corporis usum:** *into flesh.* **410. vena:** *veins —* of both rocks and flesh. **412. faciem ... virorum:** *took on the appearance of men.* **415. documenta:** *evidence.*

PHAETHON

　　Phaethon was the son of the sun god Apollo and Clymene, a nymph. A jealous companion accused him of lying in his claim that Apollo was his father; and Clymene directed the lad to the sun palace where, she assured him, his father would gladly receive him.

The Palace of Phoebus Apollo

REGIA Solis erat sublimibus alta columnis,
　　clara micante auro flammasque imitante pyropo,
　　cuius ebur nitidum fastigia summa tegebat;
argenti bifores radiabant lumine valvae.

　　1. columnis: Abl. of cause with **alta.** **2. auro, pyropo:** Abl. of cause with **clara.** **3. cuius:** Refers to **regia,** to be translated with **fastigia,** dir. obj. of **tegebat.** **4. argenti:** With **lumine. bifores ... valvae:** *folding doors.*

Materiam superabat opus; nam Mulciber illic   5
aequora caelarat medias cingentia terras,
terrarumque orbem, caelumque quod imminet orbi.
Caeruleos habet unda deos, Tritona canorum
Proteaque ambiguum, balaenarumque prementem
Aegaeona suis immania terga lacertis,   10
Doridaque et natas, quarum pars nare videntur,
pars in mole sedens virides siccare capillos,
pisce vehi quaedam: facies non omnibus una,
non diversa tamen, qualem decet esse sororum.
Terra viros urbesque gerit silvasque ferasque   15
fluminaque et nymphas et cetera numina ruris.
Haec super imposita est caeli fulgentis imago,
signaque sex foribus dextris totidemque sinistris.

Phaethon Begs the Sun, His Father, to Acknowledge Him

Quo simul acclivo Clymeneia limite proles
venit, et intravit dubitati tecta parentis,   20
protinus ad patrios sua fert vestigia vultus
consistitque procul; neque enim propiora ferebat
lumina. Purpurea velatus veste sedebat
in solio Phoebus claris lucente smaragdis.
A dextra laevaque Dies et Mensis et Annus   25
Saeculaque et positae spatiis aequalibus Horae
Verque novum stabat cinctum florente corona,

. . . . **5. Mulciber:** Another name
for Vulcan, god of blacksmiths. **illic:** i.e. on the doors. **8. Tritona:** Greek acc.
sing. Triton is called **canorus** because he sounded the conch-shell horn. **9. Protea:**
Greek acc. sing. **10. Aegaeona:** Another Greek acc. Aegaeon is identified with
Briareus, the hundred-armed giant whom some writers represented as a sea god
living in the Aegean. **11. Dorida:** Greek acc. Doris, the sea goddess, was wife of
Nereus. Their children were the sea nymphs, the Nereids. **13. facies . . . tamen:**
Ovid was thinking of their appearance in artistic representations. Note the characteristic interest of the Augustan poets in verbal description of plastic arts. The
same tendency is very noticeable in the classically inspired poetry of the Renaissance,
such as Spenser's *Faerie Queene.* **15. gerit:** *holds.* **18. signa sex:** The signs of the
Zodiac, six on one of the double doors, six on the other. **foribus:** Abl. of place
where — **in** is frequently omitted in poetry. **19. Quo . . . venit:** *as soon as Clymene's
son came there, up the steep path.* **26. spatiis aequalibus:** *at equal distances from
one another.*

stabat nuda Aestas et spicea serta gerebat,
stabat et Autumnus calcatis sordidus uvis,
et glacialis Hiems, canos hirsuta capillos.   30
    Inde loco medius rerum novitate paventem
Sol oculis iuvenem, quibus aspicit omnia, vidit,
"Quae" que "viae tibi causa? Quid hac," ait, "arce petisti,
progenies, Phaethon, haud infitianda parenti?"
    Ille refert, "O lux immensi publica mundi,   35
Phoebe pater, si das huius mihi nominis usum,
nec falsa Clymene culpam sub imagine celat:
pignora da, genitor, per quae tua vera propago
credar, et hunc animis errorem detrahe nostris."

Phaethon Asks to Drive the Horses of the Sun

    Dixerat. At genitor circum caput omne micantes   40
deposuit radios, propiusque accedere iussit,
amplexuque dato, "Nec tu meus esse negari
dignus es, et Clymene veros," ait, "edidit ortus.
Quoque minus dubites, quodvis pete munus, ut illud
me tribuente feras. Promissis testis adesto   45
dis iuranda palus, oculis incognita nostris."
    Vix bene desierat, currus rogat ille paternos
inque diem alipedum ius et moderamen equorum.
Paenituit iurasse patrem. Qui terque quaterque
concutiens illustre caput, "Temeraria," dixit,   50
"vox mea facta tua est. Utinam promissa liceret
non dare! Confiteor, solum hoc tibi, nate, negarem.

· · · · · · · **29. calcatis** . . . **uvis:** *stained with the juice of trodden grapes.*   **30. ca-**
pillos: Acc. of specification.   **31. Inde:** i.e., from his throne.   **loco medius** = **in**
medio loco.   **33. arce:** Abl. of place where, with **in** omitted.   **34. progenies** . . .
parenti: *O Phaethon, my son, not to be disowned by your father.*   **39. credar:** Subjunctive in a rel. clause of purpose.   **44. Quoque** = **et ut.**   **45. Promissis** . . . **palus:**
Let the swamp (the river Styx) *by which even the gods must swear stand as witness to*
my promise.   **48. inque** . . . **equorum:** *for only a day the right to control his father's*
winged, swift steeds — **ius** and **moderamen,** hendiadys. The horses of the sun were
not "wing-footed" but were represented with wings on their shoulders, like those
of Pegasus.   **51. tua (voce). liceret:** Subjunctive in an unfulfillable wish.   **52. dare:**
to fulfill. **negarem:** Conclusion in a contrary-to-fact conditional sentence in which
the condition is not explicitly stated.

Dissuadere licet. Non est tua tuta voluntas.
Magna petis, Phaethon, et quae nec viribus istis
munera conveniant nec tam puerilibus annis.   55
Sors tua mortalis. Non est mortale quod optas.
Plus etiam, quam quod superis contingere fas est,
nescius affectas. Placeat sibi quisque licebit,
non tamen ignifero quisquam consistere in axe
me valet excepto. Vasti quoque rector Olympi,   60
qui fera terribili iaculatur fulmina dextra,
non agat hos currus. Et quid Iove maius habemus?"

Phoebus Vividly Describes the Dangers

"Ardua prima via est, et qua vix mane recentes
enitantur equi. Medio est altissima caelo,
unde mare et terras ipsi mihi saepe videre   65
fit timor, et pavida trepidat formidine pectus.
Ultima prona via est et eget moderamine certo;
tunc etiam quae me subiectis excipit undis,
ne ferar in praeceps, Tethys solet ipsa vereri.
Adde quod assidua rapitur vertigine caelum   70
sideraque alta trahit celerique volumine torquet.
Nitor in adversum, nec me, qui cetera, vincit
impetus, et rapido contrarius evehor orbi.
Finge datos currus: quid ages? Poterisne rotatis
obvius ire polis, ne te citus auferat axis?   75
Forsitan et lucos illic urbesque deorum

. . . . **55. munera:** Attracted into the relative clause;
translate with **magna. conveniant:** *are not suitable* — subjunctive in a rel. clause of
characteristic. **58. affectas:** *you strive for.* **Placeat . . . licebit:** *Although each*
(god) is proud of his power — **licet,** *although,* takes the pres. or perf. subjunctive.
62. agat: *may not drive* — potential subjunctive. **63. qua . . . equi:** *where, though*
fresh at early morning, the horses can scarcely make their way up. **65. videre:** Subj.
of **fit. 67. eget:** *requires* (**egeo** governs the abl.). **68. quae:** Refers to Tethys,
wife of Oceanus. As goddess of the sea she appears to receive the setting sun, fearful
that he will be carried down too precipitously. **70. Adde quod:** *There is the added*
fact that. **71. sideraque . . . torquet:** *and draws along the lofty stars and makes*
them turn with great swiftness. **72. in adversum:** *in opposition.* The ancients
imagined the sun as moving in the opposite direction to the fixed stars. **74. Finge . . .**
currus: *Imagine you have been given the chariot.* **Poterisne . . . polis:** *Will you be*
able to go against the revolving heaven? **75. axis:** *the chariot.*

concipias animo delubraque ditia donis
esse? Per insidias iter est formasque ferarum.
Utque viam teneas nulloque errore traharis,
per tamen adversi gradieris cornua Tauri   80
Haemoniosque arcus violentique ora Leonis
saevaque circuitu curvantem bracchia longo
Scorpion atque aliter curvantem bracchia Cancrum.
Nec tibi quadrupedes animosos ignibus illis,
quos in pectore habent, quos ore et naribus efflant,   85
in promptu regere est. Vix me patiuntur, ubi acres
incaluere animi, cervixque repugnat habenis.''

Phoebus Pleads with His Son

"At tu, funesti ne sim tibi muneris auctor,
nate, cave, dum resque sinit, tua corrige vota.
Scilicet ut nostro genitum te sanguine credas,   90
pignora certa petis? Do pignora certa timendo,
et patrio pater esse metu probor. Aspice vultus
ecce meos. Utinamque oculos in pectora posses
inserere, et patrias intus deprendere curas!
Denique quicquid habet dives, circumspice, mundus,   95
eque tot ac tantis caeli terraeque marisque
posce bonis aliquid. Nullam patiere repulsam.
Deprecor hoc unum, quod vero nomine poena,
non honor est. Poenam, Phaethon, pro munere poscis.
Quid mea colla tenes blandis, ignare, lacertis?   100
Ne dubita, dabitur — Stygias iuravimus undas —
quodcumque optaris. Sed tu sapientius opta.''

78. formasque ferarum: The imaginary creatures of the Zodiac.   **79. Utque:** *and though.*   **80. adversi:** *right in your way.* Phaethon's father hoped to frighten the boy by recounting the difficulties of a whole year's passage through the signs of the Zodiac.   **81. Haemoniosque arcus:** *the Haemonian bow.* Sagittarius the Bowman was supposed to be the centaur Chiron, whose home was the Haemus range of mountains in Thessaly.   **83. Scorpion:** acc.   **aliter:** *in an opposite direction.*   **84. animosos:** *inflamed.*   **86. in promptu:** With **tibi** in line 84 — *it is not easy for you.*   **89. resque:** The -que connects **corrige** and **cave.**   **91. timendo:** *by my fear for you.*   **94. deprendere** = deprehendere.   **96. eque:** *and from.* e governs **tot ac tantis ... bonis.**   **98. vero nomine:** *by its true name.*   **100. Quid:** *why.*   **101. Ne dubita** = noli dubitare.

Phaethon Climbs into the Chariot

Finierat monitus.   Dictis tamen ille repugnat,
propositumque premit flagratque cupidine currus.
Ergo qua licuit genitor cunctatus, ad altos   105
deducit iuvenem, Vulcania munera, currus.
Aureus axis erat, temo aureus, aurea summae
curvatura rotae, radiorum argenteus ordo.
Per iuga chrysolithi positaeque ex ordine gemmae
clara repercusso reddebant lumina Phoebo.   110
Dumque ea magnanimus Phaethon miratur opusque
perspicit, ecce vigil nitido patefecit ab ortu
purpureas Aurora fores et plena rosarum
atria.   Diffugiunt stellae, quarum agmina cogit
Lucifer, et caeli statione novissimus exit.   115
Quem petere ut terras mundumque rubescere vidit,
cornuaque extremae velut evanescere lunae,
iungere equos Titan velocibus imperat Horis.
Iussa deae celeres peragunt, ignemque vomentes,
ambrosiae suco saturos, praesepibus altis   120
quadrupedes ducunt, adduntque sonantia frena.
Tum pater ora sui sacro medicamine nati
contigit et rapidae fecit patientia flammae,
imposuitque comae radios, praesagaque luctus
pectore sollicito repetens suspiria dixit: 125

Phoebus Gives Phaethon Final Directions

"Si potes his saltem monitis parere paternis,
parce, puer, stimulis, et fortius utere loris.
Sponte sua properant;   labor est inhibere volentes.

· · · · · · · · · · · · · **105. qua . . . cunctatus:** *his father having delayed
as long as he might.*   **107. aurea . . . rotae:** *the outside of the wheel was gold.*   **108. argenteus:** Epithet transferred from **radiorum;** modifies **ordo.**   **109. chrysolithi,
gemmae:** Both are modified by **positae** and are the subj. of **reddebant.**   **110. repercusso . . . Phoebo:** *by the sun's reflection.*   **112. nitido . . . ortu:** *from the bright east.*
114. agmina cogit: *brings up the rear* — a military idiom.   **115. caeli statione:**
post in heaven.   **116. Quem petere ut terras . . . vidit:** *as he* (the sun) *sees him setting*
(lit., *seeking the earth*).   **120. (in) praesepibus.**   **121. quadrupedes:** With **vomentes,
saturos.**   **124. praesaga:** With **suspiria.**   **126. saltem:** *at least.*   **127. utere:** Imperative.
128. labor . . . volentes: *the difficulty is to restrain their eager feet.*

Nec tibi directos placeat via quinque per arcus.
Sectus in obliquum est lato curvamine limes,   130
zonarumque trium contentus fine polumque
effugit australem iunctamque aquilonibus Arcton.
Hac sit iter. Manifesta rotae vestigia cernes.
Utque ferant aequos et caelum et terra calores,
nec preme, nec summum molire per aethera currum.   135
Altius egressus caelestia tecta cremabis,
inferius terras; medio tutissimus ibis.
Neu te dexterior tortum declinet ad Anguem,
neve sinisterior pressam rota ducat ad Aram;
inter utrumque tene. Fortunae cetera mando,   140
quae iuvet et melius quam tu tibi, consulat opto.
Dum loquor, Hesperio positas in litore metas
umida nox tetigit. Non est mora libera nobis,
poscimur; effulget tenebris aurora fugatis.
Corripe lora manu! — vel, si mutabile pectus   145
est tibi, consiliis, non curribus utere nostris,
dum potes, et solidis etiam nunc sedibus astas,
dumque male optatos nondum premis inscius axes.
Quae tutus spectes, sine me dare lumina terris."

The Horses Leave Their Accustomed Track

Occupat ille levem iuvenali corpore currum,   150
statque super, manibusque datas contingere habenas
gaudet, et invito grates agit inde parenti.
Interea volucres, Pyrois et Eous et Aethon,

. . . . **129. Nec ... Arcton:** *And do not take the way straight across the five zones. The path is cut obliquely in a wide curve; and contained within the boundary of the three inner zones, it avoids the south pole and the north with its winds.* **134. Utque ferant:** *And that they may receive.* **135. nec ... currum:** *neither drive the chariot too low nor force it through the highest heavens.* **nec preme ... nec = noli premere ... aut. 138. Neu ... (rota) dexterior ... declinet:** *Do not let your wheels turn too much to the right.* **Anguem:** The constellation of Draco, the Dragon, near the Big and the Little Bear. **139. Aram:** In Mediterranean countries this constellation lies very far south on the horizon; hence, **pressam**, *low-lying.* **141. (ut) iuvet. 142. metas:** The "goals" in the west toward which night sets. **146. consiliis, curribus:** Zeugma. **149. Quae:** The antecedent is **lumina**; it introduces a rel. clause of purpose. **sine:** Imperative of **sino. 151. super:** Adv. **152. grates agit = gratias agit.**

Solis equi, quartusque Phlegon, hinnitibus auras
flammiferis implent pedibusque repagula pulsant.   155
Quae postquam Tethys, fatorum ignara nepotis,
reppulit, et facta est immensi copia mundi,
corripuere viam, pedibusque per aera motis
obstantes scindunt nebulas pennisque levati
praetereunt ortos isdem de partibus Euros.   160

Phaethon Cannot Control the Horses

Sed leve pondus erat, nec quod cognoscere possent
Solis equi, solitaque iugum gravitate carebat.
Utque labant curvae iusto sine pondere naves
perque mare instabiles nimia levitate feruntur,
sic onere assueto vacuus dat in aera saltus   165
succutiturque alte similisque est currus inani.
Quod simul ac sensere, ruunt tritumque relinquunt
quadriiugi spatium nec, quo prius, ordine currunt.
Ipse pavet. Nec qua commissas flectat habenas,
nec scit, qua sit iter; nec, si sciat, imperet illis.   170
Tum primum radiis gelidi caluere Triones
et vetito frustra temptarunt aequore tingi,
quaeque polo posita est glaciali proxima Serpens,
frigore pigra prius nec formidabilis ulli,
incaluit sumpsitque novas fervoribus iras.   175
Te quoque turbatum memorant fugisse, Boote,
quamvis tardus eras et te tua plaustra tenebant.
Ut vero summo despexit ab aethere terras

. . . . **155. repagula:** *the barriers* (of a racecourse). Note the onomatopoeia of this line.   **156. nepotis:** Clymene was the
daughter of Tethys.   **157. reppulit:** *pushed back* — dir. obj., **quae** (antecedent
repagula). **facta . . . mundi:** *the approach to the vast world had been given.*   **161. possent:** Subjunctive in a rel. clause of characteristic.   **163. labant:** *roll.* **iusto . . .
pondere:** *proper ballast.*   **165. onere:** Abl. with **vacuus.** (**currus**) **dat.**   **168. nec . . .
currunt:** *and do not take their previous course.*   **170. imperet:** Pres. subjunctive in
contrary-to-fact conditional sentence.   **172. vetito . . . tingi:** *they try in vain to
dip themselves in the forbidden waters.* In Mediterranean latitudes the Bear never
sinks below the horizon. **tingi** is the passive with the force of a Greek middle voice.
177. tardus: Bootes, the Ox-driver, is a constellation which sets slowly and late.

infelix Phaethon penitus penitusque iacentes,
palluit, et subito genua intremuere timore,   180
suntque oculis tenebrae per tantum lumen obortae.
Et iam mallet equos numquam tetigisse paternos.   182
    Quid faciat? Multum caeli post terga relictum,   187
ante oculos plus est. Animo metitur utrumque,
et modo, quos illi fatum contingere non est,
prospicit occasus, interdum respicit ortus.   190
Quidque agat, ignarus, stupet et nec frena remittit,
nec retinere valet, nec nomina novit equorum.
Sparsa quoque in vario passim miracula caelo
vastarumque videt trepidus simulacra ferarum.

The Horses of the Sun Run Unrestrained

    Est locus, in geminos ubi bracchia concavat arcus   195
Scorpius, et cauda flexisque utrimque lacertis
porrigit in spatium signorum membra duorum.
Hunc puer ut nigri madidum sudore veneni
vulnera curvata minitantem cuspide vidit,
mentis inops gelida formidine lora remisit.   200
Quae postquam summo tetigere iacentia tergo,
exspatiantur equi, nulloque inhibente per auras
ignotae regionis eunt, quaque impetus egit,
hac sine lege ruunt, altoque sub aethere fixis
incursant stellis, rapiuntque per avia currum.   205
Et modo summa petunt, modo per declive viasque
praecipites spatio terrae propiore feruntur.
Inferiusque suis fraternos currere Luna
admiratur equos, ambustaque nubila fumant.

---

182. mallet ... tetigisse: *he would prefer never to have touched* — conclusion of
contrary-to-fact conditional sentence. **187. faciat:** Deliberative subjunctive.
189. modo: Correlative with **interdum** — *sometimes ... sometimes.* **196. Scorpius:**
Ovid has Scorpio filling two signs of the Zodiac with his claws. **199. cuspide:** *with
his sting.* **200. mentis inops:** *in panic* (lit., *destitute of mind).* **201. Quae:** Refers
to **lora** and is modified by **iacentia.** **202. exspatiantur:** *wander from their course.*
204. hac: *here* — refers to **qua** in the preceding line. **fixis ... stellis:** Abl. of place.
208. fraternos ... equos: *her brother's horses.* Diana and Apollo were twin brother
and sister. Normally the moon's course was lower than the sun's.

The Earth Burns

Corripitur flammis, ut quaeque altissima, tellus,   210
fissaque agit rimas et sucis aret ademptis.
Pabula canescunt, cum frondibus uritur arbor,
materiamque suo praebet seges arida damno.
Parva queror. Magnae pereunt cum moenibus urbes
cumque suis totas populis incendia terras
in cinerem vertunt. Silvae cum montibus ardent.   216
Tum vero Phaethon cunctis e partibus orbem   227
aspicit accensum nec tantos sustinet aestus,
ferventesque auras velut e fornace profunda
ore trahit, currusque suos candescere sentit;   230
et neque iam cineres eiectatamque favillam
ferre potest, calidoque involvitur undique fumo,
quoque eat, aut ubi sit, picea caligine tectus
nescit, et arbitrio volucrum raptatur equorum.

Rivers Dry Up and the Sea Shrinks

Sanguine tunc credunt in corpora summa vocato   235
Aethiopum populos nigrum traxisse colorem.
Tum facta est Libye raptis umoribus aestu
arida. Tum nymphae passis fontesque lacusque
deflevere comis. Quaerit Boeotia Dircen,
Argos Amymonen, Ephyre Pirenidas undas.   240
Nec sortita loco distantes flumina ripas
tuta manent. Mediis Tanais fumavit in undis, . . .   242
et quae Maeonias celebrarant carmine ripas   252
flumineae volucres, medio caluere Caystro.

· · · · · · · · · · **210. ut . . . altissima:** *especially the highest parts.* **211. agit
rimas:** *develops cracks.* **214. Parva queror:** *(These are) small (matters) I lament.*
235. Sanguine . . . vocato: *with the blood summoned to the surface of their bodies.*
An odd notion to explain the dark-skinned races. **238. passis . . . comis:** *with
disheveled hair* (from **pando**). **239. Dircen:** Dirce, a fountain near Thebes.
240. Amymonen: Amymone, a fountain in the Argolid near Lerna. **Pirenidas undas:**
Pirene, the celebrated fountain in Corinth (whose ancient name was Ephyre) where
Bellerophon caught the winged horse Pegasus. **241. Nec . . . manent:** *Nor did
those rivers with wide streams remain safe* (lit., *nor did the rivers having drawn by lot
banks distant in space remain safe*). **242. Tanais:** The river Don, in Russia. **252. et
. . . Caystro:** *and those water birds, who made the Maeonian banks resound with their*

Nilus in extremum fugit perterritus orbem
occuluitque caput, quod adhuc latet. Ostia septem
pulverulenta vacant, septem sine flumine valles.   256
Dissilit omne solum, penetratque in Tartara rimis   260
lumen et infernum terret cum coniuge regem.
Et mare contrahitur, siccaeque est campus arenae
quod modo pontus erat; quosque altum texerat aequor,
exsistunt montes et sparsas Cycladas augent.
Ima petunt pisces, nec se super aequora curvi   265
tollere consuetas audent delphines in auras.
Corpora phocarum summo resupina profundo
exanimata natant. Ipsum quoque Nerea fama est
Doridaque et natas tepidis latuisse sub antris.
Ter Neptunus aquis cum torvo bracchia vultu   270
exserere ausus erat; ter non tulit aeris ignes.

Mother Earth Appeals to Jupiter

Alma tamen Tellus, ut erat circumdata ponto,
inter aquas pelagi contractosque undique fontes
qui se condiderant in opacae viscera matris,
sustulit oppressos collo tenus arida vultus,   275
opposuitque manum fronti, magnoque tremore
omnia concutiens paulum subsedit et infra
quam solet esse, fuit; siccaque ita voce locuta est:
"Si placet hoc, meruique, quid O tua fulmina cessant,
summe deum? Liceat periturae viribus ignis   280
igne perire tuo, clademque auctore levare.
Vix equidem fauces haec ipsa in verba resolvo" —

song, *burned in the midst of Cayster*. The birds referred to are swans for which the
river Cayster in Asia Minor was famous.   **260. rimis:** *through the cracks*.   **262. est
campus:** Translate **quod . . . erat** first.   **263. quosque** = **et montes quos**.   **264. Cycladas:** The Cyclades Islands (in the Aegean) were increased by the addition of formerly
submerged mountain peaks.   **267. summo . . . profundo:** *on their backs on the
surface of the water*.   **268. Nerea:** With **Dorida** and **natas** in the next line, which
are acc. in indirect statement after **fama est**.   **272. tamen . . . ut erat circumdata:**
nevertheless surrounded though she was.   **275. oppressos:** *suffocating*. **tenus:** The
prep. regularly follows the noun it governs. **arida:** Modifies **Tellus**.   **280. Liceat . . .
levare:** *Let me, (if I am) about to perish by the violence of fire, die by your thunderbolt;
and lighten my disaster (with the thought that it is) by your authority.*

presserat ora vapor — "tostos en aspice crines,
inque oculis tantum, tantum super ora favillae.
Hosne mihi fructus, hunc fertilitatis honorem   285
officiique refers, quod adunci vulnera aratri
rastrorumque fero totoque exerceor anno,
quod pecori frondes, alimentaque mitia, fruges
humano generi, vobis quoque tura ministro?
Sed tamen exitium fac me meruisse; quid undae,   290
quid meruit frater? Cur illi tradita sorte
aequora decrescunt et ab aethere longius absunt?
Quod si nec fratris, nec te mea gratia tangit,
at caeli miserere tui. Circumspice utrumque,
fumat uterque polus. Quos si vitiaverit ignis,   295
atria vestra ruent. Atlas en ipse laborat,
vixque suis umeris candentem sustinet axem.
Si freta, si terrae pereunt, si regia caeli,
in chaos antiquum confundimur. Eripe flammis,
si quid adhuc superest, et rerum consule summae."   300

Jupiter Hurls a Thunderbolt to Save the Earth

Dixerat haec Tellus: neque enim tolerare vaporem
ulterius potuit nec dicere plura; suumque
rettulit os in se propioraque Manibus antra.
At pater omnipotens, superos testatus et ipsum,
qui dederat currus, nisi opem ferat, omnia fato   305
interitura gravi, summam petit arduus arcem,
unde solet latis nubes inducere terris,
unde movet tonitrus vibrataque fulmina iactat.
Sed neque, quas posset terris inducere, nubes

· · · · · · · · · · · · · · · · · · · 284. **tantum:** *so greatly.* **favillae**
(sunt).   288. **frondes . . . fruges:** -que connects **frondes** and **fruges;** **alimenta**
mitia is in apposition with **fruges.**   290. **Sed tamen . . . frater:** *But yet as-*
sume that I have deserved my destruction, why have . the seas and my brother
(Neptune) *deserved (theirs)?*   291. **tradita sorte:** *assigned by lot* — at the division of
Saturn's dominions by his sons Neptune (sea), Jupiter (sky) and Pluto (underworld).
294. **caeli:** Gen. with **miserere** (imperative).   300. **rerum . . . summae:** *have thought*
for the world's welfare.   305. **ferat:** Subjunctive in a future-less-vivid condition.
306. **interitura (esse):** Infinitive in ind. statement following **testatus. arduus:** *on high.*

tunc habuit, nec quos caelo dimitteret, imbres.   310
Intonat, et dextra libratum fulmen ab aure
misit in aurigam pariterque animaque rotisque
expulit, et saevis compescuit ignibus ignes.
Consternantur equi et saltu in contraria facto
colla iugo eripiunt abruptaque lora relinquunt.   315
Illic frena iacent, illic temone revulsus
axis, in hac radii fractarum parte rotarum,
sparsaque sunt late laceri vestigia currus.
At Phaethon, rutilos flamma populante capillos,
volvitur in praeceps longoque per aera tractu   320
fertur, ut interdum de caelo stella sereno
etsi non cecidit, potuit cecidisse videri.
Quem procul a patria diverso maximus orbe
excipit Eridanus, fumantiaque abluit ora.
Naides Hesperiae trifida fumantia flamma   325
corpora dant tumulo, signant quoque carmine saxum:

HIC SITVS EST PHAETHON, CVRRVS AVRIGA PATERNI;
QUEM SI NON TENVIT, MAGNIS TAMEN EXCIDIT AVSIS.

Metamorphoses, II. 1–328

311. dextra . . . misit: *poised his thunderbolt near his right ear and sent it.* **312. animaque rotisque:** Zeugma. **315. abrupta:** *severed.* **318. vestigia:** *fragments.* **323. a patria diverso . . . orbe:** *in a quarter of the globe far from his native land.* **324. Eridanus:** i.e. the river Po, in northern Italy. **328. magnis . . . ausis:** *yet failed in a great attempt.*

This story was told to teach the importance of hospitality to strangers; similar stories are to be found in the folklore of other races, e.g., the story of Abraham in the Bible.

The Disguised Gods at Last Find a Kind-hearted Couple

TILIAE contermina quercus
  collibus est Phrygiis, modico circumdata muro. 621
  Haud procul hinc stagnum est, tellus habitabilis
    olim, 624
nunc celebres mergis fulicisque palustribus undae.
Iuppiter huc specie mortali, cumque parente
venit Atlantiades positis caducifer alis.
Mille domos adiere, locum requiemque petentes;
mille domos clausere serae. Tamen una recepit,
parva quidem, stipulis et canna tecta palustri; 630
sed pia Baucis anus parilique aetate Philemon
illa sunt annis iuncti iuvenalibus, illa
consenuere casa; paupertatemque fatendo
effecere levem nec iniqua mente ferendo.
Nec refert dominos illic famulosne requiras; 635
tota domus duo sunt, idem parentque iubentque.

The Old Couple Prepare a Simple Meal for Their Guests

Ergo ubi caelicolae placitos tetigere penates,
submissoque humiles intrarunt vertice postes,
membra senex posito iussit relevare sedili,
quo superiniecit textum rude sedula Baucis. 640
Inde foco tepidum cinerem dimovit et ignes
suscitat hesternos foliisque et cortice sicco
nutrit et ad flammas anima producit anili,

621. (in) collibus.   625. celebres: *thronged with.*   627. Atlantiades: Mercury, son of Maia, who was the daughter of Atlas.   632. (in) illa . . . casa: Abl. of place. 634. nec . . . ferendo: *and by bearing it calmly.*   635. Nec . . . requiras: *it is no use to ask for masters and servants there.*   637. penates = domum.

multifidasque faces ramaliaque arida tecto
detulit et minuit, parvoque admovit aeno.   645
Quodque suus coniunx riguo collegerat horto,
truncat olus foliis.   Furca levat ille bicorni
sordida terga suis nigro pendentia tigno,
servatoque diu resecat de tergore partem
exiguam, sectamque domat ferventibus undis.   650
   Interea medias fallunt sermonibus horas,   654
concutiuntque torum de molli fluminis ulva
impositum lecto, sponda pedibusque salignis.
Vestibus hunc velant, quas non nisi tempore festo
sternere consuerant; sed et haec vilisque vetusque
vestis erat, lecto non indignanda saligno.

The Gods' Humble Meal at the Cottage

   Accubuere dei.   Mensam succincta tremensque   660
ponit anus.   Mensae sed erat pes tertius impar;
testa parem fecit.   Quae postquam subdita clivum
sustulit, aequatam mentae tersere virentes.
Ponitur hic bicolor sincerae baca Minervae,
conditaque in liquida corna autumnalia faece,   665
intibaque et radix et lactis massa coacti,
ovaque non acri leviter versata favilla,
omnia fictilibus.   Post haec caelatus eodem
sistitur argento crater fabricataque fago
pocula, qua cava sunt, flaventibus illita ceris.   670

· **644. multifidasque . . . aeno:**
*brought down from the rafters finely split firewood and dry twigs and, breaking
them into still smaller bits, put them under a small bronze pot.*   **647. truncat
. . . foliis:** *she trimmed the cabbage of its leaves.*   **648. suis:** *of a pig.* Philemon
brought down a side of bacon which was hanging from a smoke-blackened rafter.
654. Interea . . . horas: *Meanwhile they pass the intervening hours with friendly talk.*
655. concutiuntque . . . salignis: *and they shook out a mattress stuffed with soft river
sedge and put it on a sofa, made with a frame and feet of willow.*   **658. sed . . . saligno:**
*but in fact it was a covering old and without value, not to be counted unfit for a couch of
willow.*   **660. succincta:** *after tucking up her tunic.*   **662. Quae . . . virentes:** Lit.,
which, after being put beneath, propped up the slant, green mint wiped the level table.
Translate into idiomatic English.   **664. bicolor:** Olives are green or black, depending
on the degree of ripeness. **sincerae:** *chaste.*   **668. omnia fictilibus:** *all in earthenware
dishes.* **caelatus eodem . . . argento:** Ironical — earthenware is "silver" of the poor.

Parva mora est, epulasque foci misere calentes,
nec longae rursus referuntur vina senectae,
dantque locum mensis paulum seducta secundis.
Hic nux, hic mixta est rugosis carica palmis
prunaque et in patulis redolentia mala canistris   675
et de purpureis collectae vitibus uvae.
Candidus in medio favus est. Super omnia vultus
accessere boni nec iners pauperque voluntas.

The Gods Reveal Themselves

Interea totiens haustum cratera repleri
sponte sua, per seque vident succrescere vina.   680
Attoniti novitate pavent, manibusque supinis
concipiunt Baucisque preces timidusque Philemon,
et veniam dapibus nullisque paratibus orant.
Unicus anser erat, minimae custodia villae,
quem dis hospitibus domini mactare parabant.   685
Ille celer penna tardos aetate fatigat,
eluditque diu, tandemque est visus ad ipsos
confugisse deos. Superi vetuere necari;
"Di" que "sumus, meritasque luet vicinia poenas
impia," dixerunt, "vobis immunibus huius   690
esse mali dabitur. Modo vestra relinquite tecta
ac nostros comitate gradus et in ardua montis
ite simul." Parent ambo, baculisque levati
nituntur longo vestigia ponere clivo.
Tantum aberant summo, quantum semel ire sagitta   695
missa potest; flexere oculos, et mersa palude
cetera prospiciunt, tantum sua tecta manere.

The Cottage Transformed into a Temple

Dumque ea mirantur, dum deflent fata suorum,
illa vetus, dominis etiam casa parva duobus
vertitur in templum; furcas subiere columnae,   700

---

671. foci: Sub. of **misere** (= **miserunt**). Freely, *the hot main course was served.*
673. dantque ... secundis: The wines having been removed, dessert was brought on.
695. semel: With **missa**. **699. vetus:** With **casa**. **700. subiere:** *took the place of.*

stramina flavescunt aurataque tecta videntur,
caelataeque fores, adopertaque marmore tellus.
Talia tum placido Saturnius edidit ore:
"Dicite, iuste senex et femina coniuge iusto
digna, quid optetis." Cum Baucide pauca locutus   705
iudicium superis aperit commune Philemon:
    "Esse sacerdotes delubraque vestra tueri
poscimus; et quoniam concordes egimus annos,
auferat hora duos eadem, nec coniugis umquam
busta meae videam, neu sim tumulandus ab illa."   710
    Vota fides sequitur. Templi tutela fuere,
donec vita data est. Annis aevoque soluti
ante gradus sacros cum starent forte locique
narrarent casus, frondere Philemona Baucis,
Baucida conspexit senior frondere Philemon.   715
Iamque super geminos crescente cacumine vultus
mutua, dum licuit, reddebant dicta, "Vale" que
"O coniunx," dixere simul, simul abdita texit
ora frutex. Ostendit adhuc Thymbreius illic
incola de gemino vicinos corpore truncos.   720
    Haec mihi non vani (neque erat cur fallere vellent)
narravere senes. Equidem pendentia vidi
serta super ramos, ponensque recentia dixi:
"Cura pii dis sunt, et qui coluere, coluntur."

Metamorphoses, VIII. 620–724

· · · · · · **708. concordes ... annos:** *our years in perfect union.* **711. Vota ...**
sequitur: *Their prayer was granted.* **712. soluti:** *worn out.* **716. geminos ...**
vultus: *both their faces.*

Anquetil Raoulee of La Fontaine sells to his brother Guillaume Raoulee a piece of land which he owned on an island in the parish of Berville, between the properties of Robert Adam and Gillis Cormon. It ends along the Seine at the property of Philippe le Grant, in the parish of Henouville. Witnesses: Robert Raoulle, Jean le Grant, Raoul Wateree, Garnier Lorens, Roger Guillebert, Norman de la Fontaine.

Students who read Caesar and Cicero sometimes suppose that Latin was a "dead" language from that time on. Nothing could be further from the facts. Century after century, Latin continued to be the one language everybody understood when travelers, merchants, students, or learned men from the countries of Europe wanted to talk to each other. Moreover, Latin was the language of written records during all those centuries, extending almost to our own time. The illustration shows a land deed, written in the year 1250 and loaned by Goodspeed's Book Store of Boston. With the help of the translation, students may be able to pick out some Latin words, even though the script is unfamiliar and scribes used certain "shorthand" abbreviations, e.g., the bar over *i* to indicate an *n* after the *i* (see *insula* in the second line).

Later Latin

The Latin language continued to be spoken and written for many centuries after the dissolution of the Roman Empire. Throughout Europe, Latin was the official language of both church and state up to the fifteenth century, and in the Roman Catholic church it has continued up to the present day as the official vehicle of ecclesiastical expression.

For the millenium after A.D. 476, when Romulus Augustus was dethroned, the church was a cohesive force throughout Europe. In the babel of barbarian tongues on every side, the language of the church persevered. Education was chiefly in the hands of religious orders, and monastic libraries preserved secular as well as religious writings. In the course of centuries, histories were written to describe the victorious progress of the faith; great poems and stories were written to describe the story of the creation and redemption; hymns were written for use in the ritual of the church; and religious drama came into vogue. But popular tales, folk songs, and fables, partly European and partly Oriental in origin, also appeared in many forms.

The great movement commonly called the Renaissance — "revival of learning" — and the rediscovery of the ancient classics produced a new and brilliant Latin literature of every kind, much of it in imitation of the early classical models. This Latin writing continued until new literatures in the tongues of the various European nations displaced it, less than four hundred years ago.

It is a remarkable proof of the vitality of the Latin language that, for more than a thousand years after it ceased to be the everyday speech in any country, it continued to be the common language of civilization throughout Europe. During these centuries, the form of the language changed much less than the forms of the contemporary vernacular tongues. There is far greater uniformity in the Latin of the whole period than there is between old French and modern French or old English and modern English.

Even in the days of Cicero and Caesar, there were two distinct kinds of Latin in everyday use, the literary language of the aristocracy and the everyday — the "vulgar" — Latin of the masses. These two streams

355

continued to flow down through the ages, sometimes merging and sometimes separating, each having an influence on the other. Thus, throughout later Latin literature, we find the influence of both elements, as well as some influence from the barbarian tongues of Italy, France, and Spain. A few of the changes from the classical Latin of Cicero are summarized here.

1. *New words, many of them ecclesiastical:* **abbas; ecclesia; presbyter**
2. *New meanings:* **hostilitas** = **bellum; nativitas** = **dies natalis; civitas** = **urbs**
3. *Variations in compounds:* **apparuisse; comparuisse**
4. *Popular confusions:* **suus** for **eius; sui** for **is; ipse** for **ille; quid** for **aliquid**
5. *New particles:* **quod** for **quando; circa** for **de;** purpose clauses introduced by **qualiter, quatenus,** or **quo modo**
6. *Changes in forms:* **cepi** for **coepi; hec** for **haec; victuria** for **victoria; scribturus** for **scripturus; michi** for **mihi; omines** for **homines; domnus** for **dominus; hiis** for **his**
7. *Confusions in declensions:* **exempli** for **exempla; grave** for **gravi; murus** for **muros; quae** (pl.) **fuit**
8. *Changes in syntax:* **in eo loco venitur; milia passos; tribus diebus** (for duration of time); **ripae** (dative of place to which); **his diebus quod** (lack of agreement); **quam citius** for **quam citissime; fecit poni** (instead of result clause); **probare** (in purpose clause); **dicendo** for **dicens;** indirect discourse introduced by **quod: scio quod non moriar**

The text of Latin included in this section comes from the following collections of later Latin:

Mediaeval Latin, edited by Karl P. Harrington and published by Allyn and Bacon, 1925: Sulpicius Severus, Widukind, Peter Alphonsus, Odo of Cerinton, Jacques de Vitry, An Oriental Tale, Iustus Lipsius, and Thomas Wright.

Primer of Mediaeval Latin, edited by Charles H. Beeson and published by Scott, Foresman and Company, 1925: The Venerable Bede, Roger Bacon, and Gesta Romanorum.

Fons Perennis, edited by Sidney Morris and published by George C. Harrap & Company, Ltd., London, 1962: William Fitzstephen.

Loeb Classical Library, No. 284, Harvard University Press, Cambridge: Avianus.

AVIANUS

The fables of Avianus were probably written about A.D. 400. Little or nothing is known about the author. The work, consisting of forty-two fables, was dedicated to Macrobius and so was probably written during his lifetime.

De Duobus Sociis et Ursa

MONTIBUS ignotis curvisque in vallibus artum
    cum socio quidam suscipiebat iter,
securus, cum quodque malum Fortuna tulisset,
    robore collato posset uterque pati.
Dumque per inceptum vario sermone feruntur,   5
    in mediam praeceps convenit ursa viam.
Horum alter facili comprehendens robora cursu
    in viridi trepidum fronde pependit onus;
ille trahens nullo iacuit vestigia gressu,
    exanimem fingens, sponte relisus humi.   10
Continuo praedam cupiens fera saeva cucurrit
    et miserum curvis unguibus ante levat;
verum ubi concreto riguerunt membra timore
    (nam solitus mentis liquerat ossa calor),
tunc olidum credens, quamvis ieiuna, cadaver   15
    deserit et lustris conditur ursa suis.
Sed cum securi paulatim in verba redissent,
    liberior iusto, qui fuit ante fugax:
"Dic, sodes, quidnam trepido tibi rettulit ursa?
    Nam secreta diu multaque verba dedit."   20
"Magna quidem monuit, tamen haec quoque maxima iussit,
    quae misero semper sunt facienda mihi:
'Ne facile alterius repetas consortia,' dixit,
    'rursus ab insana ne capiare fera.' "

1. **artum:** *narrow.*   **6. ursa:** *she-bear.*   **10. exanimem fingens:** *feigning death.*
relisus: *thrown on.*   **12. unguibus:** *claws.*   **13. concreto:** *having increased.* **riguerunt:** *stiffened.*   **14. liquerat** = **reliquerat.**   **15. olidum:** *smelly.* **ieiuna:** *hungry.*
cadaver: *a corpse.*   **16. lustris:** *den* or *lair.*   **18. fugax:** *fugitive.*   **19. sodes:**
if you please.   **23. consortia:** *partnership.*

SULPICIUS SEVERUS

The Aquitanian priest Sulpicius Severus (365–425) was a great admirer of Martin of Tours, who was reputed to have miraculous powers. Severus wrote an account of the saint's life, as well as a more genuinely historical work, the *Chronicles*. Both are essentially romantic works, though phrased in relatively good classical Latin.

Martin Surprises His Enemies

Item, cum in vico quodam templum antiquissimum diruisset et arborem pinum, quae fano erat proxima, esset adgressus excidere, tum vero antistes loci illius ceteraque gentilium turba coepit obsistere. Et cum idem illi dum templum evertitur, imperante
5 domino, quievissent, succidi arborem non patiebantur.

Ille eos sedulo commonere nihil esse religionis in stipite: Deum potius, cui serviret ipse, sequerentur; arborem illam succidi oportere, quia esset daemoni dedicata. Tum unus ex illis, qui erat audacior ceteris: "Si habes," inquit, "aliquam de Deo tuo, quem
10 dicis te colere, fiduciam, nosmet ipsi succidemus hanc arborem, tu ruentem excipe; et si tecum est tuus, ut dicis, Dominus, evades."

Tum ille intrepide confisus in Domino, facturum se pollicetur. Hic vero ad istius modi condicionem omnis illa gentilium turba consensit, facilemque arboris suae habuere iacturam, si inimicum
15 sacrorum suorum casu illius obruissent. Itaque cum unam in partem succisa corrueret, eo loci vinctus statuitur pro arbitrio rusticorum quo arborem esse casuram nemo dubitabat.

Succidere igitur ipsi suam pinum cum ingenti gaudio laetitiaque coeperunt. Aderat eminus turba mirantium. Iamque paulatim
20 nutare pinus et ruinam suam casura minitari. Pallebant eminus monachi et periculo iam propiore conterriti spem omnem fidemque perdiderant, solam Martini mortem expectantes. At ille confisus in Domino intrepidus opperiens, cum iam fragorem sui pinus con-

---

1. diruisset: *destroyed.*   **2. pinum:** *pine tree.*   **excidere:** *cut down.*   **3. antistes:** *priest.* **gentilium:** *heathen, pagans.*   **6. sedulo:** *zealously.*   **commonere = monuit.** **stipite:** *tree trunk.*   **8. daemoni:** *demon, evil spirit.*   **14. iacturam:** *loss.* **16. vinctus:** *bound.*   **19. eminus:** *at a distance.*   **20. nutare:** *sway.*   **21. monachi:** *monk.*   **23. opperiens:** *waiting.*   **fragorem:** *crash.*   **sui = suum.**

cidens edidisset, iam cadenti, iam super se ruenti, elevata obviam
manu, signum salutis opponit.   25

Tum vero — velut turbinis modo retro actam putares — diversam
in partem ruit, adeo ut rusticos, qui tuto in loco steterant, paene
prostraverit. Tum vero, in caelum clamore sublato, gentiles stupere
miraculo, monachi flere prae gaudio, Christi nomen in commune
ab omnibus praedicari; satisque constitit eo die salutem illi venisse 30
regioni.

26. turbinis: *whirlwind.*   **28. prostraverit:** *threw down.*

THE VENERABLE BEDE

Bede, known as "the Venerable Bede," lived from about 675 to 735 and
is considered the father of English history. He collected virtually all of the
learning of his time, from Jerome, Cassiodorus, Isidore, and Augustine, and
made it available to his own Anglo-Saxon people as well as the continent
of Europe.

The two selections included here come from the Venerable Bede's *Historia Ecclesiastica Gentis Anglorum.* Bede is the original source for the life
of Caedmon, who was the first member of the English race to use his native
Anglo-Saxon for literary composition and also the first religious poet of his
race. A so-called "Paraphrase of Caedmon" is extant in a tenth-century
manuscript, but it is not now considered authentic. Caedmon died about
A.D. 680.

The Story of Caedmon

In huius monasterio abbatissae fuit frater quidam divina gratia
specialiter insignis, quia carmina religioni et pietati apta facere
solebat; ita ut, quicquid ex divinis litteris per interpretes disceret,
hoc ipse post pusillum verbis poeticis maxima suavitate et compunctione compositis, in sua, id est Anglorum, lingua proferret. Cuius 5
carminibus multorum saepe animi ad contemptum saeculi et appetitium sunt vitae caelestis accensi. Et quidem et alii post illum in

1. monasterio: *monastery.* **abbatissae:** *abbess;* this was Hilda, abbess of Whitby.
2. specialiter: *specially.*   **3. interpretes:** *interpreters.*   **4. pusillum:** *in a short time.*
poeticis: *poetic.* **compunctione:** *with humility.*   **6. appetitium:** *a searching for.*

gente Anglorum religiosa poemata facere temptabant; sed nullus
eum aequiperare potuit.

10 Namque ipse non ab hominibus neque per hominem institutus
canendi artem didicit, sed divinitus adiutus gratis canendi donum
accepit. Unde nil umquam frivoli et supervacui poematis facere
potuit, sed ea tantummodo quae ad religionem pertinent, religiosam
eius linguam decebant. Siquidem in habitu saeculari usque ad
15 tempora provectioris aetatis constitutus, nil carminum aliquando
didicerat. Unde nonnumquam in convivio, cum esset laetitiae
causa decretum ut omnes per ordinem cantare deberent, ille, ubi
appropinquare sibi citharam cernebat, surgebat a media cena et
egressus ad suam domum repedabat.

20 Quod dum tempore quodam faceret, et relicta domu convivii
egressus esset ad stabula iumentorum, quorum ei custodia nocte
illa erat delegata, ibique hora competenti membra dedisset sopori,
adstitit ei quidam per somnium, eumque salutans ac suo appellans
nomine: "Caedmon," inquit, "canta mihi aliquid."

25 At ille respondens: "Nescio," inquit, "cantare; nam et ideo de
convivio egressus huc secessi quia cantare non poteram." Rursum
ille qui cum eo loquebatur, "Attamen," ait, "mihi cantare habes."
"Quid," inquit, "debeo cantare?" Et ille: "Canta," inquit,
"principium creaturarum."

30 Quo accepto responso, statim ipse coepit cantare in laudem Dei
conditoris versus quos numquam audierat, quorum iste est sensus:
"Nunc laudare debemus auctorem regni caelestis, potentiam creatoris et consilium illius, facta Patris gloriae. Quomodo ille, cum
sit aeternus Deus, omnium miraculorum auctor exstitit, qui primo
35 filiis hominum caelum pro culmine tecti, dehinc terram custos
humani generis omnipotens creavit."

---

9. aequiperare: *to compare, match.* **12. frivoli:** *trifling, silly.* **supervacui:** *un-necessary, useless.* **14. Siquidem:** In later Latin, **siquidem,** along with many other conjunctions, such as **autem, enim, nam, namque, sed, tamen,** and **vero,** lost the original force, and came to represent merely a transition. **saeculari:** *secular.* **15. provectioris:** *more advanced.* **constitutus:** *being.* **19. repedabat:** *withdrew.* What is the literal meaning? **20. domu:** *from the hall.* **21. iumentorum:** *cattle.* **22. delegata:** *assigned.* **competenti:** *appropriate.* **sopori:** *sleep.* **23. somnium:** *dream.* **27. habes:** Here the verb is used in the same way as the English "have to." **28. debeo:** *must I?* — a usage similar to the preceding **habes.** **29. creaturarum:** *creatures.* **35. culmine:** *top.*

Hic est sensus, non autem ordo ipse verborum, quae dormiens ille canebat; neque enim possunt carmina, quamvis optime composita, ex alia in aliam linguam ad verbum sine detrimento sui decoris ac dignitatis transferri. Exsurgens autem a somno, cuncta 40 quae dormiens cantaverat, memoriter retinuit, et eis mox plura in eundum modum verba Deo digni carminis adiunxit.

Veniensque mane ad vilicum qui sibi praeerat, quid doni percepisset indicavit atque ad abbatissam perductus, iussus est, multis doctioribus viris praesentibus, indicare somnium et dicere carmen ut 45 universorum iudicio quid vel unde esset quod referebat probaretur. Visumque est omnibus caelestem ei a Domino concessam esse gratiam.

Exponebantque illi quendam sacrae historiae sive doctrinae sermonem, praecipientes eum, si posset, hunc in modulationem 50 carminis tranferre. At ille, suscepto negotio, abiit et mane rediens, optimo carmine quod iubebatur compositum reddidit.

Unde mox abbatissa, amplexata gratiam Dei in viro, saecularem illud habitum relinquere et monachicum suscipere propositum docuit, susceptumque in monasterium cum omnibus suis fratrum 55 cohorti associavit, iussitque illum seriem sacrae historiae doceri. At ipse cuncta quae audiendo discere poterat rememorando secum et quasi mundum animal ruminando, in carmen dulcissimum convertebat, suaviusque resonando doctores suos vicissim auditores sui faciebat. 60

Canebat autem de creatione mundi, et origine humani generis, et tota genesis historia, de egressu Israel ex Aegypto, et ingressu in terram repromissionis, de aliis plurimis sacrae scripturae historiis, de incarnatione domenica, passione, resurrectione, et

· · · · · · · · · · · · · **39. ad verbum:** *word for word.* **40. Exsurgens = ex + surgo.** **43. vilicum:** *steward.* **49. quendam: quidam** in later Latin is often merely the English indefinite article. **50. modulationem:** *the measures.* **53. amplexata:** *esteeming.* **54. monachicum . . . propositum:** *the monastic manner of life.* **56. associavit:** *joined.* **seriem:** *the course.* **57. ipse:** This pronoun is often used in later Latin for the classical **is. rememorando = re + memoro. 58. mundum animal ruminando:** *as a clean animal by chewing its cud.* **59. resonando:** *singing.* **62. genesis:** The word requires no translation. **63. repromissionis:** *of promise.* **64. incarnatione:** The meanings of this word and of **passione, resurrectione, ascensione,** and **apostolorum** are all suggested by their English derivatives. **domenica:** *of our Lord.*

65 ascensione in caelum, de spiritus sancti adventu, et apostolorum doctrina.

Item de terrore futuri iudicii et horrore poenae gehennalis ac
dulcedine regni caelestis multa carmina faciebat; sed et alia per-
plura de beneficiis et iudiciis divinis, in quibus cunctis homines ab
70 amore scelerum abstrahere, ad dilectionem vero et sollertiam bonae
actionis excitare curabat. Erat enim vir multum religiosus et regularibus disciplinis humiliter subditus; adversum vero illos qui aliter
facere volebant, zelo magni fervoris accensus; unde et pulchro
vitam suam fine conclusit.

75 Nam propinquante hora sui decessus, XIV diebus praeveniente
corporea infirmitate pressus est, adeo tamen moderate ut et loqui
toto eo tempore posset et ingredi. Erat enim in proximo casa, in
qua infirmiores et qui prope morituri esse videbantur, induci solebant.

80 Rogavit ergo ministrum suum, vespere incumbente, nocte qua
de saeculo erat exiturus, ut in ea sibi locum quiescendi praepararet;
qui miratus cur hoc rogaret, qui nequaquam adhuc moriturus esse
videbatur, fecit tamen quod dixerat.

Cumque ibidem positi vicissim aliqua gaudente animo, una cum
85 eis qui ibidem ante inerant, loquerentur ac iocarentur, et iam mediae
noctis tempus esset transcensum, interrogavit si eucharistiam intus
haberent. Respondebant: "Quid opus est eucharistia? neque
enim mori adhuc habes, qui tam hilariter nobiscum velut sospes
loqueris."

90 Rursus ille: "Et tamen," ait, "afferte mihi eucharistiam." Qua
accepta in manu, interrogavit si omnes placidum erga se animum
et sine querela controversiae ac rancoris haberent. Respondebant
omnes placidissimam se mentem ad illum et ab omni ira remotam
habere, eumque vicissim rogabant placidam erga ipsos mentem
95 habere.

· · · · · · 67. gehennalis: *of Gehenna* (hell). 68. dulcedine: From dulcis. 70. sollertiam: *practice.* 71. curabat: *tried.* regularibus: not "regular," but an adjective
from regula, -ae, f., *rule, pattern.* 72. subditus: *subjected to.* 73. zelo: *zeal.*
75. diebus: For dies. praeveniente: From prae + venio. 80. vespere incumbente:
at the approach of evening. 81. saeculo: *world,* the usual meaning in later Latin.
in: As often in later Latin, expresses time when. 84. vicissim: *with one another.*
86. eucharistiam: *the eucharist* (the Lord's Supper). 88. sospes: *deliverer, savior.*
92. rancoris: *rancor, grudge.* 95. habere: rogo in later Latin takes an infinitive.

Qui confestim respondit: "Placidam ego mentem, filioli, erga omnes Dei famulos gero." Sicque se caelesti muniens viatico, vitae alterius ingressui paravit; et interrogavit quam prope esset hora qua fratres ad dicendas Domino laudes nocturnas excitari deberent. Respondebant: "Non longe est." 100

At ille: "Bene, ergo expectemus horam illam." Et signans se signo sanctae crucis reclinavit caput ad cervical, modicumque obdormiens ita cum silentio vitam finivit.

· · · · **97. viatico:** Lit., *passage money.* **99. laudes:** *the lauds,* one of the vigils.
102. crucis: *cross.* **reclinavit:** *bent back.* **cervical:** *pillow.* **modicum obdormiens:**
gently falling asleep.

Gregory the Great Sends a Mission to England

Dicunt quia die quadam cum, advenientibus nuper mercatoribus, multa venalia in forum fuissent conlata, multi ad emendum confluxissent, et ipsum Gregorium inter alios advenisse ac vidisse inter alia pueros venales positos candidi corporis ac venusti vultus, capillorum quoque forma egregia. Quos cum adspiceret, interro- 5 gavit de qua regione vel terra essent adlati. Dictumque est quia de Britannia insula, cuius incolae talis essent aspectus.

Rursus interrogavit utrum idem insulani christiani an paganis adhuc erroribus essent implicati. Dictum est quod essent pagani. At ille, intimo ex corde longa trahens suspiria: "Heu, pro dolor!" 10 inquit, "quod tam lucidi vultus homines tenebrarum auctor possidet tantaque gratia frontispicii mentem ab interna gratia vacuam gestat."

Rursus ergo interrogavit quod esset vocabulum gentis illius. Responsum est quod Angli vocarentur. At ille: "Bene," inquit, 15

1. quia: In later Latin, **quia, quod, quoniam,** or **ut** introduce an indirect statement, with the verb in either the subjunctive or indicative. **2. venalia:** *articles for sale.*
3. Gregorium: Gregory I, the Great, was born in Rome about the middle of the 6th century and consecrated bishop of Rome on Sept. 3, 590. He sent Augustine to England as a missionary; the story relates the occasion of his becoming interested in that land. **advenisse, vidisse:** Here the classical construction for an indirect statement is used. But note **dictum est quia** and **dictum est quod** later in the story.
4. venusti: *charming.* **5. adspiceret** = **aspiceret.** **8. insulani:** *islanders.* **paganis:** *pagans.* **10. corde:** *heart.* **Heu pro dolor:** *Alas, how sad!* **11. lucidi:** *shining.*
12. tanta gratia frontispicii ... gestat: *so fair an exterior ... should hold within.*
14. vocabulum: *name.* **15. quod ... vocarentur:** Indirect statement in later Latin.

"nam et angelicam habent faciem et tales angelorum in caelis decet esse cohaeredes. Quod habet nomen ipsa provincia de qua isti sunt adlati?"

Responsum est quod Deiri vocarentur idem provinciales. At
20 ille: "Bene," inquit, "Deiri; de ira eruti et ad misericordiam Christi vocati. Rex provinciae illius quomodo appellatur?"

Responsum est quod Aelli diceretur. At ille adludens ad nomen ait: "Alleluia, laudem Dei creatoris illis in partibus oportet cantari."

25 Accedensque ad pontificem Romanae et apostolicae sedis (nondum enim erat ipse pontifex factus), rogavit ut genti Anglorum in Britanniam aliquos verbi ministros, per quos ad Christum converteretur, mitteret: se ipsum paratum esse in hoc opus, Domino cooperante, perficiendum, si tamen apostolico papae hoc ut fieret
30 placeret.

Quod dum perficere non posset quia, etsi pontifex concedere illi quod petierat voluit non tamen cives Romani ut tam longe ab urbe secederet potuere permittere; mox, ut ipse pontificatus officio functus est, perfecit opus diu desideratum, alios quidem praedica-
35 tores mittens, sed ipse praedicationem ut fructificaret suis exhortationibus ac precibus adiuvans.

---

16. angelicam: *angelic.* **angelorum:** *angels.* **17. cohaeredes:** *co-heirs.* **19. Deiri:** From Deira, the name of the kingdom of which Aelle was the first king. **20. eruti:** From e + ruo. **22. adludens ad nomen:** *playing on the name.* **23. creatoris:** *creator.* **25. apostolicae sedis:** *the apostolic see* (i.e., seat or position). **27. verbi:** i.e., of God. **ministros:** *ministers.* **29. cooperante:** Use the English derivative. **si tamen** = dummodo. **papae:** *bishop.* **33. pontificatus:** *bishopric.* **34. praedicatores:** *preachers.* **35. praedicationem:** *proclamation* (of the Christian message). **fructificaret:** *bear fruit.*

WIDUKIND

Widukind, the historian of the Saxons, lived during the latter part of the tenth century and died in 1004. He was a Benedictine, an admirer of Otto the Great, and probably an inmate of his court. His *History* goes back to the early days of the Saxons and gives us much of the legend, as well

364

as the history, of the preceding centuries. His work shows traces of a classical style but lacks gracefulness. The next three selections come from the *History*.

A Brave Saxon

Erat autem tunc in castris quidam de veteranis militibus iam senior, sed viridi senectute adhuc vigens, qui merito bonarum virtutum pater patrum dicebatur, nomine Hathagat. Hic arripiens signum quod apud eos habebatur sacrum, leonis et draconis et desuper aquilae volantis insignitum effigie, quo ostentaret fortitudi- 5 nis atque prudentiae et earum rerum efficatiam, et motu corporis animi constantiam declarans, ait:

"Huc usque inter optimos Saxones vixi, et ad hanc fere ultimam senectutem aetas me perduxit, et nunquam Saxones meos fugere vidi; et quomodo nunc cogor agere quod numquam didici? Cer- 10 tare scio, fugere ignoro nec valeo; si fata non sinunt ultra vivere, liceat saltem, quod michi dulcissimum est, cum amicis occumbere. Exempli michi paternae virtutis sunt amicorum corpora circa nos prostrata, qui maluerunt mori quam vinci, impigras animas amittere quam coram inimicis loco cedere. 15

"Sed quid necesse habeo exhortationem protrahere tantisper de contemptu mortis? Ecce ad securos ibimus, ad caedem tantum, non ad pugnam; nam de promissa pace ac nostro gravi vulnere nichil suspicantur adversi; hodierno quoque praelio fatigati, quemadmodum sunt sine metu, sine vigiliis et solita custodia manent. 20 Irruamus igitur super improvisos et somno sepultos; parum laboris est! Sequimini me ducem, et hoc canum caput meum vobis trado, si non evenerit quod dico."

Illius igitur optimis verbis erecti, quod supererat diei in reficiendis suis corporibus expendebant; deinde prima vigilia noctis dato 25 signo, qua solet sopor gravior occupare mortales, sumptis armis, praecedente duce, irruunt super muros, invenientesque sine vigiliis ac custodiis, ingressi sunt urbem cum clamore valido. Quo excitati

---

4. draconis: *dragon.*   **5. insignitum:** *distinguished.*   **6. efficatiam:** *efficiency.*
9. nunquam = **numquam.**   **12. saltem:** *at least.*   **michi** = **mihi.**   **occumbere:** *to die.*
13. Exempli: *for example.*   **16. tantisper:** *for so long a time.*   **19. nichil** = **nihil.**
praelio = **proelio.**   **21. Irruamus:** *Let us rush.*   **26. sopor:** *sleep.*

adversarii, alii fuga salutem quaesierunt, alii per plateas et muros
30 urbis ut ebrii erraverunt, alii in Saxones, cives suos putantes, inciderunt. Illi vero omnes perfectae aetatis morti tradiderunt, im-
puberes praedae servaverunt.

Eratque nox illa plena clamoribus, caede, atque rapina, nullusque
locus in omni urbe quietus, donec aurora rutilans surgit et incruen-
35 tam declarat victoriam. Cumque penes regem, videlicet Irminfri-
dum, summa victoria esset, requisitus, cum uxore ac filiis ac raro
comitatu evasisse repertus est.

29. plateas: *streets.* **34. rutilans:** *becoming red.* **incruentam:** *bloodless.*

Shrewd Methods of Petty Warfare

Sciens autem comitem Isilberthi versutum et callidum nimis,
nomine Immonem, artibus illius melius arbitratus est pugnare quam
armis. Ille vero, ut erat astutissimus, meliori ac maiori se subdens,
arma sumit contra ducem; quod ipse dux omnium laborum gra-
5 vissime tulit, quia eum sibi adversum sustinere debuisset cuius consilio ac fidei hactenus se maxime credebat. Augebat quoque indignationem ducis grex porcorum ab Immone calide captus. Nam
subulci ducis cum contra portas urbis transirent, Immo porcellum
pro porta agitari fecit, et omnem porcorum gregem apertis portis
10 intra urbem recepit.

Quam iniuriam dux ferre non valens, coacto exercitu, obsedit
Immonem. Ille autem plurima apum examina habuisse fertur,
quae frangens proiecit contra equites. Apes autem aculeis equos
stimulantes, in insaniam vertebant ita ut equites periclitari coepis-
15 sent. Quo viso Immo prospiciens de muro, eruptionem cum sociis
minitavit. Huiusce modi igitur artibus saepius dux ab Immone
delusus, solvit obsidionem. Discedens vero fertur dixisse: "Immone mecum sentiente, omnes Lotharios facile captos tenui, modo
ipsum solum cum omnibus Lothariis capere nequeo."

1. versutum: *shrewd.* **3. astutissimus:** *very skillful.* **6. hactenus:** *thus far.*
indignationem: *displeasure.* **7. calide = callide.** **8. subulci:** *swineherds.* **12. apum:**
bees (gen. pl.). **examina:** *swarms.* **13. aculeis:** *stings.* **14. stimulantes:** *pricking,*
stinging. **16. minitavit:** This verb was a deponent in classical Latin. **17. delusus:**
deceived.

Dani antiquitus erant Christiani, sed nichilominus idolis ritu gentili servientes. Contigit autem altercationem super cultura deorum fieri in quodam convivio rege praesente, Danis affirmantibus Christum quidem esse deum, sed alios eo fore maiores deos, quippe qui potiora mortalibus signa et prodigia per se ostenderent. 5

Contra haec clericus quidam, nunc vero religiosam vitam ducens, episcopus, nomine Poppa, unum verum Deum Patrem cum Filio unigenito Domino nostro Iesu Christo et Spiritu Sancto, simulacra vero daemonia esse et non deos, testatus est. Haraldus autem rex, utpote qui velox traditur fore ad audiendum, tardus ad loquendum, 10 interrogat si hanc fidem per semetipsum declarare velit. Ille incunctanter velle respondit. Rex vero custodire clericum usque in crastinum iubet.

Mane facto, ingentis ponderis ferrum igne succendi iubet, clericumque ob fidem catholicam candens ferrum portare iussit. Con- 15 fessor Christi indubitanter ferrum rapit, tamdiuque deportat quo ipse rex decernit; manum incolumem cunctis ostendit, fidem catholicam omnibus probabilem reddit.

Ad haec rex conversus, Christum Deum solum colendum decrevit, idola respuenda subiectis gentibus imperat, Dei sacerdotibus et 20 ministris honorem debitum deinde praestitit. Sed et haec virtutibus merito patris tui adscribuntur, cuius industria in illis regionibus ecclesiae sacerdotumque ordines in tantum fulsere.

1. **Dani:** *Danes.* **nichilominus** = **nihilo minus.** **idolis:** *ghost; idol.* **ritu gentili:** *pagan rites.* 2. **altercationem:** *dispute.* 6. **clericus:** *priest.* 7. **episcopus:** *bishop.* 8. **unigenito:** *only-begotten.* 9. **daemonia:** *evil spirits, demons.* 10. **utpote:** *namely, inasmuch as.* 11. **semetipsum** = **se-met ipsum.** **incunctanter:** *not delaying.* 13. **crastinum:** *tomorrow, on the morrow.* 14. **succendi** = **incendi.** 15. **catholicam:** *universal.* 16. **indubitanter:** *unhesitatingly.* 18. **probabilem:** *credible, probable.* 20. **respuenda:** *to be thrown out.* 21. **ministris:** *ministers.* 23. **ecclesiae:** *assembly* (of Christians). **fulsere:** 3rd. pl. perf. indicative of **fulgeo.**

PETER ALPHONSUS

Peter Alphonsus, a Christianized Jew, lived in the early part of the twelfth century. He collected over thirty tales from Arab fables, especially intended to illustrate the advice that a father should give to his sons. A number of them are found in the *Gesta Romanorum* and in the *Decameron* of Boccaccio.

Arabs moriturus, vocato filio suo, dixit ei: "Dic, fili, quot tibi, dum vixisti, acquisieris amicos?"

Respondit filius et dixit: "Centum, ut arbitror, acquisivi mihi amicos."

5 Dixit pater: "Philosophus dicit: 'Ne laudes amicum tuum, donec probaveris eum.' Ego quidem prior natus sum, et unius dimidietatem vix mihi acquisivi. Tu autem centum quoniam acquisivisti, fili mi, vade igitur probare omnes, ut cognoscas si quis omnium tibi sit perfectus amicus."

10 Dicit ei filius: "Quomodo probare consulis?"

Dixit pater: "Accipe vitulum, et interfice eum, et frustatim comminutum in sacco repone, ita ut saccus forinsecus sanguine infectus sit, et quum ad amicum veneris, dic ei: 'Hominem, care mi frater, forte interfeci, et domus mea scrutari debet. Oportet igitur ipsum 15 sepeliri et abscondi. Rogo te ut eum secreto sepelias; nemo enim te suspectum habebit, sicque me salvare poteris.'"

Filius fecit sicut pater imperavit. Primus amicus ad quem venit dixit ei: "Fer tecum mortuum tuum super collum tuum, sicut fecisti malum; patere satisfactionem; in domum meam non in- 20 troibis." Quum autem per singulos amicos suos ita fecisset, eodem responso omnes ei responderunt.

Ad patrem igitur rediens nunciavit quod fecerat. Dixitque pater: "Contigit tibi quod dixit philosophus: 'Multi sunt dum numerantur amici, sed in necessitate pauci.' Vade ad dimidium 25 amicum meum quem habeo, et vide quit dicat tibi."

Venit et sicut aliis dixerat huic ait, qui respondit: "Intra domum, non est hoc secretum quod vicinis debeat propalari." Emissa igitur uxore sua cum omni familia sua, sepulturam fodit. Quum autem omnia videret parata, rem prout erat disseruit, gratias agens. 30 Deinde patri retulit quae fecerat.

Pater vero ait: "Pro tali amico philosophus ait: 'Hic est vere amicus qui te adiuvat quum mundus tibi deficit.'"

---

7. dimidietatem: *half.*   **11.** vitulum: *calf.* frustatim: *in pieces.* comminutum: *broken.*   **12.** sacco: *bag.* forinsecus: *on the outside.* infectus: *stained.*   **13.** quum = cum.   **14.** scrutari: *be watched.*   **15.** abscondi: *be hidden.*   **16.** salvare: *save.* **22.** nunciavit = nuntiavit.   **25.** quit = quid.   **27.** propalari: *to be divulged.* **28.** sepulturam fodit: *he dug a grave.*   **29.** prout: *exactly as.* disseruit: *explained.*

Rex quidam habuit fabulatorem suum, qui singulis noctibus quinque sibi narrare fabulas consueverat. Contigit tandem quod rex, curis quibusdam sollicitus, minime posset dormire, pluresque solito quaesivit audire fabulas. Ille autem tres super haec ennaravit sed parvas. 5
Quaesivit rex etiam plures. Ille vero nullatenus voluit. Dixerat enim iam, sicut iussum fuerat, multas. Ad haec rex: "Plurimas iam narrasti sed brevissimas, vellem vero te aliquam rem narrare, quae multis producatur verbis, et sic te dormire permittam."
Concessit fabulator, et sic incepit: "Erat quidam rusticus, qui 10 mille solidos habuit. Hic autem in negotiatione proficiscens comparavit bis mille oves, singulos sex denariis. Accidit, eo redeunte, quod magna inundatio aquarum succresceret. Qui quum neque per vadum neque per pontem transire posset, abiit sollicitus, quaerens quo cum ovibus suis transvehi posset. Invenit tandem 15 exiguam naviculam, et necessitate coactus duas oves imponens aquam transiit."
His dictis, fabulator obdormivit. Rex siquidem illum excitans, ut fabulam quam inceperat finiret commonuit. Fabulator ad haec: "Fluctus ille' magnus est, navicula autem parva, et grex ovium 20 innumerabilis. Permitte ergo supradictum rusticum suas transferre oves, et quam incepi fabulam ad finem perducam."

1. **fabulatorem:** *storyteller.* 4. **solito:** *than usual.* **ennaravit** = **enarravit.** 6. **nullatenus:** *not at all.* 9. **producatur:** *can be spun out.* 11. **solidos:** *soldi,* gold coins worth about five dollars. **negotiatione:** *to trade* (instead of acc. case). 12. **oves:** *sheep.* **sex denariis:** About a dollar. 13. **inundatio:** *flood.* **quum** = **cum.** 18. **obdormivit:** *fell asleep.* **siquidem:** *accordingly.* 19. **commonuit:** *reminded.* 21. **supradictum:** *previously mentioned.*

WILLIAM FITZSTEPHEN

William Fitzstephen, secretary to Thomas à Becket, wrote a life of the archbishop soon after the latter was murdered in 1170. According to the record, Thomas à Becket had incurred the dislike of King Henry II, because of the archbishop's opposition to the king's plan for dominating the church. The king expressed a wish to be rid of Becket, and four knights who overheard the remark — Fitzurse, Tracy, Brito, and Morville — took it as a command. They entered Canterbury cathedral and slew the archbishop on December 29, 1170. The following two selections come from Fitzstephen's life of Thomas à Becket. Students should in particular enjoy Fitzstephen's description of ice sports around London in the twelfth century.

Murder of Thomas à Becket, Witnessed by the Writer

Intratum est in ecclesiam ipsam. Monachi ecclesiae, pro tali et tanto tumultu tam pavidi quam attoniti, relictis et non percantatis vesperis, domino archiepiscopo in ecclesiam intrante, a choro exeunt ei obviam, gaudentes et Deo gratiam habentes quod eum vivum 5 cernunt et recipiunt quem detruncatum audierant.

Et cum alii prae gaudio vel timore flerent, alii hoc, alii illud suaderent, ille, pro ecclesiae Dei libertate et causa non timidus mori, iussit eos abire et a se recedere; utique ne impedirent passionem eius quam futuram praedixerat et imminere videbat.

10 Iturus ad aram superius ubi missas familiares et horas solebat audire, iam quattuor gradus ascenderat cum ecce ad ostium claustri quo veneramus primus adest Raginaldus Ursonis loricatus, ense evaginato, et vociferans: "Nunc huc ad me, homines regis!" Nec multo post adduntur tres socii eius similiter loricis contecti corpora 15 et capita, praeterquam oculos solos, et ensibus nudatis.

Visis illis armatis, voluerunt monachi ostium ecclesiae obfirmare; sed bonus homo, fiduciam habens in Domino, et non expavescens repentino terrore irruentes potentias impiorum, e gradibus descendit prohibens ne ostium ecclesiae clauderetur et dicens: "Absit ut de 20 ecclesia Dei castellum faciamus; permittite intrare omnes ecclesiam Dei intrare volentes; fiat voluntas Dei."

Eo tunc a gradibus descendente versus ostium, ne clauderetur, Ioannes Saresberiensis et alii eius clerici omnes, praeter Robertum

---

1. **Intratum est:** By Henry II's men. **ecclesiam:** *church.* **Monachi:** *monks.* **pro:** *because of,* in later Latin. 2. **percantatis:** From per + canto. 3. **vesperis:** *evening prayers.* **domino archiepiscopo:** *the lord archbishop.* **a choro:** *from the choir.* 5. **detruncatum:** *beheaded.* 6. **prae:** *because of,* or *for,* in a causal sense. 9. **eius:** The word would be **suam** in classical Latin. 10. **missas:** *masses.* **horas:** i.e., the canonical hours. 11. **claustri:** *of the cloister.* 12. **loricatus:** *clothed in mail.* **ense evaginato:** *with (his) sword drawn from the scabbard.* 14. **corpora, capita:** Acc. of specification, a construction limited to poetry in classical Latin. 15. **praeterquam:** *except for.* 16. **obfirmare:** *to bolt.* 17. **expavescens:** *fearing greatly.* 18. **irruentes:** From in + ruo. **potentias:** *forces.* 19. **Absit ut:** *Far be it (from us) to.* 23. **clerici:** *priests.*

canonicum et Willelmum filium Stephani et Edwardum Grim, relicto ipso, petiverunt alii altaria, alii latibula. 25

Et quidem si vellet archiepiscopus declinare et se fugae praesidio liberare, optime uti posset non quaesita sed oblata occasione temporis et loci. Vespera erat, nox longissima instabat; crypta erat prope in qua multa et pleraque tenebrosa diverticula. Item erat ibi aliud ostium prope quo per cochleam ascenderet ad cameras et 30 testudines ecclesiae superioris; forte non inveniretur vel interim aliud fieret.

Sed nihil horum voluit. Non declinavit, non percussoribus supplicavit, non murmur edidit, non querimoniam in tota sua agonia; sed extremam horam quae imminebat pro Christo et causa 35 ecclesiae patienter exspectans, fortitudine et constantia mentis corporis et sermonis usus est donec totum consummaretur.

Ecce iam illi spiculatores, furia invecti, praeter spem apertum cernentes cursim ostium intrant ecclesiae. Quidam autem illorum monachis dixit, qui cum eo adstabant: "Ne vos moveatis." Et 40 quidem quasi confusi et attoniti a reverentia vultus eius illi grassatores primo rettulerunt pedem, viso archiepiscopo.

Postea clamavit aliquis: "Ubi est ille proditor?" Archiepiscopus ad verbum illud non respondit.

Aliquis item: "Ubi est archiepiscopus?" Ille: "Ecce ego, non 45 proditor sed presbyter Dei; et miror quod in tali habitu ecclesiam Dei ingressi estis. Quid placet vobis?"

Unus grassator: "Ut moriaris; impossible est ut vivas ulterius." At ille: "Et ego in nomine Domini mortem suscipio et animam meam et ecclesiae causam Deo et beatae Mariae et sanctis huius 50 ecclesiae patronis commendo. Absit ut propter gladios vestros fugiam; sed auctoritate Dei interdico ne quempiam meorum tangatis."

---

24. canonicum: *clergyman.*   **25. latibula:** *hiding places.*   **26. vellet, posset:** Would be plup. in classical Latin. **declinare:** *turn aside.*   **28. crypta:** The English derivative gives the meaning.   **29. tenebrosa:** Adj. from **tenebrae. diverticula:** *lurking places.*   **30. cochleam:** *spiral staircase* (lit. *snail*).   **31. testudines:** *vaulted inner chambers.* **inveniretur, fieret:** Subjunctives in implied indirect discourse — "as his followers said."   **33. percussoribus:** *assassins.*   **34. murmur:** *sound* (neut. acc.). **35. agonia:** *agony.*   **38. spiculatores:** *executioners.* **furia:** *rage.*   **39. cursim:** *speedily.*   **40. Ne . . . moveatis:** Note the later Latin use of pres. subjunctive with **ne** in a prohibition.   **41. grassatores:** *bullies.*   **46. presbyter:** *priest.*

Quidam eum cum plano ense caedebat inter scapulas dicens:
55 "Fuge, mortuus es."

Ille immotus perstitit et cervicem praebens se Domino commendabat. Aliqui dicentes: "Captus es: venies nobiscum," iniectis manibus eum ab ecclesia extrahere volebant; nisi timerent quod populus eum esset erepturus de manibus eorum.

60 Ille respondens: "Nusquam ibo; hic facietis quod facere vultis et quod vobis praeceptum est," quod potuit, renitebatur: et monachi eum retinebant; cum quibus et magister Edwardus Grim qui primum a Willelmo de Tracy in caput eius vibratum gladii ictum bracchio obiecto excepit; eodemque ictu et archiepiscopus in
65 capite inclinato et ipse in bracchio graviter est vulneratus.

Archiepiscopus a capite defluum cum bracchio detergens et videns cruorem, gratias Deo agebat dicens: "In manus tuas, Domine, commendo spiritum meum."

Datur in caput eius ictus secundus quo ille in faciem concidit,
70 positis primo genibus, coniunctis et extensis ad Deum manibus, secus aram, quae ibi erat, sancti Benedicti; et curam habuit vel gratiam ut honeste caderet, pallio suo coopertus usque ad talos, quasi adoraturus et oraturus. Super dextram cecidit, ad dextram Dei iturus.

· · · · · · · · · **54. plano:** *level.* **inter scapulas:** *between the shoulder blades.* **58. nisi timerent:** The conclusion would be "and they would have done so." Note again the imp. instead of the classical plup. **quod:** Common in later Latin after an expression of fearing. **61. renitebatur:** *he resisted.* **62. cum quibus (erat).** **63. vibratum:** *flashing . . . aimed at.* **ictum:** *blow.* **64. bracchio:** *arm.* **66. defluum:** *flowing,* to be taken with **cruorem. detergens:** *wiping away.* **70. extensis:** *stretched.* **71. secus:** *near.* **sancti Benedicti:** Benedict of Nursia, founder of the Benedictines. **72. coopertus:** *covered.* **talos:** *heels.*

Outdoor Sports in Twelfth-Century London

In festis tota aestate iuvenes ludentes exercentur arcu, cursu, saltu, lucta, iactu lapidum. Puellarum Cytherea ducit choros usque imminente luna, et pede libero pulsatur tellus. In hieme singulis

1. In: Used for time expression, as often in later Latin. **tota aestate:** The abl. here expresses duration of time. **2. lucta:** *wrestling.* **Cytherea:** Venus. **choros:** *bands.* Much of this sentence is taken from Horace.

William Fitzstephen

fere festis ante prandium vel apri spumantes pugnant pro capitibus
vel pingues tauri, seu ursi immanes, depugnant cum canibus.   5
  Cum est congelata palus illa magna, quae moenia urbis aquilonalia alluit, exeunt lusum super glaciem densae iuvenum turmae.
Hi ex cursu motu captato citatiore magnum spatium perlabuntur;
alii quasi magnos lapides molares de glacie sibi sedes faciunt;
sessorem unum trahunt plurimi praecurrentes, manibus se tenentes. 10
Aliquando pedibus lapsi cadunt omnes proni.
  Sunt alii super glaciem ludere doctiores, singuli pedibus suis
aptantes et subtalaribus alligantes ossa, tibias scilicet animalium et
palos ferro acuto supposito tenentes in manibus; quos cum aliquando glaciei illidunt, tanta rapacitate feruntur, quanta avis volans 15
vel pilum ballistae.
  Interdum autem magna procul distantia duo aliqui ita ab oppositis veniunt; concurritur, palos erigunt, se invicem percutiunt; vel
alter vel ambo cadunt non sine laesione corporali; post casum etiam
vi motus feruntur ab invicem procul et qua parte glacies caput 20
excipit, totum radit, totum decorticat. Plerumque tibia cadentis vel
bracchium, si super illud ceciderit, confringitur; sed aetas avida
gloriae, iuventus cupida victoriae, ut in veris proeliis fortius se
habeat, ita in simulatis exercetur.

. . . . **4. prandium:** *breakfast or*
lunch. **spumantes:** *foaming.* **pro capitibus:** *for their lives.* **5. ursi:** *bears.*
canibus: *dogs.* **6. congelata:** *frozen.* **palus illa:** Moorfields, a section of
London. **aquilonalia:** *northern.* **7. alluit:** *washes.* **glaciem:** *ice.* **turmae:** *bands.*
8. citatiore = citiore. **perlabuntur:** From per + labor. **9. lapides molares:** *mill-*
stones. **10. sessorem:** *sitter.* **13. subtalaribus:** *ankle laces.* **alligantes:** *binding.*
tibias: *shin bones.* **14. palos:** *staves.* **supposito:** From sub + pono. **15. illidunt:**
push against. **rapacitate:** *speed.* **avis:** *bird.* **16. ballistae:** *of a catapult.* **17. duo**
aliqui: *two people.* **ab oppositis** (partibus). **18. invicem:** *each other,* the usual
meaning in later Latin. **21. radit:** *scrapes.* **decorticat:** *strips the flesh* (lit. *debarks*).
22. confringitur: *is shattered.*

ODO OF CERINTON

Odo of Cerinton, an English monk, made a collection of fables in prose
about A.D. 1200, based to a large extent on the fables of Phaedrus, as
well as beast epics current in Europe. The following examples were included in Wright's Latin stories (see introductory note, p. 386).

Mice in Council

Mures inierunt consilium qualiter a cato se praemuniri possent, et ait quaedam sapienter caeteris, "Ligetur campana in collo cati, tunc poterimus praecavere ipsum et audire quocunque perrexerit, et sic eius insidias evitare." Placuit omnibus consilium hoc, et ait
5 una, "Quae igitur est inter nos tanta armata audacia ut in collo cati liget campanam?" Respondit una mus: "Certe non ego." Respondit alia: "Certe non ego audeo pro toto mundo ipsum catum appropinquare." *xcii*

xcii. **1. Mures:** *Mice.* **cato:** *cat.* **2. caeteris** = ceteris. **Ligetur campana:** *Let a bell be tied.* **3. praecavere** = cavere. **quocunque** = quocumque. **4. evitare** = vitare.

The Stupid Men of Willebeg

Quidam simplices, ut dicitur, de Wilebege erant, qui ad terminum debuerunt solvere censum domino suo, et non habuerunt nuncium qui ita cito posset negotium peragere. Dixerunt invicem, "Quid faciemus? quia terminum adest." Dixerunt quidam: "Lepus est
5 animal velox; suspendamus in colle eius bursam cum censu, et signemus ei quod cito deferat ad curiam domini nostri." Et fecerunt sic, et lepus cum bursa et censu cucurrit ad nemus quantum potuit, et homines nesciebant quo devenit. *xciii*

xciii. **1. simplices:** *simple men, simpletons.* **2. censum:** *taxes.* **nuncium** = nuntium. **4. terminum:** Here, the nom. case. **lepus:** *hare.* **5. suspendamus:** Compound of **pendo**. **bursam:** *purse.* **8. devenit** = pervenit.

JACQUES DE VITRY

Jacques de Vitry, born in France toward the end of the twelfth century, became Cardinal Bishop of Tusculum in 1227, and died thirteen years later. He left several volumes of sermons, from which interesting "exempla" have been taken. These illustrations were drawn from many sources, including Oriental stories; two of them are given here.

374

"Penny Wise and Pound Foolish"

Idem comes, Henricus nomine, cum balivi eius, ipso ignorante, praecepissent ianitoribus ut nullum pauperem ad ipsum permitterent intrare, quidam puer circiter novem annorum, de quo non multum ianitores curabant, ingressus est ad eum et peciit ab eo secundum quod mater eius instruxerat eum, ut aliquid ei daret. 5 Comes vero, videns puerum nudum et quod non habebat ubi pecuniam reponeret, dedit ei denarium unum et dixit ei: "Vade et eme bursam et cito revertere."

Puer vero volens lucrari medietatem denarii obulo uno bursam parvam emit et alium obulum sibi reservavit. Cum autem ad 10 comitem reversus fuisset, comes attendens quod bursam modicam emisset, quaesivit a puero: "Pro quanto emisti bursam istam? Vide, quod michi dicas veritatem."

Puer vero perterritus ait: "Domine, uno obulo emi, accipe alium obulum, si voltis." Cui comes ait: "Si maiorem bursam pro 15 denario emisses, ipsam plenam denariis reportasses, et quod obulum lucrari voluisti, non nisi modicam bursam reportabis plenam."

Exempla, 18

18. 1. comes: *count.* **balivi:** *bailiffs, stewards.* **2. ianitoribus:** *doormen.*
pauperem: *poor man.* **4. peciit** = petiit. **7. denarium:** *denarius*, a gold coin
worth about 15 cents. **8. bursam:** *purse.* **9. lucrari:** *to keep some* (of the money).
medietatem: *half.* **obulo:** *obol*, a small coin. **11. attendens:** *noticing.* **13. michi**
= mihi.

A Spoiled Horse

Audivi quod quidam prelatus in Francia optimum equum habebat; frater autem eius miles valde desiderabat ipsum, ut uteretur in torneamentis, et nullo modo potuit optinere. Tandem cum multis precibus optinuit quod frater eius tribus diebus equum sibi commodaret. 5

Et accedens ad quendam capellanum dicti prelati, cepit diligenter inquirere cuiusmodi verba frater eius, dum equitaret, diceret frequencius. At ille cepit cogitare et respondit: "Dominus meus equitando dicit horas suas, nec video aliquod verbum quod

38. 1. prelatus: *prelate.* **3. torneamentis:** *tournaments.* **3. optinere** = obtinere.
4. tribus diebus: For tres dies. **6. capellanum:** *secretary.* **cepit** = coepit. **7. fre-**
quencius = frequentius. **9. horas:** *prayers*, set for the canonical hours.

10 frequencius dicat, quam illud quod dicit in principio cuiuslibet hore, id est: 'Deus in adiutorium meum intende.' "

Tunc miles ille cepit equum sibi accommodatum equitare et frequenter dicens verba praedicta, quociens dicebat, fortiter cum calcaribus equum pungebat et ita in triduo illo equum instruxit, ut,
15 quocienscumque dicebat, "Deus in adiutorium meum intende," equus timens calcaria, licet non pungeretur, magnos saltus dabat et impetuose currens vix poterat retineri.

Postmodum cum prelatus ille equum equitaret, frater eius comitabatur eum, ut videret finem. Cum autem prelatus diceret, "Deus in
20 adiutorium meum intende," equus cepit magnos saltus dare et currere ita quod fere deiecit sessorem. Cum autem pluries hoc fecisset, dixit miles: "Domine, iste equus non competit vobis, vos enim gravis persona estis, et si forte caderetis, multum ledi possetis."

Tunc prelatus valde tristis effectus ait: "Equus iste composito
25 gradu valde suaviter me ferre solebat, nunc autem — nescio quomodo istud accidit illi — doleo quod equum bonum amisi, sed ex quo ita est, accipe illum; magis autem competit militibus quam prelatis." Et ita equum optatum optinuit.   *Exempla, 38*

---

10. cuiuslibet hor(a)e: *of each hour.* **11.** adiutorium: *help.* **13.** quociens = quotiens. **14.** calcaribus: *spurs.* pungebat: *kicked.* **15.** quocienscumque = quotienscumque: *whenever.* **17.** impetuose: *impetuously.* **18.** Postmodum = Postea. comitabatur: *accompanied.* **21.** sessorem: *rider.* pluries: *many times.* **22.** competit: *suit.* **23.** ledi = laedi: *be injured.*

ROGER BACON

Roger Bacon, who was born about 1214 and died in 1294, was an English cleric and one of the great scientific geniuses of all ages. He looked far beyond his time, bringing to his work almost the modern spirit of scientific investigation; and he suffered much because of his unorthodox views. The selection printed here comes from his *De Secretis Operibus.*

Roger Bacon Predicts Some Wonders of Science

Narrabo igitur nunc primo opera artis et naturae miranda, ut postea causas et modum eorum assignem; in quibus nihil magicum

---

1. artis: *of science.* **2.** assignem: *assign.* magicum: *magic.*

est, ut videatur quod omnis magica potestas sit inferior his operibus et indigna.

Et primo per figuram et rationem solius artis. Nam instrumenta 5 navigandi possunt fieri sine hominibus remigantibus ut naves maximae, fluviales et marinae, ferantur unico homine regente, maiori velocitate quam si plenae essent hominibus. Item currus possunt fieri ut sine animali moveantur cum impetu inaestimabili, ut aestimamus currus falcati fuisse, quibus antiquitus pugnabatur. 10

Item possunt fieri instrumenta volandi ut homo sedeat in medio instrumenti revolvens aliquod ingenium per quod alae artificialiter compositae aerem verberent ad modum avis volantis.

Item instrumentum, parvum in quantitate ad elevandum et deprimendum pondera quasi infinita, quo nihil utilius in casu. Nam 15 per instrumentum altitudinis trium digitorum et latitudinis eorundem et minoris quantitatis, posset homo se ipsum et socios suos ab omni periculo carceris eripere et elevare et descendere.

Posset etiam de facili fieri instrumentum quo unus homo traheret ad se mille homines per violentiam, mala eorum voluntate; et sic 20 de rebus aliis attrahendis.

Possunt etiam instrumenta fieri ambulandi in mari vel fluminibus usque ad fundum absque periculo corporali. Nam Alexander Magnus his usus est ut secreta maris videret, secundum quod Ethicus narrat astronomus. 25

Haec autem facta sunt antiquitus et nostris temporibus facta sunt, ut certum est; nisi sit instrumentum volandi, quod non vidi nec hominem qui vidisset cognovi; sed sapientem qui hoc artificium excogitavit explere cognosco. Et infinita quasi talia fieri possunt; ut pontes ultra flumina sine columna vel aliquo sustentaculo, et 30 machinationes et ingenia inaudita.

---

3. quod: Introduces indirect discourse. **5. figuram et rationem:** *shaping and planning.* **7. fluviales:** *river* (adj.). **9. inaestimabili:** *incalculable.* **10. aestimamus:** *we judge.* **currus falcati:** *chariots with scythes.* **12. ingenium:** *clever device.* **artificialiter:** *skillfully.* **13. avis:** *bird.* **14. quantitate:** *size.* **elevandum = levandum.** **15. quasi:** *almost.* **in casu:** *in emergency.* **19. de facili:** *easily.* **21. attrahendis:** From **ad + traho.** **23. fundum:** *bottom.* **corporali:** Adj. from **corpus.** **Alexander Magnus:** Alexander the Great's exploits were popular in the Middle Ages. The Alexander Romance by the pseudo-Callisthenes (3rd or 4th century) was one of the main sources for this material. **25. astronomus:** *astronomer.* **28. artificium:** *device.* **29. excogitavit = cogitavit.** **30. sustentaculo:** *support.* **31. machinationes:** *devices.*

GESTA ROMANORUM

Gesta Romanorum, from which the next two selections are taken, is a collection of tales compiled at the end of the thirteenth century from Oriental, Greek, and Roman sources. It was one of the most popular books of the Middle Ages and provided material for many subsequent writers. The two tales included in this book will be familiar to readers of Shakespeare.

The Story of the Three Caskets

Honorius regnavit, dives valde, qui unicum filium habebat, quem multum dilexit. Fama eius imperatoris per mundum volabat quod in omnibus probus erat et iustus.

Tamen contra unum regem guerram habebat et eum devastabat.
5 Rex iste cum multas persecutiones ac damna infinita ab eo sustinebat tandem cogitabat: "Tantum unicam filiam habeo et adversarius meus unicum filium. Si per aliquam viam filiam meam possem filio suo in matrimonium copulare pacem perpetuam obtinerem."

Misit sollemnes nuntios ad imperatorem ut saltem ei trewgam ad
10 tempus concederet quod cum eo personaliter loqui posset. Imperator habito consilio trewgam unius anni concessit. Rex vero personaliter ad eum accessit et filiam eius filio suo obtulit.

At iste: "Non faciam nisi duo habeam. Primo ut tua filia sit virgo; secundo ut post decessum tuum totum regnum tuum filio
15 meo destinetur." At ille: "Bene placet mihi."

Statim de conventione charta sigillata est. Rex vale imperatori fecit. Cum autem ad regnum suum venerat navem parari fecit quia oporteret ut filia sua per mare ad imperatorem transiret. Facta nave et omnibus necessariis paratis, puella intravit habens the-

---

4. guerram: *war.* **devastabat = vastabat.** **5. iste:** The word in later Latin generally has a demonstrative use, *this* or *that.* **persecutiones:** *sufferings.* **sustinebat:** Later Latin uses either indicative or subjunctive in circumstantial or causal clauses introduced by **cum.** **7. per aliquam viam = aliquo modo.** **8. copulare:** *to join.* **9. sollemnes:** *distinguished.* **trewgam:** *truce.* **10. quod:** Here introduces a purpose clause. **personaliter:** *face to face.* **12. eius . . . suo:** Note the reversal of classical Latin usage. **15. destinetur:** *be bequeathed.* **16. conventione:** *agreement.* **charta:** *document.* **sigillata:** *signed* (by affixing seals). **17. quia:** In later Latin, **quia** may introduce a causal clause with the subjunctive. **19. thesaurum:** *treasury.*

saurum secum in magna copia ac milites quinque cum dominabus 20
et ancillis.

Cum autem per mare navigarent cete grandis ei occurrebat in
mare et navem deglutire volebat. Nautae hoc percipientes ti-
muerunt valde et praecipue puella. Nautae vero ignem copiosum
fecerunt et die ac nocte vigilabant. 25

Sed accidit post triduum quod, fessi propter magnas vigilias,
dormierunt. Cete subito navem cum omnibus contentis deglutivit.
Puella cum intellexit quod in ventre ceti esset fortiter clamabat. Ad
cuius clamorem omnes excitati sunt. Nautae vero puellae dixerunt
ac militibus: "Carissimi, estote confortati, Deus nos salvabit; 30
habeamus bonum consilium quia sumus in ventre ceti."

Ait puella: "Audite consilium meum et erimus salvati." Qui
dixerunt: "Dic."

Quae ait: "Accendamus ignem in magna copia et cete quilibet
vulneret sicut profundius possit et per ista duo mortem recipiet et 35
statim ad terram natabit et sic per gratiam Dei evadere poterimus."
Illi vero consilium puellae per omnia impleverunt. Cete cum
mortem sensit ad terram perrexit.

Iuxta quam terram erat quidam miles manens, qui cena facta
versus litus maris ambulavit. Cum ergo cete hinc inde natare 40
vidisset et terrae appropinquare, servos vocat et cete ad terram
traxit. Qui inceperunt cum instrumentis percutere. Puella cum
sonitum audisset loquebatur pro omnibus et ait: "Carissimi,
suaviter percutite et latus ceti aperite; hic sumus in eius ventre filii
bonorum virorum de generoso sanguine." 45

Miles cum vocem puellae audisset ait servis suis: "Carissimi,
latus ceti aperite et videamus quid lateat interius." Cum vero
apertum fuisset, puella primo exivit immo quasi mortua, deinde
milites et ceteri alii. Coepit narrare cuius filia esset et uxor filii
imperatoris esse deberet. Hoc audiens miles eam per aliquot dies 50

· · · · **20. dominabus:** Formed like **filiabus** to distinguish the gender. **21. ancillis:**
servants. **22. cete:** *whale* (nom.). **in mare:** Place where. **23. deglutire:** *to
gobble up*. **26. quod:** This word would be **ut** in classical Latin. **28. quod:**
Introduces indirect discourse. **30. confortati:** *comforted*. **34. quilibet:** *someone*.
35. sicut profundius possit: *just as deeply as he can*. **39. erat . . . manens = manebat:**
Later Latin uses an auxiliary verb with the present participle to form tenses, as is
done in English. **49. (quod) uxor . . . deberet:** *that she was to be the wife*. **Debeo**
in later Latin comes to have merely the force of mood or tense.

cum tota familia secum retinuit donec perfectum statum suum recuperabant.

Post hoc puellam cum muneribus ad imperatorem misit cum tota familia. Imperator cum eam vidisset, ait: "Carissima filia, bene 55 tibi sit nunc et in perpetuum. Sed tibi dico, filia, antequam filium meum habueris in maritum, te probabo per unum actum."

Statim fecit fieri tres cophinos. Primus erat de auro purissimo et lapidibus pretiosis. Et erat talis superscriptio super cophinum: *Qui me aperiet, in me invenerit quod meruit.* Et totus cophinus erat 60 plenus ossibus mortuorum.

Secundus erat de argento purissimo, plenus gemmis ex omni parte, qui talem superscriptionem habebat: *Qui me elegerit, in me invenerit quod natura dedit.* Iste cophinus terra plenus erat.

Tertius cophinus erat de plumbo habens superscriptionem talem: 65 *Potius eligo hic esse et requiescere, quam in thesauris regis permanere.* In cophino isto erat tres anuli pretiosi.

Tunc ait imperator puellae: "Carissima, hic sunt tres cophini; eligas quemcumque volueris; et si bene elegeris, filium meum in maritum obtinebis." Illa vero tres cophinos intime respexit et ait 70 in corde suo: "Deus, qui omnia videt, det mihi gratiam sic eligendi ut de illo pro quo multum laboravi non deficiam."

Quae primum cophinum tetigit et scripturam legit: "Qui me aperiet, in me invenerit quod meruit." Illa cogitabat: "Cophinus exterius est pretiosus, sed quid interius lateat penitus ignoro, ideo 75 eum eligere nolo."

Deinde secundum legit: "Qui me elegerit, in me invenerit quod natura dedit." Quae ait: "Numquam natura dedit quod filia patris mei deberet copulari filio imperatoris. Et ideo eum eligere nolo."

Tertium cophinum legit, dicens: "Melius est mihi cum filio regis 80 requiscere quam in thesauris patris mei." Et alta voce clamabat: "Istum cophinum tertium eligo."

Imperator cum audisset, ait: "O bona puella, satis prudenter elegisti. In isto cophino sunt tres anuli mei pretiosi; unum pro me,

· **51. perfectum statum:** *perfect health.* **57. cophinos:** *caskets.* **58. pretiosis:** Adj. from **pretium. superscriptio:** From super + scribo. **59. aperiet, invenerit:** Note the non-classical correlation of tenses. **64. plumbo:** *lead.* **65. requiescere:** *to remain.* **66. anuli:** *rings.* **70. corde:** *heart.* **77. dedit quod:** *granted that.* **83. unum:** Note the carelessness in agreement; the antecedent is masc.

unum pro filio, tertium pro te in signum desponsationis." Statim
fecit nuptias celebrare, et tradidit ei filium suum, et sic in pace 85
vitam finierunt.

84. **desponsationis:** *of your bethrothal.* **85. celebrare:** In later Latin, **facio** in
a causative sense is followed by the accusative and an infinitive.

The Emperor Theodosius and His Three Daughters

Theodosius in civitate Romana regnavit, prudens valde et potens,
qui tres filias pulchras habebat, dixitque filiae seniori: "Quantum
diligis me?" At illa: "Certe plus quam me ipsam." Ait ei pater:
"Et te ad magnas divitias promovebo." Statim ipsam dedit uni
regi opulento et potenti in uxorem.   5

Post haec venit ad secundam filiam et ait ei: "Quantum diligis
me?" At illa: "Tantum sicut me ipsam." Imperator vero eam
cuidam duci tradidit in uxorem.

Et post haec venit ad tertiam filiam et ait ei: "Quantum me
diligis?" At illa: "Tantum sicut vales, et non plus neque minus." 10
Ait ei pater: "Ex quo ita est, non ita opulenter ero maritare sicut et
sorores tuae"; tradidit eam cuidam comiti in uxorem.

Accidit cito post haec quod imperator bellum contra regem
Aegypti habebat. Rex vero imperatorem de imperio fugabat unde
bonum refugii habere non poterat. Scripsit litteras anulo suo 15
signatas ad primam filiam suam, quae dixit quod patrem suum plus
quam se ipsam dilexit, ut ei succurreret in sua necessitate eo quod
de imperio expulsus erat.

Filia, cum has litteras eius legisset, viro suo regi casum primo
narrabat. Ait rex: "Bonum est ut succurramus ei in hac sua magna 20
necessitate. Colligam exercitum et cum toto posse meo adiuvabo
eum." Ait illa: "Istud non potest fieri sine magnis expensis.

1. **civitate Romana:** *the city of Rome;* **civitas** usually means city in later Latin.
4. **ipsam = illam. uni: unus** in less careful medieval authors becomes the indefinite
article. **7. At:** Like many other conjunctions, **at** is commonly a mere connective
in later Latin. **Tantum sicut:** In classical Latin, this would be **tantum quantum.**
8. **duci:** *duke.* **11. (h)ero:** *lord.* **12. comiti:** *count.* **13. Accidit:** The dependent clause, **quod** and the indicative, would be **ut** and the subjunctive in classical Latin.
15. **bonum refugii = bonum refugium:** *good shelter.* **anulo:** *ring.* **16. dixit
quod: quod** introduces an indirect statement, common in later Latin. **17. succurreret:** *help.* **21. posse:** *power, force.* **22. expensis:** The derivative gives
the meaning.

Sufficit quod ei concedatis, quamdiu est extra imperium suum, quinque milites qui ei associentur.''

25 Et sic factum est. Filia patri rescripsit quod alium auxilium ab ea habere non posset, nisi quinque milites de sumptibus regis in societate sua. Imperator cum hoc audisset contristatus est valde et infra se dicebat: ''Heu mihi, tota spes mea erat in seniore filia mea eo quod dixit quod plus me dilexit quam se ipsam, et propter hoc 30 ad magnam dignitatem ipsam promovi.''

Scripsit statim secundae filiae, quae dixit: ''Tantum te diligo quantum me ipsam,'' quod succurreret ei in tanta necessitate. At illa, cum audisset, viro suo denuntiabat et ipsi consiliavit ut nihil aliud ei concederet nisi victum et vestitum quamdiu viveret honeste 35 pro tali rege, et super hoc litteras patri suo rescripsit.

Imperator cum hoc audisset contristatus est valde dicens: ''Deceptus sum per duas filias. Iam temptabo tertiam quae mihi dixit: 'Tantum te diligo quantum vales.' '' Litteras scripsit ei ut ei succurreret in tanta necessitate et quomodo sorores suae ei 40 respondebant.

Tertia filia cum vidisset inopiam patris sui ad virum suum dixit: ''Domine mi reverende, mihi succurre in hac necessitate. Iam pater meus expulsus est ab hereditate sua.'' Ait ei vir eius: ''Quid vis tu ut ei faciam?''

45 At illa: ''Exercitum colligas et ad debellandum inimicum suum pergas cum eo.'' Ait comes: ''Voluntatem tuam adimplebo.'' Statim collegit magnum exercitum et sumptibus suis propriis cum imperatore perrexit ad bellum. Victoriam obtinuit et imperatorem in imperio suo posuit.

50 Tunc ait imperator: ''Benedicta hora in qua genui filiam meam iuniorem. Ipsam minus aliis filiabus dilexi et mihi in magna necessitate succurrit et aliae filiae meae defecerunt, propter quod totum imperium relinquero post decessum meum filiae meae iuniori,'' et sic factum est. Post decessum patris filia iunior regnavit 55 et in pace vitam finivit.

· · · · · · **23. quod:** *that.* **suum = eius. 24. associentur:** *attend.* **27. contristatus:** *very saddened.* **33. denuntiabat = nuntiavit:** In later Latin the imp. is often used for the perf. **consiliavit:** *advised.* **35. super:** *concerning*, a common meaning in later Latin. **46. adimplebo:** *I shall fulfill.* **51. iuniorem:** Translate as if superlative. **53. relinquero:** The classical form would be **reliquero.**

AN ORIENTAL TALE

Many of the stories which found their way into European literature were of Oriental origin. This story of the witch and the spring is from a manuscript which was written in northern Italy in the early fifteenth century. The Latin of these stories is simple and thoroughly medieval in character; and the spelling is even more characteristically medieval.

The Witch and the Spring

Fuit regi Bocre filius unus, et amabat eum sicut animam suam, et non dimittebat eum exire extra civitatem, ne forte occurreret sibi langoris occasio. Rogavit autem puer quendam sapientem consiliarium patris, ut rogaret patrem suum ut equitaret et iret venatum. Tunc consiliarius locutus est cum rege, sicut voluit puer. Dix- 5 itque rex consiliario: "Exi tu cum eo." Dixitque consiliarius: "Libenter."

Tunc exivit filius regis cum consiliario et, videntes cervum in agro, cucurrerunt post eum. Et dixit consiliarius: "Relinquite filium regis solum, ut sequatur cervum, et hoc causa adiscendi." Et 10 secutus est filius regis cervum et elongatus est a sociis suis et non potuit redire ad socios, quoniam erraverat in nemore.

At illi quesierunt eum et non invenientes redierunt ad regem et dixerunt: "Venit leo inter nos et comedit filium tuum." Tunc scidit rex vestes suas et turbatus est pro filio. 15

At puer erat in silva et vidit puellam formosissimam et clamavit ad eam et ait: "Que es tu?" Mox illa: "Filia regis sum; sompnus decepit me iacentem super elephantem, qui eduxit me de via, et cecidi de eo et remansi hic. Accipe me super caballum tuum et libera me." 20

Cui dixit puer: "Etiam filius regis sum, et sic evenit mihi." Dixit puella: "Ego cognosco viam." Et recepit eam in equo post se, et perrexerunt et venerunt ad quoddam desertum, et dixit

2. **dimittebat:** *allow.* 3. **langoris:** *trouble.* **consiliarium:** *counselor.* 4. **venatum:** *hunting* (the supine form). 8. **cervum:** *stag.* 10. **adiscendi:** *growing wiser.* 11. **elongatus est:** *was separated.* 12. **nemore:** *grove.* 14. **comedit:** *devoured.* 16. **formosissimam:** *very beautiful.* 17. **sompnus** = somnus. 18. **decepit:** *overcame.* 19. **caballum:** *horse.*

puella: "Descendo et lavabo pedes meos." Descendit et venit ad
25 locum in quo morabatur.

Videns autem puer quod moram faceret, descendit de equo et
speculabatur a foramine parietis. Ecce puella erat striga, et stabat
cum aliis et dicebat: "Ego duxi filium regis usque huc."

Alie autem strige dixerunt: "Duc eum ad talem locum, et fa-
30 ciemus voluntatem nostram." Audivit hoc iuvenis et timuit et
reversus est in equum suum. Et striga reversa est in puellam et
exiit et ascendit equum. Et ipse teritus tremebat pre nimio pavore
et mutata est facies eius.

Et cognovit mulier quod teritus esset et dixit: "Quid times,
35 puer?" Ille respondit: "Est mihi amicus fictus et malus et timeo
eum."

At illa: "Nonne dicis quod pater tuus est rex?" Et ait ipse:
"Pater meus non habet potestatem in eum."

Illa dixit: "Decipe eum in argento et auro." Cui puer: "Nequeo
40 eum amicum facere argento vel auro."

Illa autem dixit: "Clama ad Deum super ipsum." Puer autem
erexit utrasque palmas ad sydera et dixit: "Deus, libera me de manu
istius strige, ut non sim sub eius potestate." Ut autem vidit quod
nota erat puero, cecidit de equo et fregit utrasque cossas.

45 Ipse vero fugiebat per desertum et siciebat multum. Et venit ad
quendam fontem, de quo quicumque bibebat si masculus erat vertebatur in feminam, et si femina erat vertebatur in masculum. Et ipse
nesciebat, sed bibit, et versus est in feminam et cepit lacrimari et
timebat adhuc bibere de aqua.

50 Et ipse mestus mansit in illa nocte ibi, et ecce turba puellarum
venit et ludebant et cantabant iuxta fontem. Surrexit etiam ipse ad
ludendum cum eis, quia credebat se factum esse strigam. Interro-
gaverunt eum puelle et dixerunt: "Quis es tu et unde venis?" Ipse
autem narravit omnia que acciderant sibi.

55 Cui una illarum dixit: "Iura mihi quod ducas me uxorem et
liberabo te et revocabo ad patrem tuum." Et iuravit ei. Et illa:

· · · · · · · · · · 27. **foramine:** *hole.* **striga:** *witch.* **29. Alie strige:** Nom. pl.
32. teritus = territus. pre nimio pavore: *from so much fear.* **42. palmas:** *hands.*
sydera = sidera: *stars.* **44. cossas = coxas:** *hips.* **45. siciebat = sitiebat:** *thirst*
46. masculus: *man.* **48. cepit = coepit. lacrimari:** *weep.* **50. mestus = maestus:**
sad. **51. iuxta:** *nearby.* **53. puelle = puellae.*

"Bibe de aqua fontis illius." Bibit et mutatus est in masculum. Illa autem accepit eum et reduxit ad suum patrem. Ipse vero retulit patri omnia visa. Tunc iussit rex dampnari consiliarium.

59. dampnari = damnari.

IUSTUS LIPSIUS

Iustus Lipsius was born in Brussels in 1547 and died at Louvain in 1606. He was a great scholar of Latin literature. His particular specialty was Tacitus; he is supposed to have learned by heart the complete works of the historian. He taught at the universities of Leyden, Jena, and Louvain. He published editions of Tacitus, Seneca, Ausonius, and other Latin authors, as well as treatises on Roman military science and politics; and his writings combine learning, colloquialism, and humor, and sometimes break out in verse.

In Praise of a Happy Life

Ille est par superis deis
Et mortalibus altior,
Qui fati ambiguum diem
Non optat levis, aut timet.
 Quem non ambitio impotens,   5
Non spes sollicitat lucri;
Quem non concutiunt metu
Regum praecipites minae,
Non telum implacidi Iovis;
 Uno sed stabilis loco,   10
Vulgi ridet inania.
Securoque oritur dies,
Securo cadit et dies.
 Vitam si liceat mihi
Formare arbitriis meis,   15
Non fasces cupiam aut opes,

5. ambitio: *ambition.* 6. lucri: *wealth.* 9. telum ... Iovis: i.e., the thunderbolts. implacidi: *ungentle, fierce.*

Non clarus niveis equis
Captiva agmina traxerim;
  In solis habitem locis,
Hortos possideam atque agros,   20
Illic ad strepitus aquae
Musarum studiis fruar.
  Sic cum fata mihi ultima
Pernerit Lachesis mea,
Non ulli gravis aut malus,   25
Qualis Langius hic meus,
Tranquillus moriar senex.   (*I. 8*)

17. niveis: *snow-white.*   24. Pernerit = perneverit: *has spun to the end.*
Lachesis: One of the three Fates.   26. Langius: A friend of the writer.

THOMAS WRIGHT

A collection of Latin stories was edited by Thomas Wright and printed
for the Percy Society in London in 1842. It contains stories in prose and
poetry from many different sources. Most of the tales are short, and many
of them of genuine human interest and popularity.

A Farmer Goes to the City

Rusticus quidam agnum tulit ad forum. Cui intranti in villam
obviaverunt sex mercenarii homines astuti, quorum unus aliis dixit:
"Bene poterimus agnum istum habere a rustico, si voluerimus."
Cumque quaererent modum, ait: "Separemus nos ab invicem per
5 sex vicos, ita ut nullus nostrum sit cum alio, et quaerat unusquisque
nostrum si rusticus velit vendere canem suum." Quod factum est;
et accesserunt vicissim ad illum. Cumque iurasset rusticus quod
agnus esset, alii vero dixerunt canem, tandem compulsus robore,
quod tociens et a tot dictum esset eum esse canem, sexto dixit,
10 "Nolo vendere, sed pro nihilo accipe, et pro Deo noli mihi amplius
irridere."   *xxvi*

xxvi. 2. obviaverunt: *met.* mercenarii: *hired servants.* astuti: *shrewd.*
4. invicem: *each other.* 6. canem: *dog.* 7. vicissim: *in turn.* 9. tociens
= totiens.

The Nobleman and His Three Sons

Quidam nobilis in Anglia, habens terras in Anglia et in Wallia, tres habuit filios. Qui cum morti se appropinquare videret, vocavit tres filios et dixit eis: "Si necesse fieret vos aves fieri, quibus avibus velletis assimilari?" Cui respondit primogenitus: "Ego assimilarer accipitri, quia nobilis ales et de rapina vivit." Medius autem dixit: 5 "Ego sturno, quia socialis est et turmatim volat." Tertius et iunior aliis ait: "Et ego cigno, quia longum collum habet, ut si aliquid dictum in corde meo verteretur, bene possem deliberare antequam veniret ad os." Pater autem hoc audiens, dixit primo: "Tu fili, ut video, vivere cupis ex raptu; do tibi terras meas in Anglia, quia 10 terra pacis et iustitiae, et in ea rapere non poteris impune. Tu autem, fili, qui societatem amas, habebis terras meas in Wallia, quae est terra discordiae et guerrae, quia per curialitatem malitiam temperabis incolarum. Tibi autem iuniori nullam terram assigno, quia sapiens eris et per sapientiam tuam sufficienter tibi adquires." 15 Mortuo igitur patre dividentur terrae ut pater praedixerat. Frater autem iunior, in sapientia proficiens, factus est capitalis iusticiarius Angliae.

xxxiv

xxxiv. **1. Anglia:** *England;* compare the modern French word, *Angleterre.* **Wallia:** *Wales.* **3. aves:** *birds.* **4. assimilari:** *to be like.* **primogenitus:** *oldest.* **5. accipitri:** *hawk.* **ales:** *bird.* **6. sturno:** *starling.* **socialis:** *companionable.* **turmatim:** *in flocks.* **iunior:** *youngest.* **7. cigno** = **cygno:** *swan.* **8. corde:** *heart.* **13. guerrae:** *war.* **curialitatem:** *culture* (of the court). **14. assigno:** *I assign.* **15. sufficienter:** *enough.* **17. capitalis iusticiarius:** *chief justice.*

A Wise Slave

Quidam dominus habens servientem, dixit ei: "Vade ad forum, eme nobis optimas carnes." Ille vadens emit omnes linguas quas de pecoribus invenit venales in foro; quas cum vidit dominus, iratus est, credens hunc esse fatuum. Et volens experiri utrum fecerit ex stultitia, post paucos dies iterum dixit: "Vade, eme nobis 5 omnes peiores carnes quas in foro inveneris venales." Hic iterum ivit, omnes linguas animalium quas invenit emit, reportavit, coxit, et proposuit domino suo. Dominus iratus, quare fecerit quaesivit.

xlii. **1. servientem** = **servum. Vade:** *Go.* **2. carnes:** *meat.* **3. venales:** *for sale.* **4. fatuum:** *foolish.* **7. coxit:** *cooked.*

Respondit, "Nullum membrum carneum melius esse scio quam
10 bonam linguam, et nullum vero peius quam malam linguam." Et
probavit prudenter serviens praedictus.   *xlii*

9. carneum: *of flesh.*

The Two Blind Men

Duo caeci erant in civitate Romana. Unus eorum cotidie clamabat per vicos civitatis, "Bene iuvatur quem Dominus vult iuvare";
alter vero clamabat, "Bene iuvatur quem imperator vult iuvare."
Cumque hoc cotidie repeterent et imperator hoc audiret frequenter,
5 praecepit ut panis fieret, et ibi imponerentur talenta multa; et ita
panis impletur talentis, et praecepit illud dari caeco. Quo accepto,
videns ponderationem panis et obvians alio caeco, sibi vendidit
panem ad opus puerorum suorum. Caecus qui panem emerat,
domum veniens et fracto pane invenit plenum talentorum, et Deo
10 gratias egit, et de caetero permansit sine mendicatione. Alter vero
cum adhuc panem quaereret per civitatem, vocatus ab imperatore
dixit ei, "Ubi est panis quem ego heri tibi praecepi dare?" Ille dixit,
"Vendidi socio meo nudiustertius, quia crudum mihi videbatur."
"Vere," ait imperator, "bene iuvatur quem Deus iuvat!" et caecum
15 a se repulit et abiecit.   *civ*

civ. 5. panis: *bread.*   **talenta:** *talents* — a talent was worth about $1000.
7. ponderationem = pondus. obvians: *meeting.*   **10. de caetero:** *for the rest of his life.*

HELPFUL BOOKS

ARCHAEOLOGY, HISTORY, ROMAN LIFE

The Romans by R. H. Barrow, Penguin Books, Inc., New York, 1975

Ancient Times: A History of the Early World by James Breasted, Ginn & Co., Boston

Daily Life in Ancient Rome by Jérome Carcopino, Yale University Press, New Haven, Conn.

Pictures from Roman Life and Story by A. J. Church, D. Appleton Co., New York

Roman Life in the Days of Cicero by A. J. Church, Biblo & Tannen, Cheshire, CT

A Day in Old Rome by William S. Davis, Biblo & Tannen, Cheshire, CT

A Literary History of Rome by John W. Duff, Barnes & Noble, Inc., New York

Everyday Life in Ancient Times, The National Geographic Society, Washington, D.C.

A History of Rome by Tenney Frank, Holt, Rinehart & Winston, Inc., New York

Life and Literature in the Roman Republic by Tenney Frank, University of California Press, Berkeley, Calif.

Roman History from Coins by Michael Grant, Cambridge University Press, New York

Roman Literature by Michael Grant, Cambridge University Press, New York

The World of Rome (133 B.C.–A.D. 217) by Michael Grant, Mentor Books, New American Library, New York

Roman Education from Cicero to Quintilian by Aubrey O. Gwynn, Clarendon Press, Oxford

Roman Life by Mary Johnston, Scott, Foresman & Co., Chicago

The Mute Stones Speak by Paul McKendrick, W. W. Norton & Co., New York

The Lives of Noble Grecians and Romans by Plutarch (many editions available)

Rome and the Romans by Grant Showerman, The Macmillan Co., New York

Everyday Life in Rome in the Time of Caesar and Cicero, by H. A. Treble and K. M. King, Oxford University Press

389

BIOGRAPHY OF CICERO

Cicero and His Friends *by Gaston Boissier,* Cooper Square, New York, 1970

This Was Cicero: Modern Politics in a Roman Toga *by H. J. Haskell,* Alfred A. Knopf, New York

Eternal Lawyer *by Robert N. Wilkin,* The Macmillan Co., New York

Cicero *by D. R. Shackleton, Bailey,* Scribners, New York, 1971

Cicero the Statesman by *R. E. Smith,* Cambridge University Press, 1966

Cicero: A Political Biography *by David Stockton,* Oxford University Press, 1971

MYTHOLOGY

Bulfinch's Mythology *by Thomas Bulfinch* (many editions available)

Classic Myths in English Literature and in Art *by Charles M. Gayley,* John Wiley & Sons, New York

Mythology *by Edith Hamilton,* Little, Brown & Co., Boston. (Mentor Books, 1953 edition, p. 391)

Myths and Their Meaning, *by Max J. Herzberg,* Allyn and Bacon, Inc., Boston

Classical Myths That Live Today *by Frances E. Sabin,* Silver, Burdett & Co.

FICTION

Pugnax the Gladiator *by Paul L. Anderson,* Biblo & Tannen Booksellers, New York

Slave of Catiline *by Paul L. Anderson,* Biblo & Tannen Booksellers, New York

The Last Days of Pompeii *by Sir Edward Bulwer-Lytton* (many editions available)

He Died Old *by Alfred Duggan,* Peter Davies, London, 1976

Three's Company *by Alfred Duggan,* Peter Davies, London, 1975

Spartacus *by Howard Fast,* Houghton Mifflin Co., Boston

Quo Vadis *by H. K. Sienkiewicz* Airmont Publishing, New York, 1968

The Gift of Rome *by John and Esther Wagner,* Little, Brown & Co., Boston

The Young Caesar *by Rex Warner,* Little, Brown & Co., Boston

The Ides of March *by Thornton Wilder,* Avon Books, N.Y. 1975

Brief Latin Grammar

FORMS

NOUNS

1. FIRST DECLENSION

Singular		Plural	
Nom.	porta, *a gate*	portae, *the gates*	
Gen.	portae, *of a gate* or *a gate's*	portārum, *of the gates* or *the gates'*	
Dat.	portae, *to* or *for a gate*	portis, *to* or *for the gates*	
Acc.	portam, *a gate*	portās, *the gates*	
Abl.	portā, *from, with,* or *by a gate*	portis, *from, with,* or *by the gates*	

NOTES. 1. Nouns of the first declension are feminine, except nouns denoting males, which are masculine.

2. The dative and ablative plural of **fīlia** is **fīliābus**, and of **dea, deābus.**

2. SECOND DECLENSION

SINGULAR

Nom.	servus, *m.*	puer, *m.*	ager, *m.*	vir, *m.*
Gen.	servī	puerī	agrī	virī
Dat.	servō	puerō	agrō	virō
Acc.	servum	puerum	agrum	virum
Abl.	servō	puerō	agrō	virō
Voc.	serve			

PLURAL

Nom.	servī	puerī	agrī	virī
Gen.	servōrum	puerōrum	agrōrum	virōrum
Dat.	servīs	puerīs	agrīs	virīs
Acc.	servōs	puerōs	agrōs	virōs
Abl.	servīs	puerīs	agrīs	virīs
Voc.	servī			

391

	SINGULAR	PLURAL		SINGULAR	PLURAL
Nom.	bellum, *n.*	bella		fīlius, *m.*	fīlii
Gen.	bellī	bellōrum		fīlī	fīliōrum
Dat.	bellō	bellīs		fīliō	fīliīs
Acc.	bellum	bella		fīlium	fīliōs
Abl.	bellō	bellīs		fīliō	fīliīs
Voc.				fīlī	fīlii

NOTES. 1. Second declension nouns in **-us, -er,** or **-ir** are masculine; those in **-um** are neuter.

2. In Cicero's time nouns of the second declension in **-ius** and **-ium** formed the genitive singular as **-ī** (not **-iī**), retaining the accent on the penult of words of more than two syllables even when this was short: **fīlī, Vale'rī, negō'tī, impe'rī.** Afterwards common nouns in **-ius** and many proper names in **-ius** were written with the genitive as **-iī.**

3. The neuter **vulgus** is declined: *nom.* **vulgus,** *gen.* **vulgī,** *dat.* **vulgō,** *acc.* **vulgus,** *abl.* **vulgō.**

4. Cicero uses **locus, -ī,** *place,* as masculine in the singular and neuter in the plural: **loca, locōrum, locīs, loca, locīs.**

5. The vocative of **filius** and proper names ending in **-ius** ends in **-ī,** not **-ie.** The accent in vocatives containing more than two syllables remains on the penult, even when the penult is short: **Vale'rī, Mani'lī.**

6. The declension of **deus,** m., *god,* is irregular:

	SINGULAR	PLURAL
Nom.	deus, *m.*	deī, diī, dī
Gen.	deī	deōrum, deum
Dat.	deō	deīs, diīs, dīs
Acc.	deum	deōs
Abl.	deō	deīs, diīs, dīs

3. THIRD DECLENSION

a. Consonant Stems

	SINGULAR	PLURAL		SINGULAR	PLURAL
Nom.	mīles, *m.*	mīlitēs		pater, *m.*	patrēs
Gen.	mīlitis	mīlitum		patris	patrum
Dat.	mīlitī	mīlitibus		patrī	patribus
Acc.	mīlitem	mīlitēs		patrem	patrēs
Abl.	mīlite	mīlitibus		patre	patribus

392

Nom. dux, *m.*	flūmen, *n.*	corpus, *n.*
Gen. ducis	flūminis	corporis
Dat. ducī	flūminī	corporī
Acc. ducem	flūmen	corpus
Abl. duce	flūmine	corpore

PLURAL

Nom. ducēs	flūmina	corpora
Gen. ducum	flūminum	corporum
Dat. ducibus	flūminibus	corporibus
Acc. ducēs	flūmina	corpora
Abl. ducibus	flūminibus	corporibus

b. I Stems

	SING.	PL.	SING.	PL.	SING.	PL.
Nom.	hostis, *m.*	hostēs	caedēs, *f.*	caedēs	urbs, *f.*	urbēs
Gen.	hostis	hostium	caedis	caedium	urbis	urbium
Dat.	hostī	hostibus	caedī	caedibus	urbī	urbibus
Acc.	hostem	hostēs (-īs)	caedem	caedēs (-īs)	urbem	urbēs (-īs)
Abl.	hoste	hostibus	caede	caedibus	urbe	urbibus

	SINGULAR	PLURAL	SINGULAR	PLURAL
Nom.	mare, *n.*	maria	animal, *n.*	animālia
Gen.	maris	marium	animālis	animālium
Dat.	marī	maribus	animālī	animālibus
Acc.	mare	maria	animal	animālia
Abl.	marī	maribus	animālī	animālibus

NOTES. 1. To i-stems belong:

   a. Masculines and feminines in **-is** and **-ēs** not increasing in the genitive: **nāvis, caedēs.**

   b. Neuters in **-e, -al,** and **-ar: mare, animal, calcar.**

   c. Monosyllables whose base ends in two consonants: **pars, part-is; nox, noct-is.**

   d. Nouns whose base ends in **-nt** or **-rt: cliēns, client-is; cohors, cohort-is.**

2. **Turris** and some *proper names* in **-is** have **-im** in the acc. sing.: **turrim, Tiberim.**

3. The declension of **vīs,** *f.,* is irregular:

   SINGULAR: *nom.* **vīs,** *gen.* **vīs,** *dat.* **vī,** *acc.* **vim,** *abl.* **vī**
   PLURAL: *nom.* **vīrēs,** *gen.* **vīrium,** *dat.* **vīribus,** *acc.* **vīrēs (-īs),** *abl.* **vīribus**

393

4. FOURTH DECLENSION

SINGULAR

Nom.	frūctus, *m.*	cornū, *n.*	domus, *f.*
Gen.	frūctūs	cornūs	domūs (domī, *loc.*)
Dat.	frūctuī	cornū	domuī, domō
Acc.	frūctum	cornū	domum
Abl.	frūctū	cornū	domō, domū

PLURAL

Nom.	frūctūs	cornua	domūs
Gen.	frūctuum	cornuum	domuum, domōrum
Dat.	frūctibus	cornibus	domibus
Acc.	frūctūs	cornua	domōs, domūs
Abl.	frūctibus	cornibus	domibus

NOTE. Fourth declension nouns in -**us** are masculine and those in -**ū** are neuter, except **manus** and **domus,** which are feminine.

5. FIFTH DECLENSION

	SINGULAR	PLURAL	SINGULAR	PLURAL
Nom.	diēs, *m.*	diēs	rēs, *f.*	rēs
Gen.	diēī	diērum	reī	rērum
Dat.	diēī	diēbus	reī	rēbus
Acc.	diem	diēs	rem	rēs
Abl.	diē	diēbus	rē	rēbus

NOTES. 1. The ending of the gen. and dat. sing. is -**eī**, instead of -**ēī**, when a consonant precedes, as: **reī, fideī, speī.**

2. Fifth declension nouns are feminine, except **diēs,** which is usually masculine in the singular, and always in the plural.

ADJECTIVES

6. FIRST AND SECOND DECLENSION

	SINGULAR			PLURAL		
	MASC.	FEM.	NEUT.	MASC.	FEM.	NEUT.
Nom.	bonus	bona	bonum	bonī	bonae	bona
Gen.	bonī	bonae	bonī	bonōrum	bonārum	bonōrum
Dat.	bonō	bonae	bonō	bonis	bonis	bonis
Acc.	bonum	bonam	bonum	bonōs	bonās	bona
Abl.	bonō	bonā	bonō	bonis	bonis	bonis

7. THIRD DECLENSION

a. Three Endings
Ācer, sharp

	SINGULAR			PLURAL		
	MASC.	FEM.	NEUT.	MASC.	FEM.	NEUT.
Nom.	ācer	ācris	ācre	ācrēs	ācrēs	ācria
Gen.	ācris	ācris	ācris	ācrium	ācrium	ācrium
Dat.	ācrī	ācrī	ācrī	ācribus	ācribus	ācribus
Acc.	ācrem	ācrem	ācre	ācrēs	ācrēs	ācria
Abl.	ācrī	ācrī	ācrī	ācribus	ācribus	ācribus

b. Two Endings
Fortis, brave

	SINGULAR		PLURAL	
	M. AND F.	NEUT.	M. AND F.	NEUT.
Nom.	fortis	forte	fortēs	fortia
Gen.	fortis	fortis	fortium	fortium
Dat.	fortī	fortī	fortibus	fortibus
Acc.	fortem	forte	fortēs	fortia
Abl.	fortī	fortī	fortibus	fortibus

c. One Ending
Potēns, powerful (Adjective and Present Participle)

	SINGULAR		PLURAL	
	M. AND F.	NEUT.	M. AND F.	NEUT.
Nom.	potēns	potēns	potentēs	potentia
Gen.	potentis	potentis	potentium	potentium
Dat.	potentī	potentī	potentibus	potentibus
Acc.	potentem	potēns	potentēs	potentia
Abl.	potentī (*part.*, -e)	potentī (*part.*, -e)	potentibus	potentibus

8. IRREGULAR ADJECTIVES

	SINGULAR			PLURAL		
Nom.	sōlus, *m.*	sōla, *f.*	sōlum, *n.*	sōlī, *m.*	sōlae, *f.*	sōla, *n.*
Gen.	sōlius	sōlius	sōlius	sōlōrum	sōlārum	sōlōrum
Dat.	sōlī	sōlī	sōlī	sōlīs	sōlīs	sōlīs
Acc.	sōlum	sōlam	sōlum	sōlōs	sōlās	sōla
Abl.	sōlō	sōlā	sōlō	sōlīs	sōlīs	sōlīs

NOTE. Alius, alter, neuter, nūllus, tōtus, ūllus, uter, and uterque are declined like sōlus.

9. PRESENT PARTICIPLE

	SINGULAR		PLURAL	
	M. AND F.	NEUT.	M. AND F.	NEUT.
Nom.	regēns	regēns	regentēs	regentia
Gen.	regentis	regentis	regentium	regentium
Dat.	regentī	regentī	regentibus	regentibus
Acc.	regentem	regēns	regentēs (-is)	regentia
Abl.	regente (-ī)	regente (-ī)	regentibus	regentibus

NOTE. Present participles, when used as participles or substantives, have -e in the abl. sing.; when used as adjectives, they have -ī.

10. COMPARISON OF ADJECTIVES

a. Regular

POSITIVE	COMPARATIVE	SUPERLATIVE
lātus, -a, -um	lātior, latius	lātissimus, -a, -um
fortis, forte	fortior, fortius	fortissimus, -a, -um
miser, -era, -erum	miserior, miserius	miserrimus, -a, -um
ācer, ācris, ācre	ācrior, ācrius	ācerrimus, -a, -um
facilis, facile	facilior, facilius	facillimus, -a, -um

NOTES. 1. Adjectives in -er have -rimus in the superlative.

2. Five adjectives in -lis have -limus in the superlative: **facilis, difficilis, similis, dissimilis, humilis.**

b. Irregular Comparison

POSITIVE	COMPARATIVE	SUPERLATIVE
bonus, *good*	**melior,** *better*	**optimus,** *best*
malus, *bad*	**peior,** *worse*	**pessimus,** *worst*
magnus, *great*	**maior,** *greater*	**maximus,** *greatest*
parvus, *small*	**minor,** *smaller*	**minimus,** *smallest*
{ **multus,** *much*	——, **plus,** *more*	**plūrimus,** *most*
{ **multi,** *many*	**plūrēs, plūra,** *more*	**plūrimi,** *very many*
idōneus, *suitable*	magis idōneus	maximē idōneus
exterus, *outer*	exterior	extrēmus *or* extimus
īnferus, *below*	īnferior	īnfimus *or* imus
posterus, *following*	posterior	postrēmus *or* postumus
superus, *above*	superior	suprēmus *or* summus
(cis, citrā)	citerior, *hither*	citimus
(in, intrā)	interior, *inner*	intimus
(prae, prō)	prior, *former*	primus
(prope)	propior, *nearer*	proximus
(ultrā)	ulterior, *farther*	ultimus

396

11. DECLENSION OF COMPARATIVES

Nom.	melior, *m. and f.*	melius, *n.*	——	plūs, *n.*
Gen.	meliōris	meliōris	——	plūris
Dat.	meliōrī	meliōrī	——	——
Acc.	meliōrem	melius	——	plūs
Abl.	meliōre	meliōre	——	plūre

Plural

Nom.	meliōrēs, *m. and f.*	ɪneliōra, *n.*	plūrēs, *m. and f.*	plūra, *n.*
Gen.	meliōrum	meliōrum	plūrium	plūrium
Dat.	meliōribus	meliōribus	plūribus	plūribus
Acc.	meliōrēs	meliōra	plūrēs	plūra
Abl.	meliōribus	meliōribus	plūribus	plūribus

12. COMPARISON OF ADVERBS

Pos.	Comp.	Superl.	Pos.	Comp.	Superl.
lātē	lātius	lātissimē	bene	melius	optimē
aegrē	aegrius	aegerrimē	male	peius	pessimē
fortiter	fortius	fortissimē	magnopere	magis	maximē
ācriter	ācrius	ācerrimē	parum	minus	minimē
facile	facilius	facillimē	multum	plūs	plūrimum
			diū	diūtius	diūtissimē

13. NUMERALS

	MASC.	FEM.	NEUT.	MASC.	FEM.	NEUT.
Nom.	ūnus	ūna	ūnum	duo	duae	duo
Gen.	ūnius	ūnius	ūnius	duōrum	duārum	duōrum
Dat.	ūnī	ūnī	ūnī	duōbus	duābus	duōbus
Acc.	ūnum	ūnam	ūnum	duōs, duo	duās	duō
Abl.	ūnō	ūnā	ūnō	duōbus	duābus	duōbus

	MASC.	FEM.	NEUT.	Singular	Plural	
Nom.	trēs	trēs	tria	mīlle, *adj.*	mīlia, *noun, n.*	
Gen.	trium	trium	trium	mīlle	mīlium	
Dat.	tribus	tribus	tribus	mīlle	mīlibus	
Acc.	trēs	trēs	tria	mīlle	mīlia	
Abl.	tribus	tribus	tribus	mīlle	mīlibus	

ROMAN		CARDINALS	ORDINALS
1	I	ūnus, -a, -um, *one*	primus, *first*
2	II	duo, duae, duo, *two*	secundus, *second*
3	III	trēs, tria, *three*	tertius, *third*
4	IIII *or* IV	quattuor	quārtus
5	V	quīnque	quintus
6	VI	sex	sextus
7	VII	septem	septimus
8	VIII	octō	octāvus
9	VIIII *or* IX	novem	nōnus
10	X	decem	decimus
11	XI	ūndecim	ūndecimus
12	XII	duodecim	duodecimus
13	XIII	tredecim	tertius decimus
14	XIIII *or* XIV	quattuordecim	quārtus decimus
15	XV	quindecim	quintus decimus
16	XVI	sēdecim	sextus decimus
17	XVII	septendecim	septimus decimus
18	XVIII	duodēviginti	duodēvicēsimus
19	XVIIII *or* XIX	ūndēviginti	ūndēvicēsimus
20	XX	viginti	vicēsimus
21	XXI	viginti ūnus ūnus et viginti	vicēsimus primus ūnus et vicēsimus
30	XXX	trigintā	tricēsimus
40	XXXX *or* XL	quadrāgintā	quadrāgēsimus
50	L	quīnquāginta	quīnquāgēsimus
60	LX	sexāgintā	sexāgēsimus
70	LXX	septuāgintā	septuāgēsimus
80	LXXX	octōgintā	octōgēsimus
90	LXXXX *or* XC	nōnāgintā	nōnāgēsimus
100	C	centum	centēsimus
101	CI	centum (et) ūnus	centēsimus (et) primus
200	CC	ducenti, -ae, -a	ducentēsimus
300	CCC	trecenti, -ae, -a	trecentēsimus
400	CCCC	quadringenti, -ae, -a	quadringentēsimus
500	D	quingenti, -ae, -a	quingentēsimus
600	DC	sescenti, -ae, -a	sescentēsimus
700	DCC	septingenti, -ae, -a	septingentēsimus
800	DCCC	octingenti, -ae, -a	octingentēsimus
900	DCCCC	nōngenti, -ae, -a	nōngentēsimus
1000	M	mille	millēsimus
2000	MM	duo milia	bis millēsimus

PRONOUNS

	14. PERSONAL		15. REFLEXIVE

	Nom. ego	tū	——
	Gen. meī	tui	sui
SINGULAR	*Dat.* mihi	tibi	sibi
	Acc. mē	tē	sē *or* sēsē
	Abl. mē	tē	sē *or* sēsē
	Nom. nōs	vōs	——
	Gen. nostrum *or* nostri	vestrum *or* vestri	sui
PLURAL	*Dat.* nōbīs	vōbīs	sibi
	Acc. nōs	vōs	sē *or* sēsē
	Abl. nōbīs	vōbīs	sē *or* sēsē

16. DEMONSTRATIVE

SINGULAR

Nom. hic, *m.*	haec, *f.*	hoc, *n.*	ille, *m.*	illa, *f.*	illud, *n.*
Gen. huius	huius	huius	illīus	illīus	illīus
Dat. huic	huic	huic	illī	illī	illī
Acc. hunc	hanc	hoc	illum	illam	illud
Abl. hōc	hāc	hōc	illō	illā	illō

PLURAL

Nom. hi	hae	haec	illi	illae	illa
Gen. hōrum	hārum	hōrum	illōrum	illārum	illōrum
Dat. his	his	his	illis	illis	illis
Acc. hōs	hās	haec	illōs	illās	illa
Abl. his	his	his	illis	illis	illis

SINGULAR

Nom. is, *m.*	ea, *f.*	id, *n.*	idem, *m.*	eadem, *f.*	idem, *n.*
Gen. eius	eius	eius	eiusdem	eiusdem	eiusdem
Dat. ei	ei	ei	eidem	eidem	eidem
Acc. eum	eam	id	eundem	eandem	idem
Abl. eō	eā	eō	eōdem	eādem	eōdem

PLURAL

Nom. ei (ii)	eae	ea	eidem, iidem	eaedem	eadem
Gen. eōrum	eārum	eōrum	eōrundem	eārundem	eōrundem
Dat. eis (iis)	eis (iis)	eis (iis)	eisdem / isdem	eisdem / isdem	eisdem / isdem
Acc. eōs	eās	ea	eōsdem	eāsdem	eadem
Abl. eis (iis)	eis (iis)	eis (iis)	eisdem / isdem	eisdem / isdem	eisdem / isdem

17. INTENSIVE

	SINGULAR			PLURAL		
Nom.	ipse, *m.*	ipsa, *f.*	ipsum, *n.*	ipsī, *m.*	ipsae, *f.*	ipsa, *n.*
Gen.	ipsīus	ipsīus	ipsīus	ipsōrum	ipsārum	ipsōrum
Dat.	ipsī	ipsī	ipsī	ipsīs	ipsīs	ipsīs
Acc.	ipsum	ipsam	ipsum	ipsōs	ipsās	ipsa
Abl.	ipsō	ipsā	ipsō	ipsīs	ipsīs	ipsīs

18. RELATIVE

	SINGULAR			PLURAL		
Nom.	quī, *m.*	quae, *f.*	quod, *n.*	quī, *m.*	quae, *f.*	quae, *n.*
Gen.	cuius	cuius	cuius	quōrum	quārum	quōrum
Dat.	cui	cui	cui	quibus	quibus	quibus
Acc.	quem	quam	quod	quōs	quās	quae
Abl.	quō	quā	quō	quibus	quibus	quibus

19. INTERROGATIVE

SINGULAR

Nom.	quis, *m. f.*	quid, *n.*
Gen.	cuius	cuius
Dat.	cui	cui
Acc.	quem	quid
Abl.	quō	quō

NOTES. 1. The plural of the *interrogative pronoun* quis is like the plural of the relative quī.

2. The *interrogative adjective* is declined throughout like the relative quī; quī deus, *what god?* quae via, *what road?* quod dōnum, *what gift?*

20. INDEFINITE

Substantive Form

SINGULAR

Nom.	aliquis, *m. f.*	aliquid, *n.*
Gen.	alicuius	alicuius
Dat.	alicui	alicui
Acc.	aliquem	aliquid
Abl.	aliquō	aliquō

PLURAL

Nom.	aliquī, *m.*	aliquae, *f.*	aliqua, *n.*
Gen.	aliquōrum	aliquārum	aliquōrum
Dat.	aliquibus	aliquibus	aliquibus
Acc.	aliquōs	aliquās	aliqua
Abl.	aliquibus	aliquibus	aliquibus

Adjective Form

SINGULAR

Nom. **aliqui,** *m.*	**aliqua,** *f.*	**aliquod,** *n.*
Gen. **alicuius**	**alicuius**	**alicuius**
Dat. **alicui**	**alicui**	**alicui**
Acc. **aliquem**	**aliquam**	**aliquod**
Abl. **aliquō**	**aliquā**	**aliquō**

PLURAL

Nom. **aliqui,** *m.*	**aliquae,** *f.*	**aliqua,** *n.*
Gen. **aliquōrum**	**aliquārum**	**aliquōrum**
Dat. **aliquibus**	**aliquibus**	**aliquibus**
Acc. **aliquōs**	**aliquās**	**aliqua**
Abl. **aliquibus**	**aliquibus**	**aliquibus**

NOTE. After **sī, nisi, nē,** and **num** the indefinite pronoun **quis, quid** is generally used. It is declined like the interrogative pronoun. The adjective form is **quī, qua, quod.**

SINGULAR

Nom. **quidam,** *m.*	**quaedam,** *f.*	**quiddam,** *n.*
Gen. **cuiusdam**	**cuiusdam**	**cuiusdam**
Dat. **cuidam**	**cuidam**	**cuidam**
Acc. **quendam**	**quandam**	**quiddam**
Abl. **quōdam**	**quādam**	**quōdam**

PLURAL

Nom. **quidam,** *m.*	**quaedam,** *f.*	**quaedam,** *n.*
Gen. **quōrundam**	**quārundam**	**quōrundam**
Dat. **quibusdam**	**quibusdam**	**quibusdam**
Acc. **quōsdam**	**quāsdam**	**quaedam**
Abl. **quibusdam**	**quibusdam**	**quibusdam**

NOTE. The *adjective* form has **quoddam,** *n.*, instead of **quiddam.**

SINGULAR

Nom. **quisque,** *m. f.*	**quidque,** *n.*
Gen. **cuiusque**	**cuiusque**
Dat. **cuique**	**cuique**
Acc. **quemque**	**quidque**
Abl. **quōque**	**quōque**
(*Plural rare*)	

NOTE. The *adjective* form of **quisque** is **quisque, quaeque, quodque.**

SINGULAR

quisquam, *m. f.*	**quidquam,** *n.*
cuiusquam	**cuiusquam**
cuiquam	**cuiquam**
quemquam	**quidquam**
quōquam	**quōquam**
(*Plural lacking*)	

NOTE. **Quisquam** is used chiefly in *negative* sentences, and in questions implying a *negative* answer.

REGULAR VERBS

21. FIRST CONJUGATION

PRINCIPAL PARTS: **portō, portāre, portāvī, portātus**
STEMS: **portā-, portāv-, portāt-**

Active Voice   *Passive Voice*

INDICATIVE

PRESENT

I carry, am carrying   *I am carried*

portō	portāmus	portor	portāmur
portās	portātis	portāris	portāmini
portat	portant	portātur	portantur

IMPERFECT

I carried, was carrying   *I was carried*

portābam	portābāmus	portābar	portābāmur
portābās	portābātis	portābāris (-re)	portābāmini
portābat	portābant	portābātur	portābantur

FUTURE

I shall (will) carry   *I shall (will) be carried*

portābō	portābimus	portābor	portābimur
portābis	portābitis	portāberis (-re)	portābimini
portābit	portābunt	portābitur	portābuntur

PERFECT

I have carried, I carried   *I have been (was) carried*

portāvī	portāvimus	portātus	sum	portātī	sumus
portāvistī	portāvistis	(-a, -um)	es	(-ae, -a)	estis
portāvit	portāvērunt (-ēre)		est		sunt

PLUPERFECT

I had carried   *I had been carried*

portāveram	portāverāmus	portātus	eram	portātī	erāmus
portāverās	portāverātis	(-a, -um)	erās	(-ae, -a)	erātis
portāverat	portāverant		erat		erant

FUTURE PERFECT

I shall have carried   *I shall have been carried*

portāverō	portāverimus	portātus	erō	portātī	erimus
portāveris	portāveritis	(-a, -um)	eris	(-ae, -a)	eritis
portāverit	portāverint		erit		erunt

402

PRESENT

portem	portēmus	porter	portēmur
portēs	portētis	portēris (-re)	portēminī
portet	portent	portētur	portentur

IMPERFECT

portārem	portārēmus	portārer	portārēmur
portārēs	portārētis	portārēris (-re)	portārēmini
portāret	portārent	portārētur	portārentur

PERFECT

portāverim	portāverimus	portātus (-a, -um) { sim / sis / sit	portāti (-ae, -a) { simus / sitis / sint
portāveris	portāveritis		
portāverit	portāverint		

PLUPERFECT

portāvissem	portāvissēmus	portātus (-a, -um) { essem / essēs / esset	portāti (-ae, -a) { essēmus / essētis / essent
portāvissēs	portāvissētis		
portāvisset	portāvissent		

IMPERATIVE

PRES. portā	portāte	portāre	portāminī
FUT. portātō	portātōte	portātor	
portātō	portantō	portātor	portantor

INFINITIVE

PRES. portāre, *to carry* — portāri, *to be carried*
PERF. portāvisse, *to have carried* — portātus esse, *to have been carried*
FUT. portātūrus esse, *to be about to carry* — portātum iri, *to be about to be carried*

PARTICIPLES

PRES. portāns, -antis, *carrying* — PERF. portātus, -a, -um, *having been carried*
FUT. portātūrus, -a, -um, *about to carry* — FUT. portandus, -a, -um, *to be carried, etc.*

GERUND

Gen. portandi, *of carrying*
Dat. portandō, *for carrying*
Acc. portandum, *carrying*
Abl. portandō, *by carrying*

SUPINE

Acc. portātum, *to carry*
Abl. portātū, *to carry*

403

22. SECOND CONJUGATION

PRINCIPAL PARTS: **moneō, monēre, monui, monitus**
STEMS: **monē-, monu-, monit-**

Active Voice   *Passive Voice*

INDICATIVE

PRESENT

moneō	monēmus	moneor	monēmur
monēs	monētis	monēris	monēmini
monet	monent	monētur	monentur

IMPERFECT

monēbam	monēbāmus	monēbar	monēbāmur
monēbās	monēbātis	monēbāris (-re)	monēbāmini
monēbat	monēbant	monēbātur	monēbantur

FUTURE

monēbō	monēbimus	monēbor	monēbimur
monēbis	monēbitis	monēberis (-re)	monēbimini
monēbit	monēbunt	monēbitur	monēbuntur

PERFECT

monui	monuimus	monitus	sum	moniti	sumus
monuisti	monuistis	(-a, -um)	es	(-ae, -a)	estis
monuit	monuērunt (-re)		est		sunt

PLUPERFECT

monueram	monuerāmus	monitus	eram	moniti	erāmus
monuerās	monuerātis	(-a, -um)	erās	(-ae, -a)	erātis
monuerat	monuerant		erat		erant

FUTURE PERFECT

monuerō	monuerimus	monitus	erō	moniti	erimus
monueris	monueritis	(-a, -um)	eris	(-ae, -a)	eritis
monuerit	monuerint		erit		erunt

SUBJUNCTIVE

PRESENT

moneam	moneāmus	monear	moneāmur
moneās	moneātis	moneāris (-re)	moneāmini
moneat	moneant	moneātur	moneantur

IMPERFECT

monērem	monērēmus	monērer	monērēmur
monērēs	monērētis	monērēris (-re)	monērēmini
monēret	monērent	monērētur	monērentur

monuerim	monuerimus
monueris	monueritis
monuerit	monuerint

monitus (-a, -um) { sim / sis / sit }   monitī (-ae, -a) { sīmus / sītis / sint }

PLUPERFECT

monuissem	monuissēmus
monuissēs	monuissētis
monuisset	monuissent

monitus (-a, -um) { essem / essēs / esset }   monitī (-ae, -a) { essēmus / essētis / essent }

IMPERATIVE

PRES.	monē	monēte
FUT.	monētō	monētōte
	monētō	monentō

monēre	monēminī
monētor	
monētor	monentor

INFINITIVE

PRES.	monēre
PERF.	monuisse
FUT.	monitūrus esse

monērī
monitus esse
monitum īrī

PARTICIPLES

PRES.	monēns, -entis
FUT.	monitūrus, -a, -um

PERF. monitus, -a, -um
FUT. monendus, -a, -um

GERUND

Gen.	monendī
Dat.	monendō
Acc.	monendum
Abl.	monendō

SUPINE

Acc. monitum
Abl. monitū

23. THIRD CONJUGATION

PRINCIPAL PARTS: dūcō, dūcere, dūxī, ductus
STEMS: dūce-, dūx-, duct-

Active Voice   *Passive Voice*

INDICATIVE

PRESENT

dūcō	dūcimus	dūcor	dūcimur
dūcis	dūcitis	dūceris	dūciminī
dūcit	dūcunt	dūcitur	dūcuntur

IMPERFECT

dūcēbam	dūcēbāmus	dūcēbar	dūcēbāmur
dūcēbās	dūcēbātis	dūcēbāris (-re)	dūcēbāminī
dūcēbat	dūcēbant	dūcēbātur	dūcēbantur

dūcam	dūcēmus	dūcar	dūcēmur
dūcēs	dūcētis	dūcēris (-re)	dūcēminī
dūcet	dūcent	dūcētur	dūcentur

PERFECT

dūxī	dūximus	ductus	sum	ductī	sumus
dūxistī	dūxistis	(-a, -um)	es	(-ae, -a)	estis
dūxit	dūxērunt (-ēre)		est		sunt

PLUPERFECT

dūxeram	dūxerāmus	ductus	eram	ductī	erāmus
dūxerās	dūxerātis	(-a, -um)	erās	(-ae, -a)	erātis
dūxerat	dūxerant		erat		erant

FUTURE PERFECT

dūxerō	dūxerimus	ductus	erō	ductī	erimus
dūxeris	dūxeritis	(-a, -um)	eris	(-ae, -a)	eritis
dūxerit	dūxerint		erit		erunt

SUBJUNCTIVE

PRESENT

dūcam	dūcāmus	dūcar	dūcāmur
dūcās	dūcātis	dūcāris (-re)	dūcāminī
dūcat	dūcant	dūcātur	dūcantur

IMPERFECT

dūcerem	dūcerēmus	dūcerer	dūcerēmur
dūcerēs	dūcerētis	dūcerēris (-re)	dūcerēminī
dūceret	dūcerent	dūcerētur	dūcerentur

PERFECT

dūxerim	dūxerimus	ductus	sim	ductī	sīmus
dūxeris	dūxeritis	(-a, -um)	sīs	(-ae, -a)	sītis
dūxerit	dūxerint		sit		sint

PLUPERFECT

dūxissem	dūxissēmus	ductus	essem	ductī	essēmus
dūxissēs	dūxissētis	(-a, -um)	essēs	(-ae, -a)	essētis
dūxisset	dūxissent		esset		essent

PRES.	dūc [1]	dūcite	dūcere dūcimini
FUT.	dūcitō	dūcitōte	dūcitor
	dūcitō	dūcuntō	dūcitor dūcuntor

INFINITIVE

PRES.	dūcere	dūcī
PERF.	dūxisse	ductus esse
FUT.	ductūrus esse	ductum īrī

PARTICIPLES

PRES.	dūcēns, -entis	PERF.	ductus, -a, -um
FUT.	ductūrus, -a, -um	FUT.	dūcendus, -a, -um

GERUND	SUPINE
Gen. dūcendī, *etc.*	*Acc.* ductum
	Abl. ductū

24. FOURTH CONJUGATION

PRINCIPAL PARTS: **audiō, audīre, audīvī, audītus**
STEMS: **audi-, audīv-, audit-**

Active Voice   *Passive Voice*

INDICATIVE

PRESENT

audiō	audīmus	audior	audīmur
audīs	audītis	audīris	audīmini
audit	audiunt	audītur	audiuntur

IMPERFECT

audiēbam	audiēbāmus	audiēbar	audiēbāmur
audiēbās	audiēbātis	audiēbāris (-re)	audiēbāmini
audiēbat	audiēbant	audiēbātur	audiēbantur

FUTURE

audiam	audiēmus	audiar	audiēmur
audiēs	audiētis	audiēris (-re)	audiēmini
audiet	audient	audiētur	audientur

PERFECT

audīvī	audīvimus	audītus, (-a, -um) { sum es est	audītī, (-ae, -a) { sumus estis sunt
audīvistī	audīvistis		
audīvit	audīvērunt (-re)		

[1] Irregular for **dūce.**

407

audīveram	audīverāmus	audītus, (-a, -um)	eram / erās / erat	audītī, (-ae, -a)	erāmus / erātis / erant
audīverās	audīverātis				
audīverat	audīverant				

FUTURE PERFECT

audīverō	audīverimus	audītus, (-a, -um)	erō / eris / erit	audītī, (-ae, -a)	erimus / eritis / erunt
audīveris	audīveritis				
audīverit	audīverint				

SUBJUNCTIVE

PRESENT

audiam	audiāmus	audiar	audiāmur
audiās	audiātis	audiāris (-re)	audiāminī
audiat	audiant	audiātur	audiantur

IMPERFECT

audīrem	audīrēmus	audīrer	audīrēmur
audīrēs	audīrētis	audīrēris (-re)	audīrēminī
audīret	audīrent	audīrētur	audīrentur

PERFECT

audīverim	audīverimus	audītus, (-a, -um)	sim / sīs / sit	audītī (-ae, -a)	sīmus / sitis / sint
audīveris	audīveritis				
audīverit	audīverint				

PLUPERFECT

audīvissem	audīvissēmus	audītus, (-a, -um)	essem / essēs / esset	audītī (-ae, -a)	essēmus / essētis / essent
audīvissēs	audīvissētis				
audīvisset	audīvissent				

IMPERATIVE

PRES.	audī	audīte	audīre audīminī
FUT.	audītō	audītōte	auditor
	audītō	audiuntō	auditor audiuntor

INFINITIVE

PRES.	audīre	audīrī
PERF.	audīvisse	audītus esse
FUT.	audītūrus esse	audītum īrī

PARTICIPLES

PRES. audiēns, -entis	PERF. audītus, -a, -um
FUT. audītūrus, -a, -um	FUT. audiendus, -a, -um

GERUND	SUPINE
Gen. audiendī, etc.	Acc. audītum
	Abl. audītū

408

25. THIRD CONJUGATION VERBS IN -IŌ

PRINCIPAL PARTS: **capiō, capere, cēpi, captus**
STEMS: **cape-, cēp-, capt-**

Active Voice   *Passive Voice*

INDICATIVE

PRESENT

capiō	capimus	capior	capimur
capis	capitis	caperis	capimini
capit	capiunt	capitur	capiuntur

IMPERFECT

capiēbam, *etc.*   capiēbar, *etc.*

FUTURE

capiam	capiēmus	capiar	capiēmur
capiēs	capiētis	capiēris (-re)	capiēmini
capiet	capient	capiētur	capientur

PERFECT

cēpi, *etc.*   captus sum, *etc.*

PLUPERFECT

cēperam, *etc.*   captus eram, *etc.*

FUTURE PERFECT

cēperō, *etc.*   captus erō, *etc.*

SUBJUNCTIVE

PRESENT

capiam	capiāmus	capiar	capiāmur
capiās	capiātis	capiāris (-re)	capiāmini
capiat	capiant	capiātur	capiantur

IMPERFECT

caperem, *etc.*   caperer, *etc.*

PERFECT

cēperim, *etc.*   captus sim, *etc.*

PLUPERFECT

cēpissem, *etc.*   captus essem, *etc.*

409

IMPERATIVE

PRES.	cape	capite		capere	capimini
FUT.	capitō	capitōte		capitor	
	capitō	capiuntō		capitor	capiuntor

INFINITIVE

PRES. capere — capī
PERF. cēpisse — captus esse
FUT. captūrus esse — captum iri

PARTICIPLES

PRES. capiēns, -entis   PERF. captus, -a, -um
FUT. captūrus, -a, -um   FUT. capiendus, -a, -um

GERUND   SUPINE

Gen. capiendi, *etc.*   *Acc.* captum
    Abl. captū

DEPONENT VERBS

Deponent verbs are *passive* in *form*, active in *meaning*. They are inflected in all conjugations as follows.

26. FIRST CONJUGATION

PRINCIPAL PARTS: cōnor, cōnāri, cōnātus sum
STEMS: cōnā-, cōnāt-

INDICATIVE

PRESENT	IMPERFECT	FUTURE
I try	*I was trying*	*I shall (will) try*
cōnor	cōnābar	cōnābor
cōnāris	cōnābāris (-re)	cōnāberis (-re)
cōnātur	cōnābātur	cōnābitur
cōnāmur	cōnābāmur	cōnābimur
cōnāmini	cōnābāmini	cōnābimini
cōnantur	cōnābantur	cōnābuntur

PERFECT		PLUPERFECT		FUTURE PERFECT	
I (have) tried		*I had tried*		*I shall have tried*	
cōnātus (-a, -um)	sum / es / est	cōnātus (-a, -um)	eram / erās / erat	cōnātus (-a, -um)	erō / eris / erit
cōnāti (-ae, -a)	sumus / estis / sunt	cōnāti (-ae, -a)	erāmus / erātis / erant	cōnāti (-ae, -a)	erimus / eritis / erunt

SUBJUNCTIVE

PRESENT	IMPERFECT
cōner	cōnārer
cōnēris (-re)	cōnārēris (-re)
cōnētur	cōnārētur
cōnēmur	cōnārēmur
cōnēmini	cōnārēmini
cōnentur	cōnārentur

PERFECT

cōnātus (-a, -um) { sim / sis / sit }

cōnāti (-ae, -a) { simus / sitis / sint }

PLUPERFECT

cōnātus (-a, -um) { essem / essēs / esset }

cōnāti (-ae, -a) { essēmus / essētis / essent }

IMPERATIVE

PRES. cōnāre   cōnāmini

FUT. cōnātor
cōnātor   cōnantor

INFINITIVE

PRES. cōnāri, *to try*
PERF. cōnātus esse, *to have tried*
FUT. cōnātūrus esse, *to be about to try*

GERUND

Gen. cōnandi, *of trying, etc.*

PARTICIPLES

PRES.   cōnāns, -antis, *trying*
FUT. ACT. cōnātūrus, *about to try*
PERF.   cōnātus, *having tried*
FUT. PASS. cōnandus, *to be tried*,
or as Gerundive, *trying*

SUPINE

Acc. cōnātum, *to try*
Abl. cōnātū, *to try*

CONJ. II   vereor, verēri, veritus sum
CONJ. III   sequor, sequi, secūtus sum
-ior VERB   patior, pati, passus sum
CONJ. IV   potior, potiri, potitus sum

INDICATIVE

PRES.	vereor	sequor	patior	potior
IMP.	verēbar	sequēbar	patiēbar	potiēbar
FUT.	verēbor	sequar	patiar	potiar
PERF.	veritus sum	secūtus sum	passus sum	potitus sum
PLUP.	veritus eram	secūtus eram	passus eram	potitus eram
FUT. PERF.	veritus erō	secūtus erō	passus erō	potitus erō

411

PRES.	verear	sequar	patiar	potiar
IMP.	verērer	sequerer	paterer	potirer
PERF.	veritus sim	secūtus sim	passus sim	potītus sim
PLUP.	veritus essem	secūtus essem	passus essem	potītus essem

IMPERATIVE

PRES. *Sing.*	verēre	sequere	patere	potire
Pl.	verēmini	sequimini	patimini	potimini
FUT. *Sing.*	verētor	sequitor	patitor	potitor
	verētor	sequitor	patitor	potitor
Pl.	verentor	sequuntor	patiuntor	potiuntor

INFINITIVE

PRES.	verēri	sequi	pati	potiri
PERF.	veritus esse	secūtus esse	passus esse	potītus esse
FUT.	veritūrus esse	secūtūrus esse	passūrus esse	potītūrus esse

PARTICIPLES

PRES.	verēns, -entis	sequēns, -entis	patiēns, -entis	potiēns, -entis
FUT. ACT.	veritūrus	secūtūrus	passūrus	potītūrus
PERF.	veritus	secūtus	passus	potītus
FUT. PASS.	verendus	sequendus	patiendus	potiendus

GERUND

Gen. verendi, *etc.*	sequendi, *etc.*	patiendi, *etc.*	potiendi, *etc.*

SUPINE

Acc.	veritum	secūtum	passum	potītum
Abl.	veritū	secūtū	passū	potītū

NOTE. Four verbs, which are *active* in the *present system*, become *deponents* in the *perfect system*, and are called *semideponents*. They are:

audeō, audēre, ausus sum, *dare*   **gaudeō, gaudēre, gāvīsus sum,** *rejoice*
fīdō, fīdere, fīsus sum, *trust*   **soleō, solēre, solitus sum,** *be accustomed*

27. THE PERIPHRASTIC CONJUGATIONS

1. The Active Periphrastic Conjugation is made by combining the future active participle with **sum.**

2. The Passive Periphrastic Conjugation is made by combining the future passive participle with **sum.**

ACTIVE PERIPHRASTIC CONJUGATION

	INDICATIVE	SUBJUNCTIVE
PRES.	parātūrus sum, *I am about to prepare*	parātūrus sim
IMP.	parātūrus eram	parātūrus essem
FUT.	parātūrus erō	
PERF.	parātūrus fui	parātūrus fuerim
PLUP.	parātūrus fueram	parātūrus fuissem
FUT. PERF.	parātūrus fuerō	

INFINITIVE
PRES. parātūrus esse
PERF. parātūrus fuisse

PASSIVE PERIPHRASTIC CONJUGATION

	INDICATIVE	SUBJUNCTIVE
PRES.	parandus sum, *I am to be (must be) prepared*	parandus sim
IMP.	parandus eram	parandus essem
FUT.	parandus erō	
PERF.	parandus fui	parandus fuerim
PLUP.	parandus fueram	parandus fuissem
FUT. PERF.	parandus fuerō	

IRREGULAR VERBS

28. SUM, *BE*

PRINCIPAL PARTS: sum, esse, fui, futūrus

INDICATIVE

PRESENT		IMPERFECT		FUTURE	
sum	sumus	eram	erāmus	erō	erimus
es	estis	erās	erātis	eris	eritis
est	sunt	erat	erant	erit	erunt

PERFECT		PLUPERFECT		FUTURE PERFECT	
fui	fuimus	fueram	fuerāmus	fuerō	fuerimus
fuisti	fuistis	fuerās	fuerātis	fueris	fueritis
fuit	fuērunt (-ēre)	fuerat	fuerant	fuerit	fuerint

SUBJUNCTIVE

PRESENT		IMPERFECT	
sim	simus	essem (forem)	essēmus
sis	sitis	essēs (forēs)	essētis
sit	sint	esset (foret)	essent (forent)

413

PERFECT		PLUPERFECT	
fuerim	fuerimus	fuissem	fuissēmus
fueris	fueritis	fuissēs	fuissētis
fuerit	fuerint	fuisset	fuissent

IMPERATIVE

PRES. es   este   FUT. estō   estōte
                                        estō   suntō

INFINITIVE   PARTICIPLE

PRES. esse
PERF. fuisse
FUT. futūrus esse or fore   futūrus

29. POSSUM, *BE ABLE*

PRINCIPAL PARTS: **possum, posse, potui, ——**

INDICATIVE			SUBJUNCTIVE	
PRES.	possum	possumus	possim	possimus
	potes	potestis	possis	possitis
	potest	possunt	possit	possint
IMP.	poteram		possem	
FUT.	poterō			
PERF.	potui		potuerim	
PLUP.	potueram		potuissem	
FUT. PERF.	potuerō			

INFINITIVE   PARTICIPLE

PRES. posse   PERF. potuisse   PRES. potēns, -entis

30. FERŌ, *BEAR, BRING*

PRINCIPAL PARTS: **ferō, ferre, tuli, lātus**

Active Voice   *Passive Voice*

INDICATIVE

PRES.	ferō	ferimus	feror	ferimur
	fers	fertis	fercis	ferimini
	fert	ferunt	fertur	feruntur
IMP.	ferēbam		ferēbar	
FUT.	feram		ferar	
PERF.	tuli		lātus sum	
PLUP.	tuleram		lātus eram	
FUT. PERF.	tulerō		lātus erō	

414

PRES.	feram	ferar	
IMP.	ferrem	ferrer	
PERF.	tulerim	lātus sim	
PLUP.	tulissem	lātus essem	

IMPERATIVE

PRES.	fer	ferte	ferre	ferimini
FUT.	fertō	fertōte	fertor	
	fertō	feruntō	fertor	feruntor

INFINITIVE

PRES.	ferre	ferri
PERF.	tulisse	lātus esse
FUT.	lātūrus esse	lātum iri

PARTICIPLES

PRES.	ferēns, -entis	PERF. lātus
FUT.	lātūrus	FUT. ferendus

GERUND	SUPINE
Gen. ferendi, *etc.*	*Acc.* lātum
	Abl. lātū

31. EŌ, *GO*

PRINCIPAL PARTS: eō, ire, ivi *or* ii, itūrus

INDICATIVE

PRES.	eō	imus
	is	itis
	it	eunt
IMP.	ibam	
FUT.	ibō	
PERF.	ivi *or* ii	
PLUP.	iveram *or* ieram	
FUT. PERF.	iverō *or* ierō	

SUBJUNCTIVE

	eam	eāmus
	eās	eātis
	eat	eant
	irem	
	iverim *or* ierim	
	ivissem *or* issem	

IMPERATIVE

PRES. ī	ite	FUT. itō	itōte	
		itō	euntō	

INFINITIVE

PRES. ACT. ire	PRES. PASS. iri
PERF.	ivisse *or* isse	
FUT.	itūrus esse	

PARTICIPLES

PRES.	iēns, euntis
FUT. ACT.	itūrus
PERF.	itum (*impers.*)
FUT. PASS.	eundus

GERUND	SUPINE
eundi, *etc.*	itum, itū

415

32. FĪŌ, *BE MADE* (Passive of **Faciō**)

PRINCIPAL PARTS: **fīō, fieri, factus sum**

INDICATIVE

PRES.	fīō	fīmus
	fīs	fītis
	fit	fīunt
IMP.	fiēbam	
FUT.	fīam	
PERF.	factus sum	
PLUP.	factus eram	
FUT. PERF.	factus erō	

IMPERATIVE

PRES.	fī	fīte

INFINITIVE

PRES.	fieri
PERF.	factus esse

SUBJUNCTIVE

	fīam	fīāmus
	fīās	fīātis
	fīat	fīant
IMP.	fierem	
FUT.	factus sim	
	factus essem	

PARTICIPLES

PERF. factus
FUT. faciendus

GERUND

Gen. faciendī, *etc.*

---

33. VOLŌ, NŌLŌ, MĀLŌ

PRINCIPAL PARTS

volō, velle, voluī, *be willing, wish*
nōlō, nōlle, nōluī, *be unwilling*
mālō, mālle, māluī, *prefer*

INDICATIVE

PRES.	volō	nōlō	mālō
	vīs	nōn vīs	māvīs
	vult	nōn vult	māvult
	volumus	nōlumus	mālumus
	vultis	nōn vultis	māvultis
	volunt	nōlunt	mālunt
IMP.	volēbam	nōlēbam	mālēbam
FUT.	volam	nōlam	mālam
PERF.	voluī	nōluī	māluī
PLUP.	volueram	nōlueram	mālueram
FUT. PERF.	voluerō	nōluerō	māluerō

SUBJUNCTIVE

PRES.	velim	velimus	nōlim	nōlimus	mālim	mālimus
	velis	velitis	nōlis	nōlitis	mālis	mālitis
	velit	velint	nōlit	nōlint	mālit	mālint

416

IMP. vellem	nōllem	māllem
PERF. voluerim	nōluerim	māluerim
PLUP. voluissem	nōluissem	māluissem

IMPERATIVE

	PRES. nōli nōlite	——
——	FUT. nōlitō nōlitōte	
	nōlitō nōluntō	

INFINITIVE

| PRES. velle | nōlle | mālle |
| PERF. voluisse | nōluisse | māluisse |

PARTICIPLE

| PRES. volēns, -entis | nōlēns, -entis | —— |

34. DEFECTIVE VERBS

1. **Coepī,** *I have begun, I began,* is used only in the perfect system. With a *passive* infinitive the passive of **coepī** is used.

Pōns instituī coeptus est. *The bridge began to be built.*

2. **Meminī,** *I remember,* and **ōdī,** *I hate,* are used only in the perfect system, but with the meanings of the present.

Coepī, meminī, and **ōdī** are inflected as follows:

INDICATIVE

PERF.	coepī, *etc.*	meminī	ōdī
PLUP.	coeperam	memineram	ōderam
FUT. PERF.	coeperō	meminerō	ōderō

SUBJUNCTIVE

| PERF. | coeperim | meminerim | ōderim |
| PLUP. | coepissem | meminissem | ōdissem |

IMPERATIVE		INFINITIVE		
SING. mementō		PERF. coepisse	meminisse	ōdisse
PL. mementōte		FUT. coeptūrus esse		ōsūrus esse

PARTICIPLE

| PERF. coeptus, -a, -um | ōsus, -a, -um |
| FUT. coeptūrus, -a, -um | ōsūrus, -a, -um |

3. Cicero also uses the defective verb **āiō,** *I say,* with the following forms:

PRES. āiō, ais, ait, ——, ——, āiunt
IMP. āiēbam, *etc.*
PART. āiēns, āientis

35. IMPERSONAL VERBS

1. Of the impersonal verbs Cicero most frequently uses **licet,** *it is permitted,* and **oportet,** *it is necessary;* he also uses **decet,** *it becomes, it is fitting;* **paenitet,** *it makes sorry;* and **pudet,** *it shames, it makes ashamed.*

Licet is inflected as follows:

	INDICATIVE		SUBJUNCTIVE
PRES.	licet, *it is permitted*		liceat, *it may be permitted*
IMP.	licēbat, *it was permitted*		licēret, *it might be permitted*
FUT.	licēbit, *it will be permitted*		
PERF.	licuit, *it has been permitted*		licuerit, *it may have been permitted*
PLUP.	licuerat, *it had been permitted*		licuisset, *it might have been permitted*
FUT. PERF.	licuerit, *it will have been permitted*		

INFINITIVE

PRES.   licēre, *to be permitted*   PERF. licuisse, *to have been permitted*

2. In addition to the verbs which are used only impersonally, many personal verbs may be used impersonally in the passive voice.

> **Ventum est.** *They came.*
> **Mīlitibus dēsiliendum erat.** *The soldiers had to leap down.*

36. CONTRACTED FORMS

1. *Perfects* in **-āvī** and **-ēvī** (as well as other tenses in the perfect system) are sometimes contracted, losing **-ve-** before **-r,** and **-vi-** before **-s,** as: **oppugnārunt** for **oppugnāvērunt, cōnsuērat** for **cōnsuēverat.**

2. *Perfects* in **-īvī** may lose **-vi-** before **-s,** as: **audīssem** for **audīvissem.**

SYNTAX

NOUNS

AGREEMENT OF NOUNS

37. Apposition. An appositive is in the *same case* as the noun it describes.

> **Ad urbem Rōmam,** *To the city (of) Rome.*

418

AGREEMENT OF ADJECTIVES

38. Adjectives. An adjective agrees with the noun it describes in *gender, number*, and *case*.

Malus nauta, *A bad sailor.*

a. An *attributive* adjective, used with two or more nouns of *different gender*, agrees with the *nearest* noun.

Summa alacritās et studium, *The highest eagerness and zeal.*

b. A *predicate* adjective, used with two or more nouns of different gender, is *plural*, and *masculine* if the nouns denote living beings, *neuter* if they denote things without life.

Et porta et mūrus erant alta. *Both the gate and the wall were high.*

39. Adjectives as Substantives. Adjectives are often used as substantives:

nostrī, *our men.* **sua,** *their possessions.*

40. Partitive Adjectives. The following adjectives sometimes designate *a part* of that to which they refer: **extrēmus, īnfimus (īmus), medius, prīmus, reliquus, summus.**

Summus mōns, *the top of the mountain;* **prīmā nocte,** *in the first part of the night.*

NOTE. **Prīnceps, prior, prīmus** sometimes designate *the first* to do something.

Ea prīnceps poenās persolvit. *This was the first to pay the penalty.*

AGREEMENT OF PRONOUNS

The Relative Pronoun

41. Relative Pronoun. The relative pronoun agrees with its antecedent in *gender, number,* and *person,* but its *case* depends upon its use in its own clause.

Nihil erat quō famem tolerārent. *There was nothing with which to sustain hunger.*

NOTE. The antecedent of the relative is sometimes omitted in English.

42. Connecting Relative. In Latin a relative pronoun is often used at the beginning of a sentence, where the English idiom requires a connective — *and, but, for, now,* etc. — with a *demonstrative* or *personal* pronoun.

Quā dē causā, *And for this reason.*

43. Relative with Predicate Noun. The relative often agrees with a predicate noun in its clause instead of with the antecedent.

Rhēnus, quod est flūmen lātum . . . *The Rhine, which is a wide river* . . .

44. Relative Clause Preceding. For the sake of emphasis a relative clause sometimes precedes the clause containing the antecedent.

Quōrum per fīnēs ierant, hīs imperāvit . . . *He commanded those, through whose territory they had gone.* . .

Reflexive Pronouns

45. Direct Reflexive. The reflexive pronoun **sē** and its possessive adjective **suus** usually refer to the subject of the clause in which they stand.

Sē suaque dēdidērunt. *They surrendered themselves and their possessions.*

46. Indirect Reflexives. In a subordinate clause **sē** and **suus** may refer to the subject of the principal clause.

Dat negōtium Gallīs utī sē certiōrem faciant. *He directs the Gauls to inform him.*

NOTE. **Sē** and **suus** refer only to the *third person.* The personal pronouns are used as reflexives for the first and second persons.

The Intensive Pronoun

47. Ipse. The intensive pronoun **ipse,** *self, very,* etc., is used to emphasize the word with which it agrees, or as an emphatic pronoun.

Ipsī magistrātūs, *The magistrates themselves.*
In ipsīs rīpīs, *On the very banks.*

NOTE. **Ipse** is sometimes used as an indirect reflexive.

AGREEMENT OF VERBS

48. General Rule. A finite verb agrees with its subject in person and number.

49. Two or More Subjects. *a.* With two or more subjects connected by **et, -que,** or **atque** the verb may be plural, or agree with the nearest subject.

Imperātor et lēgātus commōtī sunt. *The general and the lieutenant were alarmed.*
Fīlia et ūnus ē fīliīs captus est. *The daughter and one of the sons were captured.*

NOTE. When two or more subjects form a *single idea,* the verb may be singular.
Mātrona et Sēquana dīvidit . . . *The Marne and the Seine separate* . . .

420

b. With two or more singular subjects connected by conjunctions meaning *or* or *nor* the verb is in the singular.

Neque imperātor neque lēgātus commōtus est. *Neither the general nor the lieutenant was alarmed.*

CASES OF NOUNS

Nominative

50. Subject. The subject of a finite verb is in the nominative case.

51. Predicate Nominative. A predicate noun or adjective, describing the subject, is in the nominative.

Labiēnus erat lēgātus. *Labienus was a lieutenant.*

NOTE. Predicate nouns and adjectives are used with **sum,** *be;* **fīō,** *become;* **videor,** *seem;* and the passive of certain verbs, like **appellō,** *call.*

Flūmen appellātur Tamesis. *The river is called the Thames.*

Vocative

52. Vocative. The *person* or *thing addressed* is in the vocative. It is usually postpositive.

Habēmus senātūs cōnsultum in tē, Catilina. *We have a decree of the senate against you, Catiline.*

Genitive

53. Limiting Genitive. A noun or pronoun used to limit or modify the meaning of another noun (not denoting the same person or thing) is put in the genitive. This general rule covers the three uses of the genitive with nouns that follow.

54. Possessive Genitive. The genitive is used to denote *possession.*

In M. Laecae domum, *To Marcus Laeca's house.*
Hūmānī cōnsilī . . . esse, *To belong to human wisdom.*

NOTE. The possessive genitive is used idiomatically with **causā** and **grātiā.**
Commūnis salūtis causā, *For the sake of the common safety.*
D. Brūtī cōnservandī grātiā, *For the preservation of Decimus Brutus.*

55. Genitive of Description. The genitive *with a modifying adjective* is used to describe a person or thing.

Vir magnae virtūtis, *A man of great courage.*

NOTE. The descriptive genitive is often used in expressions of *measure.*
Mūrus duodecim pedum, *A wall of twelve feet* (in height).

421

56. Genitive of the Whole. The genitive is used to denote the whole of which a part is taken.

Trēs partēs cōpiārum trādūxērunt. *They led across three quarters of their forces.*

NOTES. 1. The genitive of the whole is used not only with nouns, but with pronouns and adjectives.

Hōrum omnium fortissimī, *The bravest of all these.*

2. Instead of the genitive of the whole, the ablative with **ex** or **dē** is regularly used with *cardinal numerals* (except **mīlia**), **paucī,** and **quīdam.**

Decem ex mīlitibus, *Ten of the soldiers.*

57. Subjective Genitive. The genitive is used to designate the *person* or *agent* whose act or feeling is expressed in the noun on which the genitive depends.

Spem Catilīnae, *The hope of Catiline* or *Catiline's hope.*

58. Objective Genitive. The genitive is used to designate the *object* toward which feeling or action is directed; and it is used with adjectives referring to *knowledge, memory, fullness, power, guilt, desire, participation,* and sometimes **proprius** and **commūnis,** to limit their application.

Expertem suī, *Free from its influence.*
Huius imperī proprium, *Characteristic of this government.*

59. Genitive of Indefinite Value. The neuter genitives **magnī, tantī,** and some others are used predicatively, without a noun, to express indefinite value.

Sed est tantī. *But it is worth while.*

60. Genitive with Adjectives. *a.* The genitive is used with adjectives denoting *desire, knowledge, memory, fullness, power, sharing, guilt,* and their opposites.

Plēna Graecārum artium, *Full of (rich in) Greek arts.*
Refertō praedōnum mari, *Over a sea swarming with pirates.*

b. The adjectives **similis,** *like,* **dissimilis,** *unlike,* and **proprius,** *peculiar to* or *characteristic of,* are usually followed by the genitive of persons.

Nēmō tam tuī similis est. *No one is so like you.*

61. Genitive with Verbs. *a.* Verbs of *remembering* and *forgetting* may take the genitive; but with words denoting things they may also take the accusative.

Oblīvīscere caedis atque incendiōrum. *Forget murder and fire.*
Praeterita meminisse, *To remember the past.*

422

With **meminī** the genitive is regular when the object is a personal or reflexive pronoun; with other words the accusative is more common.

b. Verbs of *reminding* may take a genitive of the thing and an accusative of the person reminded.

> **Admonēbat alium egestātis.** *He reminded one of his poverty.*

NOTE. A neuter pronoun or adjective is regularly in the accusative case.

> **Eōs hōc moneō.** *I give them this advice.*

c. Verbs of *accusing* and *condemning* take the genitive to denote the charge.

> **Mē ipse inertiae nēquitiaeque condemnō.** *I accuse myself of inactivity and negligence.*

d. The impersonal verbs **paenitet, pudet, miseret, taedet,** and **piget** take the accusative of the person affected and the genitive of the object of the feeling.

> **Eōs numquam oportēbit cōnsilī suī paenitēre.** *They must never (have cause) to repent of their decision.*

e. **Interest** and **rēfert,** *it concerns,* take a genitive neuter to express the degree of concern.

> **Illud parvī rēfert.** *It matters little.*

Dative

62. Dative of Indirect Object. The *indirect object* of a verb is put in the dative.

> **Quid vīs nōbis dare?** *What are you willing to give us?*
> **Ostendī tabellās Lentulō.** *I showed the tablets to Lentulus.*

63. Dative with Special Verbs. Many intransitive Latin verbs (generally transitive in English) take the dative. These verbs may be grouped according to their meaning, although not all verbs with these English meanings take the dative. Some important verbs that take the accusative instead are noted.

Advantage	**prōsum, expedit**
Disadvantage, loss, injury	**obsum, noceō (laedō,** acc.)
Yielding, trusting, believing,	**cēdō, licet, fīdō, crēdō, opitulor,**
helping, obeying, sparing	**medeor, pāreō, parcō (iuvō,** acc.)
Resisting, distrusting, envying,	**resistō, invideō, īrāscor, minor**
being angry, threatening	**(offendō,** acc.)
Pleasure, favor	**placeō, placet, libet, faveō, studeō**
	(dēlectō, acc.)

423

Displeasure	**displiceō, displicet**
Commanding, persuading	**imperō, suādeō, persuādeō (iubeō,** acc.)
Forbidding, dissuading	**dissuādeō, imperō nē (vetō,** acc.; **prohibeō,** acc.)

Cōnsulite vōbīs, prōspicite patriae. *Look out for yourselves, provide for the country.*

Nē mihi noceant, *That they may not injure me.*

NOTE. When the passive voice is required these verbs are used impersonally.

Mihi nihil ab istīs iam nocērī potest. *No injury can now be done me by them.*

64. Dative of Indirect Object with Compounds. The dative of the indirect object is used with many verbs compounded with the prepositions **ad, ante, circum, con, in, inter, ob, post, prae, prō, sub,** and **super.**

Quibus impendēre fātum aliquod, *That a certain destiny is hanging over them.*
Omnibus eius cōnsiliīs occurrī. *I withstood all his designs.*

65. Dative of Separation. Verbs of *taking away*, especially those compounded with **ab, dē,** or **ex,** are followed by the dative of words denoting persons.

Quotiēns tibi extorta est ista sīca dē manibus! *How often has that dagger of yours been wrested from your hands!*

66. Dative of Purpose. The dative is used to denote the *purpose* of an action.

Multa quae ōrnāmentō urbī esse possent, *Many things which might be an ornament to the city.*

67. Dative of Reference. The dative is used to denote the person to whom an act or state *refers* or whom it *concerns*.

Sēsē Caesarī ad pedēs prōiēcērunt. *They cast themselves at Caesar's feet.*

NOTE. The dative of reference is often used in combination with the dative of purpose. This is the construction known as the "double dative."

Fortūnae cīvium nostrōrum nōbīs (reference) **cūrae** (purpose) **esse dēbent.** *The property of our citizens ought to be our concern* (lit., *for a care to us*).

68. Dative of Agent. *a.* The dative is used with the *passive periphrastic* conjugation to denote the agent.

Certē verendum mihi nōn erat. *Surely I had no cause to fear.*

b. The dative may be used with *passive verbs* to express the agent interested in the action.

Ut fīnitimīs oppidīs studia hinc petantur, *So that the neighboring towns may seek their learning from this place.*

424

69. Dative of Possessor. The dative is used with the verb **sum** to denote the *possessor*.

> **Gladius mihi est.** *I have a sword.*

70. Dative with Adjectives. Adjectives denoting *likeness, nearness, fitness, friendliness*, and their *opposites*, take the dative.

> **Proxima Ītaliae,** *Nearest to Italy.*

Accusative

71. Direct Object. The direct object of a transitive verb is in the accusative.

> **Lēgātōs misērunt.** *They sent envoys.*

72. Two Accusatives. *a.* Verbs of *asking, demanding*, and *teaching* take two accusatives, one of the *person*, and the other of the *thing*.

> **Eōs hoc moneō,** *I give them this warning.*

NOTE. Petō and postulō usually take ab, and quaerō, ab, dē, or ex, with the ablative of the person.

b. Verbs of *naming, making, choosing, showing* may take two accusatives of the *same* person or thing.

> **Caesar Commium rēgem cōnstituit.** *Caesar made Commius king.*

c. **Trādūcō** and **trānsportō** may take two accusatives.

> **Flūmen exercitum trādūxit.** *He led his army across the river.*

73. Subject of Infinitive. The subject of an infinitive is in the accusative.

> **Turrim cōnstitui vidērunt.** *They saw that the tower was built.*

74. Accusative of Duration or Extent. *Duration of time* and *extent of space* are expressed by the accusative.

Rēgnum multōs annōs obtinuerat. *He had held the throne many years.*
Fossa quindecim pedēs lāta ... *A trench fifteen feet wide ...*

75. Accusative with Prepositions. The following prepositions govern the accusative.

ad, *to*	**cis,** *this side of*	**inter,** *between*
adversus, *against*	**citrā,** *this side of*	**intrā,** *within*
ante, *before*	**contrā,** *against*	**iūxtā,** *near*
apud, *at, among*	**ergā,** *toward*	**ob,** *on account of*
circiter, *about*	**extrā,** *outside*	**per,** *through*
circum, *around*	**infrā,** *below*	**post,** *after*

praeter, *past*	secundum, *after*	trāns, *across*
prope, *near*	super, *over*	ultrā, *beyond*
propter, *on account of*	suprā, *above*	versus, *toward*

NOTE. Two prepositions, **in**, *in* or *into*, and **sub**, *under*, govern the *accusative* to denote *motion whither*, but the ablative to denote *place where*.

In silvam, *Into the forest.* In silvā, *In the forest.*

76. Accusative of Place to Which. *Place to which* is expressed by the accusative with **ad** or **in**. *Names of towns*, **domum**, and **rūs** regularly omit the preposition. When used, the preposition means *to the vicinity of*.

In Ītaliam, *To Italy.* Rōmam, *To Rome.* Ad Genāvam, *To the vicinity of Geneva.*

77. Accusative of Exclamation. The accusative is used in exclamations.

Ō nōs beātōs! *How happy we (shall be)!*

78. Accusative of Specification. In poetry, the accusative is often used with an adjective or a verb to denote the part affected. The construction, which is borrowed from Greek, is often called the Greek accusative.

Umerōs innātō mūrice tēctum, *His shoulders thick overgrown with shellfish.*

79. Accusative of Object with Verb in Middle Voice. In poetry, the accusative is sometimes used as the direct object of a passive verb that has the character of a Greek verb in the middle voice. The construction is most common with verbs meaning *clothe*.

80. Accusative of Cognate Object. An intransitive verb often is followed by a noun of kindred meaning in the accusative. This construction is more common in poetry.

Qui omnia dē rē pūblicā praeclāra sentirent, *Who were men of the noblest patriotism* (lit., *felt all splendid [feelings] concerning . . .*).

Ablative

The ablative is used to express three different relations:

    (1) From   (2) With   (3) Where

81. Ablative of Separation. The ablative with the prepositions **ab**, **dē**, or **ex** is used to denote *separation*. Certain verbs, as **abstineō, careō, dēiciō, dēsistō, excēdō**, and **līberō**, omit the preposition. With *persons* a preposition is regularly used.

Ex urbe, *From the city.*   Ex Asiā, *From Asia.*

Quod rēs pūblica maximis periculis sit liberāta, *Because the state has been freed from the greatest dangers.*

Vacua mortis periculō, *Free from the danger of death.*

426

82. Ablative of Place from Which. *Place from which* is expressed by the ablative with **ab, dē,** or **ex.**

> **Ex oppidō ēgreditur.** *He sets forth from the town.*

Note. Names of towns, **domō,** and **rūre** regularly omit the preposition. When used, the preposition means *from the vicinity of.*

> **Rōmā,** *From Rome.* **Ab Ocelō,** *From the vicinity of Ocelum.*

83. Ablative of Source. The ablative, with or without **ab, dē,** or **ex,** is used to denote *source* or *origin.*

> **Amplissimō genere nātus est.** *He was born of a most distinguished family.*

84. Ablative of Agent. The *personal agent* with passive verbs is expressed by the ablative with **ab.**

> **Ā mē ēiectum esse Catilīnam,** *That Catiline has been driven out by me.*

85. Ablative of Means. The *means* or *instrument* is expressed by the ablative without a preposition.

> **Pilō vulnerātus est.** *He was wounded by a javelin.*

86. Ablative with Deponents. The ablative is used with **ūtor, fruor, fungor, potior, vescor,** and their compounds.

> **Castris nostrī potītī sunt.** *Our men got possession of the camp.*

87. Ablative of Cause. The ablative without a preposition is used to denote *cause,* chiefly with verbs of *emotion.*

> **Suā victōriā glōriantur.** *They boast on account of their victory.*

88. Ablative of Manner. The ablative with **cum** is used to express the *manner* of an action. When there is a modifying adjective, **cum** *may* be omitted.

> **Cum cruciātū necātī sunt.** *They were put to death with torture.*
> **Incrēdibilī celeritāte dēcucurrērunt.** *They ran down with wonderful swiftness.*

Note. The ablative may express that *in accordance with* which something is done.

> **Īnstitūtō suō,** *In accordance with his custom.*

89. Ablative of Accompaniment. The ablative with **cum** is used to denote *accompaniment.* **Cum** is sometimes omitted in *military expressions* containing a modifying adjective (other than a numeral).

> **Cum hīs lēgātīs vēnit.** *He came with these ambassadors.*
> **Subsequēbātur omnibus cōpiīs.** *He followed with all his forces.*

90. Ablative of Description. The ablative *with a modifying adjective* is used to describe a person or thing. For *physical qualities* the ablative is regularly used.

> **Hominēs inimīcō animō,** *Men of unfriendly disposition.*

427

91. Ablative of Specification. The ablative without a preposition is used to specify *in what respect* a statement is true.

> **Virtūte praecēdunt.** *They excel in courage.*

NOTE. The ablative of specification is used with the adjectives **dignus** and **indignus**.

> **Nihil ipsīs indignum,** *Nothing unworthy of themselves.*

92. Ablative of Comparison. After a *comparative* the ablative may be used instead of **quam,** *than* (but *only when* the first of the things compared is in the *nominative* or *accusative*).

> **Ei sunt hūmāniōrēs** $\begin{cases} \text{cēteris.} \\ \text{quam cēteri.} \end{cases}$ *These are more civilized than the rest.*

NOTE. Occasionally the comparative adverbs **amplius, longius, plūs,** and **minus** do not affect the construction of the noun following.

> **Spatium nōn amplius pedum sescentōrum . . .** *A space of not more than six hundred feet . . .*

93. Ablative of Degree of Difference. The *measure* or *degree of difference* is expressed by the ablative without a preposition.

> **Paulō longius,** *a little further* (lit., *further by a little*).

94. Ablative of Time. *Time when* or *within which* is expressed by the ablative without a preposition.

> **Diē tertiō,** *On the third day.*   **Paucis annis,** *Within a few years.*

95. Ablative with Prepositions. The following prepositions govern the ablative:

ā, ab, or **abs,** *from, by*	**dē,** *from, concerning*	**prae,** *before*
cum, *with*	**ē** or **ex,** *from, out of*	**prō,** *in front of, for*
		sine, *without*

NOTES. 1. **Cum,** when used with the personal and reflexive pronouns, becomes an enclitic; usually also with the relative and interrogative pronouns: **nōbīscum,** *with us;* **sēcum,** *with himself;* **quibuscum,** *with whom.*

2. Two prepositions **in,** *in, into,* and **sub,** *under,* govern the ablative to denote *place where,* but the accusative to denote *motion whither.*

> **Sub aquā,** *Under the water.* **Sub iugum mittere,** *To send under the yoke.*

96. Ablative of Place Where. *Place where* is regularly expressed by the ablative with **in,** *in, on.* The preposition is often omitted with certain words, as **locō, locīs, parte, partibus,** when they are modified by an adjective or a genitive. (*Names of towns,* **domus,** and **rūs** are put in the locative. See below.)

> **In eōrum finibus,** *In their territory.* **Aliēnō locō,** *In an unfavorable place.*

428

97. Ablative of Way by Which. The *way by which* is expressed by the ablative without a preposition.

Aurēliā viā profectus est. *He set out by the Aurelian Way.*

98. Ablative Absolute. The construction consists of a noun or pronoun in the ablative with a participle, adjective, or noun in the same case. The name absolute comes from *absolutus*, loosened from (the rest of the sentence) grammatically.

An ablative absolute may express time, attendant circumstance, cause, condition, concession, means, or manner, and often may be translated by a clause; a literal translation into English in the form of a nominative absolute should generally be avoided.

TIME	**C. Mariō et L. Valeriō cōnsulibus,** *In the consulship of Gaius Marius and Lucius Valerius.*
ATTENDANT CIRCUMSTANCE	**Indiciis expositis atque ēditis,** *After the proofs had been set forth and produced.*
CAUSE	**Cōnservātā rē pūblicā,** *Because the state has been preserved.*
CONDITION	**Quā quidem dētrāctā,** *But if this be taken away.*
CONCESSION OR OPPOSITION	**Nūllō adversāriō,** *Although no one opposes.*
MEANS	**Caesare impulsōre atque adiūtōre,** *By the instigation and assistance of Caesar.*
MANNER	**Dēmissō vultū,** *With downcast countenance.*

Locative

99. With *names of towns*, **domus**, and **rūs**, place where is expressed by the *locative case*. This in the *singular* of the *first* and *second* declension is like the genitive; elsewhere it is like the ablative. (The locative of **domus** is **domī**, *at home*.)

Rōmae, *At Rome.*   **Athēnīs,** *At Athens.*   **Domī meae,** *At my home.*

VERBS

TENSES OF THE INDICATIVE

100. Present. The present tense represents an act as *going on now*, or states something that *applies to all time*.

Parat — *He prepares; he is preparing; he does prepare.*

101. Historical Present. In vivid narration a writer may think of past events as if they were going on before his eyes, and use the present indicative; these historical present tense verbs are much more common

429

in Latin than in English, and generally should be translated as a past tense.

Petreius tubā signum dat. *Petreius gave the signal with a trumpet.*

NOTE. **Dum,** meaning *while,* takes the historical present.

Dum morātur, lēgātī vēnērunt. *While he was delaying, envoys came.*

102. Imperfect. The imperfect denotes *continued* or *repeated* action in past time.

Parābat — *He was preparing; he kept preparing.*

103. Future. The future denotes *action* in the *future.*

Parābit — *He will prepare.*

104. Perfect. The perfect represents an act: (1) as completed *in the past;* (2) as completed *at the time of speaking.*

Parāvit — (1) *He prepared.* (2) *He has prepared.*

105. Pluperfect. The pluperfect denotes an act *completed in the past before another was begun.*

Parāverat — *He had prepared.*

106. Future Perfect. The future perfect represents an *action* as *completed in the future.*

Parāverit — *He will have prepared.*

107. Conative Use of Tenses. A verb in the present indicative may express action attempted or begun, but not carried out. For past time, the imperfect may be used in the same way.

108. Tenses with *iam diu, iam dudum, iam prīdem.* With these and similar expressions of time, a present tense indicates that the act or state, begun some time before, has continued to the present time. In the same way the imperfect shows that there had been a continuance down to the time of which one is speaking.

Iam pridem vidēbam, *I had for a long time seen.*

109. Epistolary Tenses. In letters, writers may make occasional (not consistent) use of tenses adapted to the time when the letter will be read, instead of the actual time of the writing. Thus, **scrībēbam** = *I am writing;* **scrīpsī** = *I write;* **scrīpseram** = *I have written* (or *I wrote*); **scriptūrus eram** = *I shall write;* **eram** = *I am,* and so on.

430

INDICATIVE MOOD

110. The indicative mood is used to express *a fact*.

Germāni Rhēnum trānsiērunt. *The Germans crossed the Rhine.*

111. Temporal Clauses. Clauses introduced by **postquam,** *after,* **ut** and **ubi,** *when,* **cum prīmum, simul,** and **simul atque,** *as soon as,* take the indicative, usually in the *perfect tense.*

Postquam Caesar pervēnit, obsidēs poposcit. *After Caesar had arrived, he demanded hostages.*

112. Adversative Clauses. Clauses introduced by **quamquam** and **etsī,** *although,* take the indicative.

Etsi castra erant exigua, haec contrāxit. *Although the camp was small, he contracted it.*

SUBJUNCTIVE MOOD

Independent Sentences

113. Hortatory Subjunctive. The hortatory subjunctive represents an idea as willed. The present subjunctive is used in Latin; the negative is **nē.**

Fortēs simus. *Let us be brave.* **Nē ignāvi sint.** *Let them not be cowards.*

Subordinate Clauses

114. Purpose Clauses. Purpose clauses introduced by **ut** (negative **nē**) take the subjunctive.

Veniunt ut pācem faciant. *They are coming to make peace.*
Abiit, nē id accideret. *He went away, that this might not happen.*

115. Relative Purpose Clauses. A purpose clause may be introduced by a relative pronoun or adverb.

Lēgātōs misērunt, qui dicerent . . . *They sent envoys to say . . .*

116. Purpose Clauses with *Quō*. Purpose clauses *containing a comparative* are introduced by **quō** instead of **ut.**

Castra mūnivērunt, quō facilius hostium impetūs sustinērent. *They fortified the camp in order to withstand the enemy's attacks more easily.*

117. Substantive Purpose Clauses. The following verbs are followed by substantive clauses of purpose, introduced by **ut** or **nē:**

cēnseō	imperō	moneō	persuādeō	postulō
dēcernō	mandō	ōrō	petō	quaerō
hortor		permittō		rogō

431

Helvētiis persuāsit ut dē finibus exīrent. *He persuaded the Helvetians to leave their country.*

> NOTE. **Iubeō, vetō,** and **cupiō** take the infinitive with an accusative subject.
>
> **Equitēs proficīscī iussit.** *He ordered the cavalry to set out.*

118. Substantive Clauses with Verbs of Fearing. Verbs and expressions of *fearing* are followed by the subjunctive introduced by **nē,** *that,* *lest,* or **ut,** *that not.*

> **Vereor ut hoc intellegī possit.** *I fear this cannot be understood* (originally, *I am afraid (have my doubts): may this be intelligible).*
>
> **Verēri ut habeam,** *To fear that I may not have.*

119. Clauses of Doubting. Negative and interrogative expressions of *doubting* are followed by substantive clauses, with the verb in the subjunctive, introduced by **quīn.**

> **Nēmini dubium est quin eā rē idem imperātor plūrimum possit.** *It is doubtful to no one that in this respect that same general is pre-eminent.*

120. Clauses of Hindering. Verbs of *hindering* or *preventing* are followed by the subjunctive introduced by **nē** or **quōminus** if the main verb is *affirmative*, and **quīn** or **quōminus** if the main verb is *negative.*

> **Eōs dēterrēbat nē frūmentum cōnferrent.** *He was deterring them from collecting grain.*
>
> **Retinēri nōn poterant quin tēla conicerent.** *They could not be restrained from hurling darts.*
>
> NOTE. **Prohibeō,** *prevent,* regularly takes the infinitive.
>
> **Germānōs trānsire prohibēbant.** *They were preventing the Germans from crossing.*

121. Result Clauses. Clauses of result introduced by **ut** (negative **ut nōn**) take the subjunctive. The main clause often contains **tantus, tam, ita, adeō,** or a similar word.

> **Tanta erat caedēs ut perpauci effugerent.** *So great was the slaughter that very few escaped.*
>
> **Vulneribus cōnfectus est ut iam sē sustinēre nōn posset.** *He was exhausted by wounds so that he could no longer hold himself up.*

122. Substantive Clauses of Result. Substantive result clauses (introduced by **ut** or **ut nōn**) with the subjunctive are used as the subject or object of verbs meaning *to happen* or *to cause* or *effect.*

> **Accidit ut esset lūna plēna.** *It happened that it was full moon.*
>
> **Efficiunt ut equi sint summi labōris.** *They render the horses capable of the highest exertion.*

432

123. Cum. Circumstantial Clauses. *In narration,* **cum,** meaning *when,* is used with the imperfect or pluperfect subjunctive to describe the circumstances under which the action took place.

Cum in fugā traherētur, in ipsum Caesarem incidit. *While he was being dragged along in flight, he happened upon Caesar himself.*

Cum pervēnisset, ea cognōvit. *When he had arrived, he ascertained these facts.*

NOTE. If the cum clause is used merely to denote *the point of time* at which the action occurred, the verb is in the indicative.

Cum Caesar vēnit, prīncipēs erant Aeduī. *At the time when Caesar came, the Aedui were leaders.*

124. Cum Causal. Cum, meaning *since,* takes the subjunctive.

His cum persuādēre nōn possent, lēgātōs ad Dumnorigem mīsērunt. *Since they could not persuade these, they sent envoys to Dumnorix.*

125. Adversative Clauses with Subjunctive. An adversative clause introduced by **cum, ut,** or **quamvīs,** *although,* takes the subjunctive.

Cum prīmī ōrdinēs concidissent, tamen reliqui resistēbant. *Although the first ranks had fallen, still the rest kept resisting.*

126. Clauses of Anticipation. Temporal clauses introduced by **dum,** *until,* and **antequam** or **priusquam,** *before,* take the subjunctive to denote something as *anticipated.* To express an *actual fact* they take the indicative.

Priusquam sē hostēs ex terrōre reciperent, in fīnēs Suessiōnum exercitum dūxit. *Before the enemy could recover from fright, he led his army into the territory of the Suessiones.*

Neque prius fugere dēstitērunt quam ad flūmen Rhēnum pervēnērunt. *They did not cease fleeing before they came to the river Rhine.*

127. Indirect Questions. Interrogative clauses used as the object of verbs of *inquiring, knowing, telling* take the subjunctive.

Eī ostendit unde vēnisset et quis esset. *He showed him whence he had come and who he was.*

128. Subordinate Clauses in Indirect Discourse. Verbs of *saying, thinking, knowing,* and *perceiving* (which are followed by the accusative and infinitive in the main clause of the indirect discourse), take the subjunctive in all *subordinate clauses* of the indirect discourse.

Dixit Germānōs, qui trāns Rhēnum incolerent, inter sē obsidēs dare. *He said that the Germans, who dwelt across the Rhine, were exchanging hostages.*

NOTES. 1. **Implied Indirect Discourse.** Even when there is no verb of saying or thinking in the main clause, the subjunctive is used in clauses in which indirect discourse is *implied.*

433

Caesar Aeduōs frūmentum, quod essent pollicitī, flāgitābat. *Caesar demanded of the Aedui the grain which* (as he reminded them) *they had promised.*

2. **Commands** in direct discourse become subjunctive in indirect discourse.

Scrībit Labiēnō, cum legiōne veniat. *He writes Labienus to come with the legion.*

129. *Quod* Causal Clauses. Causal clauses, introduced by **quod** or **quoniam**, *because, since,* (*a*) take the indicative when they give the *writer's* or *speaker's reason,* (*b*) take the *subjunctive* to suggest that it is the reason of *some other person.*

(*a*) **Fortissimī sunt proptereā quod longissimē absunt.** *They are the bravest, because they are farthest away.*

(*b*) **Aeduī querēbantur, quod Harūdēs eōrum fīnēs populārentur.** *The Aedui complained, because the Harudes were devastating their borders.*

130. Relative Descriptive Clauses. A clause with the verb in the subjunctive may be used to state a *reason* or an *explanation.*

Peccāsse mihi videor quī ā tē discesserim. *I seem to have made a mistake in leaving you.*

Quī tuae virtūtis Homērum praecōnem invēneris, *Since you found in Homer a herald of your valor.*

In this use **quī** is equivalent to **cum is, cum ego, cum tū,** and so on; the causal relation is often made clearer by combining **ut, quippe,** or **praesertim** with **quī.**

131. Clauses of Proviso. A relative clause may make a *restriction* or add a *proviso.* *a.* With the subjunctive —

Quī modo tolerābilī condiciōne sit servitūtis, *At least if* (*provided*) *his lot as a slave is endurable.*

Quod commodō valētūdinis tuae fīat, *So far as may be done without detriment to your health.*

b. With the indicative —

Quod ad mē attinet, *So far as I am concerned.*

132. Potential and Deliberative Subjunctive. The subjunctive used in rhetorical questions may be either deliberative or potential. *a.* Potential, implying a negative opinion on the part of the speaker —

Hōc tantum bellum quis arbitrārētur ab ūnō imperātōre cōnficī posse? *Who would have thought that this great war could be brought to a successful close by one general?*

b. Deliberative, implying doubt, indignation, surprise, or impossibility —

Cūr committāmus . . . *Why should we entrust . . .*

434

133. Wishes. *a.* A wish capable of realization is expressed by the present subjunctive, often with **utinam.**

Utinam tibi istam mentem dī immortālēs duint! *May the gods grant (Would that the gods would grant) you such a mind!*

b. A wish incapable of realization is expressed in present time by **utinam** with the imperfect subjunctive and in past time by **utinam** with the pluperfect subjunctive.

Utinam cōpiam tantam habērētis! *Would that you had so great an abundance!*

134. Conditions of Fact. Conditional sentences which may be either true or false (simple condition) take the indicative in both clauses. The tense is the same as in English, except that in Latin a simple condition referring to future time is expressed by the future or future perfect tense, where the present is generally used in English.

PRESENT. **Si cēdit, ignāvus est.** *If he yields, he is a coward.*
PAST. **Si cessit, ignāvus fuit.** *If he yielded, he was a coward.*
FUTURE. **Si cēdet (cesserit), ignāvus erit.** *If he yields* (lit., *shall yield* or *shall have yielded*), *he will be a coward.*

135. Should-Would Conditions. In this kind of sentence, also called "future less vivid," the verb in both clauses is in the present subjunctive.

Si cēdat, ignāvus sit. *If he should yield, he would be a coward.*

136. Contrary-to-Fact Conditions. *a.* Contrary-to-fact conditional sentences in present time take the imperfect subjunctive in both clauses.

Si cēderet, ignāvus esset. *If he were yielding, he would be a coward.*

b. Contrary-to-fact conditional sentences in past time take the pluperfect subjunctive in both clauses.

Si cessisset, ignāvus fuisset. *If he had yielded, he would have been a coward.*

NOTE. The conditional clause of a contrary-to-fact sentence may be in past time (pluperfect subjunctive), while the conclusion is in present time (imperfect subjunctive). This kind of sentence is called a "mixed condition."

Si vixisset, nunc esset cōnsul. *If he had lived, he would now be the consul.*

INFINITIVE MOOD

137. Infinitive as Subject. As the infinitive is a verbal noun, it may be used as the subject of a verb.

Vidēre est crēdere. *To see is to believe.*

138. Complementary Infinitive. The infinitive is often used as the object of a verb. When it *completes* the meaning of a verb, it is called the *complementary infinitive.*

> **Cōpiās parāre coepērunt.** *They began to prepare forces.*
> **Exīre potuērunt.** *They were able to go out.*

The following verbs are followed by a complementary infinitive:

audeō	cōnsuēscō	dubitō	possum
coepī	contendō	incipiō	soleō
cōnor	dēbeō	mātūrō	statuō
cōnstituō			videor

139. Infinitive in Indirect Discourse. After verbs of *saying, thinking, knowing,* and *perceiving,* the *main clause* in the indirect discourse has an infinitive, with its subject in the accusative.

> **Nūntiāvit equitēs pulsōs esse.** *He reported that the cavalry had been routed.*

140. Historical Infinitive. In animated narrative the present infinitive may displace the usual main verbs in narration. In this case (and this alone) the infinitive has a nominative subject. Historical infinitives are likely to be used in a series with the effect of a vivid word picture, combining description with narration.

> **Ego lēgem recitāre; ille furiōsus urgēre.** *I read the law; the madman insisted.*

141. Infinitive in Exclamations. The infinitive, with an accusative subject, may be used in exclamations. To translate into English the student should supply a phrase like *To think that . . .* or *The idea that . . .* The interrogative particle **-ne** is often attached to the emphatic word.

> **Quemquamne fuisse tam scelerātum!** (*To think that*) *anyone should be so wicked!*

IMPERATIVE MOOD

142. The imperative mood is used to express a command.

> **Dēsilite.** *Leap down.*

The negative imperative is commonly expressed in Latin prose by using **nōlī** (*pl.,* **nōlīte**) with an infinitive.

> **Nōlīte dēsilīre.** *Do not leap down.*

In poetry, a negative command may be expressed by **nē** and the imperative.

> **Nē crēdite.** *Do not trust.*

NOTE. Four verbs drop the final **e** in the imperative singular: **dīc, dūc, fac, fer.** The plural imperative of **ferō** is **ferte.**

436

PARTICIPLE

143. A participle is a verbal adjective; as a *verb* it may be followed by an object; as an *adjective* it must agree with its noun in gender, number, and case.

144. Present Participle. The present participle is used to denote the *same* time as the principal verb.

> **Cotta pugnāns occiditur.** *Cotta is killed (while) fighting.*

145. Perfect Participle. The perfect participle is used to denote time *before* that of the principal verb.

> **Caesar, adductus eōrum precibus, bellum suscēpit.** *Influenced by their entreaties, Caesar undertook the war.*

146. Future Active Participle. The future participle is used to denote time *after* that of the principal verb.

> **Moritūri, tē salūtāmus.** *We (who are) about to die, salute you.*

NOTE. The future participle is chiefly used in the active periphrastic conjugation.

147. Future Passive Participle (Gerundive). The future passive participle has two distinct uses:

(1) With the verb **sum** in the passive periphrastic conjugation. When thus used with any part of the verb **sum** — expressed or understood — it is translated *necessary to be, ought to be, must be.*

> **Signum tubā dandum erat.** *The signal had to be given with the trumpet.*

(2) As a gerundive (expressing the leading idea of a phrase) in agreement with a noun, in the sense of *-ing.*

> **Cōnsilium cēpērunt legiōnis opprimendae.** *They formed the plan of crushing the legion.*

NOTE. Gerundive phrases introduced by **ad** with the accusative, or by **causā** (or **grātiā**) and the genitive, are used to express *purpose.*

> **Ad eās rēs cōnficiendās,** *For the purpose of accomplishing these things.*
> **Bellī īnferendī causā,** *For the sake of making war.*

GERUND

148. A gerund is a *verbal noun* of the second declension, used only in the singular. It lacks the nominative case, which is supplied by the infinitive. It may take a direct object, but as a rule it does so only in the genitive or ablative (without a preposition).

> **Spēs capiendī urbem,** *Hope of taking the city.*

149. A supine is a *verbal noun* of the fourth declension, used only in the accusative and ablative.

a. The accusative of the supine is used with verbs of motion to express *purpose.*

Lēgātōs misērunt rogātum auxilium. *They sent envoys to ask assistance.*

b. The ablative of the supine is used with a few adjectives.

Perfacile factū est. *It is very easy to do.*

ROMAN DATING

150. Ante diem, frequently abbreviated to **a.d.,** is used in dates like a preposition, followed by an ordinal number and the division of the month in the accusative. The phrase may itself follow a preposition.

In a.d.V.Kal. Nov. = **In ante diem quintum Kalendās Novembrēs,** *Before the fifth day before the Kalends of November* (i.e., October 28).

Before Caesar's reform of the calendar in 46 B.C., Romans assigned 31 days to March, May, July, and October; 28 days to February; and 29 days to the remaining months. Every fourth year, February 24 was counted twice, giving the month 29 days in that year. Caesar's reform divided the year into months containing the same number of days as our present calendar has.

TERMS USED IN GRAMMAR AND RHETORIC

Alliteration, a succession of two or more words with repetition of the same (usually, initial) sound.

> **Sēnsim sine sēnsū aestās senēscit.**

Anaphora, the repetition of the same word or word order in successive phrases.

> **Plēni omnēs sunt libri, plēnae sapientium vōcēs.** *All the books are full of it, the voices of the wise are full of it.*

Asyndeton, the omission of the conjunction in a closely related series.

> **Ex cupiditātibus odia, discidia, discordiae nāscuntur.** *From greedy desires spring up hatreds, dissensions, discords.*

Chiasmus, an arrangement which places in opposing order words of related phrases.

> **Multōs dēfendi, laesi nēminem.** *Many I have defended, I have injured no one.*

Cognate accusative, an accusative of result, closely related to and following an intransitive verb.

> **Vītam dūram vixi.** *I have lived a hard life.*

Ellipsis, the omission of one or more words, understood from the rest of the passage.

> **Quid multa?** *Why (should I say) many things?*

Ethical dative, a personal pronoun, in the dative case, with a very loose connection with the rest of the sentence.

> **Quid mihi Celsus agit?** *What is my Celsus doing?*

Euphemism, the substitution of a mild or favorable expression for an unpleasant one.

> **Vixērunt.** *They did live, i.e., They are dead.*

Forensic, a usage belonging to court argument or debate, e.g., the regular use of the pronoun **iste** to designate one's opponent.

439

Hendiadys, the use of two nouns joined by a conjunction in the sense of a noun modified by a genitive or an adjective.

Febris et aestus, *The heat of fever.*

Litotes, the expression of an idea by the negation of its opposite.

Nōn ignōrō. *I am not ignorant.*

Metonymy, the use of one word for another that it suggests, as naming a part for the whole, or a result for the cause.

Vestris vectigālibus, *Your taxes (tribute),* for *Lands tributary to you.*

Onomatopoeia, a word or expression in which the sound itself is suited to the meaning, e.g., **hinniō, -īre,** *to neigh.*

Oxymoron, the combination of contradictory ideas in a single expression.

Sapiēns insānia, *Wise folly.*

Praeteritio, calling attention to an idea by prefacing it with a remark excluding it from consideration.

Illa nimis antiqua praetereō. *I pass over those* (next examples) *as too remote.*

Rhetorical question, a question for which no answer is expected or the answer is self-evident, often taking a verb in the infinitive mood.

Num memoriam dēpōnere posse? *Could he lay aside the memory?*

Syncope, omission of a letter or syllable from the middle of a word; as, **peragrārunt** for **peragrāvērunt.**

Synesis, a grammatical construction according to the sense rather than the form.

Nobilitās ... crēdēbant. *The aristocracy* (sing.) *... believe* (pl.).

Tmesis, separation of parts of a compound word by one or more words; as, **circum dea fudit.**

Zeugma, a condensed expression in which one verb is made to stand for two verbs.

Minis aut blandimentis corrupta, *(Terrified) by threats or corrupted by flattery.*

Latin-English Vocabulary

In this vocabulary, adverbs formed regularly from adjectives are not given when the adjective appears in the list.

The perfect participle of verbs, except deponents, is given in the supine form.

Direct and indirect derivatives from the Latin word — including derivatives from the root combined with various prepositional prefixes — which are also definitions are printed in SMALL CAPITALS.

Words which appear on various lists, such as the latest available lists published by the College Entrance Examination Board and the New York State Board of Regents, are marked in the vocabulary by the symbol •, ••, •••, to indicate first-year words, second-year words, and third-year words, respectively.

ABBREVIATIONS

abl.	= *ablative*	fig.	= *figurative*	pl.	= *plural*
abbr.	= *abbreviation*	foll.	= *following*	poss.	= *possessive*
acc.	= *accusative*	fut.	= *future*	prec.	= *preceded*
adj.	= *adjective*	gen.	= *genitive*	prep.	= *preposition*
adv.	= *adverb*	impers.	= *impersonal*	pres.	= *present*
b.	= *born*	indecl.	= *indeclinable*	pron.	= *pronoun*
c.	= *common*	interrog.	= *interrogative*	rel.	= *relative,*
cap.	= *capitalized*	interj.	= *interjection*		*related*
compar.	= *comparative*	intrans.	= *intransitive*	semidep.	= *semideponent*
conj.	= *conjunction*	loc.	= *locative*	sing.	= *singular*
dat.	= *dative*	m.	= *masculine*	superl.	= *superlative*
def.	= *defective*	n.	= *neuter*	trans.	= *transitive*
esp.	= *especially*	part.	= *participle*	voc.	= *vocative*
f.	= *feminine*	pass.	= *passive*		

A

a. = **ante** (in dates)

A. = **Aulus**, a praenomen

• **ā, ab, abs,** prep. with abl. of place, time, source, *from;* of agent, *by* (**ab** is required before a vowel or *h*)

abaliēnō, -āre, -āvī, -ātum, [aliēnus], *estrange,* ALIENATE

abdicō, -āre, -āvī, -ātum, [dicō], *disown, reject;* with **sē** and abl., *resign*

abditus, -a, -um, [abdō], *hidden, concealed*

•• **abdō, -ere, -didī, -ditum,** [dō], *put*

away, hide; with **sē,** *bury one-self*

abdūcō, -ere, -dūxi, -ductum, [**dūcō**], *draw away, withdraw*

•• **abeō, -ire, -ii, -itum,** [**eō**], *go away, go off, depart*

••• **abhorreō, -ēre, -ui, —,** [**horreō**], *shrink from; be averse to; be at variance with*

abiciō, -ere, -iēci, -iectum, [**iaciō**], *throw away, cast down, give up;* with **sē,** *prostrate oneself*

abiectus, -a, -um, [**abiciō**], *cast down,* DEJECTED; *low, contempt-ible*

abluō, -ere, -lui, -lūtum, [**luō**], *wash away, wash off, cleanse, purify*

abnegō, -āre, -āvi, -ātum, [**negō**], *refuse, deny; repudiate*

abōminor, -āri, -ātus sum, [**ab + ōmen**], *deprecate; abhor, de-test*

abripiō, -ere, -ripui, -reptum, [**rapiō**], *snatch, carry off*

abrumpō, -ere, -rūpi, -ruptum, [**rumpō**], *break off, break away; tear, rend, burst*

abscēdō, -ere, -cessi, -cessum, [**cēdō**], *go off, withdraw, depart*

absconditus, -a, -um [**abscondō**], *hidden, concealed; secret*

absēns, -entis, [**absum**], ABSENT

absentia, -ae, f., [**absēns**], ABSENCE

absolūtiō, -ōnis, f., [**absolvō**], *acquittal,* ABSOLUTION

absolvō, -ere, -solvi, -solūtum, [**solvō**], *set free, release; acquit,* ABSOLVE; *pay off, pay*

abstergeō, -ēre, -tersi, -tersum, [**tergeō**], *wipe away, wipe off*

abstinentia, -ae, f., *self-denial*

abstrahō, -ere, -trāxi, -trāctum, [**trahō**], *draw off, take away*

• **absum, -esse, āfui, āfutūrus,** *be away, be* ABSENT, *be distant; be lacking*

absūmō, -ere, -sūmpsi, -sūmptum, [**sūmō**], *take away, diminish;*

exhaust, spend, CONSUME; *waste, destroy, ruin; kill*

abundāns, -antis, [**abundō**], *over-flowing,* ABUNDANT, *rich,* ABOUNDING

abundantia, -ae, f., [**abundāns**], ABUNDANCE, *plenty*

abundē, adv., *in great* ABUNDANCE, *amply*

abundō, -āre, -āvi, -ātum, [**unda**], *overflow;* ABOUND *in, be rich in*

abūtor, -ūti, -ūsus sum, [**ūtor**], USE *up;* ABUSE, MISUSE; *take advan-tage of*

ac, see **atque**

Acastus, -i, m., *a slave of Cicero*

• **accēdō, -ere, -cessi, -cessum,** [**ad + cēdō**], *come to, approach, go up to; be added*

accelerō, -āre, -āvi, -ātum, [**ad + celerō**], *hasten, make haste*

accendō, -ere, -cendi, -cēnsum, *kindle, set on fire; inflame, arouse; encourage; embitter*

• **accidō, -ere, -cidi, —,** [**ad + cadō**], *happen, occur, take place; fall to, reach*

• **accipiō, -ere, -cēpi, -ceptum,** [**ad + capiō**], RECEIVE, ACCEPT; *hear;* PERCEIVE, *understand; assume*

Accius, -i, m., *Lucius* ACCIUS, *a Roman tragic poet*

acclīvis, -e, or **acclivus, -a, -um,** [**ad + clivus**], *mounting upwards, ascending; steep*

accola, -ae, m., [**ad + colō**], *neighbor*

accommodō, -āre, -āvi, -ātum, *adjust, adapt; fit*

accubō, -āre, def., *recline* (at table)

accumbō, -ere, -cubui, -cubitum, *recline* (at table)

accūrātē, adv., [**ad + cūrō**], *care-fully, with care*

accurrō, -ere, -curri, -cursum, [**ad + currō**], *run to, hasten to*

accūsātōriē, adv., [**accūsātor**], *as an* ACCUSER

••• **accūsō, -āre, -āvi, -ātum,** [**ad +**

causa], *blame, censure;* ACCUSE, *bring a charge, indict; prosecute*

•**ācer, ācris, ācre,** *sharp, piercing; keen; active, spirited; fierce; bitter*

acerbitās, -ātis, f., [acerbus], *bitterness; harshness, severity,* ACERBITY; *pain, sorrow*

•••**acerbus, -a, -um,** *bitter, sour; harsh; violent, severe, cruel*

acervus, -ī, m., *pile, heap*

Achāia, -ae, f., a part of Greece; a Roman province

Achāicus, -a, -um, [Achāia], *pertaining to* ACHAIA; *Greek*

Achillēs, -is, m., a Greek hero, son of Peleus and Thetis

Achradina, -ae, f., *the* ACHRADINE, a part of the city of Syracuse

•**aciēs, -ēī,** f., [rel. to acuō], *sharpness, keenness; point; edge; line of battle*

acquiēscō, -ere, -quiēvī, -quiētum, [ad + quiēscō], *rest, become* QUIET; *be at rest, have peace*

acquīrō, -ere, -quīsīvī, -quīsītum, [ad + quaerō], *gain,* ACQUIRE; **acquīrere ad fidem,** *to gain in credit*

ācroāma, -atis, n., *reader, singer, performer*

āctiō, -ōnis, f., [agō], *driving, doing,* ACTION; *legal process, lawsuit, trial*

āctus, -ūs, m., [agō], ACT, *part of a play; doing*

acūmen, -inis, n., [acuō], *acuteness, keenness, sharpness; point, tip*

acuō, -ere, -uī, -ūtum, *sharpen, whet, make sharp; arouse, excite, stimulate*

a. d. = ante diem

•**ad,** prep. with acc., *to, up to; near; at, at the house of; for, in order to; till*

•••**adaequō, -āre, -āvī, -ātum,** [aequō], *make* EQUAL; *match; keep up with*

addiscō, -ere, -didicī, —, [discō], *learn* (in addition), *gain knowledge of; go on learning*

••**addō, -ere, -didī, -ditum,** [dō], ADD, *put to, bring to; increase*

•**addūcō, -ere, -dūxī, -ductum,** [dūcō], *lead to, bring to;* INDUCE, *prevail upon; influence*

Adelphī, -ōrum, m. pl., *The Brothers,* a play by Terence

•**adeō, -īre, -iī** or **-īvī, -itum,** [eō], *go to, approach; enter upon, undertake; encounter; incur; apply to, accost; visit*

•••**adeō,** adv., *so far, so, thus far, to this*

adeps, -ipis, m. or f., *fat; corpulence*

adf-, see aff-

adg-, see agg-

adhaereō, -ēre, def., [haereō], *cling to, stick to;* ADHERE *to*

adhibeō, -ēre, -uī, -itum, [habeō], *hold to; apply; employ; furnish, use*

adhortor, -ārī, -ātus sum, [hortor], *encourage, urge on; arouse,* EXHORT

•••**adhūc,** adv., *up to this time, thus far; yet*

adiciō, -ere, -iēcī, -iectum, [iaciō], *throw, cast, throw at; add; join; contribute*

•••**adimō, -ere, -ēmī, -ēmptum,** [emō], *take away, remove, deprive of; free from*

•••**adipīscor, -ī, adeptus sum,** *obtain, acquire, secure, get, gain, win; overtake*

••**aditus, -ūs,** m., [adeō], *approach, access; entrance, arrival*

adiūmentum, -ī, n., [adiuvō], *help, aid, assistance*

•••**adiungō, -ere, -iūnxī, -iūnctum,** [iungō], JOIN *to,* JOIN; *add, attach to; annex; secure*

adiūtor, -ōris, m., [adiuvō], *helper, supporter, assistant, deputy*

adiuvō, -āre, -iūvī, -iūtum, [iuvō], *aid, help, assist, support*

adl-, see all-

administer, -tri, m., and admi-
nistra, -ae, f., [administrō],
helper, assistant; servant

administrō, -āre, -āvi, -ātum,
[minister], *manage, conduct,
carry on; control,* ADMINISTER

••admirābilis, -e, [admiror], ADMI-
RABLE, *wonderful, strange, as-
tonishing*

admirātiō, -ōnis, f., [admiror],
wonder, surprise, ADMIRATION

••admiror, -āri, -ātus sum, [miror],
wonder at; ADMIRE

••admittō, -ere, -misi, -missum,
[mittō], ADMIT, *receive;* PERMIT;
COMMIT

•••admoneō, -ēre, -ui, -itum, [moneō],
warn, ADMONISH, *remind*

admonitus, -ūs, m., [admoneō],
only in abl. sing., *by advice, at
the suggestion of*

admoveō, -ēre, -mōvi, -mōtum,
[moveō], MOVE *to; carry; conduct, drive; apply, direct* (attention to)

admurmurātiō, -ōnis, f., MURMUR-
ING

adn-, see ann-

adolēscō, -ere, -lēvi, -ultum, *grow,
grow up; increase*

adoperiō, -ire, -ui, -pertum,
[operiō], *cover*

adoptō, -āre, -āvi, -ātum, [optō],
choose, select; receive, ADOPT

adōrnō, -āre, -āvi, -ātum, [ōrnō],
equip, furnish, provide; decorate,
ADORN

adōrō, -āre, -āvi, -ātum, [ōrō],
call upon; worship, ADORE;
honor

adq-, see acq-

adr-, see arr-

ads-, see ass-

•adsum, -esse, adfui, adfutūrus, *be
near, be present; assist, aid,
support*

•adulēscēns, -entis, adj., [adolēscō],
young, youthful; as a noun, c.,
youth; young man or *young
woman*

••adulēscentia, -ae, f., [adolēscō],
youth, ADOLESCENCE

adulēscentulus, -i, m., [adulēscēns],
very young man, mere youth, lad

adulter, -eri, m., ADULTERER

adulteria, -ae, f., and -ium, -i, n.,
ADULTERY

adultus, -a, -um, [adolēscō], *full-
grown, mature,* ADULT

aduncus, -a, -um, *bent in, hooked,
crooked*

advena, -ae, c., [adveniō], *stranger,
foreigner, visitor, chance-comer*

adventicius, -a, -um, [adveniō],
foreign, strange, imported

adventō, -āre, -āvi, -ātum, [veniō],
*come frequently; approach, ar-
rive; advance rapidly*

•adventus, -ūs, m., [adveniō], *coming, approach, arrival,* ADVENT

•••adversārius, -a, -um, [adversus],
*opposed, hostile, contrary, op-
posite*

adversor, -āri, -ātus sum, [adver-
sus], *resist, withstand; oppose*

••adversus, -a, -um, [advertō], *turned
toward, facing; opposite;* AD-
VERSE, *hostile*

adversus, adv., and prep. with
acc., *against*

advesperāscit, -ere, -āvit, [vesper],
*evening approaches, it is getting
dark*

advocātiō, -ōnis, f., [vocō], *consultation, legal aid, counsel*

•aedēs or aedis, -is, f., *building,
temple;* pl., *house, dwelling*

aedificātiō, -ōnis, f., [aedificō],
building, EDIFICE; *process of
building; plan site, building
area*

•aedificium, -i, n., [aedificō], *building,* EDIFICE

••aedificō, -āre, -āvi, -ātum, [aedēs
+ faciō], *build, erect, construct*

aedilis, -is, m., [aedēs], AEDILE,
buildings commissioner

444

aedilitās, -ātis, f., [aedīlis], *office of* AEDILE, AEDILESHIP

Aegaeus, -a, -um, AEGEAN

•aeger, -gra, -grum, *sick; troubled; feeble*

••aegrē, adv., [aeger], *with difficulty, scarcely, barely; reluctantly*

aegrōtō, -āre, -āvi, —, [aeger], *be sick, be ill*

Aegyptus, -i, f., EGYPT

Aelius, -i, m., name of a Roman gens; *Sextus* AELIUS *Paetus,* an early Roman jurist

Aemilius, -i, m., name of a Roman gens

aemulus, -a, -um, *rivaling;* as a noun, m. or f., *rival*

aēneus, -a, -um, [aēnum], *brazen; of bronze, copper,* or *brass*

aēnum, -i, n., *a brass kettle*

aequālis, -e, [aequō], EQUAL, *even; level*

aequātus, -a, -um, [aequō], *leveled,* EQUALIZED

•••aequitās, -ātis, f., [aequus], *uniformity, evenness; justice,* EQUITY; *calmness*

aequor, -oris, n., [aequus], *level surface; surface of the sea, the sea*

•aequus, -a, -um, *level; even,* EQUAL; *calm; just, fair; favorable, propitious*

āēr, āeris, m., AIR, *atmosphere*

•••aerārium, -i, n., [aes], *the treasury*

•••aerārius, -a, -um, [aes], *of bronze; pertaining to money* or *the treasury*

aerumna, -ae, f., *toil; distress, trouble*

aes, aeris, n., *copper, bronze; money;* aes aliēnum, *debt*

Aesculāpius, -i, m., son of Apollo, god of healing and medicine

Aesernia, -ae, f., a town in Samnium

•aestās, -ātis, f., *summer*

aestivus, -a, -um, [aestās], *belonging to summer*

aestuō, -āre, -āvi, -ātum, [aestus], *rage; burn, glow; boil; be agitated, fluctuate*

aestuōsus, -a, -um, [aestus], *hot; agitated*

••aestus, -ūs, m., *heat; tide, surge of the sea*

•aetās, -ātis, f., [contr. from aevitās], *age; lifetime*

aeternitās, -ātis, f., [aeternus], ETERNITY; *immortality*

•••aeternus, -a, -um, *lasting, enduring; perpetual,* ETERNAL

aethēr, -eris, acc. -era, m., *upper air, heavens, firmament, atmosphere, the* ETHER

Aethiops, -opis, m., ETHIOPIAN

Aethōn, -ōnis, m., one of the horses of the sun

Aetna, -ae, f., a volcano in Sicily

Aetōlus, -a, -um, AETOLIAN, *of* AETOLIA, a district of western Greece

aevum, -i, n., *age, lifetime; eternity*

affectō, -āre, -āvi, -ātum, [afficiō], *cling to; strive for, aspire to; cherish*

affectus, -a, -um, [afficiō], *supplied with, furnished with;* AFFECTED, *weakened*

affectus, -ūs, m., [afficiō], *state, mood, disposition; desire, fondness for*

•afferō, -ferre, attulī, allātum, [ad + ferō], *bring to; report, contribute;* OFFER; *cause*

•••afficiō, -ere, -fēcī, -fectum, [ad + faciō], AFFECT, *do to; influence; afflict, visit with; honor with*

affingō, -ere, -finxī, -fictum, [ad + fingō], *form* (in addition), *add; invent*

affīnis, -e, [ad + finis], *connected with, related to;* as a noun, c., *relative* (by marriage)

affirmō, -āre, -āvi, -ātum, [ad + firmō], *strengthen,* CONFIRM; *encourage; maintain, assert,* AFFIRM

445

afflictō, -āre, -āvi, -ātum, [affligō], *crush; distress*, AFFLICT, *torment; break to pieces, shatter*

affligō, -ere, -flixi, -flictum, [ad + fligō], *strike at, dash down, smite;* AFFLICT; *dishearten*

affluēns, -entis, [ad + fluō], *abundant, rich, rich in;* AFFLUENT

affor, -fāri, -fātus sum, [ad + for], *speak to, address, accost; invoke; bid farewell to*

Āfrānius, -i, m., name of a Roman gens

Āfrica, -ae, f., the continent or, esp., the Roman province

Āfricānus, -a, -um, AFRICAN; honorary cognomen of two Scipios

Agathoclēs, -i, m., a king of Syracuse

agellus, -i, m., [ager], *a small field*

• ager, agri, m., *field, land; farm, estate; territory*

•• agger, -eris, m., [ad + gerō], *pile, mass; rampart; built-up mound of earth*

• aggredior, -i, -gressus sum, [ad + gradior], *step up to, approach; attack; undertake, try*

aggregō, -āre, -āvi, -ātum, [ad + grex], *join, connect; collect, bring to the flock*

agitātiō, -ōnis, f., [agitō], *movement, motion;* AGITATION; *activity*

agitātor, -ōris, m., [agitō], *driver, charioteer; competitor*

agitō, -āre, -āvi, -ātum, [agō], *drive, set in motion;* AGITATE, *stir up*

• agmen, -inis, n., [agō], *host; army on the march, column; multitude*

agnōscō, -ere, -nōvi, -nitum, [nōscō], *discern;* RECOGNIZE; *acknowledge*

agnus, -i, m., *lamb*

• agō, -ere, ēgi, āctum, *drive; do,* ACT; *manage; spend; talk about;* pass., *be at stake;* age, *come now!*

agrārius, -a, -um, [ager], *pertaining to land,* AGRARIAN

••• agrestis, -e, [ager], *rustic; rude, coarse; rural, of fields*

• agricola, -ae, m., [ager + colō], *farmer*

Agrigentini, -ōrum, m. pl., the inhabitants of Agrigentum in Sicily

Agrigentum, -i, n., a city in southwestern Sicily

Ahāla, -ae, m., a cognomen

Āiāx, -ācis, m., AJAX, a Greek hero

••• āiō, ais, ait, āiunt; imp., āiēbam, def., *say, say yes, assert*

āla, -ae, f., *wing; cavalry squadron*

•• alacer, -cris, -cre, *brisk, cheerful*

Albinus, -i, m., a Roman family name

ālea, -ae, f., *game with dice, gambling; hazard*

āleātor, -ōris, m., [ālea], *gambler* (with dice)

Alexander, -dri, m., ALEXANDER *the Great*, king of Macedonia

Alexandrēa or Alexandria, -ae, f., ALEXANDRIA, a city in Egypt

algor, -ōris, m., *cold*

alibi, adv., [alius], *elsewhere, otherwise*

aliēnigena, -ae, m., [aliēnus + gignō], *foreigner,* ALIEN

aliēnō, -āre, -āvi, -ātum, [aliēnus], *estrange,* ALIENATE; *make over to another*

•• aliēnus, -a, -um, [alius], *belonging to another; strange, foreign,* ALIEN; as a noun, m., *stranger, foreigner;* aes aliēnum, *debt*

alimentum, -i, n., [alō], *food, nourishment; support* (of parents by children)

aliō, adv., [alius], *to some other place, elsewhere*

ālipēs, -pedis, [āla + pēs], *wing-footed*

••• aliquandō, adv., [aliquis], *at some time, at any time; at last; sometimes*

aliquantō, adv., [aliquis], *somewhat, considerably*

• **aliquis, -qua, -quid,** [alius + quis], *someone, anyone;* pl., *some, any*

aliquō, adv., [aliquis], *to some place, somewhere*

••• **aliquot,** indecl. adj., *some, a few*

•• **aliter,** adv., *otherwise*

• **alius, -a, -ud,** *other, another; different;* correl., *one . . . another;* pl., *some . . . others*

alliciō, -ere, -lexī, -lectum, *allure, entice, attract; persuade*

Allobrogēs, -um, m. pl., a people in southeast Gaul

almus, -a, -um, [alō], *nourishing, fruitful; favorable, kindly*

••• **alō, -ere, -uī, -itum** or **altum,** *feed, nourish; support; cherish; increase*

Alpēs, -ium, f. pl., *the* ALPS

altāria, -ium, n. pl., [altus], ALTAR; *top of the* ALTAR

• **alter, -era, -erum,** *the other* (of two); correl., *the one . . . the other*

alternus, -a, -um, [alter], *by turns,* ALTERNATE

alteruter, -tra, -trum, [alter + uter], *one or the other, one of the two*

• **altitūdō, -inis,** f., [altus], *height,* ALTITUDE; *depth*

• **altus, -a, -um,** *high, deep;* as a noun, n., *the sea*

alveolus, -ī, m., [alveus], *tray, basin; gaming board, dice board*

alveus, -ī, m., *cavity, hollow; river bed, channel; hold* (of a ship)

amābilis, -e, [amō], *lovable,* AMIABLE; *lovely*

Amāniēnsēs, -ium, m. pl., the inhabitants of Mt. Amanus, between Syria and Cilicia

amāns, -antis, [amō], *loving, fond;* **amāns patriae,** *patriotic*

Amānus, -ī, m., a mountain range between Syria and Cilicia

ambiguus, -a, -um, [amb + agō], *wavering, uncertain; doubtful,* AMBIGUOUS

ambitiō, -ōnis, f., [amb + eō], *going about; striving for votes; thirst for popularity,* AMBITION

ambitus, -ūs, m., [amb + eō], *going round, moving about; circuit, border;* **ambitū corrumpī,** *to be perverted to private ends*

ambō, -ae, -ō, *both, two*

ambrosia, -ae, f., AMBROSIA, food of the immortals

ambulātiuncula, -ae, f., [ambulō], *short walk*

• **ambulō, -āre, -āvī, -ātum,** *walk*

ambūrō, -ere, -ūssī, -ūstum, [ūrō], *burn around, singe, scorch*

••• **āmēns, -entis,** [ab + mēns], *mad, frantic; foolish*

••• **āmentia, -ae,** f., [āmēns], *madness, folly*

amiciō, -īre, —, -mictum, *throw around, wrap about; clothe*

• **amīcitia, -ae,** f., [amīcus], *friendship; alliance*

• **amīcus, -a, -um,** [amō], *friendly;* as a noun, m. or f., *friend*

Amīsus, -ī, f., a city in Pontus on the Black Sea

amita, -ae, f., *aunt* (on father's side)

• **āmittō, -ere, -mīsī, -missum,** [ab + mittō], *send away, let go; lose*

amnis, -is, m., *river, stream*

• **amō, -āre, -āvī, -ātum,** *love; like*

amoenitās, -ātis, f., *pleasantness, charm, attractiveness,* AMENITY

•• **amor, -ōris,** m., [amō], *love, affection*

amplector, -ī, -plexus sum, [amb + plectō], *embrace, entwine; include; love*

amplexus, -ūs, m., [amplector], *embrace; circuit*

amplificō, -āre, -āvī, -ātum, [amplus + faciō], *enlarge, increase,* AMPLIFY

447

amplitūdō, -inis, f., [amplus], *largeness, extent; greatness, prominence, honor*

• amplus, -a, -um, *large, great; full,* AMPLE

Amȳmōnē, -ēs, f., a spring, south of Argos

••• an, interrog. conj., *or, or rather;* nesciō an, *I rather think*

Anagninus, -a, -um, *of* ANAGNIA, a town in Latium

anceps, -cipitis, [an + caput], *having two heads, double; uncertain, doubtful; dangerous*

ancilla, -ae, f., *maidservant,* (female) *attendant*

Ancōna, -ae, f., a city on the Adriatic

angō, -ere, def., *squeeze, choke; torment, vex, distress*

anguis, -is, c., [angō], *snake*

angulus, -i, m., *corner,* ANGLE

•• angustiae, -ārum, f. pl., [angustus], *narrowness; defile, pass, straits: distress, difficulty*

angustus, -a, -um, *narrow, confined, limited; critical, difficult; petty*

anhēlō, -āre, -āvi, -ātum, *draw a heavy breath, pant, puff*

anīlis, -e, [anus], *of an old woman; feeble*

anima, -ae, f., *breath, life, soul*

animadversiō, -ōnis, f., [animadvertō], *noticing, paying attention; punishment*

•• animadvertō, -ere, -verti, -versum, [animum + advertō], *notice, observe, regard; punish*

• animal, -ālis, n., *animal*

animōsus, -a, -um, [animus], *spirited, bold, courageous, proud*

• animus, -i, m., *mind, spirit, soul, life, temper;* pl., *courage*

annālis, -e, [annus], *of a year;* as a noun, m. pl., ANNALS, *chronicles*

anne = an

annitor, -i, -nisus or -nixus sum,

[ad + nitor], *lean upon; take pains, strive*

Annius, -i, m., name of a Roman gens

anniversārius, -a, -um, [annus + vertō], *yearly, annual,* ANNIVERSARY

annotō, -āre, -āvi, -ātum, [ad + notō], *observe, remark, make* NOTE *of*

annuō, -ere, -nui, —, [ad + nuō], *nod to, assent*

• annus, -i, m., *year*

• annuus, -a, -um [annus], *lasting for a year,* ANNUAL

ānser, -eris, m., *goose*

• ante, adv., *beforehand, previously, before, ago;* prep. with acc., *before, in front of*

•• anteā, adv., [ante], *before, formerly*

antecapiō, -ere, -cēpi, -ceptum, [capiō], *take before,* ANTICIPATE, *forestall*

antecellō, -ere, def., EXCEL, *be superior, surpass*

anteeō, -ire, -ii or -ivi, —, [eō], *go before, precede; excel, surpass*

anteferō, -ferre, -tuli, -lātum, [ferō], *place before, carry before;* PREFER

antelūcānus, -a, -um, [ante + lūx], *before daylight, lasting till dawn*

antepōnō, -ere, -posui, -positum, [pōnō], *put before; prefer, value more*

antequam, conj., *before, sooner than*

Antiochia, -ae, f., ANTIOCH, capital of Syria

Antiochus, -i, m., king of Syria

antiquitās, -ātis, f., [antiquus], ANTIQUITY, *age*

• antiquus, -a, -um, [ante], *ancient, old,* ANTIQUE

antistēs, -stitis, c., [ante + stō], *high priest, chief priestess*

Antōnius, -i, m., name of a Roman gens; esp., C. ANTONIUS, Cicero's colleague as consul

antrum, -i, n., *cave, grotto, cavern; hollow* (of a tree)

anus, -ūs, f., *old woman*

anxius, -a, -um, [angō], ANXIOUS, *fearful, troubled; troublesome*

Āonius, -a, -um, *of* AONIA, a mountainous region of Boeotia

Apennīnus, -i, m., *the* APENNINES

aper, apri, m., *wild boar*

• aperiō, -īre, -uī, -pertum, [ad + pariō], *open, uncover*

• apertus, -a, -um, [aperiō], *open, clear, candid*

Apollō, -inis, m., the Greek sungod, brother of Diana

apparātus, -a, -um, [ad + parō], PREPARED; *sumptuous, elegantly appointed*

apparātus, -ūs, m., [ad + parō], PREPARATION, *arrangement; equipment; splendor*

appāreō, -ēre, -uī, -itum, [ad + pareō], APPEAR

apparō, -āre, -āvi, -ātum, [ad + parō], PREPARE *for, make ready for*

• appellō, -āre, -āvi, -ātum, [intens. of appellō], *speak to, address; name, call;* APPEAL *to*

appellō, -ere, -puli, -pulsum, [ad + pellō], *drive to, move to; bring* (to land)

••• appetō, -ere, -petīvi, -petītum, [ad + petō], *strive for, reach after; desire; attack*

Appius, -i, m., a praenomen; adj., APPIAN; Via Appia, *the* APPIAN *Way,* running from Rome to Capua and Brundisium

apportō, -āre, -āvi, -ātum, [ad + portō], *carry to, bring to*

appositus, -a, -um, [appōnō], *placed near, bordering upon; fit, suitable*

approbō, -āre, -āvi, -ātum, [ad + probō], *favor,* APPROVE *of*

appropinquātiō, -ōnis, f., [appropinquō], *approach*

• appropinquō, -āre, -āvi, -ātum, [ad + propinquō], *approach*

Aprīlis, -e, [aperiō], *of* APRIL; abbr. Apr. or April.

aprinus, -a, -um, [aper], *of a wild boar*

aptō, -āre, -āvi, -ātum, [aptus], ADAPT, *fit; prepare*

••• aptus, -a, -um, *suitable, fit; fitted together; skillful*

• apud, prep., with acc. *near, by, before; at the house of; in the presence of, among*

Āpūlia, -ae, f., a district in southeastern Italy

• aqua, -ae, f., *water*

•• aquila, -ae, f., EAGLE; *standard* (of a legion)

aquilō, -ōnis, m., *north wind; north*

••• āra, -ae, f., *altar*

arātrum, -i, n., [arō], *plow*

arbitrium, -i, n., [arbiter, *judge*], *umpiring, judgment; bidding; authority*

• arbitror, -āri, -ātus sum, [arbiter, *judge*], *consider, think; judge; believe*

• arbor or arbōs, -oris, f., *tree; mast; ship*

Arcānum, -i, n., a villa of Q. Cicero near Minturnae

arceō, -ēre, -uī, —, *shut up, confine; keep away, hold off, ward off*

•• arcessō, -ere, -īvi, -ītum, [accēdō], *summon, send for; fetch; invite*

Archiās, -ae, m., *A.* Licinius ARCHIAS, a Greek poet from Syria who became a Roman citizen

Archimēdēs, -is, m., famous mathematician of Syracuse

Archȳtās, -ae, m., a famous philosopher of Tarentum

Arctos, -i, acc. Arcton, f., *the Great Bear,* a constellation near the north pole of the heavens

arcus, -ūs, m., *bow;* ARCH, *vault*

••• ārdeō, -ēre, ārsī, ārsum, *blaze, burn, be on fire; be aroused* ārdor, -ōris, m., [ārdeō], *burning, glow, heat;* ARDOR, *passion*

arduus, -a, -um, *steep; high, lofty; hard,* ARDUOUS

ārea, -ae, f., *ground, site, lot,* AREA

arēna, -ae, f., *sand; shore, beach;* ARENA

āreō, -ēre, def., *be dry, be parched*

Arethūsa, -ae, f., *a fountain near Syracuse*

argenteus, -a, -um, [argentum], *of silver, silver*

•••argentum, -i, n., *silver; silverware; money*

Argos, sing. only in nom. and acc., n.; Argī, -ōrum, m. pl., *a town in southeastern Greece*

•••argūmentum, -i, n., [arguō], *proof, evidence,* ARGUMENT: *sign*

āridus, -a, -um, [āreō], *dry, parched,* ARID

Ariminum, -i, n., *a town in northeastern Italy on the Adriatic*

Ariobarzānēs, -is, m., *a king of Cappadocia*

Aristaeus, -i, m., *a Greek god, legendary founder of beekeeping*

Aristidēs, -is, m., *a famous Athenian statesman*

Aristō, -ōnis, m., *a philosopher of Chios and pupil of Zeno*

•arma, -ōrum, n. pl., *tools, implements;* ARMS, ARMOR, *weapons*

Armenius, -a, -um, ARMENIAN; as a noun, m. pl., *the* ARMENIANS, *in northeast Asia Minor*

•armō, -āre, -āvī, -ātum, [arma], ARM; *equip*

arō, -āre, -āvī, -ātum, *plow; cultivate, till*

Arpīnās, -ātis, *of* ARPINUM, *a town in Latium*

Arrētium, -i, n., *a town in Etruria*

arrigō, -ere, -rēxī, -rēctum, [ad + regō], *raise,* ERECT; *excite, arouse, incite*

arripiō, -ere, -uī, -reptum, [ad + rapiō], *snatch, grasp, lay hold of; seize*

arroganter, adv., *haughtily,* ARROGANTLY

•••ars, artis, f., ART, *skill, practice;* pl., *studies, liberal* ARTS

artifex, -ficis, c., [ars + faciō], ARTIST, *craftsman*

artificium, -i, n., [ars + faciō], *trade,* ART, *skill*

ārula, -ae, f., [āra], *small altar*

arvum, -i, n., [arō], *plowed land, field*

arx, arcis, f., [arceō], *citadel, fortress, stronghold, summit*

•ascendō, -ere, -scendī, -scēnsum, [ad + scandō], *climb up,* ASCEND; *mount; embark*

asciscō, -ere, -scīvī, -scītum, [ad + sciō], *take to oneself; receive, admit; adopt*

•••ascrībō, -ere, -scrīpsī, -scrīptum, [ad + scrībō], *enter in a list, enroll;* ASCRIBE, *assign*

Asia, -ae, f., ASIA *Minor;* esp., *the Roman province*

Asiāticus, -a, -um, [Asia], *of* ASIA, ASIATIC

aspectus, -ūs, m., [ad + spectō], *sight, look, view; appearance,* ASPECT

asper, -era, -erum, *harsh, rough, wild; cruel; adverse*

āspernor, -ārī, -ātus sum, [spernō], *despise, reject, spurn*

aspiciō, -ere, -pexī, -pectum, [ad + speciō], *behold, regard, look at*

asportātiō, -ōnis, f., [asportō], *carrying off, removal*

asportō, -āre, -āvī, -ātum, [abs + portō], *carry off, remove,* TRANSPORT

assēnsus, -ūs, m., [assentior], *agreement, approval*

assentior, -īrī, -sēnsus sum, [ad + sentiō], *agree with,* ASSENT *to*

•••assequor, -ī, -secūtus sum, [ad + sequor], *follow up, overtake; gain; obtain, attain; accomplish*

asservō, -āre, -āvī, -ātum, [ad

450

+ **servō**], *watch over, guard, keep;* PRESERVE

assidō, -ere, -sēdi, —, [ad + sidō], *sit down, be seated, take a seat*

assiduitās, -ātis, f., [assiduus], *constant attendance; constancy,* ASSIDUITY

•••**assiduus, -a, -um,** [assideō], *continual, uninterrupted,* ASSIDUOUS

assuēfaciō, -ere, -fēci, -factum, [assuētus + faciō], *accustom, habituate; inure*

assuētus, -a, -um, *accustomed, usual*

assurgō, -ere, -surrēxi, -surrēctum, [ad + surgō], *rise, rise up, stand up before*

astō, -āre, -stiti, —, [ad + stō], *stand by, stand near; stand up*

astrum, -i, n., *star; constellation*

astūtia, -ae, f., *adroitness; shrewdness, cunning, craft; tricks*

•**at,** conj., *but, but yet*

Ātellānus, -a, -um, *of* ATELLA, a town in Campania

Athēnae, -ārum, f. pl., ATHENS

Athēniēnsis, -e, [Athēnae], ATHENIAN

Athēnodōrus, -i, m., a philosopher at Athens

Atilius, -i, m., name of a Roman gens; ATILIUS *Crescens,* a friend of Pliny the Younger

Atlantiadēs, -ae, m., *descendant of* ATLAS, a description frequently applied to Mercury

Atlās, -antis, m., son of the Titan Iapetus; also, a high mountain in northwest Africa

•**atque** or **ac** (ac only before consonants), conj., *and also, and;* in a comparison, *than, as*

atqui, conj., *and yet, nevertheless, however*

••**ātrium, -i,** n., [āter, *black*], *hall* (open central room of a Roman house), ATRIUM; *court, forecourt*

atrōcitās, -ātis, f., [atrōx], *savage-ness, cruelty, fierceness; severity*

•••**atrōx, -ōcis,** [āter, *black*], *savage, cruel, fierce;* ATROCIOUS

•••**attendō, -ere, -tendi, -tentum,** [ad + tendō], ATTEND *to, notice, listen, give* ATTENTION

attentē, adv., [attendō], *carefully,* ATTENTIVELY

attenuō, -āre, -āvi, -ātum, [ad + tenuis], *make thin;* ATTENUATE, *weaken, diminish*

atterō, -ere, -trivi, -tritum, [ad + terō, *rub*], *rub, wear away; weaken, diminish*

Atticus, -i, m., a cognomen; *T. Pomponius* ATTICUS, Cicero's best friend

attineō, -ēre, -ui, -tentum, [ad + teneō], *hold to, keep; concern,* PERTAIN

••**attingō, -ere, -tigi, -tāctum,** [ad + tangō], *touch, border on; reach,* ATTAIN; *touch upon, treat*

attonitus, -a, -um, [ad + tonō, *thunder*], *stunned, astounded, awe-struck*

attribuō, -ere, -ui, -ūtum, [ad + tribuō], *assign to, bestow, allot;* ATTRIBUTE

attritus, -a, -um, [atterō], *worn away, rubbed, worn, chafed*

auctiōnārius, -a, -um, [augeō], *of an* AUCTION; *the* AUCTIONEER'S

•**auctor, -ōris,** m., [augeō], *founder;* AUTHOR; *an* AUTHORITY; *adviser*

•**auctōritās, -ātis,** f., [auctor], *source;* AUTHORITY; *power, influence, prestige; dignity*

aucupium, -i, n., *bird catching, fowling*

•**audācia, -ae,** f., [audāx], *boldness, daring,* AUDACITY; *recklessness; insolence*

•**audāx, -ācis,** [audeō], *bold, daring, courageous; reckless:* AUDACIOUS

•**audeō, -ēre, ausus sum,** semidep., *dare, venture; be eager*

451

•audiō, -īre, -īvi, -ītum, [rel. to auris], hear, listen to, attend to

auditōrium, -i, n., [audiō], lecture room

auditus, -ūs, m., [audiō], (the sense of) hearing

auferō, -ferre, abstuli, ablātum, [ab + ferō], bear away, carry off, remove; rob

•augeō, -ēre, auxi, auctum, increase, enlarge, AUGMENT; advance; magnify

augur, -uris, c., AUGUR, seer, soothsayer, diviner

augurium, -i, n., [augur], AUGURY, divination, observance of omens; omen; prediction

auguror, -ārī, -ātus sum, [augur], divine, foretell, predict; act as AUGUR

Aulus, -i, m., a praenomen

aura, -ae, f., air (in motion), breeze; upper air, heavens

aurātus, -a, -um [aurum], gilded, golden, of gold

Aurēlius, -a, -um, of AURELIUS, AURELIAN; Via Aurēlia, the AURELIAN Way, running northwest along the coast of Etruria

•aureus, -a, -um, [aurum], gilded, golden, of gold; magnificent, beautiful

auriga, -ae, m., driver, charioteer

•auris, -is, f., ear

aurōra, -ae, f., rosy dawn, daybreak; personified, AURORA, goddess of the dawn

•aurum, -i, n., gold

•••auspicium, -i, n., [avis + speciō], augury from birds; sign, AUSPICES; divination, guidance

austrālis, -e, southern, south

•aut, conj., or; correl., either . . . or

•autem, adv., however, but, moreover, and now

autumnālis, -e, [autumnus], of AUTUMN, AUTUMNAL

autumnus, -i, m., [orig. auctumnus, from augeō], AUTUMN, fall

•auxilium, -i, n., [augeō], help, aid; pl., AUXILIARIES, reinforcements

•••avāritia, -ae, f., [avārus], greed, AVARICE

avārus, -a, -um [aveō], greedy, covetous, AVARICIOUS; desirous

āvellō, -ere, -velli or -vulsi, -vulsum, [ab + vellō], tear off; remove by force

aveō, -ēre, def., [avidus], wish for, long for, desire, crave, be eager for

āversus, -a, -um, [ab + vertō], turned away; AVERSE, opposed; hostile

āvia, -ōrum, n. pl., [ab + via], the wilderness

•••avidus, -a, -um, [aveō], eager, AVID, greedy, desirous

avitus, -a, -um, [avus], of a grandfather; inherited, ancestral

āvocō, -āre, -āvi, -ātum, [ab + vocō], call away; divert

avunculus, -i, m., [avus], UNCLE (mother's brother)

•••avus, -i, m., grandfather; ancestor

axis, -is, m., AXLE (of a chariot or wagon); AXIS (of the heavens), pole; sky

B

bāca, -ae, f., berry; olive berry; (any small round) fruit

bacchor, -ārī, -ātus sum, [Bacchus], revel, exult; keep the feast of BACCHUS

baculum, -i, n., staff, walking stick

bālaena, -ae, f., whale

Balbus, -i, m., a cognomen; L. Cornelius BALBUS, a friend of Caesar, consul in 40 B.C.

balneum, -i, n., bath, bathing place

barba, -ae, f., beard

barbaria, -ae, f., [barbarus], foreign country; savagery, BARBARISM

•barbarus, -a, -um, wild, savage, BARBAROUS, uncivilized; as a noun, m. or f., BARBARIAN, foreigner

452

barbātus, -a, -um, [barba], *bearded*

basilica, -ae, f., [basilicus, *royal*], BASILICA, public building used as exchange and law court

basis, -is, f., BASE, *pedestal; foundation*

Baucis, -idis, f., wife of Philemon

• • • beātus, -a, -um, [beō, *gladden*], *happy, blessed; fortunate; rich, prosperous*

bellicōsus, -a, -um, [bellicus], *warlike*, BELLICOSE

bellicus, -a, -um, [bellum], *of war, military*

• • • bellō, -āre, -āvi, -ātum, [bellum], *wage war*

• bellum, -ī, n., *war*

bellus, -a, -um, [contr. from benelus, from bonus], *pretty, charming, nice*

• bene, adv., [bonus], *well, rightly*

• beneficium, -ī, n., [bene + faciō], *kind deed, kindness, service*, BENEFIT

• • • benevolentia, -ae, f., [bene + volō] *goodwill, kindness, favor, regard*, BENEVOLENCE

benignitās, -ātis, f., [benignus], *kindness, courtesy; bounty;* BENIGNITY

benignus, -a, -um, [bene + genus], *kind, friendly; bounteous;* BENIGNANT

bēstia, -ae, f., BEAST, *animal*

• bibō, -ere, bibī, —, *drink*, IMBIBE

Bibulus, -ī, m., a cognomen; *L. Calpurnius* BIBULUS, consul with Caesar in 59 B.C.

bicolor, -ōris, [bis + color], *of two* COLORS

bicornis, -e, [bis + cornū], *two-horned; two-pronged*

• • biduum, -ī, n., (period of) *two days*

biennium, -ī, n., [bis + annus], (period of) *two years*

biforis, -e, [bis + foris, *door*], *having two doors, folding*

• • • bini, -ae, -a, [bis], *two each, two alike, a pair*

bipartitō, adv., [bis + partiō], *in two* PARTS

• bis, adv., *twice*

Bithȳnia, -ae, f., a part of northern Asia Minor

blandus, -a, -um, *flattering; agreeable, charming, caressing; alluring*

Boeōtia, -ae, f., a country in eastern Greece

Boēthus, -i, m., a Greek sculptor

bonitās, -ātis, f., [bonus], *goodness, excellence; kindness* (of disposition)

• bonus, -a, -um, *good, excellent;* as a noun, m. pl., *good men, citizens;* n., *goods, property*

Boōtēs, -ae, voc. Boōte, m., *Oxdriver*, a constellation containing Arcturus

Bosporāni, -ōrum, m. pl., *dwellers on the Bosporus, north of the Black Sea*

bracchium, -ī, n., *forearm, arm; claw; branch*

• brevis, -e, *short*, BRIEF; *shallow*

Britannia, -ae, f., BRITAIN

Brundisium, -ī, n., a seaport in Calabria on the Adriatic, now BRINDISI

Brūtus, -ī, m., a cognomen

būcina, -ae, f., [bos + canō], *trumpet, horn*, BUGLE

bucula, -ae, f., [dim. of bos], *heifer*

bulla, -ae, f., *bubble; stud, knob, boss*

bustum, -ī, n., [ūrō], *funeral pyre; tomb, grave*

Būthrōtum, -ī, n., a town in Epirus

C

c. = cōnsultum

C. (as old form of *G*) = **Gaius**, a praenomen

cacūmen, -inis, n., *peak, summit, extremity, top*

cadāver, -eris, n., [cadō], *corpse, carcass*

453

• cadō, -ere, cecidī, cāsum, *fall;*
happen; perish, be slain
cādūcifer, -ī, m., [cādūceus, *her-*
ald's staff + ferō], *bearer of the*
herald's staff, i.e. Mercury,
messenger of the gods
cadūcus, -a, -um, [cadō], *falling,*
ready to fall; transitory, frail,
fleeting
Caecilia, -ae, f., daughter of
Atticus
Caecilius, -ī, m., name of a Roman
gens; see Plinius; Statius
caecus, -a, -um, *blind; dark,*
obscure
• caedēs, -is, f., [caedō], *killing,*
slaughter, murder
• caedō, -ere, cecīdī, caesum, *cut;*
kill
caelātor, -ōris, m., [caelō], *carver,*
engraver
caelestis, -e, [caelum], *heavenly;*
CELESTIAL, *divine*
caelicola, -ae, m., [caelum + colō],
god, deity, heaven-dweller
Caelius, -ī, m., name of a Roman
gens; CAELIUS *Vinicianus,* tribune in 53 B.C. who followed
Caesar's cause in the Civil
War
caelō, -āre, -āvī, -ātum, *engrave,*
carve, cut in relief; emboss;
adorn
• caelum, -ī, n., *sky, heavens*
caeruleus, -a, -um, *sky-blue, azure;*
dark blue, dark green; dark
Caesar, -aris, m., a cognomen;
Gaius Julius CAESAR, the dictator, b. 100 B.C., assassinated
March 15, 44 B.C.
Cāiēta, -ae, f., a seaport in Latium
• calamitās, -ātis, f., *loss,* CALAMITY,
disaster
calamitōsus, -a, -um, [calamitās],
destructive, ruinous, CALAMITOUS,
unfortunate
calcō, -āre, -āvī, -ātum [calx],
tread upon, trample
caleō, -ēre, -uī, —, *glow, be warm*

Calēs, -ium, f. pl., a town in Campania
• calidus, -a, -um, [caleō], *warm, hot;*
fiery, spirited |
cālīgō, -inis, f., *mist, fog; darkness*
callidus, -a, -um, *skilled* (from experience); *cunning, shrewd*
calor, -ōris, m., [caleō], *heat,*
warmth; sun's heat
Calpurnius, -ī, m., name of a
Roman gens
calumnia, -ae, f., *intrigue; trick,*
wiles, sharp practice
calx, calcis, f., *heel;* CHALK, *lime;*
goal (of a racecourse)
camera, -ae, f., *vault, arch, arched*
ceiling
Camillus, -ī, m., a cognomen
• campus, -ī, m., *plain, field,*
meadow; Campus Martius, level
space outside Rome used for
meetings
cancer, -crī, m., *crab;* the constellation CANCER; *south*
candēlābrum, -ī, n., *candlestick,*
lampstand, CANDELABRUM
candeō, -ēre, -uī, —, [cānus], *shine,*
be white; glow, be hot
candēscō, -ere, def., [candeō], *be-*
come white; begin to glow
candidus, -a, -um, [candeō], *white;*
clear, CANDID; *beautiful; pure;*
happy, prosperous
Canēphoros, -ī, f., *Basket-bearer,*
a statue of a maiden with a
basket on her head
cānēscō, -ere, def., [cānus], *begin*
to whiten, grow gray; grow old
canistrum, -ī, n., *basket*
canna, -ae, f., *reed,* CANE; *pipe,*
flute
canō, -ere, cecinī, —, *sing; cele-*
brate (in song), *praise; predict,*
prophecy
canōrus, -a, -um, [canō], *tuneful*
cantō, -āre, -āvī, -ātum, [canō],
sing; play
cantus, -ūs, m., [canō], *song, music,*
singing

454

cānus, -a, -um, *white, hoary; gray-haired; venerable, old*

Canusium, -i, n., a town in Apulia

capāx, -ācis, [capiō], *spacious, large, roomy,* CAPACIOUS, *wide;* CAPABLE, *fit for*

capessō, -ere, -ivi or -ii, -itum, [capiō], *seize, take hold of; undertake*

capillus, -i, m., [rel. to caput], *hair*

• capiō, -ere, cēpi, captum, *take, seize;* CATCH, CAPTURE; ACCEPT, RECEIVE; *contain, hold; comprehend*

capitālis, -e, [caput], *of the head,* CAPITAL; *dangerous, deadly*

Capitōlinus, -a, -um, [caput], *of the* CAPITOL, CAPITOLINE

Capitōlium,. -i, n., [caput], *the* CAPITOL (Temple of Jupiter); *the* CAPITOLINE *Hill*

Cappadocia, -ae, f., a country in Asia Minor

Capua, -ae, f., chief city of Campania

• caput, -itis, n., *head; life; source; being, soul*

Carbō, -ōnis, m., the name of a plebeian family of the Papirian gens

• • • carcer, -eris, m., [rel. to arceō], *prison; barrier, starting line* (in a race)

• • • careō, -ēre, -ui, fut. part., -itūrus, *be without, lack; feel the need of*

Cārica, -ae, f., *dried fig* (from the district in Asia Minor)

carina, -ae, f., *keel; ship*

cāritās, -ātis, f., [cārus], *dearness, high price; fondness, love*

• carmen, -inis, n., [canō], *song, hymn; poem, prophecy*

carpō, -ere, carpsi, carptum, *pluck, gather; tear away; enjoy; pass over; censure, criticize*

• carrus, -i, m., *cart, wagon*

Carthāginiēnsis, -e, CARTHAGIN-IAN; as a noun, m. pl., *the* CARTHAGINIANS

Carthāgō, -inis, f., CARTHAGE

• • • cārus, -a, -um, *dear, precious, costly; beloved*

casa, -ae, f., *hut, cabin, cottage*

cāseus, -i, m., CHEESE

Cassius, -i, m., name of a Roman gens

castellum, -i, n., [castrum], *fort,* CASTLE, *stronghold; citadel*

castigātor, -ōris, m., [castigō, *correct,* from castum + agō], *a corrector, reprover, one who corrects or* CHASTISES

castitās, -ātis, f., [castus], CHASTITY; *moral purity*

castrēnsis, -e, [castrum], *of the camp*

• castrum, -i, n., *fort;* pl., *camp*

castus, -a, -um, *pure,* CHASTE; *virtuous*

• cāsus, -ūs, m., [cadō], *fall; chance, accident; misfortune, mishap*

catēna, -ae, f., usually in pl., *chains, fetters*

Catilina, -ae, m., a cognomen; L. Sergius Catilina, CATILINE, leader of the conspiracy of 63 B.C.

Catō, -ōnis, m., a noted family of the Porcian gens

Catulus, -i, m., a family of the Lutatian gens; *Q. Lutatius* CATULUS, consul in 78 B.C., supporter of Cicero against the Catilinarian conspirators

cauda, -ae, f., *tail*

• causa, -ae, f., [cadō], CAUSE, *reason; case;* causā, *for the sake of*

cautiō, -ōnis, *f.,* [caveō], CAUTION, PRECAUTION

• • • caveō, -ēre, cāvi, cautum, *beware, beware of; be on guard against*

cavus, -a, -um, *hollow,* CONCAVE, *sunken*

Caystros, -i, m., CAYSTROS or CAYSTER, a small river in Asia Minor

-ce, demons. enclitic, *here, there*
• cēdō, -ere, cessī, cessum, *move, go; yield; withdraw*
• • • celeber, -bris, -bre, *thronged, frequented;* CELEBRATED
celebritās, -ātis, f., [celeber], *numerous attendance; renown, glory, fame,* CELEBRITY
• • • celebrō, -āre, -āvī, -ātum, [celeber], *throng, frequent;* CELEBRATE; *glorify, praise*
• celer, -eris, -ere, *swift*
• celeritās, -ātis, f., [celer], *swiftness, speed*
celeriter, adv., [celer], *quickly, swiftly, speedily*
cella, -ae, f., *chamber, closet; storeroom; sanctuary*
cēlō, -āre, -āvī, -ātum, *hide,* CONCEAL
• cēna, -ae, f., *dinner,* main meal of the Romans taken about 3 P.M.
cēnō, -āre, -āvī, -ātum, [cēna], *dine, eat dinner*
• • • cēnseō, -ēre, -uī, cēnsum, *think, believe, assess; vote, decree; recommend*
• • • cēnsor, -ōris m., [cēnseō], CENSOR
cēnsus, -ūs, m., CENSUS; pl., *records,* CENSUS *lists*
Centō, -ōnis, m., son of Appius Claudius
• centum, indecl., *one hundred*
centuria, -ae, f., [centum], CENTURY, a military or political division of the Roman people
centuriātus, -ūs, m., [centuriō], *office of* CENTURION
• centuriō, -ōnis, m., [centuria], CENTURION, *captain* (of a century)
Cēpārius, -ī, m., *M.* CEPARIUS, one of the Catilinarian conspirators
Cēphisis, -idis, *of the* CEPHISUS, a river in central Greece
cēra, -ae, f., *wax; writing tablet*
Cerēs, Cereris, f., goddess of agriculture, mother of Proserpina

• • • cernō, -ere, crēvī, crētum, *see,* DISCERN, *distinguish; decide*
certāmen, -inis, n., [certō], *contest; fight, struggle*
certātim, adv., [certō], *eagerly, zealously; with competitiveness*
certē, adv., [certus], CERTAINLY, *surely, without doubt*
• • • certō, -āre, -āvī, -ātum, *contend, compete, vie; struggle, fight*
certō, adv. = certē
• certus, -a, -um, [cernō], *settled,* CERTAIN, *sure; reliable;* certiōrem facere, *inform*
cervīcal, -ālis, n., [cervīx], *pillow, cushion*
cervīx, -īcis, f., (nape of the) *neck*
cessātiō, -ōnis, f., [cessō], *loitering, delaying;* CESSATION; *idleness*
cessō, -āre, -āvī, -ātum, [cēdō], *delay, linger; rest, be at rest*
cēterum, adv., [cēterus], *for the rest, otherwise*
• cēterus, -a, -um, *the other, the rest;* pl., *the rest, the others*
Cethēgus, -ī, m., name of a patrician family of the Cornelian gens; *C. Cornelius* CETHEGUS, one of the boldest of the conspirators of Catiline
Chaos, abl. Chaō, n., god of the Underworld; *void, darkness, confused mass*
Chilō, -ōnis, m., *Q. Annius* CHILO, a conspirator with Catiline
Chius, -a, -um, CHIAN, *of* CHIOS, an island in the Aegean
Christus, -ī, m., CHRIST
Christiānus, -a, -um, CHRISTIAN; as a noun, m. pl., CHRISTIANS
chrȳsolithos, -ī, m., CHRYSOLITE, *topaz,* a precious stone
• cibus, -ī, m., *food*
Cibyrātae, -ārum, m. pl., inhabitants of Cibyra, a city in southwestern Asia Minor
Cicerō, -ōnis, m., a cognomen; *M. Tullius* CICERO, the orator

456

Cilicia, -ae, f., province in southern Asia Minor
Cilix, -icis, CILICIAN; as a noun, m. pl., the CILICIANS
Cimber, -bri, m., a cognomen
Cimbri, -ōrum, m. pl., a north German people
Cimbricus, -a, -um, CIMBRIAN, of the CIMBRI
cingō, -ere, cinxi, cinctum, gird; surround, invest
cinis, -eris, m., ashes
Cinna, -ae, m., a cognomen
•••circā, adv., and prep. with acc., around, about
circēnsis, -e, [circus], of the CIRCUS; as a noun, m. pl., the games held in the Circus Maximus
•circiter, adv., and prep. with acc., [circum], about, nearly
circuitus, -ūs, m., [circum + eō], a way around; CIRCUIT; revolution
•circum, adv., and prep. with acc., around; at, near
circumagō, -ere, -ēgi, -āctum, [agō], drive in a circle, turn round, wheel around
circumcisus, -a, -um, [caedō], cut off, inaccessible; precipitous
circumclūdō, -ere, -clūsi, -clūsum, [claudō], shut in, surround
••circumdō, -are, -dedi, -datum, [dō], surround, put around
circumscribō, -ere, -scripsi, -scriptum, [scribō], bound, limit, CIRCUMSCRIBE; circumvent, cheat
circumscriptor, -ōris, m., [circumscribō], cheat, swindler
circumsedeō, -ēre, -sēdi, -sessum, [sedeō], surround, besiege
circumspiciō, -ere, -spexi, -spectum, [speciō], look around; watch for, beware
circumstō, -āre, -steti, —, [stō], stand around; surround, beset
Cirta, -ae, f., a town in Numidia
••citerior, -ius, [citrā], nearer, hither, on this side

cithara, -ae, f., CITHARA, guitar, lute
citus, -a, -um, quick, swift, rapid
•••civilis, -e, [civis], CIVIL, of citizens
•civis, -is, c., citizen, fellow-citizen
•civitās, -ātis, f., [civis], citizenship; state, body of citizens
clādēs, -is, f., [rel. to gladius], disaster, mishap, harm, calamity; defeat
clam, adv., [rel. to cēlō], secretly
clāmitō, -āre, -āvi, -ātum, [clāmō], cry aloud, bawl; screech
•clāmō, -āre, -āvi, -ātum, call, cry, shout, EXCLAIM
•clāmor, -ōris, m., [clāmō], shout, CLAMOR, outcry
clandestinus, -a, -um, [clam], secret, hidden, concealed, CLANDESTINE
clāritās, -ātis, f., [clārus], CLEARNESS, brightness; fame
•clārus, -a, -um, CLEAR, bright; loud; famous
•classis, -is, f., CLASS, division; fleet
Claudius, -i, m., name of a Roman gens
•claudō, -ere, clausi, clausum, CLOSE, shut
clāva, -ae, f., [clāvus], club, cudgel
clāvus, -i, m., nail; rudder, tiller, helm; purple stripe
•••clēmēns, -entis, mild, gentle, kind, merciful
•••clēmentia, -ae, f., [clēmēns], mercy, mildness, CLEMENCY
clientēla, -ae, f., CLIENTSHIP; pl., CLIENTS, dependents
Clitarchus, -i, m., a Greek historian who accompanied Alexander
clivus, -i, m., slope, slant, hill
Clymenē, -ēs, f., wife of Merops, king of Ethiopia, and mother of Phaethon
Clymenēius, -a, -um, of CLYMENE
Cn. = Gnaeus, a praenomen
Cnidius, -a, -um, CNIDIAN, of CNIDUS; m. pl., the CNIDIANS

Cnidus, -ī, f., a city in Caria, famed for the worship of Venus

coacervō, -āre, -āvī, -ātum, [com + acervus], *pile up, accumulate*

coaedificō, -āre, -āvī, -ātum, [com + aedificō], *build up, build upon*

coctus, -a, -um, [coquō, cook], ripe, mellow

cōdicilli, -ōrum, m. pl., [cōdex, book], *writing tablet; note; petition; will*

coemō, -ere, -ēmī, -ēmptum, [com + emō], *buy up, purchase* (in large quantities)

coeō, -īre, -īvī or iī, -itum, [com + eō], *come together, meet, assemble, collect, gather*

• **coepī, coepisse, coeptum,** *have begun, began*

coerceō, -ēre, -uī, -itum, [com + arceō], *confine; check, control, restrain*

coetus, -ūs, m., [coeō], *gathering, meeting, coming together*

cōgitātē, adv., [cōgitō], *thoughtfully, with reflection*

cōgitātiō, -ōnis, f., [cōgitō], *thought; reflection, meditation*

• • • **cōgitō, -āre, -āvī, -ātum, [com + agitō]**, *think; reflect, consider; intend*

cognātiō, -ōnis, f., [cognātus], *kinship, relationship*

cognātus, -ī, m., [com + nāscor], *kinsman, blood-relation*

cognitiō, -ōnis, f., [cognōscō], *knowledge, learning; trial, legal inquiry*

cognitor, -ōris, m., [cognōscō], *defender, sponsor; advocate, attorney*

• • • **cognōmen, -inis, n., [com + nōmen]**, *name, family name, surname*

• **cognōscō, -ere, -nōvī, -nitum, [com + nōscō]**, *learn, recognize, become acquainted with, find out; in perf., know*

• **cōgō, -ere, coēgī, coāctum, [com + agō]**, *gather, collect; force, compel*

cohaereō, -ēre, -haesī, -haesum, [com + haereō], *stick or cling together, be connected,* ADHERE

cohibeō, -ēre, -uī, -itum, [com + habeō], *keep in; restrain, check*

• **cohors, -hortis, f.**, COHORT (tenth of a legion), *company; bodyguard*

cohortātiō, -ōnis, f., [cohortor], EXHORTATION, *encouragement*

• • **cohortor, -ārī, -ātus sum, [com + hortor]**, *encourage,* EXHORT

collātiō, -ōnis, f., [cōnferō], *meeting, collision; collection*

collaudō, -āre, -āvī, -ātum, [com + laudō], *praise highly*

collectiō, -ōnis, f., [colligō], COLLECTION, COLLECTING

collēga, -ae, m., [com + legō], COLLEAGUE, *associate*

collēgium, -ī, n., [com + legō], *society,* COLLEGE, *association in office*

• • **colligō, -ere, -lēgī, -lēctum, [com + legō]**, *gather,* COLLECT, *assemble; deduce, infer*

• **collis, -is, m.**, *hill, height, elevation*

• • **collocō, -āre, -āvī, -ātum, [com + locō]**, *place, set, arrange,* LOCATE, *station; of money, invest*

• **colloquium, -ī, n., [com + loquor]**, *conversation, conference, discourse*

collum, -ī, n., *neck*

colluviō, -ōnis, f., (flowing together of) *filth; dregs, impurities*

• • • **colō, -ere, -uī, cultum**, *till,* CULTIVATE; *inhabit; worship, cherish*

colōnia, -ae, f., [colō], COLONY

• • • **colōnus, -ī, m., [colō]**, *farmer, husbandman;* COLONIST, *settler*

Colophōn, -ōnis, m., an Ionian city in Lydia

Colophōnius, -a, -um, *of* COLOPHON

458

color, -ōris, m., COLOR; *complexion*
columna, -ae, f., COLUMN, *pillar, post*
coma, -ae, f., *hair; foliage*
•••comes, -itis, c., [com + eō], *companion, comrade, associate*
cōmicus, -a, -um, COMIC, *of comedy, in the* COMIC *style*
cōmissātiō, -ōnis, f., *revelry, revels*
cōmitās, -ātis, f., [cōmō, *arrange, adorn*], *courtesy, kindness, politeness*
comitātus, -a, -um, [comitor], *attended, escorted*
•••comitātus, -ūs, m., [comitor], *retinue, escort, attendants*
•••comitia, -ōrum, n. pl., [com + eō], COMITIA; *meeting, assembly; elections*
•••Comitium, -i, n., [com + eō], a meeting place in front of the senate house
comitō, -āre, -āvi, -ātum; comitor, -āri, -ātus sum, [comes], *attend, follow, accompany*
••commeātus, -ūs, m., [commeō], *crossing* (to and fro), *trip; supplies*
commemorābilis, -e, [commemorō], *noteworthy,* MEMORABLE
commemorātiō, -ōnis, f., [commemorō], *mention, remembrance, calling to mind*
••commemorō, -āre, -āvi, -ātum, [memorō], *call to mind; mention, relate*
commendātiō, -ōnis, f., [commendō], COMMENDATION, RECOMMENDATION
commendō, -āre, -āvi, -ātum, [mandō], *entrust, confide, commit,* COMMEND
commentor, -āri, -ātus sum, [com + mēns], *think over, study; compose, invent*
commeō, -āre, -āvi, -ātum, *go to and fro, visit frequently*
commercium, -i, n., [merx], *trade,* COMMERCE; *intercourse*

comminus, adv., [manus], *hand to hand, at close quarters*
commisceō, -ēre, -miscui, -mixtum, [misceō], MIX *with, join*
commissum, -i, n., [committō], *deed; misdeed, crime*
•committō, -ere, -misi, -missus, [mittō], *join together; begin;* COMMIT (a crime); *entrust; engage in* (battle)
commodō, -āre, -āvi, -ātum, [commodus], ACCOMMODATE; *furnish, lend*
••commodus, -a, -um, [modus], *suitable, fit, convenient; favorable, agreeable;* as a noun, n., *advantage, convenience; loan*
••commoror, -āri, -ātus sum, [moror], *delay, linger, stay, remain*
•commoveō, -ēre, -mōvi, -mōtum, [moveō], MOVE, *agitate; arouse, alarm, disturb; affect, influence*
••commūnicō, -āre, -āvi, -ātum, [commūnis], *share,* COMMUNICATE
•commūnis, -e, COMMON, *general, public;* as a noun, n., COMMUNITY
commūtō, -āre, -āvi, -ātum, [mūtō], *change, alter, exchange*
compāgēs, -is, f., *joint, joining, structure*
comparātiō, -ōnis, f., [comparō], COMPARISON; PREPARATION, PREPARING
•comparō, -āre, -āvi, -ātum, [parō], PREPARE, *make ready, get, procure; establish*
comparō, -āre, -āvi, -ātum, [pār], *rank with,* COMPARE
••compellō, -ere, -puli, -pulsum, [pellō], *drive, force;* COMPEL
compēnsō, -āre, -āvi, -ātum, [pendō], *weigh together, balance, make good,* COMPENSATE
••comperiō, -ire, comperi, compertum, *learn, find out, ascertain*
compēs, -pedis, f., [pēs], *fetter, foot shackle, bonds, chains*

459

compēscō, -ere, -ui, —, [rel. to compēs], *restrain, repress, curb, check*

competitor, -ōris, m., [petō], *rival candidate,* COMPETITOR

•••complector, -i, -plexus sum, [plectō], *clasp, embrace; comprehend, include; honor, care for*

•compleō, -ēre, -plēvi, -plētum, [pleō, *fill*], *fill, fill up;* COMPLETE

complexus, -ūs, m., *embrace*

•complūrēs, -a or -ia, *several, many, not a few*

compōnō, -ere, -posui, -positum, [pōnō], *put together, collect; unite; compare;* COMPOSE, *construct; arrange, set in order; lay at rest, bury*

••comprehendō, -ere, -hendi, -hēnsum, *grasp, seize; arrest; detect; perceive,* COMPREHEND

comprimō, -ere, -pressi, -pressum, [premō], PRESS *together,* COMPRESS; *check; crush, subdue*

•••comprobō, -āre, -āvi, -ātum, [probō], APPROVE, PROVE; *sanction, attest, assent to*

cōnātus, -ūs, m., [cōnor], *attempt, effort, undertaking*

concavō, -āre, —, -ātum, [cavus], *hollow out, bend, curve*

••concēdō, -ere, -cessi, -cessum, [cēdō], *go away, retire, withdraw; yield, submit;* CONCEDE, *grant*

concelebrō, -āre, -āvi, -ātum, [celebrō], *attend in large numbers, frequent;* CELEBRATE; *proclaim*

concerpō, -ere, -cerpsi, -cerptum, [carpō], *tear in pieces, rend; gather, pluck*

concertō, -āre, -āvi, -ātum, [certō], *contend hotly, dispute*

concha, -ae, f., *shell, shellfish; trumpet*

concido, -ere, -cidi, —, [cadō], *fall, collapse; perish*

•••conciliō, -āre, -āvi, -ātum, [concilium], *bring together, unite; win, win over,* CONCILIATE, RECONCILE

••concilium, -i, n., *gathering,* COUNCIL

concipiō, -ere, -cēpi, -ceptum, [capiō], *take hold of,* RECEIVE; *adopt;* CONCEIVE, *imagine*

•••concitō, -āre, -āvi, -ātum, *stir up, arouse,* INCITE, *urge*

conclūdō, -ere, -clūsi, -clūsum, [claudō], *close, shut in, confine;* INCLUDE; CONCLUDE

•••concordia, -ae, f., [concors], *agreement; harmony,* CONCORD

concors, -cordis, [cor, *heart*], *harmonious, peaceful, amicable*

concubina, -ae, f., CONCUBINE

concupiscō, -ere, -cupivi, -cupitum, [cupiō], *desire eagerly, covet*

•••concurrō, -ere, -curri, -cursum, [currō], *run together, meet;* CONCUR

concursō, -āre, def., [currō], *run about, rush around*

concursus, -ūs, m., [concurrō], *running together, clash;* CONCOURSE, *gathering*

concutiō, -ere, -cussi, -cussum, [quatiō], *shake, strike together; shock, alarm; trouble*

condemnō, -āre, -āvi, -ātum, [damnō], CONDEMN, *convict*

•condiciō, -ōnis, f., [condicō, *arrange, settle*], *terms,* CONDITION, *agreement; lot*

conditus, -a, -um, [condō], *hidden, secret; put away*

•••condō, -ere, -didi, -ditum, *put away, hide; store up; build, found*

condūcō, -ere, -dūxi, -ductum, [dūcō], *draw together, unite; hire, rent;* CONDUCT

cōnfectiō, -ōnis, f., [cōnficiō], *finishing, completion*

•cōnferō, -ferre, contuli, collātum, [ferō], *bring together, collect; devote, bestow; compare, contrast;* CONFER; *with* se, *betake oneself, go*

••cōnfertus, -a, -um, [cōnferciō,

460

cram together], *crowded, filled, dense, stuffed, gorged*

cōnfessiō, -ōnis, f., [cōnfiteor], CONFESSION, *acknowledgment*

cōnfestim, adv., [festinō], *immediately, without delay, forthwith*

• cōnficiō, -ere, -fēci, -fectum, [faciō], *complete, finish, exhaust, wear out; destroy, kill; prepare*

• cōnfidō, -ere, -fisus sum, semidep., [fidō], *trust,* CONFIDE *in; be* CONFIDENT

• cōnfirmō, -āre, -āvi, -ātum, [firmō], *make firm; assert; encourage,* CONFIRM, *strengthen*

••• cōnfiteor, -ēri, -fessus sum, [fateor], CONFESS, *admit, acknowledge*

cōnflagrō, -āre, -āvi, -ātum, [flagrō], *burn, be consumed*

•• cōnfligō, -ere, -flixi, -flictum, [fligō, *beat*], *strike together; fight;* CONFLICT

cōnflō, -āre, -āvi, -ātum, [flō, *blow*], *blow up, kindle, arouse; fuse; compose; effect*

cōnfluō, -ere, -flūxi, —, [fluō], *flow together*

cōnfodiō, -ere, -fōdi, -fossum, [fodiō, *dig*], *dig up; pierce, pierce through; assassinate*

cōnfōrmātiō, -ōnis, f., [cōnfōrmō], *molding, shaping,* CONFORMATION

cōnfōrmō, -āre, -āvi, -ātum, [fōrmō], FORM, *fashion; train, educate*

cōnfringō, -ere, -frēgi, -frāctum, [frangō], *break, shatter; destroy*

cōnfugiō, -ere, -fūgi, —, [fugiō], *flee, take* REFUGE

cōnfundō, -ere, -fūdi, -fūsum, [fundō], *pour together, mingle; unite;* CONFUSE

cōnfūsiō, -ōnis, f., [cōnfundō], CONFUSION, *disorder; mingling; perplexity*

congerō, -ere, -gessi, -gestum, [gerō], *bring together; pile up, accumulate*

congregō, -āre, -āvi, -ātum, [grex], *gather, assemble,* CONGREGATE

congruō, -ere, -ui, —, *agree, harmonize*

• coniciō, -ere, -iēci, -iectum, [iaciō], *throw together, hurl, aim;* CONJECTURE

coniectūra, -ae, f., [coniciō], *inference,* CONJECTURE

coniūnctiō, -ōnis, f., [iungō], *uniting, alliance;* JUNCTION

• coniungō, -ere, -iūnxi, -iūnctum, [iungō], JOIN, *unite, connect*

••• coniūnx, -iugis, c., [iungō], *wife, husband, spouse*

••• coniūrātiō, -ōnis, f., [iūrō], *conspiracy; league, union*

coniūrātus, -i, m., [coniūrō], *conspirator*

•• coniūrō, -āre, -āvi, -ātum, [iūrō], *swear together; conspire, plot*

cōniveō, -ēre, def., *wink, overlook;* CONNIVE

conl-, see coll-

• cōnor, -āri, -ātus sum, *try, attempt, undertake, endeavor*

conqueror, -i, -questus sum, [queror], *complain, lament, bewail*

conquiēscō, -ere, -quiēvi, -quiētus, [quiēscō], *become* QUIET, *come to rest, be at peace*

•• conquirō, -ere, -quisivi, -quisitum, [quaerō], *seek for, hunt up*

conr-, see corr-

cōnscelerātus, -a, -um, [scelus], *wicked, depraved*

••• cōnscientia, -ae, f., [sciō], CONSCIOUSNESS, CONSCIENCE, *guilt*

cōnscius, -a, -um, [sciō], CONSCIOUS, *knowing*

• cōnscribō, -ere, -scripsi, -scriptum, [scribō], *enroll, enlist; write*

cōnsecrō, -āre, -āvi, -ātum, [sacrō, *make sacred*], *dedicate,* CONSECRATE

cōnsenēscō, -ere, -senui, —, [senēscō], *grow old; become gray*

cōnsēnsiō, -ōnis, f., [cōnsentiō], *agreement, harmony; collusion*

cōnsēnsus, -ūs, m., [cōnsentiō], *agreement, harmony, accord,* CONSENSUS

•• cōnsentiō, -ire, -sēnsi, -sēnsum, [sentiō], *agree, unite; combine; be in harmony*

• cōnsequor, -i, -secūtus sum, [sequor], *follow up; obtain, gain; win; overtake,* PURSUE

• cōnservō, -āre, -āvi, -ātum, [servō], PRESERVE, *maintain; keep, retain, save*

cōnsessus, -ūs, m., [cōnsidō], *sitting, meeting, assembly*

••• cōnsiderō, -āre, -āvi, -ātum, *look at closely,* CONSIDER, *reflect*

• cōnsidō, -ere, -sēdi, -sessum, [sidō, *settle*], *sit down, settle*

• cōnsilium, -i, n., [rel. to cōnsulō], *plan,* COUNCIL; COUNSEL, *advice; purpose*

• cōnsistō, -ere, -stiti, —, [sistō], *stand still, stop; pause; take a stand; exist;* CONSIST

cōnsōlātiō, -ōnis, f., [cōnsōlor], *comfort,* CONSOLATION

cōnsōlor, -āri, -ātus sum [sōlor], *encourage;* CONSOLE, *comfort*

cōnsors, -sortis, [sors], *having the same lot;* as a noun, c., *sharer, partner, colleague; husband, wife*

•• cōnspectus, -ūs, m., [cōnspiciō], *sight, view; presence*

• cōnspiciō, -ere, -spexi, -spectum, [speciō, *see*], *look at, get sight of, behold, see*

cōnspicuus, -a, -um, [cōnspiciō], *visible, apparent;* CONSPICUOUS, *distinguished, eminent*

cōnspirātiō, -ōnis, f., [cōnspirō], *harmony, agreement*

cōnspirō, -āre, -āvi, -ātum, [spirō], *blow together, sound in unison; plot,* CONSPIRE; *harmonize, unite*

cōnstanter, [cōnstāns, *firm*], adv., *firmly;* CONSTANTLY, *consistently*

••• cōnstantia, -ae, f., [cōnstāns, *firm*], *firmness, steadfastness,* CONSTANCY; *perseverance*

cōnsternō, -āre, -āvi, -ātum, [sternō], *dismay, terrify, affright; throw into confusion*

• cōnstituō, -ere, -stitui, -stitūtum, [statuō], *decide, establish; set up, arrange, build; enact, appoint*

cōnstō, -āre, -stiti, -stātum, [stō], *stand with, agree with; consist of; depend upon;* constat, *it is evident, it is agreed*

cōnstringō, -ere, -strinxi, -strictum, [stringō, *bind*], *bind, curb, shackle; restrain*

• cōnsuēscō, -ere, -suēvi, -suētum, [suēscō], *become accustomed;* in the perf., *be wont, be in the habit*

• cōnsuētūdō, -inis, f., [cōnsuētus, *accustomed*], *custom, habit; intimacy, companionship*

• cōnsul, -is, m., CONSUL

••• cōnsulāris, -e, [cōnsul], *of* CONSULAR *rank,* EX-CONSUL

••• cōnsulātus, -ūs, m., [cōnsul], CONSULSHIP, CONSULATE

• cōnsulō, -ere, -sului, -sultum, *take* COUNSEL, *deliberate;* CONSULT; *look out for; take thought for*

cōnsultātiō, -ōnis, f., [cōnsultō], *deliberation,* CONSULTATION; *inquiry*

cōnsultō, adv., [cōnsultum], *deliberately, designedly*

cōnsultō, -āre, -āvi, -ātum, [cōnsulō], *reflect, take* COUNSEL; CONSULT; *advise with*

••• cōnsultum, -i, n., [cōnsulō], *decree, resolution*

•• cōnsūmō, -ere, -sūmpsi, -sūmptum, [sūmō], *use up;* CONSUME, *spend; waste; destroy*

cōnsurgō, -ere, -surrēxi, -surrēctum, [surgō], *rise up, rise together; arise*

contāgiō, -ōnis, f., [tangō], *touch-*

ing, CONTACT; CONTAGION; *con-tamination*

contāminō, -āre, -āvi, -ātum, CON-TAMINATE, *defile; disgrace*

contegō, -ere, -tēxi, -tēctum, [tegō], *cover; hide, conceal*

•••**contemnō, -ere, -tempsi, -temptum,** [temnō, *despise*], *disdain, despise,* CONTEMN, *hold in* CONTEMPT

contemplor, -āri, -ātus sum, [templum], *gaze at, view attentively; behold, observe, consider,* CONTEMPLATE

•**contendō, -ere, -tendi, -tentum,** [tendō], *strain, stretch; strive,* CONTEND, *fight; hasten; compare; solicit*

contentiō, -ōnis, f., [contendō], *struggle, strife,* CONTENTION; *comparison; strain*

•••**contentus, -a, -um,** [contineō], CONTENT, *satisfied,* CONTENTED

conterminus, -a, -um, [terminus], *bordering on, close by, neighboring, adjoining*

contestor, -āri, -ātus sum, [testor], *call to witness; invoke*

conticēscō, -ere, -ticui, —, [taceō], *become silent, be still*

continēns, -entis, [contineō], *self-controlled, moderate;* CONTINENT

continentia, -ae, f., [continēns], *restraint, temperance, moderation*

•**contineō, -ēre, -tinui, -tentum,** [teneō], *hold together; restrain, check, confine; comprise;* pass., *consist of; depend on*

•••**contingō, -ere, -tigi, -tāctum,** [tangō], *touch; reach; befall, happen; turn out*

••**continuus, -a, -um,** CONTINUOUS, *successive, connected*

•••**cōntiō, -ōnis, f.,** *assembly, meeting* (for discussion, not voting)

cōntiōnātor, -ōris, m., [cōntiō], *speaker, agitator; demagogue*

•**contrā,** adv., *on the* CONTRARY,

otherwise; prep. with acc., *against,* CONTRARY *to, opposite; in reply to*

contrahō, -ere, -trāxi, -trāctum, [trahō], *draw together,* CONTRACT, *concentrate; cause; incur*

contrārius, -a, -um, [contrā], *opposite,* CONTRARY, *in conflict*

••**contrōversia, -ae, f.,** [contrōversus, *turned against*], *dispute, quarrel, question,* CONTROVERSY

contubernium, -i, n., [taberna, *hut*], *companionship* (in a tent); *company, personal follower*

contumēlia, -ae, f., [tumeō, *swell*], *insult, abuse, reproach; injury*

contumēliōsus, -a, -um, [contumēlia], *full of abuse, reproachful, insolent, abusive*

conturbō, -āre, -āvi, -ātum, [turbō], DISTURB, *upset; confuse*

convalēscō, -ere, -valui, —, [valeō], *gain strength, recover,* CON-VALESCE

convellō, -ere, -velli, -vulsum, [vellō, *pluck*], *tear away; pluck, pull up; shatter, destroy*

•**conveniō, -ire, -vēni, -ventum,** [veniō], *come together, assemble, gather, meet;* impers., *it is agreed, it is proper*

conventus, -ūs, m., [conveniō], *meeting, assembly*

••**convertō, -ere, -verti, -versum,** [vertō], *turn, change,* CONVERT

convicium, -i, n., [vōx], *outcry, clamor; wrangling, abuse*

convincō, -ere, -vici, -victum, [vincō], *overcome, refute,* CON-VICT, *prove*

•••**convivium, -i, n.,** [vivō], *feast, banquet*

•**convocō, -āre, -āvi, -ātum,** [vocō], *call together,* CONVOKE

cooperiō, -ire, -perui, -pertum, [operiō, *cover*], *cover, bury, hide, involve*

•**cōpia, -ae, f.,** [ops], *supply, plenty;*

fluency, facility, power; pl., troops, forces; resources, wealth

cōpiōsus, -a, -um, [cōpia], rich, abundant; COPIOUS, abounding

cōram, adv., [com + ōs], face to face; openly, in person

Corcȳra, -ae, f., CORFU, an island off the coast of Greece

Corduba, -ae, f., CORDOVA, a city in southern Spain

Corfiniēnsis, -e, of CORFINIUM

Corfinium, -i, n., a town of the Paeligni, east of Rome

Corinthius, -a, -um, of CORINTH, CORINTHIAN

Corinthus, -i, m., a city on the isthmus of Corinth in Greece

Cornēlius, -i, m., name of a Roman gens

• cornū, -ūs, n., horn, wing of an army

cornum, -i, fruit of the cornel-tree

corōna, -ae, f., CROWN, diadem; wreath

• corpus, -oris, n., body, CORPSE

corpusculum, -i, n., [corpus], tiny body; flesh

corrigō, -ere, -rēxi, -rēctum, [com + rēgō], make straight; CORRECT; improve, reform, straighten out

corripiō, -ere, -ripui, -reptum, [com + rapiō], seize, snatch, grasp, catch; hurry, quicken

corrōborō, -āre, -āvi, -ātum, [com + rōbor], strengthen; encourage; CORROBORATE

• • • corrumpō, -ere, -rūpi, -ruptum, [com + rumpō], break to pieces, destroy, spoil, ruin; bribe, CORRUPT; falsify

corruō, -ere, corrui, —, [com + ruō], fall, collapse; sink

corruptēla, -ae, f., [corruptus], CORRUPTION, bribery; seduction

corruptor, -ōris, m., [corruptus], CORRUPTER, seducer; briber

corruptus, -a, -um [corrumpō], CORRUPT, depraved, ruined

cortex, -icis, m., bark, cork; shell, rind

Coruncānius, -i, m., name of a Roman gens; Tiberius CORUNCANIUS, a distinguished jurist, consul in 280 B.C.

Cōrycis, -idis, acc. pl. Cōrycidas, CORYCIAN; of the cave CORYCIUM, near Delphi on Mt. Parnassus

cōs. = cōnsul

• • cotidiānus, -a, -um, [cotidiē], daily, every day

• cotidiē, [diēs], adv., daily, every day

Cotta, -ae, m., a cognomen; L. Aurelius COTTA, a friend of Cicero, consul in 65 B.C. with L. Manlius Torquatus

Cōus, -a, -um, of Cos, an Aegean island; as a noun, Cōi, -ōrum, m. pl., the natives of Cos, the COANS

• crās, adv., tomorrow

Crassipēs, -pedis, m., a cognomen; Furius CRASSIPES, Cicero's son-in-law

crassus, -a, -um, solid, stout, heavy; stolid, stupid

Crassus, -i, m., a cognomen; L. Licinius CRASSUS, a famous orator; M. Licinius CRASSUS Dives, consul with Pompey in 70 B.C., triumvir with Pompey and Caesar in 60 B.C.

crātēr, -ēris, m., crātēra, -ae, f., mixing bowl; wine bowl, punch bowl

• • crēber, -bra, -brum, thick, close, frequent; repeated

crēbrēscō, -ere, -brui, —, [crēber], become frequent; increase, spread abroad

crēbrō, [crēber], adv., frequently, often

• • • crēdibilis, -e, [crēdō], CREDIBLE, worthy of belief, likely

• crēdō, -ere, crēdidi, crēditum, believe, trust; lend, confide in, entrust

crēdulus, -a, -um, [crēdō], CREDU-
LOUS, *confiding, unsuspecting*
cremō, -āre, -āvī, -ātum, *burn,
consume* (by fire), CREMATE
•••crēscō, -ere, crēvī, crētum, IN-
CREASE, *grow*
Crētēnsis, -e, CRETAN, *of* CRETE
crimen, -inis, n., [cernō], *charge,
accusation,* CRIME
criminor, -ārī, -ātus sum, [crimen],
charge with, accuse; denounce
crinis, -is, m., *hair; tail* (of a
comet)
•••cruciātus, -ūs, m., [cruciō, *torture*],
*torture, punishment, torment;
pain*
•••crūdēlis, -e, [crūdus], CRUEL, *merciless, unfeeling; harsh, bitter*
crūdēlitās, -ātis, f., [crūdēlis],
CRUELTY, *severity, harshness*
crūdus, -a, -um, [cruor, *blood*],
bloody; rough, raw, CRUEL,
merciless
cruentus, -a, -um, [cruor, *blood*],
bloodstained, bloody; CRUEL,
fierce
crūs, crūris, n., *leg, shin, shank*
cubiculum, -i, n., [cubō, *lie down*],
bed chamber, bedroom
cubile, -is, n., [cubō, *lie down*],
bed, couch
•••culpa, -ae, f., *blame, guilt, fault*
cultiō, -ōnis, f., [colō], CULTIVA-
TION, *preparation*
cultor, -ōris, m., [colō], *tiller,
farmer, husbandman; worshiper,
inhabitant*
cultūra, -ae, f., [colō], CULTIVATION,
care, tillage; CULTURE; *adora-
tion*
cultus, -a, -um, [colō], CULTIVATED,
tilled, refined
cultus, -ūs, m., [colō], CULTURE,
CULTIVATION; *care, labor; reverence, refinement*
•cum, prep. with abl., *with, together with*
•cum, conj., *when, since, although,
while, after;* cum primum, *as*

soon as; cum . . . tum, *both . . .
and, not only . . . but also*
Cūmānus, -a, -um, *of* CUMAE, near
Naples
cumulō, -āre, -āvī, -ātum,
[cumulus], *heap up; pile up;*
ACCUMULATE, *increase; crown*
cumulus, -i, m., *heap, pile, addition*
cūnae, -ārum, f., *cradle; nest*
cunctātiō, -ōnis, f., [cunctor], *delay, hesitation, doubt*
cunctor, -ārī, -ātus sum, *delay,
hesitate, linger*
•••cūnctus, -a, -um, [con + iūnctus],
all, entire, whole, all together
•cupiditās, -ātis, f., [cupiō], *desire,
passion, eagerness; greed; love,
lust*
cupido, -inis, f., [cupiō], *desire,
wish, longing, eagerness; greed;
love, desire, lust;* Cupido, -inis,
m., CUPID, god of love
•cupidus, -a, -um, [cupiō], *eager,
desirous, fond, greedy*
•cupiō, -ere, -ivi, -itum, *desire,
wish, long for; be eager*
•cūr, *why, wherefore*
•cūra, -ae, f., *care; concern,
trouble, anxiety*
cūrātē, [cūrātus, *anxious*], adv.,
carefully, diligently
•••cūria, -ae, f., *senate house,* esp.
the one in the Forum, the
CURIA
Cūriō, -ōnis, m., a cognomen
Cūrius, -i, m., name of a Roman
gens; *Q.* CURIUS, a Catilinarian
conspirator whose talking to
Fulvia revealed their plans
curiōsus, -a, -um, [cūra], *careful;*
CURIOUS
••cūrō, -āre, -āvī, -ātum, [cūra],
care for, take care, see to it
curriculum, -i, n., [currus], *race*
COURSE, COURSE; *career*
•currō, -ere, cucurrī, cursum, *run,
hasten; sail, fly, flow*
••currus, -ūs, m., [currō], *chariot,
car, wagon; triumphal chariot*

465

curső, -āre, def., [currő], *run constantly, run hither and thither*
• cursus, -ūs, m., [currő], *running,* COURSE
curūlis, -e, [currus], *of a chariot,* CURULE; sella curūlis, CURULE *chair*, official seat of higher magistrates
curvāmen, -inis, [curvő], n., *bend, bending*, CURVE; *vaulting*
curvātūra, -ae, f., [curvő], CURVING; *rim, tire* of a wheel
curvő, -āre, -āvi, -ātum, [curvus], *bend;* CURVE, *arch; crook*
curvus, -a, -um, CURVED, *bending, arched*
cuspis, -idis, f., *spear point, spear, javelin; trident* (of Neptune); *sting* of a scorpion
••• custōdia, -ae, f., [custōs], *guard; watch; care, protection*
••• custōdiō, -ire, -ivi, -itum, [custōs], *guard, defend, watch, keep*
• custōs, -ōdis, m., *guard, watchman, keeper*
Cyclades, -um, f. pl., a group of islands in the southern Aegean
Cyrus, -i, m., a Persian monarch
Cyzicēnus, -a, -um, *of* CYZICUS, a city on the Propontis

D

d. = diem, in dates; dabam, data, etc., in dating a letter
D. = Decimus
damnātiō, -ōnis, f., [damnő], *conviction,* CONDEMNATION
••• damnő, -āre, -āvi, -ātum, [damnum], *inflict loss upon;* CONDEMN
damnum, -i, n., *loss, damage, harm*
daps, dapis, f., *banquet, feast*
Darēus, -i, m., DARIUS *III,* king of Persia
• dē, prep. with abl., *down, from, concerning, about*
• dea, -ae, f., *goddess*
• dēbeő, -ēre, -ui, -itum, [de

+ habeő], *owe, ought; be* DUE, *be obliged; be* INDEBTED
dēbilis, -e, [dē + habilis, *easily managed*], *weak, feeble,* DISABLED
••• dēbilitő, -āre, -āvi, -ātum, [dēbilis], *weaken,* DISABLE
dēbitus, -a, -um, [dēbeő], DUE, *deserved; just*
••• dēcēdō, -ere, -cessi, -cessum, [cēdő], *go away, withdraw, depart; retreat, retire;* DECEASE
• decem, indecl., *ten*
December, -bris, -bre, [decem], *of* DECEMBER; abbr. Dec., Decembr.
decemvirālis, -e, [decemvir], *of the* DECEMVIRS
••• dēcernő, -ere, -crēvi, -crētum, [cernő], *decide, resolve,* DECREE, *vote*
dēcerpő, -ere, -cerpsi, -cerptum, [carpő, *pluck*], *pick off, gather; take away; crop*
••• decet, -ēre, -uit, *it is seemly, it becomes, it befits*
dēcido, -ere, -cidi, —, [cadő], *fall down, die, perish*
• decimus, -a, -um, [decem], *tenth*
Decimus, -i, m., a praenomen
••• dēclārő, -āre, -āvi, -ātum, [clārő], *disclose;* DECLARE; *show, prove, announce*
dēclinātiō, -ōnis, f., [dēclinő, *bend*], *bending, turning aside*
•• dēclivis, -e, *sloping, slanting;* as a noun, dēclive, -is, n., *slope,* DECLIVITY
dēcoctor, -ōris, m., [coquő, *cook*], *spendthrift, bankrupt*
dēcorő, -āre, -āvi, -ātum, [decus], *adorn, glorify; honor, extol*
dēcōrus, -a, -um, [decet], *becoming, seemly, suitable; adorned, beautiful, handsome*
dēcrēscō, -ere, -crēvi, -crētum, [crēscő], DECREASE, *grow less, become fewer; diminish, shrink*
dēcrētum, -i, n., [decernő], DECREE; *vote, resolution*

decuma, -ae, f., [decima], *a tenth, tithe*

dēcurrō, -ere, -cucurri or -curri, -cursum, [currō], *run down; run through; hasten down; march; move*

decus, -oris, n., *ornament, beauty, grace, charm; dignity*

•••dēdecus, -oris, n., [decus], *disgrace, shame, infamy, dishonor*

dēdicō, -āre, -āvi, -ātum, [dicō], DEDICATE, *consecrate*

••dēditiō, -ōnis, f., [dēdō], *surrender*

••dēdō, -ere, dēdidi, dēditum, [dō], *give up, surrender; devote*

•dēdūcō, -ere, -dūxi, -ductum, [dūcō], ·*lead down, bring down;* CONDUCT; *derive,* DEDUCE; *draw out; launch*

dēfatigātiō, -ōnis, f., [dēfatigō], *weariness,* FATIGUE, *exhaustion*

dēfatigō, -āre, -āvi, -ātum, [fatigō], *wear out, exhaust, tire out, make weary*

dēfectiō, -ōnis, f., [dēficiō], *failure, desertion, rebellion;* with sōlis, *eclipse*

•dēfendō, -ere, -fendi, -fēnsum, DEFEND, *ward off, protect*

dēfēnsō, -āre, -āvi, -ātum, [dēfendō], DEFEND *diligently, protect*

•dēferō, -ferre, -tuli, -lātum, [ferō], *bear away, bring down; grant,* CONFER *upon; lay before; register*

•dēfessus, -a, -um, [defetiscor, *tire*], *weary, tired, worn out*

•dēficiō, -ere, -fēci, -fectum, [faciō], *fail, revolt; be* DEFICIENT, *desert*

dēfigō, -ere, -fixi, -fixum, [figō], *fasten down; thrust; plunge;* FIX

dēfiniō, -ire, -ivi, -itum, [finiō], *limit, bound; fix,* DEFINE; *bring to an end*

dēflagrō, -āre, -āvi, -ātum, [flagrō], *burn down, be destroyed* (by fire)

dēflectō, -ere, -flexi, -flexum, [flectō], *bend aside, divert, lead astray, swerve; digress*

dēfleō, -ēre, -ēvi, -ētum, [fleō], *weep over, deplore; lament, wail*

dēformis, -e, [fōrma], *misshapen,* DEFORMED, *disfigured*

dēfōrmō, -āre, -āvi, -ātum, [fōrma], *disfigure, mar;* DEFORM, *spoil*

dēfungor, -i, -functus sum, [fungor], *have done with; perform, fulfill, discharge*

dēgō, -ere, dēgi, —, [agō], *spend, pass*

••dēiciō, -ere, -iēci, -iectum, [iaciō], *throw down, cast down; ward off, avert; deprive*

dein, see deinde

•deinde, dein, [inde], *thence, thereafter, from that time, then*

dēlābor, -i, -lāpsus sum, [lābor], *glide down, fall down, descend*

dēlectātiō, -ōnis, f., [dēlectō], DELIGHT, *pleasure*

•dēlectō, -āre, -āvi, -ātum, DELIGHT, *please, charm*

•••dēleō, -ēre, -ēvi, -ētum, *erase,* DELETE; *blot out, destroy*

Dēliacus, -a, -um, *of* DELOS

dēliberātiō, -ōnis, f., [dēliberō], DELIBERATION, *consultation*

dēliberō, -āre, -āvi, -ātum, [libra, *balance*], *consider,* DELIBERATE

dēlicātus, -a, -um, [dēliciae], *elegant, fastidious, effeminate*

dēliciae, -ārum, f. pl., [dēlectō], *charm, pleasure,* DELIGHT; *a favorite; allurement*

•••dēlictum, -i, n., [dēlinquō], *sin, wrong, crime*

dēligō, -āre, -āvi, -ātum, [ligō, *bind*], *tie up, bind fast*

•dēligō, -ere, -lēgi, -lēctum, [legō], *choose,* SELECT

dēlinquō, -ere, -liqui, -lictum, [linquō], *leave; fail; do wrong; offend*

dēlirātiō, -ōnis, f., [delirō, *be crazy*], *madness, folly, giddiness*

Dēlos or Dēlus, -i, f., *an island*

467

in the Aegean, one of the Cyclades, birthplace of Apollo and Diana

Delphicus, -a, -um, *of* DELPHI, city of the famous oracle

delphin, -inis, m., DOLPHIN; *as a* constellation, *the* DOLPHIN

• • • **dēlūbrum, -i,** n., [luō, *cleanse*], *shrine, temple*

• • • **dēmēns, -mentis,** [mēns], *mad, foolish, insane,* DEMENTED

dēmentia, -ae, f., [dēmēns], *madness, folly*

dēmergō, -ere, -mersi, -mersum, [mergō], *sink,* SUBMERGE, *dip, bury; cause to sink; plunge*

dēmētior, -iri, -mēnsus sum, [mētior], *measure, measure out*

dēmigrō, -āre, -āvi, -ātum, [migrō, *depart*], *move away, depart;* MIGRATE

dēminūtiō, -ōnis, f., [minuō], *decrease,* DIMINUTION, *loss*

dēmōlior, -iri, -itus sum, [mōlior], DEMOLISH, *tear down*

dēmōlitiō, -ōnis, f., [dēmōlior], DEMOLITION, *tearing down*

dēmōnstrātiō, -ōnis, f., [dēmōnstrō], *showing, description, pointing out, explanation*

• **dēmōnstrō, -āre, -āvi, -ātum,** [mōnstrō], *point out, show;* DEMONSTRATE, *prove*

dēmum, *at last, then, just, only*

dēnegō, -āre, -āvi, -ātum, [negō], *reject, refuse,* DENY

• • • **dēnique,** adv., *at length, finally; in short, briefly*

• • **dēns, dentis,** m., *tooth; ivory*

dēnsus, -a, -um, *thick, crowded,* DENSE; *close, full*

• • • **dēnūntiō, -āre, -āvi, -ātum,** [nūntiō], ANNOUNCE, *proclaim; warn, declare;* DENOUNCE; *order*

• • • **dēpellō, -ere, -puli, -pulsum,** [pellō], *drive out, drive away; displace, remove, avert, divert*

dēpendō, -ere, -pendi, —, [pendō], *weigh out; pay*

dēplōrō, -āre, -āvi, -ātum, [plōrō, *lament*], *mourn for, lament; bewail,* DEPLORE; *abandon*

• • **dēpōnō, -ere, -posui, -positum,** [pōnō], *put down;* DEPOSIT; *put away; abandon*

dēportō, -āre, -āvi, -ātum, [portō], *carry off, take away; bring home*

• • • **dēposcō, -ere, -poposci, —,** [poscō], *demand, claim; call for*

dēprāvō, -āre, -āvi, -ātum, [prāvus], *pervert; corrupt, spoil,* DEPRAVE

dēprecātiō, -ōnis, f., [dēprecor], *plea, apology*

dēprecātor, -ōris, m., [dēprecor], *advocate, mediator, intercessor*

• • • **dēprecor, -āri, -ātus sum,** [precor], *avert by prayer, entreat, intercede for;* DEPRECATE

• • • **dēprehendō, -ere, -hendi, -hēnsum,** [prehendō], *take away, seize, catch;* APPREHEND, *detect;* COMPREHEND, *understand*

dēprimō, -ere, -pressi, -pressum, [premō], PRESS *down; sink*

dēprōmō, -ere, -prōmpsi, -prōmptum, [prōmō], *draw out, fetch; obtain, derive*

dērēctus, -a, -um, [regō], *straight, perpendicular, vertical*

dērelinquō, -ere, -liqui, -lictum, [relinquō], *forsake, leave, abandon, desert*

• **dēscendō, -ere, -scendi, -scēnsum,** [scandō], *climb down,* DESCEND; *dismount; stoop; resort to*

• • • **dēscribō, -ere, -scripsi, -scriptum,** [scribō], *copy off, write down;* DESCRIBE, *draw; map out, arrange; copy*

• • • **dēserō, -ere, -serui, -sertum,** [serō, *join*], *leave,* DESERT, *abandon*

dēsertus, -a, -um, [dēserō], *lonely, desolate,* DESERTED

dēsiderium, -i, n., [dēsiderō], *longing, regret,* DESIRE

• • • **dēsiderō, -āre, -āvi, -ātum,** *long for,* DESIRE; *miss; require*

dēsidō, -ere, -sēdi, —, [sidō, *sink*], *sink, settle, fall, deteriorate; waste time*
••• dēsignō, -āre, -āvi, -ātum, [signō], *choose, elect, mark out,* DESIGNATE; dēsignātus. *elect* (e.g. consul-elect)
••• dēsinō, -ere, -sii, -situm, [sinō], *leave off, cease, stop*
dēsipiēns, -entis, [dēsipiō, *be foolish*], *foolish, silly*
• dēsistō, -ere, -stiti, -stitum, [sistō], *stop, leave off, cease,* DESIST
dēsōlō, -āre, -āvi, -ātum, *abandon, foresake, desert*
dēspērātiō, -ōnis, f., [dēspērō], *hopelessness,* DESPAIR
•• dēspērō, -āre, -āvi, -ātum, [spērō], *lose hope,* DESPAIR
•• dēspiciō, -ere, -spexi, -spectum, [speciō, *see*], *look down on;* DESPISE, *disdain*
dēspondeō, -ēre, -spondi, -spōnsum, *promise, betroth; pledge; give up*
dēstinō, -āre, -āvi, -ātum, *resolve, determine*
dēstitūtus, -a, -um, [dēstituō], *abandoned, betrayed, deserted*
dēstringō, -ere, -strinxi, -strictum, [stringō], *strip off; uncover, unsheathe, draw*
• dēsum, -esse, -fui, —, [sum], *fail, be lacking, be wanting*
dētestor, -āri, -ātus sum, [testor], PROTEST *against; avert by* PROTEST
dētrahō, -ere, -trāxi, -trāctum, [trahō], *draw off, take away; remove; deprive, rob*
•• dētrimentum, -i, n., [deterō, *rub away*], *loss,* DETRIMENT, *harm;*
dēturbātus, -a, -um, *deprived (of)*
Deucaliōn, -ōnis, m., son of Prometheus, husband of Pyrrha
• deus, -i, *m., god,* DEITY
dēvinciō, -ire, -vinxi, -vinctum, [vinciō], *bind, tie, oblige*
dēvincō, -ere, -vici, -victum, [vincō],

overpower, overcome, conquer completely
dēvocō, -āre, -āvi, -ātum, [vocō], *call off; attract; allure*
dēvoveō, -ēre, -vōvi, -vōtum, [voveō], VOW, *consecrate*
• dexter, -tra, -trum, *right;* as a noun, dextera or dextra, -ae, f., *right hand*
diaeta, -ae, f., *apartment; mode of living;* DIET
Diāna, -ae, f., goddess of the moon, the Greek Artemis
diciō, -ōnis, f., [dicō], *authority, power, sway*
dicō, -āre, -āvi, -ātum, *set apart, devote,* DEDICATE
• dicō, -ere, dixi, dictum, *say, speak, tell, mention;* with causam, *plead, defend*
dictātor, -ōris, m., [dictō], DICTATOR
dictātūra, -ae, f., [dictātor], DICTATORSHIP
dictiō, -ōnis, f., [dicō], *saying, speaking;* iūris dictiō, *the administration of justice,* JURISDICTION
••• dictitō, -āre, -āvi, -ātum, [dictō], *keep saying, assert, insist, say often*
dictō, -āre, -āvi, -ātum, [dicō], *suggest;* DICTATE
dictum, -i, n., [dicō], *saying, assertion; word,* DICTUM
didici, see discō
didūcō, -ere, -dūxi, -ductum, [dis + dūcō], *draw apart, separate, divide, scatter*
• diēs, diēi, c., *day; time;* in diēs, *daily*
•• differō, -ferre, distuli, dilātum, [dis + ferō], *carry apart, put off;* DEFER; DIFFER
• difficilis, -e, [dis + facilis], DIFFICULT, *hard*
• difficultās, -ātis, f., [difficilis], DIFFICULTY
diffidō, -ere, -fisus sum, semidep., [dis + fidō], *distrust, despair*

diffluō, -ere, -flūxi, —, [dis + fluō],
flow apart, waste away
diffugiō, -ere, -fūgi, —, [dis +
fugiō], *flee apart; disperse,
scatter*
diffundō, -ere, -fūdi, -fūsum, [dis
+ fundō], *spread out, scatter,*
DIFFUSE; *cheer*
digerō, -ere, -gessi, -gestum, [dis +
gerō], *distribute, dispose; set
in order;* DIGEST
•• digitus, -i, m., *finger, toe*
•• dignitās, -ātis, f., [dignus], *worth,
merit;* DIGNITY, *rank; honor,
prestige*
••• dignus, -a, -um, *worthy, deserving,
suitable*
digredior, -i, -gressus sum, [dis +
gradior], *go apart, go aside;
depart; separate,* DIGRESS
diiūdicō, -āre, -āvi, -ātum, [dis +
iūdicō], *decide, settle; distinguish*
diiungō, -ere, -iūnxi, -iūnctum,
[dis + iungō], *separate,* DISJOIN
dilābor, -i, lāpsus sum, [dis +
lābor], *fall apart, go to ruin;
decay*
dilātiō, -ōnis, f., [differō], *postponement, putting off*
••• dilēctus, -ūs, m., [dīligō], *choosing,*
SELECTION, *choice; levy, con-
scription*
• diligēns, -entis, [dīligō], *careful,*
DILIGENT; *attentive*
• diligentia, -ae, f., [dīligēns], *care,*
DILIGENCE; *industry, attention*
••• dīligō, -ere, -lēxi, -lēctum, [dis +
legō], *single out, choose* (above
all others); *love, esteem, value*
dilūcēscō, -ere, -lūxi, —, [dis +
lūceō], *grow light, dawn*
dimetior, -iri, -mēnsus sum,
[dis + metior], *measure out, lay
out*
dimicātiō, -ōnis, f., [dimicō], *fight,
struggle, combat*
•• dimicō, -āre, -āvi, -ātum, [dis
+ micō], *fight, contend, struggle*

• dimittō, -ere, -misi, -missus, [dis
+ mittō], *send out; let go,*
DISMISS; *give up, desert, abandon*
dimoveō, -ēre, -mōvi, -mōtum,
[dis + moveō], MOVE *apart; divide; disperse*
Diocharēs, -is, m., a freedman of
Julius Caesar
Dircē, -ēs, f., a spring on Mt.
Cithaeron, in Boeotia
dirēctus, -a, -um, [dis + regō],
straight, DIRECT; *simple, plain*
direptiō, -ōnis, f., [dīripiō], *plundering, pillaging*
direptor, -ōris, m., [dīripiō], *plunderer, pillager*
dirimō, -ere, -ēmi, -ēmptum,
[dis + emō], *take apart, cut off;
separate; destroy; adjust, settle*
••• dīripiō, -ere, -ripui, -reptum, [dis
+ rapiō], *tear apart; rob, plunder, pillage, ravage*
dīritās, -ātis, f., [dīrus], *mischief,
calamity; cruelty, harshness*
dīrus, -a, -um, *ill-omened,* DIRE;
ominous; awful; cruel
dis- or di-, inseparable prefix,
*apart, in different directions,
not, un-*
Dis, Ditis, m., god of the lower
world, the Greek Pluto
dis, ditis, *rich*
• discēdō, -ere, -cessi, -cessum,
[cēdō], *go apart, withdraw; depart, leave*
disceptō, -āre, -āvi, -ātum, [captō,
seize], *discuss, dispute; decide*
discernō, -ere, -crēvi, -crētum,
[cernō], *separate, set apart, divide; distinguish,* DISCERN
discessus, -ūs, m., [discēdō], *withdrawal, departure*
•• disciplina, -ae, f., [discō], *training,*
DISCIPLINE, *learning; study, pursuit; knowledge, skill*
• discō, -ere, didici, —, *learn, be
taught*
discordia, -ae, f., [discors, *dis-
agreeing*], *disagreement,* DISCORD

470

discribō, -ere, -scripsi, -scriptum, [scribō], *apportion, assign, distribute*
••• discrimen, -inis, n., [discernō], *crisis, decision, turning point; separation, division*
discursus, -ūs, m., [discurrō, *run about*], *running about, bustle, straggling*
disertus, -a, -um, [disserō], *skillful, clever; eloquent*
disiciō, -ere, -iēci, -iectum, [iaciō], *throw asunder, scatter; tear to pieces; disperse, ruin, destroy*
disiūnctus, -a, -um, [iungō], *separated, remote, distant*
•• dispergō, -ere, -spersi, -spersum, [spargō], *scatter,* DISPERSE
dispersē, adv., [dispergō], *here and there, singly, separately*
dispertiō, -ire, -ivi, -itum, [partiō], *distribute, divide, allot*
dispōnō, -ere, -posui, -positum, [pōnō], *place here and there; place at different points; arrange; assign*
disputātiō, -ōnis f., [putō], *discussion, debate,* DISPUTE
disputō, -āre, -āvi, -ātum, [putō], *discuss; argue; insist*
dissēminō, -āre, -āvi, -ātum, [seminō, *sow seed*], *sow, scatter,* DISSEMINATE
dissēnsiō, -ōnis, f., [sentiō], *disagreement,* DISSENSION
••• dissentiō, -ire, -sēnsi, -sēnsum, [sentiō], *differ, disagree*
disserō, -ere, -serui, -sertum, [serō], *examine, argue, discuss, treat; explain*
dissideō, -ēre, -sēdi, —, [sedeō], *disagree, differ*
••• dissiliō, -ire, -ui, —, [saliō], *spring apart, leap apart; split*
• dissimilis, -e, [similis], *unlike, different,* DISSIMILAR
dissimilitūdō, -inis, f., [dissimilis], *difference*

dissimulātor, -ōris, m., [dissimulō], DISSEMBLER
dissimulō, -āre, -āvi, -ātum, [simulō], *hide, conceal; disguise,* DISSEMBLE, *pretend*
dissipō, -āre, -āvi, -ātum, *scatter, strew, spread,* DISSIPATE
dissolūtiō, -ōnis, f., [dissolvō], *frivolity,* DISSOLUTENESS
dissolūtus, -a, -um, [dissolvō], *lax, remiss, careless*
dissolvō, -ere, -solvi, -solūtum, [solvō], *relax, loosen; break up; pay, free from debt*
dissuādeō, -ēre, -suāsi, -suāsum, [suādeō], DISSUADE, *oppose*
distāns, -antis, [distō, *be apart*], *remote, far apart, at a* DISTANCE
distentus, -a, -um, [distineō], *busy, occupied, engaged*
distinguō, -ere, -stinxi, -stinctum, *mark, set off,* DISTINGUISH
distrāctus, -a, -um, [distrahō], *divided, divergent*
distrahō, -ere, -trāxi, -trāctum, [trahō], *draw apart, take away*
•• distribuō, -ere, -tribui, -tribūtum, [tribuō], DISTRIBUTE, *assign, divide*
distringō, -ere, -strinxi, -strictum, [stringō, *draw*], *draw apart, distract, draw asunder*
• diū, adv., *for a long time, long*
dius, -a, -um, *godlike, divine;* sub diō, *under the sky, in the open*
diūturnitās, -ātis, f., [diū], *length of time, duration*
diūturnus, -a, -um, [diū], *long lasting, protracted*
divellō, -ere, -velli, -vulsum, [vellō, *pluck*], *pluck away, tear apart; rend, separate, sever*
diversōrium, -i, n., [divertō, *turn aside*], *inn, lodging house, halting place*
•• diversus, -a, -um, [divertō, *turn aside*], DIVERSE, *different, opposite*

471

dives, -itis, *rich, opulent, wealthy;*
costly, sumptuous
•• dividō, -ere, -visi, -visum, DIVIDE,
separate, distribute
divinitus, adv., [divinus], DIVINELY,
by inspiration, marvelously
divinō, -āre, -āvi, -ātum, [divinus],
foresee, DIVINE, *predict*
••• divinus, -a, -um, DIVINE, *super-*
human, godlike
••• divitiae, -ārum, f. pl., [dives],
riches, wealth
divortium, -i, n., *parting, crossroad,*
watershed
• dō, dare, dedi, datum, *give, grant,*
bestow, assign; afford; allow;
put
• doceō, -ēre, -ui, doctum, *teach,*
explain, show
••• doctrīna, -ae, f., [doceō], *teaching,*
learning, instruction, education,
culture
doctor, -ōris, m., [doceō], *teacher,*
instructor
doctus, -a, -um, [doceō], *learned,*
cultivated, taught
documentum, -i, n., [doceō], *ex-*
ample, instance, evidence, proof
Dolābella, -ae, m., a cognomen;
P. Cornelius Dolabella, Cicero's
son-in-law and consul in 44 B.C.
• doleō, -ēre, -ui, —, *suffer, be in*
pain, grieve
• dolor, -ōris, m., [doleō], *pain;*
grief, sorrow, distress
dolus, -i, m., *fraud, deceit, artifice,*
guile, craft
••• domesticus, -a, -um, [domus], *of*
the home, DOMESTIC, *private,*
internal, civil
Domesticus, -i, m., a cognomen
•• domicilium, -i, n., [domus], *dwell-*
ing, home, DOMICILE
•• domina, -ae, f., *mistress, owner*
dominātiō, -ōnis, f., [dominor],
mastery, lordship, power
dominor, -āri, -ātus sum, [dominus],
be in power, have DOMINION,
rule; be supreme, govern, reign

• dominus, -i, m., *lord, master, ruler;*
possessor
Domitius, -i, m., name of a Roman
gens; *Cn.* DOMITIUS *Calvinus,*
praetor in 56 B.C.
domō, -āre, -ui, -itum, *tame, sub-*
due; reduce; soften by cooking
• domus, -ūs, locative domi, f.,
house, home; household, family
dōnec, adv., *as long as, while, until*
•• dōnō, -āre, -āvi, -ātum, [dōnum],
present, give
• dōnum, -i, n., *gift, present*
Dōris, -idis, f., a sea goddess, wife
of Nereus and mother of the
Nereids
• dormiō, -ire, -ivi, -itum, *sleep, be*
at ease
Drūsus, -i, m., a cognomen; *M.*
Livius DRUSUS, a prominent
political leader at the beginning
of the first century B.C.
dubitātiō, -ōnis, f., [dubitō], DOUBT,
hesitation, uncertainty
• dubitō, -āre, -āvi, -ātum [dubius],
DOUBT, *hesitate*
dubium, -i, n., DOUBT
••• dubius, -a, -um, DOUBTFUL, *un-*
certain, DUBIOUS
• dūcō, -ere, dūxi, ductum, *lead,*
guide, bring, CONDUCT; *influ-*
ence; consider, think; hold;
draw, drag
ductus, -ūs, m., [dūcō], *leadership,*
command, direction
dūdum, adv., *before, formerly, a*
little while ago
duint, old form of dent, subjunctive of dō
dulcēdō, -inis, f., [dulcis], *sweet-*
ness, charm
••• dulcis, -e, *sweet, agreeable, charm-*
ing; of water, *fresh*
•• dum, conj., *while, until; as long*
as; if only, provided that
dumtaxat, adv., *simply, merely,*
at least
• duo, duae, duo, *two*
• duodecim, indecl., *twelve*

472

duodecimus, -a, -um, [duodecim], *twelfth*

dūritiēs, -ēi or dūritia, -ae, f., [dūrus], *hardness, rigor, harshness*

dūrō, -āre, -āvī, -ātum, [dūrus], *make hard, harden, solidify; hold out, continue, remain*

• dūrus, -a, -um, *hard; rude, rough; stern, pitiless; cruel*

• dux, ducis, m., [dūcō], *leader, guide, commander, general*

Dyrrachium, -i, n., a seaport in Illyria, on the Adriatic

E

• ē, see ex

ēbrius, -a, -um, *drunk, intoxicated*

ebur, -oris, n., *ivory*

eburneus, -a, -um, [ebur], *of ivory*

ecce, interj., *behold! look! lo!*

ecquid, adv., *at all*

• • • ecquis, -quae, -quid, interrog. pron., *is there anyone who? any? whether anyone*

edepol, interj., *by* POLLUX!

ēdictum, -i, n., [dīcō], *proclamation, order,* EDICT

ēdiscō, -ere, -didici, —, [discō], *learn thoroughly, learn by heart, commit to memory; study, learn*

ēditus, -a, -um, [ēdō], *high, elevated*

ēdō, -ere, ēdidi, ēditum, *set forth, give out, tell, publish*

ēdoceō, -ēre, -ui, -doctum, [doceō], *instruct, explain, show, inform*

ēducō, -āre, -āvī, -ātum, [ducō], *train, bring up,* EDUCATE

• • ēdūcō, -ere, -dūxi, -ductum, [dūcō], *lead out, draw,* CONDUCT

• • • efferō, -ferre, extuli, ēlatum, [ex + ferō], *carry out, bring forth; lift up, raise, extol*

• efficiō, -ere, -fēci, -fectum, [ex + faciō], EFFECT, *accomplish; cause, work out*

effigiēs, -ēi, f., [fingō], *copy, likeness, portrait, image,* EFFIGY

effingō, -ere, -finxi, -fictum, [ex + fingō], *represent, portray; form, fashion, mold; stroke; wipe clean*

efflāgitō, -āre, -āvī, -ātum, [ex + flāgitō], *demand, request*

efflō, -āre, -āvī, -ātum, [ex + flō], *breathe out, blow forth, exhale*

effluō, -fluere, -fluxi, —, [ex + fluō], *flow out, run out, vanish*

effodiō, -ere, -fōdi, -fossum, [ex + fodiō], *dig up, dig out*

effrēnātus, -a, -um, [ex + frēnātus, *bridled*], *unbridled, unrestrained*

effringō, -ere, -frēgi, -frāctum, [ex + frangō], *break off, break open*

• • effugiō, -ere, -fūgi, —, [ex + fugiō], *escape, flee away*

effulgeō, -ēre, -fulsi, —, [ex + fulgeō], *shine, gleam; flash*

egēns, -entis, [egeō], *needy, poor,* INDIGENT

• • • egeō, -ēre, -ui, —, *be needy; lack, want*

egestās, -ātis, f., [egeō], *want, poverty, need*

• ego, mei, pers. pron., *I, me*

egomet, emphatic ego

• ēgredior, -ī, -gressus sum, [gradior], *go out, go forth, depart; disembark*

• ēgregius, -a, -um, [grex], *remarkable, excellent, splendid, outstanding; fine, noble*

• • ēiciō, -ere, -iēci, -iectum, [iaciō], *throw out,* EJECT, *cast out, drive out*

ēlābor, -i, -lāpsus sum, [lābor], *slip off, slide away, escape*

ēlabōrātus, -a, -um, [ēlabōrō], *highly wrought,* ELABORATE

ēlabōrō, -āre, -āvī, -ātum, [labōrō], LABOR, *struggle, strive; perfect,* ELABORATE

ēlegāns, -antis, *fastidious, delicate, choice,* ELEGANT

473

elephantus, -ī, m., ELEPHANT

ēligō, -ere, -lēgī, -lēctum, [legō], pick out, choose, ELECT

ēloquentia, -ae, f., [loquor], ELOQUENCE

ēlūdō, -ere, ēlūsī, ēlūsum, [lūdō], ELUDE, escape, evade; DELUDE, make sport of, mock

emblēma, -atis, n., relief, ornament

ēmendō, -āre, -āvī, -ātum, [mendum, fault], free from faults, correct, EMEND; improve; compensate for

ēmergō, -ere, -mersī, -mersum, [mergō], rise, EMERGE, come forth

ēmittō, -ere, -mīsī, -missum, [mittō], send out; let go, let escape

• emō, -ere, ēmī, ēmptum, buy, purchase

ēmorior, -ī, -mortuus sum [morior], die

ēmoveō, -ēre, -mōvī, -mōtum, [moveō], MOVE out, MOVE away, REMOVE, expel, dislodge

ēmptiō, -ōnis, f., [emō], purchase, buying

ēmptor, -ōris, m., [emō], buyer, purchaser

ēn, interj., lo! behold!

ēnārrō, -āre, -āvī, -ātum, [nārrō], relate, describe fully

ēnervō, -āre, -āvī, -ātum, [nervō], weaken, ENERVATE

• enim, conj., for, in fact

ēnitēscō, -ere, -nituī, —, [niteō, shine], shine forth, gleam, be eminent

ēnitor, -ī, ēnixus or ēnīsus sum, [nitor, struggle], struggle, strive, make an effort

Ennius, -ī, m., an early Roman poet

ēnotō, -āre, -āvī, -ātum, [notō], mark down, NOTE, write

• eō, īre, iī or īvī, itum, go, march, move

• eō, adv., there, in that place; thither, to that place; to such a degree

•• eōdem, adv., to the same place, in the same place

Eōus, -ī, m., one of the horses of the sun

Ephesius, -a, -um, EPHESIAN; as a noun, m. pl., the EPHESIANS

Ephesus, -ī, f., a city of western Asia Minor

Ephyrē, -ēs, f., early Greek name for Corinth

epigramma, -atis, n., inscription, EPIGRAM

Epimethis, -idis, f., daughter of EPIMETHEUS, i.e., Pyrrha

Ēpīrus, -ī, f., a country northwest of Greece

• epistula, -ae, f., letter, EPISTLE

epulae, -ārum, f. pl., feast, banquet; food, dishes

• eques, -itis, m., [equus], horseman; knight, member of EQUESTRIAN order; pl., cavalry

•• equester, -tris, -tre, [eques], of a horseman, EQUESTRIAN

equidem, adv., certainly, indeed, I for my part

equitō, -āre, -āvī, -ātum, [eques], ride, ride on raids

• equitātus, -ūs, m., [equitō], cavalry

• equus, -ī, m., horse

••• ergā, prep. with acc., toward, in relation to

• ergō, adv., therefore, accordingly, consequently, then

Ēridanus, -ī, m., a mythical river in the west, usually identified with the Po

ērigō, -ere, -rēxī, -rēctum, [regō], raise up, ERECT, lift; cheer, encourage

• ēripiō, -ere, -ripuī, -reptum, [rapiō], snatch away; rescue, tear out; set free

ērogō, -āre, -āvī, -ātum, [rogō], take out, appropriate, pay, expend

• errō, -āre, -āvī, -ātum, wander, go astray; be mistaken, ERR

error, -ōris, m., [errō], wandering; ERROR, mistake

474

ērubēscō, -ere, -buī, —, [rubēscō, *grow red*], *grow red, blush; be ashamed*

ēructō, -āre, -āvī, -ātum, *belch forth*

•••ērudiō, -īre, -īvī, -ītum, [rudis], *teach, instruct; educate, cultivate, polish*

ērumpō, -ere, -rūpī, -ruptum, [rumpō], *burst out, break forth; rush out*

Erymanthius, -a, -um, *of* ERYMANTHUS, *a mountain in north-western Arcadia;* ERYMANTHIAN

ēscendō, -ere, -scendī, -scēnsus, [scandō], *climb up, mount*

•et, conj., *and;* et . . . et, *both . . . and;* as adv., *also, too, in fact*

•••etenim, conj., *for truly, and indeed*

•etiam, adv., *even, also, again, still, even now;* as the answer to a question, *Yes;* etiam atque etiam, *again and again*

etiamsi, conj., *even if*

Etrūria, -ae, f., *a district in central Italy north of Rome*

••etsī, conj., *even if, though, yet*

Eurōpa, -ae, f., *a maiden loved by Jupiter*

Eurus, -ī, m., *east wind, southeast wind; the wind*

ēvādō, -ere, -vāsī, -vāsum, [vādō], *go forth, get away, escape*

ēvānēscō, -ere, ēvanuī, —, [vānēscō], VANISH, *disappear; perish*

ēvehō, -ere, -vexī, -vectum, [vehō], *carry out, bear forth; lift up, raise;* pass., *be borne, sail, advance*

ēvellō, -ere, -vellī, -vulsum, [vellō, *pluck*], *pluck out, tear away; remove*

ēveniō, -īre, -vēnī, -ventum, [veniō], *come out; come to pass, happen*

••ēventus, -ūs, m., [ēveniō], *outcome, result,* EVENT

ēversiō, -ōnis, f., [ēvertō], *overthrow, ruin; turning out*

•••ēvertō, -ere, -vertī, -versum, [vertō], *overturn, ruin, destroy*

ēvocātor, -ōris, m., [vocō], *summoner, recruiter, instigator*

ēvomō, -ere, -vomuī, -vomitum, [vomō, *vomit*], VOMIT *forth, eject, disgorge*

•ex or ē (not used before a vowel), prep. with abl., *out of, from; of, according to, in the interest of, after*

exaggerō, -āre, -āvī, -ātum, [agger], *heap up, accumulate, enlarge;* EXAGGERATE

exagitō, -āre, -āvī, -ātum, [agitō], *drive out, drive away; harass, torment, vex, provoke*

•••exanimō, -āre, -āvī, -ātum, [animus], *tire out, fatigue; kill*

•••exaudiō, -īre, -īvī, -ītum, [audiō], *hear plainly, hear*

excavō, -āre, -āvī, -ātum, [cavō, *hollow*], *hollow out,* EXCAVATE

•excēdō, -ere, -cessī, -cessum, [cēdō], *go out, depart; pass*

excellēns, -entis, [excellō], *surpassing, eminent,* EXCELLENT

•••excellō, -ere, —, -celsum, *be eminent; be superior,* EXCEL, *surpass*

•••excelsus, -a, -um, [excellō], *lofty, high, elevated;* in excelsō, *on high*

excerpō, -ere, -cerpsī, -cerptum, [carpō], *pick out; choose, select; take out,* EXCERPT, *omit*

excidō, -ere, -cidī, —, [cadō], *fall out, fall*

••excipiō, -ere, -cēpī, -ceptum, [capiō], *take out, withdraw, take up; receive;* INTERCEPT; CAPTURE

•••excitō, -āre, -āvī, -ātum, *arouse,* EXCITE; *inspire; raise*

exclūdō, -ere, -clūsī, -clūsum, [claudō], *shut out,* EXCLUDE

excolō, -ere, -coluī, -cultum, [colō], CULTIVATE, *improve, refine*

excruciō, -āre, -āvī, -ātum, [cruciātus], *torture, torment*

475

excubiae, -ārum, f. pl., *watch, sentinels, guards, watchmen*

excurrō, -ere, -cucurri or -curri, -cursum, [currō], *run out, hasten forward; make an* INCURSION

excursiō, -ōnis, f., [excurrō], *sally, raid*

excūsātiō, -ōnis, f., [excūsō], EXCUSING, EXCUSE

excutiō, -ere, -cussi, -cussum, [quatiō], *shake out, cast out*

exedō, -ere, -ēdi, -ēsum, [edō], *eat, consume, devour; corrode*

•••exemplum, -i, n., EXAMPLE, *precedent, model, warning*

•exeō, -ire, -ii, -itum, [eo], *go out, go forth, depart*

•exerceō, -ēre, -ui, -itum, *train,* EXERCISE, *practice; manage*

••exercitātiō, -ōnis, f., [exerceō], *training,* EXERCISE, *practice; skill*

exercitātus, -a, -um, [exercitō], *trained, experienced, practiced*

•exercitus, -ūs, m., [exerceō], *army*

exhauriō, -ire, -hausi, -haustum, [hauriō], *drain off, get rid of;* EXHAUST; *draw out*

•••exigō, -ere, -ēgi, -āctum, [agō], *drive out; demand, collect,* EXACT; *finish*

exiguus, -a, -um, [exigō], *small, scanty, limited*

exilis, -e, *narrow, slender, meager, lean; cheerless; worthless*

•••eximius, -a, -um, *choice, select, extraordinary, eminent*

existimātiō, -ōnis, f., [existimō], *estimate, judgment, reputation*

existimātor, -ōris, m., [existimō], *judge, critic*

•existimō, -āre, -āvi, -ātum, [aestimō, *estimate*], *think, believe, consider, suppose, estimate*

exitiōsus, -a, -um, [exitium], *ruinous, pernicious, deadly*

•••exitium, -i, n., [exeō], *ruin, destruction*

•exitus, -ūs, m., [exeō], *outcome, going out,* EXIT; *issue, end*

exoptō, -āre, -āvi, -ātum, [optō], *wish for, long for, desire greatly*

exōrdior, -iri, -ōrsus sum, [ōrdior], *begin, commence*

exōrnō, -āre, -āvi, -ātum, [ōrnō], ADORN; *fit out, equip*

exōrsus, -ūs, m., [exōrdior], *beginning*

••expediō, -ire, -ivi, -itum, [pēs], *set free, disentangle, unfetter; settle, arrange*

••expeditus, -a, -um, [expediō], *free, unencumbered; ready, prompt, easy;* cēna expedita, *plain, simple meal*

•expellō, -ere, -puli, -pulsum, [pellō], *drive out, eject,* EXPEL

expergiscor, -gisci, -perrectus sum, [expergo, *arouse*], *wake up, awaken*

••experior, -iri, -pertus sum, *try, prove, test,* EXPERIENCE

expers, -pertis, [pars], *having no* PART *in, without*

•••expetō, -ere, -petivi, -petitum, [petō], *seek out, demand, request*

expilō, -āre, -āvi, -ātum, *plunder, rob*

expiō, -āre, -āvi, -ātum [pius], *atone for,* EXPIATE

expleō, -ēre, -plēvi, -plētum, *fill up, satisfy*

explicō, -āre, -āvi and -ui, -ātum and -itum, [plicō, *fold*], *unfold, release, set free*

•explorātor, -ōris, m., *spy, scout*

•explōrō, -āre, -āvi, -ātum, [plōrō, *lament*], *examine,* EXPLORE, *investigate*

•expōnō, -ere, -posui, -positum, [pōnō], *set forth, explain; put forth, exhibit; disembark*

exportō, -āre, -āvi, -ātum, [portō], *carry out,* EXPORT

exprimō, -ere, -pressi, -pressum, [premō], PRESS *out, squeeze forth; portray, represent; form*

exprōmō, -ere, -prōmpsi, -prōmp-

476

tum, [prōmō, *produce*], *show forth, display, exhibit*

expugnātiō, -ōnis, f., [expugnō], *storming, capture*

•• expugnō, -āre, -āvi, -ātum, [pugnō], *storm, capture*

expūrgō, -āre, -āvi, -ātum, [pūrgō], *cleanse, purify; justify*

exquirō, -ere, -quisīvi, -quisitum, [quaerō], *search out;* INQUIRE, *investigate*

exscribō, -ere, -scripsi, -scriptum, [scribō], *write out, write off; copy*

exsequor, -i, -secūtus sum, [sequor], *follow after;* PURSUE; PROSE-CUTE; *enforce; perform,* EXE-CUTE

exserō, -ere, -ui, -sertum, [serō], *thrust out, extend, put forth*

exsiccō, -āre, -āvi, -ātum, [siccō], *dry out, drain, empty*

••• exsilium, -i, n., EXILE, *banishment*

••• exsistō, -ere, -stiti, —, [sistō], *stand forth, appear,* EXIST

exsolvō, -ere, -solvi, -solūtum, [solvō], *set free, release*

exspatior, -āri, -ātus sum, [spatior, *walk*], *turn aside, wander from the path; spread out, extend*

exspectātiō, -ōnis, f., [exspectō], *awaiting,* EXPECTATION, *anticipation*

• exspectō, -āre, -āvi, -atum, [spectō], *watch for, await;* EXPECT, *hope for*

exspoliō, -āre, -āvi, -ātum, [spoliō], *plunder, pillage;* SPOIL *utterly, deprive, rob*

••• exstinguō, -ere, -stinxi, -stinctum, [stinguō], EXTINGUISH, *kill, destroy*

exstō, -āre, def., [stō], *stand forth, exist; appear; be*

•• exstruō, -ere, -strūxi, -strūctum, [struō], *build,* CONSTRUCT, *pile up*

exsul, -ulis, c., *an* EXILE

exsulō, -āre, -āvi, [exsul], *to be an* EXILE, *to live in* EXILE

••• exsultō, -āre, -āvi, -ātum, [saliō, *leap*], EXULT, *leap up, delight in*

extenuō, -āre, -āvi, -ātum, [tenuō, *make thin*], *diminish, belittle, minimize*

exter or exterus, -a, -um, *outer, foreign, strange;* superl., extrē-mus, *outermost, furthest,* EX-TREME, *last*

exterminō, -āre, -āvi, -ātum, [terminus], *drive out, expel, banish, remove*

••• externus, -a, -um, *foreign,* EX-TERNAL

exterreō, -ēre, -ui, -itum, [terreō], *strike with* TERROR, *frighten*

extimēscō, -ere, -timui, —, [timeō], *be afraid of, fear greatly, dread*

extollō, -ere, def., [tollō], *lift, raise up,* EXTOL

extorqueō, -ēre, -torsi, -tortum, [torqueō], *wrench away, wrest away, obtain by force,* EXTORT

•• extrā, adv., and prep. with acc., *outside of, beyond, without*

• extrēmus, -a, -um, see exter

extrūdō, -ere, -trūsi, -trūsum, [trūdō, *push*], *thrust out, push off, pack off*

extruō, see exstruō

exturbō, -āre, -āvi, -ātum, [turbō], *drive out* by force

exuō, -ere, exui, exūtum, *doff, take off, lay aside*

exūrō, -ere, -ussi, -ūstum, [urō], *burn up, consume*

exuviae, -ārum, f. pl., [exuō], *booty, spoils, trophies*

F

f. = filius

Fābricius, -i, m., name of a Roman gens; especially C. FABRICIUS *Luscinus,* leader of the Roman forces against Pyrrhus, consul in 282 B.C.

fabricō, -āre, -āvi, -ātum, [fabrica],

477

construct, frame, build; of thunderbolts, forge

• **fābula, -ae,** f., FABLE, myth; account; play, drama

facētē, [**facētus,** witty], wittily

faciēs, -ēi, f., form, shape; appearance, FACE

• **facilis, -e,** [faciō], easy, practicable

• • • **facilitās, -ātis,** f., [facilis], ease, FACILITY; courtesy, affability

facinorōsus, -a, -um, [facinus], criminal, vicious

• • • **facinus, -oris,** n., [faciō], act, deed; crime, misdeed, outrage

• **faciō, -ere, fēcī, factum,** do, make, cause; bring about, perform; accomplish, build, create, elect; pass., see **fīō**

factiō, -ōnis, f., [faciō], party, partisanship, FACTION

factiōsus, -a, -um, [factiō], heading a party, partisan, FACTIOUS; seditious, intriguing; as a noun, m., intriguer

• • **factum, -ī,** n., [faciō], deed, act; FEAT

• **facultās, -ātis,** f., [facilis], ability, opportunity, means, power; capacity, skill

facundus, -a, -um, eloquent, fluent

faenus, -oris, n., interest, usury, profit; gain, increase

Faesulae, -ārum, f. pl., FIESOLE, a city near Florence

Faesulānus, -a, -um, of FAESULAE

faex, faecis, f., dregs, sediment

fāgus, -ī, f., beech tree

falcārius, -ī, m., [falx, scythe], scythe maker

Falcidius, -ī, m., name of a Roman gens

fallāx, -ācis, [fallō], FALSE, deceitful, deceptive

• • • **fallō, -ere, fefelli, falsum,** deceive, disappoint, trick

falsō, adv., [falsus], FALSELY

falsus, -a, -um, [fallō], FALSE, deceptive; groundless

• **fāma, -ae,** f., [for, speak], report, rumor, story; reputation, FAME

• • **famēs, -is,** abl. **famē,** f., hunger, FAMINE

• • **familia, -ae,** f., [famulus], household (including slaves), FAMILY; company

• • **familiāris, -e,** [familia], domestic, belonging to the household; intimate, friendly, FAMILIAR; **rēs familiāris,** property

familiāritās, -ātis, f., [familiāris], intimacy, FAMILIARITY

famulus, -ī, m., slave, servant, attendant

• • • **fānum, -ī,** n., shrine, temple

fās, [for, speak], indecl., right, divine right; **fās est,** it is lawful, it is right

fasciculus, -ī, m., [fascis], little bundle, packet

fascis, -is, m., bundle; pl., bundle of rods, the FASCES

fastigium, -ī, n., gable; pediment

fātālis, -e, [fātum], FATED, destined; destructive, FATAL

• • • **fateor, -ērī, fassus sum,** CONFESS, admit, acknowledge

fātidicus, -a, -um [fātum], prophetic, fate foretelling

fatigō, -āre, -āvī, -ātum, tire out, weary, exhaust; torment

• • • **fātum, -ī,** n., FATE, oracle, destiny

• • • **faucēs, -ium,** f. pl., throat, jaws; mountain pass; defile

fautor, -ōris, m., [faveō], patron, protector

• • • **faveō, -ēre, fāvī, fautum,** FAVOR, approve of

favilla, -ae, f., ashes, embers, cinders

favus, -ī, m., honeycomb

• • • **fax, facis,** f., torch, firebrand; meteor, comet

febris, -is, f., FEVER

Februārius, -a, -um, of FEBRUARY; abbr., **Febr.**

• • • **fēlicitās, -ātis,** f., [fēlix], good fortune, happiness, FELICITY

478

• fēlix, -icis, *happy; favorable, successful, fortunate*
• fēmina, -ae, f., *woman,* FEMALE
fēmineus, -a, -um, [fēmina], *womanly,* FEMININE; *unmanly*
femur, femoris, n., *thigh*
fera, -ae, f., *beast, wild animal; monster*
ferāx, -ācis, [ferō], *fruitful, fertile, productive*
• ferē, adv., *almost, hardly, for the most part*
ferentārius, -i, m., [ferō], *light-armed soldier, skirmisher*
feriō, -ire, def., *strike, smite, hit; kill, slay*
• ferō, ferre, tuli, lātum, *bear, carry, bring; endure,* SUFFER; *bring forward; report, say; celebrate*
ferōcia, -ae, f., [ferōx], FEROCITY, *fierceness, wildness*
ferōcitās, -ātis, f., [ferōx], FEROCITY, *fierceness; impetuosity*
ferōx, -ōcis, *wild,* FIERCE; *high-spirited; confident; fiery*
ferrāmentum, -i, n., [ferrum], *iron tool; weapon; sword*
ferreus, -a, -um, [ferrum], *of iron; hard-hearted, unfeeling*
• ferrum, -i, n., *iron, iron tool; weapon; sword*
fertilis, -e, FERTILE, *productive*
fertilitās, -ātis, f., [fertilis], FERTILITY, *fruitfulness, abundance*
• ferus, -a, -um, *wild, savage, barbarous, cruel*
fervēns, -entis, [ferveō], *glowing, burning; hot, impetuous*
fervor, -ōris, m., [ferveō], *heat, passion, ardor, fury*
festinātiō, -ōnis, f., [festinō], *haste, hurry*
festinō, -āre, -āvi, -ātum, *hasten, hurry*
festivus, -a, -um, [fēstus], *pleasing, charming; jovial, agreeable*
fēstus, -a, -um, FESTIVE, FESTAL, *merry*
fictilis, -e, *formed of clay, earthen*

fictus, -a, -um, [fingō], *feigned, false,* FICTITIOUS
• fidēlis, -e, *faithful, loyal, true; sincere*
fidēlitās, -ātis, f., [fidēlis], FIDELITY, *loyalty, faithfulness*
• fidēs, -ei, f., *faith, trust,* CONFIDENCE; *credit; honesty, honor, loyalty; pledge*
fidēs, -is, f., *string, chord;* pl., *lyre, stringed instrument*
Fidius, -i, m., *All-faithful,* an epithet of Jupiter as protector of oaths and defender of good faith
fidō, -ere, fisus sum, *trust, rely on*
fidūcia, -ae, f., [fidus], *trust, confidence; pledge, security*
fidus, -a, -um, *faithful, loyal, trustworthy*
figō, -ere, fixi, fixum, FIX, *fasten; plunge; plant*
figura, -ae, f., *form, shape,* FIGURE; *style, manner*
• filia, -ae, f., *daughter*
• filius, -i, m., *son*
findō, -ere, fidi, fissum, *cleave, split, separate, divide*
• • • fingō, -ere, finxi, fictum, *mould, shape, fashion; invent, conceive, imagine*
• • finiō, -ire, -ivi, -itum, [finis], *bound; limit, end,* FINISH
• finis, -is, m., *end, limit, boundary;* pl., *territory, land, country*
• finitimus, -a, -um, [finis], *neighboring, bordering on;* as a noun, m. pl., *neighbors*
• fiō, fieri, factus sum, *be made, happen, become*
firmāmentum, -i, n., [firmō], *support, strength*
firmō, -āre, -āvi, -ātum, *strengthen, make* FIRM; *fortify; encourage*
• • firmus, -a, -um, FIRM, *strong; secure, reliable*
Flaccus, -i, m., a cognomen; L. Valerius FLACCUS, praetor in 63 B.C., assisted Cicero in

479

gaining evidence of the Catilinarian conspiracy

flāgitiōsus, -a, -um, [flāgitium], *shameful, disgraceful*

···flāgitium, -ī, n., *outrage, disgrace, shame*

···flāgitō, -āre, -āvi, -ātum, *demand, require, ask urgently*

···flagrō, -āre, -āvi, -ātum, *burn, blaze, glow, be aflame*

Flāmininus, -ī, m., a cognomen in the Quinctian gens

···flamma, -ae, f., FLAME, *fire, blaze*

flammifer, -fera, -ferum, [flamma], FLAME-*bearing*, FLAMING, *fiery*

flāvēns, -entis, [flāveō, *be yellow*], *yellow, golden*

flāvēscō, -ere, def., [flāveō, *be yellow*], *grow yellow*

flectō, -ere, flexī, flexum, *bend, turn; persuade; overcome*

fleō, -ēre, flēvī, flētum, *weep, cry, lament*

flētus, -ūs, m., [fleō], *weeping, tears*

···flōreō, -ēre, -uī, —, [flōs], *bloom,* FLOURISH, *prosper*

flōrēscō, -ere, def., [flōreō], *bloom,* FLOURISH

·flōs, flōris, m., *blossom, bloom,* FLOWER

·fluctus, -ūs, m., [fluō], *wave, flood*

·flūmen, -inis, n., [fluō], *river, stream; fluency*

flūmineus, -a, -um, [flūmen], *of a river*

fluō, -ere, flūxī, flūxum, FLOW, *run down, stream down*

focus, -ī, m., *fireplace, hearth*

foederātus, -a, -um, [foedus], FEDERATED, *allied, leagued*

foedus, -a, -um, *foul, ugly; shameful, dreadful*

···foedus, -eris, n., *league, treaty, alliance*

folium, -ī, n., *leaf*

fōns, fontis, m., *spring,* FOUNTAIN; *source*

fore, see sum (page 414)

forēnsis, -e, [forum], *of the* FORUM, *of the market;* FORENSIC, *legal*

foris, -is, f., *door, gate;* forās and foris, adv., *out of doors, without, abroad*

··fōrma, -ae, f., FORM, *figure; image; plan; beauty, model*

Formiae, -ārum, f. pl., a town in southern Latium

Formiānus, -a, -um, *of* FORMIAE; as a noun, n., *estate at* FORMIAE

formidābilis, -e, [formidō], *fearinspiring, fearful;* FORMIDABLE

···formidō, -inis, f., *fear, dread, terror*

formidolōsus, -a, -um, [formidō], *terrible, dreadful*

fōrmō, -āre, -āvi, -ātum, FORM, *fashion; train, influence*

fornāx, -ācis, f., FURNACE, *oven*

fornix, -icis, m., *arch, vault*

···fors, abl. forte, f., *chance;* abl. as adv., *by chance, by accident; perchance, perhaps*

forsitan, adv., *perhaps, perchance*

···fortasse, adv., *perhaps, perchance*

forte, see fors

·fortis, -e, *brave, strong; courageous; manful, sturdy*

··fortitūdō, -inis, f., [fortis], *firmness, manliness; bravery,* FORTITUDE

·fortūna, -ae, f., *chance,* FORTUNE, *lot; good* FORTUNE; *bad* FORTUNE, MISFORTUNE

fortūnātus, -a, -um, FORTUNATE, *happy*

·forum, -ī, n., *market place,* FORUM; cap., the FORUM in Rome

Forum Aurēlium, -ī, n., market town in Etruria

forus, -ī, m., *gangway* (of a ship), *row of seats* (in the Circus), *cell of bees;* per forōs, *over the deck*

·fossa, -ae, f., *ditch, trench*

fragilis, -e, [frangō], *brittle, weak,* FRAGILE; *fickle*

fragilitās, -ātis, f., [fragilis], *weakness,* FRAGILITY

fragor, -ōris, m., [frangō], *crash, noise, clap of thunder*

• frangō, -ere, frēgī, frāctum, *break, shatter; crush; weaken; subdue, overcome*

• frāter, -tris, m., *brother*

frāternus, -a, -um, [frāter], *of a brother*, FRATERNAL

fraudātiō, -ōnis, f., [fraudō, *cheat*], *cheating, deceit*, FRAUD

frēnum, -ī, n., *bridle, bit, curb*

••• frequēns, -entis, *crowded*, FREQUENTED, *packed, in large numbers; repeated;* FREQUENT

frequentia, -ae, f., [frequēns], *thronging together; great numbers, crowd*

frequentō, -āre, -āvī, -ātum, [frequēns], *throng, assemble in crowds, frequent*

fretum, -ī, n., *strait, channel; sea*

••• frētus, -a, -um, *relying on, trusting, depending upon*

• frigidus, -a, -um, [frigeō, *be cold*], *cold, chilling; feeble; trivial, vain*

••• frigus, -oris, n., *cold*

frōns, frondis, f., *bough, leafy branch, foliage*

•• frōns, frontis, f., *brow, forehead; face*, FRONT

frūctuōsus, -a, -um, [frūctus], *profitable, gainful*

••• frūctus, -ūs, m., [fruor], *enjoyment;* FRUIT, *crops; return, reward; profit, income; advantage*

frūgālitās, -ātis, f., [frūgālis, *thrifty*], *thrift, economy; temperance;* FRUGALITY

•• frūmentārius, -a, -um, [frūmentum], *of grain;* rēs frūmentāria, *grain supply*

• frūmentum, -ī, n., *grain*

••• fruor, -ī, frūctus sum, *enjoy, have the use of; delight in*

• frūstrā, adv., *in vain, to no purpose*

frutex, -icis, m., *shrub, bush, sprout*

frūx, frūgis, f., *fruit, produce; result, success*

• fuga, -ae, f., *flight*

• fugiō, -ere, fūgī, fugitum, *flee, run away, escape, shun*

fugitivus, -a, -um, [fugiō], *running away*, FUGITIVE; *as a noun*, m., *runaway slave*

fugō, -āre, -āvī, -ātum, *put to flight, cause to flee*

fulgeō, -ēre, fulsī, —, *shine, gleam, glitter*

fulgor, -ōris, m., [fulgeō], *flash, flash of lightning, splendor, glory*

fulica, -ae, f., *waterfowl, coot*

fulmen, -inis, n., [fulgeō], *lightning, thunderbolt*

fultūra, -ae, f., *prop, support*

Fulvius, -ī, m., *name of a prominent plebeian gens*

fūmō, -āre, -āvī, -ātum, [fūmus], *send up smoke, smoke*, FUME

fūmus, -ī, m., *smoke*

fundāmentum, -ī, n., [fundō], FOUNDATION

Fundānus, -ī, m., *of or belonging to* FUNDĪ, *a town of Latium*

funditus, adv., *entirely*

fundō, -āre, -āvī, -ātum, [fundus, *foundation*], FOUND, *establish*

fundō, -ere, fūdī, fūsus, *pour, scatter; rout, vanquish*

fūnestus, -a, -um, [fūnus], *deadly, fatal, destructive*

fungor, -ī, fūnctus sum, *perform, discharge, fulfill*

fūnis, -is, m., *cord, rope, cable*

fūnus, -eris, n., *death;* FUNERAL; *corpse*

furca, -ae, f., FORK, FORKED *stake*

furibundus, -a, -um, [furia, *fury*], *mad, raging, wild with fury*

furiōsus, -a, -um, [furia, *fury*], *raving, insane*, FURIOUS

Furius, -ī, m., *name of an ancient patrician gens; P.* FURIUS, *one of the Catilinarian conspirators*

••• furō, -ere, furuī, —, *rage, rave, be mad, be* FURIOUS

481

••• **furor, -ōris,** m., [furō], *rage*, FURY, *madness; passion*
fŭrtim, adv., [fŭrtum], *by stealth,* FURTIVELY
••• **fŭrtum, -ī,** n., *theft, robbery*
fūstis, -is, m., *cudgel, club*

G

Gabinius, -ī, m., name of a Roman gens; *A.* GABINIUS, sponsor of the bill which gave Pompey command of the war against the pirates; as adj., GABINIAN
Gaius, -ī, m., a praenomen; abbr., **C.**
Gallia, -ae, f., GAUL
Gallicānus, -a, -um, [Gallia], GALLIC
Gallicus, -a, -um, [Gallia], GALLIC, *of* GAUL
gallīna, -ae, f., [gallus, *cock*], *hen, fowl*
Gallus, -a, -um, GALLIC, *of* GAUL; as a noun, m., *a* GAUL
Gallus, -ī, m., a Roman surname
gāneō, -ōnis, m., *glutton, spendthrift, profligate*
gaudeō, -ēre, gāvīsus sum, semidep., [gaudium], *rejoice, be glad*
• **gaudium, -ī,** n., [gaudeō], *joy, gladness, delight, enjoyment*
gaza, -ae, f., *treasure, wealth*
gelidus, -a, -um, [gelū, *frost*], *cold, icy*
geminus, -a, -um, *twin, double, twofold*
gemitus, -ūs, m., [gemō, *groan*], *sigh, groan, lamentation*
gemma, -ae, f., GEM, *jewel; bud*
gemmeus, -a, -um, [gemma], *of a jewel, set with* GEMS
gener, -erī, m., *son-in-law*
generātim, adv., [genus], *by tribes; in* GENERAL, GENERALLY
generōsus, -a, -um, [genus], *wellborn, noble; eminent, excellent,* GENEROUS

genitor, -ōris, m., [gignō], *father, parent; begetter*
• **gēns, gentis,** f., *race, family; tribe, nation*
genū, -ūs, n., *knee*
• **genus, -eris,** n., *birth, race, class, family; kind, type*
• **gerō, -ere, gessī, gestum,** *bear, carry, carry on; wage, do, accomplish;* **rēs gestae,** *exploits, achievements*
gestiō, -īre, -īvī, -ītum, *be eager, be delighted, desire*
gignō, -ere, genuī, genitum, *beget, give birth to, bear*
Glabriō, -ōnis, m., *M'. Acilius* GLABRIO, consul in 67 B.C., spoke in favor of the death penalty for Catilinarian conspirators
glaciālis, -e, [glaciēs], *icy, frozen*
•• **gladiātor, -ōris,** m., [gladius], *swordsman,* GLADIATOR; *cutthroat*
gladiātōrius, -a, -um, [gladiātor], GLADIATORIAL
• **gladius, -ī,** m., *sword*
Glaucia, -ae, m., a cognomen
• **glōria, -ae,** f., GLORY, *fame, ambition*
glōrior, -ārī, -ātus sum, [glōria], *boast, brag; pride oneself*
glōriōsus, -a, -um, [glōria], GLORIOUS, *renowned; boastful*
Gnaeus, -ī, m., a praenomen; abbr., **Cn.**
gnāvus, -a, -um, *busy, diligent, industrious*
Gorgō or **Gorgon, Gorgonis,** f., name given especially to Medusa
Gracchus, -ī, m., *Tiberius Sempronius* GRACCHUS, tribune 133 B.C., slain 132 B.C.; *C. Sempronius* GRACCHUS, tribune 123 B.C., met violent death in 121 B.C.
• **gradior, gradī, gressus sum,** *step, walk; go, proceed, move*

482

•••**gradus, -ūs,** m., *step, pace,* GRADE; *degree*

Graecia, -ae, f., GREECE

Graeculus, -a, -um, (contemptuous), GREEK, GREEKLING

Graecus, -a, -um, GREEK; as a noun, m., *a* GREEK; n. pl., GREEK *writings,* GREEK

grāmineus, -a, -um, [grāmen, *grass*], *of grass; of bamboo*

grandis, -e, *large, great, grown up*

•**grātia, -ae,** f., [grātus], *favor, esteem, popularity, good will,* GRATITUDE; with **habēre,** *feel* GRATITUDE; **grātiās agere,** *give thanks;* **grātiā,** preced. by gen., *for the sake of, because of*

grātiōsus, -a, -um, [grātia], *popular, agreeable, in favor*

Grātius, -ī, m., the accuser of Archias

grātuitō, adv., *without pay,* GRATUITOUSLY, GRATIS

grātulatiō, -ōnis, f., [grātulor], *rejoicing,* CONGRATULATION; *thanksgiving*

grātulor, -ārī, -ātus sum, [grātus], CONGRATULATE, *rejoice*

•**grātus, -a, -um,** *pleasing, acceptable, dear;* GRATEFUL

•**gravis, -e,** *heavy, weighty; serious,* GRAVE; *worthy, dignified*

•••**gravitās, -ātis,** f., [gravis], *weight; importance,* GRAVITY

gravō, -āre, -āvī, -ātum, [gravis], *make heavy, burden;* dep., *be burdened; be reluctant, hesitate*

gremium, -ī, n., *lap, bosom*

•••**grex, gregis,** m., *herd, flock; horde, crowd*

gubernāculum, -ī, n., [gubernō], *helm, rudder, guidance, control*

gubernātiō, -ōnis, f., [gubernō], *piloting, guidance, direction;* GOVERNMENT

gubernātor, -ōris, m., [gubernō], *pilot, helmsman;* GOVERNOR

gubernō, -āre, -āvī, -ātum, *steer; navigate;* GOVERN, *control*

gula, -ae, f., *throat,* GULLET; *appetite*

gustō, -āre, -āvī, -ātum, [gustus, *taste*], *taste; enjoy*

gymnasium, -ī, n., GYMNASIUM, *place of exercise*

H

habēna, -ae, f., *rein, halter; control, management*

•**habeō, -ēre, -uī, -itum,** *have, hold; keep; consider, regard; deliver* (a speech)

habitābilis, -e, [habitō], HABITABLE, *fit for residence*

habitātiō, -ōnis, f., [habitō], *dwelling,* HABITATION

•**habitō, -āre, -āvī, -ātum,** *dwell, reside, stay; live,* INHABIT

habitus, -ūs, m., [habeō], *condition; attire, dress, appearance*

haedus, -ī, m., *young goat, kid*

Haemonius, -a, -um, *of Thessaly, Thessalian*

haereō, -ēre, haesī, haesum, *stick, cling to; hold fast,* ADHERE; *hesitate*

haesitō, -āre, -āvī, -ātum, [haereō], HESITATE, *be at a loss*

Hannibal, -alis, m., the great Carthaginian general

haruspex, -icis, m., *soothsayer*

hasta, -ae, f., *staff, rod, pole, spear*

haud, adv., *by no means, not at all, not*

hauriō, -īre, hausī, haustum, *drink, drain;* EXHAUST; *draw out*

hebēscō, -ere, def., [hebeō, *be dull*], *grow blunt, become dull*

Heius, -ī, m., name of a Roman gens

Henna, -ae, f., a city in central Sicily

Hennēnsis, -e, *of* HENNA; as a noun, m. pl., the people of Henna

Hēraclēa, -ae, f., a city of southern Italy

483

Hēracliensis, -e, *of* HERACLEA; as a noun, m. pl., *the people of* HERACLEA

• **herba, -ae,** f., HERB, *plant; grass*

Herculēs, -is, m., a Greek hero; **mē hercule, mēhercule, Herculēs,** *by* HERCULES! *verily*

hērēditās, -ātis, f., [**hērēs,** *heir*], INHERITANCE

• **herī,** adv., *yesterday*

Hesperius, -a, -um, *of the west, western,* HESPERIAN, *usually referring to Italy*

••• **hesternus, -a, -um,** *of yesterday, yesterday's*

hetaeria, -ae, f., *fraternity, brotherhood, secret association*

hibernō, -āre, -āvī, -ātum, [**hiberna**], *spend the winter, winter*

• **hibernus, -a, -um,** [**hiems**], *of winter;* as a noun, **hiberna, -ōrum,** n. pl., *winter camp, winter quarters*

• **hic, haec, hoc,** adj., and dem. pron., *this; he, she, it;* **ille . . . hic,** *the former . . . the latter*

•• **hic,** adv., *here, in this place, hereupon*

• **hiemō, -āre, -āvī, -ātum** [**hiems**], *spend the winter, winter*

• **hiems, hiemis,** f., *winter, storm*

Hierō, -ōnis, m., HIERO II, ruler of Syracuse

hilaris, -e, *lively, gay, joyful*

••• **hinc,** adv., *hence, from this place*

hinnītus, -ūs, m., [**hinniō,** *neigh*], *neighing*

hirsūtus, -a, -um, *hairy, shaggy, bristling; rough, uncouth*

Hispānia, -ae, f., SPAIN

Hispāniēnsis, -e, SPANISH, *in* SPAIN

Hispānus, -a, -um, SPANISH; as a noun, m., SPANIARD

historia, -ae, f., HISTORY, *narrative, report*

histriō, -ōnis, m., *actor, stage player*

• **hodiē,** *today*

••• **hodiernus, -a, -um,** [**hodiē**], *of today, today's*

Homērus, -ī, m., HOMER, the Greek poet

• **homō, -inis,** m., *man,* HUMAN *being;* HUMAN *race*

••• **honestās, -ātis,** f., HONOR, *repute;* HONESTY

honestō, -āre, -āvī, -ātum, [**honōs**], *do* HONOR *to,* HONOR, *grace*

••• **honestus, -a, -um,** [**honōs**], HONORABLE, *worthy, noble*

honōrābilis, -e, [**honōrō**], HONORABLE, *estimable*

honōrificē, adv., [**honōrō**], *with* HONOR *or respect*

honōrō, -āre, -āvī, -ātum, [**honōs**], HONOR, *respect*

•• **honōs** or **honor, -ōris,** m., HONOR, *respect; esteem; public office*

• **hōra, -ae,** f., HOUR

horreō, -ēre, -uī, —, *shudder at, tremble, dread*

horribilis, -e, [**horreō**], *terrible, dreadful,* HORRIBLE

hortātus, -ūs, m., [**hortor**], *encouragement,* EXHORTATION; *advice*

Hortēnsius, -ī, m., name of a Roman gens; Q. HORTENSIUS, orator, opposed Manilian bill which Cicero defended

• **hortor, -ārī, -ātus sum,** *urge, encourage,* EXHORT

• **hortus, -ī,** m., *garden, park*

• **hospes, -itis,** c., *stranger, guest, visitor;* HOST

hospitālis, -e, [**hospes**], HOSPITABLE

hospitium, -ī, n., [**hospes**], *friendship,* HOSPITALITY

hostīlis, -e, [**hostis**], *of an enemy,* HOSTILE, *unfriendly*

• **hostis, -is,** c., (public) *enemy,* opp. of **inimicus**

HS, see **sestertius**

• **hūc,** adv., *hither, to this place, to this point, so far*

•• **hūmānitās, -ātis,** f., [**hūmānus**], HUMAN *nature,* HUMANITY; *kindness, courtesy; refinement, cultivation, culture*

484

···hūmānus, -a, -um, [homō], *of men,* HUMAN; HUMANE, *cultured, refined, gentle*

··humilis, -e, [humus], *low, common,* HUMBLE; *base*

humilitās, -ātis, f., [humilis], HUMILITY, HUMBLENESS

···humus, -ī, f., *ground, earth;* loc. humi, *on the ground*

hydria, -ae, f., *water jar, urn*

I

Iacchus, -ī, m., Greek god *Dionysus, Bacchus*

···iaceō, -ēre, -uī, —, *lie, lie prostrate; be helpless*

·iaciō, -ere, iēcī, iactum, *throw, cast, hurl; utter, declare*

···iactō, -āre, -āvī, -ātum, [iaciō], *throw, toss, brandish; boast, vaunt;* sē iactāre, *show off, make a display*

iactūra, -ae, f., [iaciō], *throwing away; loss, expense*

iactus, -ūs, m., [iaciō], *throwing, casting; stroke*

iaculor, -ārī, -ātus sum, [iaciō], *throw the javelin; throw*

Iālȳsus, -ī, m., a hero of Rhodes

·iam, adv., *now, already, soon, immediately; moreover;* iam dūdum, iam pridem, *long ago, long since;* nōn iam, *no longer*

Iānuārius, -a, -um, [Iānus], *of* JANUARY; abbr. Ian.

·ibi, adv., *there, in that place, thereupon*

···idcircō, adv., *therefore, for this reason*

·idem, eadem, idem, pron., *the same;* idem, adv., *likewise, also*

identidem, adv., *again and again, repeatedly*

ideō, adv., *for that reason, therefore*

idiōta, -ae, m., *layman; ignoramus,* IDIOT

idōlon, -ī, n., *image, phantom, ghost*

·idōneus, -a, -um, *fit, suitable, proper*

···Īdūs, -uum, f. pl., the IDES, 15th day of March, May, July, October, 13th of the other months

···igitur, conj., *therefore, then, accordingly; in short*

ignārus, -a, -um, *not knowing,* IGNORANT, *unaware*

ignāvia, -ae, f., [ignāvus], *idleness, cowardice, listlessness*

ignāvus, -a, -um, *lazy, idle, listless, cowardly*

ignifer, -fera, -ferum, [ignis], *fire-bearing, fiery*

·ignis, -is, m., *fire*

···ignōminia, -ae, f., [in + nōmen], *disgrace, shame, dishonor,* IGNOMINY

ignōrantia, -ae, f., [ignōrō], IGNORANCE, *lack of acquaintance*

ignōrātiō, -ōnis, f., [ignōrō], IGNORANCE

··ignōrō, -āre, -āvī, -ātum, [ignārus], *not know, be* IGNORANT

···ignōscō, -ere, ignōvī, ignōtum, [in + nōscō], *pardon, forgive*

··ignōtus, -a, -um, [in + nōtus], *unknown, strange;* as a noun, m. pl., *strangers*

Īlias, -adis, f., the ILIAD of Homer

Īlium, -ī, n., *Troy,* a city in northwestern Asia Minor

illacrimō, -āre, -āvī, -ātum, [in + lacrimō, *weep*], *weep over, lament*

illaesus, -a, -um, [in + laedō], *unhurt, unharmed*

·ille, illa, illud, adj., and pron., *that; he, she, it; the famous;* ille . . . hic, *the former . . . the latter*

illecebra, -ae, f., *enticement, allurement, charm*

illic, adv., *there, in that place, yonder*

illigō, -āre, -āvī, -ātum, [in + ligō], *bind on, fasten, attach*

illinc, adv., *thence, from that place*

illinō, -ere, -lēvī, -litum, [in + linō, smear], *smear, anoint*

illūc, adv., *thither, to that place*

illūdo, -ere, -lūsī, -lūsum, [in + ludō], *mock, jeer, insult*

•••illūstris, -e, [in + lūstrō], *shining, bright, distinguished,* ILLUSTRIOUS

illūstrō, -āre, -āvī, -ātum, [in + lūstrō], *light up, illuminate, reveal, make clear, glorify*

Īllyricus, -a, -um, *of the* ILLYRIANS, ILLYRIAN

imāginor, -ārī, -ātus sum, [imāgō], IMAGINE, *fancy, picture*

•••imāgō, -inis, f., *copy, likeness,* IMAGE; *statue*

imbēcillitās, -ātis, f., [imbēcillus], *feebleness, weakness*

imbēcillus, -a, -um, *weak, feeble*

imbellis, -e, [in + bellum], *unwarlike*

imber, -bris, m., *rain, shower, storm*

imberbis, -e, [in + barba], *beardless*

imitātor, -ōris, m., [imitor], IMITATOR

imitor, -ārī, -ātus sum, [imāgō], *copy,* IMITATE

immānis, -e, *immense, huge, vast; monstrous, savage*

immānitās, -ātis, f., [immānis], *enormity, ferocity*

immātūrus, -a, -um, [in + mātūrus], *unripe,* IMMATURE, *untimely*

immēnsus, -a, -um, [in + metior], *vast, boundless,* IMMENSE

•••immineō, -ēre, def., *threaten, overhang; impend, be* IMMINENT

imminuō, -ere, -uī, -ūtum, [in + minuō], *lessen,* DIMINISH; *weaken*

immittō, -ere, -mīsī, -missum, [in + mittō], *let in,* ADMIT; *send in*

•••immō, adv., *no indeed, on the contrary;* with vērō, *nay even*

immoderātus, -a, -um, [in + moderātus], *boundless, immeasurable, unrestrained, excessive*

immodicus, -a, -um, [in + modicus], *enormous, excessive, beyond bounds*

•immortālis, -e, [in + mortālis], IMMORTAL, *undying*

immortālitās, -ātis, f., [immortālis], IMMORTALITY

immūnis, -e, [in + mūnus], *free from taxes; unburdened, untaxed,* IMMUNE

immūtātus, -a, -um, *changed, altered*

imp. = imperātor

impār, -aris, [in + pār], *unequal, unjust; no match for*

•impediō, -īre, -īvī, -ītum, [in + pēs], *hinder; entangle; prevent;* IMPEDE

••impellō, -ere, -pulī, -pulsum, [in + pellō], *strike against;* IMPEL; *urge, incite, persuade*

•••impendeō, -ēre, def., [in + pendeō], *overhang, threaten;* IMPEND, *be imminent*

impendium, -ī, n., [impendō], *cost,* EXPENSE

impendō, -ere, -pendī, -pēnsum, [in + pendō], EXPEND, *pay, apply, use*

impēnsē, adv., [impēnsus, *ample*], *exceedingly, eagerly, zealously*

•imperātor, -ōris, m., [imperō], *commander in chief, general*

imperātōrius, -a, -um, [imperātor], *of a general*

imperitia, -ae, f., [imperitus], *ignorance, inexperience*

•••imperitus, -a, -um, [in + peritus], *unskilled, ignorant, inexperienced*

•imperium, -ī, n., [imperō], *command, order; power; dominion,* EMPIRE; *supreme command*

•imperō, -āre, -āvī, -ātum, *command, order; demand; rule, govern*

impertiō, -īre, -īvī, -ītum, [in

486

+ **partiō,** *divide*], *share, grant, confer*

••**impetrō,** -āre, -āvī, -ātum, *gain a request, obtain, secure*

•**impetus,** -ūs, m., [petō], *attack, assault, rush, violence, fury*

impius, -a, -um, [in + pius], *undutiful, disloyal, wicked,* IMPIOUS

impleō, -ēre, -ēvī, -ētum, [in + pleō, *fill*], *fill up,* COMPLETE, *finish, satisfy, end*

implicō, -āre, -āvī, -ātum, [in + plicō, *fold*], *enfold, entangle, involve,* IMPLICATE

implōrō, -āre, -āvī, -ātum, [in + plōrō, *lament*], *beseech, entreat,* IMPLORE

••**impōnō,** -ere, -posuī, -positum, [in + pōnō], *put upon, set on,* IMPOSE *upon; assign, apply*

importūnitās, -ātis, f., [importūnus], *rudeness, insolence*

importūnus, -a, -um, *unfit; grievous, dangerous, cruel*

impotēns, -entis, [in + potēns], *powerless,* IMPOTENT

imprimīs = in primīs, *especially, chiefly*

improbitās, -ātis, f., [improbus], *wickedness, depravity*

improbō, -āre, -āvī, -ātum, [in + probō], DISAPPROVE, *censure*

•••**improbus,** -a, -um, [in + probus], *bad, wicked, base, shameless*

imprōvīsus, -a, -um, [in + prōvideō], *unforeseen, unexpected*

impūbēs, -eris, [in + pūbēs], *not grown up, youthful, under age*

impudēns, -entis, [in + pudēns, *modest*], *shameless,* IMPUDENT

impudentia, -ae, f., [impudēns], *shamelessness,* IMPUDENCE

impudicus, -a, -um, [in + pudicus, *modest*], *shameless,* IMPUDENT, *immodest*

impūnē, adv., [in + poena], *without* PUNISHMENT, *with* IMPUNITY

impūnitās, -ātis, f., [impūnis, *un-*

punished], IMPUNITY, *safety; free pardon*

impūnitus, -a, -um, [in + pūnitus], UNPUNISHED, *unrestrained*

impūrus, -a, -um, [in + pūrus], *unclean,* IMPURE; *vile, infamous*

imus, -a, -um, *lowest, bottom of*

•**in,** prep. with acc., *into, unto, onto, to, upon, towards, against, till, among;* with abl., *in, within, on, at, among, over, in case of*

inambulō, -āre, -āvī, -ātum, [ambulō], *walk up and down, pace to and fro*

inānis, -e, *empty, groundless, vain, empty-handed*

inaudītus, -a, -um, [audiō], *unheard of, strange; incredible*

inaurātus, -a, -um, [aurum], *gilded, golden*

incalēscō, -ere, -caluī, —, [caleō], *grow warm, glow, kindle*

incēdō, -ere, -cessī, -cessum, [cēdō], *advance, move,* PROCEED, *approach; attack*

•••**incendium,** -ī, n., [incendō], *fire, conflagration*

•**incendō,** -ere, -cendī, -cēnsum, [candeō], *set fire to, burn; kindle, inflame, incite*

incēnsiō, -ōnis, f., [incendō], *burning, fire*

inceptum, -ī, n., [incipiō], *beginning, undertaking; attempt*

••**incertus,** -a, -um, [certus], UNCERTAIN, *doubtful*

••**incidō,** -ere, -cidī, —, [cadō], *fall into, happen; occur*

incidō, -ere, -cīdī, -cīsus, [caedō], *cut into, cut; inscribe*

•**incipiō,** -ere, -cēpī, -ceptum, [capiō], *take hold of; begin*

incitāmentum, -ī, n., [incitō], *incentive, inducement*

•**incitō,** -āre, -āvī, -ātum, [citō, *hasten*], *urge on, arouse,* EXCITE, INCITE

inclīnō, -āre, -āvī, -ātum, *bend, turn,* INCLINE

487

•••**inclūdō, -ere, -clūsi, -clūsum,** [**claudō**], *shut in,* INCLOSE

incognitus, -a, -um, [**cognōscō**], *unknown, untried*

incohō, -āre, -āvi, -ātum, *begin, propose, undertake*

••**incola, -ae,** c., [**colō**], *inhabitant, resident*

•**incolō, -ere, -ui, —,** [**colō**], *dwell in, inhabit*

••**incolumis, -e,** *safe, unharmed; whole*

incolumitās, -ātis, f., [**incolumis**], *safety*

incommodus, -a, -um [**commodus**], *inconvenient, troublesome*

incōnstantia, -ae, f., [**incōnstāns,** *fickle*], INCONSTANCY, *fickleness*

incorruptē, [**incorruptus**], *impartially, justly,* UNCORRUPTEDLY

•••**incrēdibilis, -e,** [**crēdibilis**], IN-CREDIBLE; *past belief*

increpō, -āre, -ui, -itum, [**crepō,** *rattle*], *rattle, sound, resound, make a noise; blame*

incruentus, -a, -um, [**cruentus**], *without blood, bloodless*

incultus, -a, -um, [**colō**], *untilled,* UNCULTIVATED; *wild, savage*

incumbō, -ere, -cubui, -cubitum, *lie upon, lean on, rest, recline; apply oneself*

incūnābula, -ōrum, n. pl., [**cūnae**], *cradle; birthplace*

incurrō, -ere, -cucurri or **-curri -cursum,** [**currō**], *run into, rush at; meet; happen,* INCUR

incursō, -āre, -āvi, -ātum, [**currō**], *run into, rush against; strike at; attack, assault*

•**inde,** adv., *thence, from that place, thereupon*

indemnātus, -a, -um, [**damnō**], UNCONDEMNED, *untried*

•••**index, indicis,** c., *witness, informer*

•••**indicium, -i,** n., [**index**], *testimony, evidence; sign, proof*

•••**indicō, -āre, -āvi, -ātum,** [**index**], *point out,* INDICATE, *show, reveal; inform against, accuse*

•••**indicō, -ere, -dixi, -dictum,** [**dicō**], *proclaim, declare*

indignitās, -ātis, f., [**dignus**], IN-DIGNITY, *baseness*

indignor, -āri, -ātus sum, [**dignus**], *deem unworthy, despise; resent*

•••**indignus, -a, -um,** [**dignus**], *unworthy, undeserving; shameful*

indolēs, -is, f., *natural quality; nature, genius, capacity*

••**indūcō, -ere, -dūxi, -ductum,** [**dūcō**], *lead in,* INTRODUCE; INDUCE

induō, -ere, -dui, -dūtum, *put on, assume; clothe, array; cover*

•••**industria, -ae,** f., [**industrius**], *activity,* INDUSTRY, *diligence, zeal*

industrius, -a, -um, *active, diligent,* INDUSTRIOUS, *zealous*

inedia, -ae, f., [**edō**], *fasting, privation, abstaining from food*

•**ineō, -ire, -ii** or **ivi, -itum,** [**eō**], *go in, enter; begin, adopt*

ineptus, -a, -um [**aptus**], *unsuitable, unfit; awkward,* INEPT

inerrō, -āre, def., [**errō**], *wander,* ERR

iners, -ertis, [**ārs**], *inactive, incompetent, lazy, idle*

•••**inertia, -ae,** f., [**iners**], *idleness,* INERTIA, *neglect*

inexercitātus, -a, -um, [**exercitātus**], *untrained, without experience*

infāmis, -e, [**fāma**], INFAMOUS, *notorious, disreputable*

infantia, -ae, f., [**for**], *inability to speak; childhood,* INFANCY

••**infēlix, -icis,** [**fēlix**], *unhappy, ill-fated, barren, unlucky*

infernus, -a, -um, [**inferus**], *of the Lower World, lower,* INFERNAL

•**inferō, -ferre, intuli, illātum,** [**ferō**], *bring in; wage against; inflict;* **bellum inferre,** *make war upon*

•**inferus, -a, -um,** [**infrā**], *below, beneath, lower;* as a noun, m. pl., *the dead; the lower world*

•••**infestus, -a, -um,** *hostile, dangerous;* INFESTED

488

• **infimus, -a, -um, [inferus],** *lowest, last; basest*

infinitus, -a, -um, [finiō], *unlimited, boundless,* INFINITE

infirmitās, -ātis, f., [infirmus], *weakness; sickness;* INFIRMITY

infirmō, -āre, -āvī, -ātum, [infirmus], *weaken; invalidate, disprove*

infirmus, -a, -um, [firmus], *weak, feeble,* INFIRM

infitiātor, -ōris, m., [infitior], *one who denies; bad debtor*

infitior, -ārī, -ātus sum, [fateor], *deny, contradict, disown; repudiate*

inflammō, -āre, -āvī, -ātum, [flammō], *set on fire, kindle, burn,* INFLAME, *arouse*

inflexibilis, -e, [flexō], INFLEXIBLE, *unyielding*

inflō, -āre, -āvī, -ātum, [flō, blow], *blow into,* INFLATE; *inspire*

informō, -āre, -āvī, -ātum, [fōrmō], *shape, mould; conceive;* INFORM

infrā, adv., *below, beneath, underneath*

infrangō, -ere, -frēgī, -frāctum, [frangō], *break off, pluck, weaken, exhaust*

infula, -ae, f., *fillet, headband* (used in sacred rites)

infundō,-ere,-fūdī,-fūsum,[fundō], *pour; impart,* INFUSE; *mix, mingle*

ingeniōsus, -a, -um, [ingenium], *clever, able,* INGENIOUS

• • • **ingenium, -i,** n., **[gignō],** *talent,* GENIUS; *intellect, ability; character, mental power*

• • • **ingēns, -entis,** *immense, huge, vast, enormous*

ingenuus, -a, -um [gignō], *native, freeborn*

ingrātus, -a, -um, [grātus], UNGRATEFUL, *unacceptable, thankless*

ingravēscō, -ere, def., **[gravis],** *grow heavy; grow worse* or *more serious, increase*

• • • **ingredior, -i, -gressus sum, [gradior],** *go forward, proceed; enter; undertake, begin*

inhabitō, -āre, -āvī, -ātum, [habitō], INHABIT, *dwell in*

inhaereō, -ēre, -haesī, -haesum, [haereō], *stick fast, cling; be closely connected*

inhibeō, -ēre, -uī, -itum, [habeō], *hold in; hold back, restrain*

inhiō, -āre, -āvī, -ātum, [hiō, gape], *gape; open the mouth to*

inhūmānitās, -ātis, f., [hūmānus], *unkindness, barbarity;* INHUMAN *conduct,* INHUMANITY

inhūmānus, -a, -um, [hūmānus], INHUMAN, *savage, unkind, cruel*

iniciō, -ere, -iēcī, -iectum, [iaciō], *throw in; bring upon, cause; inspire;* INJECT

inimicitia, -ae, f., [inimīcus], *unfriendliness, hostility,* ENMITY

• **inimīcus, -a, -um, [amīcus],** *unfriendly, hostile;* as a noun, m., (personal) ENEMY

iniquitās, -ātis, f., [iniquus], *unfairness, injustice*

• **iniquus, -a, -um, [aequus],** *unjust, unfair; unfavorable*

initiō, -āre, -āvī, -ātum, [initium], INITIATE, *consecrate*

• **initium, -i,** n., **[ineō],** *beginning, commencement*

iniungō, -ere, -iūnxī, -iūnctum, [iungō], JOIN; ENJOIN; *bring upon*

• **iniūria, -ae, f., [iūs],** INJURY, *injustice; insult*

iniūriōsē, adv., *unjustly, wrongfully*

iniussū, adv., **[iubeō],** *without orders*

iniūstus, -a, -um, [iūstus], UNJUST

inl-, see **ill-**

innātus, -a, -um, [nāscor], *inborn, natural,* INNATE

innitor, -i, -nīsus or **-nīxus sum [nitor],** *lean on, rest on*

489

••• innocēns, -entis, [noceō], INNOCENT, blameless, guiltless
••• innocentia, -ae, f., [innocēns], INNOCENCE, honesty; uprightness
innocuus, -a, -um, [noceō], not harmful, inoffensive; INNOCENT
innoxius, -a, -um, [noceō], harmless, blameless
innumerābilis, -e, [numerābilis, counted], countless, INNUMERABLE
innuō, -ere, -ui, [nuō, nod], nod; hint; beckon
inoffēnsus, -a, -um, [offendō], unobstructed, unhindered
• inopia, -ae, f., [inops], want, need, scarcity, lack
inops, -opis, helpless, poor, destitute
• inquam, def., say
inquiētō, -āre, def., [quiētus], disturb
inquilinus, -a, -um, of foreign birth; as a noun, m., sojourner, lodger
inquirō, -ere, -quisivi, -quisitum, [quaerō], seek after, search; INQUIRE, investigate
inr-, see irr-
insānia, -ae, f., [sānus], madness, frenzy, INSANITY
insāniō, -ire, -ivi, -itum, [sānus], be INSANE, rave, be mad
insatiābiliter, adv., [satis], INSATIABLY
inscius, -a, -um, [sciō], unknowing, unaware, ignorant
inscribō, -ere, -scripsi, -scriptum, [scribō], write on, INSCRIBE
insepultus, -a, -um, [sepeliō], unburied
inserō, -ere, -serui, -sertum, [serō], INSERT, put in, set in
inserviō, -ire, -ivi, -itum, [serviō], be submissive to; attend to
insideō, -ēre, -sēdi, —, [sedeō], sit upon, settle upon, be fixed
• insidiae, -ārum, f. pl., [insideō], plot, ambush, treachery; ambuscade

insidiātor, -ōris, m., [insidior], plotter; bandit
••• insidior, -āri, -ātus sum, [insidiae], plot against, lie in wait for
insidiōsus, -a, -um, [insidiae], cunning, treacherous, INSIDIOUS
insidō, -ere, -sēdi, -sessum, [sidō, settle], become fixed, settle upon; adhere to
••• insigne, -is, n., [signum], mark, SIGN, token; badge
••• insignis, -is, [signum], marked, remarkable, distinguished; noted
insimulō, -āre, -āvi, -ātum, [simulō], charge; blame, accuse
insipienter, adv., [sapiēns], foolishly, unwisely
insisto, -ere, -stiti, —, [sistō], stand upon, pursue, INSIST
insitus, -a, -um, [serō], implanted, fixed
insolēns, -entis, [soleō], unusual; excessive, arrogant, INSOLENT
insolentia, -ae, f., [insolēns], arrogance, INSOLENCE
insolitus, -a, -um, [soleō], unusual, unaccustomed
insonō, -āre, -sonui, —, [sonō], SOUND, RESOUND, make a noise; roar
inspectō, -āre, -āvi, -ātum, [spectō], look at, observe, view
inspērāns, -antis, [spērō], not hoping, not expecting
inspērātus, -a, -um, [spērō], unhoped for, unexpected
inspiciō, -ere, -spexi, -spectum, [speciō], look at or into, INSPECT
inspirō, -āre, -āvi, -ātum, [spirō], breathe in, INSPIRE
instabilis, -e, [stō], UNSTABLE, unsteady
instillō, -āre, -āvi, -ātum, INSTILL, infuse; drop upon
• instituō, -ere, -stitui, -stitūtum, [statuō], set up, establish; resolve, determine; instruct; decide
•• institūtum, -i, n., [instituō], under-

490

taking, practice; custom; IN-STITUTION

•• **īnstō, -āre, -stitī, -stātum, [stō]**, *approach, be at hand; press, threaten; insist*

īnstrūmentum, -ī, n., [īnstruō], *implement, tool;* INSTRUMENT

• **īnstruō, -ere, -strūxī, -strūctum, [struō]**, *build; draw up; make ready; equip*

• **īnsula, -ae, f.**, ISLAND

īnsum, inesse, īnfuī, —, [sum], *be in; be present; be inherent in*

• **integer, -gra, -grum**, *whole, unimpaired; unbroken; fresh, new; honest, upright*

integritās, -ātis, f., [integer], *completeness;* INTEGRITY, *uprightness*

• **intellegō, -ere, -lēxī, -lēctum, [legō]**, *understand; know; perceive; gather*

intempestus, -a, -um, [tempus], *unseasonable;* with **nox**, *the dead of night*

intendō, -ere, -tendī, -tentum, [tendō], *stretch; aim;* INTEND

intentiō, -ōnis, f., [intendō], *stretching, straining; effort, exertion; purpose,* INTENTION

intentus, -a, -um, [intendō], INTENT, *eager, attentive, vigilant*

• **inter**, prep. with acc., *between, among, amid; with, during*

•• **intercēdō, -ere, -cessī, -cessum, [cēdō]**, *come between, intervene*

intercessiō, -ōnis, f., [cēdō], *intervention; protest, veto*

•• **interclūdō, -ere, -clūsī, -clūsum, [claudō]**, *shut off, cut off*

interdīcō, -ere, -dīxī, -dictum, [dīcō], *forbid, prohibit, enjoin*

interdiū, adv., *in the daytime, by day*

••• **interdum**, adv., *sometimes, occasionally*

• **intereā**, adv., *in the meantime, meanwhile*

intereō, -īre, -iī, -itum, [eō], *perish, be destroyed, go to ruin*

• **interficiō, -ere, -fēcī, -fectum, [faciō]**, *kill, put to death*

• **interim**, adv., *in the meantime, meanwhile*

interimō, -ere, -ēmī, -ēmptum, [emō], *do away with; destroy, kill*

interior, -ius, *inner,* INTERIOR; *inland*

••• **interitus, -ūs, m., [intereō]**, *ruin; destruction, death*

intermissiō, -ōnis, f., [intermittō], INTERMISSION, *interruption*

• **intermittō, -ere, -mīsī, -missum, [mittō]**, *interrupt; stop, leave off*

interneciō, -ōnis, f., [nex], *massacre, slaughter, extermination*

•• **interrogō, -āre, -āvī, -ātum, [rogō]**, *ask, question,* INTERROGATE

••• **intersum, -esse, -fuī, —, [sum]**, *be between; intervene, elapse; differ; be present;* **interest**, *it is to the* INTEREST *of, it concerns*

•• **intervāllum, -ī, n., [vāllum]**, IN-TERVAL, *distance*

interventus, -ūs, m., [veniō], INTER-VENTION; *appearance*

intervertō, -ere, -vertī, -versum, [vertō], *turn aside;* DIVERT

intestīnus, -a, -um, [intus], *internal,* INTESTINE

intibum, -ī, n., ENDIVE, *chicory*

intimus, -a, -um, *inmost, innermost;* INTIMATE

intonō, -āre, -uī, —, [tonō, sound], *thunder*

•• **intrā**, prep. with acc., *within, during*

intremō, -ere, -uī, —, [tremō], TREMBLE, *quake, quiver*

intrō, -āre, -āvī, -ātum, ENTER

intrō, adv., *within*

••• **intrōdūcō, -ere, -dūxī, -ductum, [dūcō]**, *bring in,* INTRODUCE

introitus, -ūs, m., [intrō], ENTRANCE, ENTRY

••• **intueor, -ērī, -tuitus sum, [tueor]**, *look at; contemplate, regard*

intus, adv., *within*

491

inultus, -a, -um, [ulciscor], *un-avenged, unpunished*

inūrō, -ere, -ussi, -ūstum, [ūrō], *burn in, brand upon*

inūsitātus, -a, -um, [ūsitātus, *usual*], *unusual, uncommon, rare*

inūtilis, -e, [ūtilis], *useless*

invādō, -ere, -vāsi, -vāsum, [vādō, *go*], *go into, enter; attack,* INVADE

invalidus, -a, -um, [valeō], *weak, feeble, infirm, powerless*

invehō, -ere, -vexi, -vectum, [vehō], *carry in; introduce;* pass., *ride, sail, be borne*

• inveniō, -ire, -vēni, -ventum, [veniō], *come upon, find; learn;* INVENT

inventor, -ōris, m., [inveniō], *finder, discoveror,* INVENTOR

investigō, -āre, -āvi, -ātum, [vestigium], *track; trace; discover,* INVESTIGATE

inveterāscō, -ere, -āvi, —, [vetus], *grow old; become fixed*

invicem, adv., [vices, *change*], *by turns, in turn, alternately*

invictus, -a, -um, [vincō], *unconquered,* INVINCIBLE

• • • invideō, -ēre, -vidi, -vīsum, [videō], ENVY, *grudge; be jealous; deny*

• • • invidia, -ae, f., [invidus], ENVY, *ill will; unpopularity, odium, hatred*

invidiōsus, -a, -um, [invidia], *hated, hateful;* INVIDIOUS; ENVIABLE

invidus, -a, -um, [invideō], ENVI-OUS, *hostile*

inviolātus, -a, -um, [violātus], *un-injured,* INVIOLATE

invitō, -āre, -āvi, -ātum, INVITE, *summon; challenge*

• • invitus, -a, -um, *unwilling, reluctant, against one's will*

involūcrum, -i, n., [involvō], *wrapping, cover*

involvō, -ere, -volvi, -volūtum, *wrap up, cover;* INVOLVE

iocor, -āri, -ātus sum, *jest,* JOKE, *say in jest*

Iovis, -is, m., JUPITER, JOVE

• ipse, ipsa, ipsum, adj., and pron., *self; myself, yourself, himself,* etc.; *very, even*

• ira, -ae, f., *wrath, anger, rage,* IRE

irācundia, -ae, f., [ira], *wrath, anger, temper,* IRASCIBILITY

irācundus, -a, -um, [ira], *wrathful, vindictive, revengeful*

• • • irāscor, -i, irātus sum, [ira], *be angry*

irrēpō, -ere, -rēpsi, —, [in + rēpō, *creep*], *creep into, steal into*

irretiō, -ire, -ivi, -itum, [in + rēte], *ensnare, entrap*

irrideō, -ēre, -risi, -risum, [in + rideō], *laugh at, jeer, mock,* RIDICULE

irrōrō, -āre, -āvi, -ātum, [in + rōs, *dew*], *sprinkle, moisten, wet with dew*

irrumpō, -ere, -rūpi, -ruptum, [in + rumpō], *break in, burst in, rush in*

irruptiō, -ōnis, f., [irrumpō], *breaking in, invasion,* IRRUPTION

• is, ea, id, adj., and pron., *this, that; he, she, it, they; such*

Issus, -i, f., *a seaport in Cilicia*

• • • iste, ista, istud, adj., and pron., *your, yours; that fellow, the defendant*

istic, adv., *there, where you are*

istim, adv., *from there*

istō, adv., *to you, thither, in that matter*

• ita, adv., *so, such, in this way, in such a way, to such an extent*

Ītalia, -ae, f., ITALY

Ītalicus, -a, -um, ITALIAN, *of* ITALY

• itaque, conj., *and so, accordingly, therefore*

• item, adv., *likewise*

• iter, itineris, n., *journey, march, way; road, route*

• • • iterum, adv., *again, a second time*

• iubeō, -ēre, iussi, iussum, *order, bid, command*

iūcunditās, -ātis, f., [iūcundus], *delight, pleasantness*

··· iūcundus, -a, -um, *pleasant, agreeable, delightful*

· iūdex, iūdicis, m., [iūs + dicere], JUDGE, *juror, umpire;* pl., *gentlemen of the jury*

iūdiciālis, -e, [iūdicium], JUDICIAL, *of a court*

· iūdicium, -i, n., [iūdex], JUDGMENT, *trial; verdict; opinion; court*

· iūdicō, -āre, -āvi, -ātum, [iūdex], JUDGE, *decide; declare, proclaim*

iugulum, -i, n., *throat, neck, collar bone*

·· iugum, -i, n., *yoke, ridge, mountain range*

Iūlius, -i, m., *name of a Roman gens; especially* C. JULIUS *Caesar, the dictator*

· iungō, -ere, iūnxi, iūnctum, JOIN, *unite, connect*

Iūnius, -a, -um, *of* JUNE; abbr. Iun.

Iuppiter, Iovis, m., JUPITER, JOVE

iūrgium, -i, n., *quarrel, strife, dispute; taunt*

·· iūrō, -āre, -āvi, -ātum, *swear, take an oath*

· iūs, iūris, n., *right, law; justice; privilege; court;* iūre, *justly*

·· iūs iūrandum, iūris iūrandi, n., *oath*

iussū, adv., [iussum], *by order, at the command*

iussum, -i, n., [iubeō], *command, order, mandate*

··· iūstitia, -ae, f., [iūstus], JUSTICE, *equity*

· iūstus, -a, -um, JUST; *right, fair; righteous, proper, complete*

iuvenālis, -e, [iuvenis], *youthful,* JUVENILE

··· iuvenis, -is, *young, youthful;* as a noun, c., *youth, young person*

iuventūs, -ūtis, f., [iuvenis], *youth, the young*

· iuvō, -āre, iūvi, iūtum, *help, aid; please*

K

K. or Kal. = Kalendae

··· Kalendae, -ārum, f., *the* CALENDS, first day of the month

L

L. = Lūcius, a praenomen

labefaciō, -ere, -fēci, -factum; labefactō, -āre, -āvi, -ātum, [labō + faciō], *weaken, shake; cause to fall*

lābēs, -is, f., [labō], *fall, ruin; disgrace, stain, spot; stigma*

Labiēnus, -i, m., a cognomen; T. LABIENUS, *tribune of the people, 63* B.C., *Caesar's chief legate in Gaul, went over to Pompey in 49* B.C.

labō, -āre, -āvi, -ātum, *totter, give way, be loosened*

· labor, -ōris, m., LABOR, *toil, effort; distress, suffering*

lābor, lābi, lāpsus sum, *slip, slide, glide; sink, fall; err*

labōriōsus, -a, -um, [labor], LABORIOUS, *toilsome; industrious*

· labōrō, -āre, -āvi, -ātum, [labor], *work, toil, strive; be troubled*

lāc, lactis, n., *milk, juice*

Lacedaemonius, -a, -um, *of Sparta, Spartan*

lacer, -era, -erum, *torn, mangled, maimed, disfigured*

lacerō, -āre, -āvi, -ātum, [lacer], *tear, mangle;* LACERATE, *distress*

lacertus, -i, m., *arm, upper arm*

··· lacessō, -ere, -ivi, -itum, *challenge, provoke; assail, excite*

· lacrima, -ae, f., *tear*

lactāns, -antis, [lāc], *taking milk, suckling*

lacus, -ūs, m., LAKE

Laeca, -ae, m., a cognomen

laedō, -ere, laesi, laesum, *hurt, wound; injure, offend*

Laelius, -i, m., name of a Roman gens; *Gaius* LAELIUS *Sapiens,* close friend of the younger Scipio Africanus, celebrated in *De Amicitia*

• • • **laetitia, -ae,** f., [laetus], *joy, pleasure, delight*

• • • **laetor, -āri, -ātus sum,** [laetus], *rejoice, be glad*

• **laetus, -a, -um,** *glad, joyful, gay*

laevus, -a, -um, *left, on the left hand; ominous, unpropitious*

lagōna, -ae, f., *flagon, flask, bottle*

laguncula, -ae, f., [lagōna], *small bottle, wine flask*

lāmentātiō, -ōnis, f., [lāmentor], *wailing, weeping,* LAMENTATION

lāmentor, -āri, -ātus sum, [lāmentum, *lament*], *bewail,* LAMENT

lancea, -ae, f., LANCE, *spear*

langueō, -ēre, def., LANGUISH, *be faint; be weary, be listless*

languēscō, -ere, langui, —, [langueō], *become faint, grow weak; become listless*

languidus, -a, -um, [langueō], *faint, weak, dull,* LANGUID; *stupid*

lapidātiō, -ōnis, f., [lapis], *stoning*

lapideus, -a, -um, [lapis], *of stone*

• **lapis, -idis,** m., *stone*

laqueus, -i, m., *noose, halter; trap, snare*

largē, adv., *lavishly, generously, liberally*

• • • **largior, -iri, -itus sum,** *give bountifully, lavish, bestow*

largitiō, -ōnis, f., [largior], *generosity,* LARGESS; *bribery*

largitor, -ōris, m., [largior], *spendthrift, prodigal; briber*

lascivia, -ae, f., [lascivus, *sportive*], *playfulness, sportiveness; jollity; licentiousness*

latebra, -ae, f., [lateō], *hiding place, retreat*

lateō, -ēre, -ui, —, *lie hidden; escape notice; be concealed*

Laterium, -i, n., an estate of Quintus Cicero near Arpinum

Latinē, adv., *in* LATIN; *plainly*

Latiniēnsis, -is, m., a cognomen

Latinus, -a, -um, [Latium], *of* LATIUM, LATIN

• **lātitūdō, -inis,** f., [lātus], *width, breadth*

Latium, -i, n., region south of the Tiber, including Rome

lātor, -ōris, m., [ferō], *bearer, proposer*

• • • **latrō, -ōnis,** m., *highwayman, brigand, bandit*

• • • **latrōcinium, -i,** n., [latrō], *robbery, brigandage; band of robbers*

latrōcinor, -āri, -ātus sum, [latrō], *be a bandit; plunder, rob*

• **latus, -eris,** n., *side, flank; lungs; body*

• **lātus, -a, -um,** *wide, broad, extensive*

laudātor, -ōris, m., [laudō], *praiser, eulogizer*

• **laudō, -āre, -āvi, -ātum,** *praise,* LAUD, *extol, commend; approve*

laureola, -ae, f., [laurea, *laurel tree*], *small wreath; petty triumph*

Laurentinus, -a, -um, *of* LAURENTUM, a coast town of Latium; **Laurentinum, -i,** n., *estate at* LAURENTUM

• **laus, laudis,** f., *praise, fame, glory, renown; merit*

• **lavō, -āre** or **-ere, lavāvi** or **lāvi, lavātum** or **lautum** or **lōtum,** *wash, bathe; wet, moisten*

laxō, -āre, -āvi, -ātum, *loosen, unbind,* RELAX, *open*

lēctitō, -āre, -āvi, -ātum, [legō], *read often, read again and again*

lectulus, -i, m., [lectus], *small bed, bed*

• **lectus, -i,** m., *bed, couch*

lēctus, -a, -um, [legō], *chosen,* SELECTED; *choice, excellent*

• • **lēgātiō, -ōnis,** f., [lēgō], *embassy, ambassadorship*

• **lēgātus, -i,** m., [lēgō], *ambassador, envoy; deputy, lieutenant*

• **legiō, -ōnis,** f., LEGION

lēgitimus, -a, -um, [lēx], LEGAL, LEGITIMATE

• **legō, -ere, lēgi, lēctum,** *read; gather;* COLLECT; *pick out*

lēgō, -āre, -āvi, -ātum, [lēx], *appoint, send as envoy*

lēniō, -ire, -ivi, -itum, [lēnis], *soften; assuage, soothe, calm*

• • • **lēnis, -e,** *soft, smooth; mild, gentle*

lēnitās, -ātis, f., *softness, smoothness; mildness*

lēnō, -ōnis, m., *tool, agent, procurer*

Lentulus, -i, m., a cognomen; *P. Cornelius* LENTULUS *Sura*, conspirator with Catiline

lentus, -a, -um, *slow, pliant, sluggish*

leō, -ōnis, m., *lion*

lepidus, -a, -um, *charming, pleasant; nice, effeminate*

Lepidus, -i, m., name of a distinguished family of the Aemilian gens; *M. Aemilius* LEPIDUS, consul in 78 B.C. with Catulus

Leucas, -adis, f., a town on an island of the same name in the Ionian Sea

• **levis, -e,** *light; trifling, trivial, fickle*

levitās, -ātis, f., [levis], *lightness, fickleness,* LEVITY, *frivolity*

• • • **levō, -āre, -āvi, -ātum,** [levis], *lighten, lift,* RELIEVE, *lessen*

• **lēx, lēgis,** f., *law, bill; motion; condition*

libellus, -i, m., [liber], *little book, pamphlet; notice; complaint*

• • • **libēns, -entis,** [libet], *willing, glad, with pleasure*

• **liber, libri,** m., *book*

• **liber, -era, -erum,** *free; independent, unrestricted*

Liber, -eri, m., an Italian god identified with Bacchus

Libera, -ae, f., *Proserpina*, sister of Liber and daughter of Ceres

• • • **liberālis, -e,** [liber], *generous,* LIBERAL; *gentlemanly, honorable*

liberālitās, -ātis, f., [liberālis], *nobleness, kindness,* LIBERALITY

• **liberi, -ōrum,** m. pl., *children*

• **liberō, -āre, -āvi, -ātum,** [liber], *free,* LIBERATE, *set free; deliver*

• **libertās, -ātis,** f., [liber], *freedom,* LIBERTY

libertinus, -a, -um, [libertus, *freedman*], *of a freedman;* as a noun, m., *a freedman*

libertus, -i, m., *freedman*

libet, -ēre, libuit or **libitum est,** *it pleases, it is agreeable*

• • • **libidō, -inis,** f., [libet], *pleasure, wantonness, passion, desire*

libō, -āre, -āvi, -ātum, *pour a* LIBATION, *sacrifice*

librō, -āre, -āvi, -ātum, [libra, *scales*], *balance, poise; brandish, hurl*

Liburnicus, -a, -um, LIBURNIAN; **Liburnica, -ae,** f., *light vessel, galley, brigantine*

Libyē, -ēs or **Libya, -ae,** f., LIBYA, a region in northeast Africa

licentia, -ae, f., [licet], LICENSE; LICENTIOUSNESS; *freedom; lawlessness; insolence*

• **licet, -ēre, licuit** or **licitum est,** *it is permitted, it is allowed*

Licinius, -i, m., name of a Roman gens

ligneus, -a, -um, *wooden*

Lilybītānus, -a, -um, *of* or *from* LILYBAEUM, in Sicily

limen, -inis, n., *threshold, entrance; door, gate; home*

limes, -itis, m., *path, track,* LIMIT

limus, -i, m., *mud, slime, mire*

• **lingua, -ae,** f., *tongue;* LANGUAGE

linteum, -i, n., LINEN, *cloth, sail*

linum, -i, n., *flax, thread, string;* LINEN

liquefaciō, -ere, —, -factum, [liqueō, *to be liquid*], *make* LIQUID, LIQUEFY, *melt*

liquidō, adv., [liquidus], *clearly, with certainty*

liquidus, -a, -um, LIQUID, *flowing; clear, pure, transparent*

liquor, -ōris, m., [liqueō, *to be liquid*], LIQUID, *fluid*

• littera, -ae, f., LETTER (of the alphabet); pl., LETTER, *epistle; documents, records, literature*

litterātus, -a, -um, [littera], LETTERED, *learned, cultured*

litūra, -ae, f., *erasure, correction*

• litus, -oris, n., *shore, beach, strand*

Livius, -i, m., name of a Roman gens; LIVIUS *Andronicus*, the earliest Roman poet; *T.* LIVIUS, historian, born 59 B.C.

•• locō, -āre, -āvi, -ātum, [locus], *put, place, arrange, contract for*

Locrēnsis, -e, *of* LOCRI, in southern Italy; as a noun, m. pl., *the* LOCRIANS

••• locuplēs, -ētis, *rich, wealthy*

locuplētō, -āre, -āvi, -ātum, [locuplēs], *enrich*

• locus, -i, m., pl. generally loca, n., *place; region; site, position; rank; space; point; passage*

longē, adv., [longus], *far off, at a distance, by far*

Longilius, -i, m., name of a Roman gens

longinquitās, -ātis, f., [longinquus], *distance, remoteness*

••• longinquus, -a, -um, [longus], *remote, distant, far removed*

longiusculus, -a, -um, [longus], *a little* LONGER, *rather* LONG

• longus, -a, -um, LONG, *lasting; remote; far reaching;* PROLONGED

loquāx, -ācis, [loquor], *talkative,* LOQUACIOUS

• loquor, loqui, locūtus sum, *speak, talk, say*

lorum, -i, n., *thong, strap;* pl., *reins, bridle*

lūceō, -ēre, lūxi, —, [lūx], *shine, gleam, glitter*

Lūceria, -ae, f., a city in Apulia

Lūcifer, -i, m., the morning star

Lūcius, -i, m., a praenomen

lūctuōsus, -a, -um, [lūgeō], *sad, sorrowful, mournful; lamentable*

lūctus, -ūs, m., [lūgeō], *sorrow, grief, affliction, distress*

lūcubrātiō, -ōnis, f., *working by night* or *lamplight*

lūculentus, -a, -um, [lūx], *full of light, bright, brilliant, excellent*

Lūcullus, -i, m., a family in the Licinian gens

lūcus, -i, m., *grove, open wood*

• lūdō, -ere, lūsi, lūsum, *play, sport, frolic; make music;* ELUDE

• lūdus, -i, m., *play, game; school;* pl., *public games, spectacles*

lūgeō, -ēre, lūxi, —, *mourn, lament, bewail*

••• lūmen, -inis, n., *light, lamp; glory, ornament; eye*

• lūna, -ae, f., *moon*

luō, -ere, lui, —, *atone for; pay*

lupinus, -a, -um, [lupus, *wolf*], *of a wolf*

lūstrō, -āre, -āvi, -ātum, *purify, offer sacrifice; traverse, pass by*

Lutātius, -i, m., name of a Roman gens

luteus, -a, -um, [lutum, *mud*], *dirty; worthless, poor*

• lūx, lūcis, f., *light, daylight, day; help, safety*

lūxus, -ūs, m., LUXURY, *splendor, magnificence; wantonness*

••• lūxuria, -ae, f., LUXURY, *extravagance, self-indulgence*

Lȳsander, -dri, m., a distinguished Spartan general

Lȳsimachus, -i, m., father of Aristides

M

M. = Mārcus, a praenomen

M'. = Mānius, a praenomen

Macedonia, -ae, f., a country north of Thessaly

Macedonicus, -a, -um, MACEDONIAN

496

māchina, -ae, f., MACHINE, *engine; staging, trick*

māchinātor, -ōris, m., [māchinor], *plotter, inventor, contriver*

māchinor, -āri, -ātus sum, [māchina], *contrive, devise, plot, invent*

maciēs, -ēi, f., *leanness, thinness; poverty*

mactō, -āre, -āvi, -ātùm, *honor; kill; sacrifice*

• • • macula, -ae, f., *spot, stain*

maculōsus, -a, -um, [macula], *spotted, marked with spots*

madidus, -a, -um, [madeō, *be wet*], *moist, wet; dripping, soaking*

Maelius, -i, m., name of a Roman gens; *Sp.* MAELIUS, slain at the order of the dictator by C. Servilius Ahala, master of the horse, in 439 B.C.

Maeonius, -a, -um, *of* MAEONIA, *of Lydia; Homeric, epic*

• • • maeror, -ōris, m., *sadness, grief, sorrow*

• magis, adv., [magnus], *more, rather*

• magister, -tri, m., *master; teacher; head*

• magistrātus, -ūs, m., [magister], MAGISTRACY, *public office;* MAGISTRATE, *official*

magnanimus, -a, -um, [animus], *high spirited, generous, nobleminded*

magnificus, -a, -um, [magnus], *grand, splendid,* MAGNIFICENT

• magnitūdō, -inis, f., [magnus], *greatness,* MAGNITUDE, *extent*

• magnus, -a, -um, *great, large, big; ample, eminent, powerful;* **Magnus, -i,** m., *the Great,* esp. as surname of Pompey; **magnō opere** or **magnopere,** adv., *greatly*

maiōrēs, -um, m., *ancestors, forefathers*

Māius, -a, -um, *of* MAY; abbr. Mai.

• male, adv., *badly, ill; scarcely, hardly*

maledicō, -ere, -dixi, -dictum, [dicō], *curse, abuse, revile, slander*

• • maleficium, -i, n., [maleficus, *wicked*], *evil deed, crime, offense, wrong*

malitia, -ae, f., [malus], *ill will,* MALICE, *spite*

malleolus, -i, m., *fire-dart*

• mālō, mālle, mālui, —, *prefer, wish rather*

mālum, -i, n., *apple*

• malus, -a, -um, *bad, evil, wicked, injurious;* as a noun, n., *evil, misfortune, calamity*

mālus, -i, m., *mast, beam, upright pole*

Mamertini, -ōrum, m. pl., MAMERTINES, the people of Messina, Sicily

• • mandātum, -i, n., [mandō], *order, commission,* COMMAND, *charge*

• mandō, -āre, -āvi, -ātum, [manus + dō], *instruct, order,* COMMAND; *entrust, commit*

māne, adv., *in the morning, early*

• maneō, -ēre, mānsi, mānsum, *stay,* REMAIN, *tarry, wait; last*

Mānēs, -ium, m. pl., *shades of the dead; the gods below*

manicātus, -a, -um, [manicae, *sleeves*], *with long sleeves*

manifestō, adv., [manifestus], *clearly, openly*

• • • manifestus, -a, -um, *obvious, clear, plain,* MANIFEST; *convicted*

Mānilius, -i, m., name of a Roman gens; *C.* MANILIUS, tribune of the people in 66 B.C. who brought forward the Manilian Law, placing Pompey in command of war with Mithridates

Mānius, -i, m., a praenomen

Mānliānus, -a, -um, *of* MANLIUS

Mānlius, -i, m., name of a Roman gens; *C.* MANLIUS, a member of the Catilinarian conspiracy; *L.* MANLIUS *Torquatus,* consul with Cotta in 65 B.C. who

497

helped suppress Catilinarian conspiracy

mānō, -āre, -āvi, —, *flow, drip, trickle; spread,* EMANATE

mānsuētē, adv., [mānsuētus, *tame*], *gently, mildly*

••• **mānsuētūdō, -inis,** f., [mānsuētus, *tame*], *mildness, gentleness, clemency*

manubiae, -ārum, f. pl., [manus], *booty, spoils, money* (from the sale of spoils)

manubrium, -i, n., [manus], *handle*

manūmittō, -ere, -misi, -missum, [mittō], *make free, set at liberty,* MANUMIT; *enfranchise*

• **manus, -ūs,** f., *hand; band, force; handwriting*

Mārcellus, -i, m., *name of a plebeian family in the Claudian gens; M. Claudius* MARCELLUS, *captured Syracuse in 212* B.C.

Mārcus, -i, m., *a praenomen*

• **mare, -is,** n., *sea*

margarita, -ae, f., *pearl*

Mariō, -ōnis, m., *a slave of Cicero*

• **maritimus, -a, -um,** [mare], *of the sea,* MARITIME

maritus, -i, m., *husband*

Marius, -i, m., *name of a Roman gens; C.* MARIUS, *enemy of Sulla and seven times consul*

marmor, -oris, n., *marble*

marmoreus, -a, -um, [marmor], *of marble*

Mārs, Mārtis, m., *god of war; fig., battle, war*

Mārtius, -a, -um, *of* MARS

massa, -ae, f., MASS, *lump; burden, weight, load*

Massilia, -ae, f., *a Greek city in southern Gaul, modern* MARSEILLES

Massiliēnsis, -e, *of* MASSILIA; *as a noun, pl., the* MASSILIANS

• **māter, -tris,** f., *mother; māter familiās, mistress of the household*

•• **māteria, -ae,** f., *timber, wood,* MATERIAL, *matter*

māternus, -a, -um, [māter], MATERNAL, *of a mother*

mātrōnālis, -e, [mātrōna, *woman*], *of a* MATRON, *womanly*

mātūritās, -ātis, f., [matūrus], *ripeness,* MATURITY

mātūrō, -āre, -āvi, -ātum, [mātūrus], MATURE, *ripen, bring to* MATURITY; *hasten; expedite*

••• **mātūrus, -a, -um,** *ripe,* MATURE; *early*

maximē, adv., *most, very, especially*

Maximus, -i, m., *name of a family of the Fabian gens; esp. Q. Fabius* MAXIMUS *Cunctator*

meātus, -ūs, m., *passing, passage, way, path*

Mēdēa, -ae, f., *the wife of Jason*

medeor, -ēri, def., *heal, cure, correct, remedy;* **medentēs, -ium,** m. pl., *doctors, surgeons*

medicāmen, -inis, n., [medicō], *drug, remedy,* MEDICINE, *antidote*

medicina, -ae, f., [medicus], MEDICINE, *remedy; relief*

medicus, -i, m., *doctor, physician*

Mediolānum, -i, n., MILAN, *city of northern Italy*

••• **mediocris, -e,** [medius], *moderate,* MEDIOCRE, *ordinary*

meditor, -āri, -ātus sum, *reflect,* MEDITATE, *consider; rehearse*

• **medius, -a, -um,** *middle, midst, in the middle of*

mehercule, *by* HERCULES! *verily*

mel, mellis, n., *honey*

membrum, -i, n., *limb,* MEMBER

••• **memini, -isse,** def., REMEMBER, *recollect*

Memmius, -i, m., *name of a Roman gens*

memor, -oris, *mindful,* REMEMBERING, *heedful*

memorābilis, -e, [memor], MEMORABLE, *remarkable, famous*

498

• memoria, -ae, f., [memor], MEMORY, REMEMBRANCE, *tradition, time*
memorō, -āre, -āvī, -ātum, [memor], *mention, relate, say*
mendācium, -ī, n., [mendāx, *lying*], *lie, falsehood, untruth*
mendicitās, -ātis, f., [mendicus, *beggarly*], *poverty, indigence, beggary*
• mēns, mentis, f., *mind; intellect, reason; purpose, disposition*
• mēnsa, -ae, f., *table; meal, course*
• mēnsis, -is, m., *month*
menta, -ae, f., *mint*
mentiō, -ōnis, f., [rel. to mēns], MENTION, *calling to mind*
mentum, -ī, n., *chin*
• mercātor, -ōris, m., [merx], *trader,* MERCHANT
mercēs, -ēdis, f., [merx], *pay, wages, reward, income*
• mereō, -ēre, -uī, -itum; mēreor, -ērī, -itus sum, *earn, gain, deserve,* MERIT; *be worthy*
meretricius, -a, -um, [meretrix, *harlot*], *of a harlot,* MERETRICIOUS
mergō, -ere, mersī, mersum, *dip, plunge,* IMMERSE, *sink*
mergus, -ī, m., *sea gull; diver*
meritum, -ī, n., MERIT, *desert; favor, service*
merx, mercis, f., *wares, goods,* MERCHANDISE
Mescinius, -ī, m., name of a Roman gens
Messāna, -ae, f., MESSINA, located at the Strait of Messina in Sicily
Messius, -ī, m., name of a Roman gens
-met, enclitic, added to personal pronouns, *self*
mēta, -ae, f., *goal, limit; cone, pyramid*
Metellus, -ī, m., a prominent plebeian family of the Caecilian gens; *Q.* CAECILIUS *Metellus Celer,* consul 60 B.C.

•• mētior, -īrī, mēnsus sum, *measure; distribute; pass over, traverse*
••• metuō, -ere, -uī, —, [metus], *fear, dread*
•• metus, -ūs, m., *fear, dread*
• meus, -a, -um, *my, mine*
micō, -āre, micuī, —, *flash, gleam, sparkle; vibrate*
• miles, -itis, m., *soldier*
• militāris, -e, [miles], *of a soldier,* MILITARY; rēs militāris, *warfare*
••• militia, -ae, f., [miles], MILITARY *service, war;* loc. militiae, *in war*
militō, -āre, -āvī, -ātum, [militia], *serve as a soldier*
• mille, indecl., *thousand;* milia, -ium, n. pl., *thousands*
Milō, -ōnis, m., a cognomen; a famous Greek athlete
minae, -ārum, f. pl., *threats,* MENACES
Minerva, -ae, f., goddess of wisdom and the arts
minimus, -a, -um, [parvus], *smallest, least*
ministerium, -ī, n., [minister, *attendant*], *office,* MINISTRY, *service*
ministra, -ae, f., [minister, *attendant*], *female attendant, handmaid, maidservant*
minitor, -ārī, -ātus sum, [minor], *threaten, menace*
••• minor, -ārī, -ātus sum, *threaten,* MENACE
• minor, minus, [parvus], *smaller, younger*
Minturnae, -ārum, f. pl., a town in southern Latium, on the Appian Way
Minucius, -ī, m., name of a Roman gens
•• minuō, -ere, minuī, minūtum, DIMINISH, *lessen, reduce*
minus, adv., [parvus], *less, too little; not*
minūtus, -a, -um, [minuō], *small,* MINUTE, *petty*
mirābilis, -e, [miror], *wonderful, marvellous*

499

mirāculum, -i, n., [miror], MIRACLE, wonder, marvel, strange thing

mirandus, -a, -um, [miror], wonderful

• miror, -āri, -ātus sum, wonder at, marvel at, ADMIRE

• mirus, -a, -um, wonderful, strange, marvellous, extraordinary

• • • misceō, -ēre, -ui, mixtum, MIX, mingle, blend; stir up

Misēnum, -i, n., a promontory and harbor of the Bay of Naples, site of a Roman naval base

• miser, -era, -erum, wretched, MISERABLE, poor

miserandus, -a, -um, [miser], pitiable, deplorable

misereō, -ēre, -ui, -itum; misereor, -ēri, -itus sum, [miser], pity, have compassion for

miseria, -ae, f., [miser], suffering, distress, MISERY

• • • misericordia, -ae, f., [misericors], pity, compassion, sympathy, mercy

misericors, -cordis, [misereor + cor, heart], merciful, tender-hearted, sympathetic

Mithridātēs, -is, m., name of several kings of Pontus; esp., MITHRIDATES VI, called the Great, 132–63 B.C.

Mithridāticus, -a, -um, MITHRIDATIC

• • • mitis, -e, mild, gentle, kind, lenient

• mittō, -ere, misi, missum, send; let go, hurl; dispatch; OMIT; report, release

mixtus, -a, -um, [misceō], MIXED, confused

moderāmen, -inis, n., [moderor], management, control, government

moderātiō, -ōnis, f., [modus], restraint, self-control, MODERATION

moderātus, -a, -um, [moderor], restrained, controlled, MODERATE

moderor, -āri, -ātus sum, [modus], limit, control, regulate, restrain, govern

modestia, -ae, f., [modestus], moderation, temperance; MODESTY, discretion; shame; dignity

modestus, -a, -um, [modus], moderate, temperate; honorable; MODEST

modicus, -a, -um, [modus], MODERATE, ordinary, small

• • modo, adv., only, merely; just now, lately; if only, provided

• modus, -i, m., measure, limit, MODERATION, sort, kind, manner, MODE, way; huius modi, of this kind; quem ad modum? in what way? how?

• • • moenia, -ium, n. pl., walls, fortifications

mōlēs, -is, f., mass, weight, load; burden; dyke

molestia, -ae, f., [molestus], trouble, annoyance, vexation, worry

• • • molestus, -a, -um, [mōlēs], troublesome, annoying, vexatious

• • • mōlior, -iri, -itus sum, [mōlēs], plan, plot; strive, struggle; attempt

molliō, -ire, -ivi, -itum, [mollis], soften, soothe; ease, lighten; mitigate

mollis, -e, soft, tender; weak; pleasant, agreeable

mollitiēs, -ēi, f., [mollis], suppleness, softness, flexibility; effeminacy

• moneō, -ēre, -ui, -itum, warn, advise, remind, ADMONISH

monitus, -ūs, m., [moneō], warning, ADMONITION, advice

• mōns, montis, m., MOUNTAIN

mōnstrum, -i, n., [moneō], omen, portent, wonder, prodigy, MONSTER

• • • monumentum, -i, n., [moneō], reminder, memorial, record, MONUMENT

• mora, -ae, f., delay, hesitation, hindrance

···morbus, -ī, m., *sickness, disease, malady*
·morior, mori, mortuus sum, *die*
·moror, -ārī, -ātus sum, *delay, linger, hinder*
mōrōsitās, -ātis, f., [mōrōsus], *ill temper, peevishness,* MOROSENESS
mōrōsus, -a, -um, *peevish, fretful, ill-tempered,* MOROSE
·mors, mortis, f., *death*
···mortālis, -e, [mors], MORTAL, *human; transitory;* as a noun, *a* MORTAL
mortuus, -a, -um, [morior], *dead*
·mōs, mōris, m., *manner, habit, custom; practice;* pl., *character*
···mōtus, -ūs, m., [moveō], MOTION, *movement, change; tumult;* EMOTION; with **terrae,** *earthquake*
·moveō, -ēre, mōvī, mōtum, MOVE, *set in* MOTION, REMOVE; *affect, stir, inspire*
·mox, adv., *soon, presently*
Mūcius, -ī, m., *name of a Roman gens*
mūcrō, -ōnis, m., *point, edge; dagger, sword*
mulceō, -ēre, mulsī, mulsum, *stroke, caress; soothe; calm*
Mulciber, -berī, m., *Vulcan*
mulcō, -āre, -āvī, ātum, *beat, cudgel*
·mulier, -eris, f., *woman*
muliercula, -ae, f., [mulier], *little woman, poor woman; mistress*
multifīdus, -a, -um, [findō], *many-cleft, divided into many parts*
multiplex, -icis, [plicō, *fold*], *manifold, with many folds; versatile, intricate; repeated*
multiplicō, -āre, -āvī, -ātum, *increase*
·multitūdō, -inis, f., [multus], *crowd,* MULTITUDE; *great number*
multō, -āre, -āvī, -ātum, *punish*
·multō, adv., *by much, by far, much, far*
·multum, adv., *much*

·multus, -a, -um, *much;* pl., *many*
Mulvius, -a, -um, MULVIAN; with **pōns,** the MULVIAN *Bridge* over the Tiber, two miles north of Rome
Mummius, -ī, m., *name of a Roman gens*
mundus, -ī, m., *world, earth; mankind*
mūniceps, -ipis, c., *citizen of a free town*
···mūnicipium, -ī, n., [mūniceps], *free town,* MUNICIPALITY
mūnimentum, -ī, n., [mūniō], *defense, rampart, bulwark; protection*
·mūniō, -īre, -īvī, -ītum, *fortify, build, strengthen; guard*
·mūnitiō, -ōnis, f., [mūniō], *rampart, walls, fortification*
mūnus, -eris, n., *duty, service, function; office; gift, spectacle*
mūnusculum, -ī, n., [mūnus], *small gift, trifling present*
Mūrēna, -ae, m., *a cognomen*
mūrex, -icis, m., *purple-fish; purple dye, purple*
·mūrus, -ī, m., *wall, city wall; defence*
Mūsa, -ae, f., MUSE
mūsculus, -ī, m., [mūs, *mouse*], *little mouse;* MUSCLE (of the body)
mūscus, -ī, m., *moss*
mūtābilis, -e, [mūtō], *changeable, fickle,* MUTABLE
···mūtō, -āre, -āvī, -ātum, *change, alter*
mūtus, -a, -um, *silent,* MUTE, *dumb*
mūtuus, -a, -um, [mūtō], *borrowed; in exchange,* MUTUAL; *lent*
myoparō, -ōnis, m., *privateer, light warship*
Myrō, -ōnis, m., *a Greek sculptor*
mystagōgus, -ī, m., *guide, cicerone*
Mytilēnaeus, -a, -um, *of* MYTILENE, *a city on the island of Lesbos in the Aegean*

N

Naevius, -i, m., an early Roman poet

Nāis, -iadis, f., *water nymph*, NAIAD, *nymph, Nereid*

• nam, conj. *for, namely, for instance*

•• nanciscor, -i, nactus or nanctus sum, *get, obtain, receive; find*

nāris, -is, f., *nostril;* pl. *nose, nostrils*

• nārrō, -āre, -āvi, -ātum, *tell, relate,* NARRATE, *recount; speak*

• nāscor, -i, nātus sum, *be born; spring up, arise, start; grow*

nāta, -ae, f., [nāscor], *daughter*

nātālis, -e, [nātus], NATAL, *of birth;* as a noun, m., *birthday*

•• nātiō, -ōnis, f., [nātus], NATION, *tribe, people, race*

natō, -āre, -āvi, -ātum, [nō], *swim, float*

• nātūra, -ae, f., [nāscor], NATURE; *birth; character*

nātus, -i, m., [nāscor], *son, child*

naufragus, -a, -um, [nāvis], *shipwrecked;* as a noun, m. pl., *ruined men*

nauticus, -a, -um, [nāvis], *of ships,* NAUTICAL, *naval*

••• nāvālis, -e, [nāvis], NAVAL, *of ships*

nāviculārius, -i, m., [nāvis], *shipmaster, shipowner*

nāvigātiō, -ōnis, f., [nāvigō], *sailing,* NAVIGATION

• nāvigō, -āre, -āvi, -ātum, [nāvis] *sail,* NAVIGATE; *set sail*

• nāvis, -is, f., *ship, vessel*

•-ne, enclitic, sign of a question; *whether*

• nē, adv. and conj., *lest, for fear that, in order that . . . not;* nē . . . quidem, *not even*

nē, interj., *truly, verily, indeed*

Neāpolis, -is, f., NAPLES, chief city of Campania

Neāpolitānus, -a, -um, *of* NAPLES, NEAPOLITAN; as a noun, m. pl., NEAPOLITANS

nebula, -ae, f., *mist, fog, cloud, vapor*

nec, see neque

necessāriō, adv., [necesse], NECESSARILY, *inevitably*

• necessārius, -a, -um, [necesse], NECESSARY, *inevitable;* as a noun, m., *kinsman, relative; friend*

• necesse, indecl. adj., NECESSARY, *unavoidable*

necessitās, -ātis, f., [necesse], *need,* NECESSITY

••• necessitūdō, -inis, f., [necesse], *relationship, connection*

necne, adv., *or not*

••• necō, -āre, -āvi, -ātum, [nex], *kill, slay, destroy*

necopinātus, -a, -um, [opinor], *unexpected*

nefandus, -a, -um, [for], *unspeakable, impious, execrable*

••• nefārius, -a, -um, [nefās], *impious, wicked,* NEFARIOUS, *execrable*

nefās, indecl., n., *wrong, crime, sacrilege*

neglegenter, adv., [neglegō], NEGLIGENTLY, *carelessly*

neglegentia, -ae, f., [neglegō], *carelessness,* NEGLIGENCE

••• neglegō, -ere, -lēxi, -lēctum, *disregard,* NEGLECT, *overlook, omit*

••• negō, -āre, -āvi, -ātum, DENY, *say not, refuse*

negōtiātor, -ōris, m., [negōtior], *merchant, dealer*

negōtior, -āri, -ātus sum, [negōtium], *do business, trade*

• negōtium, -i, n., *business, employment, task, affair; duty; trouble*

• nēmō, dat. nēmini, c., *no one, nobody;* nōn nēmō, *some, many*

nemus, -oris, n., *grove, wood*

nepōs, -ōtis, m., *grandson; spendthrift, prodigal*

Neptūnus, -i, m., NEPTUNE, god of the sea

nēquam, indecl. adj., *bad, worthless*

nēquāquam, adv., *not at all, by no means*

• neque or nec, *and not, nor;* correl., *neither . . . nor*

nequeō, -ire, -ivi, —, *be unable*

••• nēquitia, -ae, f., [nēquam], *worthlessness, wickedness*

Nēreus, -ei, m., *a sea god, father of the* NEREIDS

Nervii, -ōrum, m. pl., *a people in Belgic Gaul*

••• nervus, -i, m., *sinew, bow-string, cord; strength, power*

•• nesciō, -ire, -ivi, —, [sciō], *not know, be ignorant;* nesciō quō modo, *I know not how, somehow*

nescius, -a, -um, [nesciō], *ignorant, unaware*

Nestōr, -ōris, m., *king of Pylos, noted for his wisdom*

nēve or neu, *and not, nor, and lest*

••• nex, necis, f., [necō], *murder, slaughter, death*

• niger, -gra, -grum, *black, dark, dusky, gloomy*

• nihil, indecl., n., *nothing;* adv., *not at all*

nihildum, indecl., n., *nothing yet*

nihilum, -i, n., [nihil], *nothing;* nihilō minus, adv., *nevertheless*

Nilus, -i, m., *the* NILE

nimbus, -i, m., *rain cloud, storm cloud; rain, storm*

nimirum, adv., *doubtless, without doubt, surely*

••• nimis, adv., *too much, excessively*

nimium, adv., *too much*

••• nimius, -a, -um, [nimis], *too much, excessive*

• nisi, conj., *if not, unless, except*

niteō, -ēre, -ui, —, *shine, glisten, glitter*

nitidus, -a, -um, [niteō], *shiny, glistening, sleek, shining*

nitor, niti, nixus sum, *lean on, rest on; struggle, strive, endeavor*

nix, nivis, f., *snow*

nō, nāre, nāvi, nātum, *swim, float*

• nōbilis, -e, *famous, celebrated,* NOBLE, *splendid*

•• nōbilitās, -ātis, f., [nōbilis], NOBLE *birth,* NOBILITY, *high rank; fame*

nōbilitō, -āre, -āvi, -ātum, [nōbilis], *make known, make famous*

nocēns, -entis, [noceō], *guilty;* as a noun, m., *criminal, culprit*

• noceō, -ēre, -ui, -itum, *harm, hurt, injure*

•• noctū, adv., *at night*

•• nocturnus, -a, -um, [nox], *by night,* NOCTURNAL

• nōlō, nōlle, nōlui, —, [non + volō], *be unwilling, not wish*

• nōmen, nōminis, n., *name; fame, renown; account, claim*

nōminātim, adv., [nōmen], *by name, expressly, especially*

••• nōminō, -āre, -āvi, -ātum, [nōmen], *name, call by name, mention, celebrate, render famous*

• nōn, adv., *not, no*

••• Nōnae, -ārum, f. pl., [nōnus], *the* NONES, *(ninth day before the Ides) — 7th day of March, May; July; October; 5th of other months;* abbr. **Nōn.**

• nōndum, adv., *not yet*

• nōnne, interrog. adv., *not (expecting the answer yes)*

• nōs, nostrum or nostri [pl. of ego], *we, us*

nōscitō, -āre, def., [nōscō], *know, recognize*

••• nōscō, -ere, nōvi, nōtum, *learn, come to know, become acquainted with; perf., know*

• noster, -tra, -trum, [nōs], *our, ours*

nota, -ae, f., *mark, sign, stigma, brand*

••• notō, -āre, -āvi, -ātum, [nota], NOTE, *mark, designate, brand*

• nōtus, -a, -um, [nōscō], *known, familiar, famous*

• novem, indecl., *nine*

November, -bris, -bre, [novem] *of* NOVEMBER; abbr. **Nov.** and **Novemb.**

novitās, -ātis, f., [novus], *newness,* NOVELTY, *strangeness*

novō, -āre, -āvi, -ātum, [novus], *make new, renew, change*

• novus, -a, -um, *new, recent;* NOVEL, *strange, unheard of;* rēs novae, *revolution;* tabulae novae, *new accounts, cancellation of debts*

• nox, noctis, f., *night*

nūbēs, -is, f., *cloud*

nūbila, -ōrum, n. pl., *clouds, rain clouds*

nūdius tertius, *the day before yesterday*

•• nūdō, -āre, -āvi, -ātum, *lay bare, strip, uncover*

nūdus, -a, -um, *naked,* NUDE, *bare; unprotected; lightly clad*

nūgātor, -ōris, m., [nugor, *jest*], *jester, joker; braggart*

• nūllus, -a, -um, *not any, none, no, not;* nōn nūllus, *some*

• num, interrog. adv. (expecting answer no); in indir. quest., *whether*

Numantia, -ae, f., *a city in northern Spain*

nūmen, -inis, n., [nuō], *nod, will; power of a god, divine favor*

• numerus, -ī, m., NUMBER; *rank, position, class*

Numidia, -ae, f., *a country in northern Africa*

Numidicus, -i, m., *a surname of Q. Caecilius Metellus, as victor in Africa*

nummus, -i, m., *coin, money; sesterce; penny, trifle*

• numquam, adv., *never;* nōn numquam, *sometimes*

• nunc, adv., *now, at present, as it is*

• nūntiō, -āre, -āvi, -ātus, ANNOUNCE

• nūntius, -i, m., *messenger; message, news; order*

••• nūper, adv., *recently, newly, lately*

nūptiae, -ārum, f. pl., *wedding, marriage,* NUPTIALS

nusquam, adv., *nowhere*

nūtō, -āre, -āvi, -ātum, *nod, shake, stagger; totter, hesitate*

nūtriō, -ire, -ivi, -itum, NOURISH, *feed,* NURSE; *cherish*

nūtrix, -icis, f., [nūtriō], NURSE

••• nūtus, -ūs, m., *nod; will, command*

nux, nucis, f., *nut*

nympha, -ae, f., *nymph; young woman*

O

Ō, interj., *O! oh!*

• ob, prep. with acc., *on account of, for, over against;* quam ob rem, *for what reason, why*

••• obeō, -ire, -ii, -itum [eō], *go to meet, meet, undertake, enter upon*

obiciō, -ere, -iēci, -iectum, [iaciō], *throw before, expose, reproach with*

oblectāmentum, -i, n., [oblectō], *delight, pleasure, amusement*

oblectō, -āre, -āvi, -ātum, [lactō, *flatter*], *delight, please, entertain*

obligō, -āre, -āvi, -ātum, [ligō, *bind*], *bind,* OBLIGE, *mortgage*

oblinō, -āre, -āvi, -ātum, [linō, *smear*], *smear over, besmear, cover*

obliquus, -a, -um, *slanting,* OBLIQUE, *crosswise*

oblitus, -a, -um, [obliviscor], *forgetful, unmindful*

obliviō, -ōnis, f., [oblitus], *forgetfulness,* OBLIVION

obliviōsus, -a, -um, [oblitus], *forgetting easily,* OBLIVIOUS

••• obliviscor, -i, oblitus sum, *forget*

obnoxius, -a, -um, [noxius, *harmful*], *liable, addicted; guilty; submissive, servile; timid*

oboediō, -ire, -ivi, -itum, [audiō], *give heed to,* OBEY; *serve*

oborior, -iri, -ortus sum, [orior], *arise, spring up, appear*

obrēpō, -ere, -rēpsi, -rēptum,

[rēpō, *creep*], *steal upon, creep up, surprise*

obruō, -ere, -ruī, -rutum, [ruō], *overwhelm, bury, destroy*

obscūritās, -ātis, f., [obscūrus], *darkness,* OBSCURITY

obscūrō, -āre, -āvī, -ātum, [obscūrus], *darken,* OBSCURE; *hide*

• • • obscūrus, -a, -um, *dark;* OBSCURE, *concealed, secret*

• • • obsecrō, -āre, -āvī, -ātum, [sacrō], *beseech, implore, beg, supplicate*

obsecundō, -āre, -āvī, -ātum, [secundō, *favor*], *favor, support,* SECOND

obsequium, -ī, n., [obsequor], *deference, compliance, obedience*

obsequor, -ī, -secūtus sum, [sequor], *comply with, yield, submit to*

observō, -āre, -āvī, -ātum, [servō], OBSERVE, *watch, heed, regard*

• obses, -idis, c., *hostage, pledge, security*

• • obsideō, -ēre, -sēdī, -sessum, [sedeō], BESIEGE, *beset, watch for*

• • obsidiō, -ōnis, f., SIEGE, *attack; investment*

obsignō, -āre, -āvī, -ātum, [signō], *seal, seal up*

obsistō, -ere, -stitī, -stitum, [sistō], RESIST, *withstand, thwart*

obsolēscō, -ere, -lēvī, -lētum, [oleō, *smell*], *grow old; decay; become* OBSOLETE

obstinātiō, -ōnis, f., [obstinō, *persist*], *stubbornness,* OBSTINACY, *firmness*

obstō, -āre, obstitī, obstātum, [stō], *oppose, thwart, stand in the way*

obstrepō, -ere, -strepuī, —, [strepō, *rattle*], *make a noise, drown with noise*

obstringō, -ere, -strinxī, -strictum, [stringō, *bind*], *tie, bind; fetter; place under obligation*

obstruō, -ere, -strūxī, -strūctum, [struō, *heap up*], *block,* OBSTRUCT, *impede*

obstupefaciō, -ere, -fēcī, -factum, [stupeō + faciō], *stun, amaze, astound*

obstupēscō or obstipēscō, -ere, -stupuī, —, [stupeō], *be amazed, be astounded*

obsum, -esse, -fuī, —, [sum], *be against; hurt, injure*

obtemperō, -āre, -āvī, -ātum, [temperō], *conform to, obey, submit, comply with*

• obtineō, -ēre, -tinuī, -tentum, [teneō], *hold,* OBTAIN, *keep,* MAINTAIN

obtingō, -ere, -tigī, —, [tangō], *befall; happen, occur*

obtrectō, -āre, -āvī, -ātum, [tractō], *oppose; belittle; disparage*

obtundō, -ere, -tudī, -tūnsus or -tūsus, [tundō, *beat*], *beat against, stun; blunt; deafen, weary*

obveniō, -īre, -vēnī, -ventum, [veniō], *meet, befall, occur, be allotted*

obviam, adv., [via], *in the way of, to meet*

obvius, -a, -um, [via], *in the way of, to meet*

• • occāsiō, -ōnis, f., [ob + cadō], OCCASION, *opportunity*

• occāsus, -ūs, m., [ob + cadō], *setting* (of the sun); *downfall, ruin*

occidēns, -entis, m., [ob + cadō], *sunset, west*

occidō, -ere, -cidī, -cāsum, [ob + cadō], *fall, set* (of the sun); *perish*

• occīdō, -ere, -cīdī, -cīsum, [ob + caedō], *cut down; kill, murder; cut*

occlūdō, -ere, -clūsī, -clūsum, [ob + claudō], *shut up,* CLOSE

occulō, -ere, -culuī, -cultum, *cover, hide, conceal*

• • • occultō, -āre, -āvī, -ātum, [occulō], *hide, conceal*

• • occultus, -a, -um, [occulō], *secret, concealed, hidden*

505

occupātiō, -ōnis, f., [occupō], OC-CUPATION, *employment*

• occupō, -āre, -āvi, -ātum, *seize;* OCCUPY; *win, invest* (funds)

•• occurrō, -ere, -curri, -cursum, [ob + currō], *run to meet, meet; oppose*

occursō, -āre, -āvi, -ātum, [occurrō], *go to meet, meet; appear*

•• Ōceanus, -i, m., *the* OCEAN

ōcius, adv., *more swiftly*

Octāvius, -i, m., name of a plebeian gens, raised to patrician by Julius Caesar. *C.* OCTAVIUS, nephew and adopted son of Caesar, became Augustus in 27 B.C.

• octāvus, -a, -um, [octō], *eighth*

octingentēsimus, -a, -um, *eight hundredth*

• octō, indecl., *eight*

octōgēsimus, -a, -um, *eightieth*

Octōber, -bris, -bre, [octō], *of* OCTOBER; abbr. Oct.

• oculus, -i, m., *eye*

••• ōdi, ōdisse, ōsūrus, def., *hate*

odiōsus, -a, -um, [odium], *hateful,* ODIOUS, *offensive*

••• odium, -i, n., *hate, hatred*

odor, -ōris, m., *smell, scent,* ODOR

Oedipūs, -podis, m., OEDIPUS, king of Thebes

Oetaeus, -a, -um, *of* OETA, a district in Greece northwest of Phocis

offendō, -ere, -fendi, -fēnsus, *strike against;* OFFEND; *find*

offēnsa, -ae, f., [offendō], *hatred, enmity, disfavor,* OFFENSE; *affront*

offēnsiō, -ōnis, f., [offendō], *aversion, dislike, disgust, defeat*

offēnsus, -a, -um, [offendō], OFFENSIVE, *odious, disliked*

•• offerō, -ferre, obtuli, oblātum, [ob + ferō], OFFER, *present, give, bestow*

officina, -ae, f., [officium], *workshop, factory*

officiō, -ere, -fēci, -fectum, [ob + faciō], *hinder, oppose, thwart, obstruct*

officiōsus, -a, -um, [officium], *dutiful, faithful, devoted*

• officium, -i, n., *duty, service, kindness, favor, obligation,* OFFICE

offirmō, -āre, -āvi, -ātum, [ob + firmō], *make* FIRM, *persist, persevere*

offundō, -ere, -fūdi, -fūsus, [ob + fundō], *pour over, fill*

oleārius, -a, -um, [oleum], *of* OIL, *for* OIL

oleum, -i, n., *olive* OIL, OIL

• ōlim, adv., *formerly, once upon a time, at that time*

olus, -eris, n., *vegetable*

Olympius, -a, -um, *of* OLYMPIA, OLYMPIAN; *of Jupiter*

••• ōmen, -inis, n., OMEN, *sign*

••• ōminor, -āri, -ātus sum, [ōmen], *predict, prophesy, interpret*

••• omittō, -ere, -misi, -missum, [mittō], *pass over,* OMIT, *disregard*

• omnīnō, adv., *altogether, entirely, in all, at all*

omnipotēns, -entis, [potēns], *all-powerful,* OMNIPOTENT

• omnis, -e, *all, every, all sorts of;* as a noun, omnēs, -ium, m. pl., *all men,* omnia, -ium, n. pl., *everything*

••• onus, oneris, n., *load, burden, cargo,* ONUS

•• opera, -ae, f., [opus], *effort, pains, work, help;* operae pretium, *worth while*

operārius, -i, m., [opera], *workman, laborer*

operiō, -ire, -ui, -pertum, [aperiō], *cover over, close*

operōsus, -a, -um, [opera], *painstaking; laborious; difficult*

opifex, -ficis, m., [opus], *workman, artist*

Opimius, -i, m., *L.* OPIMIUS, consul in 121 B.C.

opimus, -a, -um, *fat; fertile; rich, productive*

• opiniō, -ōnis, f., [opinor], OPINION, *thought, belief*

• • • opinor, -ārī, -ātus sum, *suppose; think, judge, believe, imagine*

opitulor, -ārī, -ātus sum [ops], *bring help, assist, lend aid*

• oportet, -ēre, -uit, —, *it is necessary, it behooves, ought*

oppetō, -ere, -petīvī, -petītum, [ob + petō], *go to meet, encounter*

• oppidum, -ī, n., *town, city*

oppleō, -ēre, -ēvī, -ētum, [ob + pleō, *fill*], *fill, fill* COMPLETELY; *occupy*

oppōnō, -ere, -posuī, -positum, [ob + pōnō], OPPOSE, *set against, compare*

opportūnitās, -ātis, f., [opportūnus], *advantage*, OPPORTUNITY

• • opportūnus, -a, -um, *suitable, fit, convenient*, OPPORTUNE, *useful*

oppositū, abl., OPPOSITION, *protection*

• opprimō, -ere, -pressī, -pressum, [ob + premō], *overwhelm*, OPPRESS, *check*; PRESS *against, overpower*

• oppugnō, -āre, -āvī, -ātum, [ob + pugnō], *attack, assail, besiege*

• • • ops, opis, f., *aid, assistance, help*; pl., *resources, wealth*

optābilis, -e, [optō], *desirable, to be wished*

• • • optimās, -ātis, *of the best;* as a noun, m., *aristocrat;* pl., *the upper classes*

• • • optō, -āre, -āvī, -ātum, *choose; wish, desire*

opulentus, -a, -um; opulēns, opulentis, [opēs], *rich, wealthy*, OPULENT

• opus, -eris, n., *work, labor; need; occupation;* magnō opere, *greatly;* tantō opere, *so much, so very*

opusculum, -ī, n., [opus], *little work, trifling task*

• • • ōra, -ae, f., *coast, border, boundary, seacoast*

ōrāculum, -ī, n., [ōrō], ORACLE, *prophecy, response*

• ōrātiō, -ōnis, f., [ōrō], *speech,* ORATION; *eloquence; theme*

• orbis, -is, m., *circle, ring;* with terrae or terrārum, *the world, the whole world*

orbō, -āre, -āvī, -ātum, [orbus, *destitute*], *deprive, bereave*

Orcus, -ī, m., *Pluto*

ōrdior, -īrī, ōrsus sum, *begin, commence, begin to speak*

• ōrdō, -inis, m., *row, line;* ORDER, *rank, class*

Orfius, -ī, m., name of a Roman gens

oriēns, -entis, m., [orior], *the sunrise; east,* ORIENT

origō, -inis, f., [orior], ORIGIN, *source, beginning; birth, family*

• orior, orīrī, ortus sum, *rise, arise; spring, descend,* ORIGINATE

• • • ōrnāmentum, -ī, n., [ōrnō], *decoration,* ORNAMENT; *equipment; distinction;* pl., *treasures; necessities*

ōrnātus, -a, -um, [ōrnō], *equipped, supplied;* ADORNED, *honored,* ORNATE

ōrnātus, -ūs, m., [ōrnō], *decoration,* ADORNMENT; *dress*

• • • ōrnō, -āre, -āvī, -ātum, ADORN, *fit out; furnish; honor, celebrate*

• ōrō, -āre, -āvī, -ātum, *speak; pray, plead, implore*

ortus, -ūs, m., [orior], *rising*

• ōs, ōris, n., *mouth; face, expression, cheek; effrontery*

os, ossis, n., *bone, marrow*

osculor, -ārī, -ātus sum, [osculum], *kiss*

osculum, -ī, n., *kiss*

• ostendō, -ere, -tendī, -tentum, [tendo, *stretch out*], *show, display; tell; prove*

ostentō, -āre, -āvi, -ātum [ostendō],
show, display, exhibit
ostentum, -i, n., [ostendō], portent,
prodigy
Ōstiēnsis, -e, of OSTIA, the port of
Rome
ōstium, -i, n., mouth; entrance, door
ōtiōsus, -a, -um, [ōtium], peaceful,
quiet, at leisure, unoccupied
• • • ōtium, -i, n., peace, leisure, rest,
ease, quiet
ovum, -i, n., egg

P

p. = publicus, -a, -um
P. = Publius, a praenomen
• • pabulum, -i, n., feed, fodder,
nourishment
paciscor, -i, pactus sum, agree
upon, bargain, stipulate, contract
• • pācō, -āre, -āvi, -ātum, [pāx],
PACIFY, subdue, make PEACEFUL
pactiō, -ōnis, f., [pactum], agreement, contract
• • • pactum, -i, n., agreement, PACT,
bargain; manner, way
Paeān, -ānis, m., god of healing,
Apollo
paedogōgus, -i, m., tutor, PEDA-
GOGUE; slave (to guide and
attend children)
• paene, adv., almost, nearly
paenitentia, -ae, f., [paenitet],
PENITENCE, REPENTANCE
• • • paenitet, -ēre, -uit, —, it REPENTS,
displeases, or offends
• • • palam, adv., openly, publicly
Palātium, -i, n., the PALATINE, one
of the hills of Rome
palleō, -ēre, -ui, —, turn PALE, be
PALE; fade
pallium, -i, n., a mantle (Greek)
palma, -ae, f., PALM (of the hand),
hand; PALM tree, PALM branch;
prize
• palūs, -ūdis, f., swamp, marsh
palūster, -tris, -tre, [palūs],
swampy, marshy

Pamphilus, -i, m., a Greek name
Pamphȳlia, -ae, f., a small country
on the south coast of Asia
Minor
pānārium, -i, n., [pānis, bread],
bread-basket
pando, -ere, pandi, pānsum or
passum, spread out, extend; lay
open, reveal
pannus, -i, m., rag; patch, piece
of cloth
papilla, -ae, f., breast, nipple
Pāpius, -a, -um, of PAPIUS, PAPIAN
• pār, paris, equal, like, well-
matched
Paralus, -i, m., an Athenian hero
• parcō, -ere, peperci, parsum,
spare; treat with forbearance
parcus, -a, -um, [parcō], sparing,
thrifty, frugal, stingy
• • • parēns, -entis, c., [pariō], PARENT
• pāreō, -ēre, -ui, —, obey, heed,
have regard for
• • • pariēs, -etis, m., wall (in a house)
Parilis, -e, of PALES, an early
Italian god of shepherds
• • • pariō, -ere, peperi, partum, bring
forth, bear, give birth to; produce, procure, secure, gain, win
pariter, adv., [pār], equally
Parnāsus, -i, m., Mt. PARNASSUS,
near Delphi, in Greece
• parō, -āre, -āvi, -ātum, PREPARE,
make ready; intend; plan
• • • parricida, -ae, m., [caedō], murderer, assassin, PARRICIDE
parricidium, -i, n., [parricida],
murder (of a near relative);
murder, treason
• pars, partis, f., PART, share, portion; PARTY, faction; region
Parthi, -ōrum, m., the PARTHIANS,
a nation east of the Euphrates
Parthicus, -a, -um, of the
PARTHIANS
particeps, -ipis, sharing, partaking;
as a noun, m., sharer, partner,
PARTICIPANT
• • partim, adv., PARTLY, in PART

partitiō, -ōnis, f., *division*, PARTI-
TION

parum, adv., *too little, not enough,
not much*

parvulus, -a, -um, [parvus], *small,
little, very small*

• parvus, -a, -um, *small, little, slight,
petty;* parvi refert, *it matters
little, makes little difference*

• passus, -ūs, m., PACE, *step*

pāstiō, -ōnis, f., [pascō, *feed*],
⸢ PASTURING, PASTURAGE

pāstor, -ōris, m., *shepherd, herds-
man*

pastus, -ūs, m., [pascō, *feed*],
feeding, food, fodder, PASTURE

••• patefaciō, -ere, -fēci, -factum,
[pateō + faciō], *open up, lay
open; disclose, reveal, expose*

patella, -ae, f., [patera, *dish*], *flat
dish* (to hold offerings to the
gods)

•• pateō, -ēre, -ui, —, *lie open; be
exposed; be evident; extend*

• pater, -tris, m., *father;* pater
familiās, *head of a household;*
patrēs cōnscripti, m. pl., CON-
SCRIPT *fathers, senators*

paternus, -a, -um, [pater], *of a
father*, PATERNAL, *father's*

••• patientia, -ae, f., [patior], PA-
TIENCE, *endurance*

• patior, pati, passus sum, *bear,
suffer, permit, allow, endure*

Patrae, -ārum, f. pl., PATRAS, a
city in Greece

• patria, -ae, f., *country, native land*

patricius, -a, -um, [pater], *of
fatherly dignity;* PATRICIAN,
noble

patrimōnium, -i, n., [pater], PATRI-
MONY, *estate inherited from a
father*

••• patrius, -a, -um, [pater], *of a
father*, PATERNAL; *ancestral*

patrō, -āre, -āvi, -ātum, *bring to
pass, achieve, accomplish*

patrōnus, -i, m., [pater], PATRON;
advocate

patruēlis, -e, [patruus], *of a father's
brother; of a cousin*

patruus, -i, m., *father's brother,
uncle*

patulus, -a, -um, [pateō], *spread
out, open, extended, broad*

• pauci, -ae, -a, *a few, few*

paucitās, -ātis, f., [pauci], *scarcity*,
PAUCITY, *fewness*

pauculus, -a, -um, [pauci], *very
few, very little*

•• paulātim, adv., [paulum], *little by
little, gradually*

paulisper, adv., [paulum], *for a
little while*

• paulō, adv., *by a little, a little*

paululum, adv., *a very little,
somewhat*

• paulum, adv., *a little, somewhat*

Paulus, -i, m., name of a celebrated patrician family of the
Aemilian gens; *L. Aemilius*
PAULUS *Macedonicus*, consul
182 B.C., victor over Perseus in
the Battle of Pydna, 168 B.C.

paupertās, -ātis, f., [pauper, *poor*],
POVERTY

paveō,⸢ -ēre, pāvi, —, *be afraid,
shake with fear, dread*

pavidus, -a, -um, [paveō], *fearful,
trembling, timid*

• pāx, pācis, f., PEACE, *treaty;* pāce
tuā, *by your leave*

••• peccō, -āre, -āvi, -ātum, *err, go
wrong, make a mistake; sin*

pectō, -ere, pexi, pexum, *comb*

pectus,-oris, n., *heart, breast; mind*

pecua, -uum, n. pl., *cattle, herds*

• pecūnia, -ae, f., [pecus], *money,
wealth*

•• pecus, -oris, n., *cattle*

pecus, -udis, f., *cattle, head of
cattle, brute, beast;* esp. *a sheep*

•• pedester, -tris, -tre, [pēs], *on foot*,
PEDESTRIAN

peior, comp. of malus

pelagus, -i, n., *sea*

Peliās, -ae, m., an aged king of
Iolcos, in Thessaly

509

Pella, -ae, f., the capital of Macedonia

• **pellō, -ere, pepulī, pulsum,** *beat, strike, drive out,* EXPEL; *defeat*

penārius, -a, -um, *relating to provisions, for provisions*

Penātēs, -ium, m. pl., *household gods*

••• **pendeō, -ēre, pependi, —, [pendō],** *hang;* DEPEND *upon; be in suspense*

•• **pendō, -ere, pependī, pēnsum,** *cause to hang, hang; weigh; pay*

penes, prep. with acc., *in the possession of, with*

penetrō, -āre, -āvī, -ātum, *enter,* PENETRATE

••• **penitus,** adv., *within; deeply, inwardly, deep within*

penna, -ae, f., *feather, wing*

pēnsum, -ī, n., [pendō], *charge, duty, office; weight, importance*

pēnsitō, -āre, -āvī, -ātum, [pendō], *weigh out, pay*

pēnūria, -ae, f., *want, need, poverty,* PENURY

• **per,** prep. with acc., *through, across, among, during; by, by means of, on account of, in view of;* as prefix, *very*

peradulēscēns, -entis, [adulescēns], *very young*

peragō, -ere, -ēgī, -āctum, [agō], *drive through, transfix, pass through; complete, finish; describe; set forth*

peragrō, -āre, -āvī, -ātum, [per + ager], *wander through, traverse*

peramplus, -a, -um, [amplus], *very large*

perantiquus, -a, -um, [antiquus], *very ancient*

perbrevis, -e, [brevis], *very short*

percellō, -ere, -culī, -culsum, *strike through, beat down, crush*

••• **percipiō, -ere, -cēpī, -ceptum, [capiō],** PERCEIVE; *learn; get; reap*

percrēbrēscō, -ere, -crēbuī, —, [crēber], *grow prevalent, spread abroad*

percunctor, -ārī, -ātus sum, [cunctor], *ask, question, inquire, investigate*

percutiō, -ere, -cussī, -cussum, [quatiō], *strike through, smite, hit*

perdifficilis, -e, [difficilis], *very* DIFFICULT

perditus, -a, -um, [perdō], *ruined, corrupt, depraved*

••• **perdō, -ere, perdidī, perditum,** *ruin, lose, destroy*

•• **perdūcō, -ere, -dūxī, -ductum,** [dūcō], *lead through, bring,* CONDUCT

peregrē, adv., *abroad, away from home*

peregrīnātiō, -ōnis, f., [peregrīnor], *travel abroad; residence abroad*

peregrīnor, -ārī, -ātus sum, [peregrīnus], *go abroad, travel*

peregrīnus, -a, -um, [per + ager], *foreign, strange, alien*

perennis, -e, [annus], *lasting through the year,* PERENNIAL

•• **pereō, -īre, -iī, -itum, [eō],** PERISH, *die, be destroyed*

perexcelsus, -a, -um, [excelsus], *very high*

perfectiō, -ōnis, f., [perficiō], *completion,* PERFECTION

•• **perferō, -ferre, -tulī, -lātum, [ferō],** *carry, bear;* SUFFER, *endure*

• **perficiō, -ere, -fēcī, -fectum, [faciō],** *carry out, accomplish, finish,* PERFECT; *cause*

perfringō, -ere, -frēgī, -frāctum, [frangō], *break through,* INFRINGE

perfruor, -ī, -frūctus sum, [fruor], *enjoy fully, be delighted with*

perfugium, -ī, n., [fugiō], *shelter,* REFUGE

perfungor, -ī, -fūnctus sum, [fungor], *finish, perform, go through with*

pergō, -ere, perrēxi, perrēctum,
keep on, proceed, continue

pergrandis, -e, [grandis, *large*],
very large

perhorrēscō, -ere, -horrui, —,
[**horreō**], *shudder at, tremble at*

perhūmānus, -a, -um, [hūmānus],
very polite; very kind

periclitor, -āri, -ātus sum, *risk,*
endanger, try, test, IMPERIL, *be*
in danger

••• **periculōsus, -a, -um, [periculum],**
dangerous, hazardous, PERILOUS

• **periculum, -i,** n., *danger,* PERIL,
risk; trial, test

perinde, adv., *in the same manner;*
with **atque** or **ac,** *just as*

periniquus, -a, -um, [aequus], *very*
unfair, very unjust

•• **peritus, -a, -um,** *skilled, ex-*
perienced

perleviter, adv., [**levis**], *very lightly*

perlūctuōsus, -a, -um, [lūctuōsus,
sad], *very sad*

permagnus, -a, -um, [magnus],
very large

•• **permaneō, -ēre, -mānsi, -mānsum,**
[**maneō**], *stay,* REMAIN

• **permittō, -ere, -misi, -missum,**
[**mittō**], *intrust,* PERMIT, *allow*

permodestus, -a, -um, [modestus],
very shy, very MODEST; *bashful*

permolestē, adv., *with much trou-*
ble; with **ferre,** *be vexed at*

• **permoveō, -ēre, -mōvi, -mōtum,**
[**moveō**], MOVE *deeply; arouse,*
induce, influence; prevail upon

permulceō, -ēre, -mulsi, -mulsum,
[**mulceō**], *stroke, soothe*

permultum, adv., [**multum**], *very*
much

permultus, -a, -um, [multus], *very*
much, very many

••• **perniciēs, -ēi,** f., *destruction, death;*
ruin

••• **perniciōsus, -a, -um, [perniciēs],**
dangerous, destructive, ruinous

pernōbilis, -e, [nōbilis], *very fa-*
mous

pernoctō, -āre, -āvi, -ātum, [nox],
spend the night

perparvolus, -a, -um, [parvus],
very small

perpauci, -ae, -a, [pauci], *very few*

perpellō, -ere, -puli, —, [pellō],
drive, force, prevail upon; im-
press

perpetuitās, -ātis, f., [**perpetuus**],
duration, PERPETUITY, *conti-*
nuity, succession

•• **perpetuus, -a, -um,** *continuous,*
uninterrupted, PERPETUAL

persaepe, [saepe], *very often*

perscribō, -ere, -scripsi, -scriptum,
[**scribō**], *write out;* TRANSCRIBE

•• **persequor, -i, -secūtus sum,**
[**sequor**], *follow up,* PURSUE;
PROSECUTE; *punish, take ven-*
geance on

Persēs, -ae, acc. **-ēn,** PERSES or
PERSEUS, a king of Macedonia

persevērantia, -ae, f., [**perseverō**],
PERSEVERANCE, *persistence, con-*
stancy

perseverō, -āre, -āvi, -ātum,
[**sevērus**], *persist,* PERSEVERE,
continue

persolvō, -ere, -solvi, -solūtum,
[**solvō**], *pay, pay over*

persōna, -ae, f., *part, rôle; char-*
acter, PERSON

•• **perspiciō, -ere, -spexi, -spectum,**
[**speciō**], *look through, see*
through; perceive, discern, note,
observe

perstudiōsus, -a, -um, [studiōsus],
very eager, zealous

• **persuādeō, -ēre, -suāsi, -suāsum,**
[**suādeō**], PERSUADE, *convince*

• **perterreō, -ēre, -ui, -itum, [terreō],**
frighten thoroughly, alarm,
TERRIFY

••• **pertimēscō, -ere, -timui, —,**
[**timēscō,** *fear*], *become fright-*
ened, be alarmed, fear

pertinācia, -ae, f., [**pertināx,** *hold-*
ing fast], *persistence,* OBSTINACY,
steadfastness

511

• pertineō, -ēre, -tinui, —, [teneō], extend; PERTAIN to, belong to, concern

• perturbō, -āre, -āvi, -ātum, [turbō], agitate, confuse, DISTURB

pervādō, -ere, -vāsi, —, [vādō], go through, PERVADE; extend, spread

pervagor, -āri, -ātus sum, [vagor], wander through, spread, be known

• perveniō, -ire, -vēni, -ventum, [veniō], arrive, reach, come through

perversitās, -ātis, f., [perversus, crooked], PERVERSITY

pervetus, -eris, [vetus], very old

pervigilō, -āre, -āvi, -ātum, [vigilō], watch through, remain awake, watch all night

• pēs, pedis, m., foot

pessimus, superl. of malus

pestilēns, -entis, [pestis], noxious, infected, PESTILENTIAL

pestilentia, -ae, f., [pestilēns], plague, PESTILENCE

• • • pestis, -is, f., plague, PEST, PESTI-LENCE; destruction, ruin, curse

petitiō, -ōnis, f., [petō], thrust, blow, attack, aim

• petō, -ere, petīvi, petitum, seek, ask; attack, aim at; request

Petreius, -i, m., the name of a Roman gens; M. PETREIUS, legate to C. Antonius in 62 B.C., defeated the army of Catiline

petulantia, -ae, f., [petulāns, pert], impudence, wantonness

pexus, see pectō

Phaetō, -ontis, m., a freedman of Q. Cicero

Phaethōn, -ontis, m., son of Phoebus Apollo and Clymene

Pharsālius, -a, -um, of PHARSALUS

Philēmōn, -ōnis, m., an aged Phrygian, husband of Baucis

Philippus, -i, m., a Greek name

philosophia, -ae, f., PHILOSOPHY

philosophus, -i, m., PHILOSOPHER

Philotimus, -i, m., a freedman

Phlegōn, -ontis, m., one of the horses of the sun

phōca, -ae, f., seal, sea calf

Phōcis, -idis, f., a country in Greece, west of Boeotia

Phoebus, -i, m., Apollo, god of the sun

Phrygius, -a, -um, of PHRYGIA; Trojan

Picēnum, -i, n., a district of Italy on the Adriatic

Picēnus, -a, -um, PICENIAN, of PICENUM

piceus, -a, -um, pitch black, pitch, black

pictor, -ōris, m., [pingō], painter

pictūra, -ae, f., [pingō], painting, PICTURE

pietās, -ātis, f., [pius], devotion, PIETY, affection

piger, -gra, -grum, slow, dull, lazy, reluctant

pignus, -oris, n., pledge, security; hostage

pila, -ae, f., ball; ball game

Pilia, -ae, f., wife of Atticus

• pilum, -i, n., javelin

Pindenissus, -i, f., a town in the mountains of Cilicia

pingo, -ere, pinxi, pictum, PAINT, decorate

pinguis, -e, fat, dull; stupid, heavy

pinus, -i, f., PINE tree; PINE; ship

pirāta, -ae, m., PIRATE, corsair

Pirēnis, -idis, of PIRENE, a famous spring in Corinth

Pisaurum, -i, n., a town on the Adriatic coast of Italy

piscis, -is, m., fish

Pisō, -ōnis, m., a cognomen; C. Calpurnius PISO Frugi, Cicero's first son-in-law; Cn. PISO, a profligate young noble, member of Catiline's conspiracy

pius, -a, -um, dutiful, devout, faithful, religious

Pius, -i, m., a cognomen; honorary surname of *Q. Caecilius Metellus*

• **placeō, -ēre, -ui** and **placitum est,** PLEASE; **placet,** *it* PLEASES

placidus, -a, -um, [**placeō**], *gentle, quiet, calm,* PLACID, *serene*

••• **plācō, -āre, -āvi, -ātum,** *appease,* PLACATE, *conciliate, propitiate*

plāga, -ae, f., *blow, stroke, misfortune*

Plancius, -i, m., name of a Roman gens

plānē, adv., [**plānus,** *level*], PLAINLY, *clearly; quite, very*

••• **plānitiēs, -ēi,** f., [**plānus,** *level*], PLAIN, *level ground*

plaudō, -ere, plausi, plausum, *strike, beat;* APPLAUD, *clap, praise*

plaustrum, -i, n., *wagon, cart;* the constellation of the Great Bear

Plautus, -i, m., a celebrated Roman comic poet and dramatist

• **plēbs, plebis,** f., *common people, populace,* PLEBEIANS

••• **plēnus, -a, -um,** *full, filled with*

plērumque, adv., *generally, for the most part*

•• **plērique, -aeque, -aque,** *the majority; most, very many*

Plinius, -i, m., name of a Roman gens; *G.* PLINIUS *Secundus,* called the Elder; *Gaius* PLINIUS *Caecilius Secundus,* nephew and adopted son of the Elder Pliny

Plōtius, -i, m., name of a Roman gens; *L.* PLOTIUS *Gallus,* native of Cisalpine Gaul, opened a school of rhetoric at Rome about 88 B.C.

plūrēs, plūra, compar. of **multus**

plūrimum, adv., *most, very much, especially*

plūrimus, -a, -um, superl. of **multus**

plūs, compar. of **multum**

pōculum, -i, n., *cup, goblet, drinking vessel*

poēma, -atis, n., POEM

• **poena, -ae,** f., PUNISHMENT, PENALTY

Poeni, -ōrum, m., *the Carthaginians*

• **poēta, -ae,** m., POET

poliō, -ire, -ivi, -itum, POLISH, *finish, adorn*

polleō, -ēre, -ui, —, *be strong, be potent, prevail, be of value*

Pollex, -icis, m., a slave of Cicero

• **polliceor, -ēri, -itus sum,** *promise, pledge, offer*

pollicitātiō, -ōnis, f., [**pollicitor,** *promise*], *promise*

polluō, -ere, pollui, pollūtus, *soil, defile,* POLLUTE

polus, -i, m., POLE; *the heavens; the North* POLE

Polyclitus, -i, m., a Greek sculptor

Pompeiānum, -i, n., *estate at Pompeii, belonging to Cicero*

Pompeius, -i, m., name of a Roman gens; *Cn.* POMPEIUS *Magnus, Pompey the Great; Q.* POMPEIUS *Rufus,* tribune in 52 B.C., friend of Cicero and Pompey

Pompōnia, -ae, f., wife of Q. Cicero, sister of Atticus

Pompōniānus, -i, m., owner of a villa near Vesuvius

Pompōnius, -i, m., name of a Roman gens; *T.* POMPONIUS *Atticus,* Cicero's lifelong friend

Pomptinus, -i, m., a cognomen; *C.* POMPTINUS, praetor in 63 B.C.

pomum, -i, n., *fruit, apple*

pondus, -eris, n., *weight*

• **pōnō, -ere, posui, positum,** *put, place; pitch* (camp, or a tent); *consider; spend*

• **pōns, pontis,** m., *bridge*

••• **pontifex, -ficis,** m., *priest,* PONTIFF, PONTIFEX

pontus, -i, m., *sea*

Pontus, -i, m., *the Black Sea*

Popilius, -i, m., name of a Roman gens

popina, -ae, f., *cook shop, eating house;* "*dive*"

populāris, -e, [populus], *of the* PEOPLE, POPULAR; *democratic*

•• populor, -āri, -ātus sum, *ravage, lay waste, devastate*

• populus, -i, m., PEOPLE; *tribe, nation*

porcus, -i, m., *pig, hog*

porrigō, -ere, -rēxi, -rēctum, [regō], *stretch, extend, reach*

porrō, adv., *forward, further, besides, moreover*

• porta, -ae, f., *gate, city gate*

portendō, -ere, -tendi, -tentum, [tendō], *point out, reveal, predict*

portentum, -i, n., [portendō], *sign, omen,* PORTENT; *monster*

porticus, -ūs, f., [porta], PORCH, PORTICO, *colonnade*

• portō, -āre, -āvi, -ātum, *carry, bear, bring*

• portus, -ūs, m., PORT, *harbor*

•• poscō, -ere, poposci, —, *ask urgently, demand, beg*

possessiō, -ōnis, f., [sedeō], POSSESSION, *property, estate*

•• possideō, -ēre, -sēdi, -sessum, [sedeō], POSSESS, *own, occupy*

• possum, posse, potui, —, *be able, can, have power, be strong*

• post, prep. with acc., *after, behind;* adv., *afterwards*

• posteā, adv., *afterwards;* conj. with quam, *after*

••• posteritās, -ātis, f., [posterus], *the future,* POSTERITY

posterius, adv., [posterus], *later, by and by*

• posterus, -a, -um, [post], *following, coming after, next;* as a noun, m. pl., *descendants*

posthāc, adv., *after this, henceforth, hereafter, in the future*

postis, -is, m., DOORPOST, *door*

• postquam, conj., *after, when*

postrēmō, adv., [postrēmus], *finally, at last*

postrēmus, -a, -um, [posterus], *last, lowest, worst*

•• postridiē, adv., [posterō + diē], *on the next day, the day after*

• postulō, -āre, -āvi, -ātum, *demand, request, beg, ask*

• potēns, -entis, [possum], *powerful,* POTENT, *able, influential*

• potestās, -ātis, f., [potis], *power, authority, office, opportunity, chance*

pōtiō, -ōnis, f., *drinking,* POTION, *draught*

• potior, -iri, -itus sum, [potis], *get possession of, become master of*

potis, indecl. adj., *able, capable;* compar. potior, *better, preferable;* superl. potissimus, *chief, principal, most prominent*

•• potius, adv., [potis], *rather, more;* potissimum, *chiefly, especially, most of all*

pr. = pridiē

••• prae, prep. with abl., *before, in front of; in comparison with*

praebeō, -ēre, -ui, -itum, *supply, offer, furnish, show*

praeceps, -cipitis, [caput], *headlong, in haste; headstrong, hasty, rash*

praeceptor, -ōris, m., [praecipiō], *teacher, professor, instructor*

praeceptum, -i, n., [praecipiō], *order, instruction,* PRECEPT

•• praecipiō, -ere, -cēpi, -ceptum, [capiō], *take beforehand; instruct, order, advise;* ANTICIPATE

••• praecipuus, -a, -um, *peculiar, especial*

••• praeclārus, -a, -um, [clārus], *brilliant, excellent, splendid, famous, illustrious*

praecō, -ōnis, m., *herald, crier*

praecōnium, -i, n., [praecō], *heralding, proclaiming; commendation*

praecurrō, -ere, -cucurri, -cursum, [currō], *outstrip, run before*

514

praecursōrius, -a, -um, [praecurrō], *running before*

• praeda, -ae, f., *booty, plunder*

praedātor, -ōris, m., [praeda], *robber, plunderer*

praedātōrius, -a, -um, [praeda], *plundering, rapacious,* PREDATORY

praedicātiō, -ōnis, f., [dicō], *proclaiming, praising, praise*

• • • praedicō, -āre, -āvī, -ātum, [dicō], *proclaim, declare, praise, celebrate*

praedicō, -ere, -dixī, -dictum, [dicō], *foretell,* PREDICT, *premise*

• • • praeditus, -a, -um, [datus], *gifted, endowed, provided with*

praedium, -ī, n., *farm, estate*

• • • praedō, -ōnis, m., [praeda], *robber, pirate, freebooter*

praedor, -ārī, -ātus sum, [praeda], *take booty, plunder, rob*

praeeō, -īre, -iī or -īvī, -itum, [eō], *go before, precede; prescribe;* **praeeunte mē,** *at my dictation*

praefectūra, -ae, f., [praefectus], PREFECTSHIP, PREFECTURE

• • praefectus, -ī, m., [praeficiō], PREFECT; *commander; governor*

• • • praeferō, -ferre, -tulī, -lātum, [ferō], *put before,* PREFER

• praeficiō, -ere, -fēcī, -fectum, [faciō], *put in command, place in charge of, make commander of*

• • praemittō, -ere, -mīsī, -missum, [mittō], *send ahead*

• praemium, -ī, n., *reward, prize, recompense*

Praeneste, -is, n., a town in Latium, modern Palestrina

praenūntius, -ī, m., [nūntius], *foreteller, harbinger; omen*

praepōnō, -ere, -posuī, -positum. [pōnō], *place in command, set over, make commander*

praesāgus, -a, -um, [praesāgium, *presentiment*], *divining,* PRESAGING; *prophetic, foretelling*

praescribō, -ere, -scripsī, -scriptum, [scribō], PRESCRIBE, *direct, ordain, require*

• • • praesēns, -entis, [sum], *at hand,* PRESENT, *immediate, in person;* as a noun, n., *the* PRESENT

praesentia, -ae, f., [praesēns], PRESENCE; *the* PRESENT

praesentiō, -īre, -sēnsī, -sēnsum, [sentiō], *perceive in advance, have a* PRESENTIMENT

praesēpe, -is, n., *stable, stall, crib, manger*

• • praesertim, adv., *especially*

praesideō, -ēre, -sēdī, —, [sedeō], PRESIDE *over, rule; watch over*

• praesidium, -ī, n., *protection, defence; help, aid; support; escort*

praestābilis, -e, [praestō], *distinguished, excellent, pre-eminent*

praestāns, -antis, [praestō], *outstanding, remarkable*

praestō, -āre, -stitī, -stitum, [stō], *stand out, be superior, excel, boast of*

• • praestō, adv., *at hand, present, ready*

praestōlor, -ārī, -ātus sum [praestō], *wait for, expect*

praestringō, -ere, -strinxī, -strictum, [stringō], *draw together, bind fast; make dull, blunt; confuse*

• praesum, -esse, -fuī, —, [sum], *be in command of, be at the head of*

praetendō, -ere, -tendī, -tentum, [tendō], *stretch forth,* EXTEND; *offer, allege; simulate,* PRETEND

• praeter, adv., and prep. with acc., *past, beyond, by, besides, except, contrary to*

• praetereā, adv., *besides, moreover, in addition*

• • • praetereō, -īre, -iī, -itum, [eō], *pass by, pass over, omit*

praeteritus, -a, -um, [praetereō], *past;* as a noun, n. pl., *the past*

• • • praetermittō, -ere, -mīsī, -missum, [mittō], *pass over,* OMIT praeterquam, adv., *further than, besides, beyond, save, except*

praetextātus, -a, -um, [praetextus], *wearing the toga praetexta; in boyhood, still a child*

praetextus, -a, -um, [texō], *bordered.* The *toga praetexta* had a purple border, and was worn by higher magistrates, some priests, and boys till they put on the *toga virilis.*

•• praetor, -ōris, m., PRAETOR; *governor; commander*

praetōrius, -a, -um, [praetor], *of a* PRAETOR, PRAETORIAN

••• praetūra, -ae, f., [praetor], PRAETORSHIP, *office of* PRAETOR

prāvitās, -ātis, f., [prāvus], *badness, wickedness;* DEPRAVITY

prāvus, -a, -um, *crooked, distorted, vicious;* DEPRAVED, *wicked*

Prāxitilēs, -i, m., a Greek sculptor

precor, -āri, -ātus sum, *pray, beg, entreat*

• premō, -ere, pressī, pressum, PRESS *hard;* OPPRESS; *pursue*

•• pretium, -i, n., PRICE, *value, reward;* operae pretium, *worth while*

prex, precis, f., PRAYER, *petition, entreaty; curse*

pridem, adv., *long ago;* with iam, *now for a long time, long since*

•• pridiē, adv., *the day before, the previous day;* abbr. pr.

primārius, -a, -um, [primus], *of the first rank; eminent, prominent*

• primō, adv., *at first*

• primum, adv., *first, in the first place, at first, for the first time;* with quam, *as soon as possible*

• primus, -a, -um, *first, foremost, chief, principal;* in primis, *especially*

• princeps, -ipis, *first, leading, foremost;* as a noun, m., *chief, leading man,* PRINCE

principium, -i, n., [princeps], *beginning*

• prior, prius, *former, previous, first*

•• pristinus, -a, -um, *former, original,* PRISTINE

prius, adv., *before, sooner, rather, earlier*

•• priusquam or prius . . . quam, conj., *before*

privātim, adv., [privātus], PRIVATELY

• privātus, -a, -um, [privō], PRIVATE, *in* PRIVATE *life;* as a noun, m., PRIVATE *citizen*

••• privō, -āre, -āvi, -ātum, DEPRIVE

prō, interj., *O! alas!*

• prō, prep. with abl., *before, for, in front of, on behalf of, as, in place of, in return for, in accordance with, in proportion to, in consideration of, compared with;* prō consule, PROCONSUL

proavus, -i, m., [avus], *great-grandfather*

probitās, -ātis, f., [probus], *uprightness, honesty,* PROBITY

• probō, -āre, -āvi, -ātum, [probus], PROVE, APPROVE, *commend*

probrum, -i, n., *shameful act, crime, base deed, dishonor*

probus, -a, -um, *good, excellent, upright; honest, honorable*

•• prōcēdō, -ere, -cessi, -cessum, [cēdō], *go forward, march on,* PROCEED

procella, -ae, f., *storm, tempest, commotion, tumult*

prōcōnsul, -is, m., PROCONSUL, *governor of a province*

prōcōs. = proconsul

• procul, adv., *at a distance, from afar, far away*

prōcumbō, -ere, -cubui, -cubitum, [cumbō], *lie*, *fall down, fall forward, lie prostrate*

prōcūrātiō, -ōnis, f., [cūrō], *caring for, management, charge*

prōdeō, -ire, -ii, -itum, [eō], *go forth, advance, proceed*

prōdicō, -ere, -dixi, -dictum, [dicō], *put off, adjourn*

516

prōdigium, -ī, n., *omen, portent,* PRODIGY
prōdigus, -a, -um, *lavish, extravagant;* PRODIGAL
prōditiō, -ōnis, f., [prōdō], *discovery; betrayal, treason, treachery*
··· prōdō, -ere, prodidi, proditum, *put forth; betray; disclose; hand down*
· prōdūcō, -ere, -dūxī, -ductum, [dūcō], *bring forward,* PRODUCE, *bring up*
· proelium, -ī, n., *battle*
profānus, -a, -um [fānum], *not sacred,* PROFANE; *common*
·· profectiō, -ōnis, f., [proficiscor], *setting out, departure*
··· profectō, adv., *surely, certainly, really*
prōferō, -ferre, -tulī, -lātum, [ferō], *bring forward, produce, extend, make known*
professiō, -ōnis, f., [profiteor], *declaration, notice, registration*
prōficiō, -ere, -fēcī, -fectum, [faciō], *accomplish,* EFFECT, *gain*
· proficiscor, -ī, -fectus sum, *set out, depart, proceed*
·· profiteor, -ērī, -fessus sum, [fateor], *declare, make a declaration; register, give notice;* PROFESS
prōfligātus, -a, -um, [prōfligō], *abandoned, corrupt, vile,* PROFLIGATE
prōfligō, -āre, -āvī, -ātum, *strike down, overthrow, crush, overcome*
profugiō, -ere, -fūgī, —, [fugiō], *flee, escape*
profundō, -ere, -fūdī, -fūsum, [fundō], *pour out, lavish, squander*
profundum, -ī, n., *the deep, sea, deep sea*
profundus, -a, -um, *deep, vast; bottomless,* PROFOUND
prōgeniēs, -ēī, f., *descent, lineage, race, stock; offspring,* PROGENY
· prōgredior, -ī, -gressus sum,

[gradior], *go forward, advance,* PROGRESS
prōgressiō, -ōnis, f., [prōgredior], *advance,* PROGRESS
· prohibeō, -ēre, -uī, -itum, [habeō], *prevent, hinder,* PROHIBIT, *check; defend, protect from*
prōiciō, -ere, -iēcī, -iectum, [iaciō], *throw out, cast out, expel*
prōiectus, -a, -um, [prōiciō], *jutting out,* PROJECTING
··· proinde, adv., *hence, therefore, accordingly*
prōlātō, -āre, -āvī, -ātum, [ferō], *postpone, put off*
prōlēs, -is, f., *offspring, children, posterity, descendants*
Promēthiadēs or Promēthidēs, -ae, m., *son of* PROMETHEUS, *Deucalion*
prōmiscuus, -a, -um, *common, usual, ordinary, mixed*
prōmissum, -ī, n., [prōmittō, *promise*], PROMISE, *thing* PROMISED
prōmissus, -a, -um, [prōmittō, *promise*], *growing long, hanging down*
prōmō, -ere, prōmpsī, prōmptum, *take out, bring out, produce*
prōmptus, -a, -um, [prōmō], *set forth, disclosed, manifest*
prōmulgō, -āre, -āvī, -ātum, [mulcō], *publish, give notice of;* PROMULGATE
prōnus, -a, -um, *leaning forward, inclined, sloping*
propāgō, -inis, f., *offspring, progeny, descendant; shoot; layer*
propāgō, -āre, -āvī, -ātum, *extend, prolong, increase,* PROPAGATE
prōpatulus, -a, -um, [pateō], *open, uncovered*
· prope, adv., and prep. with acc., *near, nearly, almost, well-nigh*
propediem or prope diem, adv., *very soon, at an early day*
·· properō, -āre, -āvī, -ātum, [properus, *quick*], *hasten, hurry, accelerate*

517

• propinquus, -a, -um, [prope], near, neighboring; as a noun, m., relative

propior, -ius, adv., nearer

• prōpōnō, -ere, -posui, -positum, [pōnō], set before, PROPOSE

prōpositum, -i, n., [prōpōnō], plan, purpose, design

• • • proprius, -a, -um, one's own, special, peculiar, belonging to, characteristic; PROPER

• propter, adv., and prep. with acc., near, at hand, on account of

• • proptereā, adv., on this account; with quod, because, for the reason that

prōpugnāculum, -i, n., [prōpugnō, fight], rampart, defence

prōpulsō, -āre, -āvi, -ātum, [pellō], ward off, avert; PROPEL

prōripiō, -ere, -ripui, -reptum, [rapiō], drag forth; hurry, hasten

prōrogō, -āre, -āvi, -ātum, [rogō], prolong, extend

prōrsus, adv., forward, certainly, entirely

prōscribō, -ere, -scripsi, -scriptum, [scribō], publish, proclaim, make public; post up, offer for sale; PROSCRIBE

prōscriptiō, -ōnis, f., [prōscribō], notice of a sale; PROSCRIPTION, confiscation

• • prōsequor, -i, -secūtus sum, [sequor], accompany, escort, attend

Proserpina, -ae, f., daughter of Ceres

prosperē, adv., successfully, PROSPEROUSLY

prōspiciō, -ere, -spexi, -spectum, [speciō], foresee; look out for

prōsternō, -ere, -strāvi, -strātum, [sternō], throw to the ground; overthrow, ruin, destroy; PROSTRATE

• • • prōsum, prōdesse, prōfuī, —, [sum], benefit, be of use, PROFIT

Prōteus, -ei, m., an aged sea god

prōtinus, adv., forthwith, directly, forward, on

prout, adv., just as, as, according as

prōvehō, -ere, -vexi, -vectum, [vehō], carry forth, convey; move forward; prolong

prōverbium, -i, n., [verbum], adage, PROVERB, old saying

prōvidentia, -ae, f., [prōvideō], foresight, forethought

• prōvideō, -ēre, -vidi, -visum, [videō], foresee; PROVIDE for, look out for, care for; guard against

• prōvincia, -ae, f., PROVINCE; office, public office, command

prōvinciālis, -e, [prōvincia], PROVINCIAL, of a PROVINCE

prōvocō, -āre, -āvi, -ātum, [vocō], call forth, challenge; PROVOKE

• proximus, -a, -um, nearest, next, following, last; proximō, adv., very recently

• prūdēns, -entis, foreseeing, wise, PRUDENT

• • • prūdentia, -ae, f., [prūdēns], foresight, wisdom, PRUDENCE

pruina, -ae, f., frost

prūna, -ae, f., live coal

prūnum, -i, plum

prytanēum, -i, n., city hall

Pseudolus, -i, m., The Liar, a comedy of Plautus

pubēs and pūber, -eris; pūbes, -is, f., youth, young men

pūblicānus, -a, -um, of the PUBLIC revenues; as a noun, m., tax-gatherer, PUBLICAN, revenue collector

pūblicātiō, -ōnis, f., [pūblicō], confiscation

Pūblicius, -i, m., name of a Roman gens

pūblicō, -āre, -āvi, -ātum, [pūblicus], confiscate, sell, expropriate

• pūblicus, -a, -um, PUBLIC, of the people, state; rēs pūblica, the state, republic, commonwealth

518

Pūblius, -i, m., a praenomen
••• pudet, -ēre, -uit or -itum est, *it shames, it makes ashamed*
pudīcē, adv., [pudicus, *modest*], *shamefacedly; modestly, virtuously, chastely*
pudicitia, -ae, f., [pudet], *modesty, purity, virtue, chastity*
••• pudor, -ōris, m., *shame, modesty, honor, self-respect*
• puella, -ae, f., *girl*
puellāris, -e, [puella], *of a girl, girlish, maidenly, youthful*
• puer, pueri, m., *boy, child; slave*
puerilis, -e, [puer], *boyish, of a boy*
pueritia, -ae, f., [puer], *boyhood, childhood*
pugillāris, -e, *handful;* as a noun, pugillārēs, -ium, m. pl., *writing tablets*
• pugna, -ae, f., *fight, battle*
• pugnō, -āre, -āvī, -ātum, *fight, contend, struggle with*
• pulcher, -chra, -chrum, *beautiful, fair, glorious, handsome*
pulchritūdō, -inis, f., [pulcher], *beauty; handsome appearance*
pullus, -a, -um, *dark, gray, dusky*
pulsō, -āre, -āvī, -ātum, *beat, strike, dash against, urge on*
pulverulentus, -a, -um, [pulvis], *dusty*
pulvinar, -āris, n., *couch, shrine*
•• pulvis, -eris, m., *dust*
pūmex, -icis, m., PUMICE STONE, *porous rock, lava bed*
pūnctum, -i, n., *instant, point*
Pūnicus, -a, -um, PUNIC, *Carthaginian*
••• pūniō, -ire, -ivi, -itum, PUNISH
puppis, -is, f., *stern; ship*
pūrgō, -āre, -āvī, -ātum, *cleanse, purify,* PURGE; *clear, excuse*
purpura, -ae, f., PURPLE, PURPLE *garment;* PURPLE-FISH
purpurātus, -a, -um, [purpura], *clad in* PURPLE

purpureus, -a, -um, [purpura], *clad in* PURPLE, PURPLE-*colored; bright, beautiful*
pūrus, -a, -um, *clean,* PURE
• putō, -āre, -āvī, -ātum, *think, reckon, consider, believe*
putrefaciō, -ere, -fēci, -factum, [puter, *rotten,* + faciō], *make rotten,* PUTREFY, *cause to rot*
Pyrois, -entis, m., *one of the horses of the sun*
pyrōpus, -i, m., *gold-bronze,* an alloy of copper and gold
Pyrrha, -ae, f., *daughter of* Epimetheus, wife of Deucalion

Q

Q. = Quintus, a praenomen
•• quā, adv., *by what way, where*
quadriduum, -i, n., [quattuor + diēs], *period of four days*
quadriennium, -i, n., [quattuor + annus], *period of four years*
quadrigae, -ārum, f. pl., [quattuor + iugum], *team of four horses*
quadriiugus, -a, -um, [quattuor + iugum], *of a team of four*
quadrirēmis, -is, [quattuor + rēmus], *with four banks of oars;* as a noun, f., QUADRIREME
quadrupēs, -pedis, [quattuor + pēs], *of four feet;* as a noun, c., QUADRUPED
• quaerō, -ere, -sivi, -situm, *seek, ask, look for,* INQUIRE
quaesitor, -ōris, m., [quaerō], *investigator, investigating magistrate*
quaesō, -ere, def., *I beg, I pray; please*
••• quaestiō, -ōnis, f., [quaerō], *investigation, inquiry, court,* QUESTION
•• quaestor, -ōris, m., [quaerō], QUAESTOR
quaestōrius, -a, -um, [quaestor], *of* or *pertaining to a* QUAESTOR

519

••• quaestus, -ūs, m., [quaerō], *profit, gain;* in quaestū, *at interest*
••• quālis, -e, *of what sort, what kind of?*
qualiscumque, quālecumque, *of whatever kind*
• quam, adv., *how? how greatly? how, as, as much as, than;* with a superl., *as . . . as possible*
quamlibet, adv., [libet], *however much, as much as one will, to any extent*
••• quamquam, conj., *however, although, and yet*
••• quamvis, [vīs, from volō], adv. and conj., *as you please; howsoever; although*
••• quandō, adv. and conj., *since, when, some day, at any time*
quandōque, adv., *at whatever time, whenever*
quantō, interrog. and rel. adv., *by how much? how much? as much*
• quantus, -a, -um, *how great? how much?* quantī, *at what price?*
quantulus, -a, -um, [quantus], *how little? how small?*
quantuscumque, -acumque, -umcumque, [quantus], *however great*
quāpropter, adv., [propter], *wherefore, on this account*
••• quārē, adv., *how, why; and therefore*
• quārtus, -a, -um, [quattuor], *fourth*
••• quasi, adv., [sī], *as if, as it were*
quassō, -āre, -āvi, -ātum, [quatio], *shake violently, shatter, weaken*
quātenus, adv., *to what point, how far, as far as, till when*
quater, adv., [quattuor], *four times*
quatiō, -ere, —, quassum, *shake, shatter, cause to tremble; weary*
• quattuor, indecl., *four*
• -que, *and*
quem ad modum, *in what way? how?*
queō, -īre, quīvī, —, *be able, can*
quercus, -ūs, f., *oak tree, oak; garland*

••• querēla, -ae, f., [queror], *complaint, lament*
querimōnia, -ae, f., [queror], *complaint*
•• queror, querī, questus sum, *complain, complain of, lament*
• quī, quae, quod, rel. pron. and interrog. adj., *who, which, what; any*
••• quia, conj., *because, since*
•• quicumque, quaecumque, quodcumque, rel. pron., *whoever, whichever, whatever*
• quidam, quaedam, quiddam or quoddam, *certain, a certain*
• quidem, adv., *certainly, indeed, to be sure;* nē . . . quidem, *not even*
• quiēs, -ētis, f., *rest,* QUIET, *peace*
••• quiēscō, -ere, quiēvī, quiētum, [quiēs], *keep* QUIET, *be still, rest*
•• quiētus, -a, -um, [quiēscō], QUIET, *peaceful, undisturbed*
••• quīn, adv. and conj., *nay even, in fact, in reality, so that, but that, but, that*
Quinquātrūs, -uum, f. pl., *a festival of Minerva*
• quīnque, *five*
Quīntīlis, -e, *of* QUINTILIS (July)
• quīntus, -a, -um, *fifth;* with decimus, *fifteenth*
Quīntus, -ī, m., *a praenomen;* abbr. Q.
quippe, adv., *of course, naturally, certainly, indeed*
••• Quirītēs, -ium, m. pl., *citizens, fellow Romans*
• quis, quid, interrog. pron., *who, what*
••• quisnam, quaenam, quodnam, interrog. pron., *who, pray? what in the world?*
quispiam, quaepiam, quidpiam, indef. pron., *anyone, anything, any, some*
• quisquam, quicquam or quidquam, indef. pron., *anyone, anything*
• quisque, quaeque, quidque or

520

quodque, indef. pron., *each, each one, every*

••• quisquis, quicquid or quidquid, indef. rel. pron., *whoever, whatever*

••• quivis, quaevis, quidvis or quodvis, indef. pron., *anyone, anything*

• quō, adv., *whither? where? wherefore?* quō usque, *how far? how long?* quō minus, *in order that . . . not*

••• quoad, adv., *as far as, until, as long as, while*

quōcircā, conj., *for what reason, wherefore, and therefore*

quōcumque, adv., *whithersoever, in whatever direction*

• quod, conj., *because, since, in that, as for the fact that, as for;* quod sī, *but if*

••• quondam, adv., *formerly, once upon a time, once*

••• quoniam, adv., *since, inasmuch as, because*

• quoque, conj., *also, too*

quōrsus or quōrsum, adv., *to whatever place, whither*

• quot, indecl. adj., *how many?*

quotannis, adv., *every year, yearly*

••• quotiēns, adv., *how often? as often as*

quotiēnscumque, adv., *however often, whenever*

R

R. = Romanus

radiō, -āre, def., *beam, gleam, flash,* RADIATE

radius, -ī, m., RAY, *beam; spoke, rod*

rādīx, -icis, f., *root,* RADISH; *base, foundation*

rāmālia, -ium, n. pl., *twigs, sticks, brushwood*

rāmus; -ī, m., *branch, bough, limb*

rapidus, -a, -um, *swift, rushing,* RAPID; *violent, fierce*

rapina, -ae, f., *robbery,* RAPINE

• rapiō, -ere, rapuī, raptum, *seize, snatch, carry off, abduct*

raptō, -āre, -āvī, -ātum, [rapiō], *seize, carry off, drag away*

raptus, -ūs, m., [rapiō], *carrying off, abduction, snatching away*

rārus, -a, -um, *thin,* RARE; *scanty, scattered, few*

rāstrum, -ī, n., *mattock, hoe*

• ratiō, -ōnis, f., [reor], *reason, reckoning, account, method, plan, policy, theory*

ratis, -is, f., *raft, float; boat, ship*

Reātinus, -a, -um, *of* REATE, a town 48 miles northeast of Rome

recēdō, -ere, -cessī, -cessum, [cēdō], *go back, withdraw,* RECEDE

• recēns, -entis, *fresh,* RECENT

receptus, -ūs, m., [recipiō], *refuge, retreat, withdrawal*

recessus, -ūs, m., [recēdō], *retired place, remote corner*

recingō, -ere, —, -cinctum, [cingō], *ungird, loosen, undo*

• recipiō, -ere, -cēpī, -ceptum, [capiō], *take back,* RECEIVE, *undertake;* with sē, *retreat, retire*

••• recitō, -āre, -āvī, -ātum, *read aloud, read,* RECITE

reclāmō, -āre, -āvī, -ātum, [clāmō], *protest, object, cry against*

recognōscō, -ere, -nōvī, -nitum, [cognōscō], RECOGNIZE, *recall; look over, review*

recolō, -ere, -coluī, -cultum, [colō], CULTIVATE *again; revive, resume, renew*

reconciliātiō, -ōnis, f., *re-establishment, restoration, renewal*

recondō, -ere, -condidī, -conditum, [condō], *hide, conceal, put away, shut up*

recoquō, -ere, -coxī, -coctum, [coquō, *cook*], *boil again*

recordatiō, -ōnis, f., [recordor], *recalling, recollection*

••• recordor, -ārī, -ātus sum, [cor], *call to mind, remember*

recreō, -āre, -āvī, -ātum, [creō],

renew, restore, make over; with
sē, *recover*
rēctā, [rēctus], adv., *straightway,
straight,* DIRECTLY
•••rēctē, [rēctus], adv., *rightly, duly,
properly, well*
Rēctina, -ae, f., *wife of Tascus*
rēctor, -ōris, m., [regō], DIRECTOR,
ruler, master; pilot
rēctus, -a, -um, [regō], *straight,
right*
recubō, -āre, def., [cubō, *lie down*],
lie down, lie back, recline
recuperō, -āre, -āvī, -ātum,
[recipiō], *get back, regain, recover,* RECUPERATE
recūsātiō, -ōnis, f., [recūsō], *refusal,
protest, objection*
••recūsō, -āre, -āvī, -ātum, *refuse,
decline, make objection*
•reddō, -ere, reddidī, redditum,
[dō], *give back, return, restore;
grant*
redēmptor, -ōris, m., [redimō],
contractor
•redeō, -īre, -iī, -itum, [eō], *go
back, return*
••redigō, -ere, -ēgī, -āctum, [agō],
drive back, reduce, bring down
redimiō, -īre, —, -ītum, *bind, wind
around, crown*
•••redimō, -ere, -ēmī, -ēmptum, [emō],
buy back, REDEEM, *ransom*
••reditus, -ūs, m., [redeō], *return*
redoleō, -ēre, -uī, —, [re + oleō,
smell], *be fragrant, smell of,
be* REDOLENT
•redūcō, -ere, -dūxī, -ductum,
[dūcō], *lead back, bring back,
restore*
redundō, -āre, -āvī, -ātum, [unda],
overflow, swim, REDOUND; *reek*
refellō, -ere, -fellī, —, [fallō],
refute, disprove
•referō, -ferre, rettulī, relātum,
[ferō], *bear back, bring back,*
REFER, *report, repay, register,
record;* with gratiam, *show gratitude*

rēfert, -ferre, retulit, *it is of advantage, it concerns, it matters*
refertus, -a, -um, *filled, full*
•reficiō, -ere, -fēcī, -fectum, [faciō],
remake, renew, refresh, cheer
reformidō, -āre, —, ātum, [for-
midō], *dread greatly, fear, shudder at*
refugiō, -ere, -fūgī, —, [fugiō],
flee back, shun, avoid
refūtō, -āre, -āvī, -ātum, *repel,*
REFUTE, *disprove*
rēgālis, -e, [rēx], *of a king,* REGAL,
ROYAL
rēgia, -ae, f., ROYAL *palace*
rēgiē, adv., [rēgius], *tyrannically,
despotically*
Rēginus, -a, -um, *of* REGIUM, a
town in southern Italy; as a
noun, m. pl., the people of
Regium
•regiō, -ōnis, f., REGION, *territory,
quarter, direction, limit, boundary*
•••rēgius, -a, -um, [rēx], *of a king,*
ROYAL, *princely*
•••rēgnō, -āre, -āvī, -ātum, [rēgnum],
REIGN, *rule*
•rēgnum, -ī, n., *kingdom, royal
power, mastery,* SOVEREIGNTY
•regō, -ere, rēxī, rēctum, DIRECT,
guide, rule, govern
•reiciō, -ere, -iēcī, -iectum, [iaciō],
throw back; REJECT, *scorn*
relaxō, -āre, -āvī, -ātum, [laxō],
loosen, lighten; relieve, RELAX,
ease
relevō, -āre, -āvī, -ātum, [levō],
lighten, ALLEVIATE, RELIEVE
•••religiō, -ōnis, f., RELIGION, *cult,
scruple, devoutness, piety*
religiōsus, -a, -um, [religiō], RELI-
GIOUS, *sacred, consecrated*
•relinquō, -ere, -līquī, -lictum, *leave
behind, abandon; pass over, omit*
•reliquus, -a, -um, *remaining, left
over, rest of;* reliquum est, *it
remains*
relūceō, -ēre, -lūxī, —, [lūx],
shine back, shine, glow, blaze

•• remaneō, -ēre, -mānsī, -mānsum, [maneō], REMAIN, *stay behind, continue, endure*

remānsiō, -ōnis, f., [maneō], REMAINING, *staying behind, continuing*

remedium, -ī, n., REMEDY, *medicine, cure*

rēmex, -igis, m., [rēmus], *oarsman, rower*

reminiscor, -ī, def., *remember, recall, recollect*

remissiō, -ōnis, f., [remittō], *relaxing, abatement*

• remittō, -ere, -mīsī, -missum, [mittō], *send back, restore,* REMIT; *relax*

remollēscō, -ere, def., [molliō], *become soft; be touched, be influenced*

remoror, -ārī, -ātus sum, [moror], *delay, hinder, keep waiting*

• removeō, -ēre, -mōvī, -mōtum, [moveō], MOVE *back,* REMOVE, *keep away*

• rēmus, -ī, m., *oar*

renovō, -āre, -āvī, -ātum, [novō], *renew, revive,* RENOVATE

• renūntiō, -āre, -āvī, -ātum, [nūntiō], *report,* ANNOUNCE, *declare, proclaim*

reor, rērī, ratus sum, *think, reckon, suppose, believe, imagine*

repāgula, -ōrum, n. pl., *bars, bolts*

reparābilis, -e, [reparō], REPARABLE, *retrievable*

reparō, -āre, -āvī, -ātum, [parō], *recover; restore, renew,* REPAIR

• repellō, -ere, reppulī, repulsum, [pellō], *drive back,* REPEL; *keep back,* REPULSE

•• repente, adv., [repēns, *sudden*], *suddenly*

•• repentinus, -a, -um, [repēns, *sudden*], *sudden, unexpected*

repercutiō, -ere, -cussī, -cussum, [quatiō], *throw back, hurl back; cause to rebound, reflect*

• reperiō, -īre, repperī, repertum, *find, discover*

••• repetō, -ere, -petīvī, -petītum, [petō], *seek again; ask, demand; claim, recall*

repleō, -ēre, -ēvī, -ētum, [pleō, *fill*], *refill, fill again, replace*

repōnō, -ere, -posuī, -positum, [pōnō], *replace; set back, put*

reportō, -āre, -āvī, -ātum, [portō], *carry back; bear away;* REPORT

repraesentō, -āre, -āvī, -ātum, [praesentō], *make* PRESENT *again; exhibit, display,* REPRESENT

••• reprehendō, -ere, -hendī, -hēnsum, [prehendō], *hold back; blame, censure, seize*

••• reprimō, -ere, -pressī, -pressum, [premō], REPRESS, *keep back, check*

••• repudiō, -āre, -āvī, -ātum, [repudium, *casting off*], *reject, scorn,* REPUDIATE

repuerāscō, -ere, def., [puer], *become a boy again, renew childhood*

repugnō, -āre, -āvī, -ātum, [pugnō], *fight against, oppose, resist*

reputō, -āre, -āvī, -ātum, [putō], *think over, ponder, reflect on;* COMPUTE, *reckon*

requiēs, -ētis, f., *rest, relaxation*

••• requirō, -ere, -quisīvī, -quisītum, [quaerō], *ask for, search for; demand,* REQUIRE; *look in vain for, miss*

• rēs, reī, f., *thing, matter, business, affair, circumstance, fact, property, situation;* rēs pūblica, *state,* REPUBLIC, PUBLIC *welfare;* rēs gestae, *achievements, history*

rescrībō, -ere, -scrīpsī, -scrīptum, [scrībō], *write back, reply*

resecō, -āre, -secuī, -sectum, [secō], *cut back; curtail, restrain*

reservō, -āre, -āvī, -ātum, [servō], *keep back; save,* RESERVE

resideō, -ēre, -sēdī, —, [sedeō], *be left, stay, remain behind*

523

resignō, -āre, -āvi, -ātum, [signō], unseal, cancel, open, destroy
•resistō, -ere, -stitī, —, [sistō], stay behind, remain; RESIST, oppose, withstand
resolvō, -ere, -solvī, -solūtum, [solvō], release; open, relax, untie
respectō, -āre, -āvī, -ātum, [spectō], look back, gaze at; await
respiciō, -ere, -spexī, -spectum, [speciō], look back, regard; consider
•respondeō, -ēre, -spondī, -spōnsum, [spondeō, pledge], answer, RE-SPOND; be a match for
••respōnsum, -ī, n., [respondeō], answer, RESPONSE, reply
restinguō, -ere, -stinxī, -stinctum, [stinguō, put out], put out, quench, EXTINGUISH
••restituō, -ere, -stituī, -stitūtum, [statuō], restore, replace, set up
•••restō, -āre, -stitī, —, [stō], remain, be left
resūmō, -ere, -sūmpsī, -sūmptum, [sūmō], RESUME, take back
resupinus, -a, -um, [supinus], leaning back, lying back, bending back
•••retardō, -āre, -āvi, -ātum, [tardō], check, delay, RETARD, hinder
rēte, -is, n., net
retegō, -ere, -tēxī, -tēctum, [tegō], uncover, lay bare, reveal
reticeō, -ēre, -uī, —, [taceō], be silent, keep silent
•retineō, -ēre, -uī, -tentum, [teneō], hold back, RETAIN, MAINTAIN
retorqueō, -ēre, -torsī, -tortum, [torqueō], twist, turn back
retrahō, -ere, -trāxī, -trāctum, [trahō], draw back; withdraw; turn
retrō, adv., backward, to the rear, behind, in the rear
retundō, -ere, rettudī, retūsum or retūnsum, [tundō], beat back; dull, blunt, check, restrain

•••reus, -i, m., defendant, accused
revellō, -ere, -vellī, -vulsum, [vellō], pluck off, tear off, tear away
revertō, -ere, -vertī, return
•revertor, -ī, -versus sum, [vertō], turn back, return, come back
revincō, -ere, -vīcī, -victum, [vincō], refute, disprove, CONVICT
reviviscō, -ere, -vīxī, —, [vīvō], REVIVE, come to life again
•••revocō, -āre, -āvī, -ātum, [vocō], call back, recall, divert
•rēx, rēgis, m., king, prince
Rhēnus, -i, m., RHINE river
Rhodius, -a. -um, RHODIAN, of RHODES; as a noun, m. pl., the RHODIANS
rictum, -ī, n., open mouth, parted lips
•rideō, -ēre, risī, risum, laugh, smile
ridiculus, -a, -um, [rideō], laughable, RIDICULOUS, silly, absurd
rigor, -ōris, m., hardness
riguus, -a, -um, abounding in water, well-watered
rima, -ae, f., cleft, crack, fissure
•ripa, -ae, f., bank, edge
ritē, adv., duly, properly due
•••rōbur, -oris, n., oak; strengťh, force, vigor
rōbustus, -a, -um, [rōbur], strong, ROBUST, hardy, vigorous
rogātū, abl., m., [rogō], at or by the request of
•rogō, -āre, -āvī, -ātum, ask, request, beg, propose, enact
Rōma, -ae, f., ROME
Rōmānus, -a, -um, ROMAN; as a noun, a ROMAN
Rōmulus, -ī, m., the traditional founder of Rome
rōrō, -āre, -āvī, -ātum, moisten, trickle, drop, shed moisture
rosa, -ae, f., ROSE; wreath of ROSES
Rōscius, -ī, m., name of a Roman gens; Q. ROSCIUS, the most celebrated comic actor at Rome, died 62 B.C.
rota, -ae, f., wheel, car, chariot

524

rotō, -āre, -āvī, -ātum, *turn around, whirl about, revolve,* ROTATE
rubēscō, -ere, rubuī, —, [rubeō, *be red*], *grow red, redden, blush*
Rudinus, -a, -um, *of* RUDIAE, a town in Calabria, southeastern Italy
rudis, -e, *rough,* RUDE, *uncultivated; ignorant, inexperienced*
Rūfus, -ī, m., a cognomen
rūga, -ae, f., *wrinkle*
rūgōsus, -a, -um, [rūgā], *wrinkled, shrivelled*
ruina, -ae, f., RUIN, *downfall, destruction*
• rūmor, -ōris, m., RUMOR, *report; hearsay*
• rumpō, -ere, rūpī, ruptum, *break, burst*
ruō, -ere, ruī, rutum, *fall; rush; go to* RUIN
Rupilius, -ī, m., name of a Roman gens
• rūrsus, adv., *again*
• rūs, rūris, n., *country; lands, fields; estate*
rūsticor, -ārī, -ātus sum, [rūsticus], *go to the country,* RUSTICATE
rūsticus, -a, -um, [rūs], *of the country,* RUSTIC, RURAL
rutilus, -a, -um, *red, reddish, flaming, glowing*

S

S. = salūtem
• sacer, -cra, -crum, SACRED; *as a noun, n. pl.,* SACRED *rites*
sacerdōs, -dōtis, c., [sacer], *priest, priestess*
sacrāmentum, -ī, n., [sacrō, *consecrate*], *oath, military oath of allegiance, guaranty;* SACRAMENT
sacrārium, -ī, n., [sacer], *shrine, chapel*
• • • sacrificium, -ī, n., [sacer], SACRIFICE
sacrōsānctus, -a, -um, [sānctus], *consecrated, holy,* SACROSANCT

saeculum, -ī, n., *generation, age*
• saepe, adv., *often, frequently*
saepiō, -īre, saepsī, saeptum, [saepēs, *hedge*], *fence around; surround, protect*
saevus, -a, -um, *wild, fierce,* SAVAGE, *cruel*
sagāx, -ācis, *keen;* SAGACIOUS, *quick, shrewd*
• sagitta, -ae, f., *arrow, shaft*
sal. = salūtem
Salaminius, -a, -um, *of* SALAMIS; *as a noun, m. pl., the* SALAMINIANS
salignus, -a, -um, *of willow, willow wood*
salinae, -ārum, f. pl., *salt works*
Salinātor, -ōris, m., a Roman cognomen
Sallustius, -ī, m., C. SALLUSTIUS *Crispus,* Roman historian
saltem, adv., *at least, at any rate*
saltō, -āre, -āvī, -ātum, [saliō, *leap*], *leap; dance*
saltus, -ūs, m., [saliō, *leap*], *leap, bound, spring, jump*
• salūs, -ūtis, f., *safety, health; greeting,* SALUTATIONS; *regards*
salūtāris, -e, [salūs], SALUTARY, *healthful, wholesome*
salūtō, -āre, -āvī, -ātum, [salūs], *greet,* SALUTE, *pay respects to*
• • salvus, -a, -um, *safe, well, sound; unharmed*
Samnium, -ī, n., an inland district of southern Italy
Samos or Samus, -ī, f., an island in the Aegean
sanciō, -īre, sānxī, sānctum, *make sacred, establish; enact*
• • • sānctus, -a, -um, [sanciō], *sacred, holy, hallowed, inviolable*
• • • sānē, adv., [sānus], *certainly, indeed, of course, to be sure*
• sanguis, -inis, m., *blood; bloodshed; murder*
sānitās, -ātis, f., [sānus], SANITY; *sense; soundness of body or mind*

•••sānō, -āre, -āvi, -ātum, [sānus], *make sound, heal, cure; restore* sānus, -a, -um, SANE, *healthy; sound, well*

•••sapiēns, -entis, [sapiō], *wise, sensible;* as a noun, m., *philosopher*

sapientia, -ae, f., [sapiēns], *wisdom, prudence, discretion*

sapiō, -ere, -ivi, —, *be wise, be sensible, understand*

Sapphō, -ūs, f., a famous Greek poetess

sarcina, -ae, f., *pack, bundle, load, weight;* pl., *baggage*

Sardinia, -ae, f., a large island west of Italy

satelles, -itis, c., *attendant, follower, accomplice,* SATELLITE

satietās, -ātis, f., [satis], *sufficiency,* SATIETY

satiō, -āre, -āvi, -ātum, [satis], SATISFY, *fill, glut,* SATIATE

•satis, adv., *enough, sufficiently, adequately;* as a noun, with gen., *enough*

satius, [comp. of satis], *preferable, more* SATISFYING

satur, -ura, -urum, *full, filled,* SATED; *abundant, fertile*

saturitās, -ātis, f., [satur], *abundance, fullness*

Saturnālia, -iōrum, n. pl., a festival in December, beginning on the 17th

Sāturninus, -i, m., *L. Appuleius* SATURNINUS, leader of the democratic party, tribune for second time in 100 B.C.

Sāturnius, -a, -um, *of* SATURN, SATURNIAN, *child of* SATURN

satyrus, -i, m., a mythological creature with long pointed ears, little horns, and goat's tail and an otherwise human body

saucius, -a, -um, *wounded*

•saxum, -i, n., *rock, stone*

scaena, -ae, f., *stage,* SCENE

scaenicus, -a, -um, [scaena], *of the stage,* SCENIC

Scaevola, -ae, m., frequent surname in the Mucian gens; *P. Mucius* SCAEVOLA, consul in 133 B.C.; *Q. Mucius* SCAEVOLA, consul in 117 B.C.

scandō, -ere, def., *rise, climb, mount,* ASCEND

scaphium, -i, n., (boat-shaped) *drinking cup, goblet*

Scaurus, -i, m., frequent surname in the Aemilian gens; *M. Aemilius* SCAURUS, stepson of the dictator Sulla

•••scelerātus, -a, -um, [scelus], *wicked, criminal, vicious, infamous*

•••scelus, -eris, n., *wicked deed, sin, crime, wickedness*

schola, -ae, f., SCHOOL; *debate*

sciēns, -entis, [sciō], *skilled, knowing, skillful;* used adverbially, *knowingly, purposely, consciously*

••scientia, -ae, f., [sciō], *knowledge,* SCIENCE, *art*

•••scilicet, adv., [licet], *one may know, certainly; doubtless, of course*

scindō, -ere, scidi, scissum, *cleave, split, tear, sever, divide*

•sciō, -ire, -ivi, -itum, *know, understand, perceive;* haud sciō an, *I am inclined to think, I don't know but*

Scipiō, -ōnis, m., name of a celebrated family of the Cornelian gens; SCIPIO *Africanus Maior,* defeated Hannibal at Zama, 201 B.C.; *Africanus Minor,* destroyed Carthage in 146 B.C.

scitē, adv., *cleverly, skillfully*

Scorpiō, -ōnis, m., the constellation SCORPIO, SCORPION

scortum, -i, n., *harlot, prostitute*

scriba, -ae, m., [scribō], SCRIBE, *clerk, secretary*

•scribō, -ere, scripsi, scriptum, *write; describe, compose, tell*

•••scriptor, -ōris, m., [scribō], *writer; author, historian* scriptum, -i, n., [scribō], *writing; book, speech, work*

scriptūra, -ae, f., [scribō], *writing; tax* paid on public pasture lands

•scūtum, -i, n., *shield*

scyphus, -i, m., *drinking cup* (with two handles)

S.D. = salutem dicit; with P., plurimam

sēcēdō, -ere, -cessi, -cessum, [cēdō], *go apart, separate, withdraw*

•••sēcernō, -ere, -crēvi, -crētum, [cernō], *separate, set apart, divide*

secō, -āre, secui, sectum, *cut, cleave; cut off; wound, traverse*

secundum, prep. with acc., *following, after, next to, according to*

•secundus, -a, -um, *following, favorable;* SECOND; rēs secundae, *prosperity, success*

Secundus, -i, m., a Roman name

•••secūris, -is, f., *ax, battle-ax*

sēcūritās, -ātis, f., [sēcūrus], *safety,* SECURITY, *freedom*

sēcūrus, -a, -um, *free from care, untroubled, tranquil, safe,* SECURE

secus, adv., *otherwise*

•sed, conj., *but, yet*

•sedeō, -ēre, sēdi, sessum, *sit, sit still, be settled*

•••sēdēs, -is, f., [sedeō], *seat; dwelling, abode, home, habitation*

sedile, -is, n., *seat, bench, chair*

sēditiō, -ōnis, f., *mutiny, rebellion,* SEDITION, *insurrection*

sēditiōsus, -a, -um, [sēditiō], SEDITIOUS, *mutinous, factious*

sēdō, -āre, -āvi, -ātum, *settle, stop, stay, end*

sēdūcō, -ere, -dūxi, -ductum, [dūcō], *lead aside, remove, separate*

sēdulitās, -ātis, f., [sēdulus], *diligence, persistency, officiousness*

sēdulus, -a, -um, *diligent, industrious, zealous, busy*

seges, -etis, f., *field of grain, growing grain; crop, harvest, fruit*

sēgregō, -āre, -āvi, -ātum, [grex], *separate, remove, exclude*

sēiungō, -ere, -iūnxi, -iūnctum, [iungō], DISJOIN, *separate, sever*

Selēnē, -ēs, f., queen of Syria

•sella, -ae, f., *seat, chair, stool, work stool*

semel, adv., *once*

•••sēmen, -inis, n., *seed, source*

sēminārium, -i, n., [sēmen], *seedbed, nursery;* SEMINARY

sēmisomnus, -a, -um, [somnus], *half asleep, drowsy*

•semper, adv., *always*

sempiternus, -a, -um, [semper], *everlasting,* ETERNAL, *perpetual*

Semprōnius, -a, -um, *of* SEMPRONIUS (Gracchus), SEMPRONIAN

•senātor, -ōris, m., [senex], SENATOR

senātōrius, -a, -um, [senātor], *of a* SENATOR, SENATORIAL

•senātus, -ūs, m., [senex], SENATE

senecta, -ae, f., [senex], *old age*

•••senectūs, -ūtis, f., [senex], *old age*

senēscō, -ere, senui, —, [senex], *grow old, become old, lose strength*

•senex, senis, adj., *old, aged;* as a noun, m., *old man*

senilis, -e, [senex], SENILE; *of an old man, of old age*

sēnsim, adv., *gradually, by degrees, slowly*

•••sēnsus, -ūs, m., [sentiō], *feeling, perception,* SENSATION, SENSE

•sententia, -ae, f., [sentiō], *feeling, opinion;* SENTENCE, *thought*

sentina, -ae, f., *dregs, bilge water*

•sentiō, -ire, sēnsi, sēnsum, *feel, think, realize; see, notice, understand*

sēparō, -āre, -āvi, -ātum, SEPARATE, *divide*

•••sepeliō, -ire, -ivi, sepultum, *bury; overwhelm, ruin, destroy*

•septem, *seven*

•septendecim, *seventeen*

527

• septimus, -a, -um, *seventh*
sepulcrum, -i, n., [sepeliō], *grave,*
tomb, SEPULCHER
• sequor, -i, secūtus sum, *follow,*
PURSUE, *conform to*
Ser. = Servius, a praenomen
sera, -ae, f., *bar, crossbar*
serēnus, -a, -um, *clear, bright*
• • • sermō, -ōnis, m., *talk, conversa-*
tion, speech, report, discourse
sērō, adv., *late, too late*
serō, -ere, sēvī, satum, *sow, plant;*
beget, produce
serpēns, -entis, c., *snake*, SERPENT;
the constellation, *the* SERPENT
serpō, -ere, serpsī, —, *creep,*
spread stealthily
Serrānus, -i, m., name of a Roman
gens
serta, -ōrum, n. pl., *wreaths, gar-*
lands
Sertōriānus, -a, -um, *of* SERTORIUS,
SERTORIAN
servīlis, -e, [servus], *of a slave,*
SERVILE
Servilius, -i, m., name of a Roman
gens
• • • serviō, -ire, -ivī, -itum, [servus],
SERVE; *be subject to, be a slave*
servitium, -i, n., [servus], *slavery,*
SERVICE, *slaves* (as a class)
• • servitūs, -ūtis, f., [servus], *slavery,*
SERVITUDE
Servius, -i, m., a praenomen
• servō, -āre, -āvī, -ātum, *save, keep,*
watch, PRESERVE, *guard*
servulus, -i, m., [servus], *young*
slave
• servus, -i, m., *slave*
sescenti, -ae, -a, *six hundred*
sēsē, see sui
sessus, -ūs, m., [sedeō], *sitting*
sēstertius, -i, m., SESTERCE, a coin
worth about four cents; abbr.
HS
Sēstius, -i, m., *P.* SESTIUS, quaestor
in 63 B.C., active in procuring
Cicero's recall from banishment
seu, see sive

• • • sevēritās, -ātis, f., [sevērus], *strict-*
ness, sternness, SEVERITY
• • • sevērus, -a, -um, *strict, serious,*
grave, austere, SEVERE
• sex, *six*
sexāgintā, *sixty*
Sextilis, -e, *of* SEXTILIS (August)
• sextus, -a, -um, *sixth*
sexus, -ūs, m., SEX
• si, conj., *if;* with quidem, *since*
indeed
Sibyllinus, -a, -um, SIBYLLINE, *of*
a SIBYL
• sic, adv., *so, thus, in this way, in*
such a way
• • • sica, -ae, f., *dagger*
sicārius, -i, m., [sica], *assassin,*
murderer, cutthroat
Sicca, -ae, m., name of a Roman
gens; an intimate friend of
Cicero
siccō, -āre, -āvī, -ātum, [siccus],
dry up, dry, drain
siccus, -a, -um, *dry, parched*
Sicilia, -ae, f., *Sicily*
Siculus, -a, -um, SICILIAN; as a
noun, m., *a* SICILIAN
• • sicut or sicuti, adv., *just as, as*
Sidicinus, -a, -um, *of the* SIDICINI,
a people in northern Campania
sidus, -eris, n., *star, constellation*
Sigēum, -i, n., a promontory near
Troy at the entrance of the
Hellespont
sigilla, -ōrum, n. pl., [signum],
small statues, small images
sigillātus, -a, -um, [signum],
adorned with small figures
significātiō, -ōnis, f., [significō],
indication, SIGN, *portent*, SIGNAL
• • significō, -āre, -āvī, -ātum,
[signum], *indicate, show*, SIGNIFY
signō, -āre, -āvī, -ātum, *mark,*
stamp, seal, DESIGNATE
• signum, -i, n., *mark*, SIGN; SIGNAL;
standard; image, statue; seal
Silāniō, -ōnis, m., a Greek sculptor
Silānus, -i, m., a cognomen; *D.*
Junius SILANUS, consul in 62 B.C.

•• **silentium, -ī,** n., [sileō], SILENCE, *stillness, quiet*
sileō, -ēre, -uī, —, *be* SILENT, *keep* SILENT *about*
• **silva, -ae,** f., *forest, woods, grove*
Silvānus, -ī, m., a cognomen; *M. Plautius* SILVANUS, tribune of the people in 89 B.C. with C. Papirius Carbo
silvestris, -e, [silva], *wooded, woody*
• **similis, -e,** *like,* SIMILAR
similitūdō, -inis, f., [similis], *likeness,* SIMILARITY, *resemblance*
simpliciter, adv., SIMPLY, *directly*
• **simul,** adv., *at the same time, at once;* with **atque,** *as soon as*
••• **simulācrum, -ī,** n., [simulō], *likeness, portrait, image, statue*
simulātiō, -ōnis, f., [simulō], *pretense, guise*
simulātor, -ōris, m., [simulō], *imitator, pretender*
••• **simulō, -āre, -āvī, -ātum,** *pretend, feign, represent,* SIMULATE
simultās, -ātis, f., *rivalry, enmity, animosity*
sin, conj., *but if, on the contrary*
sincērus, -a, -um, *pure, clear, sound; genuine, truthful, whole*
• **sine,** prep. with abl., *without*
•• **singulāris, -e,** SINGLE, SINGULAR, *unique, unparalleled, extraordinary*
•• **singulī, -ae, -a,** *one each, one apiece,* SINGLE, *separate, one at a time*
• **sinister, -tra, -trum,** *left; improper, adverse, inauspicious*
••• **sinō, -ere, sīvī, situm,** *place; allow, permit, leave, let*
Sinōpē, -ēs, f., a seaport in northern Asia Minor
Sinuessa, -ae, f., the southernmost town in Latium
sinus, -ūs, m., *curve, bay, fold, bosom, hollow*
sistō, -ere, stitī, statum, *cause to stand; stop, halt, check*
sitis, -is, f., *thirst*

situs, -a, -um, [sinō], *placed,* SITUATED; **situm est,** *it lies, it is dependent*
situs, -ūs, m., [sinō], SITE, SITUATION
sive or **seu,** conj., *or if;* correl., *if . . . or, whether . . . or*
smaragdus, -ī, m., *emerald*
Smyrnaeus, -a, -um, *of* SMYRNA, in Ionia; as a noun, m. pl., *the* SMYRNIANS
sōbrius, -a, -um, SOBER
socer, -erī, m., *father-in-law*
••• **societās, -ātis,** f., [socius], *company,* SOCIETY, *partnership*
• **socius, -a, -um,** *sharing,* ASSOCIATED *with;* as a noun, m., ASSOCIATE, *partner, accomplice, ally;* pl., *allies*
Sōcratēs, -is, m., Greek philosopher
Sōcraticus, -a, -um, SOCRATIC, *pertaining to* SOCRATES
sodālis, -is, m., *companion, comrade*
• **sōl, sōlis,** m., *sun*
sōlācium, -ī, n., [sōlor], SOLACE, *comfort,* CONSOLATION
solea, -ae, f., *sandal;* SOLE (of the foot)
••• **soleō, -ēre, solitus sum,** semidep., *be accustomed*
solidus, -a, -um, *whole, complete; dense, firm,* SOLID
sōlitūdō, -inis, f., [sōlus], *loneliness,* SOLITUDE, *wilderness*
solium, -ī, n., *seat, chair, office, throne, rule, dominion*
sollemnis, -e, SOLEMN, *sacred, religious, regular, annual*
sollertia, -ae, f., *skill, adroitness, dexterity, ingenuity*
sollicitātiō, -ōnis, f., [sollicitō], *instigation, inciting,* SOLICITATION
sollicitō, -āre, -āvī, -ātum, *stir, agitate; incite, tempt,* SOLICIT, *tamper with*
sollicitūdō, -inis, f., [sollicitus], *uneasiness, concern, anxiety,* SOLICITUDE

529

sollicitus, -a, -um, *agitated, disturbed, anxious,* SOLICITOUS
Solōn, -ōnis, m., an Athenian lawgiver
sōlor, -āri, -ātus sum, CONSOLE, *comfort; relieve, mitigate*
solum, -ī, n., *ground*
sōlum, adv., *only, alone*
•sōlus, -a, -um, *alone, only,* SOLE
solūtiō, -ōnis, f., [solvō], *payment;* SOLUTION
solūtus, -a, -um, [solvō], *loose, relaxed; lax, remiss, negligent*
•solvō, -ere, solvī, solūtum, *loose, release, set free, relieve, pay*
somniculōsus, -a, -um, [somnus], *drowsy, sleepy, sluggish*
••somnus, -ī, m., *sleep*
sonō, -āre, -uī, -itum, [sonus], SOUND; *utter, make a noise*
sonus, -ī, m., *noise,* SOUND
Sophoclēs, -is, m., the Greek tragic writer, 5th cent. B.C.
sordidus, -a, -um, *dirty; mean, base;* SORDID
•soror, -ōris, f., *sister*
•••sors, sortis, f., *lot, allotment; prophecy*
sortior, -īri, -ītus sum, [sors], *draw lots, cast lots, allot, obtain*
Sp. = Spurius, a praenomen
spargō, -ere, sparsī, sparsum, *strew, scatter, spread abroad*
spatiōsus, -a, -um, [spatium], SPACIOUS, *extensive, prolonged*
•spatium, -ī, n., SPACE, *distance, interval, time, extent*
S.P.D. = salūtem plūrimam dīcit (dīcunt)
•speciēs, -ēī, f., *sight, appearance, show, splendor*
•spectō, -āre, -āvī, -ātum, *look at, regard*
speculātor, -ōris, m., [speculor], *spy, scout*
speculor, -ārī, -ātus sum, [specula, watchtower], *spy out, watch, observe*
spēlunca, -ae, f., *cave, cavern*

sperno, -ere, sprēvī, sprētum, SPURN, *scorn, reject, disdain*
•spērō, -āre, -āvī, -ātum, *hope, hope for; anticipate, expect*
•spēs, speī, f., *hope, expectation*
spiceus, -a, -um, *of ears of grain, of grain heads*
•••spiritus, -ūs, m., [spīrō], *breath, air, breathing,* INSPIRATION; pl., *pride*
spīrō, -āre, -āvī, -ātum, *breathe, blow*
spissus, -a, -um, *thick, dense, slow, difficult*
splendēscō, -ere, def., *shine, become bright*
splendidus, -a, -um, [splendeō, *shine*], *bright,* SPLENDID, *brilliant, distinguished*
•••splendor, -ōris, m., [splendeō, *shine*], *brightness, brilliance, luster, eminence*
spoliātiō, -ōnis, f., [spoliō], *robbing, plundering, pillaging*
•••spoliō, -āre, -āvī, -ātum, [spolium], *rob, strip,* SPOIL, DESPOIL
spolium, -ī, n., SPOILS, *booty, skin, hide*
sponda, -ae, f., *bedstead, bed-frame*
spōnsālia, -ium, n. pl., *betrothal, betrothal feast*
••sponte, abl., f., *free will,* with suā, *voluntarily,* SPONTANEOUSLY, *of one's own accord*
Spurius, -ī, m., a praenomen
squalor, -ōris, m., [squaleō, *be rough*], *filth,* SQUALOR, *foulness, dirtiness*
Stabiae, -ārum, f. pl., a town of Campania, near Pompeii
stabiliō, -īre, -īvī, -ītum, [stabilis], *make firm,* ESTABLISH
•••stabilis, -e, *firm, steadfast,* STABLE, *fixed, secure*
stabilitās, -ātis, f., [stabilis], *firmness, steadfastness, security,* STABILITY
stagnō, -āre, -āvī, -ātum, *be* STAGNANT, *overflow*

530

stagnum, -i, n., *pool, lake; swamp, standing water*

Statilius, -i, m., *L.* STATILIUS, one of the conspirators with Catiline

• statim, adv., *immediately, forthwith, at once*

•• statiō, -ōnis, f., [stō], STATION, *post, outpost, guard, watch*

Stātius, -i, m., *Caecilius* STATIUS, of Insubria, a Roman comic poet, b. 168 B.C.

Stator, -ōris, m., *Protector, Stayer* (epithet of Jupiter)

statua, -ae, f., STATUE, *image*

•• statuō, -ere, -ui, -ūtum, *set up, put, place, erect, decide*

status, -ūs, m., [stō], *standing,* STATE, STATUS, *condition;* status reī pūblicae, *political situation*

• stella, -ae, f., *star,* CONSTELLATION

sternō, -ere, strāvi, strātum, *spread, strew, scatter, lay low*

stilus, -i, m., *column, pillar; stylus, pencil, iron pen*

••• stimulus, -i, m., *goad, prick; spur, incentive; torment, pain*

stipendiārius, -a, -um, [stīpendium], *tributary, paying tribute*

•• stipendium, -i, n., *tax,* [stips, *gift* + pendō], *tribute; pay, wages; military service, campaign;* STIPEND

stipula, -ae, f., *stalk* [of grain], *stem, straw*

stirps, stirpis, f., *trunk, stock; stem, root, source*

• stō, stāre, steti, statum, *stand, be fixed, remain;* statō diē, *on an appointed day*

stomachus, -i, m., *gullet,* STOMACH; *taste; anger*

strāmen, -inis, n., *straw, litter*

strēnuus, -a, -um, *brisk, active, vigorous,* STRENUOUS; *brave*

••• strepitus, -ūs, m., *noise, din, uproar*

strūctor, -ōris, m., [struō], *builder, carpenter, mason*

• studeō, -ēre, -ui, —, [studium], *be eager, be devoted, strive,* STUDY

studiōsus, -a, -um, [studium], *eager, fond, zealous, fond of,* STUDIOUS

• studium, -i, n., *eagerness, zeal, enthusiasm;* STUDY, *application; devotion, interest*

stultitia, -ae, f., [stultus], *folly, foolishness*

••• stultus, -a, -um, *foolish; silly, stupid*

stupeō, -ēre, -ui, —, *be stunned, be amazed*

••• stuprum, -i, n., *dishonor, vice; debauch, lust*

Stygius, -a, -um, [Styx], STYGIAN, *of the underworld; infernal*

Suāda, -ae, f., *goddess of persuasion;* Suādae medulla, *the very marrow of eloquence*

••• suādeō, -ēre, suāsi, suāsum, *advise; exhort, urge,* PERSUADE

suāvis, -e, *sweet, agreeable, delightful,* SUAVE

suāvitās, -ātis, f., [suāvis], *sweetness, attractiveness,* SUAVITY

• sub, prep. with acc. and abl., *under, beneath, up to, just before, near, below, at, at the foot of*

subdō, -ere, -didi, -ditum, [dō], *place under, supply, furnish*

subdolus, -a, -um, [dolus], *crafty, sly, cunning, deceitful*

subeō, -ire, -ii, -itum, [eō], *undergo, incur, suffer, suggest itself*

subiaceō, -ēre, -iacui, —, [iaceō], *lie under, lie near*

••• subiciō, -ere, -iēci, -iectum, [iaciō], *throw under, place under; hand up, present; apply; set* (a fire)

subiector, -ōris, m., *forger*

subigō, -ere, -ēgi, -āctum, [agō], *put down, subdue, vanquish*

subimpudēns, -entis, *rather shameless,* IMPUDENT

• subitō, adv., *suddenly*

subitus, -a, -um, *sudden, unexpected*

sublātus, see tollō

sublevō, -āre, -āvi, -ātum, [levō], *lift, raise, support, assist*
sublimis, -e, *high, lofty, elevated, eminent*
submissus, -a, -um, [submittō], *let down;* SUBMISSIVE, *low, humble*
subolēs, -is, f., *offspring, posterity, stock, race*
subscrībō, -ere, -scripsi, -scriptum, [scrībō], INSCRIBE; SUBSCRIBE *to, consent to, approve; write down*
subsellium, -i, n., [sella], *bench, seat*
•• subsequor, -i, -secūtus sum [sequor], *follow after, follow up, comply with, conform to*
• subsidium, -i, n., *help, aid, reinforcement, support*
subsidō, -ere, -sēdi, -sessum, [sedeō], *sit down, settle, sink down,* SUBSIDE; *remain, abide*
subsistō, -ere, -stiti, —, [sistō], *cause to stop, take a stand, remain, halt*
subsum, -esse, -fui, —, [sum], *be under, be near, be concealed*
subtilis, -e, *precise, exact, detailed*
subtiliter, adv., *finely, acutely, accurately*
suburbānus, -a, -um, [urbs], *near a city,* SUBURBAN; *as a noun, n., suburban villa, country estate*
subveniō, -ire, -vēni, -ventum, [veniō], *come up to, help, rescue*
succēdō, -ere, -cessi, -cessum, [sub + cēdō], SUCCEED, *come after*
succidia, -ae, f., *leg of pork, flitch of bacon*
succidō, -ere, -cidi, -cisum, *cut down*
succingō, -ere, -cinxi, -cinctum, [sub + cingō], *gird up*
succrēscō, -ere, -crēvi, —, [sub + crēscō], *grow up, be supplied*
succutiō, -ere, -cussi, -cussum, [sub + quatiō], *toss up*
sūcus, -i, m., *juice, sap, moisture*
sūdor, -ōris, m., *sweat*

sufferō, -ferre, sustuli, sublātum, [sub + ferō], *bear up,* SUFFER
sufficiō, -ere, -fēci, -fectum, [sub + faciō], *satisfy, be* SUFFICIENT
••• suffrāgium, -i, n., *vote, ballot,* SUFFRAGE
• sui, sibi, sē, sē, reflex. pron., *himself, herself, itself, themselves*
Sulla, -ae, m., name of a patrician family of the Cornelian gens; *L. Cornelius* SULLA, dictator, 82–79 B.C.
Sulpicius, -i, m., name of a Roman gens; *C.* SULPICIUS *Gallus,* consul, 106 B.C., famous astrologer who predicted eclipse of moon
sulpur, -uris, n., SULPHUR, *brimstone*
• sum, esse, fui, futūrus, *be, exist*
•• summa, -ae, f., *leadership,* SUPREMACY; SUM
• summus, -a, -um, *highest, greatest, best, supreme,* SUMMIT
• sūmō, -ere, sūmpsi, sūmptum, *take,* ASSUME; *with* supplicium, *inflict* (punishment on)
sūmptuōsus, -a, -um, [sūmptus], *expensive, costly,* SUMPTUOUS
••• sūmptus, -ūs, m., [sūmō], *outlay, cost, expense*
super, adv., and prep. with acc., *over, above, besides, in addition to, concerning*
superbia, -ae, f., [superbus], *haughtiness, pride, arrogance, vanity, conceit*
••• superbus, -a, -um, *overbearing, haughty, proud, arrogant, insolent*
superiniciō, -ere, -iēci, -iectum, [iaciō], *throw over, spread over*
• superior, -ius, *upper, higher, former, previous, better,* SUPERIOR
• superō, -āre, -āvi, -ātum, [superus], *conquer, defeat; surpass, be* SUPERIOR
superstes, -itis, [stō], *standing above, surviving, remaining*

532

superstitiō, -ōnis, f., [superstes], SU-PERSTITION, *credulous wonder; rite*

•• supersum, -esse, -fui, —, [sum], *be left, remain, survive, outlive*

•• superus, -a, -um, *above, higher, upper;* suprēmus, *highest, top of,* SUPREME; as a noun, superī, -ōrum, m. pl., *the gods*

supervacāneus, -a, -um, [vacuus], *over and above, superfluous, redundant*

supinus, -a, -um, *upturned; suppliant*

suppeditō, -āre, -āvi, -ātum, *supply, provide, furnish*

suppetō, -ere, -ivi, -itum, [sub + petō], *be at hand, be in store*

••• supplex, -icis, [sub + plicō, *bend*], *kneeling, begging,* SUPPLIANT; as a noun, m., SUPPLIANT

••• supplicātiō, -ōnis, f., [supplex], *thanksgiving;* SUPPLICATION

•• supplicium, -i, n., [supplex], *punishment, torture, death penalty*

supplicō, -āre, -āvi, -ātum, [supplex], *beseech, implore,* SUPPLICATE

supprimō, -ere, -pressi, -pressum, [sub + premō], *press down; sink, check, restrain;* SUPPRESS

• suprā, adv., and prep. with acc., *above, before, beyond, more*

• surgō, -ere, surrēxi, surrēctum, [sub + regō], *rise, arise*

surripiō, -ere, -ripui, -reptum, [sub + rapiō], *snatch away, steal*

sūs, suis, c., *swine; pig, hog; bacon*

suscēnseō, -ēre, -ui, —, [sub + candeō], *be angry, be indignant*

• suscipiō, -ere, -cēpi, -ceptum, [sub + capiō], *undertake, begin, suffer*

suscitō, -āre, -āvi, -ātum, [sub + cieō, *move*], *stir up, arouse, awaken; kindle, fan*

suspectus, -a, -um, [suspiciō], SUSPECTED, *mistrusted*

suspēnsus, -a, -um, [suspendō, *hang*], *hung up,* SUSPENDED

•• suspiciō, -ōnis, f., [suspicor], SUSPICION, *mistrust*

•• suspicor, -āri, -ātus sum, [sub + speciō, *see*], SUSPECT, *mistrust*

suspirium, -i, n., [suspirō, *sigh*], *deep sigh, deep breath*

sustentō, -āre, -āvi, -ātum, [sustineō], *support,* SUSTAIN; *endure; delay*

• sustineō, -ēre, -tinui, -tentum, [sub + teneō], *hold up, support,* SUSTAIN; RESTRAIN; *withstand*

sustuli, see tollō

• suus, -a, -um, reflex. possess., *his own, her own;* as a noun, m. pl., *his men, his friends;* n. pl., *his property*

Synephēbi, -ōrum, m. pl., *The Fellow-youths,* comedy by Statius Caecilius

Syrācūsae, -ārum, f. pl., *famous city in Sicily*

Syrācūsānus, -a, -um, *of* SYRA-CUSE; as a noun, m. pl., *the* SYRACUSANS

Syria, -ae, f., *a country in Asia, at the eastern end of the Mediterranean*

T

T. = Titus, *a praenomen*

••• tabella, -ae, f., *small board, tablet;* pl., *document, record*

tabellārius, -i, m., [tabella], *letter carrier, courier*

taberna, -ae, f., *shop,* TAVERN

tabēscō, -ere, tabui, —, [tabeō, *waste away*], *waste away, pine away*

••• tabula, -ae, f., *board, panel, painting, tablet, document;* pl., *records, archives;* tabulae novae, *new accounts, cancellation of debts*

tabulārium, -i, n., [tabula], *record office*

533

• taceō, -ēre, -uī, -itum, *be silent, keep silent, leave unsaid*
taciturnitās, -ātis, f., [taceō], *silence*
tacitus, -a, -um, [taceō], *silent, still,* TACIT
taeda, -ae, f., *torch*
taeter, -tra, -trum, *loathsome, offensive, foul, disgusting*
tālāris, -e, [tālus, *ankle*], *reaching to the ankles*
• tālis, -e, *such, of such a kind*
• tam, adv., *so much, so, of such a kind*
• tamen, adv., *yet, nevertheless, still, however*
••• tametsi, conj., *although, though, yet*
••• tamquam, adv., *as if, as it were, as*
Tanais, -is, m., a river of Sarmatia, now the Don
• tandem, adv., *at last, finally; pray, I beg of you*
• tangō, -ere, tetigī, tāctum, *touch, hit, strike*
tantō, adv., *so much*
tantopere or tantō opere, adv., *so much, so greatly*
tantum, adv., *so much, only;* with modo, *merely, only*
• tantus, -a, -um, *so great, so much;* with quantus, *as great as;* tanti est, *it is worth while*
tarditās, -ātis, f., [tardus], *slowness, delay,* TARDINESS
•• tardō, -āre, -āvī, -ātum, [tardus], RETARD, *make slow, hinder, delay*
•• tardus, -a, -um, *slow,* TARDY
Tarentinus, -a, -um, *of* TARENTUM, in southern Italy; as a noun, m. pl., *the* TARENTINES
Tarsus, -i, f., chief city of Cilicia
Tartarus, -i, m.; Tartara, -ōrum, n. pl., *the underworld*
Tascus, -i, m., the husband of Rectina
taurus, -i, m., *bull*
Teānum, -i, n., a town in northern Campania
••• tēctum, -i, n., *roof; house, dwelling, covered structure*

534

• tegō, -ere, tēxī, tēctum, *cover, hide; guard,* PROTECT, *defend*
tellus, -ūris, f., *earth, globe, land, country*
• tēlum, -i, n., *weapon, javelin, missile*
Temenītēs, -ae (masc.), *of the* TEMENOS, a sacred grove at Syracuse
temerārius, -a, -um, *rash, thoughtless, reckless*
temerē, adv., *rashly*
••• temeritās, -ātis, f., [temerē], *rashness, recklessness,* TEMERITY
tēmō, -ōnis, m., *plow beam, wagon;* constellation *Boötes*
••• temperantia, -ae, f., *self-restraint, self-control,* TEMPERANCE
temperō, -āre, -āvī, -ātum, [tempus], *moderate, control; spare, restrain oneself*
• tempestās, -ātis, f., [tempus], *time, season; weather; storm,* TEMPEST
tempestivus, -a, -um, [tempestās], *timely, seasonable, suitable, early*
•• templum, -i, n., TEMPLE, *sacred place*
• temptō, -āre, -āvī, -ātum, *test, try,* ATTEMPT; *assail*
• tempus, -oris, n., *time, season, necessity;* ex tempore, EXTEMPORANEOUSLY
tendō, -ere, tetendī, tentum or tēnsum, *stretch,* EXTEND, TEND
••• tenebrae, -ārum, f. pl., *darkness, obscurity*
Tenedos or Tenedus, -i, f., a small island near Troy
• teneō, -ēre, -uī, tentum, *hold,* MAINTAIN, *keep,* RETAIN, *occupy*
tener, -era,-erum, *tender, young*
••• tenuis, -e, *thin, weak, humble*
tenus, prep. with abl., *as far as,*
••• tenuis, -e, *thin, weak, humble*
tenus, prep. with abl., *as far as, up to, to*
tepidus, -a, -um, [tepeō], *warm,* TEPID
ter, adv., *three times*
Terentia, -ae, f., Cicero's wife

tergeō, -ēre, tersi, tersum, *wipe off, wipe clean, wipe*
• tergum, -i, n., *back, rear*
tergus, -oris, n., *back, body, trunk; hide*
terminō, -āre, -āvi, -ātum, [terminus], *limit, end, bound*
• • • terminus, -i, m., *boundary, limit, end*
• terra, -ae, f., *earth, land, soil, ground; country;* orbis terrārum, *the world*
terrēnus, -a, -um, *of the earth, earthy,* TERRESTRIAL
• terreō, -ēre, -ui, -itum, TERRIFY, *frighten, scare*
terrestris, -e, [terra], *on earth, earthly; on land*
terribilis, -e, [terreō], TERRIBLE, *frightful, dreadful*
• • terror, -ōris, m., [terreō], *fright, dread, alarm,* TERROR
• tertius, -a, -um, *third*
testa, -ae, f., *potsherd, piece of tile; vessel; shell*
• • • testāmentum, -i, n., [testor], *last will,* TESTAMENT
testificor, -āri, -ātus sum, [testor], *call to witness,* TESTIFY, *assert*
• • • testimōnium, -i, n., [testis], *proof, evidence,* TESTIMONY
• • • testis, -is, c., *witness*
testor, -āri, -ātus sum, *call to witness,* TESTIFY, *invoke*
Tēthys, -yos, f., *goddess of the sea*
Teutoni, -ōrum, m. pl., *the* TEUTONS
texō, -ere, texui, textum, *weave*
textilis, -e, [texō], *woven,* TEXTILE; *as a noun,* n., *fabric, tapestry*
textum, -i, [texō], n., *cloth, rag*
theātrum, -i, n., THEATER
Themis, -idis, f., *goddess of law and prophesying*
Themistoclēs, -is, m., *statesman and general of Athens*
Theophanēs, -is, m., *a Greek historian*
Theophilis, -i, m., *a freedman*
Thespiadēs, -um, f. pl., *the* THESPI-

ANS, *the Muses;* statues of the Muses
Thespiae, -ārum, f. pl., a town in Boeotia
Thespiēnsēs, -ium, m. pl., the people of Thespiae
Thessalonica, -ae, f., a city in Macedonia
Thymbrēius, -a, -um, *of* THYMBRIOS, a small river in Phrygia; Thymbrēius incola, *dweller by the* THYMBRIOS
Ti. = Tiberius, a praenomen
Tiberinus, -a, -um, *of the* TIBER
Tiberis, -is, m., *the* TIBER
Tiberius, -i, m., a praenomen
tignum, -i, n., *timber, beam, log; post; stick*
Tigrānēs, -is, m., a king of Armenia
tilia, -ae, f., *linden tree*
Timarchidēs, -is, m., a freedman of Verres
• timeō, -ēre, -ui, —, *fear, be afraid, dread*
timidus, -a, -um, [timeō], TIMID, *afraid, shrinking*
• timor, -ōris, m., [timeō], *fear, dread*
tingō, -ere, tinxi, tinctum, *wet, moisten, dip, bathe,* TINGE
Tirō, -ōnis, m., a cognomen; Cicero's secretary and friend
tirunculus, -i, m., *beginner, recruit, novice*
Titān, -ānis, m., *the sun god, the sun*
Titānius, -a, -um, TITANIAN, *of the* TITANS; Titānia, *daughter of the* TITAN (Pyrrha)
Titius, -i, m., name of a Roman gens
titulus, -i, m., *inscription,* TITLE, *name*
Titus, -i, m., a praenomen; abbr. T.
• toga, -ae, f., TOGA, *gown*
• • • togātus, -a, -um, [toga], *clad in a* TOGA, *in civilian dress*

535

tolerābilis, -e, [tolerō], *bearable*, TOLERABLE, *endurable*
•••tolerō, -āre, -āvi, -ātum, *bear, endure*, TOLERATE
• tollō, -ere, sustuli, sublātum, *lift; take away, steal; remove; exalt*, EXTOL
Tongilius, -i, m., name of a Roman gens
tonitrus, -ūs, m., *thunder*
•• tormentum, -i, n., [torqueō], *war engine* for hurling stones; *missile; anguish, pain*
Torquātus, -i, m., a cognomen
torqueō, -ēre, torsi, tortum, *whirl, twist, spin, hurl*
torreō, -ēre, -ui, tostum, TOAST, *scorch*
tortilis, -e, [torqueō], *twisted*
torus, -i, m., *bed, couch; marriage*
torvus, -a, -um, *grim, stern, savage*
• tot, indecl. adj., *so many*
•• totidem, indecl. adj., *just as many, as many*
••• totiēns, adv., *so often, so many times*
• tōtus, -a, -um, *whole, entire*, TOTAL, *all*
tractātus, -ūs, m., [tractō], *handling, treatment, management*
tractātus, -a, -um, *engaged in*
••• tractō, -āre, -āvi, -ātum, *haul, handle, treat, manage, act*
trāctus, -ūs, m., [trahō], *drawing, pulling; track, quarter, course*
• trādō, -ere, -didi, -ditum, [dō], *hand over, deliver, hand down; relate, teach*
tragoedia, -ae, f., TRAGEDY; *art of* TRAGEDY
• trahō, -ere, trāxi, trāctum, *draw, drag; influence;* ATTRACT; *delay*
Trallis, -ium, f. pl., *Tralles*, a city in Asia Minor
tranquillitās, -ātis, f., *calm, quiet*, TRANQUILLITY
tranquillus, -a, -um, *quiet, still, calm*, TRANQUIL
• trans, prep. with acc., *across*

Trānsalpinus, -a, -um, *beyond the* ALPS, TRANSALPINE
trānscendō, -ere, -scendi, —, [scandō], *climb over, cross;* TRANSCEND
• trānseō, -ire, -ii, -itum, [eō], *go across, cross*
trānsferō, -ferre, -tuli, -lātum, [ferō], *bear across*, TRANSFER
trānsigō, -ere, -ēgi, -āctum, [agō], *finish, complete*, TRANSACT
trānsmarinus, -a, -um, [mare], *across the sea, overseas*
••• trānsmittō, -ere, -misi, -missum, [mittō], *send across*, TRANSMIT, *intrust, devote;* intrans., *pass over, cross*
Trānspadānus, -a, -um, *beyond the Po;* as a noun, m. pl., the people beyond the Po
trānsversus, -a, -um, [vertō], *crosswise*, TRANSVERSE
Trebātius, -i, m., name of a Roman gens
tremō, -ere, -ui, —, TREMBLE
tremor, -ōris, m., [tremō], *shudder*, TREMBLING
trepidātiō, -ōnis, f., [trepidō], *confusion, alarm*, TREPIDATION, *agitation*
trepidō, -āre, -āvi, -ātum, [trepidus], *tremble, be agitated, palpitate*
trepidus, -a, -um, *trembling, in terror*
• trēs, tria, *three*
tribūnal, -ālis, n., *platform, judgment seat*, TRIBUNAL
• tribūnus, -i, m., TRIBUNE
• tribuō, -ere, -ui, -ūtum, *assign, allot, bestow;* ATTRIBUTE
triclinium, -i, n., *table couch; dining room*
tricuspis, -idis, [cuspis, *spear*], *three-pronged, with three points*
•• triduum, -i, n., [trēs + diēs], *three days*
triennium, -i, n., [trēs + annus], *a space of three years, three years*

536

trifidus, -a, -um, *three-cleft, three-pointed, triple*
trigintā, *thirty*
Triōnēs, -um, m. pl., *the Plow Oxen, the constellation of the Big Dipper*
Triptolemus, -ī, m., *legendary inventor of agriculture*
• tristis, -e, *sad, dejected, stern, severe*
tristitia, -ae, f., [tristis], *sadness, sorrow, grief*
triticum, -ī, n., *wheat*
Tritōn, -ōnis, m., *a sea god, son of Neptune*
tritus, -a, -um, [terō, *rub*], *beaten, trodden, worn, frequented*
• • • triumphō, -āre, -āvi, -ātum, [triumphus], *celebrate a* TRIUMPH, TRIUMPH, *rejoice*
• • • triumphus, -ī, m., TRIUMPH, TRIUMPHAL *procession*
tropaeum, -ī, n., TROPHY, *monument of victory*
tr. pl. = tribūnus plēbis
trucīdō, -āre, -āvi, -ātum, [caedō], *slaughter, butcher, murder*
trūlla, -ae, f., (small) *ladle*
truncō, -āre, -āvi, -ātum, *mutilate, cut off, strip*
truncus, -a, -um, *maimed, mutilated, disfigured*
• tū, tui, pron., *you*
• tuba, -ae, f., *trumpet*
• • tueor, -ēri, tuitus or tūtus sum, *guard, protect; watch over, gaze upon*
Tullia, -ae, f., *Cicero's daughter*
Tulliōla, -ae, f., *dear* TULLIA, TULLIOLA, *Cicero's pet name for his daughter*
Tullius, -ī, m., *name of a Roman gens to which the Cicero family belonged*
Tullus, -ī, m., *a cognomen*
• tum, adv., *then, at that time*
tumulō, -āre, -āvi, -ātum, [tumulus], *entomb, bury*
tumultuōsus, -a, -um, [tumultus], *disorderly,* TUMULTUOUS

• • • tumultus, -ūs, m., [tumeō], *uprising, insurrection;* TUMULT, *uproar*
• • tumulus, -ī, m., *mound, hill, hillock; grave, tomb*
• • tunc, adv., *then, just then, at that time*
tunica, -ae, f., TUNIC, *undergarment, shirt*
turba, -ae, f., *throng, crowd, turmoil, commotion*
turbō, -āre, -āvi, -ātum, DISTURB, *confuse, agitate, be confused*
turbō, -inis, m., *whirlwind, storm, tornado*
turbulentus, -a, -um, [turba], *disorderly, noisy,* TURBULENT
tūribulum, -ī, n., [tūs], *incense burner, censer*
turma, -ae, f., *troop of cavalry*
• turpis, -e, *base, shameful, disgraceful, ugly, infamous*
• • • turpitūdō, -inis, f., [turpis], *baseness, dishonor, shame,* TURPITUDE
• turris, -is, f., *tower*
tūs, tūris, n., *incense, frankincense*
Tusculānus, -a, -um, *of* TUSCULUM, *a town near Rome; as a noun,* n., *a villa, estate at* TUSCULUM
tūtēla, -ae, f., [tueor], *protection, defence, protector, guardian*
tūtō, adv., [tūtus], *safely*
tūtor, -āri, -ātus sum, [tueor], *watch, guard, defend, protect*
• tūtus, -a, -um, [tueor], *safe, guarded, protected*
• tuus, -a, -um, *your*
Tycha, -ae, f., *a quarter of the city of Syracuse*
tyrannus, -ī, m., *despot, tyrant, king; tyranny*

U

ūber, -eris, *abounding, rich, fruitful*
ūber, -eris, n., *udder, breast*
ūbertās, -ātis, f., [ūber], *richness, fertility*
• ubi, adv., *where, when*
ubinam, adv., *where? where, pray?*
with gentium, *where in the world?*

537

ubique, adv., *everywhere, anywhere*
•••ulciscor, -i, ultus sum, *avenge, punish*
• ūllus, -a, -um, *any*
• ultimus, -a, -um, *farthest, last, most distant*
•• ultrō, adv., *beyond, besides; voluntarily*
ulva, -ae, f., *sedge*
umbilicus, -i, m., *navel, center, middle*
umbra, -ae, f., *shade, ghost*
Umbrēnus, -i, m., *P.* UMBRENUS, a freedman, conspirator with Catiline
umerus, -i, m., *shoulder*
ūmidus, -a, -um, *moist, damp*
ūmor, -ōris, m., *moisture*
• umquam, adv., *ever*
•• ūnā, adv., *along with, together with*
unda, -ae, f., *wave;* pl., *the sea*
• unde, adv., *whence, from what place*
ūndēquinquāgēsimus, -a, -um, *forty-ninth*
• undique, adv., *from all sides*
unguentum, -i, n., *ointment,* UNGUENT, *perfume*
ūnicus, -a, -um, *single, solitary,* UNIQUE, *singular*
•• ūniversus, -a, -um, *all together, entire, whole,* UNIVERSAL
• ūnus, -a, -um, *one, single, sole, only*
urbānitās, -ātis, f., [urbānus], *refinement,* URBANITY
urbānus, -a, -um, [urbs], *of the city,* URBAN, URBANE
• urbs, urbis, f., *city, the city* (of Rome)
urgeō, -ēre, ursi, —, *press, press hard,* URGE
ūrō, -ere, ussi, ustum, *burn;* pass., *be consumed*
Ūrios, -i, m., *Giver of favorable winds,* epithet of Jupiter
usquam, adv., *anywhere*
•• ūsque, adv., *all the way, up to, as far as;* with quō, *how far? how long?*

ūsūra, -ae, f., [ūtor], USE, *enjoyment, interest,* USURY
ūsūrpō, -āre, -āvi, -ātum, *make use of, use, employ, speak of, mention*
• ūsus, -ūs, m., [ūtor], USE, *skill, advantage, experience*
• ut or uti, conj., *in order that, that, as, when, so that;* with primum, *as soon as*
• uterque, utraque, utrumque, pron., *each, both*
• ūtilis, -e, [ūtor], *useful; effective, advantageous*
•••ūtilitās, -ātis, f., [ūtilis], *usefulness, advantage,* UTILITY
•••utinam, adv., *would that! oh that!*
• ūtor, ūti, ūsus sum, USE, *employ, make* USE *of; enjoy, practice*
utrimque, adv., *on both sides, from both sides, on either hand*
•••utrum, adv., *whether*
ūva, -ae, f., *grape, bunch of grapes*
• uxor, -ōris, f., *wife*

V

vacillō, -āre, -āvi, -ātum, *totter, stagger,* VACILLATE
vacō, -āre, -āvi, -ātum, *be empty, lie empty, be at leisure, be idle*
vacuēfaciō, -ere, -fēci, -factum, [vacuus + faciō], *make empty, vacate, clear*
•• vacuus, -a, -um, [vacō], *empty,* VACANT, *free, separated from*
vadimōnium, -i, n., *bail, security*
vādō, -ere, *go, go on*
• vadum, -i, n., *shoal, ford; channel*
vāgina, -ae, f., *sheath, scabbard*
vāgiō, -ire, -ii, —, *cry, scream*
•• vagor, -āri, -ātus sum, *wander, roam, stroll; extend*
valdē, adv., *greatly, thoroughly, completely, very much*
valēns, -entis, [valeō], *strong, vigorous, powerful*
• valeō, -ēre, -ui, -itum, *be strong, be powerful,* PREVAIL, AVAIL

538

Valerius, -i, m., name of a Roman gens

valētūdō, -inis, f., [valeō], *health, state of health; ill health, sickness*

• **valles, -is,** f., VALE, VALLEY

vāllō, -āre, -āvi, -ātum, [vāllum], WALL *about, fortify, intrench*

• **vāllum, -i,** n., WALL

valva, -ae, f., *folding door*

vānēscō, -ere, def., VANISH, *disappear, pass away*

vanitās, -ātis, f., *emptiness; untruth; boasting, ostentation*

vānus, -a, -um, *empty,* VAIN, *false, deceitful, untrustworthy*

vapor, -ōris, m., *steam, smoke,* VAPOR; *fiery breath*

• • • **varietās, -ātis,** f., [varius], VARIETY, *difference, diversity*

• • • **varius, -a, -um,** *different, diverse,* VARIOUS

vās, vāsis, pl. **vāsa, -ōrum,** n., *vessel,* VASE, *dish, utensil*

vāsculārius, -i, m., *goldsmith, silversmith*

vāstātiō, -ōnis, f., [vāstō], DEVASTATION, *desolation, laying waste*

vāstitās, -ātis, f., [vāstō], DEVASTATION, *ruin, desolation*

• **vāstō, -āre, -āvi, -ātum,** *lay waste,* DEVASTATE, *ravage*

vāstus, -a, -um, VAST, *huge, boundless; monstrous*

vātēs, -is, c., *seer, soothsayer*

-ve, enclitic, *or*

• • • **vectigal, -is,** n., *tax, tribute*

vectigālis, -e, [vectigal], *paying taxes, paying tribute*

vectis, -is, m., *lever, bar, crowbar*

• **vehemēns, -entis,** *energetic, impetuous, violent,* VEHEMENT, *strong*

• **vehō, -ere, vexi, vectum,** *carry, bear;* pass., *ride, sail*

• **vel,** adv., *or, or if you please;* correl., *either . . . or*

vēlō, -āre, -āvi, -ātum, [vēlum], VEIL, *cover; spread; robe, clothe*

vēlōcitās, -ātis, f., [vēlōx], *speed, swiftness,* VELOCITY

vēlōx, -ōcis, *swift, fast, fleet, swift-footed*

vēlum, -i, n., *sail, awning, curtain*

velut, adv., *just as, like, as if*

vēna, -ae, f., VEIN, *artery*

vēnābulum, -i, n., [vēnor], *hunting spear*

vēnālis, -e, [vēnum, *sale*], *to be sold, for sale*

vēnātiō, -ōnis, f., [vēnor], *hunting, the chase, a hunt*

vēnditō, -āre, -āvi, -ātum, [vēndō], *try to sell, sell, deal in*

• **vēndō, -ere, vendidi, venditum,** *sell*

venēficus, -a, -um, [venēnum], *poisonous;* as a noun, m., *poisoner*

• • • **venēnum, -i,** n., *poison; love potion, drug*

vēneō, -ire, -ii, -itum, *go to sale, be sold*

venerābilis, -e, [veneror], VENERABLE, *worthy of respect*

Venerius, -a, -um, *of* VENUS

• • • **veneror, -āri, -ātus sum,** VENERATE, *esteem, adore, worship, pray to*

• • • **venia, -ae,** f., *favor, pardon, forgiveness*

• **veniō, -ire, vēni, ventum,** *come*

vēnor, -āri, -ātus sum, *hunt, chase*

venter, -tris, m., *belly*

• **ventus, -i,** m., *wind*

Venus, -eris, f., goddess of love

venustās, -ātis, f., [Venus], *loveliness, charm, grace, beauty*

vēr, vēris, n., *spring*

verbēna, -ae, f., *sacred branch* (of olive, laurel, myrtle)

• • • **verber, -eris,** n., *lash, whip;* pl., *scourging, flogging*

verberō, -āre, -āvi, -ātum, [verber], *beat, lash, plague, torment*

• **verbum, -i,** n., *word*

verēcundia, -ae, f., [verēcundus, *modest*], *modesty, shame*

• **vereor, -ēri, -itus sum,** REVERE, *respect, fear*

• • • **vēritās, -ātis,** f., [vērus], *truth*

• **vērō,** adv., [vērus], *in truth, truly,*

surely, indeed; **immō vērō,** *nay rather, on the contrary*
verrēs, -is, m., *boar*
Verrēs, -is, m., a Roman family name; *C. Cornelius* VERRES, propraetor in Sicily in 73 B.C., later prosecuted by Cicero
•••**versō, -āre, -āvi, -ātum,** [vertō], *turn about, turn over;* pass., *dwell, live, be involved, busy oneself, be*
•••**versus, -ūs,** m., [versō], VERSE, *line*
vertex, -icis, m., *highest point, summit*
vertigō, -inis, f., [vertō], *whirling, revolving motion*
•**vertō, -ere, verti, versum,** *turn, turn back, move*
vērum, conj., *but, in truth, yet*
•**vērus, -a, -um,** *true, well-founded, real, genuine;* as a noun, n., *the truth*
••**vesper, -eri** or **-eris,** m., *evening; evening star*
vespera, -ae, f., *evening*
Vesta, -ae, f., goddess of the hearth and home
Vestālis, -e, *of* VESTA, VESTAL; as a noun, f., VESTAL *virgin*
•**vester, -tra, -trum,** *your, yours*
•••**vestigium, -i,** n., *trace, track, footprint;* pl., *remains,* VESTIGES
vestiō, -ire, -ivi, -itum, [vestis], *clothe, cover, adorn*
•**vestis, -is,** f., *garment, robe, clothing*
vestitus, -ūs, m., [vestiō], *clothing, dress,* VESTURE
Vesuvius, -i, m., volcano near Naples
veterānus, -a, -um, [vetus], *old,* VETERAN; as a noun, m. pl., VETERANS
vetō, -āre, vetui, vetitum, *forbid, prohibit, oppose*
•**vetus, -eris,** *old,* VETERAN, *long-standing, ancient*
vetustās, -ātis, f., [vetus], *age, antiquity, duration, long standing*

vexātiō, -ōnis, f., [vexō], *harassing,* VEXATION, *troubling*
•••**vexō, -āre, -āvi, -ātum,** *harass, annoy,* VEX, *trouble*
•**via, -ae,** f., *way, road, street, journey*
viāticum, -i, n., [via], *traveling money*
viātor, -ōris, m., [via], *traveler, court officer, (official) messenger*
vibrō, -āre, -āvi, -ātum, *brandish, hurl, shake*
Vibullius, -i, m., name of a Roman gens
vicēsimus, -a, -um, [viginti], *twentieth*
vicinia, -ae, f., [vicinus], *neighborhood,* VICINITY
••**vicinus, -a, -um,** [vicus], *neighboring;* as a noun, m., *neighbor*
victima, -ae, f., *beast for sacrifice, sacrificial* VICTIM
••**victor, -ōris,** m., [vincō], VICTOR, *conqueror;* as an adj., VICTORIOUS
•**victōria, -ae,** f., VICTORY
victus, -ūs, m., [vivō], *food, provisions; way of life*
••**vicus, -i,** m., *village, hamlet; row of houses, street*
•••**vidēlicet,** adv., [vidēre licet], *one may see, obviously, clearly*
•**videō, -ēre, vidi, visum,** *see, perceive, observe, understand, see to,* PROVIDE; pass., *seem, seem best*
vigeō, -ēre, -ui, —, [vigor], *be strong, thrive, flourish*
vigil, -ilis, *awake, alert;* as a noun, m., *watchman, sentinel*
vigilantia, -ae, f., [vigilō], *watchfulness,* VIGILANCE
•**vigilia, -ae,** f., [vigil], *watch (a fourth part of the night), watching,* VIGIL
••**vigilō, -āre, -āvi, -ātum,** [vigil], *watch, keep awake*
•**viginti,** indecl., *twenty*

540

vigor, -ōris, m., VIGOR, *activity, liveliness*

vilis, -e, *common, cheap, worthless*

vilitās, -ātis, f., [vilis], *cheapness, low price*

• villa, -ae, f., *farmhouse, country house*, VILLA

vinārius, -a, -um, [vinum], *of* WINE, *for* WINE

vinciō, -īre, vīnxī, vīnctum, *bind, fetter, confine, restrain*

• vincō, -ere, vīcī, victum, *conquer, overcome, defeat, prevail, surpass*

•• vinculum, -ī, n., [vinciō], *bond, fetter, chain;* pl., *imprisonment*

vindex, -icis, c., *protector, avenger, punisher*

••• vindicō, -āre, -āvi, -ātum, [vindex], *claim,* VINDICATE; *punish,* AVENGE; *protect*

vinea, -ae, f., [vinum], VINEYARD, VINE, *shed*

• vīnum, -ī, n., WINE

violēns, -entis, [violō], VIOLENT, *impetuous, vehement*

••• violō, -āre, -āvī, -ātum, [vis], VIOLATE, *harm, wrong, injure, treat with* VIOLENCE

• vir, virī, m., *man, hero, husband*

vireō, -ēre, -uī, —, *be green, be fresh; bloom, flourish*

virēs, see vis

virginālis, -e, [virgō], *of a maiden, maidenly*

••• virgō, -inis, f., *maiden, girl,* VIRGIN

viridis, -e, *green*

viriditās,˙ -ātis, f., [viridis], *greenness,* VERDURE

virilis, -e, [vir], *manly, like a man,* VIRILE; *spirited, mature*

• virtūs, -ūtis, f., [vir], *manhood, manliness, courage, bravery; goodness, excellence,* VIRTUE

• vis, f., acc. vim, abl. vī; pl., virēs, virium; *force, power, might, vigor, energy, strength*

viscus, -eris, n., *entrails, vitals,* VISCERA

••• visō, -ere, visī, visum, *go to see,* VISIT

• vīta, -ae, f., *life*

vitiō, -āre, -āvī, -ātum, [vitium], *spoil, damage, weaken*

vitis, -is, f., *vine, grapevine*

••• vitium, -ī, n., *fault,* VICE, *sin*

•• vitō, -āre, -āvī, -ātum, *shun, avoid, escape, evade*

vituperātiō, -ōnis, f., [vituperō], *blame, censure,* VITUPERATION

vituperō, -āre, -āvī, -ātum, [vitium], *reproach, find fault with, blame*

• vivō, -ere, vixī, victum, *live*

•• vivus, -a, -um, [vivō], *alive, living*

• vix, adv., *scarcely, with difficulty*

vixdum, adv., *hardly, scarcely yet, but just*

• vocō, -āre, -āvī, -ātum, *call, summon,* INVOKE

Volcātius, -ī, m., name of a Roman gens

vol-, see vul-

volitō, -āre, -āvī, -ātum, [volō], *fly about, hover over*

• volō, velle, voluī, —, *wish, be willing, desire, mean*

• volō, -āre, -āvī, -ātum, *fly, speed, hasten*

Volturcius, -ī, m., name of a Roman gens

volucer, -cris, -cre, *flying, winged, rapid;* as a noun, m., *bird*

volūmen, -inis, n., [volvō], *turning, revolution, revolving*

voluntārius, -a, -um, [volō], *willing,* VOLUNTARY

• voluntās, -ātis, f., [volō], *will, wish, desire, disposition, favor*

••• voluptās, -ātis, f., [volō], *pleasure, enjoyment, delight*

Volusius, -ī, m., name of a Roman gens

volūtō, -āre, -āvī, -ātum, [volvō], *roll, revolve, turn over, discuss*

volvō, -ere, volvī, volūtum, *roll, roll up, throw headlong*

vomō, -ere, -uī, -itum, VOMIT, *breathe forth*

541

vōsmet, emphatic for vōs
vōtum, -ī, n., [voveō], VOW, *prayer*
voveō, -ēre, vōvī, vōtum, VOW, *promise*
• vōx, vōcis, f., VOICE; *utterance, word, saying*
Vulcānius, -a, -um, *of* VULCAN, god of fire
vulgō, adv., *commonly, usually*
•• vulgus, -ī, n., *common people, crowd, rabble, mob*

• vulnerō, -āre, -āvī, -ātum, [vulnus], *wound, injure, harm, pain*
• vulnus, -eris, n., *wound, injury*
••• vultus, -ūs, m., *expression, face, countenance*

Z

zōna, -ae, f., *girdle*, ZONE

Index

(References are to pages)

Anglicized pronunciation of proper names, for use in English translation, is given in brackets. Pronunciation of each vowel sound in respelled names approximates the sound of the vowel in the key word in the following list:

ā	as in *fate*	e	as in *met*	ō	as in *note*
å	as in *far*	ī	as in *pine*	o	as in *not*
a	as in *fat*	i	as in *pin*	ū	as in *truce*
ē	as in *me*			u	as in *us*

The rule for the accent in names is the same as for all Latin words: If the penult is long, it is accented; if, however, the penult is short, the antepenult is accented.

A

ablative case, absolute, 429; accompaniment, 427; agent, 427; cause, 427; comparison, 428; degree of difference, 428; description, 427; manner, 427; means, 427; place from which, 427; place where, 428; separation, 426; source, 427; specification, 428; time when and within which, 428; with deponents, 427; with prepositions, 428
accensi, 12
accompaniment, ablative of, 427
accusative case, cognate, 426; direct object, 425; duration of time, 425; extent of space, 425; place to which, 426; subject of infinitive, 425; two accusatives, 425; with prepositions, 425
adjectives, first and second declension, 394; third declension, 395; comparison, 396; irregular, 395; partitive, 419; substantives, 419
adversative clauses, 431
aediles, 15
Aemilius, M. [em-ē′lyus], 190

aerarium, 16
Agathocles [a-gath′o-clēz], 226
agent, ablative of, 427
agreement, adjectives, 419; nouns, 419; pronouns, 419; verbs, 420
Agrigentum [ag-ri-gen′tum], 218, 219
Ahala, C. Servilius [a-hā′la], 72
Alexander, 199
alliteration, 439
Allobroges [a-lob′ro-jēz], 116, 131
Alphonsus, Peter, 367
Amores, 325
anaphora, 439
anticipation, clauses of, 433
Antiochus [an-tī′o-kus], 155, 214
Antony, Mark, 20–21, 35, 47–48, 325
anulus aureus, 18
Apollo, 337
apparitores, 12
Archias [ārk′ius], 183–203
Ariobarzanes [ār-i-o-bár-zā′nēz], 151, 154
Arpinum, 23
Ars Amatoria, 325
assemblies, Roman, 2, 4
asyndeton, 439
Atticus [at′i-kus], 235
Avianus [ā-vi-an′us], 357
Augustus, 325

543

547

List of Illustrations with picture credits

---

* Alinari   † A. Davis   ‡ Anderson